攸县年鉴

2022

攸县档案馆（党史和县志研究室） 编

方志出版社
Publishing House of Local Records

图书在版编目（CIP）数据

攸县年鉴. 2022 / 攸县档案馆（党史和县志研究室）编. —北京：方志出版社，2022.12
ISBN 978-7-5144-5401-7

Ⅰ. ①攸… Ⅱ. ①攸… Ⅲ. ①攸县—2022—年鉴
Ⅳ. ①Z526.44

中国版本图书馆CIP数据核字（2022）第240273号

责任编辑：王娜
责任校对：刘玉霞
责任印制：梅中英
出 版 者：方志出版社
地　　址：北京市朝阳区潘家园东里9号（国家方志馆4层）
邮　　编：100021
网　　址：http://www.zgfzcb.cn
发　　行：方志出版社图书营销中心（010-67110500）
印　　刷：湖南省新创印务有限公司
开　　本：889毫米×1194毫米　1/16
印　　张：21.75
字　　数：788千字
版　　次：2022年12月第1版
印　　次：2022年12月第1次印刷
定　　价：198.00元

攸县年鉴2022编纂委员会

主　任　李鹏程　中共攸县县委书记

副主任　武挪强　县委副书记、县长

　　　　唐军全　县委常委、县委办公室主任

委　员　胡建雄　县政协副主席（兼）、县教育局局长

　　　　贺　彪　县人民政府党组成员、县政府办公室主任

　　　　易介兵　县纪委常务副书记、监委副主任

　　　　刘　亮　县委办公室常务副主任

　　　　谭勇华　县人大办公室主任

　　　　杨建龙　县政协秘书长、办公室主任

　　　　李金彪　县委办公室副主任

　　　　罗延福　县政府办公室副主任

　　　　欧阳斌　县档案馆馆长

　　　　刘友良　县发展和改革局局长

　　　　过石基　县科技和工业信息化局局长

　　　　欧国华　县公安局常务副局长

　　　　尹建冬　县民政局局长

　　　　易　珂　县司法局副局长

　　　　张叶喜　县财政局局长

　　　　周世伟　县人力资源和社会保障局局长、组织部副部长（兼）

　　　　周卫国　县自然资源局局长

　　　　赵爱云　县住房和城乡建设局局长

　　　　谭伟荣　县交通运输局局长

　　　　陈水根　县水利局局长

　　　　刘分粮　县农业农村局局长

　　　　聂双利　县商务局局长

　　　　文泽宇　县文化旅游广电体育局局长

　　　　洪虎龙　县卫生健康局局长

　　　　何　勇　县审计局局长

　　　　刘正刚　县退役军人事务局局长

何纲华　县应急管理局局长
陈义勇　县城市管理和综合执法局局长
王正良　县林业局局长
刘文勇　县市场监督管理局局长
贺香清　县统计局局长
苏丽琼　县金融工作办公室主任
陈红飞　县信访局局长、县政府办公室副主任（兼）
向宋祥　县乡村振兴局局长
文龙彪　县医疗保障局局长
何湘成　县行政审批服务局局长

攸县年鉴编辑室

主　　编　欧阳斌
副 主 编　曾建荣
责任编辑　焦润泉
编　　辑　李小勇
编务人员　刘吉明　刘爱林　肖伟平　刘运祥　徐雪元
刘爱珍　刘文玉　陈　蓉　刘虹杏　罗　炎

编辑说明

一、《攸县年鉴》是由中国共产党攸县委员会办公室主办、攸县档案馆（党史和县志研究室）承编的综合性年鉴。《攸县年鉴（2022）》是1990年该书开始编纂出版后的第33卷，主要记载2021年度攸县政治、经济、文化和社会等各方面的基本情况、发展变化和重大事件。

二、《攸县年鉴（2022）》坚持以马克思主义、毛泽东思想、邓小平理论、“三个代表”重要思想、科学发展观和习近平新时代中国特色社会主义思想为指导，坚持辩证唯物主义和历史唯物主义的立场、观点和方法，坚持社会主义先进文化前进方向，坚持求实存真的编辑原则，全面、客观、系统地记载攸县经济社会发展的新情况和新成果。该书文字资料部分主要由条目记录构成，框架结构与2021年卷基本一致，设类目、分目、条目三个层次。图片资料部分主要反映2021年度全县及各乡镇（街道）经济建设和社会发展重要成就及重大事件（个别不便以照片形式记录或因客观原因未留下照片记录的除外）；图片选录以记事为主，除因纪实需要适当收录县委、县政府、县人大、县政协等主要领导和市级以上领导的人物照片外，不登载人物特写照片。

三、《攸县年鉴（2022）》采用规范的现代语体文，语言文字、计量单位、标点符号的使用，严格遵照执行国家标准规范。该书中的计量单位，均使用国务院发布的现行通用计量单位，农业耕地、林地面积仍保留“亩”为单位，计量单位一律用汉字记录（个别外文专业术语不便写成汉字除外）。

四、《攸县年鉴（2022）》中反映经济和社会发展等方面情况的统计数据，主要以县统计局《2021年度攸县国民经济和社会发展统计公报》中公布的数据为准，非专业统计部门统计的数据以撰稿单位提供的数据为准。

2021年度攸县数字

全县户籍总人口79.68万人

地区生产总值457.16亿元

规模以上工业企业总产值372.2亿元

农、林、牧、渔总产值119.25亿元，粮食总产量43.65万吨

社会消费品零售总额171.26亿元

外贸进出口总额1.75亿元

旅游综合收入8737.47万元

固定资产投资247.8亿元

地方财政总收入20.09亿元

城乡居民人均可支配收入40625元

城镇居民可支配收入46957元

农村居民可支配收入33365元

城镇居民人均消费支出25559元

农村居民人均消费支出24654元

中国十佳绿色城市

国家园林县城

攸县县城

中国共产党与叶挺独立团北伐首战攸县渌田“学术研讨会”

2021年11月23日至25日，由湖南省株洲市委党史研究室，攸县县委、攸县人民政府共同主办，攸县县委宣传部、攸县档案馆（党史和县志研究室）共同承办的中国共产党与叶挺独立团北伐首战攸县渌田学术研讨会在攸县成功举行。

叶挺独立团北伐首战攸县综述

第一次国内革命战争时期，为了推翻北洋军阀的反动统治，国共两党合作，进行了轰轰烈烈的北伐战争。

1926年5月，叶挺独立团奉命作为北伐先遣队，从肇庆出发开赴湖南前线，揭开了北伐战争的序幕。6月2日，叶挺率独立团到达湖南安仁，与败退下来的第八军军长唐生智的39团会合，共同开赴渌田、江口、龙家湾前线，经过两昼夜冒雨苦战，先后打垮了敌人6个团，并于1926年6月5日攻克了军阀占领的湖南攸县县城，取得了北伐第一仗的辉煌胜利。

北伐首战告捷，挽救和稳定了湖南的战局，为北伐各军进入湖南创造了有利条件。

历史背景

辛亥革命失败后，北洋政府腐败无能，军阀派系林立，与帝国主义勾结，割据一方，连年混战，民不聊生。打倒北洋军阀，结束封建军阀的黑暗统治，已成为中国人民的迫切要求。图为1925年浙奉战争爆发前全国形势图

五四运动打开了中国新民主主义的大门，促发了中国共产党的诞生。中国共产党自成立之初就怀抱初心使命。面对时局动荡，共产党人致力救民于水火，推动国民革命。1923年6月在广州召开的中共三大决定同孙中山领导的国民党合作，建立革命统一战线。此前，孙中山先后两次组织北伐，均未如愿。在苏联和中国共产党的帮助下，1924年1月在广州举行的国民党第一次全国代表大会作出了联俄联共扶助农工决策。国共合作是双方努力的结果。图为中共三大会议旧址，广州东山恤孤院31号

国共合作后，经过两年艰苦斗争，相继创建黄埔军校，建立革命军队，成立国民政府，编组国民革命军，统一了广东、广西，巩固了广东革命根据地和革命政权。同时，共产党领导的以“五卅”运动、省港大罢工和广东农民运动为标志的全国工农革命群众运动空前高涨。这些为北伐战争奠定了政治、经济、军事和群众基础。图为黄埔军校旧址

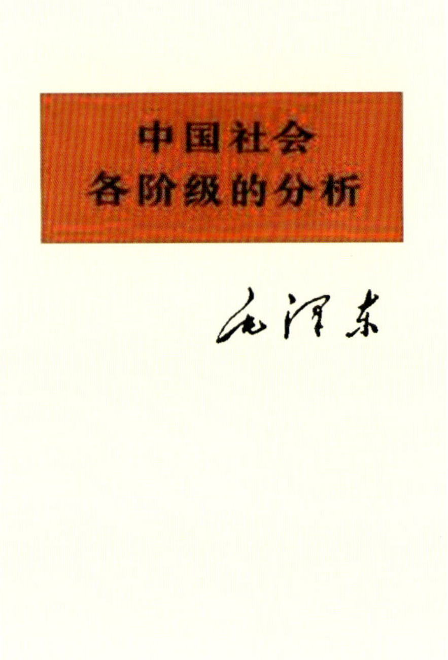

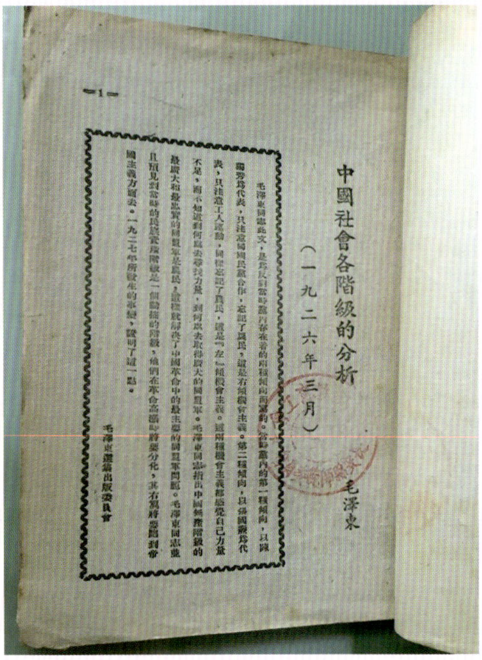

中国共产党对北伐的要求极为迫切。中共广东区委周恩来同志主持组建了中国共产党掌控的军队——叶挺独立团，准备了打头阵的力量；毛泽东同志撰写了《中国社会各阶级的分析》，为将士们北伐提供了思想武器；1926年2月21—24日中共在北京举行中央特别会议，通过《关于现时政局与共产党的主要职任议决案》，要求必须加紧进行北伐战争必将经过的湖南、湖北、河南等地的群众工作，接应北伐军，积极支持和参加北伐战争。

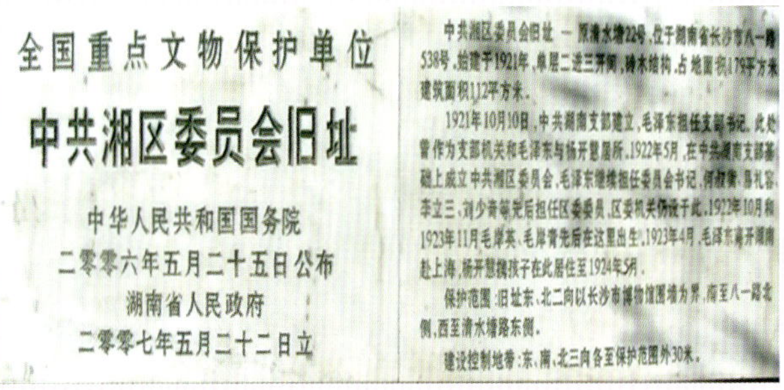

1921年10月，湖南成立了中共湖南支部。1925年5月，改为中共湘区执行委员会。在中共党组织的领导下，长沙的革命运动蓬勃兴起，为大革命奠定了基础。1926年春，长沙掀起“反英驱赵讨吴”运动。湖南军阀赵恒惕部下第四师师长唐生智在中共党员王基永等的劝导下归顺广州国民政府。3月，唐生智举兵驱赵。4月，吴佩孚令赵恒惕所部第3师师长叶开鑫为湘军总司令反攻长沙。在吴军重兵压迫下，唐生智退守衡阳、安仁，北伐战争急电向广州国民政府求援。

1925年10月，中共湘区委员会派潘鹏举来攸县发展党的组织。1926年3月底正式成立了中共攸县支部。余来任支部书记，谭志道任组织委员，刘增烈任宣传委员。北伐前夕，潘鹏举接到了中共湖南区委的指示，要求抓紧做好准备，支援北伐军先遣队。潘鹏举、余来、刘谭豪、谭震林等秘密赶到渌田，做好了当地农民的发动和组织工作。图左为中共攸县地执委原貌、右为旧址今貌

叶挺独立团

叶挺独立团的前身是铁甲车队。铁甲车队成立于1924年11月，番号是“建国陆海军大元帅府铁甲车队”。当时，中共两广区委征得孙中山同意后，由周恩来同志着手筹建，他从黄埔一期调了徐成章、赵自选、周士第，另外调廖乾五、曹汝谦，一共五人，负责组织工作；从各地调来一批工人、农民、青年充当队员。铁甲车队成立了党小组，人员的配备与调动、工作与活动等都是中共两广区委决定或请示区委陈延年和周恩来等同志解决。名义上是大元帅府下面的铁甲车队，实际上是我党直接领导下的一支革命武装队伍。图为建国陆海军大元帅府铁甲车队

叶挺独立团是中国共产党亲手组建并直接领导的第一支正规革命武装。1925年11月21日，叶挺独立团在广东肇庆成立，团部设在肇庆阅江楼，全团有2100多人，设有三个营及两个直辖队。独立团是在中共两广区委军事部长周恩来的主持下，由我党直接领导的大元帅府铁甲车队和黄埔军校一部分党团员为骨干，以共产党员叶挺为团长的国民革命军第四军三十四团的原编制改编为第四军独立团。所有该团的干部任命调动和人员补充，都由我党决定，党在独立团成立了支部，隶属两广区委军事部，团部、直辖队和各营设立了党小组。图为团部旧址阅江楼今貌

独立团成立时，党就给予指示：加强军事政治训练，迅速培养成一支可靠的有坚强战斗力的革命军队。政治教育提纲是："独立团是革命军，与旧军队不同，革命军是为中华民族、中国人民的解放事业而战斗，打倒帝国主义，打倒军阀，是为人民谋利益，保护人民利益的；只有保护人民，爱护人民，才能得到人民的拥护；只有得到人民的拥护才有战斗力，才能战胜敌人。"第四军副军长陈可钰视察独立团时说：你们把旧军队的习气都扫除了，真是革命军；但是太红了。叶挺说：要红才能打胜仗！下图为叶挺独立团旗帜

首战经过

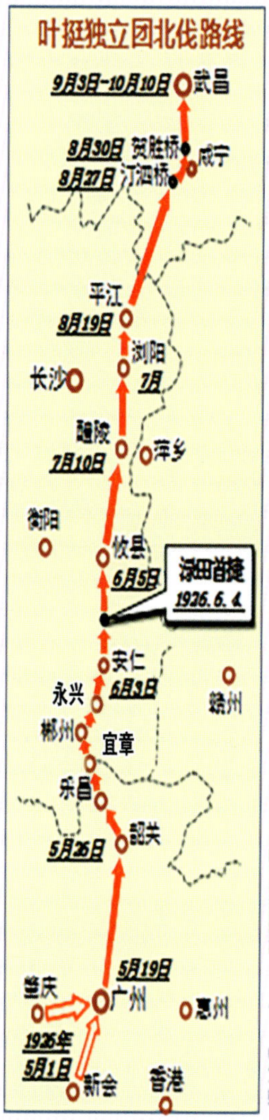

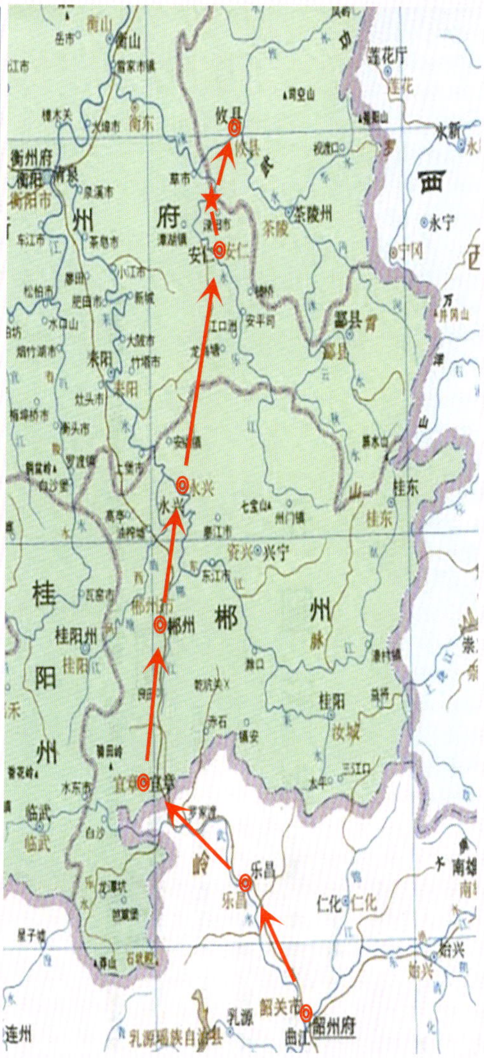

1926年5月1日，独立团作为北伐先遣队从广东肇庆出发。途经广州时，周恩来在叶家祠召开了独立团连以上党员干部会议，告诫部队要加强党的领导，加强政治工作，要起先锋模范作用，作战要勇敢，要有牺牲精神。最后，周恩来鼓励他们“饮马长江”“武汉见面”。叶团从广州坐火车于5月20日18时抵达韶关，22日步行从韶关出发，由粤北乐昌经宜章过郴县，于31日抵永兴，6月2日上午到达安仁县城。图左1为根据叶挺独立团将士行军记录《独立团将士寄自前线的三封信》绘制的行军路线图；图左2为叶挺独立团北伐路线图

6月2日，独立团冒雨兼程挺进安仁。叶挺得知敌谢文炳军4个团、江西（唐福山）军2个团已占领攸县，于6月3日晨，派独立团2营赴渌田协同39团2营防守，第三营开赴龙家湾。三营派出第八连到黄茅铺，协同39团第一连防守。在进攻渌田前的支部会议上，叶挺作战前动员时说：“我们是中国共产党领导的人民军队，又是北伐先锋队，我们不但代表革命军，而且代表中国共产党。这是我们北伐中的第一次打仗，我们一定要胜利。”图为北伐首战指挥所旧址——安仁县城河街路51号

为叶挺率部进攻路线

为周士第率部进攻路线

为卢德铭率第四连进攻路线

为从渌田到攸县城进攻路线

6月3日下午，叶挺决定：由参谋长周士第率侦探队、担架队（有武装）、第三连到渌田增援；他亲率第一营（缺第三连）、机关枪连、通信队（有武装）、特务连到龙家湾增援，并定于4日拂晓集中兵力由黄茅铺、渌田之间出击，消灭敌人于渌田、桑田地区。黄昏，各部分头进发。4日4时，叶挺下达总攻命令。周士第以一部向渌田正面之敌进攻，主力从渌田以东插到敌人侧后向铁丝坳攻击；叶挺以一部向黄茅铺之敌正面攻击，自己率主力从黄茅铺以西（渌田境内）绕到敌人侧后攻击，激战数小时，敌全线溃退。叶挺、周士第率部会师桑田后，卢德铭已率第四连偕同唐军王营轻骑乘胜追敌至洣水南岸。是役毙敌俘敌200多人，其中敌官佐4名，缴获迫击炮数门，机关枪数挺，长短枪300多支。图为首战进攻路线图

1926年6月4日，叶挺独立团首战渌田大捷后，第四连连长卢德铭率部追至洣水南岸，击溃正在焚烧浮桥之敌，敌惊慌北逃，卢德铭率部与先头部队乘胜驱逐王家岭、狮子岭一带城北高地的谢军后卫。为保障叶挺独立团渡江歼敌，中共攸县支部书记余来与谭志道、谭震林等组织攸水、洣水两岸民众，调集船只，抢修老桥，搭建新桥。6月5日下午2时，叶挺独立团踏浮桥渡江，攻占攸县县城。图为叶挺独立团渡江登岸旧址——谭家码头。

6月5日，叶挺独立团攻占北伐中的第一个县城——攸县县城，取得北伐第一仗的辉煌胜利。中共攸县支部书记余来偕刘谭豪、谭震林等深入发动组织群众支前，迎接部队进城休整。6月6日上午，在老衙坪召开5000余人参加的祝捷大会，团长叶挺、参谋长周士第在会上发表演讲，余来撰联致贺。图为老衙坪（现体育场）

叶挺独立团在攸县城驻扎一个月，主要从事军事训练，宣传革命理论，发动群众搞农运，号召青年当兵，在攸县补充了一个加强连。6、7、8月第一、六、三、二各军先后驻扎攸县，攸县人民给予了全方位的支援。7月10日，独立团在攸县、醴陵地方党组织和农军的支持下，攻克振南桥占领泗汾。此后，独立团一马当先，破醴陵，取浏阳，克平江，大败吴（佩孚）军于汀泗、贺胜二桥，血战武昌城下，首先突入城内，所向披靡，扬威中外，使四军博得“铁军”荣誉。图左为泗汾振南桥、右图为铁军盾牌

历史地位与现实意义

朱德同志说过，大革命时期的叶挺独立团，是研究中国军史的“老根”。毛泽东同志曾当面评价叶挺：你是共产党的第一任总司令，人民军队的战史要从你写起。1939年毛泽东在《共产党人》发刊词论述：“武装斗争三个阶段，一是参加北伐战争；二是土地革命战争；三是现在的抗日战争。”1954年10月18日，毛泽东同志提出：“共产党那时候犯过一个错误，就是不要军队，只在军队里派党代表……在共产党直接控制下的军队就只有叶挺的一个独立团。”可见，叶挺独立团及其首战史实的历史地位极其重要，值得研究、发掘和利用。

习近平同志在庆祝中国共产党成立100周年大会上讲到：“我们经过北伐战争、土地革命战争、抗日战争、解放战争，以武装的革命反对武装的反革命，推翻帝国主义、封建主义、官僚资本主义三座大山，建立了人民当家作主的中华人民共和国，实现了民族独立、人民解放。”明确了北伐战争在中国共产党党史上的重要意义，渌田首战打响中共武装的革命反对北洋军阀武装的反革命的第一枪，与南昌起义打响反对国民党武装反革命的第一枪，是不同时期却如出一辙的第一枪，是中共领导武装斗争的起点，因此在中共党史和军史上都具有极其重要的地位。

叶挺独立团北伐首战攸县是中国共产党组建并领导的第一支正规武装的开山之战，是党指挥枪的实践之战，是人民战争的起始之战，因此是攸县宝贵的红色资源。为了发掘利用好这一红色资源，攸县史志文化界进行了广泛而深入的研究，取得了丰硕的成果。2021年株洲市政府拨款500万元用于建设北伐首战红色纪念设施。中共攸县县委、县人民政府力争把北伐首战场打造成攸县在全国独有的响当当的红色名片。上图为北伐首战场陈列馆规划效果图

研讨会现场剪影

2021年11月24日，中国共产党与叶挺独立团北伐首战攸县渌田“学术研讨会”在攸县发展中心鸿泰酒店召开。图为主席台就坐的各级领导、专家和叶挺独立团后人代表

北伐首战首捷攸县渌田学术研讨会会场一角

叶挺独立团将士后人代表向无名烈士墓献花

攸县人民政府县长武挪强（左三）、县委宣传部部长易小红（左二）陪同周士第上将之子周强（左一）等与会人员，参观叶挺独立团攻占攸县城后的阅兵场旧址老衙坪

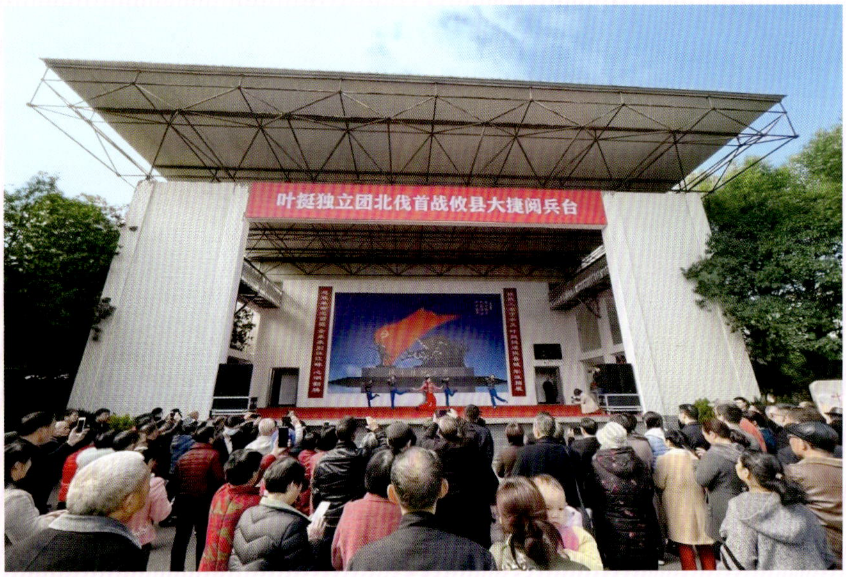

与会人员在阅兵场旧址老衙坪（现体育场）观看攸县剧团演出的《攸县红色革命故事》

中央党史研究室原副主任、中国中共党史学会原常务副会长龙新民在研讨会现场线上发言

中央党史研究室第一研究部原主任、研究员蒋建农在研讨会上发言

中央党史和文献研究院原研究员石雷在研讨会上发言

中国人民政治协商会议株洲市委员会主席蔡溪在研讨会上发言

军事家叶挺之孙叶大鹰在研讨会现场线上发言

军事家叶挺之孙女叶小燕在研讨会上发言

开国上将周士第外孙彭宏远在研讨会现场线上发言

中共株洲市委党史研究室副主任吴志平解读叶挺独立团北伐首战攸县渌田大捷的重要意义。图为视频剪影

档案史志局原副局长，现攸县档案馆（党史和县志研究室）副馆长曾建荣解读叶挺独立团北伐首战在攸县的经过、作用和影响。图为视频剪影

“中国共产党与叶挺独立团北伐首战攸县渌田”学术研讨会结论

2021年11月22—23日，中共株洲市委党史研究室（市地方志编纂室）、中共攸县县委、攸县人民政府在湖南省攸县发展中心召开“中国共产党与叶挺独立团北伐首战攸县渌田”学术研讨会，本次研讨会共收到论文130篇评选优秀论文71篇。大会邀请全国各地党史专家、学者70余人参加。原中央党史研究室副主任龙新民，原中央党史研究室第一研究部主任、研究员蒋建农，原中央党史和文献研究院研究员石雷，原湖南省委党史研究室巡视员、研究员夏远生，国防大学教授罗海曦，国防科技大学教授刘凤健等发表讲话。

大会通过充分研讨交流，大家基本形成的史实共识是：叶挺独立团北伐首战攸县是中共领导的第一支正规武装在攸县打的北伐战争中的第一仗，攻下了北伐中的第一个县城——攸县城；理论共识是：叶挺独立团北伐首战攸县打响了中共武装的革命反对北洋军阀武装的反革命的第一枪，这是中共领导武装斗争的起点，是中共正规武装的开山之战，是党指挥枪的实践之战，是人民战争的起点之战，因此在中共党史和军史上都具有极其重要的地位

这一红色文化资源的发掘和利用，是贯彻落实习近

总书记关于赓续红色文化、传承红色基因、把红色江山代代传下去的指示精神的有力举措，是贯彻落实十九届六中全会精神的具体行动。

2021年11月23日

学术研讨会结论签字确认专家名单

龙新民　中央党史研究室原副主任、中国中共党史学会原常务副会长（正部）

蒋建农　中央党史研究室第一研究部原主任、研究员

石　雷　中央党史和文献研究院原研究员

曾长秋　中南大学马克思主义学院教授

夏远生　湖南省委党史研究室原巡视员、研究员

罗海曦　国防大学教授

刘凤健　国防科技大学教授、大校

周云水　中国人类学民族学研究会客家研究专业委员会秘书长

徐炳杰　广东科技学院马克思主义学院副教授

苗体君　广东海洋大学教授

段　平　湖南工业大学马克思主义学院副教授

周见美　井冈山革命博物馆编研陈列室副主任，副研究馆员

吴志平　株洲市委党史研究室（市地方志编纂室）二级调研员

巢瑞隆　江西省宜春市史志办副主任

杨润勇　株洲市城市雕塑院院长、国家一级美术师、教授

周　强　周士第上将之子

叶小燕　叶挺将军之孙女

叶晓梅　叶挺将军之孙女

曹海潮　曹渊烈士之孙子

许智文　许继慎烈士之孙女

石磊光　开国将军石志本之子

吴爱清　攸县人大常委会党组书记、一级调研员

陈丽霞　株洲市委党校副教授

曾建荣　攸县档案馆（党史和县志研究室）副馆长

埋头苦干　勇毅前行

为重振攸县雄风而不懈奋斗

领导到攸县

2021年1月3日，许达哲（右三）到攸县春联街道山背社区文化活动室，与村民们亲切交流，了解乡村振兴各项工作情况及成效

2021年2月9日上午，中共株洲市委副书记王洪斌（右一）、市政协副主席朱庸靖（右二）到攸县，走访慰问大病职工、因公殉职扶贫干部吴爱秋家属及困难党员，代表市委、市政府送去新春祝福

2021年4月6日，省委组织部副部长、省委老干部局局长龚健（右二）率队到攸县调研离退休干部工作

2021 年 4 月 19 日，中共株洲市委书记曹慧泉（右二）到攸县督察生态环境保护工作，督导检查中央环保督察发现问题整改落实情况

2021 年 4 月 29 日，湖南省公安厅常务副厅长周赛保一行到攸县开展政法队伍教育整顿专项调研

2021 年 5 月 7 日，株洲市人大常委会副主任刘春生率市人大农业委、市水利局、市公共资源交易中心、市疾控中心、高科集团、市邮政公司到黄丰桥镇开展乡村振兴驻村进点工作

2021 年 5 月 20 日，中共株洲市委常委、统战部长覃万成（左二）一行在攸县召开南三县（攸县、茶陵、炎陵）园区座谈会，全面了解各县园区工作推进情况，协调解决园区存在的困难和问题

领导到攸县

2021年5月20日，株洲市政协主席蔡溪（主席台中）率市生态环境局、市农科所、市云发集团、交通银行株洲分行等单位干部到攸县渌田镇，调研乡村振兴联点村发展情况，并与镇村代表和帮扶工作队共同谋划乡村振兴思路

2021年5月25日至26日，湖南省人大常委会原副主任、省关工委副主任蔡力峰（前排中）率领省关工委调研组就“抓机关、带基层”做实关心下一代工作到攸县调研

2021年6月3日，中共株洲市委副书记、政法委书记胡长春（右二）一行到攸县调研农业农村、乡村振兴、河长制及防汛等工作

2021年6月，中共株洲市委常委、市委秘书长、株洲市人民政府副市长杨英杰（左三）到攸县工业园区考察指导工作

2021 年 7 月 9 日，2021 湖南红色旅游文化节在攸县文化广场开幕。省委宣传部副部长、省文化和旅游厅厅长禹新荣致辞

2021 年 7 月 9 日，省委副书记乌兰出席 2021 湖南红色旅游文化节开幕式

2021 年 7 月 14 日，湖南省水利厅二级巡视员周波艺（右一）一行到攸县调研水库移民后期扶持工作

2021 年 7 月 23 日，湖南省粮食和物资储备局党组书记、局长陈冬贵（右三）一行到攸县调研督导早稻收购工作

领导到攸县

2021年9月18日，中共株洲市委副书记、代市长陈恢清（右三）到攸县，督导检查安全生产工作，调研经济社会发展情况

2021年10月21日，湖南省政协副主席李民（右三）带领省政协老委员咨询团成员到攸县开展“助力乡村振兴”考察活动。市政协党组副书记聂方红（左二）等领导参加

2021年10月24日上午，省委常委、常务副省长谢建辉到攸县调研指导疫情防控工作

2021年11月5日，株洲市人民政府副市长杨胜跃（右二）到攸县督查疫情防控工作

2021 年 9 月 22 日，湖南省安委办主任、应急厅厅长李大剑（中）到攸县开展安全生产调研活动

2021 年 9 月 25 日，2021 年株洲市秋季乡村文化旅游节暨酒仙湖休闲体育节在酒仙湖景区开幕，中共株洲市委常委、宣传部部长聂方红出席开幕仪式

2021 年 11 月 25 日，中共株洲市委常委、统战部部长罗琼（右二）到攸县调研统战工作，实地走访市级同心美丽乡村、“门前三小”起源地——攸县石羊塘镇谭家垅社区

2021 年 12 月 15 日，湖南省退役军人事务厅二级巡视员许勇才到攸县调研退役军人工作情况

重要会议

2021年1月16日上午，中共攸县县委十二届十一次全体（扩大）会议暨县委经济工作会议在东城新区会议中心召开

2021年1月16日，攸县第十七届县人民政府第九次全体（扩大）会议召开

2021年2月3日上午，攸县第十七届人民代表大会第六次会议在发展中心召开

2021 年 1 月 31 日上午，中国人民政治协商会议攸县第九届委员会第六次会议在东城新区会议中心召开

2021 年 2 月 23 日，攸县三级干部暨文明建设表彰大会在东城新区会议中心召开

2021 年 3 月 9 日，县委书记康月林主持召开湘赣边区域合作工作调度会

2021 年 4 月 1 日上午，中国共产党攸县第十二届纪律检查委员会第六次全体会议召开

重要会议

2021年4月8日，攸县党史学习教育巡回指导工作培训暨宣讲工作动员会召开

2021年4月19日，攸县召开迎接国务院安委会安全生产和消防工作考核巡查动员部署会

2021年4月，攸县组织开展党史学习教育大宣讲活动。图为4月23日县委宣讲团在县林业局宣讲会场

2021年4月20日，攸县召开领导干部警示教育大会

2021年4月28日，2021年攸县五一劳动奖表彰大会暨劳动模范先进事迹报告会在东城新区会议中心举行

2021 年 4 月 29 日，攸县召开乡镇领导班子换届工作动员部署会暨业务培训会

2021 年 5 月 10 日，攸县召开股所级干部警示教育大会

2021 年 6 月 28 日，攸县召开庆祝中国共产党成立 100 周年暨“两优一先”表彰大会

2021 年 7 月 29 日上午，中国共产党攸县第十三次代表大会第一次全体会议在东城新区会议中心开幕

2021 年 7 月 30 日晚，中国共产党攸县第十三届纪律检查委员会第一次全体会议召开，选举产生新一届纪委常委、书记、副书记

重要会议

2021年7月30日晚，中共攸县第十三届委员会召开第一次全体会议，通过投票选举产生了新一届县委常委、书记、副书记。李鹏程当选新一届县委书记，武挪强、林涛当选新一届县委副书记

2021年8月31日，攸县召开2021年全县防返贫监测与帮扶工作调度会

2021年9月1日，县委统战部组织召开攸县党外代表人士“献言党代会·共建新株洲”献智献策活动座谈会

2021年9月3日，2021年全县乡村振兴工作调度会召开

2021年9月7日，攸县慈善会换届工作会议召开

2021年9月6日，攸县召开迎接中央法治政府建设实地督察工作部署会

2021年9月27日，攸县第十七届人大常委会第四十二次会议召开

2021年11月8日，政协攸县第十届委员会第一次会议开幕

2021年11月9日，攸县第十八届人民代表大会第一次会议在东城新区会议中心大会堂开幕

重要活动

2021年1月5日，攸县人武部举行新营院启用仪式。市委常委、株洲军分区政委周杰（右一），县委书记康月林（左一）参加启用仪式并为新营院揭牌

2021年1月7日，县委书记康月林（右二）到网岭镇，调研指导村（社区）“两委”换届工作

2021年1月7日，攸县召开党外知识分子联谊会成立大会暨第一届理事会第一次会议。全县党外知识分子代表人士110余人参加会议

2021年1月26日，攸县举行第五届“道德模范”暨第三届“十佳乡贤”故事分享会，10位道德模范和10位十佳乡贤获得者现场接受表彰

2021年2月18日，春节假后首个工作日，攸县在东城新区举行升国旗仪式

2021年2月25日上午，全国脱贫攻坚总结表彰大会在北京人民大会堂举行。全国脱贫攻坚先进个人获得者，攸县中医院派驻渌田镇存养村第一书记唐华容（中）参加大会并受表彰

2021年2月26日，攸县十二届县委第十二轮巡察工作动员部署会召开

2021年3月1日上午，攸县举行全省重大项目集中开工活动。图为攸县分会场

2021年3月5日，攸县共青团组织志愿者开展学雷锋活动。图为志愿者义务理发现场

2021年3月9日，2021年村（社区）党组织书记培训班在会议中心举行，来自全县17个镇（街道）297名村（社区）党组织书记参加培训

2021年3月14日，攸县收听收看株洲市传达学习全国“两会”精神电视电话会议

2021年3月26日上午，攸县县委理论学习中心组在东城新区会议中心开展党史学习教育第一次专题学习

重要活动

2021年4月1日，攸县召开2021年“产业项目建设年”暨“营商环境优化年”活动动员大会

2021年4月，省委改革办到石羊塘镇乡贤馆调研“门前三小”建设工作

2021年4月9日，攸县社会各界齐聚炎帝陵，祭拜中华民族始祖炎帝神农氏

2021年4月13日，攸县公安局召开2021年全县公安工作会暨队伍教育整顿再动员再部署再升温推进大会

2021年4月14日，攸县召开政法队伍教育整顿工作推进会

2021年4月15日，县委组织部、党史和县志研究室、文旅广体局、电视台联合创作的庆祝中国共产党建党100周年创新型党课讲演剧《红星照攸州》在发展中心成功上演

2021年5月10日上午，攸县乡村振兴局正式挂牌成立。县委书记康月林（中），县委副书记、县长李鹏程（左一）共同揭牌

2021年5月12日，国家卫健委职业健康司副司长、一级巡视员王建冬率调研组到攸县调研尘肺病康复站建设情况

2021年5月17日，县委副书记文斌（右二）带队到城区部分重点场所、重点点位督查创建全国文明城市工作

2021年6月3日上午，县委副书记、县长李鹏程（右二）就全县2021年高考考务工作开展专题督查

重要活动

2021年6月5日，纪念“北伐首战　渌田大捷”95周年座谈会在攸县举行，叶挺之孙、导演叶大鹰，开国上将周士第之子周强等叶挺独立团将士后人参加座谈

2021年6月17日，攸县农商银行成立乡村振兴金融服务中心，成为攸县金融机构首家成立的乡村振兴金融服务中心

2021年6月23日，湖南省交通运输厅验收组一行到攸县，对攸县城乡客运一体化示范县创建工作进行验收

2021年6月24日，县委书记李鹏程（左一）走访慰问老党员并颁发“光荣在党50年”纪念章

2021年6月24——25日，市委党史学习教育第十巡回指导组组长肖翔率队到攸县开展下沉督导

2021年7月1日，攸县各地党员干部群众收听收看庆祝中国共产党成立100周年大会实况直播

2021年7月9日，2021湖南红色旅游文化节在攸县文化广场开幕。图为两山铁路旅游市场营销签约及赠送红色旅游专列旅游套票仪式

2021年7月13日，攸县举行庆祝中国共产党成立100周年座谈会

2021年7月19日，攸县庆祝中国共产党成立100周年“幸福攸州　颂歌向党”大合唱决赛落幕。图为决赛现场

2021年7月27日，2021年度攸县庆“八一”双拥工作会议在攸县发展中心会议中心召开

重要活动

2021年7月29日，湖南省株洲市攸县与广东省深圳福田区签订政务服务"跨省通办"合作协议，签约事项涵盖人社、市监等重点领域的15个代收代办事项以及15个涵盖人社、医保等部门的全程网办事项

2021年7月30日，攸县组织首批医务人员驰援株洲抗击新冠肺炎疫情。图为援株医务人员合影

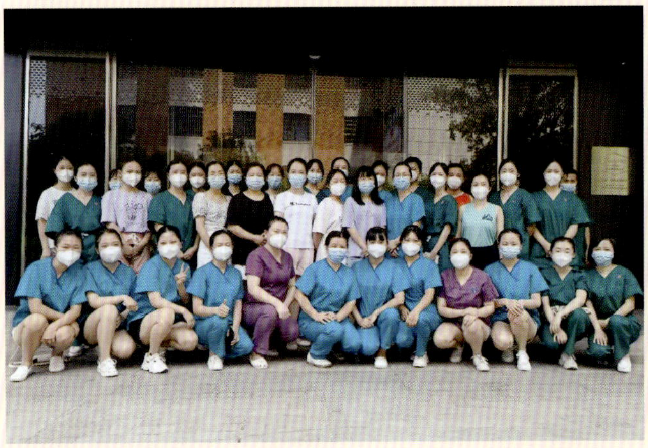

2021年8月8日，攸县组织第二批医务人员驰援株洲抗击新冠肺炎疫情。图为第二批援株医务人员合影

2021年8月25日，攸县启动县、乡人大代表换届选举工作。县委书记李鹏程（前一），县委副书记、代县长武挪强（前二）在春联街道第三选区投票点参加投票

2021年9月9日，三峡建工（集团）有限公司到攸县对接广寒坪抽水蓄能电站项目

2021年9月25日，2021年株洲市秋季乡村文化旅游节暨酒仙湖休闲体育节在酒仙湖景区开幕

2021年9月30日，攸县举行烈士纪念日公祭活动

2021年10月2日，攸县举行房地产交易博览会

2021年10月14日，2021年全县离退休干部老年节座谈会召开，县委书记李鹏程（主席台中）出席

2021年10月11日，攸县召开年轻干部代表座谈会

重要活动

2021年11月10日，县委书记李鹏程到网岭镇、江桥街道县人大代表所在的第十八届人大第一次会议第一代表团，与代表们一起讨论大会报告

2021年11月10日，县委副书记林涛参加中国共产党攸县第十三次代表大会代表团讨论

2021年11月10日，县委副书记、代县长武挪强参加攸县第十八届人民代表大会第一次会议第二代表团的讨论，听取人大代表的意见和建议

2021年11月11日，攸县非公经济人士理想信念教育培训班开班

2021年11月26日，“魅力湘赣边·播创湘赣红”湘赣边首届直播带货创新创业大赛在攸县酒埠江拉开帷幕

2021年12月1日，按照中央统一部署，学习贯彻党的十九届六中全会精神中央宣讲团宣讲报告会在长沙举行，在职在家县级以上领导在攸县分会场收听收看报告会

园 区 工 业

2021年1月2日，湖南旭日绿色建材项目签约仪式暨开工典礼在攸县高新区网岭循环经济园举行。株洲市人民政府副市长王卫安（左六），攸县县委书记康月林（左五），县委副书记、代县长李鹏程（右五）出席仪式

2021年1月7日，攸县举行2021年招商引资项目集中签约仪式，现场签约项目10个，总引资92.2亿元

2021年1月9日上午，华润水泥控股有限公司与攸县人民政府签订协议，拟投资100亿元在攸县建设绿色建材产业园项目

2021年1月25日，由中铼集团总投资5亿元，一期投入1.28亿元的湖南华纯材料科技有限公司超高纯金属化学材料项目在攸县高新区正式开工

2021年3月1日，2021年全省重大项目集中开工活动攸县分会场活动在高新区地博高科技园项目现场举行，全县8个项目此次集中开工，总投资达50亿元，年度投资20亿元

2021年3月22日，县委副书记、县长李鹏程（左二）在高新区调研重点项目建设情况

2021 年 6 月，县委副书记、县长侯选人武挪强（前排左二）到高新园区调研指导

2021 年 6 月 16—17 日，世界五百强企业正威国际集团投资管理中心负责人一行到攸县考察调研项目投资情况

2021 年 6 月 21 日，全省第二次重大项目集中开工活动启动，湖南澳维高分子膜材料产业化二期基地建设项目在攸县高新区开工

2021 年 8 月 25 日，县委副书记、代县长武挪强（中）一行深入县高新区调研重点企业及项目

2021 年 8 月 26 日，国家工业和信息化部正式公布《关于建议支持的第二批第一年国家级专精特新“小巨人”企业和国家（或省级）中小企业公共服务示范平台名单的公示》，攸县高新区企业湖南澳维膜科技有限公司成功入选

经济社会发展

2021年8月26日，投资10亿元的旭日集团白兔瓷砖湖南生产基地二期绿色智能数字化墙地砖生产线在攸县高新区网岭循环经济园正式点火

2021年9月27日，县政协党组副书记、主席提名人选文毅到县高新区走访调研高分子新材料产业链现代化建设工作

2021年10月12日，中共株洲市委书记曹慧泉（中）到旭日陶瓷有限公司调研企业发展情况

2021年12月7日上午，攸县举行招商引资项目集中签约仪式，此次集中签约仪式共签约项目10个，总投资逾13亿元

2021年12月30日，攸县高新区召开岁末年初安全生产百日大会战工作推进会

现 代 农 业

2021 年 4 月，市、县调查队赴企业开展生猪生产形势调研

2021 年 6 月 25 日，县委副书记文斌（中）到部分乡镇调研农业生产工作

2021 年 9 月 1 日，县委书记李鹏程（右二）到谭桥金其蔬菜基地调研

2021 年 10 月 11 日，攸县组织开展“攸县油茶”广告语、品牌标志评审会

2021 年 11 月 15 日，县人大常委会主任、党组书记冯杰（右三）到酒埠江镇视察乡村振兴、产业发展工作

经济社会发展

2021年10月15日，由攸县农商银行冠名赞助的“农商银行杯”攸县首届特色农业产业工匠豆腐(香干)传统制作技能大赛在石羊塘镇八合冲村成功举办

新市徐公店拓展园区（航拍图）

网岭镇灯笼桥村苗木种植基地（航拍图）

春耕生产现场

千亩成片的优质稻基地

鸾山镇江冲村产业基地的猕猴桃成熟

丫江桥镇华富村产业基地螺丝椒丰收

宁家坪镇产业基地香芋丰收

菜花坪镇菜塘村鹰嘴桃基地

联星街道冯家坳村黄泥西瓜喜获丰收

莲塘坳镇南水村玉米基地

第 55713536 号

商标注册证

攸州五小宝

核定使用商品/服务项目（国际分类：30）

第30类：茶；糖；蜂蜜；燕麦食品；以谷物为主的零食小吃；谷类制品；米粉（粉状）；粉丝；锅巴；以米为主的零食小吃（截止）

注册人 攸县供销惠农商贸有限公司

注册人地址 湖南省株洲市攸县联星街道办事处望岳西路271号

注册日期 2021年11月14日 有效期至 2031年11月13日

局长

发证机关

『攸州五小宝』商标注册证

经济社会发展

商贸·旅游

2021年1月20日，石羊塘镇新建的农贸市场开业

2021年4月25日，2021年第四届酒仙湖油桐花节暨“锦绣潇湘　自驾当红”湖南千车万人酒仙湖自驾游活动在酒仙湖景区启动。图为启动仪式现场

2021年6月22日，中共株洲市委书记曹慧泉（右三）到酒仙湖景区考察旅游业态情况

2021年7月9日，2021湖南红色旅游文化节在攸县文化广场开幕,图为地方特产推介会现场

2021年7月23日，株洲市总工会劳模（职工）疗休养基地授牌仪式在酒仙湖康养基地举行。图为授牌仪式现场

2021年9月25日，2021年株洲市秋季乡村文化旅游节暨酒仙湖休闲体育节在酒仙湖景区开幕，图为健康行现场

2021年10月1日，湘东家居城开展十一营销活动

2021年10月，酒埠江镇酒埠江村民宿“六间房”建成投入使用

2021年10月1日，“桃源山居”精品民宿正式开业

酒仙湖景区一角

经济社会发展

酒仙湖滑翔飞翼项目

阳升观旅游车停车场施工现场

万亩油菜花海游人如织

北坪村健坤农业七彩滑道

徐公店彩虹滑道

基 础 建 设

道路养护作业现场

提质改造后的丫江桥镇主干道路

2021 年 3 月 24 日，县人大常委会主任吴爱清（右一）率队到部分乡镇考察民生实事项目人大代表票决制工作

2021 年 11 月 16 日，由攸县人民政府、国网株洲供电公司联合举办的加快建设攸县智慧绿色能源互联网工作推进协议签约暨启动大会在东城新区举行

2021 年 9 月，县委书记李鹏程（右二）到建设北路施工现场指导工作

经济社会发展

规范用电网络，图为上云桥片区电力施工现场

建设中的涞水四桥

谭桥街道污水处理厂管网铺设现场

220千伏电力项目笔和村施工现场

攸水界江段治理施工现场

珠丽江田富段治理施工现场

城市建设

迎宾大道新貌

2022年1月5日，建设北路竣工通车

新建小区东方大院与景秀家园一角

建设中的攸州医院

联西社区一角（西阁寺全景）

攸州公园一角

经济社会发展

城区街道建设现场

建设北路供水管网建设现场

交通路供水管网改造现场

建设北路征拆项目施工现场

市政补路维护施工现场

城区绿化带养护现场

文 化 建 设

2021 年 1 月 20 日，攸县召开文旅资源普查动员暨工作培训会，正式启动全县文旅资源普查工作

2021 年 1 月 26 日，攸县举行第五届道德模范暨第三届十佳乡贤故事分享会，10 位道德模范和 10 位十佳乡贤获得者现场接受表彰并与县领导合影

2021 年 3 月 26 日，攸县检察院组织全院干警及书记员到攸县石羊塘镇乡贤馆参观学习

经济社会发展

2021年5月20日，株洲市委常委、宣传部部长聂方红（左二），株洲市委党史研究室主任段谭云（右二）一行看望三张向红军捐款收据当事人后人李运生

2021年6月5日，纪念北伐首战攸县渌田大捷胜利95周年座谈会在攸县发展中心鸿泰大酒店举行。图为与会人员合影

2021年6月21日晚，攸县庆祝中国共产党成立100周年大合唱比赛。图为初赛现场

2021年6月，县委书记李鹏程（左三）率队来到渌田镇调研北伐首战纪念馆建设情况

2021年8月26日，人民日报社湖南分社、省委改革办和市委改革办组成的调研采访团就攸县“门前三小”开展采访活动

2021 年 11 月 18 日，王双飞（右二）教授（沙陵陂人）当选中国工程院环境与轻纺工程学部院士。图为王双飞带领团队做研究

2021 年 11 月 18 日，湖南省农业科学院党委副书记、院长、研究员单扬（高和人）当选中国工程院环境与轻纺工程学部院士。图为单扬发表演讲照片

2021 年 11 月，酒埠江镇柘桑村“门前三小”示范点落成

江桥社区桐坝村时代楷模展厅一角

2021 年 11 月 24 日上午，“北伐首战攸县学术研讨会”与会代表到渌田北伐首战无名烈士墓祭拜先烈

2021年5月10日，株洲市委党校2021年第一期处级干部进修班在攸县红色教研基地开班

2021年7月15日，攸县农商银行在攸州公园文化广场举办2021年攸县教育系统庆祝中国共产党成立100周年暨“百年风华、株洲力量”党史学习教育汇报演出决赛

2021年9月29日，中国艺术摄影学会授予酒仙湖景区为“中国艺术摄影学会摄影创作基地”称号

枫树塘墓群墓葬航拍图

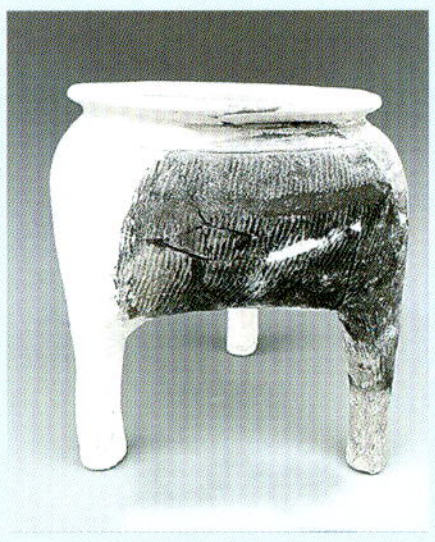

陶鬲

四系罐

陶盆

陶豆

攸县里旺古城遗址出土的文物

教　育

2021年3月25日，网岭幼儿园开展防火安全宣传

2021年5月31日，谭桥街道组织开展“呵护青苗、筑梦谭桥”之“童心向党、欢庆六一”志愿服务活动

2021年5月，攸县召开家庭教育指导服务工作动员大会，率先在全省申请设立国家关工委主导的“家校社共育与家长教育专业化建设”攸县实践区

2021年6月25日，攸县卫生系统举办“党建+医德医风”知识竞赛。图为参赛人员合影

2021年7月，攸县网岭镇芙蓉学校建成并投入使用，增加学位1080个

2021年9月8日，攸县县委、县人民政府召开第37个教师节教师代表座谈会

2021年9月15日，攸县法院“进集市、进校园、进社区、进企业”普法宣传活动召开

2021年9月22日，攸县农商银行向攸县翔鹰教育基金会捐赠助学基金100万元

2021年9月29日，全县“双减”工作暨规范民办义务教育发展推进会召开

2021年10月12日，小学生在粮食安全宣传教育基地参观了解粮食安全知识

2021年11月，攸县获评“株洲市2021年普通高中教育质量综合评价优秀县市”

卫生健康·疫情防控

2021 年 4 月 16 日，陆志伟、李秀教授对攸县人民医院呼吸与危重症医学科规范建设（PCCM）进行线上评审认证

2021 年 4 月 30 日，攸县卫健系统举办“医心向党、健康有我”演讲比赛

2021 年 5 月 12 日，攸县政务服务中心向市民颁发株洲市首张“多证合一”药品经营许可证

2021 年 5 月 29 日，攸县中医院举行三级中医医院挂牌暨湖南省中医药研究院附属医院中医专科医联体签约挂牌仪式

2021 年 7 月 6 日，攸县人民医院举行“亮技术、比创新”科室创新成果 PPT 展示赛

经济社会发展

2021年7月13日，攸县召开新型冠状病毒疫苗（Vero细胞）上市后临床研究攸县项目启动会

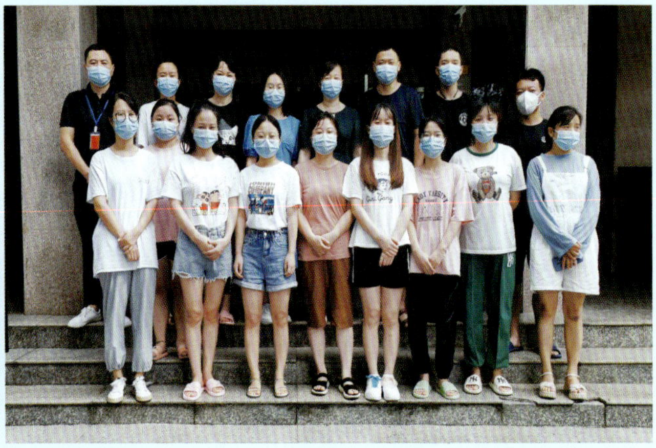

2021年8月，攸县在县委党校建立新冠肺炎集中隔离点。图为工作人员合影

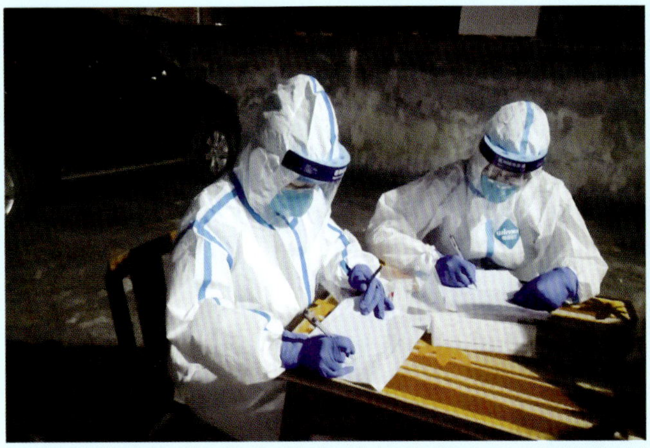

2021年8月，攸县疾控中心工作人员入户进行流行病学调查

2021年9月8日，攸县农商银行向县中医院支援株洲医疗队的捐赠物资现场

2021年9月17日，攸县人民医院开展2021年“服务百姓健康行动”全国大型义诊活动周活动。图为医护人员在渌田义诊点合影

2021年9月26日，攸县人民医院与南华大学附属第一医院举办首届骨科学术沙龙

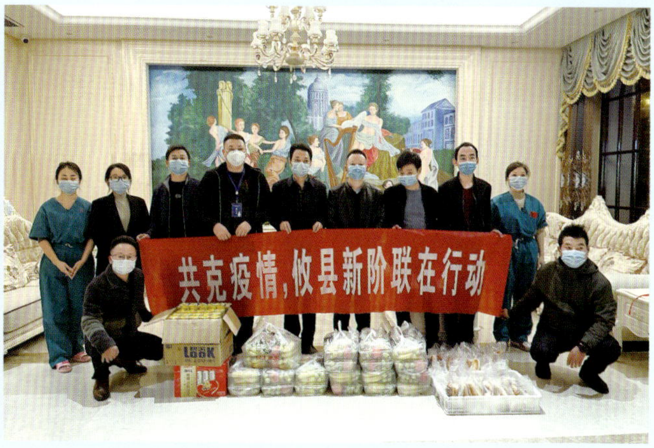

2021年10月25日，攸县新的社会阶层人士联合会捐赠物资到攸县部分集中隔离点，助力新冠肺炎疫情防控

2021年10月26日，攸县人民医院组织医护人员参加全县城区全员核酸采样工作。图为医护人员合影

2021年11月1日中午，株洲市支援攸县疫情防控的医疗队完成任务，启程返株洲

2021年11月5日，攸县人民医院“第一目击者团队”获全市现场救护科普人文路演大赛一等奖

经济社会发展

联星街道党校路方舱接种点新冠疫苗接种现场

攸县疾控中心参加攸县联星街道联西社区明珠花园小区新冠肺炎疫情防控应急演练

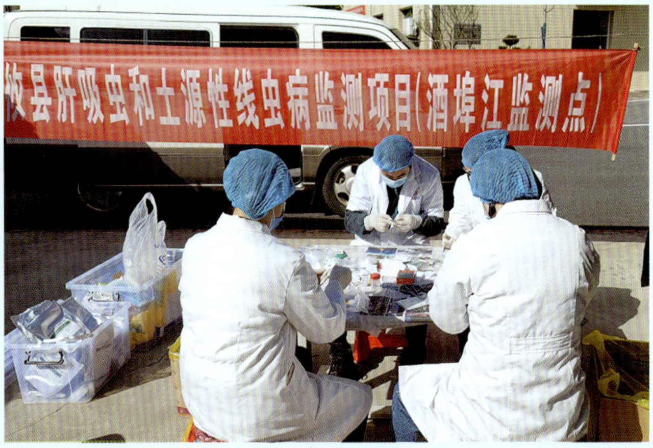

攸县疾控中心开展食源性疾病监测工作。图为酒埠江监测点工作现场

攸县疾控中心工作人员对进口冷链食品进行核酸采样

新冠肺炎疫情期间，医护人员处理运输医疗废物现场

社 会 救 助

2021年2月7日，县委书记康月林（右）走访慰问攸县部分困难党员和离退休老干部

2021年2月7日，县人大常委会主任吴爱清（中）看望慰问武警官兵、部分退伍伤残军人

2021年2月7日，县委副书记、县长李鹏程（中）慰问攸县“中国好人”何新建（左）

2021年9月7日，攸县举行慈善捐赠大会，会上县领导带头捐款，现场捐赠金额100余万元

2021年9月7日，攸县举行慈善捐赠大会，县农商行捐赠30万元

2021年10月12日上午，县委书记李鹏程（右二）代表县委、县政府看望慰问百岁老人谭莲英

2021年10月29日，株洲市福顺实业有限责任公司董事长龙曼生捐赠慰问物资到部分隔离点

2021年12月，攸县妇女联合会为江桥街道鸭塘铺小学捐赠爱心套餐

部门单位走访慰问困难党员群众

社会治安·安全生产

2021年1月10日，庆祝首个“中国人民警察节”。图为公安干警合影

2021年1月20日，安全生产监察部门开展烟花打非治违专项整治行动

2021年2月7日，县政协主席毛春良（左一）率职能部门负责人到新市镇，督查各加油站、烟花鞭炮生产企业安全消防工作

2021年2月20日，应急救援部门扑打山火现场

2021年3月26日，株洲市攸县人民法院少年法庭在联星法庭挂牌成立

2021年3月15日，“国际消费者权益日”之际，市场监管部门开展打击销售假冒伪劣产品及消费维权宣传

2021年3月23日，湖南省教育厅二级巡视员柴世钦带队的全省2021年县域道路交通安全风险防控联点督导组到攸县督导道路交通安全工作

2021年3月30日，攸县司法局在石羊塘镇乡贤馆开展《中华人民共和国民法典》专题讲座

2021年4月25日，职能部门对证照到期的企业，查封主要生产设施设备

2021年4月27日，县人大常委会主任吴爱清（左二）到谭桥街道苏州坝电站、桐坝电站等地督查防汛工作

2021年5月12日，湖南省应急管理厅党委委员、副厅长朱崇洲率调研督导组到攸县开展矿山安全生产工作调研督导

2021年5月12日，攸县应急管理局在湘东大市场开展防灾减灾日宣传活动

2021年5月17日上午，攸县人民法院将审判法庭搬到当事人家中

2021年5月24日，县委书记康月林（右一）就全县防汛工作开展专题督导

2021年5月28日，酒仙湖泄洪现场

2021年6月11日，攸县公安局获评“全省扫黑除恶专项斗争先进集体”

2021年6月22日，市委书记曹慧泉（中）到攸县督查安全生产工作

2021年6月24日，县委书记李鹏程（左二）到一线督导检查安全生产工作

2021年6月25日，县委副书记、县长候选人武挪强（左二）就全县安全生产工作到部分乡镇、企业开展专题督导

2021年7月6日，攸县交通问题顽瘴痼疾集中整治知识竞赛现场

2021年7月23日，攸县开展防汛应急演练活动。图为模拟江桥街道奥林村暴雨救助受困情景人员

2021年9月13日，攸县人民法院诉讼服务中心正式启动。图为自助服务区

2021年9月14日上午，攸县人民法院少年法庭走进株洲长鸿实验学校开展送法进校园活动

2021年9月16日，攸县组织开展居民小区天然气安全消防、应急疏散演练

2021年9月22日，县委书记李鹏程（右二）到湘东大市场检查两节期间安全生产工作

2021年9月25日上午，县委副书记、代县长武挪强（左二）带领相关部门负责人督查国庆节前安全生产工作

2021年9月，攸县消防救援大队在大唐华银能源有限公司开展应急救援综合演练

2021年11月7日，攸县召开全县烟花爆竹安全生产工作调度会

2021年11月，攸县消防救援大队举行“119”消防安全宣传月活动

2021年12月3日，攸县森林防灭火指挥部在网岭镇宏大村开展冬季森林防灭火演练

2021年12月，市县交通管理部门联合开展“戴帽工程”专项整治

生态环境建设

2021年3月12日，康月林（左）、李鹏程（右）等在任县级领导参加义务植树节活动

2021年4月8日，县委副书记、县长李鹏程（右五）率队到一线督导调研环保问题整改工作，就存在的突出问题进行现场办公

2021年4月19日，中共株洲市委书记曹慧泉（左三）带队到昊华化工公司视察环保工作

2021年7月，县委副书记、县长侯选人武挪强（右三）带队到安特新材料调研督导环保工作

经济社会发展

2021年9月30日，投资1050万元的鸾山镇新和村地质灾害集中安置房主体楼竣工

2021年12月7日，县委统战部组织党外代表人士开展全县生态环境保护协商专题活动。图为党外代表在三水厂饮用水源保护区调研

2021年12月27日，攸县召开全面推行林长制工作部署大会

环卫工人在洣水河打捞水上物质，保护水质安全

环卫工人消毒保洁现场

“6·5”世界环境日系列宣传活动启动仪式现场

人居环境整治罗家坪示范片区

治理后的沙河

饮用水水源区保护

水车洗刷街道，保障清洁卫生

治理后的乡村风貌

江桥街道

2021 年 6 月 30 日，江桥街道庆祝中国共产党成立 100 周年暨“七一”表彰大会

桐坝村时代楷模广场

2021 年 6 月，江桥街道办事处与攸县农商银行金融服务乡村振兴战略合作签约仪式

拆除重建的阴山大桥

提质改造后的鸭塘铺敬老院

联星街道

文化社区文化苑“文化大讲堂”开讲现场

防控新冠肺炎疫情，佳台公寓全员核酸检测现场

万古桥社区景秀家园党群服务中心组织社区儿童开展“青春攸你・七彩假期”夏令营活动

侯市社区“致富姜”生产基地收获现场

治理后的攸水河七里坪村段风光带

春联街道

春联街道办召开庆祝中国共产党成立100周年暨“两优一先”表彰大会

衡炎天然气长输管道项目建设现场

春联街道办组织居民在春联小学进行核酸检测

春塘龙村沃柑基地

巨洲村木耳生产基地

谭桥街道

2021 年 3 月 16 日，谭桥街道召开 2021 年经济工作暨文明建设表彰大会

2021 年 4 月 2 日，谭桥街道党工委开展党史学习教育，全体班子成员、站办主任及社区（村）书记共同参观谭震林生平事迹陈列馆

谭桥街道同乐湖小区党群服务中心

2021 年，建设中的渌水四桥

2021 年 12 月 1 日，马址陂志愿服务队组织开展冬耕冬种

鸾山镇

2021年1月27日，鸾山镇召开新一届村（社区）“两委”干部集中宣誓暨培训会

2021年9月30日，投资60万元的新漕社区“门前三小”示范点竣工

2021年9月30日，投资1600万元的污水处理厂开始通水通电，正式投入使用

2021年10月下旬，各级投入1549万元，对8个村进行高标准农田水利项目建设，图为主管部门派员现场指导

2021年9月3日，鸾山垃圾转运站正式启动运营

黄丰桥镇

黄丰桥镇举办庆祝中国共产党成立100周年文艺晚会

黄丰桥镇举办“善行天下，攸民同行”情暖三月学雷锋志愿活动

黄丰桥镇2021年本科新生座谈会纪念合影

百姓广场诗词书画展

樟井村鲈鱼养殖基地（鸟瞰图）

酒埠江镇

2021年7月，湖南省红色旅游文化节在酒仙湖景区举办

全体镇村干部上门入户开展养老保险待遇“回头看”。图为调研现场

2021年11月，江北社区成功创建全国示范性老年社区。图为揭牌仪式现场

2021年8月，中燃管道网岭分输站酒埠江段铺设全线竣工。图为管道覆土现场

酒埠江慈峰有机茶制茶工艺一角

网岭镇

网岭芙蓉学校

罗家坪村研学旅行基地

网岭循环经济园

改造后的椤山农贸市场

北坪村农村四好公共道路提质改造完成

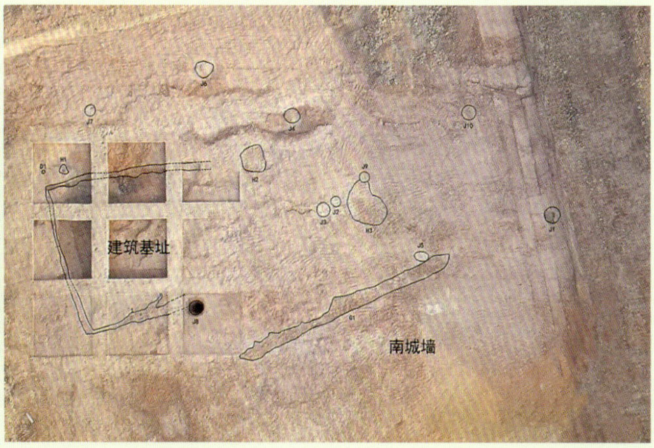

里旺古城遗迹分布图

皇图岭镇

皇图岭镇庆祝中国共产党成立100周年诗词画大赛作品展现场

皇图岭孔子学堂开班仪式

河田村“嘎嘎叫”麻鸭养殖基地

高标准农田建设施工现场

李家铺村高山蔬菜种植基地

宁家坪镇

宁家坪镇"感党恩、颂党情"文艺会演现场

宁家坪镇2021年开展"绿色乡村、美丽家园"志愿义务植树活动

新建的黄公村中心组"门前三小"村民广场舞活动

双凡实训基地学生体验活动

治理后的沙河——宁家坪段

千亩芝麻基地

丫江桥镇

丫江桥镇举办“百年风华、株洲力量”党史学习教育演讲比赛

华富风力发电项目

华富村辣椒种植基地

三峰村蕲艾种植基地

仙石村蓝莓种植基地

新市镇

镇机关党支部到左权故居开展主题党日活动

山门村召开本村优秀毕业生表彰会。图为参会人员合影

休闲观光景点——徐公店民宿，右为徐公店粉色沙滩游乐场

新建的善化村“门前三小”广场

丁家垅村绿元蜜生态农业园

莲塘坳镇

2021 年 3 月 19 日，莲塘坳镇组织村（社区）书记赴浏阳参观学习乡村振兴示范建设

2021 年 4 月 20 日，莲塘坳镇组织开展“百年风华、株洲力量”党史学习教育专题演讲比赛

深入挖掘红色资源，打造党史学习教育基地——红军洞

新建成的阳升观游客停车广场

南水村丝瓜基地

菜花坪镇

镇党政机关党支部在弄塘文化广场开展党史学习教育主题活动

菜塘村“门前三小”一角

菜塘村葡萄基地

菜塘村油茶基地

菜花村油菜基地

渌田镇

渌田镇召开庆祝中国共产党成立100周年暨“两优一先”表彰大会

2021年渌田镇教育基金会爱心助学奖扶大会召开

北伐战争叶挺独立团将士后人到渌田镇考察北伐遗址开发情况。图为座谈会现场

潞甫村举行重阳节敬老会演

渌田镇组织镇、村干部外出学习考察

2021年10月，新建的“北伐首战”无名烈士墓园竣工

石羊塘镇

石羊塘镇新一届支村“两委”班子成员集中培训

2021年1月，石羊塘农贸市场建成开业

2021年6月，石羊塘镇“儿童之家”投入使用

2021年7月，少儿假期学校第13次开班现场

2021年10月，石羊塘镇“攸县豆腐宴烹饪技艺大赛”现场

桃水镇

桃水镇举行庆祝中国共产党成立100周年暨“光荣在党50年”纪念章颁发大会

新冠肺炎疫情防控督查现场

桃水镇开展油茶种植活动

桃水镇2021级大学新生“金秋助学”座谈会召开。图为与会人员合影

2021年，湾田村暑期安全教育活动现场

目 录

特 载

综 述

大事记

中共攸县委员会

攸县人民代表大会

攸县人民政府

政协攸县委员会

群众团体

法 治

军 事

综合经济与管理

工　业

农 业

商　贸

交通·通信

财政·税务

金融·保险

城建·环保

人民生活

教　育

文化·传媒

卫生健康

乡镇（街道）

人　物

荣誉谱

附　录

特 载

埋头苦干 勇毅前行
为重振攸县雄风而不懈奋斗（节录）

——在县委十三届二次全体（扩大）会议暨县委经济工作会议上的讲话

中共攸县委员会书记 李鹏程

（2022年1月13日）

这次会议的主要任务是，深入贯彻落实党的十九大和十九届历次全会精神，中央、省委、市委经济工作会议精神，市委十三届二次全会和省市县党代会精神，总结2021年工作，部署2022年任务，动员全县上下埋头苦干、勇毅前行，为重振攸县雄风而不懈奋斗。下面，我代表县委常委会，讲四个方面的意见。

一、全面总结回顾，坚定重振雄风的信心和决心

过去一年，是全县上下共克时艰、共同奋斗、共创佳绩的一年。一年来，在中央、省市的坚强领导下，我们坚持“一二三四”发展思路，凝心聚力、担当实干，县域经济社会发展呈现稳中有进、进中向好的崭新局面。回顾这一年：最令人难忘的是，面对突如其来的新冠肺炎疫情，全县广大党员干部群众、医务工作者、社区工作者和志愿者队伍，闻令而动、向疫而行，用最短的时间实现“零外溢、零扩散、零院感”目标，真正在艰苦战斗中构筑了坚固防线，在大战大考中体现了责任担当，在风雨同舟中凝聚了攸县力量！最令人提劲的是，面对一些过去多年想干而没有干成的大事难事，我们坚持担当实干、大干苦干，仅用19天完成建设北路的拆迁，仅用18天完成内环路、吉兴路的拆迁，仅用5天解决上云桥用电历史遗留问题，建设北路、体育路全线通车，文化路延伸段、二环路等城市断头路彻底拉通！最令人鼓舞的是，面对疫情影响、经济下行等多重因素冲击，我们坚定不移稳增长，预计全年GDP同比增长（下同）7.5%；社会消费品零售总额增长16%；规模工业增加值增长11.5%；城乡居民人均可支配收入增长8.8%；完成税收收入15.16亿元，率先在全市完成任务；税收占比提高11.57个百分点，实现历史新突破！最令人自豪的是，面对你追我赶的区域竞争态势，

我们全力创优、奋勇争先，交通运输、文化旅游、疫情防控、养老服务、生态环境、安全生产6项工作进入省政府真抓实干激励公示名单，成功入选湖南县域经济高质量发展先进县十强、2021中国最具安全感百佳县市，攸县籍人士艾爱国获“七一勋章”，单扬、王双飞入选两院院士，攸县正以一个全新的姿态和形象展现在世人面前！结合具体工作来看，主要表现在六个方面：

一是坚持紧跟党走、紧抓党建，持续夯实了事业根基。把学习贯彻习近平新时代中国特色社会主义思想作为首要政治任务，创新“第一议题”研讨制度，及时学习最新讲话精神、重温经典篇目，切实筑牢了捍卫“两个确立”的基层基础，增强了践行“两个维护”的行动自觉。围绕习近平总书记“七一”重要讲话、十九届六中全会等专题，开展中心组学习15次、各类宣讲3400余场次，推动了学习贯彻落实习近平新时代中国特色社会主义思想走深走实。严格落实意识形态工作责任制，圆满完成省委意识形态工作巡视“回头看”专项督查整改任务，得到省委宣传部高度肯定。隆重举行庆祝建党100周年系列活动，深入开展党史学习教育，完成“我为群众办实事”重点项目30个，特色党课经验被中央党史学习教育官网推介。成功举办北伐首战首捷攸县渌田学术研讨会，扎实推进北伐首战纪念场馆建设，苏区革命历史展厅获评全市爱国主义教育基地。圆满完成县乡村三级换届，乡镇班子平均年龄下降2.2岁、本科以上学历提升21.7%，村级班子平均年龄下降12.7岁、大专以上学历提升10.3%。制定出台“五个十条”措施，提拔重用一批在脱贫攻坚、疫情防控等一线表现突出的干部，用人导向持续鲜明。大力开展实训攸州、人才训练营等活动，成功引进硕士及以上学历人才27名、培养电商人才200余人。扎实开展干部培训工作，获评全市干部教育网络培训工作先进单位。保持反腐高压态势，累计处置问题线索735件，立案203件，组织处理287人。驰而不息纠治“四风”，先后查处问题29个，党纪政务处分24人。召开全县领导干部警示教育大会、全县股所级干部警示教育大会，党员干部廉洁意识更加强烈。扎实推进县委巡察，探索开展专项巡察和异地交叉巡察，巡察覆盖率、线索办结率、问题整改率均实现100%。

二是坚持主抓产业、主攻实业，持续提升了经济质效。全力开展园区创业大会战，新签约高分子新材料链上企业6家，总数达到21家，高分子新材料产业链基本成型，华润建材、旭日陶瓷二期等项目加速推进，“一主一特”产业产值分别增长35.5%、18.5%；企业服务中心建成启用，累计清退“僵尸企业”8家，盘活闲置土地500亩，成功获批全省第一批化工园区。扎实推进“产业项目建设年”活动，引进项目45个、金额124.4亿元，争取各级预算内资金项目34个、金额1.98亿元。大力发展全域旅游，成功举办湖南省红色旅游文化节等活动，酒仙湖景区接待游客17.44万人、增长25.02%，新市镇新联村入选全省乡村旅游重点村。积极举办房交会，完成商品房销售面积42万平米；组织湘赣边首届直播带货创新创业大赛，电商销售农产品零售额达3.54亿元。加强商贸繁荣，各类专业市场实现收入6100万元，“城乡驿站+邮政快递”服务入选全国农村物流服务品牌，获评全省第一批农村客货邮融合发展试点县。深入开展“营商环境优化年”活动，落实减税降费2.5亿元，新增市场主体5991户、规模工业企业42家，2家本地建筑企业取得壹级资质。

三是坚持有效衔接、有力推进，持续加快了乡村振兴。32957名“三类户”全部纳入防返贫监测信息系统，27个村入选省级乡村振兴示范村，消除集体经济收入5万元以下村66个，住建局、新市镇、江桥街道杨木港村、民政局驻江联村帮扶工作队获评全省脱贫攻坚先进集体。坚决扛牢粮食生产政治责任，完成粮食播种面积91.7万亩、高标准农田建设6.16万亩，粮食生产和油茶育苗工作经验在全省推广，攸县豆腐晋升省级非遗保护项目，攸县香干注册国家地理标志证明商标，获评全国农作物病虫害绿色防控示范县、农作物病虫害统防统治百强县，农业农村局获评全国粮食生产先进集体。大力开展“五治理一革命”，建成乡镇垃圾中转站3座，完成道路绿化420千米，提质改造农村道路160千米，实施改厕13200户，新增省市美丽乡村14个、同心美丽乡村4个，建制镇污水处理设施实现全覆盖，石羊塘镇获评全省乡村治理示范镇。

四是坚持深化改革、深度创新，持续释放了发展潜能。深入推进“一件事一次办”改革和“五个一”改革，县乡村一体化政务服务体系基本形成，县本级事项承诺时限平均提速50%以上，工程项目审批“一费制”改革得到省级肯定，成功颁发全市首张县级药品经营“多证合一”许可证。乘势推进农村改革，农村集体资产年度清查工作全面完成，农村产权流转交易平台正式运营。统筹推进综合执法、国有企业、财税金融、社会保障、生态文明等各项改革，行政复议体制改革率先完成，“门前三小”经验被中央深改办肯定推介，城乡客运一体化示范县通过验收，国家园林城市通过复查。大力推动创新发展，省级专精特新“小巨人”企业总数达到6家，新增国家高新技术企业18家，成功获评全国科普示范县创建单位。

五是坚持以民为先、以人为本，持续增进了民生福祉。城镇新增就业5240人，农村劳动力转移就业3093人，“零就业家庭”动态援助完成100%，菜花坪镇获评省级充分就业乡镇。累计提质改造中小学校78所，网岭芙蓉学校建成使用，连续6年获评全市“高中教育质量建设先进县”。提质改造乡镇卫生院3家，中医院挂牌三级中医医院。建成“门前三小”工程205个，文旅广体局获评全国群众体育先进单位，融媒体中心获评全国广播业综合实力大型调研成果优秀广播团队。跃进水库市民游园工程入选全市污染防治攻坚先进典型案例，空气质量综合指数改善率居全省第一。完成小街小巷改造8个、老旧小区改造10个、农贸市场改造2个、棚改“改扩翻”200户，新增巩固提升农村供水人口5.9万人、城区停车位445个，长输燃气管线全线贯通。严格落实“六个一批”化债举措，持续化解了风险隐患。深入开展政法队伍教育整顿，常态化开展扫黑除恶专项斗争，公安局获评全省扫黑除恶专项斗争先进集体，法院审判执行工作受到省级层面通报表扬，检察院获评全市政法先进集体。深入开展安全生产专项整治三年行动，皇图岭镇获评全省应急能力建设示范乡镇，鸾山镇获评全省安全发展工作示范乡镇，江桥街道奥林村获评全省综合减灾示范社区。全面开展信访积案“百日攻坚”和信访“三无”创建活动，社会大局更加和谐稳定。

六是坚持统揽全局、统一共识，持续凝聚了人心力量。全力支持县人大及其常委会依法履职，务实开展专项执法检查，积极推进民生实事票决制，圆满完成县乡人大换届选举，为经济社会发展作出了重要贡献。全力支持县政协开展专题协商、强化民主监督、致力参政议政，深化“定好位、履好职、服好务”委员评议活动，切实发挥了政协力量。持续加强“大统战”格局构建，不断强化工商联、侨联等组织建设，支持开展“万企兴万村”等活动，创建“留守儿童之家”做法在全市推介，工商联获评省“五好”县级工商联。坚持党管武装不动摇，统筹推进战备训练、民兵调整、国防动员等工作，人武部新营区顺利搬迁。充分发挥群团组织、老龄老干、档案史志等各方面作用，进一步巩固了同心同德、同向同行的良好干事创业氛围。

二、科学精准研判，认清重振雄风的形势和要求

今年是党的二十大胜利召开之年，是省市县换届后的开局之年，是落实“一二三四”发展思路的关键之年，做好今年工作意义尤为重要。当前，受世纪疫情影响，国际形势风起云涌，国内经济发展面临需求收缩、供给冲击、预期转弱三重压力，外部环境严峻复杂。对此，我们要有清醒的思想认识和充分的工作准备。但是，无论风云如何变幻，关键是要坚定不移干好自己的事情，全力重振攸县雄风，真正以自身发展的“稳”应对外部环境的“变”。我们要看到：重振攸县雄风，是我们必须担起的政治责任。省委书记张庆伟同志对株洲明确提出要“发愤图强、重振雄风”，市里也对攸县提出了“重振经济强县雄风”的要求。我们作为全省的十强县，就要带头重振雄风，这是我们落实省市嘱托必须担起的政治责任，也是82万攸县人民的共同期盼。重振攸县雄风，是我们必须扛牢的历史使命。曾经的攸县创造过无数的辉煌、书写过无数的传奇、赢得过无数的赞誉，闻名全国的“五小工业”“城乡同治”等等，让攸县人民无比骄傲和自豪。美好的攸县，绝对不能在我们这代人手上被衰败、被没落、被遗忘。一班人有一班人的使命。重振攸县雄风，就是我们这一班人的历史使命，如果不能做到，那我们就是愧对历史、愧对人民、愧对攸县！重振攸县雄风，是我们必能实现的伟大事

业。从宏观政策看，中央明确提出要强化对风险化解的支持力度，适度超前开展基础设施投资，新增地方政府专项债，更好支持基层政府保民生保工资保运转，加大对交通、水利、管网改造等领域的投入，这些都必将为我们形成更多的项目和资金支撑。从区域战略看，中央高度重视中部地区崛起，湘赣边区域合作上升为国家战略，省市明确要加快推动长株潭一体化、支持县域经济发展，我们作为全国新型城镇化建设试点县、湘赣边区域合作重点县，必将继续迎来一系列实质性的机会和利好。从自身优势看，高分子新材料产业逐步壮大，华润建材、抽水蓄能等一批大项目、好项目即将破土动工，我们发展的基础更稳、支撑更强、活力更足。同时，通过党代会对发展蓝图的擘画，通过过去一年一系列成绩的取得，干部信心越来越足、发展氛围越来越浓、政治生态越来越好，只要我们准确识变、科学应变、主动求变，更好扬长避短、扬长克短、扬长补短，就一定可以实现赶超跨越、重振攸县雄风！

做好今年工作的总体要求是：以习近平新时代中国特色社会主义思想为指导，全面贯彻党的十九大和十九届历次全会精神，深入贯彻习近平总书记对湖南重要讲话重要指示批示精神，认真落实中央、省委和市委经济工作会议以及省市县党代会精神，弘扬伟大建党精神，坚持稳中求进工作总基调，完整、准确、全面贯彻新发展理念，服务和融入新发展格局，全面深化改革开放，坚持创新驱动发展，推动高质量发展，大力实施“三高四新”战略，紧紧围绕“培育制造名城、建设幸福株洲”目标，扎实做好“聚焦、裂变、创新、升级、品牌”文章，坚持“一二三四”发展思路，以供给侧结构性改革为主线，以“市场主体培育年”“干部能力提升年”活动为抓手，统筹疫情防控和经济社会发展，统筹发展和安全，继续做好“六稳”“六保”工作，持续改善民生，保持经济运行在合理区间，保持社会大局稳定，加快建设现代化新攸县，全力重振攸县雄风，以优异成绩迎接党的二十大胜利召开。今年全县经济社会发展的主要预期目标是：GDP增长7.8%以上，规模工业增加值增长8.5%以上，固定资产投资增长8%以上，地方一般公共预算收入增长8%以上，社会消费品零售总额增长8%以上，城乡居民收入增长速度高于经济增长速度，各项事业都有新的进步。

实现这些目标，必须深刻把握几点：一是要紧紧围绕迎接党的二十大胜利召开不动摇。把迎接、宣传、贯彻党的二十大作为贯穿全年工作的主线，作为最大的政治任务来抓，全力打造平稳健康的经济环境、国泰民安的社会环境、风清气正的政治环境，以实际行动和优异成绩迎接党的二十大胜利召开。二是要紧紧围绕“稳中求进”这个总基调不动摇。“稳”是基调、是大局，“进”是方向、是目标，两者辩证统一，不能顾此失彼。“稳”，就是要顶住下行压力，保持战略定力，着力稳经济、稳人心、稳大局。“进”，就是要打破思维惯性，树立更高标准，能跳多高跳多高、能跑多快跑多快，敢当先进、争创一流。三是要紧紧围绕党代会确定的任务不动摇。把贯彻“三高四新”“培育制造名城、建设幸福株洲”等省市战略与落实县党代会精神贯通起来，把五年目标和十件标志性大事等重点任务细分到每一年，倒排工期，挂图作战，确保一年有一年的进度，五年如期交账。四是要紧紧围绕“一二三四”发展思路不动摇。始终紧扣“一中心四样板”这一定位，锁定“撤县设市、冲刺百强”两大目标，推进“园区创业、乡村振兴、财源建设”三大会战，壮大“高分子新材料、绿色建材、全域旅游、特色农业”四大产业，不提新口号，只吹进军号，一张蓝图绘到底，一以贯之抓落实。五是要紧紧围绕“两个年”活动这个抓手不动摇。以开展“市场主体培育年”活动为硬支撑，加强市场主体扶持培育，全面激发市场活力和社会创造力；以开展“干部能力提升年”活动为硬举措，全面提升干部的政治能力、学习能力、经济能力、专业能力和落实能力。

三、全力担当实干，干出重振雄风的实绩和实效

思路已定，关键在干。新的一年，我们就是要围绕重振攸县雄风目标的关键领域、关键环节、关键任务重点发力，永葆“闯”的精神、“创”的劲头、“干”的作风，干出新成绩、闯出新路子。

（一）全力以赴兴产业，实现转型发展新突破

要做强园区工业 紧扣“五好”园区目标，打好园

区创业大会战，下决心淘汰落后产能，对一批生存无望、产能落后的企业坚决予以退出淘汰；下决心清理“僵尸企业”和低效闲置土地，确保“僵尸企业”动态清零，低效闲置土地全面盘活；下决心实现产业聚集，确保新增高分子新材料企业15家以上、绿色建材企业10家以上；下决心提高亩均效益，严格落实投入税收产出“224”“151530”标准，确保进入省级园区30强，加速冲刺百亿产业、千亿园区；下决心加快园区改革落地，推进化工区调区扩区，抓好“一企一管”、安全环保监管平台、污水处理厂提质扩容等建设，持续提升园区发展活力。要做活现代商贸。抢抓“实施县域商业建设行动计划”机遇，大力实施“数商兴农”行动，持续推动湘东大市场、家居城、汽贸城等专业市场转型升级，创新实施线上线下互补运营、跨界经营等模式，让市场更有活力、商户更有效益。用好农村客货邮融合发展试点县政策，持续健全以县城为中心、乡镇为重点、村（社区）为基础的物流配送网络，加快推进星级酒店引进工作，努力争创国家级电子商务进农村综合示范县。促进房地产市场良性循环和健康发展，更好满足购房者的合理住房需求。要做优全域旅游。以创建“AAAAA”景区、国家休闲旅游度假区、省级全域旅游示范区为牵引，持续抓好酒埠江生态新镇综合开发，积极融入湘赣边红色旅游共同体，继续优化景区服务供给，着力打造高品质的旅游线路、提供高品质的旅游产品。坚持深挖旅游内涵，抓好文化旅游、红色旅游、康养旅游、研学旅行等旅游新业态发展，推进北伐首战纪念场馆、谭震林生平业绩陈列馆（博物馆）、蔡会文和蔡中烈士事迹陈列馆等建设，促进旅游产业全面繁荣、整体提升。要做好主体培育。开展“市场主体培育年”活动，实施优质企业梯度培育行动，出台扶持培育政策，持续推进个转企、小升规、规改股、股上市，确保新增规模工业企业30家以上、“四上”企业60家以上；大力支持昊华、地博、澳维等企业上市，加快培育更多税收过亿企业。大力开展“纾困增效”专项行动，严格落实减税降费政策，对暂时困难、仍有前景的企业积极纾困重生。

（二）全力以赴攻项目，培育经济增长新引擎

要精心谋划项目 高度重视项目前期，紧跟国家产业政策和投资动向，瞄准新能源、水利、城市老旧管网改造等重点领域，确保新储备项目100个以上。要精准招引项目。紧盯链条企业、龙头企业、高税企业，深入开展“迎老乡、回故乡、建家乡”活动，综合运用以商招商、以情招商、资本招商等形式，确保招引项目30个以上；用好用活“招商引资28条”，更新完善招商引资政策。严格落实“一把手”带头招商和“管行业必须管招商”机制，出台争资引项激励办法，持续扩大招引效果。做好预算内资金争取，确保应争尽争、应得尽得。要精细管理项目。紧扣十大重点产业项目、十大重点配套项目、十件重点民生实事等，严格执行项目落地联席会议制度、“五个一”项目联系制度和项目推进奖惩问责制度，坚决杜绝签约时热热闹闹、推进中冷冷清清、运营后不闻不问。完善项目一体推进体系，列出在库、开工、在建、竣工四张清单，确保华润绿色建材产业园取得实质开工，旭日陶瓷二期、昊华生物二期、地博光电、抽水蓄能、双碳电网、华纯新材、艾硅特新材等项目加快推进。要精确保障项目。以财源建设大会战为抓手，做好专项债争取，加大资产处置力度，创新总部经济发展，加快矿产砂石等资源出让，着力缓解资金压力。用好占补平衡和增减挂钩等政策，着力开展“三清单三行动”攻坚，努力让“项目等土地”变成“土地等项目”。积极推动职业中专与高等院校联合办学，加大柔性引才力度，着力破解项目建设“用工荒”“人才荒”。

（三）全力以赴促振兴，塑造乡村繁荣新风貌

要围绕农业强，实行最严格的耕地保护制度，健全农民种粮收益保障机制，优化种植结构，做好污染耕地安全利用，确保更好“稳面积、稳产量、保安全”。深入实施“六大强农”行动，全力推进香干产业园建设，健全油茶等特色产业体系，加快培育国家级农业龙头企业，推动农村一、二、三产业融合发展，不断提升农业现代化水平。持续深化农村集体产权制度改革、农村宅基地改革、“三社合一”改革、供销合作社综合改革、农业领域综合行政执法改革，着力激发农村活力。要围绕农村美，紧扣“五好”乡村目标，深入推进农村人居环境整治提升五年行动，以“五治理一革命”为重点，统筹抓好空间规划编制、美丽乡村建设、幸福屋场创建等工作，加快打造湘赣边乡村振兴示范样板。大力开展乡村建设行动，确保实施高标准农田建设6万亩以上，建设农村道路100千米以上，完成山塘水库除险加固500座以上，解决农村供水保障人口7万人以上。要围绕农民富，严格按照“四摘四不摘”要求，健全防止返贫动态监测和帮扶机制，不断巩固“两不愁三保障”成果，坚决守住不发生规模性返贫的底线。大力发展村级集体经济，力争新增集体经济过10万元村50个以上。深入推进大众创业、万众创新，持续增加群众收入。扎实推进高素质农民培育，积极引导能人回乡、市民下乡、乡贤助乡、企业兴乡。

（四）全力以赴抢机遇，拉开城镇建设新格局

要抢抓城市更新行动机遇，加快推进城市提质。紧扣湘赣边南部中心城市定位，优先抓好东城新区建设，积极做好老城区提质改造，统筹做好城南片区保护开发，加快推进中心医院、东城学校、三桥四桥等项目建设，着力抓好城市断头路、老旧小区改造、污水管网截流改造、雨污分流改造、停车位建设、人防工程建设、拆违控违等工作，确保G106绕城线年内完成主体工程，不断提升城市品位、激发城市活力。要抢抓培育经济强镇机遇，加快推进城镇建设。主动融入醴炎县域经济走廊建设，继续推进皇图岭、网岭、酒埠江等特色小镇的发展升级，统筹抓好各乡镇的特色培育，着力打造一批经济强镇、特色小镇。高度重视乡镇运行难题，鼓励支持乡镇结合自身发展定位，积极策划包装一批项目，引导做活土地经营文章，切实增强乡镇自主发展能力。加快推进扩权强镇，抓紧对接落实乡镇改革任务，努力解决权责不对等的问题。要抢抓区域战略合作机遇，加快推进城际交流。抢抓长株潭一体化机遇，积极争取醴茶铁路电气化改造和网岭恢复设站，配合做好城镇职工异地就医住院结算“一网通”，社保待遇、医疗门诊“一卡通”，交通出行、旅游观光“一票通”等工作。抢抓湘赣边区域合作机遇，积极争取湘赣边旅游环线项目，抓好湘赣边区域合作示范村创建，继续培育壮大一批“湘赣红”区域品牌。

（五）全力以赴增动能，厚植持续发展新优势

要以改革激活力。推进公益类事业单位改革，全力提升运行效能。深化投融资体制改革，完成国有投融资企业改革整合，推动降本增效，提升造血功能。推进民生领域改革，加快乡镇便民服务中心标准化建设，推进“一门式”公共服务全覆盖。统筹做好综合执法、财税体制、医药卫生、教育综合等各项改革，切实打通工作堵点，全面提升管理效能。认真做好改革“后半篇文章”，切实抓好涉改单位职责落实、人员调配、流程优化等工作。要以创新增动力。推进产业数字化、数字产业化，加大企业研发支持力度，推动企业“上云用数赋智”，力争新增高新技术企业15家以上、省级专精特新“小巨人”企业2家以上，国家级专精特新“小巨人”企业实现破零。加强与高等院校、科研院所合作，确保新增省级以上研发机构2个以上。积极争取在外科技领军人才回乡转化科技创新成果。要以服务提效力。坚持放权到位、赋权到位、服务到位，深化“放管服”“一件事一次办”改革，探索实行审批全程代办制、拿地开工同步制、施工环境零扰制，让“只要在攸县，一切都方便”成为常态。大力弘扬企业家精神，支持民营经济健康发展，加强诚信社会体系建设，开展行政执法乱象专项整治，着力营造亲商扶商、安商富商的良好发展环境。

（六）全力以赴惠民生，谱写共同富裕新篇章

要让群众享有更坚实的保障。强化就业优先导向，促进高校毕业生、退役军人、农村转移劳动力等重点群体就业，保持“零就业家庭”动态清零。织密社会保障体系，推进保障性住房建设和危房改造，实施全民参保，健全重大疾病医疗保险和救助制度，强化养老服务“五大体系”建设，加强优抚安置、困境儿童、困难退役军人等关爱服务。加强社保医保基金监管，坚决守好群众的“养老钱”“保命钱”。要让群众享有更优质的服务。扎实推进“双减”政策落地，持续优化教育资源配置，加快推进春联小学、永佳小学等项目建设，抓紧布局枫岭大道片区学校建设，更好满足群众教育需求。实施健康攸县行动，抓好医联体和重点学科建设，加快卫生院和妇幼保健院提质改造，推进中医药事业传承创新发展，重视卫生机构运转保障，持续提升医疗服务水平。实施公共文化服务体系高质量发展五年行动，全面深化新时代文明实践中心建设，继续擦亮“门前三小”金字招牌，加快完善图书馆等文体设施。统筹抓好全国文明城市创建、扫黄打非、丧葬改革、移风易俗、人口政策落实等工作。要让群众享有更便捷的设施。做好衡吉高铁、吉邵高速、通用机场等项目前期，进一步打通对外交通格局。推动乡镇污水处理厂提质增效，做好酒埠江灌区改造，抓好“气化乡村”建设，确保长输管道燃气全面开通。积极推进“智慧城市”建设，抓好充电桩、5G基站等新型基础设施建设。

（七）全力以赴抓治理，开创共治共享新局面

要坚决确保和谐稳定。以配合创建全国市域社会治理现代化试点合格城市为抓手，不断坚持和完善新时代“枫桥经验”，进一步提升矛盾化解能力。深化网格化服务管理和县域社会治理风险防控“N合一”机制，抓好县域警务工作，常态化开展扫黑除恶专项斗争和禁毒人民战争，坚决防范和打击各类违法犯罪活动。高度重视涉房、涉企等信访问题，严格落实领导干部带头接访、主动下访制度，持续开展信访“三无”创建，全力维护和谐稳定。深入抓好法治攸县建设，持续深化司法体制改革，积极推进民主法治村创建。要坚决确保安全有序。全力落实常态化疫情防控举措，严格做好“外防输入”工作，坚决巩固疫情防控成果。高度重视政府债务、镇村债务，健全完善债务风险化解机制，坚决确保隐性债务不新增、“三保”支出不断链、全口径债务额度稳步下降、利息支出负担有效减轻。严格落实安全生产责任制，紧盯矿山、烟花、危化、校园、食品药品、道路交通、老旧管道等重点领域，深入开展安全生产专项整治三年行动，全力实现“三坚决两确保”目标。要坚决确保绿色环保。坚持山水林田湖草系统治理，持续打好“蓝天、碧水、净土”攻坚战，扎实开展环保督察反馈问题整改，统筹抓好河湖林田长制、封山育林、采煤沉陷区治理、黑臭水体治理、“千吨万人”集中式饮用水水源地规范化建设、长江流域“十年禁渔”等工作，确保生态环境持续好转。严格落实“双碳”战略要求，深入推进碳达峰行动，探索推动“碳交易”。

四、坚持从严治党，夯实重振雄风的根基和保障

事业成败，关键在党，核心在党，根本在党。我们要全面贯彻新时代党的建设总要求，大力弘扬伟大建党精神，持续压实管党治党政治责任，切实为重振攸县雄风提供坚强保障。

（一）紧跟核心中心，营造浓厚的发展氛围 **要守牢政治立场** 持续加强十九届六中全会精神解读，积极引导全县上下坚定捍卫“两个确立”，坚决做到“两个维护”。加强督导检查，坚决确保全县上下在政治立场、政治方向、政治原则上同以习近平同志为核心的党中央保持高度一致。要抓牢理论武装。始终把学深悟透习近平新时代中国特色社会主义思想作为首要政治任务，围绕党的二十大精神，完善“第一议题”制度，开展理论“六进”宣讲，推动全县上下当好习近平新时代中国特色社会主义思想的坚定信仰者和忠实实践者；巩固党史学习教育成果，推动形成正确政绩观，真正做到敬畏历史、敬畏文化、敬畏生态。要把牢舆论导向。始终保持斗争精神、增强斗争本领，严格落实意识形态工作责任制，加强融媒体中心建设和新闻、网络、宗教等阵地管理，加大社会主义核心价值观和榜样模范宣传力度，健全完善重大舆情和突发事件舆论引导机制，牢牢把握意识形态工作领导权、管理权和话语权。要筑牢团结基础。坚持党管一切原则，坚持人民代表大会制度，充分保障县人大及其常委会依法行使职权；全力支持政府履职尽责，确保更好推动经济社会高质量发展；高度重视人民政协事业，全力支持政协开展政治协商、民主监督、参政议政；充分发挥侨联、工商联等统一战线桥梁和纽带作用，加强党管武装和双拥工作，充分发挥公检法司、群团组织、老龄老干、档案史志等各方面作用，持续凝聚发展合力。

（二）夯实基层基础，铸造坚强的战斗堡垒 **要持续建强基层组织** 突出政治功能，严格组织生活，坚持民主集中制，不断深化党支部标准化、规范化建设。整合资金资源，创新方式方法，抓好湘赣边党建示范带建设，统筹机关、小区、“两新”组织等各领域党建工作，推动软弱涣散党组织常态化、长效化整顿，切实增强基层党组织的组织力、战斗力。要持续激发基层活力。实施支部书记“领头雁”行动，抓实村干部能力培训，推进基层减负，保障合理待遇，加大优秀村干部选拔考录力度，努力让基层干部有更强能力、更多精力、更大

动力抓工作、促发展。加强和改进党员教育管理，构建城乡一体的党员动态管理机制，规范发展党员、管好流动党员、清理“三不党员”，充分发挥党员先锋模范作用。要持续保障基层运转。健全完善村级党组织运行规则、村务监督、议事决策等机制，落实农村“三资”管理等规定，着力保障基层党组织专项经费。结合“门前三小”等工程，继续抓好村级阵地完善，着力改善活动开展、人员办公等条件，努力建设功能齐全、管理规范的组织阵地。

（三）严格选人用人，锻造过硬的干部队伍要突出发展所需，加大人才招引　落实“人才新政30条”和人才工作“五项措施”，实施“攸子回乡”工程，加大津贴补贴、分配激励、职称评审、创新创业支持力度，着力引进培养一批发展急需的专业人才，鼓励支持一批返乡创业的攸籍人才，交流共享一批高校企业的创新人才，让各条战线人才充足、战力充实。要突出能力提升，抓好教育培训。大力开展“干部能力提升年”活动，加快选派一批干部外出学习交流。聚焦经济建设主战场，注重各类专业干部培养，加强在统计、财务管理、项目策划、专项债争取等方面的实战化培训。注重在基层实战中历练干部，有计划地选派干部到艰苦岗位和基层一线锻炼。大兴学习之风、调研之风，推动党员干部认真学习经济、科技、历史、文化和生态知识。要突出实干实绩，树立鲜明导向。坚持新时代好干部标准，坚决不用请托打招呼、组织未推荐、实绩不突出、品行不佳、口碑不好的干部，大力使用政治过硬、能力突出、实绩明显的干部，切实把优秀干部选出来、用起来。抓好后继有人这个根本大计，做好年轻干部培养工作。加大女性干部、党外干部选用力度。要突出严管厚爱，激发干事热情。落实“五个十条”措施，推动干部人事工作和机构编制工作更加规范化。抓好考核工作，充分考虑不同地区、不同部门差异特点，突出重点工作，注重结果运用。全面落实健康体检、带薪休假等制度，充分调动干部积极性。

（四）坚持从严从紧，打造优良的政治生态要狠抓监督查处，形成不敢腐的震慑　坚持刀刃向内，以零容忍态度惩治腐败，聚焦重点领域和“关键少数”，严肃查处国有企业、招投标、工程项目、营商环境、政府债务等方面存在的腐败问题。深入整治群众身边腐败和不正之风，持续开展专项整治和“回头看”，坚决清除害群之马、消灭“蝇贪蚁腐”。严厉整治违反中央八项规定精神行为，坚决向形式主义官僚主义开刀、向享乐主义奢靡之风亮剑。持续高压打击恶意造谣、混淆视听、诬告陷害等行为，发现一起、查处一起、通报一起。要狠抓制度建设，扎紧不能腐的笼子。持续完善县委工作制度，着力构建职责清晰、运行顺畅的管党治党制度体系。不断深化巡察监督、派驻监督等监督体系建设，确保零盲区、无死角、全覆盖。要狠抓教育管理，增强不想腐的自觉。持续开展党性教育、警示教育、法纪教育，从源头筑牢预防腐败的思想防线。综合运用监督执纪“四种形态”，努力把各类违纪行为扼杀在萌芽状态。健全落实容错免责机制，进一步明确“容什么”“怎么容”“容后怎么办”，旗帜鲜明鼓励广大党员干部勇敢地闯、大胆地创、扎实地干。

（五）围绕高质高效，塑造科学的工作思维要强化政治思维　时刻加强政治学习，不断增强政治能力，努力做到分析问题考虑政治因素，拍板决策落实政治要求，解决问题防范政治风险，不断提高政治判断力、政治领悟力、政治执行力。要强化经济思维。努力学经济、懂经济、抓经济，善于用经济理念看问题、以经济手段抓工作，尤其是在招引项目、开展建设等方面，要学会算成本账、算时间账、算效益账，坚决不能稀里糊涂、简单拍板。要强化生态思维。人不负青山，青山定不负人。要始终保持对生态的敬畏之心，绝不以牺牲生态环境为代价换取一时的发展，绝不因任何工作埋下环境污染的“隐形炸弹”，以实际行动践行“绿水青山就是金山银山”的理念。要强化专业思维。加快知识更新，加强实践锻炼，真正做到干一行爱一行、钻一行精一行、管一行像一行。加强干部专业思维、专业能力、专业精神培养，真正把专业的事交给专业的人干。要强化落实思维。坚持落实落实再落实，不议论、不怀疑、只实干，一天当作两天用，两步并作一步走，决不浅尝辄止、浮于表面，决不拖三拉四、拖泥带水。健全督查调度机制和领导联点机制，切实推动各级精神和各项工作不折不扣落实到位。

名词解析

“五个十条”：《攸县公务员职级晋升十条规定》《年轻干部培养十条意见》《县管领导干部平时考核十条意见》《机关事业单位人员管理十条措施》《加强教育卫生人才队伍建设十条意见》。

“五治理一革命”：治垃圾、治污水、治“空心房”、治村容村貌、治陋习、厕所革命。

“五个一”改革：建好“一张网”，推动政务事项融合办；夯实“一扇门”，推动政务事项集中办；做实“一个窗”，推动政务事项集成办；聚焦“一件事”，推动政务事项联合办；做细“跑一次”，推动政务事项提速办。

“224”“151530”标准：化工园区项目每亩投入不少于200万元，每亩税收不低于20万元，每亩产值不低于400万元；其他园区项目每亩投入不少于150万元，每亩税收不低于15万元，每亩产值不低于300万元。

“三清单三行动”：建立政府主体闲置土地清单，实行“摘帽”行动；建立市场主体非“净地”闲置土地清单，实行“净地攻坚”行动；建立市场主体“净地”闲置土地清单，纳入月清“三地”范畴，消化存量批而未供和闲置土地。

“三社合一”改革：整合一家基层供销社、一家信用合作社和一家专业农业合作社，成立农民供销合作社联合社。

“五好”乡村：乡村产业发展好、乡村人才活力好、乡村乡风文明好、乡村生态环境好、乡村组织建设好。

县域社会治理风险防控“N合一”机制：整合各类社会综合治理资源，创新建立一个集各类风险管控工作于一体的县域社会治理“N合一”新机制，实现部门联合、职能整合、资源聚合、手段融合，对各类风险实行信息化、智能化、精细化管理。

“三坚决两确保”：坚决杜绝较大及以上安全事故（含生产经营性和非生产经营性事故），坚决遏制一般安全事故，坚决防范自然灾害导致重大人员伤亡，确保事故起数和死亡人数继续下降。

攸县人大常委会工作报告（节录）

——在攸县第十八届人民代表大会第二次会议上的工作报告

攸县人大常委会主任 冯 杰

（2022年2月25日）

过去一年的主要工作

2021年是中国共产党成立100周年，是“十四五”规划的开局之年，也是我县发展极不平凡的一年。一年来，县人大常委会坚持以习近平新时代中国特色社会主义思想为指导，在中共攸县县委的坚强领导下，紧紧围绕全县工作大局，团结依靠全体人大代表，强化法治意识、恪守为民情怀、弘扬实干精神，积极推进全县经济社会发展和民主法治建设，各项工作取得了新进展。全年共召开县人大常委会会议10次、主任会议17次，听取和审议专项工作报告32项，开展调研视察、执法检查等46次，作出决议、决定24个。

这一年，我们在学习贯彻党的十九届六中全会、中央人大工作会议和省市县党代会精神中对标对表、实干实为，政治意识全面增强。县人大常委会党组和主任会议成员把学习好、宣传好、贯彻好会议精神作为首要政治任务，按照学懂弄通做实的要求，先后召开党组（扩大）会议22次和全县人大工作务虚会；围绕贯彻落实会议精神组织专题研讨，开展走访调研，收集意见建议167条，研究制定贯彻落实实施意见，明确牵头领导、责任委办和责任人，确保会议精神转化为具体举措和务实行动。

这一年，我们在助推“一二三四”战略实施中同向同行、聚心聚力，人大作用充分彰显。围绕战略实施情况，聚焦湘赣边乡村振兴建设、新型城镇化样板区建设、教育和医疗品牌提升等方面，确定重点监督议题7项，开展调研视察15次，收集意见建议63条，作出依法保障和促进实施“一中心四样板”、“打造‘三个高地’推进‘三大会战’”战略等重要决定，为战略有效实施提供了法治保障。

这一年，我们在推进县乡人大换届选举过程中依法依规、明纪守纪，民主权利有效实现。坚决贯彻换届选举有关部署要求，加强督促指导，组织业务培训，把好选举各环节、各关口，广泛发动群众行使当家作主的权利，登记选民658965名，参选率达94.85%，实现了换届选举风清气正、选举结果人民满意，县乡人大换届选举成为践行全过程人民民主的生动实践。全县共选举产生县人大代表300名、镇人大代表983名，代表结构进一步优化、整体素质普遍提高。

这一年，我们在办理民生实事人大代表票决制项目中真督真导、善作善成，群众利益切实保障。持续提升对民生实事项目办理的监督力度与深度，率先在全市实现县乡两级民生实事票决制全覆盖。建立“1+3”全过程督办机制，听取和审议民生实事项目办理情况专项报告，组织代表开展集中视察县乡两级票决项目活动23次，开展“回头看”3次，提出意见建议137条，协调解决问题32个，推动民生实事票决项目高质量实施。

一年来，在抓好以上四项重点工作的同时，县人大常委会紧跟县委决策部署，紧贴人民群众对法治建设的呼声期盼，紧扣县域治理体系和治理能力现代化的实际需求，认真履行权力机关职能，圆满完成了各项工作目标任务，丰富拓展了人民代表大会制度的基层实践。

（一）坚持高举旗帜、提高站位，始终坚定正确政治方向

持续强化思想理论武装。突出习近平新时代中国特色社会主义思想总指引，把学习党的十九届历次全会精神与学习习近平法治思想、习近平总书记关于坚持和完善人民代表大会制度的重要思想紧密结合起来，深化对新发展阶段、新发展理念、新发展格局的理解把握。坚决落实“第一议题”制度，组织开展专题集中学习12次，交流研讨7场，撰写心得体会34篇，努力做到在学习中升华，在感悟中蜕变，切实把对党的忠诚、对中国特色社会主义的信仰转化为践行人民代表大会制度的具体行动。

坚定不移强化党的领导。制定《中共攸县人大常委会党组向县委请示报告工作制度》，实行清单制管理，明确向县委请示、报告和报备的事项34项，做到人大工作中的重大事项、重要工作、重大会议（活动）都及时向县委请示报告。全年向县委常委会专题汇报11次，向县委请示报告19次。坚持党管干部原则与人大依法任免相统一，全年任免国家机关工作人员63人次，组织意图得到圆满实现。

主动融入全县工作大局。全面落实“三联三包”等重要工作和重要活动要求，积极开展督查协调，推动华润水泥攸县绿色建材产业园、酒仙湖国际医养生态小镇、北伐首战纪念馆等一批重点项目和重要工作取得进展。面对突如其来的新冠肺炎疫情，县人大常委会第一时间发出倡议，党组和主任会议成员带头督导在第一线，人大系统全员奋战在最前沿，各级人大代表踊跃捐款捐物、主动摸排疏导，为迅速打赢疫情防控阻击战贡献了人大力量。

纵深推进党史学习教育。切实抓好党史学习教育各项任务，深入推进学史明理、学史增信、学史崇德、学史力行，举办“书香伴我行——学党史、悟思想、办实事”读书班6期，专题党课7次，研讨交流4次，赴湘赣攸县苏区革命烈士纪念馆、茶陵县工农兵政府旧址等红色教育基地开展实地研讨3场，高质量开好了专题民主生活会和组织生活会。深入开展“我为群众办实事”实践活动，梳理8项重点任务、13件具体实事项目，解决了一批群众关心关注的“急难愁盼”问题。

（二）坚持聚焦主业、突出重点，着力增强监督工作实效

全力助推经济社会发展。推动“十四五”规划科学编制，组织开展专题调研，收集意见建议236条。听取和审议国民经济和社会发展计划、财政预决算、审计工作及审计查出问题整改情况等报告，批准县本级预算调整方案。开展国有资产管理情况调研，协助县委出台《关于建立县人民政府向县人大常委会报告国有资产管理情况制度的实施意见》。加强“同级审”监督，督促有关部门建立健全制度9项。听取县城总体规划2020年执行情况报告，专项审议县城绿化土地利用执行情况，专题调研县城老旧小区改造，助力湘赣边新型城镇化样板区建设。开展财源建设、园区经济发展、湘赣边区域公共品牌建设、科技成果应用推广普及等调研视察检查，助推经济高质量发展。

努力维护社会公平正义。听取和审查法检“两院”工作实施情况报告，审议县人民检察院公益诉讼检察和保护工作报告。组织代表听审评议法院庭审案件活动，监督完成2021年度人民陪审员选任工作。开展依法治县、民商事仲裁、常态化扫黑除恶专项斗争等调研视察，参与行政执法案卷评查和乱象整治等活动，严格实施任前法律考试，全面促进《民法典》等普法工作。上下联动开展残疾人保障法等5部法律法规执法检查，推动法律法规在我县得到全面贯彻和有效执行。深化备案审查工作，对备案的5件规范性文件进行备案登记和合法性、适当性审查，提出意见建议13条。加强涉法涉诉人民来信来访工作，全年转办、交办、督办群众来信来访23件次，着力维护了群众合法权益。

协力推进生态文明建设。听取和审议年度环境状况和环境保护目标完成情况、2020年生态环境保护工作和环境监测指标实施情况报告，专项督查封山育林决定贯彻执行情况，督促完善环境保护工作机制，推动环境质量持续好转。开展土壤污染防治法、大气污染防治法、固体废物污染环境防治法等执法检查，加强对中小河流治理、黑臭水体治理、重点流域水环境保护、农村生活垃圾分类等生态环境重点领域监督，促进生态环境突出问题得到有效解决，助力打造绿色新攸县。

倾力关注民生福祉改善。把人民群众对美好生活的向往作为人大工作导向。回应群众对教育医疗的关切，调研中小学基础设施建设、“双减”工作落实情况、医保制度实施情况等，提出意见建议17条。回应群众对健康饮水的关切，组织代表专题督办农村饮水安全建设决定贯彻执行情况，督促有关部门加大建设投入，加强饮水安全运营监管。回应群众对城区停车难的关切，组织县乡人大代表视察城区停车建设管理工作，督促新增路面停车位1067个。回应群众对社会保障的关切，组织开展劳动就业、基层治理、特殊群体权益保护等工作监督，推动民生事业持续改善。

（三）坚持依靠代表、服务代表，不断激发代表履职活力

做优服务保障。持续抓好代表履职学习，通过专题讲座、经验交流、分组讨论等形式，提高代表履职能力和综合素质。设立人大代表事务中心，充实机关人员力量，提升服务水平和质量。修订完善代表履职管理办法，落实代表履职经费，为代表更好履职搭建了平台、提供了保障。规范代表履职登记，掌握代表履职动态，实施综合考评督促，开展优秀代表履职评选表彰，代表履职的积极性、主动性不断提升。

做好双联工作。坚持“双联”工作制度，县人大常委会组成人员、专委会成员分片联系县人大代表，人大代表联系人民群众。县人大常委会领导通过集中座谈、分片走访的方式，面对面收集代表意见建议272条；组织各级人大代表进“两室”接待选民、群众161人次，受理反映的问题63件，逐一协调解决54件，文体场所建设、农村基础设施建设等群众反映的难点问题得到有效解决。

做实代表活动。建立3个市人大代表小组、17个县人大代表小组，促进代表活动常态化、专业化。组织代表参加执法检查、专题调研、专题询问、预算审查监督等工作，邀请192人次代表列席县人大常委会会议，进一步拓展代表参与人大工作的广度和深度。动员各级人大代表积极参与省、市、县党代会献智献策活动，主任会议成员带队开展走访调研，收集了一批高质量的对策建议。

做细建议办理。推行县人大常委会领导牵头督办、专委会对口督办和代表联络机构统筹督办的工作机制，督促承办单位加强与代表互动，强化责任意识，推动建议办理从“答复型”向“落实型”转变。一年来，代表提出的115件建议，已解决或列入解决计划97件，北江小桥改建、永乐江江联村防洪堤修建等一批建议得到有效解决。

（四）坚持固本强基、提质增效，切实提升自身建设水平

以党的建设为统领。规范党内政治生活，落实常态化谈心谈话、民主评议党员、主题党日、三会一课等制度，升级改造机关党建活动室，全面激发党建工作活力。选优配强人员力量，不断优化人员结构，增强机关党组织凝聚力和战斗力。扎实开展“清廉人大”建设，严格履行党风廉政和意识形态“一岗双责”，着力营造风清气正的人大常委会机关政治生态。

以制度建设为保障。不断适应新时代地方国家权力机关特点和运作方式，全面梳理人大及其常委会职责职能、政策规范、党群工作、会议服务、业务建设、机关管理等6大篇章、73项议事规则或制度。审议通过了县人大常委会议事规则、组成人员守则等，逐步形成了以制度管人、靠制度办事的长效工作机制。推进“智慧人大”建设，初步建成县人大常委会和主任会议电子表决系统，人大工作信息化水平得到进一步提升。

以能力建设为牵引。把握新形势新要求，组织人大系统干部开展交流培训，举办系列读书班，开设“人大讲堂”，编印推出《不辱使命》精选文集，不断提升人大干部依法履职能力。广泛开展调查研究，撰写理论文章25篇、编发信息68条，《弘扬伟大红船精神，为推进“一中心四样板”贡献人大力量》《评议动真格监督有实效》《民生实事项目合民意暖民心》等理论文章或工作经验被人民日报、全国人大、人民之友等媒体刊登。扎实做好老干部、后勤接待等工作，建设老干之家，服务和保障水平得到不断提高。

以基础建设为支撑。加强县乡两级人大之间思想政治建设和工作的互动交流，推进乡镇人大“两室”建设，出台乡镇人大工作考评办法，指导和促进乡镇人大依法规范履职。定期举办乡镇（街道）人大工作片区交流会，邀请乡镇（街道）人大负责人列席县人大常委会会议、参加调研视察等活动，组织县乡人大干部到宁乡、渌口等地区考察学习，推动全县人大工作水平整体提升。

今年的主要工作

2022年是党的二十大召开之年，是全面贯彻落实党的十九届六中全会、省第十二次党代会、市县第十三次党代会和中央、省委人大工作会议精神的开局之年。今年县人大常委会工作的总体要求是：高举中国特色社会主义伟大旗帜，坚持以习近平新时代中国特色社会主义思想为指导，全面贯彻党的十九大和十九届历次全会精神，深入学习贯彻习近平总书记关于坚持和完善人民代表大会制度的重要思想，全面落实中央、省委人大工作会议及省、市、县党代会精神，坚持党的全面领导、人民当家作主、依法治国有机统一，立足“四个机关”职能定位，践行全过程人民民主，紧扣“一二三四”发展思路，围绕打造“三个高地”、推进“三大会战”目标任务，聚焦中心工作、聚情民生关切、聚力依法履职、聚合代表力量，为重振攸县雄风，奋力闯出经济社会高质量发展新路子贡献人大智慧和人大力量。今年，县人大常委会着重做好以下四个方面的工作。

（一）坚持党的全面领导，让人大工作有方向、更有作为

坚持党的全面领导是实行人民代表大会制度、做好人大工作的最高政治原则和根本政治保证。筑牢人大工作政治根基。落实落细第一议题制度，深学笃用习近平新时代中国特色社会主义思想，特别是习近平总书记关于坚持和完善人民代表大会制度的重要思想，巩固和拓展“不忘初心、牢记使命”主题教育、党史学习教育成果，丰富和拓展人大工作的实践特色、时代特色，坚定捍卫“两个确立”，坚决做到“两个维护”。把准人大工作政治方向。充分发挥县人大常委会党组把方向、管大局、保落实的重要作用，坚持在全局中谋划、在大局中行动，切实把党的全面领导贯穿人大工作全过程、各方面。严格落实重大事项向县委请示报告制度，做到重大事项提前向县委请示，重点工作主动向县委汇报，重要会议和活动及时报县委批准。提升人大工作政治效果。主动肩负人大应当承担的责任，坚决贯彻落实党委主张和意图，围绕中央、省委人大工作会议精神，紧扣“一二三四”发展思路、十件标志性大事等重大决策部署，围绕打造“三个高地”、推进“三大会战”和“三联三包”工作要求及重点任务，依法做好重大事项决定、人事任免、监督、代表等工作，制定落实方案和责任分工办法，切实做到县委决策部署到哪里，人大工作就跟进到哪里，力量就汇聚到哪里，作用就发挥到哪里。

（二）聚焦服务发展大局，让人大监督有力度、更有实效

找准履行监督职能与服务中心工作的切入点和结合点，不断增强监督工作的刚性、力度和实效。紧贴发展要务抓监督。听取和审议计划、预决算执行、预算调整、审计工作、审计查出问题等专项报告。加强对国有资产管理、政府债务管理、国土空间规划实施等专项监督。开展湘赣边区红色文化传承和文旅开发及特色农产品品牌建设、乡村振兴示范村建设、农村产权交易信息平台建设、供销社“三位一体”综合改革等调研视察。着重对财源建设、乡村振兴、市场主体扶持培育、农村饮水安全建设、高分子新材料产业链建设、湘赣边区域合作示范区建设等重要工作、重大项目及人大作出的决定决议开展针对性监督。紧扣法治建设抓监督。听取和审议县监察委员会专项工作报告，推进法官和检察官履职评议，扩大代表听审评议法院庭审活动覆盖面，做好民事审判和执行、公益诉讼检察、常态化扫黑除恶专项斗争等司法监督工作，维护社会公平正义。听取和审议未成年人司法保护和预防未成年人犯罪工作情况报告，开展相应执法检查，推动“一号检察建议”落细落实。组织代表调研视察全县禁毒工作、平安攸县建设和多元社会治理，积极开展“八五”普法，引导规范依法信访，严格规范行政执法，优化法治化营商环境，提升法治攸县创建水平。配合省市人大开展有关法律草案征求意见、立法调研、执法检查等工作，协调推进市级基层立法联系点建设。探索推行第三方参与规范性文件备案审查工作，拓宽备案审查范围，实现规范性文件备案审查全覆盖。紧盯民生福祉抓监督。听取和审议环境状况和环境保护目标完成情况报告，开展封山育林决定贯彻执行情况中期评议，加强对林长制、污水管网建设、黑臭水体治理、农业面源污染、土壤重金属污染等监督，开展《株洲市农村村庄建设管理条例》执法检查。重点关注和跟踪监督治水修路、办学兴业、扶危济困等工作，促进解决“学位、床位、岗位、车位、厕位”等民生问题。拓展深化民生实事票决制成效，优化监督和评估机制，适时开展现场专题询问，引导项目向事项延伸。着重开展义务教育“双减”落实、管道燃气分输站建设、医疗卫生体制改革等调研视察，跟踪监督社保和医保基金管理、公共卫生服务、应急管理、养老服务体系建设，回应人民群众关注关切。

与此同时，积极探索对由人大及其常委会选举、任命的国家机关工作人员履职情况开展监督，将评价结果反馈到党委组织部门，促进国家机关依法履职和国家机关工作人员勤勉履职水平“双提升”。

（三）大力优化服务管理，让人大代表有动力、更有活力

加强和改进代表工作，更好地发挥代表汇集民意、凝聚力量、推动发展的作用。在代表履职管理上求深化。完善代表履职管理办法、健全代表履职保障制度，探索推行代表向原选举单位报告履职情况，做好代表评先评优工作，增强代表依法履职意识和履职责任。建立完善县人大常委会组成人员、专委会成员分片联系、对口联系代表工作制度，推动代表工作经常化、规范化、制度化。搭建代表履职平台，多形式、多渠道开展“四个一”活动（即在本届任期内，组织代表至少参加一次学习交流，一次集中调研视察检查，参加一场重要会议或专题活动，提出一条有价值的建议），全面提升代表参与度与获得感。在代表联系群众上促提升。建立“代表之家”，探索依托村（社区）综合服务中心建设代表联络站，推进领导干部代表、“一府一委两院”负责人入“家”、进“站”接待群众，畅通代表与群众、代表与政府部门双向联系渠道。组织代表更多参与县人大常委会执法检查、专题审议等活动，扩大代表对县人大常委会工作的深度参与。在代表建议办理上重实效。坚持“高质量提、高质量办”，建立完善事前沟通协调机制、考核评价激励机制及科学评估机制，探索推行县人大常委会主任会议成员牵头、专委会对口督办工作方式，开展代表建议办理工作“回头看”，提高代表建议办理质效。

（四）始终做到争先创优，让人大干部有能力、更有担当

主动适应新时代人大工作的新要求，推进“四个机关”建设，在为民代言、依法监督、助推发展中展现人大干部的能力和担当。整章建制促规范。建立健全工作制度，加快出台《攸县人大常委会机关工作制度汇编》，促进机关管理、监督行为和工作程序规范化；完善监督、会议、代表建议办理、乡镇（街道）人大工作考评等制度，健全人大与政府及有关方面的统筹协调机制，提高规范化、制度化管理水平。夯实基础强保障。以“履职能力提升年”活动为契机，丰富拓展“人大讲堂”，全方位、多层次开展学习活动，加大思想淬炼、政治历练、实践锻炼、专业训练力度，争做懂法律、会监督和“五懂五会”的新时代人大干部。全面加强专门委员会建设，探索建立人大各专门委员会专家库，扩大专委兼职委员和代表参与专委会工作，着力提升专委会履职效能。加强对乡镇（街道）人大工作指导，提质升级“两室”，联动开展监督检查，促进县乡人大良性互动。真抓实干塑品牌。以塑造“一流机关品牌、特色工作品牌、团结务实品牌”为目标，大力推进“智慧人大”建设，创新监督方式，拓展延伸专项工作评议，及时总结推广县乡人大创新做法和工作经验，力争推出两三项有影响的工作品牌。

政府工作报告（节录）

——在攸县第十八届人民代表大会第二次会议上的工作报告

攸县人民政府县长 武挪强

（2022年2月24日）

一、2021年工作回顾

2021年，是“十四五”开局之年，是极具挑战、成绩显著、值得铭记的一年。一年来，在习近平新时代中国特色社会主义思想指引下，在县委的坚强领导下，在县人大、县政协的监督支持下，我们按照“一二三四”发展思路，凝心聚力、担当实干，圆满完成既定目标任务。全县GDP同比增长（下同）6.9%，社会消费品零售总额增长15.2%，规模工业增加值增长11.9%，一般公共预算收入中税收占比提高11.57个百分点，城乡居民人均可支配收入增长8.4%。攸县成功入选湖南县域经济高质量发展先进县十强，中部百强县排名第60位，前进6位。营商环境、交通运输、文化旅游、疫情防控、养老服务、生态环境、安全生产等7项工作获得省政府真抓实干激励奖励，城市文明程度指数测评名列全省县级城市第一名。

开局之年，我们砥砺前行，产业升级步伐加快——主特工业支撑加强 新增高分子新材料企业6家、规模工业企业42家，“一主一特”链上企业总数达到33家，高分子新材料和绿色建材产业产值分别增长35.5%和18.5%。园区企业服务中心建成运营，清退僵尸企业8家，顺利通过全省首批化工园区认定。全年园区实现技工贸总收入235亿元，增长25%。特色农业提质增效。落实粮食播种面积91.7万亩，发展高档优质稻35.9万亩，新建高标准农田6.16万亩，主要农产品实现稳产保供，县农业农村局获评全国粮食生产先进集体。完成油茶林新造1.2万亩、低改抚育10.3万亩，油茶产量1.3万吨。新增“两品一标”农产品14个、“湘赣红”授权企业和产品5个，创建示范合作社17家、市级龙头企业5家，攸县豆腐晋升省级非遗保护项目，攸县香干成功注册国家地理标志证明商标，“攸州五小宝”注册国家商标，攸县获评第一批全国农作物病虫害绿色防控示范县和统防统治百强县。商贸旅游市场扩大。新增市场主体6132户、“四上”企业71家，“城乡驿站+邮政快递”入选全国农村物流服务品牌。持续推进酒埠江生态新镇建设，成功举办湖南省红色旅游文化节、北伐首战首捷学术研讨会等活动，酒仙湖景区接待游客17.44万人次、增长25%。新市镇新联村入选全省乡村旅游重点村，打造桃源山居等精品民宿3家。完成商品房销售面积45.7万平方米，办理房地产遗留问题发证3723本；两家本地建筑企业晋升壹级资质，实现零的突破。

开局之年，我们聚力攻坚，项目建设高效推进——招商引资更加聚焦 全年引进项目45个，投资总额124.4亿元。广寒坪抽水蓄能签订战略合作协议，华润绿色建材产业园正式签约，新签约项目履约率超过91%。内联引资107.5亿元，争取各级预算内资金项目34个、金额1.98亿元。项目推进更加有力。持续开展“产业项目建设年”活动，实施省市重点项目57个，完成投资112.3亿元。昊华二期、旭日绿色建材、华纯新材等一批重点产业项目加快推进。体育路、建设北路、吉兴西路建成通车，文化路延伸段、二环路等多年断头路彻底拉通，产业项目建设等工作荣获全市先进。要素保障更加高效。完成集体土地征拆3902亩、国有土地上房屋征收2.35万平方米，批回土地202亩，动态储备产业项目土地519亩，拆除违法建设面积14.6万平方米。做优“实训攸州”品牌，新引进高学历人才27名。

开局之年，我们精准发力，发展环境持续优化——营商环境持续改善 大力开展“营商环境优化年”活动，实施市场准入“负面清单”和“证照分离”改革，颁发全市首张县级药品经营“多证合一”许可证，企业电子化登记率达86.2%。制定惠企政策清单，减税降费2.5亿元。政务服务提速增效。深入推进“一件事一次办”和“五个一”改革，“三集中三到位”可办理事项增加至629项，实行企业开办“一窗通办”。14个服务事项实现“跨省通办”。8个项目实现“拿地即开工”，工程建设项目审批“一费制”工作获得省级肯定。生态环境有效治理。完成污染防治“夏季攻势”任务27个，整改销号第二轮中央生态环境保护督察交办问题38个。新建成乡镇污水处理厂9座、垃圾中转站3座，建制镇污水处理设施实现全覆盖。森林防火、林业有害生物防治工作获评全省优秀。跃进水库市民游园工程入选全市污染防治攻坚先进典型案例，地质公园管理工作在全省作典型发言。土壤环境总体保持稳定，实现“全域Ⅱ类水”，空气质量综合指数改善率居全省首位。

开局之年，我们接续奋斗，城乡基础不断夯实——乡村建设扎实推进 新增省市美丽乡村10个、同心美丽乡村4个，27个村入选省级乡村振兴示范村。扎实推进“五治理一革命”，完成改厕1.32万户，新建公厕14座，改造农贸市场2个，荣获全省农村人居环境整治提升先进县。治理中小河流17千米，除险加固小型水库8座。提质改造农村公路160千米、危桥4座，成功创建全省城乡客运一体化示范县，入选全省第一批农村客货邮融合发展试点县。800千伏特高压直流线工程和110千伏新市变电站建成投运。城市更新有力推进。完成老旧小区改造10个、小街小巷改造28条、棚改改扩翻200户。自来水二厂完成提质改造并恢复运营，交通北路供水管网改造全线竣工，长输燃气攸县段全线贯通。新增城区停车位1067个、充电桩61个、5G基站382个。顺利通过国家园林县城复查验收。区域合作协调推进。主动对接湘赣边区域合作示范区建设，攸县成为“一核两区四组团”空间布局的重要组成部分。高枧至界头路段全面完工，成功举办湘赣边首届直播带货创新创业大赛，区域交流合作越发紧密。

开局之年，我们敢闯敢试，改革创新纵深开展——深化重点领域改革 农村集体资产年度清查工作全面完成，农村产权流转交易平台正式运行，年交易总额突破1.5亿元。深化供销合作社综合改革，完成县供销合作社联合社换届，创建全国总社基层标杆社4个。县工商联获评省“五好”县级工商联。统筹推进综合执法、国有企业、财税金融管理体制、社会保障制度、生态文明等各项改革，率先完成行政复议体制改革任务。创新能力显著增强。全社会研发经费投入增长23.2%，高新技术产业增加值增长27.8%，新培育高新技术企业18家，省级“小巨人”企业总数达到6家。创建科技示范基地22个，获批企业技术创新中心1家，成功入选全国科普示范县创建单位。开放步伐不断加快。新增外向型企业3家、外贸破零企业2家，进出口总额增长25%。

开局之年，我们尽力而为，民生福祉切实增进——社会事业全面进步 城镇新增就业5240人、农村劳动力转移就业3093人，菜花坪镇获评省级充分就业乡镇。提质改造中小学校78所，网岭芙蓉学校建成开学；严格落实“双减”政策，压减学科类培训机构22家；连续六年获评全市“高中教育质量建设先进县”。提质改造乡镇卫生院3家，县中医院成功挂牌三级中医医院。新建“门前三小”205个，县文旅广体局获评全国群众体育先进单位，县融媒体中心获评全国广播业综合实力大型调研成果优秀广播团队。社会保障切实加强。脱贫攻坚成果持续巩固，32957名“三类户”全部纳入防返贫监测信息系统，顺利通过“后评估”，4个单位获评全省脱贫攻坚先进集体。新增养老保险参保9824人。深入开展社保、医保基金管理风险防控专项整治，全面完成清查整治任务。发放住房租赁补贴740户。优抚安置、慈善救助、未成年人保护等工作都有新的加强。社会风险有效管控。举全县之力打赢疫情防控歼灭战，成功实现“零外溢、零扩散、零院感”。扎实开展安全生产专项整治三年行动，皇图岭镇获评全省应急能力建设示范乡镇，鸾山镇获评全省安全发展工作示范乡镇，江桥街道奥林村获评全省综合减灾示范社区，交通问题顽瘴痼疾集中整治工作成效明显，安全形势持续稳定。严格落实“六个一批”化债举措，综合债务率进一步降低。社会大局和谐稳定。深化基层治理，石羊塘镇获评全省乡村治理示范镇。常态化开展扫黑除恶专项斗争，县公安局获评全省十佳公安局和扫黑除恶专项斗争先进集体。大力开展信访积案“百日攻坚”行动，获评2021中国最具安全感百佳县市。

开局之年，我们担当实干，行政效能明显提升——政治立场坚定 严格落实“第一议题”学习制度，深学笃用习近平新时代中国特色社会主义思想，隆重举行庆祝建党100周年系列活动。深入开展党史学习教育，完成“我为群众办实事”重点项目30个、县人大代表票决民生实事项目7个。政府行为规范。制定“重大行政决策程序规定”“重大行政决策目录管理暂行办法”，主动运用法治思维和法治方式解决问题、推进发展，政府规范性文件合法性审查实现全覆盖。认真推动县人民代表大会作出的“关于全县实行封山育林”“关于加快推进全县农村饮水安全建设”“关于依法保障和促进实施‘一中心四样板’战略，加快推进现代化新攸县建设”等决定落实，完成人工造林2.61万亩，解决农村供水保障人口5.9万人，全力打造“一中心四样板”。自觉接受人大法律监督、政协民主监督和社会各界监督，办理人大代表建议113件、政协委员提案88件，办复率100%。管理制度严格。全面落实党风廉政建设“两个责任”，开展财务收支、经济责任、政府投资等审计项目23个，强化统计监督和执法。始终坚持过紧日子思想，一般性支出压减近10%。

二、2022年工作安排

2022年是党的二十大召开之年，是新一届政府全面履新之年，做好今年工作，意义重大、责任重大。当前，世纪疫情仍在持续、百年变局加速演进，国内经济发展面临需求收缩、供给冲击、预期转弱三重压力；中央支持政策导向鲜明、更为具体，区域合作加快推进，县域内部人心思齐、人心向上；挑战具有复杂性、全面性，机遇具有战略性、可塑性。县政府及政府部门必须坚持“稳中求进”总基调，按照县第十三次党代会和县委十三届二次全会暨县委经济工作会议的安排部署，着力巩固“稳”的基础，审时度势，稳经济、稳人心、稳大局，稳住就是胜利；全面迸发“进”的力量，乘势而上，进必迎前、进必担当、进必争先！

2022年政府工作的总体要求是：以习近平新时代中国特色社会主义思想为指导，全面贯彻党的十九大和十九届历次全会精神，深入贯彻习近平总书记对湖南重要讲话重要指示批示精神，认真落实中央、省委、市委和县委经济工作会议以及省市县党代会精神，弘扬伟大建党精神，大力实施“三高四新”战略，紧紧围绕“培育制造名城、建设幸福株洲”目标，扎实做好“聚焦、裂变、创新、升级、品牌”文章，坚持“一二三四”发展思路，以“市场主体培育年”“干部能力提升年”活动为抓手，统筹疫情防控和经济社会发展，统筹发展和安全，继续做好“六稳”“六保”工作，持续改善民生，保持经济运行在合理区间，保持社会大局稳定，全力打好“三大会战”、重振攸县雄风。

2022年主要预期目标是：地区生产总值增长7.8%以上，规模工业增加值增长8.5%以上，固定资产投资增长8%以上，地方一般公共预算收入增长8%以上，社会消费品零售总额增长8%以上，城乡居民收入增长速度高于经济增长速度，各项事业都有新的进步。

为实现上述目标，我们将全力以赴打好“三大会战”，集中力量抓好“三个十大”项目，重点推进以下七个方面工作：

（一）集中全力壮大产业，提升发展新质效

突出产业延链强链。着力打好园区创业大会战，精准延链补链强链，构建“一主一特”产业体系。加快高分子新材料产业集聚，新增链上企业15家以上，力争主营业务收入达到80亿元、实现税收3亿元。壮大绿色建材产业，引进上下游关联企业10家以上，力争主营业务收入达到60亿元、实现税收2亿元。围绕四大产业，重点抓好广寒坪抽水蓄能、华润绿色建材产业园、旭日陶瓷二期、昊华化工二期、地博光电、华纯新材、艾硅特新材料、香干产业园、煤矿技改、酒埠江生态新镇等十大重点产业项目建设。做大做强一批龙头企业，发挥带动作用，提升集聚效应。

增强科技创新能力。实施“上云用数赋智”，推动2家以上企业深度“上云”、1家以上企业“上平台”。支持企业加大研发投入，力争新增1家国家级、2家省级专精特新“小巨人”企业。加强创新平台建设，支持“校企厂所”合作，打造高分子新材料省级工程技术研究中心，新增省市技术创新中心2家。积极争取市级以上科技计划立项10个以上，认定专利授权300件以上，确保高新技术企业达到51家，科技型中小企业达到60家。

抓好“五好”园区建设。完善“以亩产论英雄”评价激励机制，执行单独供地化工区项目“224”、非化工区项目“151530”入园标准，年内化工园区亩均效益达到15万元，其他园区亩均效益达到8万元；确保园区技工贸总收入达到270亿元，工业税收3.5亿元以上，综合实力迈进全省30强。依法依规推进调区扩区，加快污水处理厂提质改造、消防站、危化品运输车辆停车场等项目建设，打造全省一流的环保安全监管平台。加强标厂供应保障，新建标厂10万平方米以上，完成竣工10万平方米以上。开展低效闲置用地清理，坚决淘汰落后产能，实现僵尸企业动态清零，动态储备土地400亩以上。实施赋权强园，推动园区投融资、绩效管理等改革事项落实落地，促进园区管理向“泛投资机构”转型，实现园区事园区办。完善园区生产生活配套，建立符合园区特色的产城融合模式，促进资源集约利用和“三生融合”“三态协同”。

（二）集中全力攻坚项目，增强发展新动能

强化项目策划储备。准确把握国家、省市政策和投资方向，围绕“适度超前开展基础设施投资”，瞄准新能源、制造业、水利、城市老旧管网改造等重点领域，加强项目策划，充实完善项目库，确保全年新增储备项目100个以上。健全项目前期工作机制，突出抓好抓实手续办理。紧盯吉邵高速、衡吉高铁等对攸县影响深远的重大项目，积极对接并全力争取进入国省路网规划篮子。

强化项目招商争项。坚持产业链导向，算好投入产出账，持续提升招商质效。深化“迎老乡、回故乡、建家乡”活动氛围，综合运用驻点招商、以商招商、产业链招商等方式，招引产业项目30个以上，其中过亿项目18个。更新完善招商引资优惠政策，严格落实招商项目落地联席会议制度，开展履约专项清理，确保新引进项目开工率达到60%以上。大力争取项目支持，力争新增中央预算内项目30个以上、争取资金2亿元以上。

强化项目投资带动。落实“五个一”项目联系机制，实施重点项目95个以上，实现开竣工33个以上，完成年度投资100亿元以上。围绕“四张清单”，对项目实行挂图作战、亮旗管理。重点抓好智慧绿色能源互联网、G106绕城公路、园区“一企一管”、酒埠江灌区现代化改造、高标准农田、河道治理工程、国省道路面修复、中心医院、天然气供气工程、采煤沉陷区治理等十大重点配套项目建设。

强化项目实施保障。着力打好财源建设大会战，强化培源增收、以项促收、征管抓收，实现税收收入增幅、占比再提升。做好专项债券争取申报工作，积极推进政银企对接。科学开发砂石矿产资源，完成净矿出让采矿权（经营权）5宗以上。开展“三清单三行动”，建立贯穿审批、征拆、供应、登记和储备的全流程管理体系。加强用地报批指导，完成增减挂钩300亩以上、占补平衡1000亩以上、国有土地上房屋征收3.3万平方米、集体土地征拆3500亩。创新人才激励政策，扩大“实训攸州”影响，引进科技创新人才15名。

（三）集中全力振兴乡村，开创发展新局面

发展现代特色农业。着力打好乡村振兴大会战，推进农业高质高效、农村宜居宜业、农民富裕富足。严格落实粮食安全主体责任，建立“田长制”，加强耕地保护和质量建设。稳定粮食播种面积90万亩以上，发展高档优质稻35万亩以上，建设高标准农田7万亩，实现“两稳一保”目标。调整优化种植结构，合理布局大豆、青贮玉米、油菜、杂交水稻制种等特色作物种植。稳定生猪生产，确保畜禽水产和蔬菜稳产保供。实施“六大强农”升级行动，力争引进农产品精深加工企业2家以上，新增“两品一标”农产品6个、市级以上农业产业化龙头企业4家。做强攸县香干、油茶品牌，新造油茶林0.8万亩以上、低改抚育10万亩以上，种植大豆3万亩以上。支持乡村连片开发、组团发展，创建现代农业特色产业园5个、休闲农业集聚发展示范村5个。发展壮大村级集体经济，力争新增集体经济过10万元村（社区）50个以上。

推进乡村建设行动。持续开展“五治理一革命”，大力推进“五好”乡村创建，力争新增省市美丽乡村6个、同心美丽乡村4个，打造“攸美·幸福屋场”100个。除险加固山塘、水库500座，提升农村供水保障人口7万人。完成农村公路安防设施39千米，危桥改造11座。开展电网“630攻坚”，加快建设220千伏攸县南、110千伏莲塘坳输变电工程。实施“气化乡村”工程，完成长输燃气管道攸县、网岭接收站建设，降低居民用气价格20%以上。规范农民建房秩序，加强农村住房质量安全监管。加快“多规合一”实用性村庄规划编制，确保年内完成50个湘赣边边界村、乡村振兴重点帮扶村、乡村振兴示范村村庄规划。深化农村承包地“三权分置”改革，稳定和完善农村土地承包关系，规范土地流转交易。深化农村集体产权制度改革，充分发挥农村集体产权交易平台作用。全面推进农村宅基地改革，开展闲置宅基地和闲置农房利用试点。

加快区域合作发展。持续缩小城乡区域发展差距，巩固拓展脱贫攻坚成果同乡村振兴有效衔接。严格落实“四个不摘”要求，健全防止返贫动态监测和帮扶机制，完善农村社会救助机制，加强易地搬迁后续扶持，培育壮大帮扶车间，稳定脱贫不返贫。主动融入湘赣边旅游环线建设，建设一批旅游路、资源路、产业路，完成老漕至莲花、莲塘坳至路岭坳等道路提质改造，对接醴茶铁路电气化改造，并争取在网岭设站。深度挖掘红色资源，加快推进北伐首战纪念场馆、谭震林生平业绩陈列馆（博物馆）、蔡会文和蔡中烈士事迹陈列馆等建设，推进零散烈士墓集中安葬，举办谭震林同志诞辰120周年纪念活动。对标创建“AAAAA”景区、国家休闲旅游度假区和省级全域旅游示范区，突出抓好酒埠江核心景区提档升级、官田邑招商运营等工作，力争引进星级酒店，发展一批精品民宿，丰富旅游产品。

（四）集中全力更新城市，擦亮发展新名片

完善城市功能。立足湘赣边南部中心城市和市域副中心城市定位，开展城市设计，加快构建“一轴两心三片多点”空间布局。编制东城新区控制性详细规划，完善教育、卫生、交通、商业等功能配置，加快推进枫岭大道等一批主次干道建设，完成洣水四桥主体工程。完善房地产配套政策，加强预期引导，促进房地产业健康发展，更好满足购房者的合理住房需求。推行物业企业信誉评级管理制度，提升物业服务水平。科学预留城南片区发展空间，全面启动乡镇国土空间规划编制工作。对接醴炎县域经济走廊，实施扩权强镇，抓好皇图岭、网岭、酒埠江等特色小镇开发建设，培育一批经济强镇。

提升城市品质。顺应城市发展规律，实施城市更新行动，持续发力争创全国文明城市。巩固提升国家园林县城创建成果，新建社区公园2个，新增绿化面积10万平方米。加强城市“微”建设，抓好小街小巷改造。推进环卫设施设备更新换代，新建3座城区公厕。加快路灯节能改造、消防设施升级等配套建设，开展人行道、消防车通道整治行动，启动人防指挥所建设。加强户外广告管理，建立有偿使用制度，从严查处私搭乱建行为，做好拆违控违工作，留足城市公共服务空间。

增强城市韧性。聚焦补短板、强弱项，深入推进新型城镇化建设。拉通一批城市断头路、丁字路，推行道路停车智能收费，新增停车位1200个以上。深入开展老旧市政管道排查整治，推进交通南路供水管网提质改造，完成西阁污水提升泵站升级改造，加快实施城区雨污分流改造。完善城区防洪排涝设施，建成城市防洪保护圈堤防2.5千米。推进智慧城市建设，提升网格化、智能化管理水平，新增5G基站100个、充电桩30个，力争城区和镇区5G网络全覆盖。

（五）集中全力优化环境，激发发展新活力

培育市场主体。着力开展“市场主体培育年”活动，大力弘扬企业家精神，营造亲商、扶商、安商、富商的营商环境。建立政商交往负面清单，严格执行行政执法“三项制度”，营造亲清政商关系。强化诚信契约精神，有效治理恶意拖欠账款和逃废债行为。出台市场主体培育扶持政策，构建优质企业梯度培育体系，力争新增税收过千万元企业5家、过亿元企业1家。深入开展“纾困增效”专项行动，全面落实新的减税降费政策，实行“免申即享”，持续推动个转企、小升规、规改股、股上市，确保新增市场主体9300户、“四上”企业77家、规模工业企业35家，全力支持昊华化工上市。

优化政务服务。深化“放管服”改革，进一步放权赋权，争取更多事项纳入“一件事一次办”清单。加快“互联网+政务服务”移动端建设，推动政务数据“融合共享”，实现更多事项“全县通办”“跨省通办”。纵深推进“证照分离”改革全覆盖，有序开展“一证一业”试点，实现开办企业“4小时内”全流程办结。健全交房与交证联动机制，全面推行新建商品房“交房即交证”。建立健全项目审批全程代办制、拿地开工同步制、施工环境零扰制。统筹推进财税金融、综合行政执法等改革，持续提升政务服务效能。

促进消费升级。推进县域商业体系建设，加快完善新建社区商业配套。开展“数商兴农”专项行动，支持湘东大市场、家居城、汽贸城等专业市场数字化转型，促进传统实物消费扩大升级。推进农村客货邮融合发展，新建县级物流分拨中心1座，提质改造村级物流服务点297个。积极争取农产品冷链物流项目，开展农产品冷链物流强链补链计划，启动冷链仓储物流中心建设。培育新型消费，发展智慧零售、直播带货等新兴消费业态，推进度假休闲、乡村旅游、民宿经济等标准化建设。

（六）集中全力加强治理，筑牢发展新防线

做好常态化疫情防控。健全突发公共卫生事件监测预警处置机制，优化平战结合、部门协同、上下贯通的联防联控体系。坚持“人物同防”，压实“四方责任”，开展应急演练，加强重点场所、重点时段、重点人群管控，坚决筑牢外防输入防线。抓好疫苗接种工作，加强流行病学调查、应急处置、物资储备、核酸检测、集中隔离等能力建设。

持续抓好污染防治。深入打好蓝天保卫战，严格落实“五控”措施，协同控制PM2.5和臭氧污染。继续加强挥发性有机物综合治理，确保空气优良率稳定在94%以上。深入打好碧水保卫战，实施城市黑臭水体整治环境保护专项行动，完成龙山江污水治理，持续推进洣水入河排污口排查整治。深入打好净土保卫战，推进受污染耕地安全利用，加强农业面源污染治理，开展绿色种养循环农业试点工作。落实“双碳”要求，加快清洁能源开发利用，建成乡镇垃圾中转站3座。坚持山水林田湖草系统治理，统筹推进河湖林长制。继续实施封山育林20年，完成人工造林1万亩、义务植树170万株。坚决完成上级环保督察反馈交办问题整改，健全长效治理工作机制。

防范化解风险隐患。统筹发展和安全，深入推进安全生产专项整治三年行动，紧盯矿山、烟花、危险化学品、食品药品、交通运输、建筑施工、教育、消防、老旧管道等重点领域，强执法、除隐患、防事故，重拳开展“打非治违”，坚决遏制较大及以上事故发生。加强地质灾害防治，全面完成乡镇（街道）应急能力达标建设。完善债务风险化解机制，有效化解政府存量债务，确保隐性债务不新增、全口径债务额度下降、利息支出负担降低、“三保”资金不断链。完成国有投融资公司重组改革，推动减员降本增效，提高国有资本市场化专业化运作能力。

保障社会和谐稳定。健全完善县域社会治理风险防控“N合一”机制，抓好全国市域社会治理现代化试点合格城市创建工作。持续开展信访“三无”创建，确保初信初访一次办好、信访积案逐步清零。坚持和完善新时代“枫桥经验”，抓好村级治理试点示范建设。纵深推进新一轮县域警务工作，常态化推进扫黑除恶专项斗争和禁毒人民战争，坚决防范和打击各类违法犯罪行为，建设更高水平平安攸县。

（七）集中全力改善民生，共享发展新成果

用心用情办好民生实事。认真抓好县人大代表票决民生实事项目，办好十件重点民生实事：新增城镇就业4300人、农村劳动力转移就业2730人；新增公办义务教育学位1000个、资助家庭困难学生1万人，启动春联小学、永佳小学建设；实现城乡居民“两病”门诊用药保障2.4万人以上；发放城镇住房困难家庭住房租赁补贴450户；改造城镇老旧小区24个；完成10个农村长者之家、2个农村社区养老服务点建设；新建“门前三小”100个；建设农村公路100千米；新改建农村户用厕所

1.54万户；完成农村及城镇适龄妇女“两癌”免费检查1.8万人。这是对全县人民的庄严承诺，我们一定尽力而为，坚决如期办好！

尽心尽力提供优质服务。深入实施教育强县“七大工程”，规范民办教育发展，更大力度落实“双减”政策。优化调整乡村教学点布局，完成2所乡镇寄宿制学校标准化建设。加强师资队伍建设，保障教师权益。推动职业中专与高等院校联合办学，实现一个以上大专班招生入学。全面实施健康攸县行动，织牢公共卫生防护网。巩固“双联双创”成果，有序推进以县级医院为龙头的紧密型医共体建设。实施乡镇卫生院改造提升工程，逐步解决医疗卫生机构运转保障问题。加强中医药事业传承发展，提升县域医疗服务水平。实施公共文化服务体系高质量发展五年行动，深化新时代文明实践中心建设，更新一批小型文体设施，进一步提升县级融媒体中心服务功能。

精准精细落实民生保障。强化就业优先导向，落实稳就业扩就业政策措施，促进高校毕业生、农民工、退役军人等群体多渠道就业。继续实施全民参保计划，确保新增企业养老保险参保1600人。加强社保医保基金监管，守好群众每一分“养老钱”“救命钱”。健全低收入人口监测预警机制，完善社会救助、慈善福彩、优抚安置等制度，加强困境儿童、退役军人等关爱服务。系统推进殡葬改革。切实做好国防教育、国防动员、双拥共建、人民防空等工作，大力支持驻攸部队改革发展。

三、提升政府治理能力和水平

新一届政府将以“干部能力提升年”活动为抓手，着力建设懂政策、懂业务、懂产业、懂园区、懂管理，会招商引资、会项目建设、会政务服务、会应急处突、会群众工作的新时代“五懂五会”干部队伍，全力打造人民满意政府。

提升政治能力深学笃用习近平新时代中国特色社会主义思想，不断提高政治判断力、政治领悟力、政治执行力，坚定捍卫“两个确立”，坚决做到“两个维护”。坚持把党对一切工作的领导贯穿政府工作全领域全过程，胸怀“国之大者”，服务“县之大计”，在县委的坚强领导下，坚定沿着“一二三四”发展思路，发愤图强，重振雄风，用实际行动和发展成效，诠释对党和人民的绝对忠诚。

提升经济工作能力始终坚持以经济建设为中心，用习近平新时代中国特色社会主义思想武装头脑、指导实践、推动工作。坚持系统思维、科学谋划，统筹稳定增长预期与长远持续发展，统筹适度超前投资与防范债务风险，加强全局性谋划、战略性布局、整体性推进。大兴学习之风，带头学经济、懂经济、抓经济，掌握经济规律，提升专业能力。算好高质量发展投入产出账，让政府的每一分钱都花在紧要处、花出好效益。

提升执行落实能力为政之要，贵在落实；落实之要，重在执行。坚决把习近平总书记对湖南重要讲话重要指示批示精神一条一条贯彻好，把中央、省市和县委安排部署的工作一项一项落实好，把人大代表建议、政协委员提案一件一件办理好，把人民群众期盼的民生问题一个一个解决好。永葆“闯”的精神、“创”的劲头、“干”的作风，推动任务项目化、项目清单化、清单责任化，言必行，行必果，干一事，成一事。

提升拒腐防变能力严明政治纪律和政治规矩，强化底线思维、红线意识，持之以恒纠治“四风”，力戒形式主义、官僚主义。驰而不息推进党风廉政建设和反腐败斗争，深刻汲取相关案件教训，加强土地出让、投融资、国有资产处置、项目资金、政府采购等重点领域监管，扎紧织密制度笼子。坚持依法行政，依法接受人大及其常委会法律监督，自觉接受政协民主监督，强化审计监督、统计监督。

名词解析：

“小巨人”企业：指业绩良好，极具发展潜力和培育价值处于成长初期的小企业，通过培育推动其快速健康成长，最终成为行业中或本区域的“小巨人”。

“三类户”：脱贫不稳定户、边缘易致贫户、因病因残因灾因意外事故等刚性支出较大或收入大幅缩减导致基本生活出现严重困难户。

“上云用数赋智”：“上云”是指探索推行普惠型的云服务支持政策；“用数”是指在更深层次推进大数据的融合运用；“赋智”是指加大对企业智能化改造的支持力度，特别是要推进人工智能和实体经济的深度融合。

“三生融合”“三态协同”：园区生产、生活、生态融合；规划形态、园区业态、产业质态协同。

“四张清单”：项目在库、开工、在建、竣工四张清单。

“六大强农”升级行动：品牌强农行动、特色强农行动、产业融合强农行动、科技强农行动、人才强农行动、开放强农行动。

电网“630攻坚”：每年的6月30日前建成一批、开工一批、储备一批电网建设项目。

“一轴两心三片多点”：“一轴”是依托G106、武深高速形成的贯穿县域南北的县域综合发展轴；“两心”是县域发展中心（县城）和县域发展副中心（网岭–酒埠江–皇图岭城镇联盟）；“三片”分别为东部生态旅游区、中部城乡融合区（城镇密集区）、西部特色农业区；“多点”是县域内除县城之外的其他小城镇。

行政执法“三项制度”：行政执法公示制度、执法全过程记录制度、重大执法决定法制审核制度。

县域社会治理风险防控“N合一”机制：整合全县信访、退役军人管理、防范处置非法集资、矛盾纠纷调处化解以及反恐怖等各类社会综合治理资源，创新建立一个集各类风险管控工作于一体的县域社会治理“N合一”新机制，实现部门联合、职能整合、资源聚合、手段融合，对各类风险实行信息化、智能化、精细化管理。

中国人民政治协商会议
攸县委员会常务委员会工作报告（节录）

——在政协攸县第十届委员会第二次会议上的工作报告

政协攸县委员会主席 文 毅

（2022年2月23日）

2021年工作回顾

2021年是中国共产党建党100周年，是“十四五”规划实施的开局之年。一年来，在中共攸县县委的坚强领导下，县政协及其常委会坚持以习近平新时代中国特色社会主义思想为指导，认真贯彻中央和省市政协工作会议精神，紧紧围绕县委“一二三四”发展思路，牢牢把握团结民主两大主题，忠诚履职，团结奋进，切实发挥政治协商、民主监督、参政议政职能作用，以“政协之能”服务“攸县发展之为”，为我县经济社会高质量发展贡献了政协力量。

（一）坚持党建引领，提高站位强定力

坚持把政治建设摆在首位，忠诚拥护“两个确立”，坚决做到“两个维护”，筑牢团结奋斗共同政治思想基础，广泛增进政治认同、思想认同、理论认同、情感认同，切实提高政治站位，保持政治定力。

学习政治理论。按照中央和省、市、县委统一部署，深入开展党史学习教育，举行了4次专题集中学习研讨，组织政协机关党员干部到鸾山南岸列宁室、东冲兵工厂等红色教育基地，开展“走红色之路、做红色传人”现场教学，从百年党史中汲取理论力量、信仰力量、奋进力量。全年开展专题学习研讨、委员宣讲活动39次，开办“委员讲堂”13期，参加网上“全国政协书院”党史学习交流活动，转发、评论信息3万余条。

坚定政治方向。严格执行向县委请示报告制度，做到重大事项及时报告、年度工作专题报告、重要建言专项报告。严格落实中央《关于加强新时代人民政协党的建设工作的若干意见》，充分发挥县政协党组把方向、管大局、保落实的领导作用，以党的建设引领新时代人民政协事业发展，把党的领导贯穿到政协工作的全过程。始终做到县委中心工作推进到哪里，政协工作就跟进到哪里，建言助力就体现到哪里，真正做到和县委、县政府“心往一处想，劲往一处使”。

扛实政治责任。巩固和发展政协党组成员联系党员委员、党员委员联系党外委员机制，推进党的组织对党员委员的全覆盖、党的工作对政协委员的全覆盖，实现“有形覆盖”向“有效覆盖”转化。同时，全面落实县委巡察整改任务，营造“自觉接受政治体检”的良好氛围；积极践行司法“三个规定”，推进机关党风廉政建设；压实意识形态主体责任，设立机关党建学习书屋，加强“书香政协”建设，打造增强党性、武装头脑的“红色加油站”，确保政协工作始终沿着正确的政治方向阔步前行。

（二）紧贴中心大局，建言资政添助力

坚持把县委、县政府的中心工作，作为政协的履职重点，聚焦“三大会战”“四大产业”重点任务，广集智慧凝共识，广聚力量助发展。

助推乡村振兴。紧扣“双补双夺”品牌提升行动，精选“推进攸县茶油和豆腐（香干）品牌化建

设、发展农产品电商平台、推进产教深度融合”等课题进行大会建言，引起了与会人员的深切共鸣，县委主要领导进行了批示和交办。就产业项目招商、龙头企业培育、品牌标识授权等工作，开展了课题调研和专题协商，形成的调研成果和协商意见，为县委、县政府促进农业品牌化建设提供了重要决策依据。

助力产业发展。持续开展“三进三助”聚力行动，组织界别委员走进地博光电、澳维科技、安特科技、长荣高新等高分子新材料企业进行视察，为企业解忧，为产业强链，助推园区发展。围绕引乡贤回乡、发展研学旅行、振兴中药产业等课题，由县政协领导班子成员分别牵头，组织政协委员、部门单位和专业人士，深入镇村企业开展专门调研，形成专题报告，为巩固脱贫攻坚成果、推进产业转型升级注入了政协智慧。

助战同心抗疫。面对新一轮的新冠肺炎疫情，县政协按照县委的统一部署，迅速发动全体委员和政协干部，汇聚各界力量，投身抗疫行动。政协领导班子成员带领机关干部，迅速下沉到社区、企业、学校，指导联防联控，督促复工复学。全体委员请战一线，积极参加社区管控、防疫宣传、医疗救助、核酸检测、物资保障等抗疫行动，累计捐款捐物达60余万元，涌现了一批抗疫先锋，用实际行动诠释了委员担当。

（三）秉承为民情怀，坚守初心聚合力

坚持把履职为民作为第一责任，把群众意愿作为第一信号，多谋民生之利，多解民生之忧，切实做到人民政协为人民。

搭建平台反映民情。制定出台《委员工作室建设指导意见》，推动政协工作向基层延伸、向群众靠近，打通服务界别群众的“最后一千米”。截至目前，按照保持界别特色、兼顾地域分布的原则，在1个专委会、4个界别活动组、17个镇（街道），线上线下同步建成22个委员工作室，实现了专委会、活动组、镇（街道）“三个全覆盖”，做到了界别群众在哪，委员工作室就建在哪，界别群众有什么需要，就建什么主题的委员工作室。因地制宜，充分发挥委员工作室联系群众、连通政策、链接民生的作用。

参政议政贴近民心。围绕城乡建设、道路提质、教育改革、医疗卫生、养老服务等民生实事，全年开展常委会议协商6次，主席会议协商8次，专委会议协商7次，界别协商10次，协商意见得到县委、县政府及相关部门的采纳。在全会联组讨论中，委员们与县级领导面对面进行协商讨论，提出意见建议226条，进一步凝聚了加快发展、促进民生的共识。

提案建言紧扣民生。县政协九届六次会议共收到委员提案109件，立案92件。截至2021年11月，92件委员提案全部办结完毕，解决了一大批群众关心、社会关注的民生实事。其中，《发展农产品电商，助推新时代乡村振兴》《关于加快推进“五小”水利工程建设的建议》等10件重点提案，被纳入“我为群众办实事”实践活动的重要内容，通过构建上下衔接、协作联动的工作格局，凝聚了纾解民忧、温暖民心的强大合力。

（四）夯实履职基础，守正创新增活力

坚持把加强自身建设作为根本政治担当，以守正巩固根基，以创新推动发展，进一步激发了政协工作活力。

圆满完成换届任务。将党的领导贯穿换届选举工作始终，自觉在县委领导下开展工作，协同县委组织部、县委统战部进行了委员换届，推选出了218名新一届政协委员。2021年11月，顺利召开县政协十届一次全会，选举产生新一届政协常委会组成人员，所有人员均全票当选，圆满实现了组织意图。

综合推进委员管理。加强“政协云”应用推广，委员注册率达100%，委员履职迈入“掌上时代”。制定完善《政协委员管理办法》，推行委员履职“积分制”，对撰写提案、参加活动、提交微建议和社情民意等进行量化计分，定期反馈考评情况，有效激发了委员履职的积极性。认真盘点县九届政协五年任期的履职实践，对优秀委员、优秀提案、优秀调研报告、优秀活动组组长等进行评选表彰，组织开展委员“五个一”走访活动，有力提升了委员的归属感和凝聚力。

统筹加强机关建设。组织开展庆祝建党一百周年系列活动，“主题党日活动”更加多样，“五型机关创建”更加多元，“工会志愿行动”更加多彩。成立委员事务中心，并定为副科级事业机构，进一步增强了政协工作力量。同时，编辑完成文史资料第二十五辑——《攸县姓氏·下册》，为姓氏系列丛书的编撰工作画上了圆满句号。

2022年工作安排

2022年是党的二十大胜利召开之年，是县十届政协履职的开局之年，也是落实县委“一二三四”发展思路的关键之年。做好今年政协工作的总体要求是：以习近平新时代中国特色社会主义思想为指导，全面贯彻党的十九大和十九届历次全会精神，深入贯彻习近平总书记对湖南重要讲话指示精神，认真落实中央、省委、市委和县委经济工作会议及省市县党代会精神，全面贯彻新发展理念，服务和融入新发展格局，在中共攸县县委的坚强领导下，围绕“一二三四”发展思路，紧扣省市“三高四新”“培育制造名城、建设幸福株洲”战略部署，坚持团结和民主两大主题，纵深推进“双向发力”，以高水平履职服务高质量发展，为加快建设现代化新攸县、全力重振攸县雄风，尽政协之责、展政协之长、倾政协之力。

2022年，县政协要突出“一主两力三创”工作重点，推动工作创新提质、融合赋能。“一主”即围绕省委、市委战略部署和县委“一二三四”工作主线，认真履行政治协商、民主监督、参政议政职能。“两力”即充分发挥人民政协重要阵地、重要平台、重要渠道作用，坚持在建言资政和凝聚共识上双向发力，在打好“三大会战”重振攸县雄风上全面助力。“三创”即创新提案办理、创新“基层协商”平台、创新特色委员工作室，探索基层履职新实践，打造政协工作新品牌。

具体来讲，要着重做好以下六个方面的工作：

（一）深化党的建设，在政治引领中把准“政协定位”

坚守人民政协的政治本色，找准性质定位，强化责任担当，做到党委有号召、政协必响应，党委有部署、政协必落实。

坚持党的绝对领导。深刻认识党的百年奋斗重大成就和历史经验，弘扬伟大建党精神，进一步加强党的建设，引导广大政协委员和社会各界深刻领会“两个确立”的决定性意义，始终做“两个确立”的忠诚拥护者、“两个维护”的示范引领者，在事关道路、制度、旗帜、方向等根本问题上，统一思想、统一意志、统一行动。自觉在县委领导下开展工作，严格执行重大决策、重点工作、重要事项向县委请示汇报制度。

把握正确履职方向。深入学习习近平新时代中国特色社会主义思想，严格落实中共中央《关于加强和改进新时代市县政协工作的意见》，认真贯彻中央、省市政协工作会议精神和县委十三届二次全会精神，深化理论研究，锚定使命任务，切实用党的创新理论指导、谋划、推动政协各项工作。办好“委员大讲堂”，建设“书香政协”，以强大思想武装确保政协工作的正确方向。

筑牢党建工作基础。完善以党组中心组学习为引领，主席会议、常委会议集中学习相配套的机制，做到形式与内容、内容与效果的高度统一。把宣传贯彻党的二十大精神作为重大政治任务，精心组织开展“主题党日”“三会一课”“双岗双责双作为”活动，压实意识形态责任，健全审核把关制度，不断夯实机关党建工作基础，巩固主题教育学习成果，推动“两个全覆盖”更好落地落实。

（二）聚焦服务发展，在政治协商中贡献“政协智慧”

坚持“请进来”与“走出去”结合、线上与线下互动，构建多位一体的协商新格局，在提升“言值”中展现政协价值。

精选协商议题。聚焦县委“一二三四”发展思路，重点围绕“一府两院”工作报告和“优化营商环境”“完善城区基础配套”“中小学生心理健康”“高分子新材料产业发展”等议题，开展全体会议协商。聚焦“三大会战”，重点围绕园区“五好”创建、落后产能淘汰、土地资源盘活、“十千百”工程实施等重要议题，开展常委会议协商；围绕乡村“五大振兴”、发展集体经济、打造示范样板等重要内容，开展专题协商；围绕引资争项、财税建设、矿产资源开发等重点领域，开展界别协商，为促进转型建言献策，为加快发展聚智出力。

创新协商平台。扎实推进专门协商机构建设，强化政协协商与县委、人大、政府议事规则的衔接配套，助力党政重大决策科学化、民主化。借鉴浙江省“请你来协商”工作经验，创新“基层协商”平台，发挥镇（街道）副书记分管政协工作的优势，实现基层协商常态化，做到每周有值班，每月有走访，每季有宣讲，每年有总结。不断探索基层协商民主新实践，推动政协协商与基层协商相结合、与群众需求相契合、与社会治理相融合。

畅通协商渠道。坚持以群众为中心、以委员为主体、以界别为依托、以协商为抓手，深入推进委员工作室建设和有效运用。充分发挥政协专委会、皇图岭镇示范性委员工作室的带动作用，着重建设高新区、长沙商会、义工联合会、人信律师事务所等4个特色界别委员工作室，实现联系服务群众制度化、长效化。坚持主席会议成员指导专委会，专委会对口联系部门、界别活动组，委员服务界别群众的联系机制，丰富协商形式，拓宽协商渠道，更好地为产业建言，为基层服务。

（三）致力创新提质，在民主监督中彰显“政协作为”

按照“发现问题要准，反映问题要真”的要求，积极探索民主监督的有效途径，找准切入点，选好突破口，灵活监督方式，提升监督实效。

创新提案办理。依托“智慧提案”系统，对提案提交、办理、反馈各环节进行全程优化，实行闭环管理。提交环节，全面推行线上操作，运用大数据管理，打造精品提案，引导提案从“提得多”向“提得准”转变；办理环节，在“政协云”上全程公开办理过程和结果，委员实时监督办理进度和效果；反馈环节，由个别委员评议改为全体委员评议，由线下“面对面”变为线上“屏对屏”，坚决杜绝“人情分”“面子分”，提高评议的准确度和公信力。

推进委员视察。围绕全县“十大重点产业项目”“十大重点配套项目”“十件重点民生实事项目”等工作领域，精心选择党政所需、群众所盼、政协所能的课题，制定翔实的视察计划，组织界别委员和有关部门单位，走进项目一线，深入施工现场，开展专项视察活动，掌握项目建设实际情况，了解存在的困难和问题，形成有针对性的视察意见，助推项目提速增效，让“柔性”监督形成“刚性”效果。

用活“云”上监督。探索建立“政协云”应用履职考核机制，实行“一月一通报、一季一兑现、一年一总评”，确保“政协云”使用成果进入省市前列。着力完善开展微调研、提出微建议、组织微协商、实施微监督、进行微评议“五微”联动模式，进一步理顺领办、交办、督办和跟踪、反馈、评价环节，精准对接党委政府微建设、微服务，构建线上线下融合贯通的一体化监督新格局。

（四）坚持履职为民，在参政议政中传递“政协温度”

牢牢把握人民政协为人民的根本要求，坚持民之所忧、我之所思，民之所盼、我之所为，紧密联系群众，真情服务群众，努力建设有力度有温度的人民政协。

资政调研倾听民声。坚持“不调研不协商，先调研后协商”。持续开展“政协全员调研”竞赛活动，围绕城市更新行动、“双减”政策落地、交通网络布局、医养结合模式等涉及面广、关联度大的民生议题，引导委员深入部门单位、深入基层群众，开展重点调研，收集第一手资料，提出可行性方案，形成一批建议准、质量高、影响大的调研成果，力求参到点子上、议在关键处。

参政建言畅通民意。按照“言不在多而在精，声不在大而在理”的原则，精准为民发声，真诚为民代言。坚持把反映社情民意作为履行政协职能的重要抓手，通过委员工作室“采”民意、互联网络“淘”民意、接待群众“汇”民意、基层调研“访”民意，着力打造“社情民意直通车”。结合委员提案、微建议等履职活动，强化社情民意收集、交办、跟踪、服务管理，拓展政情民意传递渠道，促进上情下达、下情上传。

议政献策助解民忧。群众问题无小事，处处留心皆民生。紧扣“学有优教、劳有厚得、病有良医、老有颐养、住有宜居、困有众扶”等升级目标，秉持“群众盼什么、委员议什么”的工作思路，就教育提质、医疗改革、养老服务、人居环境整治、脱贫攻坚成果巩固等民生议题，引导委员广泛关注，深入调查，充分运用提案建议、大会建言、联组讨论等议政平台，积极向党政部门献计献策，促进人民群众的合理诉求得到有效解决。

（五）发扬团结民主，在凝聚共识中发挥“政协优势”

力量生于团结，幸福源于奋斗。充分发挥人民政协统一战线组织的功能优势，切实把各方面的智慧和力量汇集到高质量发展的新路子上来，做到建言资政有分量，凝聚共识有力量。

加强团结协作。做好大团结大联合文章，加强同党外知识分子、非公有制经济人士、新的社会阶层人士的沟通联络，把党的主张转化为社会各界的广泛共识和自觉行动。充分发挥政协人才荟萃、智力密集、联系广泛的优势，协助党委政府做好协调关系、化解矛盾、凝聚人心的工作，把党的声音从党内传递到党外、从委员传递到界别群众之中，画好最大同心圆，汇聚强大正能量。

注重联动合作。切实加强与省市政协的联系沟通，争取上级支持，形成“上下联动、成果共享”的长效机制。加强与周边市县政协的联动交流，就共同关注的重要问题进行深度探讨，构建“区域联动、协同发展”的合作机制。加强与异地商会的联络互动，助力招商引资，倾心服务“市场主体培育年”和“迎老乡、回故乡、建家乡”活动。

打造精品力作。广泛征集、挖掘、整理地方性文史资料，高质量编撰文史专辑。继续关注北伐首战渌田遗址保护和开发利用，引导委员多层面协商建言，促进纪念馆建成运营，努力将首战之地打造成省市一流、全国闻名的红色文化传承示范基地。制定《政协宣传工作奖励办法》，鼓励全体委员和政协干部在中央和省、市媒体，以及“政协云”等融媒体平台上，发表高质量的理论文章和调研成果，推介宣传政协工作经验，讲好攸县故事，传递政协声音。

（六）立足融合赋能，在自身建设中展现“政协风采”

只有干出来的精彩，没有等出来的辉煌。人民政协在新时代要展现新风采，干出新样子，必须把握新方位新任务，以担当诠释忠诚，以实干践行使命。

发挥政协委员主体作用。认真执行《政协委员管理办法》，将日常动态管理情况作为评先评优的重要依据，推动政协委员规范履职、勤勉履职。完善全覆盖、多层次的学习培训体系，组织委员分期分批进行集中培训，不断提高履职素养，增强履职本领。从政协委员中遴选一批议政热情高、专业能力强的“专家委员”，建立具有界别特色和专业特色的政协智库，为高质量资政建言提供智力支撑。

发挥专委会基础性作用。巩固和发展专委会与党政部门的对口联系机制、与界别的联系指导机制、与镇（街道）的工作衔接机制，为委员知情明政、资政建言搭好平台，强化专委会桥梁作用。探索建立“专委会+界别”工作机制，加强专委会与界别活动组的指导联系，联合开展调研协商、视察监督、联络联谊、扶危济困等活动，不断增强履职效能，推动专委会工作专起来、活起来、实起来。

发挥机关综合枢纽作用。以“干部能力提升年”活动为契机，继续推进“五型机关”创建，切实提高机关干部的履职能力和服务水平，打造一支能说、会写、善干的政协干部队伍。推行月工作例会制度，月初进行预安，月末实行销号，持续改进工作作风，推动工作落实，保障政协机关高效有序运转。

综　述

区划、人口和自然条件

2021年，攸县辖4个街道和13个乡级建制镇，即江桥街道、联星街道、春联街道、谭桥街道、鸾山镇、皇图岭镇、丫江桥镇、酒埠江镇、渌田镇、石羊塘镇、桃水镇、黄丰桥镇、网岭镇、新市镇、莲塘坳镇、菜花坪镇、宁家坪镇。县人民政府驻东城新区（春联街道）攸县发展中心。2021年末，全县户籍总人口79.68万人。总人口中，男性40.21万人，占50.46%；女性39.47万人，占49.54%。人口出生率5.76‰，死亡率6.17‰，自然增长率为负0.41‰。常住人口62.64万人，城镇化率57.6%。

全县土地总面积为2648平方千米，耕地总面积为50218公顷，基本农田面积为43600公顷。林地面积16.92万公顷，森林蓄积量500万立方米，森林覆盖率58.19%。境内有大小河流102条；2021年总降水量为1309.9毫米，比历年同期少208.5毫米，除5月、10月、11月偏多，其余各月均偏少。2021年，全县气温偏高，降水量偏少，日照偏多(总日照时数为1568小时,比历年同期多98.2小时);年平均气温19.1℃，较历年同期高1.3℃；极端最高气温40.1℃，极端最低气温-5.3℃。境内煤炭资源丰富，含煤面积约173.6平方千米，探明可采储量4.7亿吨，主要集中分布在黄丰桥、鸾山2个产煤乡镇。

国民经济

【概况】

全县地区生产总值457.16亿元，比上年增长6.9%。其中：第一产业增加值68.35亿元，增长8.1%；第二产业增加值167.75亿元，增长8.1%；第三产业增加值221.06亿元，增长8.2%。三次产业结构由上年的17.3：34.5：48.2调整为15：36.7：48.3。与上年相比，第一产业比重下降2.3个百分点，第二产业比重上升2.2个百分点，第三产业比重上升0.1个百分点。第一产业、第二产业、第三产业对经济增长的贡献率分别为20.3%、23%和56.7%。完成一般公共预算收入20.09亿元，比上年下降0.58%。

【农业】

全县农林牧渔业总产值119.25亿元，增长8.9%。其中：农业总产值59.75亿元，增长2.8%；林业总产值8.92亿元，增长6.9%；牧业总产值40.16亿元，增长20.2%；渔业总产值4.61亿元，增长3.7%；农林牧渔服务业总产值5.81亿元，增长6.9%。

全县农作物总播种面积11.88万公顷，比上年增加0.46万公顷。其中：粮食种植面积6.12万公顷，增长2.0%；经济作物总面积（含蔬菜）5.76万公顷（棉花种植面积14.87公顷，油料种植面积1.82万公顷，蔬菜种植面积2.45万公顷，全县粮食产量43.65万吨，增长3.1%。油料产量2.86万吨，增产9.3%，其中油菜籽产量2.47万吨，增产11%；棉花产量18吨，减产88.8%；茶叶产量357吨，减产4.0%；水果产量10.52万吨，增产2.3%；蔬菜产量

123.8 万吨，增产 1.8%。猪、牛、羊肉总产量 6.32 万吨，增产 22.2%；水产品产量 2.64 万吨，增产 1.7%；禽蛋产量 1.73 万吨，增产 3.0%。全年存栏生猪 51.17 万头，增长 3.9%；出栏生猪 84.9 万头，增长 25.2%；出栏牛 1.48 万头，增长 9.6%；出栏羊 7.91 万只，增长 8.0%。攸县麻鸭保种场被列为国家级保种场和省级种质资源保护单位；攸县生猪良种推广工作经验在全省推介；获得“全省畜禽粪污资源化利用工作突出县”“全省第三次畜禽遗传资源普查工作突出县”“全省优秀生猪规模场监测县”称号。全县共有农产品加工企业 1536 家。其中国家级及省级龙头有企业 14 家。实现农产品加工销售收入 183.45 亿元、利税 5.74 亿元、利润 0.57 亿元。全县休闲农业经济收入 1.51 亿元，增长 3.3%。优势特色产业不断升级。大力实施攸县豆腐（香干）品牌提升行动，攸县香干成功注册国家地理标志证明商标。全县大豆原料供应基地稳定在 3 万亩以上，全年新（扩）建豆腐（香干）加工企业 1 家并正式投产，日加工豆腐（香干）3 吨以上的企业达到 14 家，豆腐（香干）全产业链总产值达到 22 亿元。持续推进品牌强农行动。湖南天华油茶科技股份有限公司的湘天华茶油、攸县金湘米业有限责任公司的金新银大米、金湘大米获得湘赣红品牌授权。组织农业企业参加各类展示展销会，其中鸿华麻鸭参加 2021 年广州国际森林食品交易博览会并获金奖。株洲市福韵新漕生态旅游度假村成功申报为省五星级休闲农庄，攸县洞里乐乡村旅游开发有限公司成功申报为省四星级休闲农庄。

全县有大型水库 1 座，中型水库 2 座，小（1）型水库 19 座，小（2）型水库 271 座，山塘 22662 口，陂坝 978 处，小型电力排灌站 1104 处，大中型灌区 7 个，干支渠道总长 1939 千米（其中渡槽 225 千米，隧洞 18 千米，倒虹吸管 17 千米），大小河流 102 条；基本形成以酒埠江、皮佳如、三星坝、老虎岩、凉江、苏洲坝、张家冲 7 个骨干灌区为主，其他小型水利设施为辅的农田灌溉体系；水利工程总蓄引提水能力 6.45 亿立方米，有效灌溉面积为 57.1 万亩。2021 年，水利基础建设总投入 15415 万元。除险加固小型水库 42 座，完成网酒项目区罗家坪生态清洁小流域治理项目，实施洣水防洪保护圈竹丰至大和段、东塔段及东联段项目工程建设，完成 200 处小水源工程（山塘）清淤整治和配套改造，实施酒埠江灌区“十四五”续建配套与现代化改造项目。完成农村供水保障工程 10 处，新增保障农村供水人口 4.1 万余人；完成阳升观水库及供水管网建设，加快实现城乡供水一体化。实施人大票决民生实事项目——“中小河流综合治理”（工程包含攸水、铁水两个部分），综合治理中小河流治理 13.4 千米。年末，全县农业机械总动力 115.87 万千瓦，增长 1.4%。农用排灌电动机和柴油机分别为 9162 台和 8290 台。农村用电量 3.45 亿千瓦时，增长 4.2%。

化肥施用量 2.63 万吨，下降 1.02%；农药施用量 775 吨，下降 3.3%。推广秸秆还田面积 96.2 万亩次，秸秆还田量超过 28.49 万吨，综合利用率达 86.19%。全年推广粪肥还田面积超过 10 万亩次，创建粪肥还田示范区（片）11 个，全县畜禽粪污综合利用率达 95.56% 以上。

全县承包土地确权农户 15.78 万户，确权土地面积 62.9 万亩；耕地流转面积 46.8 万亩。各类登记注册农民专业合作社共 1416 家、3969 个家庭农场被录入全国家庭农场名录系统。通过“一卡通”发放民政、教育、交运、住房保障、扶贫等惠农补贴项目 103 个，涉及补贴资金 22123.24 万元。发放种粮农民一次性成本补贴 1531.417 万元，耕地地力保护补贴资金 7078.29 万元，发放早稻集中育秧补贴资金 260.4585 万元，发放稻谷补贴资金 1820 万余元。

【工业、科技】

全县全部工业增加值 136.22 亿元，增长 6.0%。全部增加值中，制造业增加值 95.43 亿元，增长 16.2%；采矿业增加值 6.98 亿元，下降 36.6%；电力、热力生产和供应业增加值 15.94 亿元，增长 22.1%。攸县高新技术开发区入驻企业 143 家，其中：规模以上工业企业 106 家；完成技工贸总收入 235 亿元，同比增长 25%；规模以上工业增加值 73.66 亿元，增长 17.7%，占规模工业增加值比重 62.2%。全县工业固定资产投资114.29亿元，同比下降3.3%；工业技改投资60.2亿元，同比增长14.9%；研发(R&D）经费投入3.45亿元，增长19.3%。

全县共有规模工业企业321家，规模工业总产值372.2亿元，同比增长18.8%；规模工业增加值118.36亿元，增长11.9%，其中非公经济完成规模工业增加值105.6亿元，增长16%，占比89.2%。规模以上工业主要产品产量中，原煤11.4万吨，下降83.2%；水泥155.1万吨，增长30%；饲料58.2万吨，增长66.7%；中成药0.07万吨，增长24.9%；火电47.02亿千瓦时，增长3.5%。规模以上工业企业营业收入354.13亿元，增长16.4%，利润总额7.85亿元，下降40.2%；税收24538万元，同比增长2%，其中制造业增长14.7%、采矿业下降23.9%、电力热力燃气及水的生产供应业下降16.7%；采矿业中，煤炭开采和洗选业累计完成税收1826万元，同比下降49.7%，占采矿业税收总量的40.9%，占全部工业税收总量的7.4%。工业税收贡献较大的工业企业有旭日陶瓷、远大水泥、昊华化工、明珠选矿、湘化机、宏信科技、澳维膜科技、大唐华银、安特新材、恒盛新材、冠群电子、龙昊重工、地博光电、优多新材等企业。

有高新技术产品企业120家，其中省级高新技术企业51家，科技型中小企业45家，宏信科技、地博光电、澳维环保等“小巨人”企业8家，培育科创板上市企业一家（安特新材料），昊华化工等6家企业被列入全市上市企业重点培育名单。完成高新技术产值175亿元，同比增长21.53%，高新技术产业增加值71.26亿元，增长26.7%，占地区生产总值比重为15.6%。

全县社会研发（R&D）经费投入22075万元，同比增长23.2%，R&D入统企业122家。2021年完成省、市科技成果转化项目4项，并组织申报市科技项目12项，省科技项目11项。全县共有科技机构1家，地方财政的科学技术支出5064万元。专利授权数371件，其中发明授权数10个。

【建筑、房地产业】

2021年，全县共有资质等级建筑业企业28家，建筑业总产值44.69亿元，增长18.1%。建筑业联网直报总产值42亿元，同比增长12.1%；新增资质等级建筑业企业5家。全县有在建房屋建筑和市政基础设施项目32个，建筑总规模103.4万平方米，施工总面积80.13万平方米。完成房地产开发投资30亿元，同比下降16%；新开工房地产开发项目3个；共办理商品房预售许可45项，新增商品房供应3013套、46.96万平方米；完成商品房销售40.08万平方米，实现销售总额20亿元。

【固定资产投资和城乡基础建设】

全年固定资产投资247.8亿元，下降3.0%。其中，民间投资147.47亿元，下降7.4%，占全部固定资产投资的比重为59.5%。产业投资154.07亿元，下降4.8%，占全部固定资产投资的比重为62.2%。从产业看，第一产业投资20.67亿元，增长98.3%；第二产业投资114.29亿元，下降3.3%；第三产业投资112.84亿元，下降11.0%。从投资主体看，国有投资70.65亿元，下降23.1%；非国有投资177.15亿元，增长11.0%。从投资方向看，工业投资114.29亿元，下降3.3%，其中制造业投资80.30亿元，增长10.3%。高新技术产业投资22.72亿元，增长37.7%。民生工程投资28.39亿元，下降27.7%。生态环境投资14.30亿元，下降34.7%。基础设施投资39.78亿元，增长7.3%，其中新基建投资1.57亿元，占基础设施投资的比重为2.2%。全县5000万元以上投资项目93个，投资额增长3.3%；亿元以上项目完成投资额增长0.8%。

自来水二厂完成提质改造并恢复运营，完成交通北路供水管网改造，新建和改造市政供水管网17千米。有序推进西阁污水提升泵站提质改造项目；谭桥污水处理厂及配套管网完成60%的工程量；新建成乡镇污水处理厂9座，新增配套管网27.8千米，新增日处理能力0.48万吨，在全市率先实现建制镇污水处理设施全覆盖。建成移交跃进水库市民游园，新增公园面积2万平方米，入选全市污染防治攻坚先开工建设2021年计划实施的老旧小区改造项目7个，完成1个；完成棚改“改扩翻”200户，实施货币化安置60户。全面完成13.8万栋农村房屋安全隐患排查，查找出安全隐患房屋554栋，其中58户农村低收入户纳入2021年危房改造项目，均完成改造并验收合格。全线贯通衡炎长输燃气管道攸县段，建成春联、网岭分输站，新建天然气管网11.4千米，建成城区燃气管网在线监控平台。完成住房发展、城乡建设、人民防空“十四五”规划编制，修编县城排水专项规划，实施污水处理厂中期评估，成功申报省级智慧排水示范县。治理中小河流17千米，除险加固小型水库8座。提质改造农村公路160千米、危桥4座，成功创建全省城乡客运一体化示范县，入选全省第一批农村客货邮融合发展试点县。800千伏特高压直流线工程和110千伏新市变电站建成投运。城市更新有力推进。完成老旧小区改造10个、小街小巷改造28条、棚改“改扩翻”200户。自来水二厂完成提质改造并恢复运营，交通北路供水管网改造全线竣工，长输燃气攸县段全线贯通。新增城区停车位1067个、充电桩61个、5G基站382个。

【交通运输、通信业】

全县公路总里程7990千米。等级公路3179.96千米，其中一级公路18.77千米、二级公路248.04千米、三级公路22.65千米、四级公路2890.5千米；境内有国道63.34千米、省道333.73千米、县道613.4千米、乡道592.57千米、村道1595.98千米。泉南（G72）高速公路境内长13.2千米，武深（G0422）高速公路境内长54.3千米；吉衡铁路攸县段长12.25千米，醴茶铁路攸县段57.5千米，日均有10列客车停靠。有道路客运企业3家（湘运、华盛、顺发），开通道路客运班线111条（省际14条、市际7条、县际7条、农村客运83条）、公交线路8条，有2家危货运输企业（民爆、东风），有1家公交企业（华昌），可通航河道3条（洣水、永乐河、酒埠江水库）47千米，有义渡渡口11道。全县行政村客运班车通达率保持100%，全县城乡客运一体化建设通过省级验收。2021年，道路货运量1131.51万吨，水路货运量0.87万吨，道路货物周转量10.81亿吨千米，水路货物周转量278万吨，道路客运量1030.55万人，水路客运量70.91万人，道路旅客周转量99.53亿人千米，水路旅客周转量1.65万人千米，铁路客运量91.56万人，铁路货运吞吐量201万吨。

开设自办汽车运输邮路3条，全长515千米；开设报刊信函、快包投递段道90条，其中县城投递段道28条，农村乡邮投递段道62条，总投递路线长1956千米。

全年电信公司业务量1.5亿元，增长11%；邮政公司业务总量0.94亿元，增长4.73%；移动通信公司业务收入1.78亿元。

全县移动电话用户53.55万户，其中移动公司用户25万户（4G用户18万户、5G用户7万户），电信公司移动电话用户21万户，联通公司移动电话7.55万户。

全县宽带互联网用户18.88万户，其中电信公司宽带用户8.5万户，移动公司宽带用户数7万户，联通公司宽带用户2.18万户，广播电视台宽带用户1.2万户。

【商贸、招商引资】

全年社会消费品零售总额171.26亿元，增长15.2%。其中：批发业22.92亿元，增长17.5%；零售业124.06亿元，增长14.9%；住宿业6.92亿元，增长8.3%；餐饮业17.35亿元，增长17.8%。分经营地看，城镇零售额148.9亿元，增长14%；乡村零售额22.36亿元，增长24.2%。分消费形态看，商品零售额156.35亿元，增长14.7%；餐饮消费额14.91亿元，增长21.2%。分限额类别看，限额以上54.16亿元，增长7.5%，限额以下117.1亿元，增长15.7%。专业市场3个（湘东大市场、湘东家居城、湘东汽贸城等），农贸市场16个；总经营面积20余万平方米，涉及商户6000余家，交易总额超过50亿元。

全年完成外贸出口1.75亿元，同比增长25.6%。新增对外贸易经营备案企业17家。湖南省益力盛电子科技有限公司、攸县网酒铸钢厂实现出口破零。新增入库四上企业17家。改造钟佳桥、新市农贸市场2个。引进内资107.52亿元，增长28.04%。签约引进项目45个，其中亿元以上40个，1亿—5亿元34个，5亿—10亿元4个，10亿—30

亿元1个，50亿元1个，投资总额达124.4亿元。全年实际利用内资99.58亿元,增长29.7%。

【财税、金融保险】

2021年，完成一般公共预算收入20.09亿元,比上年下降0.58%。其中税收收入完成15.16亿元，增长17.43%，占比为75.47%。地方收入12.42亿元,下降12.3%,地方收入中的税收收入74925万元,增长9.12%,地方税收占比为60.33%。

完成一般公共预算支出50.88亿元，有力保障单位公用经费和专项工作经费的落实。完成民生支出34.81亿元，占一般公共预算支出的比重为68.43%。通过“一卡通”发放的补贴项目94项，金额3.44亿元。文化旅游体育与传媒、社会保障和就业、节能环保、住房保障等支出较去年同期分别增长为15.32%、17.67%、28.38%、31.13%。保障重点经费支出，调拨疫情防控经费3300万元；巩固脱贫攻坚成果，实现精准扶贫和乡村振兴的有效衔接；财政统筹整合涉农资金安排乡村振兴专项资金18.14亿元，重点扶持产业发展和改善农业基础设施。

2021年，累计完成税费收入25.49亿元，其中税收收入16.02亿元，完成县本级税收收入7.62亿元，同比增收5261万元，增长7.42%。

全县有银行业金融机构11家。年末，全县金融机构存款余额351.88亿元，增长4.7%。住户存款余额303.94亿元，增长13.6%；非金融企业存款24.77亿元，下降28.1%。金融机构贷款余额198.85亿元，增长11.61%。住户贷款117.02亿元，增长13.5%；非金融企业及机关团体贷款81.83元，增长9.1%。年末，金融机构余额存贷比为56.51%。

全县共有保险机构22家，各项保险保费收入6.39亿元，下降6.53%。其中：财产险保费2.87亿元，下降7.69%；寿险保费3.52亿元，下降5.55%。各项赔款和给付支出2.48亿元，增长21.4%。其中：财产险赔款1.8亿元，增长26.3%；寿险给付0.68亿元，增长10.3%。

【居民生活水平】

全县居民人均可支配收入40625元，增长8.4%。城镇居民人均可支配收入46958元，增长7.3%，其中工资性收入15428元、经营净收入12228元、财产净收入5162元、转移净收入14138元。农村居民人均可支配收入33365元，增长10.2%，其中工资性收入11261元、家庭经营净收入13982元、财产净收入583元、转移净收入7539元。全县居民人均消费支出25137元。城镇居民人均消费支出25559元；农村居民人均消费支出24654元。全县人均住房面积98.3平方米，城乡居民恩格尔系数为23.8%。

【债务风险防控】

稳妥化解债务风险，综合债务率稳步下降，较上年降低18个百分点。沉稳应对债务还本付息高峰期，全力坚守“隐性债务不新增、债务风险不爆雷、借新还息不发生”的底线。加强化债工作调度，坚持按周调度，及时分解年度化债目标，压实压细化债责任，确保不发生债务逾期等风险事件。努力化解债务存量，全面落实“六个一批”化债举措，实现平台公司续借、展期等贷款金额5.9亿元，如期完成隐性债务化解任务。着重清理高息债务，通过偿还、谈判降息等措施清理高息债务41笔，较年初下降82.24%。着力强化风险预警，完善隐性债务应急处置预案，强化应急预警和风险监控；加强政府债务风险的舆情引导。

社会发展

【教育】

2021年，全县共有公立基础（职业）教育机构193所。其中，公办中小学（教学点）130所（小学100所、初中25所、县直高中4所、特殊教育学校1所），职业中专1所，幼儿园62所。全县共有民办基础教育机构72所，其中，中、小学6所，幼儿园66所。公办学校在编在岗教职工4899人；民办学校教职工919人。

全县在校中小学生共91427人。公办中小学校77929人。其中，高中生8905人、初中生20160人、小学生45526人、职专学生3338人。民办中小学校13498人，其中：高中生4974人、初中生4989人、小学生3535人。全县在园幼儿（公、民办幼儿园）17461人。

适龄儿童入学率、巩固率、毕业率均达100%；初中入学率达到100%，巩固率达99.6%以上；有学习能力的残疾儿童义务教育入学率、巩固率97%以上。2021年高考全县本科以上万人上线率居全市第一，其中攸县一中本科上线率为99.09%；600分以上173人，清华大学录取1人，连续6年获评株洲市“高中教育质量建设先进县”。1所学校获评“全国中小学中华优秀传统文化传承学校”，2所学校申报创建为全国文明校园，在全省率先申请设立“家校社共育与家长教育专业化建设”攸县实践区。攸县被评为湖南省“国培计划”示范性项目县、株洲市2021年普通高中教育质量综合评价优秀县，县教育局获评湖南省教育厅中小学教师信息技术应用能力提升工程最佳组织奖、湖南省中小学幼儿园教师网络研修（工作坊研修）工作先进单位。

【文化体育、旅游业】

全县共有公共文化场馆9个，包括文化馆、图书馆、博物馆、青少年活动中心、影剧院、石山书院、文昌阁和24小时城市书房、谭震林纪念馆、体育场。乡镇（街道）综合文化站17个，村级综合文化服务中心297个，农家书屋304个，乡村大舞台103个，建设“门前三小（小广场、小书屋、小讲堂）”187个，公共文化设施面积达180.77万平方米，人均公共文体设施面积2.867平方米。全县共有单项体育协会19个，体育指导站（点）45个，体育健身会所有公共体育实施面积达106.8万平方米。

全县共有广播、电视、网站、手机报、手机台、微信公众号等6种媒体13个平台；有县级广播电台1座，节目（国内）1套，广播综合人口覆盖100%；有县级电视台1座，电视发射台1座，城乡有数字电视用户3.7万户，电视综合人口覆盖率100%；手机报、手机台、微信公众号注册用户30万户。

全年举行大型群众文艺体育活动20余场。主办“幸福攸州、颂歌向党”庆祝建党100周年大合唱比赛，全县94个单位66支队伍、4500余人参赛。开展“人人当网红、个个直录播”“窝里的大师傅”直录播15场，网上观众近10万人。花鼓戏保护传承中心开展送戏下乡180场。图书馆接待读者50万余人次，博物馆接待观众5.2万人次，接待团体单位132批次。

开展为期100天的健走活动——“百日万步行”，参赛人数3000人。2021年株洲市第十四届运动会青少年组比赛中，攸县代表队获83枚金牌，团体总分名列株洲市第一。2021年湖南省皮划艇、赛艇、激流回旋皮划艇锦标赛中，攸县共斩获金牌17枚、银牌15枚、铜牌16枚，金牌总数和团体总分名列湖南省第一。

全县AAAA级旅游景区1个，AAA级旅游景区1个，国家级森林公园1处，国家地质公园1处，地质遗迹保护区11个，国家湿地公园1处，拥有星级宾馆1家，旅行社3家。2021年，全县累计接待游客138.69万人次，同比增长7.79%；实现旅游收入8737.47万元，同比增长8.11%。其中酒仙湖景区游客113万人次，门票收入6780万元。

【医疗卫生与健康】

2021年，全县共有卫生健康机构515个，其中县直医疗卫生单位5家、乡镇卫生院25家、街道社区卫生服务中心2家、村卫生室304家、民营医院15家、厂矿职工医院1家、个体诊所70家、学校医务室8家、卫生所（室）68个、镇（街道）妇幼保健计划生育服务站17家。全县卫生技术人员3880人，床位4597张，每千常住人口医疗机构床位数为6.91张，每千常住人口执业（助理）医师数为2.39人。全县各医院门急诊110万余人次，较去年增长19%，住院15.57万人次，较去年增长7%，县内住院率87.14%。

“五苗（卡介苗、脊髓灰质炎疫苗、百白破疫苗、麻疹疫苗、乙肝疫苗）”全程接种率99.79%，11种国家免疫规划疫苗单苗各剂次接种率均达到国家标准。开展6次疫苗冷链运转，共下发一类疫苗71029支。接种新冠疫苗102.15万剂次。全县共报告法定传染病6023例，发病数比上年同期（4898例）增长22.97%，未发生重大传染病流行。新增新冠肺炎无症状感染者1人。全年共报告4起突发公共卫生事件（其中3起为诺如病毒感染性腹泻暴发疫情，1起为流行性感冒暴发疫情），均有效处置。

全县城乡居民健康建档65.23万人，建档率98.12%，65岁及以上老年人健康管理率79.35%，家庭医生签约新签续签55.16万人，服务总计60万余人次，高血压、糖尿病、重性精神疾病患者和脱贫户、计生特扶户等重点人群家庭医生签约率100%。

2021年度，全县总人口数84.31万人，期内上报出生3942人，人口自然增长率-0.302‰，出生人口性别比109.35，新增计生家庭特扶奖扶对象701人。全面推进三孩政策实施，办理三孩生育服务证173本。全县孕产妇死亡率、五岁以下儿童死亡率、婴儿死亡率分别为0、3.77‰和2.8‰（均控制在两纲范围内）。免费孕前优生健康检查3006人。

【就业社保、社会救助和慈善事业】

2021年，全县城镇新增就业5240人，失业再就业2697人，失业率控制在2.8%；新增农村劳动力转移就业3093人，零就业家庭动态援助完成100%，城镇登记失业率控制在2.87%以内。阶段性降低工伤保险费率政策惠及349个企事业单位，减免工伤保险费97万元；为105家企业发放稳岗补贴44.04万元，发放技能提升补贴0.25万元，惠及职工5235人；发放失业保险金114.34万元、失业补助金455.55万元，代缴职工医保22.77万元；发放创业担保贷款560万元，扶持36人实现自主创业，带动就业210人。

基本养老保险、工伤保险、失业保险参保人数分别为41.2万人、2.99万人、2.39万人；基金总收入16.36亿元、总支出17.51亿元。退休职工养老保险待遇调整全面到位，城镇职工人均增资114.26元/月，机关养老人均增资166元/月，城乡居民养老保险人均待遇月增加118元。

2021年，全县医疗保险参保人员65.69万人，其中：城乡居民医保参保60.32万人、城镇职工医保参保53684人（退休人员26155人）；参加生育保险人数27529人；基本医疗保险覆盖率为97.5%。医保协议医疗机构347家（其中医院42家、口腔门诊部4家、村卫生室301家），医保协议零售药店199家。全年医保基金总收入66869万元。其中，城乡居民医保基金收入51183万元（其中各级财政补助34519万元，保费收入16664万元），城镇职工医保基金收入15686万元（划入个人账户3666万元）。全年医保基金支出76987.22万元，其中城乡居民医保基金支出55754.09万元、职工医保基金支出13640.93万元、新冠疫苗及接种费7592.2万元。

全年救助城镇低保对象1704户、3120人，城镇低保保障线为550元/月，发放城镇低保资金1793万元；救助农村低保对象7444户、17409人，农村低保的保障线为360元/月，发放农村低保资金5024万元。全县共有特困供养3422人，其中集中供养对象582人、分散供养对象2840人，发放供养金2854万元。共发放城乡低保、特困人员物价补贴9671万元。全年共资助困难学生31572人次，发放学生资助金2357.57万元；扶助独生子女伤残对象337人，发放资金323.52元；扶助独生子女死亡对象503人，发放资金482.88万元。全年共计募集慈善基金约528.9万元，发放救助资金约536.2万元；福彩总销量1438.4万元。

【生态环境建设】

2021年，攸县空气优良达347天，优良率为95.1%；空气综合指数为2.77，居全省第33名，较上年上升43名；空气质量改善率居全省第一。全县饮用水源水质达标率为100%，主要地表水体水质均达到国家Ⅱ类标准，国控省控地表水考核断面水环境质量全市排名第三，水质改善率全市排名第一。污染地块安全利用率和污染耕地安全利用率达90%。

全县电力消费量12.6亿千瓦时，增长6.4%。其中工业用电量4.8亿千瓦时，增长1.16%。规模以上工业综合能源消耗量112万吨标准煤，增长3.7%。万元规模工业增加值能耗下降率-7.21%。

完成湖南旭日陶瓷有限公司工业炉窑污染治理、湖南昊华化工股份有限公司VOCs（挥发性有机物）治理设施升级改造；完成国家臭氧帮扶组反馈的37个问题整改工作。实施水污染防治项目19个，其中涉铊企业专项整治2家，饮用水水源保护区污水治理1个，包装水污染防治项目4个，乡镇污水处理厂及配套管网建设工程9个，企业强制性清洁生产审核3家。完成全县17个乡镇级“千吨万人”饮用水水源地规范化建设和环境状况评估。开展绿色循环农业的试点工作及镉污染治理工作。重点整治6个重点村的生活污水，完成新漕村黑臭水体的治理工作任务。对36家隔离点的特殊有害垃圾实行规范化管理，为医废转运专用车辆开辟“绿色通道”。建成区绿化覆盖面积900.65公顷，绿地率39.62%，绿化覆盖率40.75%。森林覆盖率达58.19%，完成人工造林面积1740公顷，封山育林面积13.33万公顷。

建立健全粪污资源化利用和长效管护机制。完成规模养殖场247个、养殖专业户114个的畜禽粪污资源化利用配套设施建设，建成洗消中心5个、有机肥加工厂1个，全县畜禽粪污资源化利用率达到95.5%，规模养殖场污染防治设施配套率达到100%，有机肥替代化肥比例达到25.8%，农作物秸秆综合利用率85.47%。

【社会治安、安全生产】

全年共计接报警11.04万起，立刑事案件1668起，破刑事案件655起，现行案件破案率39.27%，查处行政案件1535起。破获电信诈骗案件180起，抓获违法犯罪嫌疑人255人，刑事拘留196人；利用电信诈骗平台止付金额2.1亿元，冻结金额905.4万元。摧毁涉黑涉恶犯罪集团2个，抓获恶势力团伙骨干成员9人，破获涉恶案件12起；摧毁横跨2个省8个市10个县，作案60余起的盗窃团伙。破获7起侵犯公民个人信息案件，查处2起非法出售个人信息案。破获1起古墓被盗案，抓获犯罪嫌疑人2人，追回攸县博物馆收藏文物10件。

全年交通事故接处警8978起，立案处理3657起；办理刑事案件50起、刑事拘留12人、逮捕5人、移送起诉44起。共计查处各类交通违法行为10.96万起,对交通违法行为人处以行政拘留44人。实施“戴帽工程”，共查处摩托车、电动自行车骑乘人未佩戴安全头盔7756起，全县摩托车、电动车头盔佩戴率由年初5%提升至85%。

检察机关全年共批捕194件272人，起诉480件686人；不批捕88人、不起诉84人。突出对民事生效裁判、民事执行的监督，共受理民事行政检察监督案件59件。立案公益诉讼案件76件，比上年同期翻番。

审判机关全年共受理各类案件15681件,审执结15072件,结案率96.12%,审限内结案100%。其中刑事案件（含旧存）538件，审结482件，对627名被告人依法判处刑罚；民商事案件（含旧存）9281件，审结8968件。全年共受理执行案件（含旧存）5766件，结案5530件，执行到位1.3亿元。执结涉民生案件180件，到位金额614万元，为农民工追讨工资168万元。

司法行政机关调处民间纠纷1440起，共办理法律援助案件368件。收到国家、省、市转交的信件520件，其中国家级139件、省级272件、市级109件。

2021年，全县共计发生一般生产安全事故17起，死亡15人（其中交通事故16起，死亡14人，烟花企业安全事故1起，死亡1人），未发生较大及以上生产经营性安全事故，事故起数和死亡人数双下降，全县安全生产形势总体平稳。道路交通事故401起，死亡67人，受伤494人，直接财产损失119.05万元。全年未发生较大及以上交通事故。

民生实事

城镇新增就业5240人，农村劳动力转移就业3093人，零就业家庭动态援助完成100%，菜花坪镇获评省级充分就业乡镇。社会保障切实加强，新增养老保险参保9824人。深入开展社保、医保基金管理风险防控专项整治，全面完成清查整治任务。提质改造中小学校78所，网岭芙蓉学校建成使用。提质改造乡镇卫生院3家，中医院挂牌三级中医医院。建成“门前三小”工程205个。跃进水库市民游园工程入选全市污染防治攻坚先进典型案例，空气质量综合指数改善率居全省第一。完成小街小巷改造8个、老旧小区改造10个、农贸市场改造2个、棚改“改扩翻”200户，新增巩固提升农村供水人口5.9万人、城区停车位445个，全线贯通长输燃气管线。

巩固脱贫成果和乡村振兴

全县共有脱贫户10574户31745人，边缘易致贫户293户861人，监测户456户873人。持续巩固脱贫攻坚成果，32957名“三类户”全部纳入防返贫监测信息系统，顺利通过“后评估”，4个单位获评全省脱贫攻坚先进集体。全县共有脱贫劳动力外出务工人数12734人，其中5019人在省外就业、2816人在省内县外就业、4899人在县内就业。全年财政统筹安排资金1166.91万元用于产业发展，其中自主发展产业奖补脱贫户和边缘易致贫户870户，落实产业奖补资金228.91万元；累计投入938万元奖励62个村级集体经济组织和100个企业帮扶车间。新增167户279人脱贫人口为农村低保对象，全年共有10817人脱贫对象享受低保救助，累计发放低保金1827.4万元、临时救助资金470万元，落实残疾脱贫户生活和护理补贴344.9万元、特困供养户补贴金208.5万元、困境儿童抚养金18.5万元。全年共资助义务教育贫困学生15714人次，资助金额872.89万元。脱贫人口四类慢病患者全部签约服务到位，2021年医保缴费共计全额资助困难对象参保54067人，资助金额1518.57万元。脱贫对象及监测户住院补偿14432人次，医疗总费用5753.32万元，总计报销4989.26万元。对1147户突发困难户的住房进行鉴定，完成脱贫户C、D级危房改造13户，发放补助资金37万元。

统筹安排资金1353万元用于水利、道路等基础设施建设，通过集中供水、接山泉水、打井、人力取水解决脱贫人口（含监测户）用水问题。完善垃圾治理体系，深化垃圾治理，完成80个农村生活垃圾分类示范村垃圾分类工作，配置农村生活垃圾运输车辆46台、垃圾收集车61台、垃圾分类亭320座、垃圾收集桶4.1万余个、垃圾箱307个，落实农村保洁员2893名，建成乡镇垃圾中转站3座。全面推行“旱厕改水厕、一格改四（三）格”，全年共完成农村改厕任务1.32万户，新建公厕14座。建成乡镇污水处理厂12座，日处理生活污水1.58万吨。

全面推行《村规民约》修订，发挥“一约四会”作用，推行婚事新办、丧事简办、余事不办制度，着力整治大操大办、竞相攀比、薄养厚葬等不良风气，村规民约覆盖率达到100%。全县铺开“门前三小”工程建设，全年建成“门前三小”200个，打造示范点20个。

困难和问题

发展质量总体不高，产业结构、税收结构不优，投入和产出不成正比；引领发展的好项目大项目不多，主导产业仍在培育，还没有形成完整的产业链条；发展不平衡不充分的问题比较突出，教育、医疗、养老等公共服务与群众需求还有一定差距；防范政府债务、安全生产、生态环保等各类风险任务艰巨；少数干部改革创新、破解难题本领不足，专业能力有待进一步提升。

重大事件纪要

【签订广寒坪抽水蓄能战略合作协议】

2021年3月30日，攸县与中国三峡建工集团有限公司签约，项目估算静态投资93.4亿元、动态投资115.8亿元，建设抽水蓄能电站及新能源项目。工程由上水库、下水库、输水系统及发电厂房系统四个部分组成，上水库位于黄丰桥镇广和村，下水库位于皇图岭镇山关村，电站平均水头402米，距高比5.82，规划装机容量180万千瓦。项目建成后年发电量约25亿千瓦时，年税收约1亿元。

（武　明）

【攸县高新区通过湖南省第一批化工园区认定】

2021年4月12日，湖南省发展和改革委员会网站公示湖南省第一批化工园区认定评估建议名单，全省10家园区上榜，攸县高新区成功入选，化工片区名称为攸州化工片区。2021年，园区严格按照时间节点完成中央环保督察交办问题整改任务，基本建成空气质量监测站，全面启动大背岭污水管网建设，园区生产、生活、生态环境有效提升。

（武　明）

【多项政务服务事项实现“跨省通办”】

2021年5月28日，攸县和江西省莲花县举行政务服务“跨省通办”签约仪式。此次“跨省通办”签约事项涵盖公安、教育、医疗、社保、民政、交通、住房等重点领域，旨在全面梳理办事频率高、需求量较大、群众获得感强的事项，成熟一批、推出一批、公布一批，致力为两地企业、群众提供便捷高效的政务服务。2021年7月29日，攸县与广东省深圳福田区签订政务服务“跨省通办”合作协议，签约事项涵盖人社、市监等重点领域的15个代收代办事项以及15个涵盖人社、医保等部门的全程网办事项。至此，攸县打通与深圳市“跨省通办”政务服务合作机制，为实现两地政务服务互联互通奠定坚实基础。

（武　明）

【举办2021湖南红色旅游文化节】

2021年7月9日，2021湖南红色旅游文化节在攸县开幕。节会旨在充分展示攸县红色旅游资源，加快推进全省红色旅游发展，持续促进湘赣边红色旅游交流合作，打造韶山·井冈山红色旅游铁路专线，深入推动党史学习教育开展。此次节会以“1+6（1项主体活动和6项系列活动）”的方式呈现，即湖南红色旅游文化节开幕式主体活动，以及湘赣边红色旅游文化资源展、攸县文旅路线考察、“攸县红色故事我来讲”演讲大赛决赛、湘赣边红色旅游发展与乡村振兴高峰论坛、“攸悠我行，我游攸州”全国抖音大赛颁奖、“穿越湘赣边，百日万步行”等6项系列活动。省委副书记乌兰出席开幕式，省委宣传部副部长、省文化和旅游厅厅长禹新荣和株洲市委书记曹慧泉分别致辞。

（武　明）

【“城乡驿站+邮政快递”入选全国农村物流服务品牌】

2021年9月，交通运输部办公厅印发《关于公布第二批农村物流服务品牌并组织开展第三批农村物流服务品牌申报工作的通知》，攸县“城乡驿站+邮政快递”农村物流服务品牌成功入选。城乡驿站是以县、乡、村三级物流服务网络为基础，沟通城乡，形成货物双向流通的重要载体。自2016年起，攸县着力构建县、乡、村三级物流服务网络，建成县级配送分拨中心1个、乡镇配送分拨站13个、“城乡驿站”639个。城乡驿站叠加农商银行助农金融业务、快递收发、代卖代购、代缴社保、代缴电费、代缴电话费等便民服务功能，入选全省第一批农村客货邮融合发展试点县。

（武　明）

【攸县新冠肺炎疫情防控阻击战】

2021年10月21日，攸县收到省推送数据，判定1人“潜在密切接触者”，当晚随即将其闭环转运到攸县鸭塘铺医学观察点集中隔离；10月22日，经核酸双采双检，结果确定为阳性；10月22日晚，送检至株洲市疾控中心复核，确定为新冠肺炎无症状感染者；10月23日，将其转运至长沙市公共卫生救助中心。疫情发生后，攸县迅速进入应急状态，10月22日晚8点市委紧急视频会议后，分别于10月22日晚8时50分、23日凌晨1时、23日凌晨5时和23日晚9时40分，相继召开4次专门调度会，第一时间划定为核心区、城区、县域3个包围圈，迅速召集200余人组建流调专班展开流调，组织采样人员450名、隔离点工作人员600余人投入疫情防控。同时，市委、市政府统筹调度40名流调工作者和150名医护人员，以及方舱核酸检测实验室和防疫物资连夜驰援攸县，有效保障疫情防控力量。在省市的精准指导下，成功实现零外溢、零扩散、零院感的目标，得到社会各界高度肯定，工作经验做法获得省政府通报表扬。

（武　明）

【举行北伐首战首捷攸县渌田学术研讨会】

2021年11月23日，中国共产党与叶挺独立团北伐首战首捷攸县渌田学术研讨会在攸县举行，会议采取线上线下相结合的方式进行。会议主要研讨1926年6月叶挺独立团在攸县渌田首战告捷的历史史实、部队建设、战争方式、作用影响和精神实质等方面，全方位挖掘首战史实和首战精神，传承红色基因，弘扬红色文化，扩大攸县渌田北伐首战首胜影响力，进一步促进地方经济社会及红色旅游繁荣发展。研讨会前，与会领导及嘉宾考察参观了北伐首战无名烈士墓，并举行了敬献花篮仪式，考察参观了北伐首战烈士纪念陈列馆项目建设现场、渡江码头、胜利大会召开遗址等地。叶挺独立团参谋长周士第上将之子周强、叶挺独立团团长叶挺孙女叶小燕等叶挺独立团将士后人，以及相关党史专家与会。

（武　明）

【攸县香干注册国家地理标志证明商标】

2021年12月，国家知识产权局正式颁发攸县香干地理标志证明商标注册证，“攸县香干”成功注册国家地理标志证明商标。攸县香干制作历史悠久，至明清时享誉长江流域和珠江流域，经过长期实践，形成独特的传统制作工艺并一直完整保存下来。近年来，攸县坚持把品牌强农作为推进乡村产业振兴、促进农民共同富裕的重要抓手，积极推进地理标志证明商标培育发展工作。截至2021年末，全县共有国家地理标志证明商标5个。

（张俊晰）

【打通6条多年“断头路”】

2021年，攸县深入开展“我为群众办实事”活动，聚焦“行车难、停车难”问题，坚决推进“断头路”清零行动。仅用19天完成建设北路的拆迁，仅用18天完成内环路、吉兴路的拆迁，共拆迁“断头路”“瓶颈路”所涉房屋57栋、面积2.3万平方米，完成8条亟需打通的城市主干道路建设项目交地任务。建设北路、建设南路、体育路全线通车，文化路延伸段、二环路、吉兴路城市“断头路”彻底拉通，进一步完善城区整体交通路网，改善交通环境，得到群众一致点赞。

（张俊晰）

【城市文明程度指数测评名列全省县级城市第一名】

湖南省文明办发布2021年城市文明程度指数测评结果，攸县以综合成绩92.52分名列全省县级城市第一名。近年来，攸县以创建全国文明城市为契机，坚持“创建为民、创建惠民”原则，以培育和践行社会主义核心价值观为根本，协同推进政务环境、法治环境、市场环境、人文环境、文化环境、生活环境、生态环境、安全环境建设，市民文明素质和城市文明程度不断提升。

（张俊晰）

【攸县入选湖南县域经济高质量发展先进县十强】

2021年12月21日，湖南省社会科学院经济研究所发布《2021年湖南县域经济高质量发展排行榜》报告，攸县入选省县域经济高质量发展先进县10强，位列第九位。2021年攸县GDP同比增长（下同）6.9%，社会消费品零售总额增长15.2%，规模工业增加值增长11.9%，一般公共预算收入中税收占比提高11.57个百分点，城乡居民人均可支配收入增长8.4%，中部百强县排名第60位，前进6位。改善营商环境、高质量推进交通基础设施建设、发展文化和旅游产业、环境空气质量综合指数及改善幅度、养老服务体系建设、煤矿安全生产治本攻坚等工作和疫情防控典型经验做法获得省政府真抓实干表扬激励。

（张俊晰）

【举行庆祝建党100周年系列活动】

2021年6月28日，攸县召开庆祝建党100周年暨“两优一先”表彰大会；2021年7月1日，攸县庆祝中国共产党成立100周年座谈会暨学习贯彻习近平总书记“七一”重要讲话精神专题读书班。全县组织“银辉闪耀·初心不改”征文等系列活动，选送的红歌《唱支山歌给党听》和红色故事《昭昭恩德炎炎初心》均进入省决赛，获优胜奖。创编的《谭震林的清廉人生》等4个创新型党课，线上线下累计观看量达2.4万余人次，相关经验得到共产党员网、《人民日报》等10余家主流媒体宣传报道。

（张俊晰）

【完成县乡村三级换届】

自县乡村换届工作启动以来，在市委的精心指导下，攸县严把标准、严格程序、严肃纪律，成功完成县乡村三级换届，顺利实现组织意见。选出乡镇领导班子140人，乡镇班子平均年龄下降2.2岁、本科以上学历提升21.7%，村级班子平均年龄下降12.7岁、大专以上学历提升10.3%。

（张俊晰）

大事记

1 月

1 月 7 日，县人民政府举行招商引资项目集中签约仪式，此次现场签约项目 10 个，涵盖生态农业、中医药、高分子、电子科技、机械制造、商旅等多个领域。这是近几年来攸县集中签约活动中综合实力最强、投资体量最大、业务范围最广的一次,总引资 92.2 亿元。签约的 10 个项目分别为正邦集团有限公司投资 50 亿元的攸县循环农业生态产业园项目，攸县畅好农牧有限公司投资 15 亿元的新希望攸县生态养殖产业项目，湖南省众谷实业发展有限公司投资 10 亿元的酒仙湖国际医养生态小镇项目,湖北美圣雅恒建材有限公司投资 5 亿元的高分子黏合剂和特种干粉砂浆生产项目，深圳市骏辉诚博电子科技有限公司投资 1 亿元的耳机、音箱等音频设备生产项目，湖南大豪集团医药控股有限公司投资 1.2 亿元的中医药产业园项目，湖南犀金机械制造有限公司投资 1 亿元的年产 1 万吨高质量铸件项目，湖南汇琨实业有限公司投资 3 亿元的汇琨国际酒店项目，攸县健坤农业科技有限公司投 5 亿元的野生中草药产业开发项目，东莞市华悦电子科技有限公司投资 1 亿元的年产 500 万条耳机生产项目。

1 月 16 日，中共攸县县委在东城新区会议中心召开第十二届十一次全体（扩大）会议暨县委经济工作会议。会议的主任务是回顾总结 2020 年和“十三五”时期工作，部署 2021 年以及“十四五”期间任务，动员全县上下抢抓机遇，乘势而上，大力实施产业富县、科教兴县、交通强县、生态立县“四大战略”，全力打造“一中心四样板”，奋力担当湘赣边区域合作示范区建设主力军，奋力谱写新时代坚持和发展中国特色社会主义的攸县新篇章。会议明确，“十四五”时期全县经济社会发展的总体要求：深入落实习近平总书记对湖南工作系列重要讲话指示精神，统筹推进“五位一体”总体布局，协调推进“四个全面”战略布局，坚定不移贯彻新发展理念，坚持稳中求进工作总基调，坚持“1122345”发展思路，以推动高质量发展为主题，以深化供给侧结构性改革为主线，以改革创新为根本动力，以满足人民日益增长的美好生活需要为根本目的，紧扣省“三高四新”、市“一谷三区”部署，统筹发展和安全，推进县域治理体系和治理能力现代化，大力实施“产业富县、科教兴县、交通强县、生态立县”四大战略，全力打造湘赣边区域中心城市、湘赣边资源型城市转型发展样板区、湘赣边新型城镇化样板区、湘赣边乡村振兴样板区、湘赣边教育医疗事业发展样板区，奋力谱写新时代坚持和发展中国特色社会主义的攸县新篇章。全会提出，“十四五”时期，全县总的战略任务是实施“一二三四五”工程。一是“全力打造一个中心”，即“将攸县建成为湘赣边区域中心城市”；二是“奋力夺取两大目标”，即“力争撤县设市工作得到国家审批通过并成功挂牌和向全国百强县发起强有力冲刺”；三是“努力实现三个突破”，即“交通突围取得突破、园区发展取得突破、区域合作取得突破”；四是

"致力打造四个样板"，即"湘赣边资源型城市转型发展样板区、湘赣边新型城镇化建设样板区、湘赣边乡村振兴样板区、湘赣边教育医疗事业发展样板区"；五是"着力培育五个百亿产业"，即精细化工、高分子新材料、建筑新材、煤电能源、农产品精深加工。

1月31日至2月1日，政协攸县第九届委员会在东城新区会议中心举行第六次会议。县政协主席毛春良代表政协攸县第九届委员会常务委员会向大会作工作报告，县政协副主席李奇跃作政协攸县委员会关于九届六次会议提案审查情况的报告。会议通过《政协攸县第九届委员会第六次会议关于常务委员会工作报告的决议》《政协攸县第九届委员会第六次会议关于九届五次会议以来提案工作情况报告的决议》《政协攸县第九届委员会第六次会议政治决议》。政协九届五次会议以来，共提交提案161件，经审查立案151件，立案率为93.8%；所有提案全部办复。解决或基本解决的提案89件，占58.9%；问题部分解决或留作参考的提案56件，占37.1%；因条件有限暂时不能解决的提案6件，占4.0%。提案见面率和答复率均为100%。

2月

2月1—4日，攸县第十七届人民代表大会第六次会议在东城新区会议中心召开，本次会议应到代表264名，实到代表241名。会议听取审议县人大常委会主任吴爱清作的《攸县人民代表大会常务委员会工作报告》，县委副书记、代县长李鹏程作的《政府工作报告》，听取和审查《攸县人民法院工作报告》《攸县人民检察院工作报告》；书面听取《攸县2020年国民经济和社会发展计划执行情况的报告》《2021年国民经济与社会发展计划》《攸县2020年财政预算执行情况的报告和2021年县级财政预算》《攸县国民经济和社会发展第十四个五年规划和二〇三五年远景目标纲要（草案）》《攸县2020年环境状况、环境保护目标完成情况和2021年环境保护目标的报告》。审查通过《关于攸县人民政府工作报告的决议》《关于攸县2020年国民经济和社会发展计划执行情况与2021年计划的决议》《关于攸县国民经济和社会发展第十四个五年规划和二〇三五年远景目标纲要的决议》《关于攸县2020年财政预算执行情况和2021年财政预算的决议》《关于攸县人民代表大会常务委员会工作报告的决议》《关于攸县人民法院工作报告的决议》《关于攸县人民检察院工作报告的决议》。会议通过《攸县第十七届人民代表大会第六次会议关于依法保障和促进实施"一中心四样板"战略加快推进现代化新攸县建设的决定》。会议以无记名投票的方式补选李鹏程为攸县人民政府县长，游江龙为攸县第十七届人民代表大会常务委员会副主任，朱泊宇、刘芳军、肖回龙、胡正罡等4人为攸县第十七届人民代表大会常务委员会委员。

2月中旬，县城区餐厨垃圾处理厂投入运行，日处理餐厨垃圾能力25吨，完全能满足县城区餐厨垃圾处理需求。该餐厨垃圾处理厂位于菜花坪镇，始建于2020年10月，餐厨垃圾在处理厂经过预分拣、厌氧罐、污水处理站、锅炉房、气柜等餐厨垃圾末端处理设备的作业后，实现无害化分类处理。至此，攸县正式开启餐厨垃圾统一收运和资源化利用新模式。

2月25日，攸县中医院派驻渌田镇存养村第一书记唐华容在北京人民大会堂参加全国脱贫攻坚总结表彰大会。会上，被授予"全国脱贫攻坚先进个人"称号，并接受中共中央总书记、国家主席、中央军委主席习近平颁奖。唐华容的先进事迹先后在"新华社通讯""人民网""湖南卫视"《今日女报》等10家主流媒体报道。

3月

3月1日，攸县人民政府举行全省重大项目集中开工仪式，总投资50亿元的攸县地博高分子通讯材料和集团总部等8个项目集中开工。株洲市副市长杨胜跃，县委副书记、县长李鹏程，县人大常委会主任吴爱清，县政协主席毛春良等在攸县分会场参加仪式。6月21日，全省第二次重大项目集中开工活动启动，攸县有澳维高分子膜材料等10个项目启动建设，总投资17

亿元。

3月22日，中共攸县县委召开新冠疫苗接种工作推进会。会议首先传达中央、省、市新冠疫苗接种工作会议精神，并解读全县新冠疫苗接种工作方案。会议指出，当前，新冠肺炎疫情虽在国内得到有效控制，但在世界范围内仍在不断蔓延。面对疫情，疫情防控工作仍是当前的重中之重。要认清形势，统筹疫情防控与经济社会发展这个重要性、长期性和复杂性问题，杜绝松劲情绪、麻痹思想，守住疫情防控这条底线。会议强调，疫苗接种是疫情防控的关键之举，是最有效的疫情防控措施，接种新冠疫苗对于建立免疫屏障、降低感染风险具有重要意义。会议要求各街道乡镇和部门单位要深刻领会新冠疫苗接种工作的重要性和紧迫性，认真研究部署，强化宣传引导和工作督导，加强技术指导和科学评估，做到万无一失，严格程序技术标准，确保疫苗接种工作规范有序、高效推进，确保疫苗接种工作任务顺利完成。

3月26日，为贯彻落实中共中央《关于在全党开展党史学习教育的通知》精神，全县党史学习教育工作推进会在东城区会议中心召开。会议强调，要深化思想认识，进一步搞清楚“为什么学”，要坚持4个“必然要求”（即传承红色基因、弘扬革命精神，涤荡思想灵魂、坚定理想信念，不忘初心使命、砥砺奋进前行，敢于自我革命、永葆政治本色）；要紧扣目标任务，进一步搞清楚“学什么”，要在学党史中铸就信仰之本、夯实思想之基、传承红色之魂、担当为民之责、增强斗争之力、严守清廉之规；要加强组织领导，进一步搞清楚“怎么学”，要以上率下、层层示范，要因地制宜、分类指导，要结合实际、创新载体，要强化宣传、正确引导。同日，县委理论学习中心组围绕“学史明理”主题开展党史学习教育第一次专题学习。4月8日，召开党史学习教育巡回指导工作培训暨宣讲工作动员会，部署安排开展党史学习教育巡回指导和宣讲工作。为扎实有效开展党史学习教育，成立10个巡回指导组，对全县101个单位的党史学习教育进行全程督促指导，组建27人的党史学习教育宣讲团，深入全县各镇（街道）和部门单位集中宣讲120场次以上，实现全覆盖。围绕“学史力行”主题，县委理论学习中心组先后4次开展党史学习教育专题学习，通过实地接受党史学习教育、开展学习研讨等形式，率先垂范、动员全县上下掀起党史学习教育新高潮。

3月30日，由中国三峡建工集团有限公司总投资100亿元建设的抽水蓄能电站项目和新能源项目在东城新区正式签约。抽水蓄能电站项目总投资88亿元，由上水库、下水库、输水系统及发电厂房系统4个部分组成，其中上水库位于黄丰桥镇广寒坪村，下水库位于皇图岭镇山关村，规划装机容量180万千瓦，安装6台单机容量为30万千瓦的单级立轴单转速混流可逆式水泵水轮机组，投产后年发电量约12亿千瓦时。新能源项目为风力发电，投资金额为12亿元。抽水蓄能电站项目对促进攸县提升居民用电质量、优化调整能源结构、推动产业融合发展具有重要的意义。县委书记康月林，县委副书记、县长李鹏程，中国三峡建工集团有限公司党委书记、董事长王世平，副总经理郭彬以及中国电建集团中南勘测设计研究院有限公司相关负责人参加签约仪式。

4月

4月3日，湖南省人民政府副省长谢卫江一行到攸县调研文旅融合发展、公共文化建设等工作。谢卫江先后参观谭震林生平业绩陈列室，考察入选全国农村公共服务典型案例“门前小广场、小书屋、小讲堂”示范点的春联街道山背社区建设情况，充分肯定攸县在基层文化服务体系建设方面作出表率。谢卫江指出，攸县要把握文旅消费新趋势，坚持“政府主导、市场主体，企业化运作”原则，依托酒仙湖景区，全力打造生态旅游小镇，带动周边地区经济社会发展；要用好本地旅游资源，科学打造精品旅游线路，使之串点成线，促进全域旅游发展。

4月19日，中共株洲市委书记曹慧泉到攸县督导检查中央环保督察发现问题整改落实情况。曹慧泉在攸县高新区详细了解中央环保督察交办问题整改情况后强调指出：要动真碰硬抓好突出生态环境问题整改，严格按照中央生态环境保护督察工作要求，做到立行立改、即知即改、真改实改；要深入践行以人民为中心的发展思想，坚持开门搞环保，虚心接受群众监督，用心用情解决人民群众“急难愁盼”问题；要坚持举一反三，深刻剖析环保突出问题，全力补短板强弱项，加快建立生态环境保护长效机制，切实提高环境监测能力和科技支撑水平；要坚持生态优先、绿色发展，进一步树牢“绿水青山就是金山银山”理念，以高质量的生态环境保护工作助推传统产业转型及新兴产业发展。

4月20日，中共攸县县委召开领导干部警示教育大会。会议提出，全县上下必须深刻认识到党风廉政建设和反腐败斗争必须永远在路上，全面从严治党必须纵深推进决不能有丝毫停滞；拒腐防变必须警钟长鸣，决不能有丝毫放松；正风肃纪必须加大力度，决不能有丝毫手软。会议强调，广大领导干部一定要有如临深渊、如履薄冰的危机感，常修为官之德、常弃非分之想、常记亲人之嘱、常思贪腐之害、常念监督之益，真正明白管好“小节”才能守住大节，管好“自己”才能守住“自由”的道理，真正挡得住“围猎”、经得住“捧杀”、抗得住“诱惑”，清清白白做人、干干净净做事、坦坦荡荡为官，着力营造风清气正的政治生态，为打造“一中心四样板”提供坚强的纪律保障和作风保障。县委书记康月林，县委副书记、县长李鹏程，县委副书记文斌，县人大常委会主任吴爱清，县政协主席毛春良及其他在职在家县级领导，县直各单位、乡镇（街道）、省市驻攸单位及教育、卫健系统正科级以上事业单位党政负责人共计240余人参加大会。

4月29日，中共攸县县委召开乡镇领导班子换届工作动员部署会暨业务培训会。会议深入学习贯彻习近平总书记关于换届工作的重要讲话指示精神，认真落实全国、全省、全市市县乡领导班子换届工作电视电话会议精神，安排部署全县乡镇领导班子换届工作。会议强调，要深刻认识换届工作的重要意义，精准把握换届工作的任务要求，坚持鲜明用人导向，把优秀的干部选出来；要注重优化队伍结构，把强大的班子配出来；做好代表选举工作，把各界的先进挑出来；要严明换届工作纪律，把优良的风气树出来。

5月

5月10日，县委县政府召开全县股所级干部警示教育大会。会议强调，县委“一中心四样板”的决策部署，需要营造一个风清气正的政治生态，加强对股所级干部的监督和管理势在必行，全县股所级干部要认真汲取典型案例的教训，以案示警、以案为鉴、以案为戒、以案促改，认真查摆自身存在的问题和不足，时刻绷紧廉洁自律这根弦，挡得住“围猎”、经得住“捧杀”、抗得住“诱惑”，为全面建设清廉攸县，打造“一中心四样板”贡献力量。第一次以股所级干部为重点对象召开警示教育大会，既是贯彻全面从严治党向纵深发展要求的具体行动，也是落实县委建设清廉攸县决策部署的重要内容。会议还观看警示教育片《初心与蜕变3》，并通报近年来全县发生的股所级干部违纪违法典型案例。县直各单位、乡镇（街道）分管领导、办公室主任、财务负责人以及有行政审批权、行政执法权的股室负责人共计450余人参加大会。

5月10日，全县启动为期半年的“一盔一带”专项整治行动。整治期间，县交警大队将采取定点和巡查相结合的方式，组织民警在全县所有城市道路、国省公路、农村道路主干道对各类交通违法行为进行集中整治，有力推进道路交通事故“减量控大”，保护广大人民群众生命财产安全。10月中旬，启动“戴帽工程”专项整治行动，针对城区摩托车、电动车通行的集中时段、集中路段，进行定点和流动检查，依法从严查处违法行为；重点整治摩托车、电动车（含超标车）驾乘人员不戴安全头盔的违法行为。10月19日首日现场执法，查处各类违法行为150余起，收缴非法加装伞具85顶。

5月上旬，全县新选派的97支乡村振兴工作队、205名驻村干部在5月初全部进村到岗，全面开启乡村振兴驻村帮扶工作。

5月11日，受连续强降雨影响，鸾山镇江冲村一山体出现垮塌滑坡和泥石流，造成Y309线近40米道路被3万余立方米的泥石流阻断。险情发生后，鸾山镇政府立即启动应急预案，将道路临时封闭，同时安排人员24小时值守，党员志愿者对垮塌区域进行不间断巡查，确保群众生命安全。

6月

6月5日，纪念“北伐首战渌田大捷”95周年座谈会在攸县举行。座谈会以重新认识发掘北伐首战之渌田大捷的历史意义为主旨，进一步挖掘、保护、利用红色文化资源，助力湘赣边乡村振兴。叶挺之孙、中国导演叶大鹰，开国上将周士弟之子周强等叶挺独立团将士后人，攸县、安仁县两地文史界人士参加座谈，并就各自目前掌握的史料和已经开展的工作进行深度交流与探讨。第一次国内革命战争时期，为推翻北洋军阀的反动统治，国共两党合作开展北伐战争。以共产党员和共青团员为骨干的叶挺独立团于1925年11月在广东肇庆建立。1926年5月，为援助国民革命军第八军抵御直系军阀吴佩孚的南犯，以共产党员和共青团员为骨干的叶挺独立团作为北伐先遣队，从肇庆开赴湖南。同年6月3—4日，在攸县、安仁边界的渌田、黄茅铺一带打响北伐第一战，在攸县、安仁县群众的大力配合下，取得以一团的兵力打败敌军6个团的大捷，并于6月5日攻克攸县城。会议认为，北伐首战渌田大捷，改变战局，开启北伐战争胜利的新征程。

6月7日，中共攸县县委召开全县领导干部大会。株洲市委常委、组织部部长李武宁出席会议并宣布省委、市委关于攸县主要领导干部调整的决定：李鹏程同志任中共攸县县委书记；康月林不再担任中共攸县县委书记职务，另有任用。

6月23日，攸县城乡客运一体化示范县创建工作顺利通过湖南省交通运输厅验收。攸县公路总里程7990千米，公路密度每平方千米3.5千米，等级公路比重占75%。2018年10月，攸县被列为全省第一批城乡客运一体化示范创建县。县委、县政府坚持把城乡客运一体化发展作为推动乡村振兴、助力脱贫攻坚的重要抓手，提高政治站位，压实工作责任，县、乡、村联动推进创建工作，结合新型城镇化建设，以群众需求倒逼，以问题导向推进，强化顶层设计，着力构建城乡一体、布局合理的客运发展格局。截至2021年6月，全县开通营运线路83条，客运班线实现乡镇全覆盖，行政村客运班车通达率保持100%，每日农村客运总量达1.5万人次，“出门水泥路、抬脚上公交、实时查定位”成为群众出行常态。同时，攸县在全县范围内同一线路票价下降至少30%的基础上，农村客运班线单程票价再次下降，日平均5000余人次特殊人群享受免费乘车优惠政策，2020年免费金额达1000万余元。

6月28日，中共攸县县委举行庆祝中国共产党成立100周年暨“两优一先”表彰大会，回顾党的光辉历史，讴歌党的丰功伟绩，表彰全县各条战线上涌现出来的优秀共产党员、优秀党务工作者和先进基层党组织，颁发“光荣在党50年”纪念章，激励全县党员干部和广大人民群众为全面建设社会主义现代化新攸县、奋力打造“一中心四样板”而不懈奋斗。

7月

7月2日，攸县第十七届人大常委会召开第四十次会议。会议决定接受李鹏程辞去攸县人民政府县长职务的请求，决定任命武挪强为攸县人民政府副县长；会议宣读县人大常委会主任会议《关于武挪强副县长为攸县人民政府代理县长的议案》，根据无记名投票方式表决结果，武挪强全票通过攸县人民政府代理县长的任职,决定武挪强副县长为攸县人民政府代理县长。

7月8日，中共攸县县委召开县乡两级人大换届选举工作会议，传达贯彻中央和省委、市委关于换届选举工作的有关文件，部署全县县乡两级人大换届选举工作。根据湖南省十三届人民代表大会常务委员会第24次会议通过的《关于县乡两级人民代表大会换届选举时间的决定》，2021年8月25日选举产生新一届县乡两级人民代表大会代表，并分别于8月底和10月下旬依法召开新一届县乡两级人民代表大会第一次会议，选举产生县乡两级国家机关领导人员，同步完成全县县乡两级人民代表大会代表换届选举工作。

7月9日，2021湖南红色旅游文化节开幕仪式在攸县文化广场举行。本届红色旅游文化节由省委宣传部、省文化和旅游厅、株洲市委市政府主办，株洲市委宣传部、市文旅广体局、攸县县委县政府承办，围绕“伟人故里·红色湘赣·魅力攸县”主题，集中展示株洲攸县的红色资源、秀美风光、乡土人情、民风民俗和特色产业。省委副书记乌兰，省人大常委会委员、省人大教科文卫委员会主任委员梁肇洪，省委宣传部副部长、省文化和旅游厅厅长禹新荣，省委宣传部副部长胡代松，市委书记曹慧泉，谭震林同志亲属代表谭景出席开幕式并共同按下开幕键。省委宣传部副部长、省文化和旅游厅厅长禹新荣，株洲市委书记曹慧泉分别致辞。红色旅游文化节活动为期21天，采用“1+6”方式（1个主体活动——2021湖南红色旅游文化节开幕式，6项系列活动——湘赣边红色旅游文化资源展、攸县文旅路线考察、“攸县红色故事我来讲”演讲大赛决赛、湘赣边红色旅游发展与乡村振兴高峰论坛、“攸悠我行，我游攸州”全国抖音大赛颁奖、“穿越湘赣边，百日万步行”）开展系列活动。

7月13日，中共攸县县委举行庆祝中国共产党成立100周年座谈会。会议深入学习领会和贯彻落实习近平总书记“七一”重要讲话精神，庆祝党的百年华诞，讴歌党的辉煌成就，号召全县党员干部大力弘扬坚持真理、坚守理想，践行初心、担当使命，不怕牺牲、英勇斗争，对党忠诚、不负人民的伟大建党精神，为大力实施“三高四新”战略，打造“一中心四样板”凝聚奋斗伟力。座谈会上，原县档案史志局副局长焦润泉，老干部代表颜甲龙，湖南省“两优一先”获表彰者欧国胜，“全国脱贫攻坚先进个人”唐华容，“光荣在党50年”纪念章获得者代表刘秋云以及劳动模范代表黄颜丽，围绕“永远跟党走”主题作生动感人的发言，由衷表达“感党恩、听党话、跟党走”的强烈心声。县委书记李鹏程指出，全县各级、各部门要把学习贯彻习近平总书记重要讲话精神作为当前首要政治任务抓紧抓实抓好，结合正在开展的党史学习教育，着力在深学深悟、宣传宣讲、落地落实上下功夫；要从百年党史中感悟理想信念的伟力，坚定不移跟党走，始终坚持党的领导，切实提高政治站位，时刻加强政治历练，不断提高政治判断力、政治领悟力、政治执行力；要从百年党史中感悟人民至上的伟力，矢志为民增福祉，始终站稳人民立场，涵养为民情怀，办好民生实事，努力让发展成果更多更好更公平地惠及全县人民；要从百年党史中感悟英勇奋斗的伟力，真抓实干开新局，大力弘扬实干作风，强化责任担当，树立底线意识，敢于旗帜鲜明与复杂严峻的外部环境和风险挑战作斗争；要从百年党史中感悟自我革命的伟力，持之以恒强党建，持续加强理论武装，持续加强组织建设，持续推进正风肃纪，着力营造干部清正、政府清廉、政治清明的良好政治生态。

7月29—30日，中国共产党攸县第十三次代表大会在攸县发展中心会议中心召开。大会全面总结攸县第十二次党代会以来取得的重大成就和宝贵经验，深刻分析面临的形势和机遇挑战，选举产生新一届县委和县纪委班子，明确今后五年的总体要求、奋斗目标和主要任务。会议明确，未来五年全县经济社会发展的指导思想：高举中国特色社会主义伟大旗帜，深入贯彻中共十九大和十九届二中、三中、四中、五中全会精神，坚持以马克思列宁主义、毛泽东思想、邓小平理论、“三个代表”重要思想、科学发展观、习近平新时代中国特色社会主义思想为指导，全面贯彻党的基本理论、基本路线、基本方略，深入落实习近平总书记对湖南工作系列重要讲话指示精神，统筹推进“五位一体”总体布局，协调推进“四个全面”战略布局，立足新发展阶段，贯彻新发展理念，构建新发展格局，统筹发展和安全，推进县域治理体系和治理能力现代化，以推动高质量发展为主题，以深化供给侧结构性改革为主线，以改革创新为根本动力，以满足人民日益增长的美好生活需要为根本目的，大力实施“三高四新”战略，紧紧围绕“一二三四”发展思路，坚持“产业富县、科教兴县、交通强县、生态立县”，加快建设社会主义现代化新攸县。7月30日，中共攸县第十三届委员会召开第一次全体会议，通过投票选举产生新一届县委常委、书记、副书记。选举李鹏程、武挪强、林涛、曾富勇、何文龙、彭爱斌、唐军全、夏春良、易晓红、陈银河、阙昶为中共攸县第十三届委员会常务委员会委员；李鹏程当选为中共攸县第十三届委员会书记，武挪强、林涛当选为中共攸县第十三届委员会副书记。同日，中共攸县第十三届纪律检查委员会召开第一次全体会议，会议选举产生新一届县纪委常委和书记、副书记，阙昶当选县纪委书记，易介兵、黄志坤、易川皓当选纪委副书记。

7月29日，根据株洲市委、市政府统一部署，县委、县政府召开新冠肺炎疫情防控工作部署会议。会议强调，面对当前省、市新冠肺炎疫情防控形势出现的新变化（7月29—31日，株洲云龙示范区新增报告11例新冠病毒核酸阳性检测者，均为四川省成都市7月27日公布的3名确诊病例和常德市7月28日公布的1例无症状感染者的关联者），各相关部门单位要克服长时间低风险状态下的松懈情绪、厌战情绪和侥幸心理，保持高度警醒，将疫情防控工作当作一项政治任务，不折不扣地抓紧抓实，确保人民群众生命安全和社会大局平安稳定。会议要求，乡镇（街道）要充分履行属地主体责任，行业部门要统筹协调，联防联控。7月30日，全县启动新冠肺炎疫情应急响应和联防联控机制。从7月31日起，全县广大党员干部群众，特别是医务工作者默默奋战在抗疫第一线；全县各级各部门、3.5万名党员干部以“战时”状态，扎实开展流调溯源、核酸检测、隔离救治、宣传引导、物资保障等各项工作。

8月

8月1—2日，攸县分两批共派出医护人员100人支援株洲市区新冠肺炎疫情防控。8月3日开始，分批对主干道道路、重点区域的各下水道进行全面消毒，重点对医院内外环境、农贸市场、垃圾中转站、公共交通工具等重点场所和部位进行全面防疫消毒消杀处理。8月5日，根据全市统一部署，开始在火车站、（汽车）客运站和高速公路（出）口、国省干线公路（出）口设置疫情防控检查点；根据株洲市委新冠肺炎疫情防控工作领导小组发布的《关于严格落实科学化精细化常态化疫情防控措施的通告》，撤除县内所有道路交通疫情查验卡口。同日，根据全县应急响应要求和联防联控部署，在联星街道，全县61个部门单位结对10个社区，121个生活小区和58个集中居民点进行联防联控，500多名党员、干部，下沉到社区或生活小区，开展人员检查摸排、科普宣教、健康提示、信息报送等综合防控工作。

8月25日，全县启动县、乡人大代表换届选举工作。全县共有选民66万余名，分别在121个县代表选区和388个乡镇代表选区参加投票选举，选举产生县人大代表300名、乡镇人大代表983名。

8月26日，人民日报社湖南分社、省委改革办和市委改革办组成的调研采访团，到攸县采访攸县“门前三小”建设。调研采访团先后到春联街道山背社区沙坪屋场、联星街道上云桥村付塘陂门前三小点、石羊塘镇洲上田村门前三小点和谭家垅社区乡贤馆，围绕攸县“门前三小”和乡贤助力乡村振兴进行深入采访。至2021年8月，全县累计建成“门前三小”工程676个，其中示范点60个，覆盖人口40余万人。“门前三小”建设，通过门前小书屋、小广场、小讲堂把文化服务点搬到家门口，有效打通基层文化服务的“最后一千米”，成为公共文化服务品牌。2020年12月，攸县“门前三小”经验入选第二批全国农村公共服务典型案例。

8月下旬，攸县公安局经过6个月的缜密侦查，成功摧毁一个特大电信网络诈骗犯罪团伙，抓获犯罪嫌疑人25人。该团伙涉案银行卡资金流水近4亿元，涉及电信网络诈骗案件30余起。该案于2021年2月接到群众举报线索后，公安民警突击检查电竞酒店，在现场当场查获作案手机17台，银行卡30余张，并初步审查查明，该团伙是以广西籍男子梁某、王某为首，在上海、广西、湖南招募大量人员设立工作室，专门从事电信诈骗洗钱活动。4—6月，展开收网行动，先后在攸县、耒阳等地抓获嫌疑人13人，收缴作案用手机20余台，银行卡30余张。8月初，攸县警方安排精干力量分3次前往广西实施抓捕行动，在当地警方的配合下抓获梁某、王某及其他10名犯罪嫌疑人。

9月

9月1日，网岭镇“芙蓉学校”建成并投入使用，首批招收一到六年级24个班，1039名学生。“芙蓉学校”建设是省人民政府在全省贫困地区学校建设项目，2017年，为加快改善全省贫困地区办学条件，省政府决定从2017年开始，在全省贫困地区按统一风格、统一标准建设100所中小学校，并将该批学校统一命名为“芙蓉学校”。攸县网岭镇“芙蓉学校”建设项目于2019年8月批准立项，2020年7月启动建设，总投资达5500万元。该学校位于网岭镇洞井社区原鱼苗鱼种场内，为农村寄宿制完全小学，占地面积3.3万平方米，建筑面积1.26万平方米，其中图书行政楼一栋、教学楼二栋、艺术科技楼一栋、食堂一栋、学生宿舍一栋、200米环形运动场、篮球场2个及其他配套设施。

9月2日，连接县城内环路和建设南路的建设北路开工建设。建设北路位于内环路以南，进站路以北，紫金名门小区以东。建设北路全长843米，工程总投资2000万元，主要包括道路（路幅为24—28米的城市次干道）、交通设施、绿化、照明、排水等工程；设计速度为40千米/时。至年末，工程全部完成施工。县第十三次党代会后，为进一步完善城区路网建设，加快推进城市提质，全县大力实施城区“断头路”贯通工程，相继完成二环路、吉兴路工程建设，并加快推进文化路延伸段建设改造。

9月25日，加快株洲文化旅游发展，致力打造攸县知名旅游目的地和酒仙湖休闲体育旅游品牌，株洲市委、市政府在攸县酒埠江旅游风景区举行开幕式，启动“2021年株洲市秋季乡村文化旅游节暨酒仙湖休闲体育节活动”。活动期间，开展以“逍遥山水间韵动酒仙湖”为主题的“环酒仙湖健康跑”“湖南省钓鱼大赛酒仙湖站”“国庆运动七天乐”“酒仙湖露营嘉年华”“株洲市第十四届运动会健身广场舞大赛”“狂欢彩虹跑”等主题文体活动。此次活动持续至10月30日，市委常委、宣传部部长聂方红出席开幕仪式。近年来，攸县坚持把旅游业作为全县战略性支柱产业来打造，统筹推进全域旅游资源优化整合、升级开发，致力将攸县创建成为全省体育旅游示范县和国家旅游休闲度假区。以酒仙湖国家AAAA级旅游景区为核心，投资近20亿元，重点打造酒埠江生态新镇项目，大力开发培育休闲度假、康体养生、农耕体验、红色缅怀、研学旅行等系列旅游产品。

10月

10月12日，中共株洲市委书记曹慧泉到湖南旭日陶瓷有限公司，调研企业发展工作。曹慧泉在公司生产车间，详细了解企业产品生产、技术研发、市场开拓等情况，充分肯定企业立足株洲经济发展所作出的贡献，询问企业在产业发展中所遇到的困难和问题，并就有关问题现场进行交办。同时勉励企业加快高端化、智能化、绿色化发展，走好“专精特新”发展之路，积极抢占更大市场；坚持高起点、高标准、严要求，加大环保设施建设力度，努力将企业生产对环境的影响降到最低，为落实“三高四新”战略提供有力的绿色支撑，打造可持续发展动能。

10月23日，攸县报告1例新冠肺炎无症状感染者，初步判断为外省输入长沙县10月18日确诊病例蒋某某的潜在密切接触者。疫情发生后，株洲市立即启动应急处置预案，全县第一时间启动疫情防控应急处置机制，攸县迅速进入应急状态，有序开展各项疫情防控工作。一是流调和隔离密切接触者，采取“一人一组一方案”的方式，对密切接触者同步开展现场流行病学调查和核酸检测，追踪活动轨迹；同步启用集中隔离观察点7个。市疾控中心32名工作人员连夜赶往攸县，连续7天开展流调溯源、研判分析等工作。二是严控境内外人员流通，对离攸通道进行全面管控。严格管控在攸人员离开县域，从10月23日零时起，全体在攸县境内的人员近期暂不离开攸县县域，如因要事确需离开攸县，须提供24小时内有效核酸检测阴性证明。莱花坪镇、渌田镇、桃水镇、鸾山镇、黄丰桥镇等边界镇的普通国省干线公路出口，均设置疫情防控检查点，对离攸人员检查，同时检查进出车辆，逐车逐人仔细核对“双码”和24小时内核酸检测阴性报告。三是严控聚集性活动和场所。全县暂停各类现场会议和群体性活动，关闭所有景区、娱乐场所、电影院、宗教场所等人员聚集性场所。四是全面启动城区全员核酸检测筛查工作。23—28日，在县城区先后进行3轮全员核酸检测工作，检测结果均为阴性。株洲市人民医院、中心医院、三三一医院和二医院共派出150名医护人员于10月23日到攸县支援城区核酸检测工作。10月31日，县委新冠肺炎疫情防控领导小组召开疫情防控工作调度会。会议明确，11月1日零时起，全县疫情防控工作有序回归常态化：①“居家令”不再延期，倡导非必要、不出门。②除震林中学外，全县中小学校、幼儿园在严格落实疫情防控措施的前提下，有序复课。③除棋牌室外，全县密闭式娱乐休闲场所和景点景区，在严格落实疫情防控措施的前提下实行有序开放。④全县疫情防控交通卡口全部撤除，有序恢复公共交通运行等方面内容。本轮疫情应急处置期间，全县共派出49个结对单位1100余名干部到65个小区，开展协助督导指挥、封控管理、宣传引导等疫情防控工作。各街道社区调动240余名党员干部、志愿者到61个无物业小区进行宣传引导、巡查规劝，组织居民有序进行三轮核酸检测等工作。

10月24日，省委常委、常务副省长谢建辉到攸县调研指导疫情防控工作。谢建辉强调，要始终绷紧疫情防控这根弦，努力用最短时间控制住疫情，坚决打好疫情防控歼灭战，切实守护人民群众生命安全和身体健康。省政府副秘书长彭翔，省卫健委主任陈小春参加调研，市委书记曹慧泉，市委副书记、代市长陈恢清参加调度会。

11月

11月7—9日，政协攸县第十届委员会第一次会议在县发展中心会议中心召开。此次会议应到委员218名，实到209名。会议听取审议文毅代表政协攸县第九届委员会常务委员会所作的工作报告和黎亚敏所作的提案工作情况报告；通过《关于政协攸县第九届委员会常务委员会工作报告的决议》《关于政协攸县第九届委员会常务委员会提案工作情况报告的决议》，政协攸县第九届委员会委员共提交提案712件，经审查立案624件，立案率为87.6%；提案中所提问题解决或基本解决的426件，占审查立案的68.3%；提案答复率、见面率均达到100%。全体委员列席攸县第十八届人民代表大会第一次会议，听取并协商县人民政府工作报告，书面协商县人民法院、县人民检察院工作报告。大会以无记名投票的方式，选举产生政协攸县第十届委员会主席、副主席、秘书长和常务委员；文毅当选为县政协主席，龙晓辉、文小凤、胡建雄、黎亚敏、李林华当选为县政协副主席。

11月8—10日，攸县第十八届人民代表大会第一次会议在东城新区会议中心召开。此次会议应到代表300名，实到代表295名。大会听取武挪强所作的《政府工作报告》、吴爱清所作的《攸县人民代表大会常务委员会工作报告》，书面审查《攸县人民法院工作报告》《攸县人民检察院工作报告》；会议通过《关于攸县人大常委会工作报告的决议》《关于攸县人民政府工作报告的决议关于攸县人民法院工作报告的决议》《关于攸县人民检察院工作报告的决议》。县第十七届人大常委会共受理、交办议案建议787件，答复率100%，解决或基本解决572件，占总数的72.68%。全体人大代表以无记名投票方式依法选举产生新一届攸县人大常委会、攸县人民政府领导班子，攸县监察委员会主任，攸县人民法院院长、攸县人民检察院检察长和应由攸县选举产生的株洲市第十六届人民代表大会代表。冯杰当选攸县第十八届人民代表大会常务委员会主任，陈百忠、刘艳舞、李奇跃、谭智敏、谭心飞当选攸县第十八届人民代表大会常务委员会副主任，武挪强当选攸县人民政府县长，何文龙、彭爱斌、陈代陆、赵聚忠、杨正武、王天来、刘丰华、陈章蓉当选攸县人民政府副县长，阙昶当选攸县监察委员会主任，刘艳辉当选攸县人民法院院长，刘北斗当选攸县人民检察院检察长。

11月16日，为全面推进县域电网高质量发展、能源绿色低碳转型，攸县人民政府与国网株洲供电公司签订加快建设攸县智慧绿色能源互联网工作推进协议。根据协议约定，双方将紧密衔接攸县“十四五”规划，全面加强电网建设和智慧绿色能源服务，实现“电网更坚强、服务更优质、用能更智慧、能源更绿色”，解决县域供电瓶颈和配电网低电压、重过载、频繁跳闸、网架薄弱等问题，为攸县经济社会高质量发展提供坚强的能源保障。

11月23—25日，由中共株洲市委党史研究室、中共攸县县委、攸县人民政府主办，攸县县委宣传部、攸县档案馆（县党史和县志研究室）承办的“叶挺独立团首战首捷攸县渌田”学术研讨会在攸县东城新区会议中心举行。研讨会采取线上线下相结合的方式进行，原中央党史和文献研究院副院长、中国中共党史学会原常务副会长龙新民，叶大鹰等叶团将士后人，学者专家及优秀论文作者代表，共计30余人在线上参加会议。原中共中央党史研究室第一研究部主任、研究员蒋建农，湖南省退役军人事务厅党组成员、副厅长易德才，叶挺独立团后人周强、叶小燕、叶晓梅等，市领导蔡溪、江小忠、刘春生，县领导武挪强、林涛、吴爱清、文毅、唐军全、易晓红、沈松鹏、王天来及来自国防大学、国防科技大学、中南大学、广东海洋大学的学者专家，共计60余人参加线下（现场）会议。参会的全国各地的专家学者，对1926年6月叶挺独立团在攸县渌田首战告捷的历史史实、部队建设、战争方式、作用影响和精神实质等方面进行研讨，全方位挖掘首战史实和首战精神，传承红色基因，弘扬红色文化。会议认为，北伐战争在攸县首战首捷，具有重大的、独特的革命教育意义和历史文化价值，叶挺独立团北伐勇士们在攸县留下光照千秋的革命历史和革命精神，为留下宝贵而丰富的红色文化遗产，值得发扬光大。此次座谈会的召开，进一步扩大攸县“北伐首战场”这一红色名片在全国的影响力，对北伐首战攸县的史实、历史地位与现实意义，有明确的定论。“新华网”“人民网”“人民论坛”等国家、省、市媒体对研讨会进行报道。

12月

12月7日，县人民政府举行招商引资项目集中签约仪式，集中签约仪式共签约项目10个，总投资超过13亿元，项目涵盖高分子材料、智能制造、锂电池材料等多个领域。现场签约的10个项目分别为年产5万吨UV（紫外线）活性稀释剂及UV聚酯树脂项目、年产2000吨间叔丁基苯酚项目、轨道交通和智能运维设备生产基地项目、年产2万吨锂离子电池负极材料前端生产项目、锂离子电池负极材料生产项目、单螺杆泵智能制造项目、年产2000吨胶袋生产项目、年产200万套校服生产基地项目、体育用品及器材制造项目、工艺品制造项目。县委书记李鹏程参加签约仪式，并代表县委、县政府对10个项目的成功签约表示热烈祝贺；签约仪式由县委副书记、县长武挪强主持。

12月21日，湖南省社会科学院经济研究所发布，攸县入选省县域经济高质量发展先进县10强，位列第九位。《2021年湖南县域经济高质量发展排行榜》报告聚焦县域经济高质量发展，以湖南86个县（市）为研究对象，对其经济高质量发展的历史情况、现实水平和发展趋势作系统性评价和分析。经过对全省86个县（市）2015—2019年数据的测算评价。报告遴选全省县域经济高质量发展先进县10强和快进县10强。其中，县域经济高质量发展先进县10强分别是长沙县、浏阳市、宁乡市、醴陵市、韶山市、邵东市、资兴市、冷水江市、攸县、汨罗市。攸县名列第九位。

中共攸县委员会

重要会议

【中共攸县委员会第十二届十一次全体(扩大)会议暨县委经济工作会议】

中共攸县委员会第十二届十一次全体（扩大）会议暨县委经济工作会议于1月16日在东城新区会议中心召开。会议的主任务是回顾总结2020年和“十三五”时期工作，部署2021年以及“十四五”期间任务，动员全县上下抢抓机遇，乘势而上，大力实施产业富县、科教兴县、交通强县、生态立县“四大战略”，全力打造“一中心四样板”，奋力担当湘赣边区域合作示范区建设主力军，奋力谱写新时代坚持和发展中国特色社会主义的攸县新篇章。

会议提出，2021年全县经济社会发展的主要预期目标是地区生产总值增长8%，规模以上工业增加值增长8.5%，固定资产投资增长10%，社会消费品零售总额增长10%，地方收入增长6%，城乡居民收入增长高于经济增长速度，完成下达的约束性指标，各项事业都有新的进步。

全会提出，“十四五”时期，全县总的战略任务是实施“一二三四五”工程。一是指“全力打造一个中心”，即“将攸县建成为湘赣边区域中心城市”；二是指“奋力夺取两大目标”，即“力争撤县设市工作得到国家审批通过并成功挂牌和向全国百强县发起强有力冲刺”；三是指“努力实现三个突破”，即“交通突围取得突破、园区发展取得突破、区域合作取得突破”；四是指“致力打造四个样板”，即“湘赣边资源型城市转型发展样板区、湘赣边新型城镇化建设样板区、湘赣边乡村振兴样板区、湘赣边教育医疗事业发展样板区”；五是指“着力培育五个百亿产业”，即“精细化工、高分子新材料、建筑新材、煤电能源、农产品精深加工”。

【攸县三级干部暨文明建设表彰大会】

攸县三级干部暨文明建设表彰大会于2月23日在东城新区会议中心召开。会议的主要任务是全面总结2020年工作，安排部署2021年工作，动员县、乡、村各个层面的力量，咬定目标，铁心实干，为打造“一中心四样板”而努力奋斗。大会对获奖单位进行颁奖表彰。

县委书记康月林，县委副书记、县长李鹏程，县人大常委会主任吴爱清，县政协主席毛春良，县委常委梁天琛、曾富勇、何文龙、李易常、林涛、彭爱斌、唐军全和其他在家的县级领导出席会议并在大会主席台前排就座。会议由县委副书记、县长李鹏程主持，县委书记康月林在会上作《咬定目标铁心实干为打造‘一中心四样板’而努力奋斗》的工作报告。

康月林指出，刚刚过去的2020年，是极不平凡、极为难忘、极富成效的一年。面对新冠肺炎疫情冲击、宏观环境持续趋紧、风险隐患挑战叠加的复杂局面，全县各级各部门特别是广大基层党员干部，始终坚持以战时状态、战斗姿态，尽锐出战、真抓实干，努力在变局中开创新局，在危机中抢占先机。2020年全年地区生产总值同比增长

3.2%，地方一般公共预算收入增长3.3%，规模工业增加值增长3.6%，固定资产投资增长7.7%，城乡居民人均可支配收入增长5.6%，社会消费品零售总额增速稳步提升，工业税收、出口总额、高新技术企业数创历史新高，顺利实现重返全省十强目标。过去五年，全县地区生产总值保持6.8%的年均增速，税收占比由40.07%提高到63.9%，三次产业结构比由14.1∶52.9∶33调整为17.3∶34.5∶48.2，攸州工业园成功创建省级高新区，酒仙湖AAAA级旅游景区成功复牌并创建成为省级旅游度假区，产业项目建设、温暖企业行动、征拆征收工作连续多年全市第一；国家园林县城创建一举夺牌，皇图岭获评全国特色小镇和农业产业强镇；成功退出全省信访工作重点管理县和债务风险预警一类地区；基层理论宣讲获评全省先进，先后获得全国新时代文明实践中心建设试点县、全省安全生产先进县等省级以上荣誉称号70余项。

康月林强调，2021年是中国共产党成立100周年大庆之年，也是“十四五”规划开局之年，是全面开启社会主义现代化建设新征程的起步之年。前不久召开的县委全会暨县委经济工作会议，对今后五年全县经济社会发展作出详细部署，明确提出要紧跟“三高四新”“一谷三区”等战略部署，坚定不移贯彻“1122345”发展思路，继续推进“双补双夺”六大行动，全力将攸县打造成为“一中心四样板”，即湘赣边区域中心城市、湘赣边资源型城市转型发展样板区、湘赣边新型城镇化样板区、湘赣边乡村振兴样板区和湘赣边教育医疗事业发展样板区。实施这些战略，实现这一目标，大势已成，优势明显，气势磅礴。每个人都应以一往无前的奋斗姿态和风雨无阻的精神状态，全力投身“一中心四样板”宏伟蓝图，奋力交出无愧于时代、无愧于岗位、无愧于自己的优异答卷。一是要主攻产业、主打项目，加快打造湘赣边资源型城市转型发展样板区；二是要乘势而上、大干快上，加快打造湘赣边新型城镇化样板区；三是要全面动员、全线出击，加快打造湘赣边乡村振兴样板区；四是要用好优势、打出声势，加快打造湘赣边教育医疗事业发展样板区。

县委副书记、县长李鹏程在讲话中强调，贯彻落实好会议精神，做好当前工作，必须真抓实干、埋头苦干、激情大干，为打造“一中心四样板”而努力奋斗。一是打造“一中心四样板”，其时已至，其势已成，要紧抓省市战略、区域合作机遇；要奋勇争先，担当尽责绘就新的征程、新的格局；二是打造“一中心四样板”，聚焦重点，精准发力，要着力抓产业上项目强实力，抓城镇提品质树特色，抓民生谋民利优供给；三是打造“一中心四样板”，重任在肩，担当在我。要敢为人先、敢走新路；要坚持不懈、锲而不舍；要敢打大仗、能打胜仗；四是打造“一中心四样板”，时不我待，分秒必争，迅速开展进点帮扶，加快启动项目建设，全面开展招商引资，精心组织春耕生产，突出抓好疫情防控，坚决确保安全生产，扎实抓好信访工作。

【中国共产党攸县第十三次代表大会】

中国共产党攸县第十三次代表大会于7月29—30日在攸县发展中心会议中心召开。大会全面总结攸县第十二次党代会以来取得的重大成就和宝贵经验，深刻分析面临的形势和机遇挑战，选举产生新一届县委和县纪委班子，明确今后五年的总体要求、奋斗目标和主要任务。会议明确，未来五年全县经济社会发展的指导思想：高举中国特色社会主义伟大旗帜，深入贯彻中共十九大和十九届二中、三中、四中、五中全会精神，坚持以马克思列宁主义、毛泽东思想、邓小平理论、“三个代表”重要思想、科学发展观、习近平新时代中国特色社会主义思想为指导，全面贯彻党的基本理论、基本路线、基本方略，深入落实习近平总书记对湖南工作系列重要讲话指示精神，统筹推进“五位一体”总体布局，协调推进“四个全面”战略布局，立足新发展阶段，贯彻新发展理念，构建新发展格局，统筹发展和安全，推进县域治理体系和治理能力现代化，以推动高质量发展为主题，以深化供给侧结构性改革为主线，以改革创新为根本动力，以满足人民日益增长的美好生活需要为根本目的，大力实施“三高四新”战略，紧紧围绕“一二三四”发展思路，坚持“产业富县、科教兴县、交通强县、生态立县”，加快建设社会主义现代化新攸县。

【中共攸县委员会第十三届第一次全体会议】

中共攸县委员会第十三届第一次全体会议于7月30日召开。会议通过投票选举产生新一届县委常委、书记、副书记。选举李鹏程、武挪强、林涛、曾富勇、何文龙、彭爱斌、唐军全、夏春良、易晓红、陈银河、阙昶为中共攸县第十三届委员会常务委员会委员；李鹏程当选为中共攸县第十三届委员会书记，武挪强、林涛当选为中共攸县第十三届委员会副书记。

纪检·监察

【概况】

攸县纪委（监委）在职在编99人（含行政编95个，事业编4个），其中委机关59人，派驻纪检监察组长40人。机关内设机构13个，下设二级事业单位1个，派出纪检监察组10个。全县17个乡镇（街道）纪（工）委共有纪检监察干部99人，其中专职专岗51人。全县县直部门单位专职从事纪检监察工作24人。

2021年，全县纪检、监察部门共受理信访举报406件，处置问题线索735件，立案203件，留置16人，党纪政务处分200人，组织处理287人；收缴违纪违法资金1100余万元。协同开展政法队伍教育整顿，立案24件，处理处分54人。重点查处县人社局汤某、县畜牧水产事务中心黄某、县退役军人事务局游某等留置案件。查办株洲城市管理和综合执法局刘某，株洲高科集团巢某等13起上级指定管辖的留置案件。着力净化政治生态，严把换届政治关、廉洁关、作风关，巡回督查52次，资格审查2346人次，出具取消或暂缓提名意见19人，严查违反换届纪律问题18个，处理处分26人。制发纪检监察建议书37份，督促建章立制25项，进一步彰显查处一案、规范一域、教育一片作用。有效运用“四种形态”处理659人次，分别占比68.8%、25.0%、1.5%、4.7%，惩治极少数、教育大多数的政治效果、纪法效果、社会效果有机统一。

【专项整治】

按照省市统一部署，开展各类专项整治29项，查处住宅维修资金、乱占耕地建房、工程建设等领域突出问题113件，处理处分232人。聚焦上级重大决策开展监督，查处违反政治纪律、履行主体责任不力等问题24个，处理处分40人。整治纪律作风“顽瘴痼疾”，深入开展“洞庭清波”“清廉医保”“清廉社保”等专项行动，处理处分13人，追回资金819万元。开展粮食购销领域腐败问题专项整治，处理处分9人，追缴违规资金21万元。揪住“乱作为相对减少、不作为更加凸显”等现象，查处形式主义、官僚主义问题16个，处理处分34人。迅速贯彻整治违规吃喝隐形变异“十严禁”要求，起底排查2018年以来违规吃喝问题，办结问题线索51件，处理处分56人。继续推进公务用餐试点工作，通过大数据比对查处问题30个，处理处分18人，利用科技“慧眼”精准监督的经验做法得到《中国纪检监察报》头版推介。严肃查处乡村振兴项目、惠农政策实施中的腐败现象，查处问题24个，处理处分45人，清退群众资金39万元。开展“学党史、办实事、解民忧”专项行动，发现并督促解决农村电网升级、道路提质改造等问题10个。

【巡察】

完成十二届县委最后一轮常规巡察，办结巡察移交线索39件，对42个单位进行整改督查，实现巡察覆盖率、线索办结率、问题整改率三个百分之百。创新开展医保、社保专项巡察，上下联动，完成涉粮专项巡察，共发现问题63个，督促立行立改99个，移交问题线索16件。做好2022—2026年县委巡察规划，297个村（社区）全覆盖纳入十三届县委巡察。

【监督服务和警示教育】

在全市率先建立“制造名城”监督与服务企业微信群，纳入各类市场主体1.36万个，解决企业急难愁盼问题41个。疫情防控期间，督促解决密接群众“微”心愿等实际问题253个，处理处分工作不到位党员干部19人，综合考虑抗疫表现和防控效果，减轻或免予处分8人。

全面落实“一把手”监督

“十必严”，专账管理、优先办理“一把手”问题线索29件，处理处分13人。紧盯重要节点，发送廉政提醒短信2万余条，开展明察暗访28轮次，督促问题立行立改95个。充分运用“幸福株洲”监督与服务村级微信群，督促村务公开9665次，解决群众诉求1733件。创新出台《纪检监察机关处理检举控告六条规定》，开展信访动态清零行动，推行“室组地”联合办信办访，办结信访积案291件。

召开全县领导干部警示教育大会，创新召开全县股所级干部警示教育大会，受纪法威慑、政策感召，主动向组织交代和说明问题39人。坚持开展教育回访工作，教育帮扶处分期内党员干部174人。

【队伍建设】

完成新一届县纪委监委换届工作，选优配强领导班子，平均年龄较上届年轻近4岁。统筹系统内外干部资源，坚持人岗匹配、多岗锻炼的原则，提拔交流重用纪检监察干部15人，选拔充实纪检监察队伍23人。突出年轻干部培养，开设“青年讲堂”，为年轻干部搭建“学习、交流、展示”三合一平台。注重全员轮训培训，“请进来”“走出去”并重，培训800余人次。坚持实战操练锻炼，选派32名优秀干部到省市纪委监委协同办案，乡镇纪检监察干部全员跟班练兵。

（姚艳祥）

县委办公室

【概况】

中共攸县县委办公室（以下简称县委办）是县委工作机关，正科级，为协助县委领导处理日常工作的部门。县委办加挂县档案局牌子，对外使用县政府外事办公室、县政府港澳事务办公室、县委保密委员会办公室（县国家保密局）、县委机要局（县国家密码管理局）、县委台湾工作办公室（县政府台湾事务办公室）名称。县委全面深化改革委员会办公室、县委外事工作委员会办公室、县委财经委员会办公室设在县委办。内设机构有政策研究室（小康办公室）、督查室（对外称县委督查室）、秘书室、信息室、绩效评估管理办公室、行政事务室、机要保密室、港澳台事务办公室、外事事务工作室等；所属事业单位有县档案馆（县党史和县志研究室）、县优化营商环境协调事务中心、县政策研究信息中心共3个。全办共有工作人员30人。2021年，中共攸县县委办公室在县委的坚强领导和上级党办的正确指导下，始终坚持以习近平新时代中国特色社会主义思想为指导，牢记“三服务”职责使命，自觉践行“五个坚持”，紧紧围绕中心、服务大局、忠诚履职、扎实工作，较好发挥“坚强前哨”和“巩固后院”作用。

【参谋辅政】

一是文稿服务。坚持吃透上级精神、领会领导意图、掌握基层工作动态，着力强化文稿服务，全年撰写各类综合文稿360余篇；深入挖掘成功做法，积极推介经验典型，高质量、高效率地完成县委主要领导在中央、省市一系列典型发言材料，有效提升攸县对外影响。

二是调查研究。紧扣全县经济社会发展的重点、难点和热点，主动开展具有针对性、时效性的调查研究，围绕产业升级和延长产业链、全域旅游、农村人居环境治理、农村公共文化建设等主题形成高质量调研文章12篇；聚焦党代会任务分解、三大会战实施等重点工作任务，先后深入17个乡镇（街道）和部门单位开展调研座谈，在解决基层运转难题、推动乡村振兴实施、农民粮食收购等工作上形成一批有分量、有价值的调研成果，推动各项工作落实落地。

三是信息参谋。紧紧围绕经济社会发展的重点难点，努力提高信息工作质量和水平，全年累计开展信息调研68次，报送各类信息600余条，被上级党办部门采用200余条，信息质量系数在省、市排名前列（其中信息综合排名全市第一）；《用好精品党课“三原色”调出党史教育新特色》《攸县机构改革后乡镇运转情况、存在问题及对策建议》等信息先后被省市采用推介，《农村基层团组织“四有四无”现象亟待重视》《遏制高能耗高排放项目盲目发展仍存突出问题》等文稿被中办采用，“门前三小”经验做法被中央深改办作典型推介。同时，加强对紧急信息报送的管理，严格按照突发紧急信息上报流程，着力强化“归口管理”意识，实行紧急信息24小时值班制，对乡镇（街道）、应急管理局、卫健局等实行重点管理，确保紧急信息报送高效、畅通。

四是财经工作。始终坚持党对经济工作的领导，准确把握中央决策部署和省委、市委、县委工作要求，不断提升站位，全局谋划，突出重点，全面推进财经工作上台阶、上水平，先后向市委财经办报送《财经专报》材料5篇；每月对全县经济形势进行分析研判，累计报送经济形势分析材料9次；组织完成高质量发展综合绩效评价指标完成进度汇总分析，向市委财经办上报《攸县2021年高质量发展自评报告》，全方位推进高质量发展取得更大成效。

五是档案史志工作。紧紧围绕习近平总书记提出的“四个好”“两个服务”目标要求，围绕中心工作、服务发展大局，北伐首战渌田学术研讨会成功召开，并受到人民网、人民论坛的高度关注和刊载报道；深入村、学校开展《学党史守初心》《讲攸县革命故事守初心担使命》等党史课10场，攸县红色故事宣讲20余场，编印《攸县历代名人录》5卷，指导全县党史学习教育简报编印刊发12期等；全年共接待到馆查询利用者1800余人次，提供利用档案资料3106卷。

【统筹协调】

一是活动统筹。严格落实中央八项规定精神，力戒形式主义官僚主义，严格公务活动审批，实行规范化、制度化、科学化管理，全年共完成县党代会、“中国共产党与叶挺独立团北伐首战首捷攸县渌田”学术研讨会等全县性重要会议活动31次，较去年减少8.8%，确保会议活动简洁、高效、顺畅。

二是公文办理。严格落实基层减负相关工作要求，全年以县委、县政府或县委办、政府办名义完成文件制发共计54件，比上年减少16.9%；严格对照规范性文件要求，向市委完成报备文件3份；办理各级来文940余份，做到及时、准确、高效。

三是值班调度。严格执行24小时专人值班制度和法定节假日领导带班制度以及领导干部外出请示报告制度，值班值守工作实现“零差错”。与此同时，统筹推进深化改革、优化营商环境、外事、港澳台等各项工作，确保各项工作优质高效开展。

【督查考核】

一是绩效考核。根据2020年绩效评估方案，将2020年度县直部门、乡镇（街道）的绩效评估结果进行汇总并印发《关于2020年度全县绩效评估结果的通报》(攸办字〔2021〕40号)；对标对表绩效评估工作要求，结合攸县实际，制定出台《攸县2021年重点工作绩效评估实施方案》和《2021市对县高质量发展综合绩效评估指标责任分解表》，确保2021年绩效评估各项指标任务如质完成，有效提升考核质量；组织完成2021年度市对县绩效评估指标完成进度汇总分析，向市绩效办上报《2021年前三季度市对县绩效评估指标自评完成情况》，为绩效评估工作打下坚实基础。

二是督查督办。紧紧围绕县委“一二三四”发展思路，紧盯十件标志性大事，全年共组织开展和配合参与各类督查活动39次，开展重点项目建设和疫情防控等专项督查检查活动23次；形成报告和督查通报共7篇，撰写督查汇报材料13篇；围绕项目建设、民生实事、营商环境、疫情防控、干部作风、企业问题清零行动等工作，着力做好领导批示任务的办理，全年共办理领导批示任务51件。其中，办理市委领导批示任务31件，办结率100%；办理领导批示任务20件，办结率100%。有效推动各项决策部署落地落实，特别是聚焦打通体育路、建设北路等“断头路”的重点难点工作，加强跟踪督办、强化督查问效，确保“断头路”如期通车。

三是落实“马上就办”。充分用好用活“马上就办”抓落实督查督办平台，通过平台适时发布“马上就办”抓落实专项督办单等督查督办任务，对超时办理、敷衍塞责等不良情况进行逐一登记，并纳入年度绩效考核评分，进一步提升督查督办效能效力。全年共办理市委“马上就办”督查督办平台任务72件，年度规定期限内办结率100%；接收并办理株洲党委督查群发布的临时任务14件，完成率100%。

【运行保障】

一是机要保密。全年共办理密电173份、明电422份、电子公文927份，电文办理高效无误，实现零差错、零延误、零积压的“三零”目标；着重抓好安全可靠应用和电子政务内网建设等项目推进，进一步保障密码通信的安全性和畅通性；继续深化保密工作分层次管理，确保全县保密工作安全有序运行，全年共开展保密集中检查2次，完成保密教育轮训600余人次，涉密单位人员保密意识大幅增强，保密技术取得更大进步，确保保密“零事故”。

二是后勤保障。牢固树立“过紧日子”思想，坚持艰苦奋斗、勤俭节约的优良作风，进一步完善财务管理制度，加强公务接待管理，实行公函制度，严肃接待纪律，严格执行会议费、培训费、差旅费、基建维修等各项经费管理办法和综合定额标准，保证后勤保障工作严谨规范、优质高效。

三是来访接待。全年共接待来访群众1035批、2254人次，其中个访954批、1321人次，群访81批、933人次，主动收集汇总相关诉求，积极协调相关部门单位，形成强大工作合力，并主动为县级领导坐班接访提供信息和问题解决的方案，促使有效解决问题，确保机关工作环境有序有度。

【队伍建设】

一是狠抓理论教育，强化思想引领。坚决落实“第一议题”制度，班子成员坚持带头领学、讲党课，做到学思践悟；成立党史学习教育领导小组，出台《中共攸县县委办公室关于开展党史学习教育的实施方案》《“学党史、当先锋——我为群众办实事”实践活动工作方案》，开展学史明理、学史增信、学史崇德、学史力行4个专题学习并进行专题研讨。2021年6月，支部所有县级领导以普通党员身份参加支部第一党小组党史学习教育专题组织生活会，获得省委巡回指导组的高度肯定；坚持集中学习与个人自学相结合，组织机关党员干部在“青年干部素养提升班”“学习强国”APP“干部教育网络学院”等平台上学习，丰富学习方式，提升学习质量，加强理论武装，切实筑牢思想根基。

二是狠抓组织建设，强化使命担当。坚持把党建工作同中心工作一起谋划、一起部署、一起落实，建立健全党总支和党支部目标管理责任制，贯彻落实上级部署的各项工作任务，建立党建工作责任清单、办理清单、考评清单，明确重点、形成合力，形成一级抓一级，层层抓落实的党建工作格局；持续做好“五化”支部建设工作，全面规范党内组织生活，不折不扣地完成“三会一课”、主题党日、组织生活会、民主生活会等党内各项活动，做到规定动作完成到位，自选动作独具特色；扎实做好党员管理、教育、监督等工作，严格落实党员积分制管理、党费收缴等制度，发展1名预备党员。特别是面对突如其来的新冠肺炎疫情，全办党员干部闻令而动、向疫而行，第一时间做好援攸医护人员的服务保障工作，同时，加班加点完成疫情防控期间各类文稿、信息、综合保障等工作，在大战大考中体现党办人的责任担当，在风雨同舟中凝聚党办人的力量。

三是狠抓作风建设，强化纪律规矩。组织中共十九届六中全会精神、省市县党代会精神等宣讲6场次，持续提升支部党员干部的理论素养；严格落实中央八项规定有关精神，定期组织全体机关党员干部学习《中国共产党章程》《中国共产党纪律处分条例》等规章制度，增强全体党员干部规矩意识、底线意识，增强党性修养。

（王劲松）

组织工作

【概况】

2021年，县委设派出党工委7个；下设基层党组织1620个，其中基层党委149个、总支部208个、支部1263个。全县党员总数36186人，较上年末增加258人，其中女党员6607名，占18.26%。从业结构：在岗职工党员7336名，农牧渔民党员17830名，离退休党员4902名，其他党员6118名。学历结构：大学本科及以上5814名，大专5585名，中专及高中、中技8817名，初中及以下15970名。年龄结构：35岁及以下6126名，36岁至45岁4985名，46岁至55岁7414名，56岁至60岁

3604名,60岁及以上14057名。

2021年全县在职科级领导干部658人，其中县直单位478人、乡镇（街道）180人；正科职170人，副科职488人；女干部93人，占比14.1%；党外干部24人，占比3.6%；35岁以下干部59人，占比9%；1990年后出生的25人，占比3.8%。

【领导班子和干部队伍建设】

完成县、乡镇换届，选出乡镇领导班子成员140人，与换届前相比，新任乡镇领导班子成员中，35岁以下乡镇党政正职多2人、35岁以下干部多22人、1990年后出生的干部多14人、全日制本科以上学历的干部多20人，平均年龄下降2.2岁，乡镇领导班子结构得到进一步优化。依规依程序严标准完成县级领导班子换届，实现组织意图。出台5个“工作十条”，提拔重用35名在脱贫攻坚、疫情防控等工作中表现优秀的干部，6名县直单位中“老黄牛式”干部。5名优秀基层干部通过“五方面”人员比选进入乡镇领导班子。通过座谈会、夜校、培训班，实地考察等方式，发现储备341名优秀年轻干部。

2021年，结合中共湖南省委巡视整改，对84个县直单位17个乡镇（街道）领导班子和领导成员开展“政治体检”，建立干部政治素质档案101份，形成《政治建设考察综合分析报告》。

创编《谭震林的清廉人生》等4个创新型党课和《红星照攸州》大型讲演剧，组织党员干部观看2.6万余人次，被共产党员网、《人民日报》等主流媒体宣传报道。创新举办干部夜校600余期，举办学习贯彻中共十九届五中全会精神专题研讨班、党史学习教育网络专题培训班等10余期，攸县获评全市干部教育网络培训工作先进单位。持续加强干部日常管理，实现全县2373名县管干部因私出国（境）登记备案全覆盖，干部人事档案开展“清淤行动”，对41名“三龄两历”存疑的县管干部进行认定，对1000多名干部信息进行核查。

【公务员和选调生队伍建设】

完成23名调任人员、9名比选人员和90名转正公务员、选调生的公务员登记工作，办理工资异动业务1921人次，退休业务41人。职级晋升公务员280人次，其中三级调研员6人次，四级调研员23人次；一级主任科员81人次，二级主任科员54人次，三级主任科员65人次，四级主任科员39人次；三级法官助理4人次，四级法官助理2人次；三级书记员2人次、四级书记员1人次；四级检察官助理1人次；四级高级警长2人次。

落实全省公务员平时考核实施办法，组织平时考核督察工作2次，覆盖全县70%的单位，公务员平时考核工作逐步规范化、制度化。继续实施好选调生培养“一二三四五”工程和三级导师制度，抓好“五个一”活动，制定“国情调研”实施方案，鼓励24名选调生参加“攸县青年干部精品课评选活动”“百年风华·株洲力量”党史学习教育专题演讲比赛，2人进入复赛。

【基层组织和党员队伍建设】

完成村支“两委”换届，较上届村支“两委”成员平均年龄下降12.7岁，大专以上学历提升10.3%。举办297个村(社区)党组织书记专题培训班，开展县外参观学习,新一届村(社区)“两委”成员集中轮训3期。组织召开庆祝中国共产党成立100周年暨“两优一先”表彰大会，评选出省、市、县优秀共产党员、优秀党务工作者151名，先进基层党组织60个，推出“攸县优秀党员风采故事”等典型宣传。

开展党员整顿工作，共排查中共十八大以来农村党组织发展的党员3239人。对全县8600多家非公企业、34000多个个体主体、230多个社会组织进行全面摸排，对符合条件的88家非公企业、37家社会组织做到党组织应建尽建。选派97支乡村振兴工作队、210名驻村干部进村到岗，推动乡村振兴工作。成功打造市级“四星级小区党支部”2个，党建引领小区治理工作在《人民日报》宣传推介。成功申报2021年省级扶持壮大村级集体经济示范村7个。创建湘赣边区域党建示范带，打造湘赣边乡村振兴党建示范带创建村10个，创建基层党建示范点6个，其中桃源村和墙背村，成为湘赣边党建示范带上新标杆。

【人才服务和人才队伍建设】

在北京和长沙等地开展高校

集中引才，全年引进优秀应届毕业生和研究生以上学历29名。举办第四届“实训攸州”大学生主题实践活动，近400名在校大学生到攸县参加实训。加强与高校的交流合作，邀请中山大学、湖南大学的师生到攸县开展相关课题研究，起草《关于促进攸县农村养老服务发展的意见》，新成立生产技术研究院1所、博士工作站1个。选派300余名学生到高校进行定向委培，安置51名公费师范毕业生回攸县就业。举办直播电商人才培训班、全县高素质人才进修班，培训电商人才200余人、研究生及以上学历人才48人。创新开展“攸州产业工匠评选”和民营企业职称评审活动。组织湘赣边首届直播带货创新创业大赛，直播带货64场次，累计销售额650余万元。完善县委人才工作领导小组及其办公室工作规则，建立人才工作联席会议制度。开展人才公寓清查摸排，处理人才公寓日常问题27个。

【老干部服务和离退休党支部建设】

开展“最美老干部”评选活动，编印《攸县最美老干部》画册，组织“银辉闪耀·初心不改”征文等系列活动，选送的红歌《唱支山歌给党听》歌曲演唱和红色故事《昭昭恩德炎炎初心》演讲节目均进入省决赛，获优胜奖。持续开展示范离退休党支部建设，县交通运输局离退休干部党支部获评全省示范离退休干部党支部，市场服务中心退休干部党支部获评全市示范离退休干部党支部。

开展“情暖夕阳”关爱老干部活动，走访慰问老干部180人次，发放关怀资金15余万元，为老同志办实事50余件。推进“美在金秋”老党员之家建设，建成示范单位14个，组建62支志愿服务团队，志愿者注册人数达1565人，开展各类规劝走访600余次，解决群众难题150多件，化解矛盾纠纷100多起，经验做法被“三湘老干部e家”转载推广。

【内部管理和组工队伍建设】

全面贯彻从严治党、从严治部要求，带头巩固拓展“不忘初心、牢记使命”主题教育成果，严格落实部务会学习“五个第一”要求，制订年度学习教育和廉政警示教育计划，深入开展党史学习教育和部史部风教育，常态化学习习近平总书记对组织工作的重要论述等讲话精神。举办全县组工干部培训班，进一步完善《组织工作业务手册》。全县组工干部积极参与疫情防控、乡村振兴、驻企帮扶等工作。机关党的建设与政治文化建设、作风建设、信息化建设、工青妇建设同步加强。

（王衡勇）

宣传思想工作

【概况】

2021年，攸县县委宣传思想工作，坚持以习近平新时代中国特色社会主义思想为指导，努力承担举旗帜、聚民心、育新人、兴文化、展形象的使命任务，为推动全县经济社会高质量发展提供有力思想保证和强大精神力量。

【理论武装】

以中共湖南省委巡视“回头看”专项督查为契机，召开县委常委会专题研究意识形态工作2次，向市委专题报告意识形态工作2次，召开舆情分析研判会议3次、意识形态工作联席会议2次，开展意识形态工作专项督查。严格落实省委巡视组整改工作意见要求，完成省委巡视组“回头看”反馈的3个方面不足9个问题整改工作任务。

县委理论学习中心组开展集中学习14次，开展“第一议题”学习34次，领导研讨发言68次，带动全县各级党委（党组）理论中心组学习900余次。创新形式，成立“三色”宣讲队伍，先后开展巡回宣讲400余场、微宣讲2636场，覆盖人数达10万余人。在“学习强国”湖南平台上稿104条，在全国平台上稿3条。《人民丰碑》作品获得“‘学习强国’2021年第5期全国县级融媒体中心优秀作品双月赛”一等奖。

【新闻宣传】

开设“同心抗疫”“党史学习”“建党100周年庆”等专题专栏11个，发布原创、转载各类信息、视频1万余条，开展网络直播11次。在中央、省、市级以上媒体上稿2400余条，其中中央级媒体280余条，省级媒体1400余条。组织专班，集中备课，集中试讲，宣传贯彻中共十九届六中全会和县十三次党代会精神。

【精神文明建设】

制定《2021年度新时代文明实践月度主题系列活动实施方案》，先后开展疫情防控、人居环境整治、“青春攸你七彩假期”“绿色殡葬移风易俗”“亲子阅读”等系列志愿服务活动2861场，受益人群达到80万人次。全年“攸悠我行”APP注册志愿者18043人，发布实施志愿服务项目2231项，累计发布项目6069项，累计个人实践项目申报13655项。

持续开展“全国文明城市”创建工作，完成各项测评工作任务，城市文明程度指数在全省县级城市排名第一。首次举办攸县第五届道德模范暨第三届十佳乡贤故事分享会，对10名道德模范和10名十佳乡贤予以表彰。上云桥中学杨文康、健坤学校尹月霖获评株洲市2021年度新时代好少年，攸县教师刘亮获评2021年度“见义勇为湖南好人”。

【文化建设】

全县新建“门前三小”205个，其中示范点21个，提质改造样板点4个。“门前三小”工作经验被中央深改办、《人民日报》、省委深改办典型推介；2021年9月，攸县应邀在中央文化和旅游管理干部学院围绕“建设门前三小助力乡村振兴”的经验进行专题授课。加强攸县地方红色文化挖掘、保护和宣传，申报“攸县北伐首战烈士纪念陈列馆”和“蔡会文、蔡兰阶烈士事迹陈列馆”项目，获得退役军人事务部批准及确认，成功举办湖南省红色旅游文化节等活动。加大文化惠民力度，组织小书屋图书补充活动，为300余家农家书屋和“门前三小”配送图书15.3万册，“民生100”农村公益电影放映3373场。

【党史学习教育】

县委理论中心学习组先后开展4次中国共产党党史专题学习，组织开展党史学习教育专项督查；精心主办演讲比赛、合唱比赛、知识竞赛等大型活动；认真编排《红星照攸州》讲演剧、《“歌声里的攸州”音乐党史课》等特色党课，《株洲攸县：用“红、黄、青”三原色，调出党课新特色》获中央党史学习教育官网刊发推介。

发挥县新华书店政治服务主阵地、教育服务主渠道、文化服务主力军的作用，先后下发党史学习教育4本“指定书目”等理论读本20万册。举行“北伐首战首捷攸县渌田学术研讨会”，完成党史学习教育中央第四指导组来攸县督导“门前三小”公共文化服务建设迎检工作；组织离退休党员开展党史学习教育，承办市委党史学习教育第三次“学史崇德”专题学习。同时，转化学习成果，完成“我为群众办实事”重点项目30个和“我为群众办实事、群众对我说实话”项目8个，总共完成办实事1300余件，切实把民生实事办到群众身边去。

（李沛莲）

统一战线工作

【概况】

2021年以来，在市委统战部的精心指导下，在县委的坚强领导下，县委统战部深入学习贯彻习近平总书记关于加强和改进统一战线工作的重要思想、《中国共产党统一战线工作条例》，全面贯彻落实全国、全省、全市统战部长会议精神，牢牢把握大团结大联合主题，服务改革发展，促进和谐稳定。

县委统战部获评全省统战信息工作先进基层单位、全市统战信息工作先进单位；调研课题“乡级商会助力乡村振兴的路径研究”获评全省统战理论政策研究创新成果三等奖、全市统战理论政策研究创新成果特别奖；创新成果《多措并举擦亮“攸州新力量”品牌》获评全市统战工作实践创新成果奖；联星街道联星社区获评第九批全市民族团结进步示范单位；皇图岭镇麻城村、宁家坪镇自力村、网岭镇北联村获评市级同心美丽乡村；莲塘坳镇湘天华油茶文化科技农业项目获评市级同心项目。

【党外代表人士干部队伍建设】

协助配合完成“县人大代表、县政协委员”换届选举非中共人士工作。选举新一届人大代表300人，其中非中共人大代表104人，占比34.7%；县人大常委会委员28人，其中非中共人士9人，占比32.1%；新一届政协委员218人，其中非中共政协委员132人，占比60.6%；县政协常委30人，其中非中共人士20人，占比66.7%。县人大常委会领导班子中有非中共副主任1人；县政府领导班子有非中共副县长1人；县政协领导班子中有非中共副主席3人。县政府组成部门中有党外正职2人，县法院、县检察院领导班子各有1名党外干部。县人大、县政协专门工作委员会的主任委员、副主任委员均按省市要求配备到位。

成立攸县党外知识分子联谊会，引导课题调研，集智聚力、建言献策。召开攸县第五次归侨侨眷代表大会，审议《攸县归国华侨联合会第四届委员会工作报告》，选举产生攸县侨联第五届委员会领导班子，欧阳飞鹏、邹丽君、褚远征、杨建华等侨界人士被授予“侨界特别贡献奖”。

【民族宗教工作】

做好少数民族流通人口管理服务工作，民族团结进步示范社区创建工作完成验收。

开展宗教人士政治思想教育。持续开展“五进五好”和“四正教风”建设、“五好”宗教场所创建，引导宗教界人士始终坚持爱党爱国爱教。以宣传《中华人民共和国宪法》《中华人民共和国民法典》《宗教事务条例》《湖南省宗教事务条例》为重点，开展宗教政策法规集中宣讲，向党员群众发放《湖南省宗教事务条例》及辅导资料5000余份，开展政策法规培训8场次。

加强宗教事务管理。完善县、乡、村三级网络两级责任制，制定宗教工作镇村两级责任清单和负面清单，村一级（社区）明确宗教协理员、信息员。制定《攸县宗教活动场所管理制度》，健全民主管理组织，建立健全人员、财务、安全、建设等管理制度；开设银行对公账户180余个，实现财务审计全覆盖。深入推进“五方”联防联控机制落实，全方位扎实开展常态化疫情防控，全力推进宗教活动场所消防安全标准化创建，宗教领域新增配备灭火器699个、高压水泵20个、消防水管1000余米。

【非公经济领域统战工作】

持续推进党政领导联系商（协）会制度，精心搭建学习平台，着力培养新生代企业家。推选培训新生代企业家9名，新推荐市工商联执委4名。新一届县人大代表中有非公经济人士9人、新一届县政协委员中有非公经济人士38人。

结合“营商环境优化年”行动、开展“百会千企”大走访活动，走访调研民营企业100家、基层商（协）会20家、异地商（协）会6家，收集意见问题41个，协调解决问题35个。完成商会登记办证12家，推进基层商（协）会登记办证全覆盖工作。

组织非公经济代表人士开展“忠心向党、光耀信仰”党史知识竞赛、参加理想信念教育培训班，赴醴陵瓷都、中车株机所、九方装备制造公司等名企学习考察，进一步拓宽非公经济代表人士的视野、完善企业发展思路，提高企业的核心竞争力和个人综合素养。

【新的社会阶层人士统战工作】

引导新的社会阶层人士发挥优势作用，参与社会治理。推动新的社会阶层人士“关爱留守儿童”品牌建设，县新阶联积极争取“壹基金”支持，完成6所乡村小学多功能运动场捐建项目建设，总投入近100万元。积极探索“关爱留守儿童共创园”建设，组织社会力量为双凡村留守儿童共创园捐资捐物10万余元。全市新阶联“关爱留守儿童”公益行动联动会议在攸召开，攸县创办“留守儿童之家”的经验和做法在全市推介。推动“攸州众创空间”提质升级，打造“攸州·新力量”工作品牌。攸州众创空间成功孵化企业30家，在孵实体24家。2021年创建省级新的社会阶层人士实践创新基地1个、市级新的社会阶层人士优秀实践创新基地1个、市级“万企联村、共同发展”优秀项目1个。

【海外统战工作】

组织开展“新侨及归国留学人员就业创业”课题研究，形成《关于新侨及归国留学人员创新创业情况的调研报告》，获省市推介。开展“春风拂侨”“同心夏令营”行动，开设“攸州侨界讲堂”“春风拂侨”行动。为侨界人士解难题、办实事、送温暖，共解决实际问题37个。积极探索创新，推动“村级侨胞之家”“攸州侨界讲堂”“四海侨商攸州行”“同新侨”公益基金等平台建设，在丁家垅村建设全省首个“党建+侨建”引领助力乡村振兴创新示范点，创新“党建带侨建、侨建促党建”引领助力乡村振兴的工作模式，建成株洲市首个村级“侨胞之家”。组织侨界系列公益活动，为尿毒症患者捐资2万元，为婴幼儿捐赠中药香囊1500个。近2年侨界人士为家乡公共事业捐款56万元，其中侨联副会长邹丽君为皇图岭镇笔和村捐赠10万元。

【民企维权服务】

落实县级领导干部联系重点企业及商协会制度，健全政法系统部分单位联动护航“两个健康”体制机制。全体在职县级领导联系民营企业86家、商协会36个；18家商会与5家律师事务所建立“万所联万会”机制。联动实施民营企业“法治体检”，着力加强对发展民营经济政策落实情况的监督检查和合法权益的司法保护，切实维护民营企业的合法权益，减轻企业负担，为县域民营企业的发展保驾护航。

【畅通参政议政渠道】

发挥统一战线在建言资政、建言献策优势，引导统战成员围绕经济社会发展热点难点，深入调查研究，建言献策。开展“我为‘十四五’规划建一言”“省市党代会建言献策”等系列活动，引导党外代表、委员，着重围绕全县经济发展等重点工作深入开展调研活动，广泛听取广大统战成员的意见和建议，共征集意见建议46条，形成调研报告20篇，进一步提升党外代表人士政治参与的质效。

【学习贯彻统战政策法规】

以《中国共产党统一战线工作条例》（以下简称《条例》）学习为总揽，强化政治引领，通过组织集中学习、主题宣讲、专题培训、研讨交流等活动，切实把《条例》精神学深悟透，在全县上下营造学条例、讲条例、用条例的浓厚氛围。在县委常委会、县委统一战线领导小组会议上专题学习条例，研究落实意见。

分别组织全县党外干部、村（社区）党组织书记、非公经济人士举行专题培训班。广泛开展统战理论政策宣讲活动，在各领域统战成员中开展集中宣讲、微宣讲20余场次，发放新修订的《条例》读本1600余册，在“攸州统战”微信平台开设学《条例》学习专栏。

【乡村振兴帮扶】

开展“同心美丽乡村”创建活动，至2021年，全县成功创建“同心美丽乡村”省级示范点4个、市级示范点11个、县级示范点17个，有35家民营企业参与美丽乡村建设，带动实施项目46个，总投资达13.5亿元，带动农民就近就业人数5660余人，实现人均增收8000余元。

开展“迎老乡、回故乡、建家乡”活动，县工商联先后多次赴广东、东莞、佛山、深圳、长沙等地走访调研考察，为家乡提供招商引资有效项目信息8个，招引意向企业来攸考察18次，成功引进项目并落地投产4个，项目投资金额达5.5亿元。深入开展“万企兴万村”活动，充分发挥企业优势，全力推动巩固脱贫攻坚成果同乡村振兴有效衔接。组织29个工商联所属商（协）会及会员企业与38个村（社区）开展“爱乡回流、振兴乡村”结对共建，其中皇图岭镇商会、株洲正翔医药有限公司、湖南省仙泉自然生物科技股份有限公司、湖南亚美生物科技有限公司等商会和非公企业，主动与村（社区）结对发展。参与流转土地、解决就业、修山塘水库、修建村路、安装路灯、开发种植基地等项目达42个，投资约4600万元。

【新冠肺炎疫情防控】

10—11月，统战系统发挥联系面广的独特优势，为全县新冠肺炎疫情防控阻击战贡献力量。全力做好宗教活动场所重点时段、关键时刻“两个暂停”，落实宗教活动场所常态化疫情防控措施，确保宗教领域安全稳定。全体统战干部第一时间深入一线，参与首批5个隔离点的组建、值守、捐赠、宣传、督导等工作，为隔离点的标准化建设、规范化管理、精细化调度，打下坚实基础，筑牢战疫防线。引导组织非公经济人士、新的社会阶层人士、宗教人士等统战成员奔赴抗疫一线甘当志愿者，协助维护社区核酸采样秩序，参与小区封控、管控、防控值守，踊跃捐资捐物。统战成员捐赠抗疫物资及慰问品等价值共计100余万元。

（陈俊羽）

巡察工作

【概况】

2021年是十二届县委巡察工作的收官之年，县委巡察机构按照中央要求深入学习贯彻习近平总书记关于巡视巡察重要论述，践行“两个维护”，围绕“三个聚焦”，坚持“人民立场”，探索创新巡察工作，进一步强化政治监督。全年开展1轮常规巡察，2轮专项巡察，共谈话649人次、查阅会议记录和财务凭证等相关文件5945份、民主测评和问卷调查12次、明察暗访62次、开展现场走访和电话回访729次、受理来信来访来电20人次、下达立行立改责任书138件、提出巡察建议40条。参与上下联动，组建1个巡察组参加省、市、县三级联动交叉巡察并接受市委第十巡察组对攸县涉粮领域的巡察，配合市委巡察办和第十巡察组的工作，保障全县涉粮领域专项巡察的顺利开展。

至3月，共完成对该届县委86个被巡察党组织的常规巡察，实现巡察覆盖率100%。至6月，共办结巡察移交的307件问题线索，立案193人，组织处理367人，实现问题线索办结率100%。至7月，完成对第十一、十二轮被巡察党组织的巡察整改专项督查，实现巡察整改完成率100%。根据县委巡察工作领导小组“三个100%”的要求（即换届前实现本届县委巡察覆盖率100%，问题线索办结率100%，巡察整改完成率100%）。

【社会保险基金专项巡察】

融合纪检监察监督“职能”与专项巡察职能，创新开展医保基金、社保基金专项巡察，发现问题61个，督促立行立改99个，移交问题线索14件，提出巡察建议18条，在较短时间内摸清全县医保基金、社保基金领域基本情况，从政治上查找突出问题和风险隐患，提出有效的工作建议。

【十三届县委巡察规划】

坚持问题导向，紧扣“三个聚焦”，深化政治巡察，科学制定《中共攸县县委巡察工作规划（2022—2026年）》。按照党中央关于市县巡察向村（社区）党组织延伸的部署要求，将全县所有村（社区）党组织纳入十三届县委巡察全覆盖范围。十三届县委任期内共有384个被巡察党组织。其中，部门、企事业单位、乡镇（街道）党组织87个，村（社区）党组织297个。根据全覆盖要求，计划在十三届县委任期内开展13轮巡察，原则上每年开展3轮，每轮时间为3个月左右。其中5轮巡察灵活运用直接巡、专项巡、交叉巡等多种方式完成对村（社区）党组织的巡察全覆盖。

【巡察队伍建设】

坚持以政治建设为统领，深入开展党史学习教育，巩固深化“不忘初心、牢记使命”主题教育成果，引导巡察干部做到对党忠诚、敢于斗争、善于斗争。参加11月市委巡察办组织的全市巡察干部业务培训并与兄弟县市区交流学习，把中央、省市精神、重要理论文章和各级领导讲话及时印发巡察组，分组进行学习讨论。强化政治淬炼、实践锤炼，注重在巡察一线锻炼干部、培养干部，全年共选派3名巡察干部参加省委巡视、市委巡察，安排3名巡察干部到县纪委监委跟班办案。

（洪　婧）

机构编制

【概况】

2021年，县机构编制委员会继续贯彻落实《中国共产党机构编制工作条例》，严格按照《中国共产党机构编制工作条例》关于动议、论证、审议决定、组织实施各环节的程序要求，审核审批机构编制事项，确保合法合规。全面推进机构编制核查，研究制定《机构编制核查实施方案》，核实全县机构编制基础数据的真实性、准确性、完整性和规范性，充分发挥机构编制在管理全流程中的基础性作用。执行编制核准制度，年初核定当年各单位编制使用计划，做到增人有计划、计划在编内。

【机构】

2021年，全县设党政群、人大、政协机关等行政机构共61个，其中党委17个（纪检监察机关1个、党的工作机关7个、设在党政部门的机关9个）、人大3个、政协1个、群众团体10个、政府组成部门30个（含高新区派出机构）；设街道办事处和乡镇党政机构共17个，其中街道办事处4个、镇党委（政府）机关13个。

全县共有事业机构526个，比2020年减少8个。财政预算机构504个（含全额拨款463个和差额补贴41个），经费自理机构22个。

【人员编制】

2021年，全县共有行政编制2041名，实有人员1955人，较上年度增加35人。后勤服务事业编制共计125名，实有45人，较上年度减少3人。全县事业编制10888名，实有9490人，较上年度增加195人。

【机构改革】

一是稳妥推进事业单位改革。总结党政机构改革成功经验，科学制定涉改正科级事业单位“三定（职能配置、内设机构和人员编制）”规定报送模板，点对点衔接，确保信息转达及时、准确、到位。细化分工，按照“分批初审、集中再审、领导终审”的流程审核单位呈报稿，经多轮反馈、充分协商酝酿，制定党校、融媒体中心、供销合作社联合社、征地协调服务中心、机关事务服务中心、网格化管理服务中心、市场服务中心、接待服务中心、档案馆、煤炭产业事务中心、交通事务中心、畜牧水产事务中心12个涉改正科级事业单位“三定”规定，进一步理顺事业单位职能职责配置，强化公益服务职能。

二是有序推进开发区体制改革。对标对表省级、市级要求，在县委的统一领导下，全面开展调研，充分征求开发区管理机构职责定位、机构整合、所属事业单位调整等方面的意见建议，围绕机构设置、职能定位以及领导职数等进行系统的梳理，制定《中共攸县高新技术产业开发区工作委员会攸县高新技术产业开发区管理委员会职能配置、内设机构和人员编制规定》，优化开发区管理机构设置，明晰功能定位，理顺职责关系，统筹使用编制资源，为推动攸县开发区高质量发展，大力实施“三高四新”战略、建设现代化新攸县提供有力的体制机制保障。

三是全面推进行政复议体制改革。对照行政复议体制改革指导意见，扎实进行摸底，结合市、县两级行政复议工作量，及时听取司法部门对机构、职责、编制的意见建议，报县委编委领导研究审定，以办案工作量、原有编制基数、从事行政复议工作人员等为主要参考依据，依法整合行政复议职责，设立行政复议办公室，配备行政复议人员编制3名，实行“一个部门管复议”，率先完成行政复议体制改革任务。

【事业单位登记管理】

贯彻落实《事业单位登记管理暂行条例》和《事业单位登记管理实施细则》，认真做好事业单位的设立、变更、注销登记等工作，扎实有序地开展事业单位年度报告公示工作。2021年为全县事业单位共计办理年审277项，变更登记103项，设立登记103家，注销3家。

（刘　桥）

中共攸县县委党校

【概况】

中共攸县县委党校（行政学院）系公益一类全额拨款参公事业单位，位于攸县联星街道文化路杨家园巷1号，内设办公室、干训部、教研室和财务室共4个部室，在职干部和教职工30人。2021年，全年共举办11期党员干部培训班，培训人次共1252人，在全市党校系统获评“科研工作先进单位”，教师刘洪获全省党校系统优秀教师称号。

【党员、干部培训】

全年克服疫情影响共举办11期培训班，培训共1252人次，累计完成348个课时，完成年初制订的主体培训计划。主要包括攸县高素质人才进修班、党员发展对象培训班（四期）、攸县党外干部培训班、攸县科级干部进修班、攸县非公经济人士理想信念教育培训班、2020—2021年攸县新进公务员初任培训班、全县两新组织党组织书记（出资人）暨党建业务骨干培训班、攸县教育系统学校党组织书记（校长）培训班等。

【理论宣讲】

坚持“党校姓党”，扎实开展理论宣讲。围绕党的最新理论以及中央、省市县重大决策部署和重要会议精神等主题开展宣讲活动，做到重大节点有声音、重大问题亮观点、重大时段搭平台、重大活动有身影。先后派出8名讲师作为县委宣讲团成员，开展党史学习教育、中共十九届六中全会精神以及省、市、县各级党代会精神宣讲。全年对外送教宣讲96场次，受众达8208人次。

【教学研究与调研资政】

利用党校的教学资源，注重理论成果转化，有针对性地深入开展调查研究，撰写理论文章和调研报告，发挥“思想库”作用。《以乡村振兴“活教材”大力开展案例教学——进一步发挥县级党校作用》一文在全省党校行政学院系统论文理论研讨中获得省一等奖；《运用“加减乘除”建设美丽乡村》《发展村级集体经济的实践与对策》《攸县农村集体经济的现存问题及解决措施——基于176份问卷统计分析》等论文公开发表；“攸县有机油茶产业链研究”课题在省社科联成功立项、“乡村振兴在攸县的实践与探索”课题在市社科联成功结题并获市三等奖。围绕县委“一二三四”发展思路，完成“高分子材料”和“乡村振兴”两个主题调研，形成有前瞻性、针对性和实践性的调研报告。成功创办校内理论刊物《事与是》。

【新冠肺炎疫情防控】

配合全县疫情防控阻击战，8月和10月，党校学员楼前后两次临时确定为新冠肺炎疫情防控集中隔离医学观察点。全校教职员工全力做好集中隔离人员和隔离观察工作人员的后勤保障服务工作。根据全县联防联控部署安排，安排教职员工到结对小区（中央花园一期、二期）进行疫情防控工作，协助小区工作人员开展人员摸底排查、疫情防控知识宣传，对人员出入做好测量体温、健康码查验和信息登记等工作。

（陈　娜）

档案史志

【概况】

攸县档案馆是攸县县委办公室所属正科级公益一类事业单位，加挂县党史和县志研究室牌子。主要负责全县各级各类机关、企事业文书档案馆藏、接收、保护和利用，中国共产党攸县历史资料征集、编研，县级地方志、年鉴资料的编纂及指导工作。内设办公室、档案室、党史室、志鉴室4个股室，有在职工作人员14人。共有馆藏档案20.5万余卷（册、件），包括191个全宗号，涉及明清、民国、革命历史、中华人民共和国成立后4个时期的各类档案资料，其中照片档案2672张（册）、声像档案379（盘）、实物档案28件、馆藏资料19543册（件），明清及民国时期契约、大革命时期党章及捐款收据、谭震林专题档案等国家重点档案，是全省规范化管理二级档案馆。

2021年，共完成10个单位的文书档案接收进馆，开展档案整理工作业务指导20余个单位。全年共接待到馆查询利用者1800余人次，提供利用档案资料3106卷。2021年，攸县档案馆获“全省党史工作先进单位”称号；制作的《三张红军捐款收据的血肉情》获得全省档案系统微视频比赛三等奖。在庆祝中国共产党成立100周年之际，主动作为，发挥部门职能，加大党史资料征集编研和党史学习教育力度，参与配合全县的大型庆祝活动，为全县党史学习教育和庆祝中国共产党成立100周年活动提供重要的党史资料。完成同治版《攸县志》的校勘重印工作和《攸县年鉴（2021）》编纂出版工作。

【脱贫攻坚和新冠肺炎疫情防控档案管理】

及时安排部署，扎实做好脱贫攻坚和2020年疫情防控等重大事件档案的收集、整理和归档管理工作。共进馆新冠肺炎疫情防控档案1202件、脱贫攻坚档案36579件。

【档案信息化建设】

继续推进档案信息化、数字化建设。投入30余万元，完成县编办（2002—2020年）、县发改局（2002—2019年）、县信访局（2017—2020年）、县经管局（2019—2020年）等单位的信息化工作，全年共扫描录入文件10.6万页、录入目录10938条，扫描正确率99%。

【庆祝中国共产党成立100周年专辑党史资料编纂】

一是挖掘、整理攸县党史人物资料。完成谭震林、蔡会文、唐有章、余来和黄诗燕等5人传录的编纂出版工作。启动攸县籍将军院士资料的征集工作。二是抢救性搜集整理重要党史事件资料。完成《土地制度改革专辑》初稿编纂工作；编纂、出版《攸县革命斗争史》。三是编纂出版中国共产党成立100周年庆祝活动图文专辑资料。根据中共株洲市委办公室和市党史研究室统一部署，为庆祝中国共产党成立100周年，2019年12月至2021年12月，在中共攸县县委办公室的领导和支持下，完成《中国共产党攸县历史百年大事记》《中国共产党攸县历史百年图志》的编纂出版工作。

【党史宣传教育】

深入发掘攸县红色革命故事——《三张捐款收据》中主人公刘葛祥、刘培善、谭余保之间的交集和革命精神，撰文《三张收据》在《解放军报》刊载，《革命俩兄弟一门四英烈》在2021年《湘潮》第五期发表，获得省党史研究院建党百年红色故事征集二等奖；《交通站的故事》《三张捐款收据》《莲花一支枪的攸县血泪史》在省、市红色故事征文中获奖。参与策划推动制作“红星照攸州——信仰的丰碑、三张收据、谭震林清廉人生、伟大壮举”等4堂创新型精品红色党课。宣讲“学党史守初心”“讲攸县革命故事守初心担使命”等主题党史课10余场，攸县红色故事20余场，听众累计500余人次。指导全县《党史学习教育简报》编印刊发12期。

【志鉴编纂和指导】

完成《攸县年鉴（2021）》编纂出版工作，《攸县年鉴（2021）》是创刊以来连续出版发行的第32卷，并由吉林文史出版社公开出版发行，全书总篇幅70万字，共设26个类目、196个条目、下设1000多个子目。完成《攸县农业志》的审稿工作，并对其修改定稿出版进行指导帮助。

【北伐首战首捷攸县渌田学术研讨会】

11月23—25日，“叶挺独立团首战首捷攸县渌田”学术研讨会在攸县东城新区会议中心举行。研讨会采取线上线下相结合的方式进行，中央党史和文献研究院原副院长、中国中共党史学会原常务副会长龙新民，叶大鹰等叶团将士后人，学者专家及优秀论文作者代表，共计30余人在线上参加会议。中共中央原党史研究室第一研究部主任、研究员蒋建农，湖南省退役军人事务厅党组成员、副厅长易德才，叶挺独立团将士后人周强、叶小燕、叶晓梅等，市领导蔡溪、江小忠、刘春生，县领导武挪强、林涛、吴爱清、文毅、唐军全、易晓红、沈松鹏、王天来及来自国防大学、国防科技大学、中南大学、广东海洋大学的学者专家，共计60余人参加线下（现场）会议。

参会的全国各地的专家学者，对1926年6月叶挺独立团在攸县渌田首战告捷的历史史实、部队建设、战争方式、作用影响和精神实质等方面进行研讨，全方位挖掘首战史实和首战精神，传承红色基因，弘扬红色文化。会议认为，北伐战争在攸县首战首捷，具有重大的、独特的革命教育意义和历史文化价值，叶挺独立团北伐勇士们在攸县留下光照千秋的革命历史和革命精神，留下宝贵而丰富的红色文化遗产，值得发扬光大。此次座谈会的召开，进一步扩大攸县“北伐首战场”这一红色名片在全国的影响力，对北伐首战攸县的史实、历史地位与现实意义，有明确的定论。“新华网”“人民网”“人民论坛”等国家、省、市媒体对研讨会进行报道。

研讨会由中共株洲市委党史研究室、中共攸县县委、攸县人民政府主办，攸县县委宣传部、攸县档案馆（县党史和县志研究室）承办，会议筹备过程中，共征集北伐首战学术研讨论文103篇，评选优秀论文71篇。

【党建工作和乡村振兴帮扶】

加强支部党建工作，提升党组织的凝聚力。严格落实“三会一课”制度，全年共召开支部委员会12次、主题党日活动12次、讲党课6次；扎实开展党史学习教育，开展专题学习教育活动4次，组织干部参加“百舸争流千帆竞发”百年千题党史知识竞赛和“百年风华、株洲力量”党史学习教育专题演讲比赛。

2021年，县档案馆结对帮扶桃水镇夏泉村开展乡村振兴工作。对全村27户脱贫户接续开展监测帮扶工作，协助夏泉村科学制定发展规划，加强基层党建工作。推进该村人居环境整治，改善基础条件，为新屋组和上山里组安装变压器，为上山里组安装 63 台太阳能路灯，完成骨干山塘清淤和硬化工作，完成公路防护栏安装等。

（刘虹杏）

攸县人民代表大会

综 述

【机构队伍】

攸县人大常委会机关共设8个委办、1个代表事务中心，其中县人大专门委员会6个，为监司委（法制委）、财经委（预算工委）、教科文卫委（民侨外委）、环资委、农业农村委、社会建设委，县人大常委会内设工作机构2个，为办公室、联工委。县人大常委会机关共有编制33名（其中，行政编27名，事业编6名），在编在岗人员36人（其中，实改非14人，工勤编1人），离退休干部48人。

2021年，经县委批准，将攸县人大常委会选举任免联络工作委员会所属的人大代表事务中心升级为副科级公益一类事业单位，核定主任（副科级）1名，核定全额拨款事业编制6名，主要负责人大代表服务、信息数据管理等事务。

（陈 慧 汪厚斌）

【职权行使】

2021年，共召开人民代表大会2次，召开县人大常委会会议10次、主任会议17次，听取和审议专项工作报告32项，作出《关于依法保障和促进实施“一中心四样板”战略加快推进现代化新攸县建设的决定》等决议、决定24个，较好地发挥地方国家权力机关的职能作用。

坚持党管干部原则和人大依法任免相结合，进一步规范人事任免工作，确保组织意图通过法定程序得到实现。全年共依法依程序任免国家机关工作人员76人次，选出驻攸市人大代表63人。

有效履行法定职责，充分发挥人大监督作用。一是助推全县经济社会发展。推动“十四五”规划科学编制，组织开展专题调研，收集意见建议236条。听取和审议国民经济和社会发展计划、财政预决算、审计工作及审计查出问题整改情况等报告，批准县本级预算调整方案。开展国有资产管理情况调研，协助县委出台《关于建立县人民政府向县人大常委会报告国有资产管理情况制度的实施意见》。加强“同级审”监督，督促有关部门建立健全制度9项。听取县城总体规划2020年执行情况报告，专项审议县城绿化土地利用执行情况，专题调研县城老旧小区改造。开展财源建设、园区经济发展、湘赣边区域公共品牌建设、科技成果应用推广普及等调研视察检查。二是维护社会公平正义。听取和审查法检“两院”工作实施情况报告，审议县人民检察院公益诉讼检察和保护工作报告。组织代表听审评议法院庭审案件活动，监督完成2021年度人民陪审员选任工作。开展依法治县、民商事仲裁、常态化扫黑除恶专项斗争等调研视察，参与行政执法案卷评查和乱象整治等活动，严格实施任前法律考试，全面促进《中华人民共和国民法典》等普法工作。上下联动开展残疾人保障法等5部法律法规执法检查。深化备案审查工作，对备案的5件规范性文件进行备案登记和合法性、适当性审查，提出意见建议13条。全年转办、交办、督办群众来信来访23件次。三是推进生态文明建设。听取和审议年度环境状况和环境保护目标完成情况、2020年生态环境保护工作和环境监测指标实施情况报告，专项督查封山育林决定贯彻执行情况，督促完善环境保护工作机制。开展土壤污染防治法、大气污染防治法、固体废物污染环境防治法等执法检查，加强对中小河流治理、黑臭水体治理、重点流域水环境保护、农村生活垃圾分类等生态环境重点领域监督。四是关注民生福祉改善。调研中小学基础设施建设、“双减(减轻义务教育阶段学生过重作业负担和校外培训负担)”工作落实情况、医保制度实施情况等，提出意见建议17条。组织代表专题督办农村饮水安全建设决定贯彻执行情况，督促有关部门加大建设投入,加强饮水安全运营监管。开展城区停车建设管理视察,督促新增路面停车位1067个，组织开展劳动就业、基层治理、特殊群体权益保护等工作监督。

（陈　慧）

【自身建设】

主动适应新形势、新任务、新要求，着力加强自身建设，不断提高依法履职能力和工作水平。一是制度建设。全面梳理人大及其常委会职责职能、政策规范、党群工作、会议服务、业务建设、机关管理等六大篇章、73项议事规则或制度，审议通过攸县人民代表大会议事规则、常委会议事规则、组成人员守则、中共攸县人大常委会党组向县委请示报告工作制度等。推进“智慧人大”建设，初步建成县人大常委会和主任会议电子表决系统，人大工作信息化水平得到进一步提升。二是能力建设。组织人大系统干部开展交流培训，举办“书香伴我行”系列读书班，开设“人大讲堂”，编印《不辱使命》精选文集，《弘扬伟大红船精神，为推进“一中心四样板”贡献人大力量》《评议动真格监督有实效》《民生实事项目合民意暖民心》等理论文章或工作经验被《人民日报》《人民之友》“全国人大”新闻网等媒体刊登。三是基础建设。推进乡镇人大“两室”建设，出台乡镇人大工作考评办法，定期举办乡镇（街道）人大工作片区交流会，邀请乡镇（街道）人大负责人列席县人大常委会会议、参加调研视察等活动，组织县乡人大干部到宁乡、渌口等地区考察学习，推动全县人大工作水平整体提升。

（陈　慧）

【代表工作】

紧扣“发挥代表主体作用”这个关键，健全完善工作机制，支持和保障代表依法履职。按照分层组织、分批开展的原则，分别组织市、县、镇三级人大代表，通过专题讲座、经验交流、分组讨论等形式，开展代表初任培训以及履职培训。建立台账式管理，规范代表履职登记，掌握代表履职动态，实施综合考评督促，开展优秀代表履职评选表彰。建立3个市人大代表小组、17个县人大代表小组，促进代表活动常态化、专业化。组织代表参加执法检查、专题调研、专题询问、预算审查监督等工作，邀请192名代表列席县人大常委会会议，进一步拓展代表参与人大工作的广度和深度。

（汪厚斌）

【基层人大工作指导】

推进基层人大法治建设。坚守法治阵地，夯实好人大根基。通过开展培训、专题督查等方式，大力推动《湖南省乡镇人民代表大会工作条例》（简称《条例》）及相关法律法规在乡镇得以贯彻实施，规范乡镇人大行使职权的程序。加强县乡互动交流。加强乡镇人大“两室”规范化建设，推进村级人大代表工作站试点运行。定期举办乡镇（街道）人大工作者学习交流会，邀请乡镇（街道）人大代表参加调研视察等活动，推动全县人大工作水平整体提升。精心指导乡镇工作。严格落实《条例》规定，各镇在8月底前召开完本镇新一届人大第一次人民代表大会，会议前由联工委审核会议日程、选举办法等，规范引导乡镇人大准确定位、严谨履职，形成县乡人大良性互动、相互配合的良好局面。

（汪厚斌）

重要会议

【攸县第十七届人民代表大会第六次会议】

攸县第十七届人民代表大会第六次会议于2021年2月1日至2月3日在县城召开。会议听取和审查攸县人民政府工作报告，审查、批准攸县2020年国民经济和社会发展计划执行情况的报告及2021年国民经济与社会发展计划，审查、批准攸县国民经济和社会发展第十四个五年规划和二〇三五年远景目标纲要（草案），审查、批准攸县2020年财政预算执行情况的报告和2021年县级财政预算，审查攸县2020年环境状况、环境保护目标完成情况和2021年环境保护目标的报告；听取和审查攸县人民代表大会常务委员会工作报告、攸县人民法院工作报告和攸县人民检察院工作报告。

会议依法补选李鹏程为攸县人民政府县长，游江龙为攸县第十七届人民代表大会常务委员会副主任，朱泊宇、刘芳军、肖回龙、胡正罡等4名（以姓氏笔画为序）为攸县第十七届人民代表大会常务委员会委员，会议表决通过胡正罡为攸县第十七届人民代表大会环境与资源保护委员会主任委员。会议表决确定农村公路提质改造、农村生活垃圾分类处理、加快油茶产业发展、“门前三小（小讲堂、小广场、小书屋）”建设、高标准农田建设、中小河流治理、保障城区主要路段交通畅通、城区老旧小区改造等8个项目为攸县2021年度政府民生实事票决项目。

会议通过《攸县人民政府工作报告的决议》《关于攸县2020年国民经济和社会发展计划执行情况与2021年计划的决议》《关于攸县国民经济和社会发展第十四个五年规划和二〇三五年远景目标纲要的决议》《关于攸县2020年财政预算执行情况和2021年财政预算的决议》《关于攸县人民代表大会常务委员会工作报告的决议》《关于攸县人民法院工作报告的决议》《关于攸县人民检察院工作报告的决议》《关于依法保障和促进实施“一中心四样板”战略加快推进现代化新攸县建设的决定》等。

（陈　慧）

【攸县第十八届人民代表大会第一次会议】

攸县第十八届人民代表大会第一次会议于2021年11月8日至11月10日在县城召开。此次会议应到代表300名，实到代表295名。会议听取和审查攸县人民政府工作报告、攸县人大常委会工作报告，书面审查攸县人民法院工作报告、书面审查攸县人民检察院工作报告。会议依法选举冯杰为攸县第十八届人民代表大会常务委员会主任；武挪强为攸县人民政府县长；陈百忠、刘艳舞、李奇跃、谭智敏、谭心飞等为攸县第十八届人民代表大会常务委员会副主任；何文龙、彭爱斌、陈代陆、赵聚忠、杨正武、王天来、刘丰华、陈章蓉等8人为攸县人民政府副县长；阙昶为攸县监察委员会主任；刘艳辉为攸县人民法院院长；刘北斗为攸县人民检察院检察长（须报经市人民检察院检察长提请株洲市人大常委会批准）；王爱武、文日明、文红梅、文建民、邓民慧、向宋祥、刘俊鸿、刘朝阳、李伟玲、杨玉文、杨向红、肖回龙、何再权、何重明、余鑫、张建华、张素珍、陈新妮、易吕辉、罗刚、罗学锋、罗静、胡正罡、洪建臣、唐青锋、彭永跃、彭智力、谭勇华等28人为攸县第十八届人民代表大会常务委员会委员；王建之、杨正文、李余粮、杨光昊、尹舜、彭琦彦、唐志明、喻毅彦、陈小武、胡震宇、陈志峰、杨英中、刘庆晖、万友华、王廷、王晓禹、毛海波、文建民、文庭雨、尹建冬、邓自伟、龙仁元、龙晴晴、卢先钰、冯杰、过石基、刘芳、刘友良、刘金花、刘锋良、汤峥春、阳曼仔、苏丽琼、李涛、李咏晏、李鹏程、余霆、宋小兰、张尧、张文新、张友顺、陈敏、陈飞跃、陈水根、陈代陆、陈华丽、陈晓晖、武挪强、欧阳中胜、易晗、易红英、赵振诗、聂双利、晏梓桂、唐翌、唐江南、黄争红、曹贺溪、彭晶、曾雄、谭敏、谭静、谭心飞等63人为株洲市第十六届人民代表大会代表。

会议还通过攸县第十八届人民代表大会各专门委员会主任委员、副主任委员、委员名单，《攸县人民政府工作报告的决议》《关于攸县人民代表大会常务委员会工作报告的决议》《关于攸县人民法院工作报告的决议》和《关于攸县人民检察院工作报告的决议》等决议。

（陈　慧）

【攸县第十七届人大常委会第三十六——四十二次会议】

2021年1月11日，攸县第十七届人大常委会召开第三十六次会议。会议审议并表决通过有关市县人大代表辞职的议案，补选李鹏程、杨小幼、彭琦彦等为株洲市第十五届人民代表大会代表。审议代表资格审查委员会关于个别县人大代表的代表资格审查报告，表决通过《县人大常委会关于表彰2020年度先进县人大代表活动小组、人大工作先进个人、县人大代表履职积极分子、建议办理工作先进个人、优秀县人大代表建议的决定（草案）》。

2021年1月22日，攸县第十七届人大常委会召开第三十七次会议。会议审议“一府两院”工作报告、县人大常委会工作报告、计划、财政工作报告及2021年草案，2020年环保目标完成情况工作及2021年主要环保目标的报告，并听取县人民政府关于2021年度民生实事候选项目情况说明。会议还听取并审定县十七届人大六次会议有关事项。

2021年3月8日，攸县第十七届人大常委会召开第三十八次会议。会议同意将县十七届人大六次会议收到的114件代表提出的建议、批评和意见全部交由县人民政府办理；会议同意免去游江龙县市场监督管理局局长职务，会议决定任命刘文勇为县市场监督管理局局长，任命王正良为县人民检察院副检察长（分管日常工作）、张勇为县人大常委会办公室副主任；会议审议通过县人大常委会2021年度工作要点。

2021年5月17日，攸县第十七届人大常委会召开第三十九次会议。会议表决通过《确定鸾山镇等新一届人民代表大会代表及主席团成员名额的决定（草案）》，听取县人民检察院检察长徐达江所作的《关于开展公益诉讼工作情况的报告》和县人大监察和司法委主任委员《关于全县公益保护和公益诉讼工作情况的调查报告》。

2021年7月2日，攸县第十七届人大常委会召开第四十次会议。会议决定任命武挪强为攸县人民政府副县长，决定武挪强副县长为攸县人民政府代理县长，同时决定接受李鹏程辞去攸县人民政府县长职务的请求。会议通过《关于任命县选举委员会组成人员的决定》《关于做好县乡人民代表大会换届选举工作的实施意见》《关于攸县十八届人大代表名额分配的决定》《关于任命鸾山镇等13个镇选举委员会组成人员的决定》《关于第十八届人民代表大会代表选举时间的决定》。会议根据县人民政府代理县长武挪强的提请，决定任命尹建冬为县民政局局长，刘彦为县司法局局长，朱晶娟为县文化旅游广电体育局局长职务，吴爱中为乡村振兴局局长；决定免去李益民的县民政局局长职务，刘彦的县水利局局长职务，贺明的县司法局局长职务，吴爱中的县扶贫开发办公室主任职务。会议根据县人民法院院长刘艳辉的提请，任命何卫华为攸县人民法院刑事庭庭长，胡纳平为攸县人民法院民事审判一庭庭长，李铁建为攸县人民法院民事审判二庭庭长，王蓉蓉为攸县人民法院立案庭庭长，彭志敏为攸县人民法院综合审判庭庭长，文亚苗为攸县人民法院民事审判一庭副庭长，王雅冰为攸县人民法院民事审判二庭副庭长，周南兰为攸县人民法院民事审判二庭副庭长，王艳艳为攸县人民法院民事审判二庭副庭长，刘抚男为攸县人民法院立案庭副庭长，王小红为攸县人民法院立案庭副庭长，谢媚为攸县人民法院综合审判庭副庭长，康莎为攸县人民法院刑事庭副庭长；同意免去胡纳平的攸县人民法院立案庭庭长职务，李铁建的攸县人民法院民事审判一庭庭长职务，王蓉蓉的攸县人民法院民事审判二庭庭长职务，文亚苗的攸县人民法院刑事庭副庭长职务，周南兰的攸县人民法院民事审判一庭副庭长职务，刘抚男的攸县人民法院联星法庭副庭长职务，王小红的攸县人民法院民事审判一庭副庭长职务，谢媚的攸县人民法院民事审判二庭副庭长职务，贺湘华的攸县人民法院刑事庭庭长职务，肖文雅的攸县人民法院综合审判庭庭长职务，申永波的攸县人民法院网岭法庭副庭长职务，彭飞燕的攸县人民法院民事审判一庭副庭长职务，刘致和的县人民法院民事审判一庭副庭长职务。

2021年8月11日，攸县第十七届人大常委会第四十一次会议召开。会议听取和审议“一府两院”工作报告半年实施情况报告、民生实事票决制项目半年实施情况报告、2020年县本级财政决算草案的报告、2020年度县本级预算执行和其他财政收支的审计工作报告，审查批准2020年县本级财政决算。会议表决同意彭爱斌辞去县选举委员会主任职务，同意任命唐军全为县选举委员会主任。会议同意县人大代表资格审查委员会关于代表异动情况的报告。会议同意免去谭心飞的县监察委员会副主任职务；会议同意接受冯杰辞去县监察委员会主任职务，同意接受刘芳军、杨舟双等两人辞去县十七届人大常委会委员的职务，同意接受尹建冬、朱晶娟等2人辞去县十七届人民代表大会代表的职务；会议决定任命陈水根为县水利局局长，决定任命欧彬武为县人民法院审判员。

2021年9月27日，攸县第十七届人大常委会第四十二次会议召开。会议听取和审议县人民政府关于2021年代表建议办理及大会决定执行情况报告、2020年本级财政预算执行和其他财政收支审计查出问题整改情况的报告、"一府两院"和县人大常委会工作报告。会议同意县人大代表资格审查委员会关于县十八届人民代表大会代表资格审查的报告，确认当选的300名县十八届人民代表大会代表资格全部有效。会议通过《关于召开攸县第十八届人民代表大会第一次会议的决定（草案）》。会议听取和审议县第十八届人民代表大会第一次会议筹备工作情况报告。会议同意接受徐达江辞去攸县人民检察院检察长职务，同意免去徐达江攸县人民检察院检察委员会委员、检察员职务。会议任命刘北斗为攸县人民检察院副检察长，并决定刘北斗副检察长为代理检察长。会议还任命董向东等44名人民陪审员。

（陈　慧）

【攸县第十七届人大常委会第一次会议】

2021年12月21日，攸县第十八届人大常委会召开第一次会议。会议听取县财政局关于2021年县级财政预算调整情况的报告，表决通过2021年县级财政预算调整方案的决议（草案）。

会议听取县人民政府关于农村生活垃圾分类处理项目工作情况报告，表决通过《关于将攸县农村生活垃圾分类处理项目中的乡镇垃圾中转站工程实施时间延长一年的定（草案）》。会议表决通过《攸县人民代表大会常务委员会议事规则（草案）》和《攸县人民代表大会常务委员会组成人员守则（草案）》。

会议同意设立攸县第十八届人大常委会代表资格审查委员会，通过代表资格审查委员会组成人员名单：谭心飞为攸县第十八届人大常委会代表资格审查委员会主任委员，文建民为攸县第十八届人大常委会代表资格审查委员会副主任委员，彭永跃、向宋祥、陈新妮、张建华、李伟玲为攸县第十八届人大常委会代表资格审查委员会委员。

会议同意免去陈义勇、文珠等两人的县监察委员会副主任职务；同意免去黄志坤、龙小兵、易川皓、袁武君等四人的县监察委员会委员职务；同意免去易诚的县人民法院审判委员会委员职务；任命易介兵、黄志坤、易川皓等三人为县监察委员会副主任；任命蔡水文、王海云、杨千、何湘鹏等四人为县监察委员会委员；任命徐红军为县人民法院副院长（分管日常工作），任命胡小华为县人民法院审判委员会委员。

（陈　慧）

选举、任免和决定重大事项

【县乡人大换届选举和人事任免】

2021年7月2日，攸县第十七届人大常委会第四十次会议，设立攸县县乡两级选举委员会，通过攸县第十八届人民代表大会代表名额分配方案和攸县第十八届人民代表大会代表选举时间等。攸县选举委员会第一次会议，通过《关于做好全县县乡人大换届选举工作的实施意见》、攸县第十八届人民代表大会代表名额分配方案、确定攸县第十八届人民代表大会代表选举时间等。7月8日，召开全县县乡人大换届选举工作会议，并组织乡镇（街道）人大主席、副主席、组织委员、人大秘书等100余人开展换届选举业务专题辅导。至8月26日，全县17个选举单位在"大选区"（即县代表选区）121个，"小选区"（即镇代表选区）388个，登记选民658965名，参选率94.85%，依法选举产生县人大代表300名、镇人大代表983名。

坚持党管干部原则和人大依法任免相结合，进一步规范人事任免工作，确保组织意图通过法定程序得到圆满实现。全年共依法依程序任免国家机关工作人员76人次，选出驻攸市人大代表

63人。

（汪厚斌）

【“票决制”决定民生实事项目】

根据省、市人大常委会的工作部署，持续提升对民生实事项目办理的监督力度与深度，率先在全市实现县、乡两级民生实事项目人大代表票决制全覆盖，2021年县乡两级共票决民生实事项目88个。建立“1+3”全过程督办机制，听取和审议民生实事项目办理情况专项报告，组织代表开展集中视察县乡两级票决项目活动23次，开展“回头看”3次，提出意见建议137条，协调解决问题32个，并首次对民生实事票决项目完成情况进行满意度测评。

（汪厚斌）

依法监督

【计划预算审查监督】

3月，审查2020年财政预算执行情况和2021财政预算草案，提出“用好用活政策、着力夯实财税根基、优化支出结构、兜牢三保底线、着力财政风险防控、全力化解存量债务”等建议。7月，听取和审议关于2020年县本级财政决算和2021年上半年预算执行情况的报告，形成审查报告，并提出意见和建议，交县政府和有关部门处理。12月，财政经济委员会对县人民政府提出的《关于攸县2021年财政预算调整方案》开展广泛的调查研究，形成《攸县2021年预算调整方案审查结果的报告》并提交县十八届人民代表大会常务委员会第一次会议。

（周志琴）

【审计工作监督】

7月，听取和审议2020年度县本级财政预算执行和其他财政收支情况的审计工作报告，并下达审计查出问题整改意见书。9月，对审计查出突出问题整改情况进行跟踪督查，清理收回预算指标2207万元，全额解缴应缴未缴财政收入18948万元，收回违规借款898万元，纠正不规范出租国有资产事项3处，督促建立健全制度9个，促进全县依法理财和单位内部财务管理水平的有效提升。

（周志琴）

【国有资产管理监督】

6—7月，开展全县国有资产管理情况调研，形成《关于攸县国有资产管理情况的调查报告》，并在县人大常委会和主任会议上作专题汇报，提出“理顺管理机制、夯实管理基础、健全管理制度”等建议。11月，协助县委研究出台《中共攸县县委关于建立县人民政府向县人大常委会报告国有资产管理情况制度的意见》。

（周志琴）

【司法监督】

加强对县检察院和县人民法院工作报告和专项工作汇报的审查审议，开展人大代表听审评议法院庭审案件活动，积极推进检察院听证检务公开工作。组织对全县公益保护工作和检察院公益诉讼工作的调查和审议，推动全县国有资产管理办法的及时出台。加强对人民陪审员选任工作全过程监督，新增选一批有代表性、广泛性、先进性的人民陪审员。参与县依法治县办和县纪委、监委组织的行政执法案件评查活动和行政执法乱象治理行动。

（彭智力）

【社会救助和应急管理执法监督检查】

按照正确监督、有效监督的要求，县人大常委会社会建设委开展执法检查并提出监督意见。2021年9月，听取县民政局关于健全完善社会救助制度等工作情况的汇报。11月，听取县应急管理局关于全县安全生产工作情况和应急管理综合行政执法改革工作的汇报。

（邓　武）

【规范性文件备案审查】

全年“一府一委两院”和乡镇人大共报备审查的规范性文件5件，经认真审查，不存在合法性问题，主要是存在一些适当性问题，按规定向制定机关提出有关修改性建议15条，均得到满意的回复。按照市人大常委会的有关文件工作要求，报送规范性文件典型案例2件，对涉及长江流域保护和计划生育内容的规范性文件进行全面清理，确保法制的权威性和统一性。

（彭智力）

【《湖南省高新技术发展条例》执法检查】

开展《湖南省高新技术发展条例》贯彻执行情况执法检查，配合市教科文卫委开展对高新企业科技成果运用情况的调研，提出加强宣传及科普力度，加强科技人才队伍建设，加快科技服务体系建设等建议。

（欧阳乐）

建议、项目督办

【建议督办】

推行县人大常委会主任会议成员牵头督办、专委会对口督办和代表联络机构统筹督办的工作机制，遴选一批人民群众反映强烈、代表关注的建议作为重点建议由主任会议成员进行重点督办。同时，综合运用县人大代表建议办理专项资金用于建议办理。2021 年，在县十七届人大第六次会议上及闭会期间共收到代表建议 115 件，全部依法办复。

（汪厚斌）

【生态环境建设项目督办】

2021 年 5 月，组织部分省、市、县三级人大代表对封山育林决定贯彻执行情况进行监督检查，听取县林业局关于封山育林工作情况的汇报。对垃圾中转站和农村生活垃圾分类示范村创建项目开展 2 轮集中督查，督促全县建成垃圾中转站 3 个，创建农村生活垃圾分类示范村 60 个。围绕人民群众关心关注的城市拥堵和“断头路”问题，多次向县政府及有关部门交换意见，督促体育路、建设北路、吉兴西路、文化路延伸段、拉通二环路“断头路”等一批城市道路建设工程项目加快实施进度。

（张素珍）

【环保专项督查】

专门听取和审议《攸县 2021 年环境状况和环境保护目标完成情况及 2022 年环境保护目标的报告》，组织对第二轮中央环保督察交办问题开展专项督查，整改销号交办问题 38 个。牵头组织县政府办、住建局、自然资源局等部门，开展《株洲市农村村庄规划建设管理条例》（简称《条例》）执行落实情况的专项督查，并对攸县贯彻落实《条例》情况进行专项执法检查，进一步推动《条例》的贯彻和落实。

（张素珍）

【民生实事项目督办】

为推动《全县关于加快农村饮水安全建设决定》的执行落实，听取县人民政府办公室专题工作汇报，督促饮水工程项目实施落地。2021 年实际到位项目资金 1.1 亿元，新增和巩固提升农村供水人口 46.79 万人。

12 月，对全县民生实事项目——中小河流治理项目进行工作督查。通过实地走访、召开座谈会、听取部门工作汇报，掌握关于项目实施具体的情况，针对项目推进中存在的不足和问题进行交流，并就如何进一步实施好项目，提出可行性意见建议。同时督促县政府及相关职能部门按决定要求全面完成建设任务，切实维护群众利益。

（谭　闯）

调研、视察

【立法调研】

配合支持国家、省、市人大常委会做好修改《地方组织法》和《湖南省绿色建筑发展条例（草案）》《株洲市生活垃圾分类管理条例（草案）》《株洲市烟花爆竹安全生产与产业引导条例（草案）》立法征求意见，提出一些建设性的立法修改建议。

（彭智力）

【城市规划建设视察调研】

收集、办理人大代表涉及环资委工作职能的建议意见，2021 年共收集有关建议意见 16 条。组织专委委员对攸县总体规划执行情况进行现场视察，及时了解全县城市基础设施建设和城市综合服务功能发挥等情况，县人大常委会专门听取和审议《攸县城市总体规划》2021 年度执行情况汇报。

（张素珍）

【高标准农田建设专题调研】

2021 年，先后深入新市、皇图岭等乡镇，视察高标准农田建设项目现场，并召集相关部门负责人、省市县三级代表、项目施工方代表举行座谈会，收集各类意见、建议共 20 余条，形成专题工作调研材料，提交县人民政府及相关工作部门，推动高标准农田建设。全年共完成高标准农田建设任务6万余亩，项目区涉及皇图岭、黄丰桥等湘赣边乡镇35个村，总投资9294万元，有效带动项目区村级集体经济发展和农民增收。

（谭　闯）

【“湘赣红”区域公用品牌建设情况调研】

9月，与市人大农业与农村委联合，开展“湘赣红”区域公用品牌建设情况的调研，收集各方面意见和建议，形成专题调研报告，为推动全县湘赣边乡村振兴建设提供决策参考。2021年，攸县香干等地方知名特色产品进入“湘赣红”公用品牌授权名录，对攸县的农业品牌创建、产业发展、提质增效的示范引导作用逐步增强。

（谭　闯）

【农业产业结构调整工作视察】

2021年，组织部分市、县代表就全县农业产业结构调整情况开展视察。先后实地查看皇图岭、网岭等乡镇农业产业结构调整情况，并召开代表视察审议会。针对全县农业产业结构调整中存在的问题和不足，视察组提出“加强专业技术指导创新、提高农产品产量和质量、培植壮大龙头企业，发挥好项目牵引带动作用，真正把各类新型农业经营主体的积极性调动起来，实现全县农业产业高标准、高质量、高水平发展”的建议。

（谭　闯）

【退役军人事务管理专题调研】

2021年，重点就退役军人事务管理局涉军人员相关工作、人社局劳动就业工作开展调研，广泛征求群众对社会建设工作的意见和建议。

（邓　武）

【教科文卫工作调研视察】

牵头组织调研组到攸县中小学学校调研教育品牌提升工作，对攸县中小学的基础设施建设、教师队伍建设、打造特色校园文化、关心学生心理健康等方面进行调研。医疗品牌提升调研组针对攸县卫生事业的现状提出完善政策机制、改善医疗服务质量、壮大人才队伍、强化医德医风建设等意见建议。

牵头组织相关部门分两批次对高新区、高新企业和规模养殖户、种植户开展科技成果应用、推广、普及执法检查及相关视察。

（欧阳乐）

攸县人民政府

重要会议

【攸县第十七届县人民政府第九次全体会议】

1月16日，攸县召开第十七届县人民政府第九次全体（扩大）会议，贯彻落实中央、省市经济工作会议和县委全会暨县委经济工作会议精神，讨论修改2021年《政府工作报告（征求意见稿）》（以下简称《报告》），部署当前政府工作。会议指出，做好经济转型发展这篇大文章，重点要做好这4项工作：一是对标产业发展抓落实，见成效。要围绕打造“湘赣边资源型城市转型发展样板区”，大力实施产业富县战略，推进产业振兴，致力打造5个百亿产业。二是对标项目建设抓落实，加力度。必须始终坚持以“项目为王”，在项目建设上体现担当、发挥才能、用尽全力。三是对标城乡创建抓落实，提品质。以撤县设市和乡村振兴两大目标任务为引领，坚持城乡并重、城乡一体，加快创建湘赣边新型城镇化样板区和湘赣边乡村振兴样板区。四是对标民生改善抓落实，强保障。紧盯人民群众急难愁盼问题，持续推进民生改善行动，抓好民生100工程实施。尤其是在两会期间确定的民生实事人大代表票决制项目，要严格按照时序进度推进，保质保量完成。各级、各部门要以县委十二届十一次全体（扩大）会议和县委经济工作会议精神为指引，始终坚持党的领导，敢于担当负责，切实转变作风，不断提升治理能力水平，以优异成绩迎接中国共产党成立100周年。

【县人民政府常务会议】

2021年，攸县人民政府共召开14次政府常务会议，即第十七届县人民政府第五十七次至六十七次常务会议，第十八届县人民政府第一次至第三次常务会议。

第五十七次常务会议于1月14日召开。会议首先传达学习《湖南省办公厅关于印发〈湖南省进一步加强招商引资工作的若干政策措施〉的通知》和省委经济工作会议精神，会议听取县发展改革相关工作报告，审议2021年市重点项目计划、“十四五”规划基本思路以及《关于攸县2020年国民经济和社会发展计划执行情况与2021年计划草案的报告》和《2021年政府工作报告》征求意见稿等事项，会议还对《关于2020年财政预算执行情况和2021年财政预算草案的报告》、《攸县“十三五”环境状况和环境保护目标完成情况及“十四五”环境保护目标的报告》、百花城中村改造项目有关情况汇报、《攸县安全生产委员会成员单位工作职责规定》等事项进行研究和审议。

第五十八次常务会议于2月7日召开。会议首先传达学习习近平在十九届中央纪委五次全会上的讲话和湖南省、株洲市《2021年政府工作报告》精神，会议审议县级领导联点、联产业项目和联重点企业安排工作，审议2021年全县三级干部会议奖励名单，研究临时机构津补贴有关事项，并对谭震林生平业绩陈列馆提质改造及博物馆新馆建设有关工作进行研究部署，会议对春节期间疫情防控工作进行研究。

第五十九次常务会议于3月4日召开。会议首先传达学习2021年中央1号文件、习近平总书记在党史学习教育动员大会和全国脱贫攻坚总结表彰大会上的讲话精神，会议审议并原则通过《攸县2021年“产业项目建设年”活动方案》《2021年攸县招商引资攻坚活动工作方案》《2021年攸县招商引资攻坚活动考核办法》《攸县2021年“营商环境优化年”活动实施方案》，会议听取攸州中心医院建设项目工作情况汇报。

第六十次常务会议于3月24日召开。会议首先传达学习全国两会和中央财经委员会第九次会议精神，会议研究攸县事业单位公务用车制度改革相关工作以及2021年度争取省政府真抓实干督查激励、县《政府工作报告》重点任务分解、人大代表建议和政协委员提案办理工作，会议还审议《攸县人民政府重大行政决策程序规定》《攸县人民政府重大行政决策目录管理暂行办法》，最后专题研究整治突出毒品问题工作。

第六十一次常务会议于4月15日召开。会议首先传达学习习近平总书记在福建考察时的讲话和《政府督查工作条例》文件等精神，会议审议全县防汛抗旱工作，会议研究教育项目建设有关工作及全县农村安全饮水工作，会议还听取皇图岭镇现代农业产业园（香干产业园）的有关情况汇报和竞买攸县东风酒店资产的有关情况汇报。

第六十二次常务会议于5月18日召开。会议首先传达学习习近平总书记在中共中央政治局第二十九次集体学习时的讲话精神，会议研究禁毒工作及全县社会保险基金管理防风险堵漏洞专项整治工作，会议还听取攸县路灯节能改造项目实施情况汇报、落实《湖南省人民政府关于行政复议体制改革的实施意见》情况汇报、承办2021年湖南省红色旅游文化节有关情况汇报、园区标准化厂房建设运营情况汇报，会议审议《2021年攸县城市生活垃圾分类工作实施方案》以及资金概算相关说明。

第六十三次常务会议于7月12日召开。会议首先学习习近平总书记在“七一勋章”颁奖仪式上的重要讲话和在庆祝中国共产党成立100周年大会上的重要讲话，会议对《攸县乡村振兴驻村帮扶工作队管理办法》和《攸县乡村振兴产业发展奖励办法》进行审议，会议对安全生产工作进行研究，会议还对统计、粮食收购、人事任免等工作进行研究和审议。

第六十四次常务会议于8月16日召开。会议传达学习习近平新时代中国特色社会主义思想、《中共湖南省委〈关于推进清廉湖南建设的意见〉》（湘发〔2021〕19号）、许达哲在中央第六生态环境保护督察组督察湖南省情况反馈会上的讲话精神，会议听取省市真抓实干督查激励措施落实的有关情况汇报，会议还传达市委财经委第四次会议精神，研究债务化解工作、住建系统有关工作，听取食品安全工作有关情况汇报和工程建设项目“一费制”有关情况汇报等。

第六十五次常务会议于9月6日召开。会议传达学习习近平新时代中国特色社会主义思想和省委副书记、省长毛伟明来株调研的讲话精神，会议审议并原则通过《攸县财政性资金审批管理规程》，会议研究部署下阶段常态化疫情防控工作，会议听取攸县开展打击欺诈骗保套保挪用贪占医保基金集中整治工作的有关情况汇报，会议还研究审议2021年农村公路提质改造工作、《攸县2021年“营商环境优化年”活动考核办法》《2021年〈攸县优化营商环境攻坚行动方案〉任务清单》。

第六十六次常务会议于9月23日。会议传达学习习近平新时代中国特色社会主义思想、进一步落实党政领导干部安全生产责任制相关文件精神和上级统计有关文件精神，会议审议《政府工作报告》，会议听取2021年攸县第三届房交会前期准备工作情况汇报，原则同意国庆节期间启动房交会，会议还听取攸县洣水入河排污口排查及建档工作有关情况汇报，研究消防救援工作。

第六十七次常务会议于10月22日召开。会议传达学习习近平总书记在纪念辛亥革命110周年大会、中央人大工作会议上的重要讲话精神以及对老龄工作作出重要指示精神，会议传达学习《法治中国建设规划》《法治社会建设实施纲要》《法治政府建设实施纲要》（以下简称“一规划两纲要”）。会议审议并原则通过《攸县县城规划区内私人住宅建设管理办法》《攸县城镇污水处理收费标准方案》，会议还审议研究其他事项。

攸县第十八届人民政府第一次常务会议于 11 月 18 日召开。会议首先传达学习中国共产党第十九届中央委员会第六次全体会议精神，会议听取全县中晚稻和超标粮收购工作情况汇报，会议研究攸县“双碳”电网建设工作，会议还研究审议其他事项。

攸县第十八届人民政府第二次常务会议于 12 月 1 日召开。会议传达学习中央全面深化改革委员会第二十二次会议精神以及省第十二次党代会和市、县领导干部会议精神，会议听取争取省政府真抓实干督查奖励表彰工作情况汇报和攸县全面推行林长制工作情况汇报，会议还研究其他事项。

攸县第十八届人民政府召开第三次常务会议于 12 月 22 日召开。会议传达学习习近平新时代中国特色社会主义思想，会议研究今冬明春新冠肺炎疫情防控有关工作，会议听取全县社保基金监管工作的情况汇报，会议还听取和研究有关工作事项。

（张俊晰）

县政府办公室

【概况】

县人民政府办公室内设秘书室、综合调研室、督查室、政工室、信息室、机关事务管理室，所属事业单位 1 个：县长热线办公室。2021 年，县政府办紧紧围绕县委、县政府的中心工作，充分发挥参谋辅助中心、协调运转中枢、服务保障管家和政府服务窗口的作用，有效履行辅助政务、管理事务、保障服务的职责，促进县政府各项工作高效运转。

（黄云贞）

【政务辅助】

做好会议报告、领导讲话、工作汇报等各项材料的起草工作，全年共起草会议报告、领导讲话、工作汇报等各类综合材料 460 余篇。紧扣中心工作，围绕县域经济社会高质量发展过程中的新情况、新问题，组织开展调研活动，提出对策建议形成调研材料 8 篇。在《新湘评论》《中国农业综合开发期刊》等刊物上发表《以四大行动推动区域合作》《创新机制推动农田建设事业高质量发展》等署名文章和新闻报道 10 余篇。

（武　明）

【电子政务】

紧紧围绕县委、县政府中心和重点工作，落实省市关于深化政务公开各项决策部署，坚持以人民为中心深化政务信息公开，充分发挥政务公开在建设法治政府、服务型政府等方面的促进作用。2021 年通过政府门户网站主动公开政府信息 11217 条，向市政府办报送政务信息 186 份。

（易龙剑）

【政务督查】

围绕县委、县政府中心工作和重点工作，创新督查方式、强化督查手段、加大督查力度、狠抓工作落实、有力推动县委、县政府的重大决策和重要工作部署的贯彻落实。全年共开展各类督查 53 次，其中领导交办督查 2 次，专项（联合）督查 24 次，重要会议会风督查 22 次，调研督查 5 次，下发交（督）办函 15 件，编发《督查通报》13 期。承办国务院“互联网+督查”平台派单 1 件、市“马上就办”抓落实督察督办平台派单 91 件，全县 7 项工作获省政府真抓实干督查激励通报表扬。

（谭步禹）

【办文办会】

优化文件审批流程登记制度，加快办文流转速度，做到即收即送，并跟踪落实。全年接收处理上级文件 1300 件，部门单位文件 704 件。严格公文审核把关，提高办文效率，公文质量持续提升。以县政府或县政府办名义发文总量同比下降 6.25%。坚持少开会、开短会、合并会议。2021 年，组织召开县人民政府全体（扩大）会议 1 次，政府常务会议 14 次，县政府专题会议 24 次，无明显差错和失误。

（黄云贞）

【建议提案办理】

2021 年,全县共承办县级建议提案 201 件。其中，人大代表建议 113 件，涉及办理单位 24 个；政协委员提案 88 件，涉及办理单位 28 个。县人民政府对建议、提案办理工作高度重视，在县人大和县政协的监督支持下，各承办单位认真履职，扎实办理，实现答复率、见面率为 100% 的目标。人大代表、政协委员对建议、提案承办单位的总体评价满意的有194件，占办理总数的96.5%，基本满意的7件，占办理总数的3.5%，没有不满意件。所提问题，已解决或基本解决122件，占60.7%；部分解决55件，占27.4%；未解决24件，占11.9%。

（易龙剑）

金融工作办公室

【概况】

攸县人民政府金融工作办公室有工作人员10人，内设综合股、金融发展股、金融监管股三个股室，二级机构攸县攸州互联网金融创新中心。2021年，攸县人民政府金融工作办公室紧扣县委县政府“一二三四”发展思路，以服务县域经济为中心，突出服务实体经济、防控金融风险、深化金融改革等工作重点，取得明显成效。

【企业融资服务】

2021年，促成县政府与建行株洲市分行签订“三高四新”乡村振兴战略合作协议。全年组织银行召开银企对接会5场次，为民营企业、扶贫产业带头人等对接融资超过1亿元。开展营商环境优化行动，全年累计帮助19家企业融资超过6000万元。

【资本上市工作】

实施资本市场“破零倍增”计划，签订挂牌协议4家，完成湖南股交所挂牌企业3家，其中安特新材料成为攸县首家在科技创新专版挂牌的创新型科技企业。协助昊华化工接受湖南证监局第二轮问询；帮助湘泰粮油股权融资200万元。

【化解金融风险】

牵头召开平台公司债务工作周调度会，建立决策会商机制，按照“六个一批”协助平台公司续借、展期等贷款金额5.9亿元。牵头起草平台公司市场化转型改革方案，推动建立现代化、市场化的国有企业。

全年组织开展“一非三贷”宣传及风险排查活动6次，发放各类宣传资料5000余份。排查风险隐患2处，清理非法广告20余处。

【金融改革创新】

牵头设立煤炭产业信贷风险补偿基金，推动全县煤炭企业“技改扩能”，落实首笔煤炭企业技改资金贷款1000万元。积极开展产业引导基金调研工作，形成《关于政府产业引导基金助力园区创业大会战的调研报告》，探索攸县产业发展新思路，推动金融创新发展和县域产业转型升级；引入灵活用工平台公司3家，实现营业收入7.2亿元，累计缴纳税金5200万元。

【党建工作】

落实党建主体责任，将党建工作列入年度工作计划和重要议事日程。加强党员学习教育，全年召开中心组（扩大）集中学习13次、夜校学习2次、红色革命教育1次，开展党史学习教育。落实“三会一课”、主题党日等制度，开展党员干部微党课2次、专题党课3次。加强廉政建设。采取以会代训、专题培训等形式开展日常廉政谈话108人次，警示教育1次，增强干部职工的责任意识、廉政守纪意识。

（尹江兰）

信访工作

【概况】

2021年，县委在常委会上专题听取信访工作情况汇报4次，研究并同意开展“百日攻坚”、信访工作风险等级管理等工作，安排100万元资金对“三无”创建和“百日攻坚”工作进行奖励。每周一、周三安排县委常委、副县长、信访联席会议召集人在信访局坐班接访，在特护期间每天安排一名县级领导坐班接访。信访局根据县领导的分工及包片情况，做好约访工作。全年，县级领导在信访局接访65批1500余人次。

县信访局在职干部职工21人，机关内设机构5个〔办公室（加挂信访联席会议办公室牌子）、网信股、督查督办股、政策法规股、综合协调股〕，事业机构1个（人民群众来访接待中心）。完成全国两会、庆祝中国共产党成立100周年的信访工作。派出第一书记、专职工作人员驻新市镇桐梓村开展乡村振兴帮扶。疫情防控期间，根据县委安排，全局工作人员先后在高岭社区凯顺新城和湘东家居城二期开展疫情防控工作，宣传疫情防控知识，引导督促居民落实防控措施。

2021年度，攸县获评市“三无”单位创建先进单位、县平安建设工作先进单位、县乡村振兴工作先进单位，7个乡镇成功创建市“三无”达标单位。

【规范信访秩序】

集中开展纪念《信访条例》实施15周年宣传活动，发放各类宣传单、宣传册、口袋书等万余份，教育引导人民群众依法依规、逐级有序、文明理性表达诉求。政法机关依法处置9名违法上访人员，其中行政处罚7人，刑事处罚2人。

【“三无”单位创建活动】

在全县范围内开展信访工作“三无”单位创建活动，对创建活动优秀的6个乡镇（街道）和38个村（社区）进行奖励。其中联星、谭桥、宁家坪、菜花坪、石羊塘、桃水、春联等7个乡镇（街道）全市创建达标，网岭镇、酒埠江镇进度明显。

【集中治理重复信访件、化解信访积案专项活动】

中央联席办、国家信访局分两批向我县交办的122件信访积案，要求在2022年9月底前基本化解。攸县逐案落实县级领导包案，制定化解工作方案，至年末，第一批交办的83件全部办结上报，第二批交办的39件有37件办结上报。

【党建工作】

成立以局长为组长的信访局党史学习教育领导小组，由党员干部轮流领学《习近平新时代中国特色社会主义思想学习纲要》，组织全体党员干部到网岭六十分基地、醴陵左权老屋、耿飚故居进行主题教育，接受红色革命洗礼。邀请党校教师到局机关讲授市县党代会精神，组织全局工作人员与乡村振兴局、供销联社参加全县红歌大合唱。落实“三会一课”制度，支部书记、党组成员带头讲党课，坚持民主评议，丰富党员的组织生活。

（胡　鑫）

行政审批

【概况】

全县在行政审批服务局政务服务中心设立办事窗口的职能部门机构25个、公共服务和中介机构12个，委托代理业务单位10个，入驻窗口工作人员219名，可办理事项629项，日均接待现场办事群众1500余人。政务中心负责对县公安、交警、农机等政务分中心进行业务指导和日常监管。为方便企业来政务大厅办事，建立一条涉企审批服务“绿色通道”，整合职能设立协作联通的企业服务区、企业开办区、项目审批区。政务大厅各窗口全年共办理各类行政审批和公共服务事项43.62万件，办结43.6万件，办结率99.95%。全程代办一批工程建设项目报建审批，有效推动县高新区13家重点企业项目报建工作。

有序开展“五个一”为目标的政务服务改革。建好“一张网”，推动政务事项融合办；夯实“一扇门”，推动政务事项集中办；做实“一个窗”，推动政务事项集成办；聚焦“一件事”，推动政务事项联合办；做细“跑一次”，推动政务事项提速办，致力构建县镇村一体、线上线下融合办事的政务服务体系。组织34个县直部门梳理并“一张清单”公布行政权力事项，真正让权力在阳光下运行。全县县级“依申请”类行政权力事项885项、公共服务事项572项和县本级中介服务事项69项，乡镇行政权力和公共服务事项224项，村政务服务事项96项、社区政务服务事项124项，同时制作二维码办事指南，实现“一事一码”。

【简政放权】

积极对接上级取消、下放、改革管理方式的行政许可事项，新增行政权力9项，园区赋权38项，下放镇级78项、村级31项权力事项。着力于“减”，按照“三减一提升”（即减时间、减材料、减跑动，提升全程网办率）要求，组织编写2020年版、2021年版县镇村政务服务事项及办事流程，实现县本级事项承诺时限平均提速50%以上，推动各类权力规范运行。

【“一件事一次办”改革】

全面对标省公布的目录，推动全县有职权的244件“事”全部落地，并根据“减环节、减材料、减时间、减费用”的要求再造办事流程，设立“一件事一次办”专窗，实行“前台统一受理、后台集中审批”，精简审批环节，提升审批效率。全县共办理“一件事一次办”事项99万余件，其中联办事项受理3156件，同时，推进“一件事一次办”微信小程序掌上办。

【涉企行政审批改革】

优化功能区设置。整合服务职能，设立企业服务区、企业开办区和项目审批区“三个专区”，协助高新区设立企业服务中心，为所有企业提供咨询、导办、审批、政策兑现“一条龙”服务，畅通企业服务“绿色通道”。在市、县中率先开展政府购买服务，办理证照免费邮寄、企业注册免费刻章等业务；建立项目全程代办制度，继续为园区重点企业项目报建提供服务，旭日陶瓷二期、松本林业、澳维膜二期、斯多瑞等9个项目办理相关证照。参加全市“三比三看”“拿地即开工”竞赛活动，三个季度连续排名靠前。

简化企业开办注销手续。全面实施市场准入“负面清单”和证照分离改革，实现企业登记注销全程网办，提高办事效率。在全市率先设立企业开办“一窗通办”专窗，整合审批流程，精简申报资料，实现“营业执照+公章雕刻+发票申领+银行开户+员工参保+住房公积金缴存”的“六合一”套餐式服务，零收费，当日办结。2021年共为新办企业1300家、个体工商户4500家、个转企95家办理登记手续。

【项目审批改革】

设立项目审批专区，将项目审批划分为立项用地规划许可、工程建设许可、施工许可、竣工验收4个审批阶段，同步推进水电气讯报装改革，推动全部业务网上办、在政务中心集中办。对照“一件事一次办”要求，将四个审批阶段和“一费制”收取、市政公用服务业务，整合为“六个一件事”，实行“一家牵头、并联审批、一次办结”。借鉴“前店后厂”模式，推进后台审批股室和人员全部集中入驻、集中到专区审批，加推进项目审批改革。

规范“一费制”工作。通过将项目审批涉及多部门的规费统一“打捆”收费，减少人为干扰，减轻业主负担，助推营商环境的优化。协调追缴项目欠款351万元，由住建局冻结监管1000万元，解决遗留问题。下发《关于进一步规范工程建设项目审批“一费制”工作的通知》（简称《通知》），《通知》明确“一费制”适用范围，规范“一费制”审批管理，严格“一费制”工作要求。攸县规范项目审批工作经验在省、市推介。

【信息化监管和服务】

一是加强“互联网+政务服务”网络建设。在全市率先完成“互联网+政务服务”一体化平台和政务服务旗舰店建设，将梳理的县、乡、村服务事项和办事指南在网上及时发布，网办率100%。加强电子政务外网支撑服务，统筹推进项目在线审批监管平台、水电气讯报装平台和“一件事一件办”平台建设，积极支持各类“互联网+”平台运行，促进县本级民生资金和公务用餐的监督。攸县在省一体化平台自然人注册总数为410317个，2021年新增自然人59163个，注册用户在株洲排名靠前。

二是推广应用信息化办事平台。加强市、县、乡、村联动建设的“智慧株洲”政务服务平台和“诸事达”App应用，积极推广“一件事一次办”微信小程序，注册人数突破5万人，推进更多事项“网上办”“掌上办”。“智慧株洲”网上平台可在村里直接受理事项46项，通过信息化手段打通县乡村办事壁垒，让数据多跑路，老百姓少跑腿。

三是建立互联网监管制度。完善“互联网+监管”平台，推行“双随机、一公开”监管，完成“互联网+监管”平台清单填报866项，执法人员登记1009名，对行政执法行为进行检查监管。利用网上电子监察平台，加强对网上办事全程“红黄牌”电子监督，推进第一批政务中心大厅窗口“好差评”终端建设。通过“12345”平台、服务大厅意见箱、电话投诉、吐槽窗口、网上好差评等投诉渠道，督促服务水平不断提升。

四是推进“智慧攸县”建设。坚持“少花钱办好事”节约原则，积极对接和运用“智慧株洲”建设成果，牵头组织“智慧攸县”项目可行性研究和顶层设计，完成智慧城市运营中心、网络机房等前期项目，努力推进“一城统管、一网通办、一体统揽”的智慧城市建设进程。

【优化政务服务】

一是努力建立县、镇、村一体化服务体系。根据“只进一扇门”“应进尽进”的要求，推动更多的部门和事项入驻县政务中心，实现税务大厅整体入驻，力求“大厅之外无审批”。2021年再入驻窗口单位4个、事项61项，设立部门综合窗口受理低频事项55项，入驻部门单位由35个增至37个，服务事项由368项增至629项，入驻事项基本实现“一窗受理、集成审批”模式。完成皇图岭等镇级便民服务中心规范提质，充实金融下乡、快递进村等村级便民服务内容，将“一件事一次办”向基层延伸，实现村民不出村能把事办好。完善线下帮代办模式，推动46项高频事项县、乡、村网上联办，实现便民服务进小区。全县共办理老年优待证7万余本、退休人员生存认证2.36万人次，县乡村一体化政务服务体系基本形成。

二是创新服务方式。针对攸县外出人员较多现象，积极与湘赣边、珠三角等地对接，积极探索异地办证服务，设立“跨省（域）通办”专窗，配备专门工作人员，开展双方办证互认、免费邮寄业务。5月、7月和12月，分别与江西省莲花县、深圳福田区以及湘鄂赣3省22市县区签订“跨省通办”合作协议。7月1日起推行结婚登记、医疗报销节假日预约办理制度，并在“诸事达”App上线，方便外出工作人员办事。如国庆节的10月5日，有17对返乡新人通过“节假日预约办”领取结婚证。

三是规范管理，提高服务质量。建立健全规章制度，出台和完善《深化行政审批体制改革加强政务服务工作实施方案》《窗口及工作人员绩效考核实施办法》等系列文件，真正实现用制度管人、管事；建立人工巡查和电子监察相结合的管理机制，日巡查、周汇总、月考核，及时且动态掌握大厅运行情况和窗口工作人员在岗情况及工作状态,做到心中有秤、奖罚有据、公平公正。每季度对进驻中心的23个窗口单位开展考核评比工作，评定出民政局窗口、住建局窗口等6个窗口为“红旗窗口”。每月对入驻的219名窗口工作人员开展考核评比工作，评定出陈攸凤等55名“服务标兵”，并对先进单位和个人进行奖励。

（刘晓芳）

机关事务管理

【概况】

攸县机关事务服务中心成立于2013年3月，核定全额拨款事业编制15个、差额拨款事业编制1个、临聘编制7个，在职21人。内设办公室、资产管理股（加挂公共机构节能工作办公室）、后勤服务中心、公务用车服务股、物业内保股5个股室。主要职责为贯彻落实国家机关事务管理的法律、法规和政策；建立健全发展中心资产使用和管理、办公用房调配和管理等制度，统筹配置资源；负责全县公车涉改单位正常公务用车需要；负责发展中心公共机构节能的推进和管理及后勤事务的管理、保障、服务工作；承担在发展中心召开的全县有关大型会议服务工作；指导、监督、管理发展中心的物业管理工作；承办县委、县政府交办的其他事项。

【办公用房统筹管理】

根据物业、入驻单位的维修申报，对发展中心建筑群的墙壁、地面、玻璃卫生间及顶楼漏水进行多次维修；对部分单位办公室进行粉刷、地面维修；对公寓楼部分住房进行粉刷；后勤中心一二楼厨房污损天花板全部更换。与攸发集团进行交流干部公寓楼的资产移交，接收公寓楼范围的公共设施资产及维护。完成规划展示馆3—5楼地面维修，并协调、配合“谭震林事迹陈列馆”、公证处、互金中心调解中心等单位入驻工作。完成建设路老农机院内办公用房翻修，并安排住建检测中心、白蚁防治所、茶常高速协调办等单位入驻。完成发展中心政务中心三楼税务窗口改造工程。

【公务用车保障和管理】

高效完成公车整改工作。根据省委巡视组督办函要求，整改交办问题。向相关单位下发《关于公务用车有关问题立行立改的函》，要求其开展自查自纠，并收集《公务用车使用管理自查自纠情况登记表》；取消“所有县级领导保障服务用车相对固定”。明确规范公车申报调派程序，要求公车平台所有公务用车实行统一管理、随机调配，避免多头申请派车，每个单位固定一名申请派车联络员，汇总单位用车需求后，通过“湖南省公务用车信息化管理平台”软件向公车平台申请派车，公车平台根据申请的先后顺序随机调派平台车辆保障用车单位公务出行。明确公务用车使用时间、事由、地点、里程、油耗、费用等信息登记制度和指定地点停放制度、节假日期间除工作需要外应当封存停驶制度。

扎实推进事业单位车改。扎实做好77个事业单位（含17个乡镇、街道）车改方案的初审，对135台涉改车辆进行收置；与县财政局联合，完成对五大执法局的行政执法车辆的权限处置。6月11日，各参改事业单位公车改革实施方案经部门会议会审同意，进入县领导审批程序。至11月，所有涉改事业单位车改方案全部审批到位。

【项目采购管理】

制定并印发《攸县机关事务服务中心采购管理内部控制制度》以及《攸县机关事务服务中心后勤中心大宗物资采购管理办法》等，就项目采购原则、采购程序、责任股室和采购职责进行全面明确和规范，力求提高资金使用效率，节约行政运行成本。与相关经营单位及时续签《发展中心中央空调维保及水处理合同》《发展中心电梯维保合同》《发展中心消防设施维保合同》《规划展示馆大楼中央空调维保合同》《发展中心花卉租赁合同》等多个维保合同，保障发展中心设备设施的正常运行。

【物业考核管理】

成立由分管领导、物业内保股、办公室、资产管理股、财务股组成的考核领导小组，每天由物业内保股严格依照考核办法，对物业的会议服务、安全保卫、卫生保洁、绿化养护、车辆停放管理等进行考核，形成《考核日志》。每月汇总考核结果经考核领导小组审核会签后，报中心主要负责人审定。通过严考核、真扣罚，确保服务质量，季度问卷调查满意率均达90%。

【后勤服务】

一是安保和应急处突。制定《攸县机关事务服务中心综治维稳及安全保卫应急预案》《攸县发展中心安全保卫制度》《攸县机关事务服务中心安全工作责任书》。组织安保人员培训学习20余次，军事化训练20余次，处理突发事件秩序维护100余次，开展安全隐患大排查7次、电梯应急救援和消防演练各5次等。严格按照疫情防控和安全保卫要求，全面做好出入管理、值班值守、隐患排查、接访处突。人员亮证亮码（健康码），经体温检测合格后，进出主楼；物品凭条，经例行检查无疑问后放行。重点岗位、重要区域、重大事宜，保安人员专人值班值守，并成立5人应急小队，协助公安、信访等部门及时处理相关信访和突发事件。

二是会议服务。严格落实“会前对接、会中落实、会后跟踪”各项责任，全年完成会议服务800余场，均未出现任何重大失误。

三是卫生保洁。对照公共卫生和疫情防控要求，严格落实常规清扫保洁，确保无卫生死角，对发展中心公共区域每日定时进行2次卫生消毒，设置废弃口罩投放收集处置桶、餐余垃圾收集桶180余个，在130余个卫生间均放置洗手肥皂和洗手液，在18个电梯均放置抽式卫生纸等。

四是餐饮卫生和食品安全管理。加强卫生防护，用餐场所每天消毒2次，员工严格执行佩戴口罩制，且上岗前要洗手、下班后不串门。坚持常态化新冠肺炎疫情防控，落实对后勤中心人员管控，摸底排查食堂全体服务人员，和每日对所有员工进行体温测试等防控措施。加强食堂食品安全监管，严格食材供货商安全排查和食材安全检测，并做好食材留样备查和建立管理台账，确保整个后勤服务渠道无食品安全隐患。

【新冠肺炎疫情防控】

2021年全县疫情防控阻击战期间，中心成立防控专门班子，下设综合组、防控组、后勤组3个工作小组；制定《防控工作方案》；印发《关于加强发展中心疫情防控有关事项的通知》文件，明确进出门禁检测、用餐实行分餐配领、疫情信息及时报送反馈等事项。加强对发展中心入驻的70余个单位2800余工作人员假期流动等相关情况的全面摸排，并及时向县疫情防控领导小组办公室汇报，对存在异常人员实行日报制。协同县经科局，争取到省市对口下拨10台热成像测温仪支助，并及时安排在发展中心各办公楼入口处安装到位。把好疫情防控“入口关”，对发展中心所有出入口每个进出办公场所的人员实行严格检测。

积极组织发展中心所有机关工作人员落实新冠病毒疫苗接种，发展中心工作人员新冠病毒疫苗接种率达到100%。

（周向前）

接待服务中心

【概况】

攸县接待服务中心为县政府直属正科级公益类事业单位，共有在编在岗工作人员3人。2021年，共完成公务接待210余批9000余人次，完成全国人大财经委副主任委员杜家毫，中共湖南省委原书记许达哲，省委副书记、省长毛伟明，省委原副书记乌兰，省委常委、常务副省长谢建辉，副省长谢卫江，副省长许显辉，广东省委原常委、广东省军区原政委少将刘远节等领导、来宾到攸县考察调研接待服务工作。完成“辛丑年祭祀炎帝陵典礼”、省委、市委党史学习教育领导小组到攸县调研、督查，“2021年湖南省红色文化旅游节”“2021年株洲市秋季乡村文化旅游节暨酒仙湖休闲体育节”“中国共产党与叶挺独立团北伐首战首捷攸县渌田”学术研讨会等重大活动的接待和后勤服务任务。

【乡村振兴服务】

2021年，根据县委统一安排，与网岭镇灯笼桥村结对帮扶乡村振兴工作。派出驻村帮扶工作队，扎实助力驻点村产业发展，新建60千瓦光伏电站，为村集体经济增收5.6万元。组建村集体合作社，新建油茶苗圃40亩，帮助脱贫户创收3000元以上。争取乡村振兴帮扶资金30余万元，新修350米水渠，新建、修缮村级完全小学，并添置教学仪器设备和文体学习用品。疫情期间赠送医用口罩和医用洗手液、84消毒液等防疫物资等。积极开展走访慰问。全体机关干部与脱贫户开展结对帮扶并按时保质上门走访，宣讲帮扶政策、解决实际困难。端午节之际，为结对帮扶贫困户赠送大米、食用油、电风扇、空调被等慰问品；在中国共产党成立100周年庆祝活动期间，为村里多名党龄达50年的老党员发放“光荣在党50周年”纪念章。

【党建工作】

积极组织参加党员学习教育活动和中国共产党成立100周年庆祝活动，参加“百年风华、攸县力量”党史学习教育专题演讲比赛和“幸福攸州、颂歌向党”大合唱比赛等活动；开展“红色之旅”活动，组织员工至酒埠江地质博物馆和网岭六十分烈士纪念碑等红色基地接受爱国主义教育和革命传统教育。加强纪律作风建设，全面落实湖南省“互联网+监督”平台公务用餐子系统运行的各项工作要求，完善公务接待规章制度、规范审批流程、加强经费管理，杜绝无审批接待、无公函接待的现象。

（邱　野）

政协攸县委员会

综　述

【概况】

2021年，中国人民政治协商会议攸县委员会在省、市政协的有力指导和县委的领导下，坚持以习近平新时代中国特色社会主义思想为指导，认真学习贯彻中共十九届六中全会精神，紧扣省市“三高四新”“培育制造名城、建设幸福株洲”战略目标，牢牢把握团结、民主两大主题，忠诚履职，团结奋进，切实发挥政治协商、民主监督、参政议政职能作用。

（彭华阳）

【政治协商】

丰富协商内容。充分发挥专门协商机构作用，围绕“一府两院”、计划、财政、环保工作报告进行全委会议协商，为提升民生福祉献计献策；就产业示范样板点建设、高分子产业链条建设、园区创业行动、传统产业升级、重点提案办理等，开展专委会议协商。全年召开常委会会议协商6次、主席会议协商8次，专委会议协商7次，界别活动组协商10次，提出的民生改善建议得到县委、县政府及相关部门的采纳。

搭建协商平台。制定出台《委员工作室建设指导意见》，推动政协工作向基层延伸、向群众靠近，打通服务界别群众的“最后一千米”。按照保持界别特色、兼顾地域分布的原则，在1个专委会、4个界别活动组、17个镇（街道），线上线下同步建成22个委员工作室，实现专委会、活动组、镇（街道）“三个全覆盖”，做到界别群众在哪，委员工作室就建在哪，界别群众有什么需要，就建什么主题的委员工作室。因地制宜，充分发挥委员工作室联系群众、连通政策、链接民生的作用。

（彭华阳）

【民主监督】

注重提案办理。县政协九届六次会议共收到委员提案109件，立案92件，立案率84.4%。截至2021年12月，92件委员提案全部办结，解决一大批群众关心、社会关注的民生实事。其中，《发展农产品电商，助推新时代乡村振兴》《关于加快推进“五小”水利工程建设的建议》等10件重点提案，被纳入“我为群众办实事”实践活动的重要内容，通过构建上下衔接、协作联动的工作格局，凝聚纾解民忧、温暖民心的强大合力。

注重委员视察。组织各界别委员持续开展“三进三助”（进企业、园区、乡村，助推企业发展、园区升级、乡村振兴）聚力行动。特邀界、妇女界、农业界委员走进湘天华油茶公司，围绕“加快特色农业产业园建设”开展座谈协商；经济界、工商联界、科技界委员走进高新区，开展高分子新材料产业链专题调研；医卫界、教育界委员走进贾岭药博园、大豪药业、健坤生态农业，对中医药产业链企业发展进行视察监督。

注重“云”上监督。进一步完善开展微调研、提出微建议、组织微协商、实施微监督、进行微评议“五微”联动模式，听民声、察民情、解民忧，聚焦城区行车难停车难、养老服务少、城市管理乱象等民生问题，委员们共提交微建议65条，社情民意22条，精准对接党委政府微建设、微服务，“小”建议改善“大”民生。

（彭华阳）

【参政议政】

委员议政。在县政协九届六次会议上，4位委员分别就“推进攸县茶油品牌化建设”“推进产教深度融合”“加快攸县豆腐产业品牌化建设”“发展农产品电商平台”等课题进行大会建言，并制作配套的视频、PPT同步播放，引起与会人员的强烈共鸣，县委主要领导现场对委员建言进行批示和交办。在联组讨论中，委员们就城乡建设、道路提质、教育改革、医疗卫生、养老服务等，与县级领导面对面进行协商讨论，提出意见建议226条，进一步凝聚加快发展、促进民生的共识。

调研资政。各专委会组织委员开展“引乡贤回乡，助攻乡村振兴大会战”“致力营造高分子新材料产业发展‘小环境’”“推进城市更新行动，打造新型城镇化建设样板区”“优化营商环境，助推产业升级”“发展研学旅行新业态，赋予乡村振兴新动能”“打造拳头产品，振兴中药产业”“加强心理健康教育服务，促进学生人格健全发展”等专题调研，形成调研报告，并在县政协十届二次大会上进行建言。全年组织委员完成重点课题调研7个，界别课题调研15个。围绕“双补双夺”品牌提升行动，就豆腐（香干）、油茶产业招商项目、培育龙头企业、品牌标识授权等工作开展课题调研和专题协商，形成的调研成果和协商意见，为县委、县政府促进农业品牌化建设提供重要决策依据；就“加快攸县香干产业园”建设，驻攸市政协委员在市政协九届五次全会上进行参政议政发言，相关建议写入市政府报告。

（彭华阳）

【调研视察和提案督办】

2021年，政协攸县委员会共完成重点调研课题7个、各类协商议题15个、重点监督议题12个，先后开展“引乡贤回乡，助攻乡村振兴大会战”“致力营造高分子新材料产业发展‘小环境’”“推进城市更新行动，打造新型城镇化建设样板区”“优化营商环境，助推产业升级”“发展研学旅行新业态赋予乡村振兴新动能”“打造拳头产品，振兴中药产业”“加强心理健康教育服务，促进学生人格健全发展”等专题调研，形成的调研在县政协十届二次大会上进行建言。

特邀界、妇女界、农业界委员走进湘天华油茶公司，围绕“加快特色农业产业园建设”开展调研视察；经济界、工商联界、科技界委员走进高新区，开展高分子新材料产业链专题调研；医卫界、教育界委员走进贾岭药博园、大豪药业、健坤生态农业，对中医药产业链企业发展进行视察监督，促进相关企业和部门的工作落实。

落实主席会议成员督办重点提案制度，重点提案由正副主席跟踪督办，其他提案由提案人、承办人、受益人协商办结，委员提交的92件提案全部办复，纳入“我为群众办实事”办理提案10件。

（彭华阳）

【乡村振兴帮扶和新冠肺炎疫情防控工作】

按照县委的统一部署和要求，县政协领导班子牵头负责联系5个镇（街道）的乡村振兴工作，坚持常态化深入联点镇村，有效化解镇村换届中一些矛盾纠纷，切实解决村级经济发展中存在的制约问题，特别是在镇（街道）换届期间，班子成员现场办公，促使各联点镇（街道）换届任务完成。县政协主席多次率工作队进驻石羊塘界市村指导帮扶工作，组织开展支部连支部、党员连党员、委员连群众“三联”活动，利用乡贤文化优势，创建德育基地，做精特色农业，多方筹集资金，建好一座“连心桥”，方便村民出行办事。

按照县委的统一部署，迅速发动全体委员和政协干部，汇聚各界力量，投身全民抗疫。主席会议成员带领机关干部下沉到所联系镇村、企业，以及集中隔离点、小区值守点、核酸检测点等，指导联防联控，督促复工复学。全体委员带头请战一线，积极参加社区管控、交通管制、防疫宣传、医疗救助、协助全员核酸检测、纾解隔离人员情绪、支援物资保障供应等抗疫行动，委员们累计捐款捐物达60余万元。

（彭华阳）

【委员管理】

一是换届选举和委员增补。将党的领导贯穿换届选举工作始终，自觉在县委领导下开展工作，协同县委组织部、县委统战部进行委员换届，推选出218名新一届政协委员。2021年11月，顺利召开县政协十届一次全会，选举产生新一届政协领导班子，其中主席1名，副主席5名（增加1名驻会副主席），秘书长1名，常务委员30名，且均为全票当选，同时对新一届委员进行业务培训，提高政协履职水平。因工作岗位异动等原因，2021年1月27日政协攸县第九届委员会第十九次常务委员会议，同意何纲华、周江和等9名委员辞去委员职务，同意陈运发、黎亚敏、谭朝云、文春归4名常委辞去常务委员职务，同意杨溢辞去秘书长职务；同意增补林涛、向宋祥等12人为委员，同意提名林涛、向宋祥、贺香清、苏丽琼4人为常务委员候选人，同意提名杨建龙为九届政协秘书长候选人，同意提名黎亚敏为副主席（兼）候选人，于2月1日政协攸县第九届委员会第六次全体会议选举通过。因委员换届等原因，10月14日政协攸县第九届委员会第二十四次常务委员会议协商同意县十届委员会文毅、龙晓辉等218名委员建议名单。

二是综合推进委员管理。加强“政协云”应用推广，委员注册率达100%，委员履职迈入“掌上时代”。制定完善《政协委员管理办法》，推行委员履职“积分制”，对撰写提案、参加活动、提交微建议和社情民意等进行量化计分，定期反馈考评情况，有效激发委员履职的积极性。盘点县九届政协五年任期的履职实践，对优秀委员、优秀提案、优秀调研报告、优秀活动组组长等进行评选表彰，组织开展委员“五个一”走访活动，有力提升委员的归属感和凝聚力。

三是成立委员事务中心。2021年10月，在政协机关成立委员事务中心，并定为副科级事业机构，核定事业编制6名，有效缓解“一人委”问题。

（彭华阳　欧阳愚）

【队伍建设】

加强政治理论武装。举办委员学习培训班，围绕习近平总书记在庆祝中国共产党成立100周年大会重要讲话精神、中共十九届六中全会精神、市委关于新时代加强和改进人民政协工作的实施意见、县十三次党代会精神等，进行集中学习探讨；开展“书香政协”系列读书活动，创办13期《委员讲堂》，参加网上“全国政协书院”党史学习交流活动，转发、评论信息3万余条，切实加强理论武装，筑牢思想政治基础。

夯实党建工作基础。严格落实中央《关于加强新时代人民政协党的建设工作的若干意见》，在县政协全会上，设立临时党委及党支部，并举行党员委员业务培训，县委领导进行辅导讲课，进一步巩固党委成员联系党员委员、党员委员联系党外委员“双联”工作机制，在“双助双行动”“脱贫攻坚”“同心抗疫”等中发挥党员委员模范带动作用。提质改造党建活动室，突出党史、人民政协史等元素，添置党史系列图书，方便机关干部、党员委员学习查阅。完成机关党总支、支部、退休支部换届，进一步强化政协党的组织建设。

推进党史学习教育。按照《县政协党史学习教育实施方案》，开展学史明理、学史增信、学史崇德、学史力行4次专题集中学习活动；组织政协党员干部到鸾山南岸列宁室旧址、攸县苏维埃东冲兵工厂等红色教育基地开展“走红色之路、做红色传人”现场教学活动；依托中心组学习、常委集中研讨、驻村“门前三小”等平台，县政协班子成员轮流上专题党课、情景党课；结合重点提案办理，开展“我为群众办实事”实践活动，解决一批群众“急难愁盼”问题。

（彭华阳）

重要会议

【政协攸县第九届委员会第六次会议】

中国人民政治协商会议攸县第九届委员会第六次会议，于2021年1月31日至2月1日在县发展中心召开。会议审议批准毛春良代表政协攸县第九届委员会常务委员会所作的工作报告和李奇跃所作的提案工作情况报告。全体委员列席攸县第十七届人民代表大会第六次会议，会议听取和协商县人民政府工作报告，协商县人民法院、县人民检察院工作报告及计划、财政、环保工作报告。会议选举黎亚敏为政协攸县第九届委员会副主席，选举杨建龙为政协攸县第九届委员会秘书长，选举增补林涛、向宋祥、贺香清、苏丽琼为政协攸县第九届委员会常务委员。

【政协攸县第十届委员会第一次会议】

中国人民政治协商会议攸县第十届委员会第一次会议于2021年11月7—9日在县发展中心召开。应到委员218名，实到209名。会议审议批准文毅同志代表政协攸县第九届委员会常务委员会所作的工作报告和黎亚敏所作的提案工作情况报告；全体委员列席攸县第十八届人民代表大会第一次会议，听取并协商县人民政府工作报告，书面协商县人民法院、县人民检察院工作报告；大会选举产生政协攸县第十届委员会主席1名、副主席5名、秘书长1名、常务委员30名。

【政协第九届攸县委员会第十九——二十四次常务委员会议】

政协攸县第九届委员会第十九次常务委员会议于2021年1月27日举行。会议听取县人民政府关于县政协九届五次会议以来提案工作办理情况的通报。2020年，共收到县政协委员提案125件，所有提案年内全部办复，总体满意的提案117件，　占93.6%，基本满意的提案8件，占6.4%，没有不满意件。会议传达学习中国共产党十九届五中全会精神、市政协成立40周年暨市委政协工作座谈会议精神、市政协九届五次会议以及县委第十二届十一次全会精神。会议协商讨论有关人事任免，协商通过县政协九届六次会议相关工作事项和县政协2020年度各项表彰决定。

政协攸县第九届委员会第二十次常务委员会议于2021年1月31日举行。1月31日上午，在会议中心一楼中（二）会议室召开九届二十次常委会会议。会议通报九届政协秘书长和常务委员异动情况，协商九届六次会议《政协攸县第十届委员会选举办法（草案）》；协商政协攸县第九届委员会副主席、秘书长和常务委员提名人选、总监票人及监票人建议名单。

政协攸县第九届委员会第二十一次常务委员会议于2021年1月31日举行。1月31日下午，在会议中心一楼中（二）会议室召开九届二十一次常委会会议。会议听取各讨论组讨论情况的汇报；协商通过大会《选举办法（草案）》、正式候选人及总监票人、监票人名单，指定大会总计票人、计票人名单；协商县政协九届六次会议各项决议（草案）；审议通过《关于九届六次会议以来提案审查情况的报告（草案）》。

政协攸县第九届委员会第二十二次常务委员会议于2021年2月1日举行。2月1日下午，在会议中心一楼中（二）会议室召开九届二十二次常委会会议。会议听取各讨论组的情况汇报；审议通过九届六次会议《关于常务委员会工作报告的决议（草案）》《关于九届五次会议以来提案工作情况报告的决议（草案）》《政治决议（草案）》等。

政协攸县第九届委员会第二十三次常务委员会议于2021年4月22日举行。会议分为两个阶段进行：第一阶段，提案办理协商。会议首先进行提案交办，现场向县人民政府递交92件委员提案，其中10件确定为县政协正副主席“我为群众办实事”实践活动的重点督办提案。县委常委、常务副县长何文龙代表县人民政府作讲话。第二阶段：开展党史学习教育第二次“学史增信”主题集中学习及近期工作安排部署。会议传达学习全国政协十三届四次会议精神和中央、省、市党史学习教育动员会议的精神以及全县领导干部警示教育会议精神，并详细解读县政协办《关于开展“我为群众办实事”实践活动工作方案》及重点提案督办工作安排，同时对县政协党组2021年工作要点及近期工作进行安排部署。

政协攸县第九届委员会第二十四次常务委员会议于2021年10月14日举行。会议传达学习习近平总书记在中国共产党成立100周年庆祝大会上的重要讲话精神和县委第十三次党代会精神。听取县政协九届六次会议以来提案工作办理情况的通报。2021年共收到县政协委员提案92件，截至10月，所有提案全部办复。问题已解决或基本解决的提案60件，占65.2%；问题部分解决或留作参考的提案26件，占28.3%；有待解决的提案6件，占6.5%。会议宣读九届县政协委员会相关评先评优表彰文件，协商通过政协攸县第十届委员会第一次会议相关筹备事宜。

【政协第十届攸县委员会第一次常务委员会议】

政协攸县第十届委员会第一次常务委员会议于2021年12月23日举行。会议传达学习中共十九届六中全会精神和湖南省第十二次党代会精神，通报十届县政协主席会议成员分工方案，协商通过《政协委员管理办法（草案）》。会议围绕“十届县政协怎么做”“2021年怎么看”“2022年怎么干”等内容，与会委员从全县政协工作的角度、结合自身工作特点进行务虚发言。

（彭华阳）

提案工作

【提案征集】

县政协九届六次会议以来，政协委员、各界别小组共提交提案109件。经审查，立案92件，转作来信来访、社情民意处理17件，立案率84.4%。其中经济建设类提案19件，政治建设类提案5件，文化建设类提案12件，社会建设类提案50件，生态文明类提案6件。

（欧阳愚）

【提案办理】

立案提案全部转交由县委、县人民政府各组成部门承办，涉及承办单位28个，明确合办提案24件，占提案总件数的27.3%。截至2021年12月底，所有提案全部办复。据委员意见反馈表统计，问题已解决或基本解决的提案60件，占65.2%；问题部分解决或留作参考的提案26件，占28.3%；有待解决的提案6件，占6.5%；委员对承办单位办理态度都充分肯定，总体评价满意的提案88件，占95.7%，基本满意的提案4件，占4.3%，没有不满意件。提案答复率和见面率均达到100%。

（欧阳愚）

【提案督办】

一是突出主席督办。确立《发展农产品电商，助推新时代乡村振兴》《推进产教深度融合，服务产业转型升级》《加快推进攸县茶油品牌化建设的建议》《实施品牌战略打响地方名片，加快攸县豆腐（香干）产业品牌化建设》《加快攸县高分子新材料产业链现代化建设的建议》《加快推进“五小”水利工程建设的提案》《加强青少年心理健康教育的提案》等10件提案作为主席督办重点提案，其中包括4件大会建言，由县政协正、副主席领衔办理。二是突出联合督办。将督查督办贯穿于办理工作全过程，会同县委办、政府办采取定期与不定期，电话督察与上门督办相结合的方式，实行电话重点督、会议集中督、网上常态督、联合上门督“四管齐下”的督办机制。加强对办理大户的督促，督时间、督程序、督质量，切实提高问题解决率，做到件件有答复，事事有回音。三是突出重点督办。将大会建言、主席督办件以及涉及民生实事项目的提案作为每年办理工作的重点。办理过程中，要求一个重点件有一个办理方案；对于重点提案所提问题，原则上要求各承办单位给予解决，对于确有办理难度的重点件，要求各战线统筹调度，确保重点件的办理效果。

（欧阳愚）

调研、视察

【产业振兴和乡村振兴专题调研】

聚焦产业振兴、乡村振兴两大任务，组织委员围绕农产品电商平台发展、民用企业人才建设、烟花爆竹产业等系列课题开展专题调查研究，全年共形成调研报告5篇。组织撰写的《发展农产品电商平台，助推新时代乡村振兴》调研报告获县政协年度优秀调研报告二等奖，并在九届六次会议上作参政议政发言，提出的“做好顶层设计、完善网络融合、健全物流体系、强化人才支撑”等建议得到领导的高度重视，并为县委、县政府编制“十四五”规划提供参考。

（陈文平）

【中药材产业发展专题调研】

围绕推进全县中药材种植、加工产业发展，组织专门调研小组，深入高新区、网岭、新市及相关中药材种植、加工企业，就相关产业发展现状、存在问题进行调研，探索研究发展中药产业、助推乡村振兴的对策措施，形成高质量的调研材料，并被确定为县政协十届二次全会参政议政发言材料。

（朱石恩）

【特色农业产业发展专题调研】

围绕农业园区发展、乡村振兴、生态环境建设等课题，组织联系界别委员深入健坤农业、贾岭药博园、众森农业等企业开展调查研究，撰写《打造研学品牌助推乡村振兴》调研报告。组织联系界别委员开展“发展研学旅行助推乡村振兴”“抓科技兴农促农业产业”等主题视察调研活动，为攸县特色农业产业发展献计献策。协助市政协完成“中药材产业链发展”的课题调研任务，牵头组织编印九届政协优秀调研文集，其中本委《实施品牌战略打响地方名片》《加快产业升级打造地方特色》两篇调研文章入选文集并分别获一、三等奖。《实施品牌战略打响地方名片》获2021年度省政协优秀调研报告二等奖，市政协优秀调研报告一等奖，县优秀调研报告一等奖，并被《攸县工作》专刊登载。

（谢泽胜）

【法制和民族宗教工作调研视察】

围绕“新时代宗教工作”“全县民主法治示范村（社区）示范创建工作情况”“全县中小学心理健康教育工作情况”“规范宗教场所的管理”“留学归国人员的创业”等课题，牵头组织联系界别政协委员和相关委室、县级部门进行专题调研，并形成调研报告。其中《加强心理健康教育服务，促进学生人格健全发展》作为县政协十届二次全会的大会发言材料，被列为县政协年度重点提案；对《关于进一步加强省级文物保护单位文明塔周边土地管理意见》进行重点督办视察，积极参加其他专委会组织的调研视察工作，进一步掌握全县重点工作、项目推进等方面的情况。

（肖　纯）

建言资政

【县政协九届六次会议建言】

关注新常态社会热点，瞄准新阶段民生痛点，及时反映社情民意。在县政协九届六次会议期间，组织界别委员在联组发言和分组讨论活动中联系工作实际，积极资政建言达30多人次，《以农金力量赋能乡村振兴》和《重视民企人才建设，促进民企高质量发展》的建言得到与会县领导的充分肯定。全年组织界别委员撰写提案25件，其中3件被评为优秀提案，指导委员反映社情民意微建议21条，其中3条被评为优秀微建议。

（陈文平）

【微建议和县政协十届二次会议建言】

聚焦社会热点，关注民生重点，及时反映社情民意，积极撰写提案和大会建言材料，牵头组织联系界别委员撰写社情民意微建议36条，提案28个。起草县政协十届二次全会上的关于研学旅行产业发展建言材料，并制作配套视频、PPT同步播放。《发展研学旅行新业态赋予乡村振兴新动能》作为县政协十届二次全会的大会发言材料，被列为县政协年度重点提案；《实施品牌战略打响地方名片，加快攸县豆腐（香干）品牌化建设》被评为九届政协“具有一定影响力”的提案。

（谢泽胜）

界别专项活动

【文教卫界别活动】

组织教育界、医卫界、文体新闻界3个界别委员活动小组，分别围绕“加快建设东城新区教育医卫配套设施”“推进分级诊疗工作”“医改工作落实情况”“打造综合立体交通体系，助推湘赣边区域融合发展”等民生问题，扎实开展界别调研、视察等活动，取得良好工作成效。

编纂出版《攸县文史》第二十五辑——《攸县姓氏（下册）》，对本土人口在万人以下的各姓氏的源流、播迁等进行严谨考证，为姓氏系列丛书画上圆满句号。

（朱石恩）

【法制和民族宗教界别活动】

搭建委员与部门单位的交流互助平台，全年共组织委员40余人次参加检察院开放日、法院开放日、高新区安全生产、宗教场所规范管理座谈会等活动，撰写提案13件，形成调研视察报告4篇，参与协商民生实事10余件。通过这些活动的开展，既为委员提供履职平台，又为部门提出工作建议，有效地推动“一府两院”各项工作的开展。

围绕县委、县政府中心工作，充分发挥政协特色优势，加强界别活动指导，并积极参与界别小组活动。全年共参与本专委会所联系的社科界、群团界、台侨宗教界3个界别的小组活动计10余次。通过活动开展，既拓展委员履职思路，又丰富委员履职方式，更激发委员履职情怀，真正做到履职有高度，调研有深度，活动有温度。

（肖　纯）

【经济科技和外事界别活动】

组织所联系的经济、科技和工商联界别的委员深入澳维科技、长荣高新、臻诚高新等高分子新材料产业链企业，开展视察、调研活动，指导企业疫情防控、复工复产、科技创新等工作。组织科技界委员、经济界委员分别到地博光电、新市粮站进行调研视察。动员工商联界委员积极投身抗击疫情和脱贫攻坚战，组织奥维科技、大地山泉、文明药业、攸州大金行、景翔地产等企业捐款捐物达60余万元。

（陈文平）

群众团体

攸县总工会

【概况】

2021年，攸县总工会在职职工26人，退休职工25人。机关内设办公室、党建/政工/扶贫中心、财务资产部、基层工作部、权益保障部、劳动和经济服务部。全县实有基层工会511个，其中县直机关工会93个、乡镇（街道办事处）工会联合会17个、行业联合工会7个、村（社区）工会72个、企事业工会322个，有工会会员38977人，专兼职工会干部106人。

认真落实“百人以上企业建会”“八大群体入会”“小三级工会”等要求，新增基层工会组织17个，新增企业职工、快递员、农民工等新会员520余人。拨付资金35万元支持13个基层工会“职工之家”等文化阵地建设，基层基础不断夯实。推进规范化建设,成功召开县总第十四届七次全会，完成补选任务。完成桃水镇竹如山村乡村振兴驻村帮扶工作任务。

【职工维权和困难帮扶】

元旦、春节期间，为确保生活困难职工能过上平安祥和的节日，总工会组织全县各级工会干部“两节送温暖”活动，深入贫困职工家庭访贫问苦，发放慰问金43.94万元，解困504人；县（市）级领导走访34人和1个困难企业，机关领导走访10人1.7万元，大病救助走访补助1万元。7—9月，筹措资金110余万元，购买清凉物资5万份，走访慰问高温作业下的交警、城管、环卫、电力、林业、水利、园区企业、重点建设项目等工作人员。

全年中央财政专项帮扶资金帮扶17户11.5万元，省财政专项帮扶资金帮扶38户10.6万元，地方帮扶资金帮扶456户36.94万元，累计完成479人，解困资金77.73万元，较指标任务500人，完成年度目标120%。超额完成“民生100”工程任务，完成帮扶救助困难职工全年目标508人次，累计完成占年目标的101%。超额完成职工医疗互助18035人次（全年目标14000人次），占目标任务的128%。

推进医疗互助。组织18035人职工参加住院医疗互助项目，参保金额144.28万元；组织8107人女职工参加特殊疾病保障项目，参保金额81070元。全年累计完成18035人次，完成年度目标128%（指标任务1.4万人），发放医疗互助款12批901人76.17万元，发放女职工特殊疾病保障7单7万元。

【选树劳动模范】

推荐毛海波、张尧、谭爱民3人获得“株洲市五一劳动奖章”，推荐攸县森林扑火队为“株洲市工人先锋号”，并参加表彰，呈现不同战线上劳动者爱岗敬业、奋斗奋进的风采，唱响“劳动最光荣、劳动最崇高、劳动最伟大、劳动最美丽”的时代旋律。

【组织职工活动】

举办2022年“乡村振兴杯”攸县第十届职工羽毛球赛，9个乡镇街道、57个企业单位共计665人参赛。联合县文旅广体局，以“全民健身”为主题，组织开展“日行万步”全县职工健走活动，传递健康生活理念，引导和发动群众主动参与健身和新时代文明实践志愿服务活动，全县共255支队伍、2550人参加活动。依托“职工快乐健身操演练队”“望云国际广场职工演唱队”“文化广场职工文艺演唱队”等兴趣团队平台，广泛开展“送文化进基层”活动，先后到富康社区、永佳小区、桃水镇等组织演出12场次，深得群众喜爱和好评。

【党建工作】

扎实推进机关支部“五化”建设，严格落实“三会一课”、支部主题党日等党的组织生活制度，广泛开展主题党日+活动，组织党员到谭震林生平业绩陈列馆攸县烈士陵园等红色基地参观学习，党员积极性、主动性得到充分发挥。全年开展主题党日活动12次，上党课4次，党小组学习24次，民主评议党员1次，召开党员组织生活会和党员领导干部民主生活会各1次。

（杨　棋）

共青团攸县委员会

【概况】

2021年，全县共有共青团员16122名，其中学生团员6916名，占42.90%。团县委直属团组织90家，其中直属乡镇（街道）团组织17家，学校团组织34家，县直单位团组织37家，驻外团工委1个，非公经济团工委1个。村级团组织297个，“两新”团组织60家。团县委班子配备1正3副，其中书记1名，兼职副书记3名。

【青年政治思想建设】

坚持把牢为党育人政治责任，用习近平新时代中国特色社会主义思想武装全团，引领青年听党话、感党恩、跟党走。

一是广泛开展思想宣传工作。组织开展“青年大学习”网上团课学习，全年累计参学20万余人次，引领全团学习新思想、争做新青年。依托“攸县共青团”微信公众号，做好党团重点工作宣传，全年发布党政资讯、青年热议、活动信息等各类推文30余篇，点击阅读量5万余人次，吸引粉丝万余人，成为攸县青年解党政资讯和青年工作动态的线上窗口。开展“逐梦百年·我心向党”微宣讲活动，组织青年讲师团深入“门前三小”、青年之家等阵地宣讲中共十九届六中全会、省第十二次党代会精神。

二是开展党史学习教育专题活动。承办“百年风华·攸县力量”党史学习教育专题演讲比赛，全县121个单位、800余人参与。在全县团组织、少先队组织中扎实推进党史学习教育，深入机关、学校开展专题宣讲7场次。

三是选树青年先进典型。开展青年评优评选活动，发挥青年先进典型的榜样带动作用，激广大青年奋发向上，让广大青年学有榜样、赶有方向、比有对手、追有目标。推选首届“株洲五四青年奖章”1人、“株洲向上向善好青年”3人、“株洲市青年文明号”集体1个，开展县级五四“双红双优”“红领巾奖章”“争做向上向善攸县好青年”等评选活动，表彰先进个人288人、集体30个。

【基层组织建设】

完成全县297个村（社区）团组织换届选举工作，吸纳一批能力强、素质高的青年到团的工作岗位。新发展团员1700人，进一步加强团员队伍建设。加强“两新”组织和新兴群体组织覆盖，新建社会领域团组织10家、非公团组织25家。严格执行“三会两制一课”，推进团员先进性建设。做好“学社衔接”工作，全县“学社衔接”率达100%。成立县域团代表联络站，完善“一专一站两联”建设，吸纳29名团代表入站，落实直接联系青年制度。以党建带团建为抓手，持续加强“青年之家”建设，依托党群服务中心、新时代文明实践点等，打造省级示范性青年之家1家，省级青少年教育基地1家。推动中学团校建设全覆盖，建设示范性中学团校3家。

【精神文明建设】

发挥青年生力军和突击队作用，服务精神文明建设。开展文明实践活动，倡导文明“青风尚”。开展“青春心向党·我为群众办实事”主题实践活动，组织全县70余支青年志愿服务队、2000余名“攸小青”开展学雷锋月、“河小青”环保行动、“情暖旅途·暖冬行动”等各类志愿服务活动200余场次。深化“青春攸你·七彩假期”志愿服务品牌项目建设，入围省“四季同行·雷锋家乡学雷锋”志愿服务项目孵化行动并获评全县十佳志愿服务项目。扎实开展全省社区青春行动试点建设工作，持续推进景秀家园、丽水山庄“青春社区”建设，全年开展学雷锋便民服务、青少年校外课堂、敬老孝亲等活动30余场次，切实服务居民需要。

【青少年关爱保护】

争取省青基会项目，援建“团团希望小屋”2个，帮助困境青少年改善居住和学习环境。举办“轻松备考·12355与你同行”中高考减压心理讲座，为青少年提供心理咨询，关爱青少年心理健康。关爱农村贫困学子，开展希望工程“一元捐”“金秋助学”等项目，资助贫困学生300余名。开展“青春恋爱季”第四届攸州青年联谊会活动，为单身青年搭建婚恋交友平台。

扎实开展预防青少年违法犯罪工作，开展“6·26”青少年禁毒宣传、防溺水、“学习未保法·护航花季行”法治宣传周等活动50余场次，不断提升青少年自我保护能力。开展“共青团与人大代表、政协委员面对面”活动、青年社会组织发展及青少年心理健康等问题调研，解反映青年普遍性利益诉求。

【少先队工作】

及时向县委主要领导汇报传达党中央、省委、市委关于加强新时代少先队工作的指导意见文件精神，取得教育等有关职能部门支持，逐步完善县级少工委工作机制，推进少先队改革。全面开展少先队组织摸底调研，建立县级少先队工作群，强化各学校少先队组织职责。加大对少先队辅导员的培训力度，组织280名少先队辅导员参加全省“实现中国梦建设新湖南”专题培训。

【疫情防控志愿服务】

响应县委、县政府号召，发起“青春攸你·战疫同行”志愿行动，招募防疫志愿者200余名，动员全县团组织、青年突击队协助开展人员排查、卡口执勤、核酸检测等防疫志愿服务。对接团省委、团市委及社会爱心力量，开展助力抗疫公益直播义卖活动，募集防疫物资30余万元。组织外卖小哥参与防疫宣传，上门发放防疫宣传资料2万余份。

【湘赣边首届直播带货创新创业大赛】

承办湘赣边首届直播带货创新创业大赛活动，吸引湘赣边两省四市18个县市区的500余名网红、160余家企业参与，累计带货650万元，有效助推湘赣边示范区建设及“湘赣红”品牌推广。实施“乡村振兴青年行动”，扎实抓好乡村振兴驻村帮扶工作，助推驻点村产业振兴。

（肖司宇）

攸县妇女联合会

【概况】

全县有17个镇（街道）妇联、102个县直机关、企事业单位女职工委员会、297个村(社区）妇联、5355名村（社区）妇联执委。县妇联机关在职工作人员5人。2021年7月，县妇联按照“妇联改革纵向到底、横向到边”的要求，完成17个镇（街道）妇联组织换届，选举产生乡镇（街道）妇联主席17人（新任妇联主席12人、连任妇联主席5人），副主席34人，镇级妇联执委464人。

2021年，县妇联以习近平新时代中国特色社会主义思想为指引，引领全县广大妇女坚定不移听党话、跟党走，积极投身家乡建设，为建设新时代中国特色社会主义贡献力量。2021年，攸县妇女联合会获得湖南省宣传工作先进单位等称号。

【妇女宣传教育】

一是广泛开展党的方针政策宣传。利用妇联微信公众号、“她代表”微信群等宣传阵地，线上线下齐头并进，开展精神宣讲进妇女之（微）家、进“门前三小”、进田间地头，将党的路线、方针、政策第一时间传递给广大妇女群众。认真组织学习贯彻中共十九届六中全会、省第十二次党代会、市第十三次党代会、县第十三次党代会及县两会精神。二是组织开展党史学习教育。对标对表落实党史学习教育各项工作任务，组织100多名妇联执委到谭震林生平事迹陈列馆参观学习，到7个乡镇（街道）开展巾帼红色党史宣讲活动13场，600多名女群众、女党员聆听党史，接受爱国主义和共产主义教育。三是开展红色家书诵读活动。发动全县妇女群众参与“美家美妇写家书”活动，用动人家书传递仁义孝悌、抒写家国情怀，并联合新时代文明实践中心开展“红色家书映初心·攸州巾帼心向党”家书诵读活动，带领大家重温革命历史，感悟百年信仰，传承奋进力量。

【妇儿权益维护】

用心做好信访接待工作，全年接待来电来信来访共102起，其中来访87起、来电来信15起，信访事项答复率99%，无一例越级上访。联合司法局、县农业农村局等单位在莲塘坳镇开展法治宣传月活动，通过悬挂宣传横幅标语、发放资料等形式向群众宣传《中华人民共和国民法典》《中华人民共和国妇女权益保障法》《反家庭暴力法》《中华人民共和国禁毒法》等相关法律条款，现场发放宣传资料1000余份（册）。在湘东大市场、县特殊教育学校等人流量较大地区开展《中华人民共和国未成年人保护法》主题宣传活动，促进青少年儿童健康成长，维护青少年儿童合法权益；联合各部门单位在湘东大市场开展“6·26”国际禁毒日宣传活动；联合网安大队深入文化路小学开展网络安全宣传进校园活动，提高家长和学生的个人信息保护意识。

【妇女就业创业扶持】

县联合县人社局举办“春风行动”招聘会，发布招聘信息，通过微信群、朋友圈等线上方式提供岗位服务，帮助求职女性成功就业。开展妇女就业技能培训活动，举办育婴师、面点师、电商、鲜花庭院等培训班18场，培训妇女900余人次，帮助妇女实现家门口就业。携手芒果扶贫云直播平台，开展“株洲巾帼暖心助农”“出手吧姐姐，湘妹子带年货来”等直播带货活动，发挥巾帼力量，助力乡村振兴。

【妇儿关爱行动】

重点关爱贫困儿童、留守儿童。开展“与爱同行　欢庆六一”系列活动，为江桥街道阴山港村捐赠书籍170套，为特校孩子送去3台空调和60床棉被、并看望慰问4名特困学生，为攸县金色童年幼儿园、县妇幼保健院送去1000个香药肚兜、一批牛奶和书籍等物资。为鸭塘铺小学送上价值3万余元的“hello小孩”爱心物资。举办“稻花香”亲子读书会24场，自2016年启动以来，惠及1000多个家庭。

重点关爱困境母亲、“两癌”妇女。开展农村及城镇低保适龄妇女“两癌”免费检查，全年完成1.8万人的筛查。争取全国“两癌”救助金64万元，救助金额全市最多，救助“两癌”母亲64人。通过“出手吧姐姐温暖2021”公益项目筹集资金12.2万元，救助全县98位困境母亲。

【专题服务活动】

一是“最美庭院”创建活动。发动巾帼志愿者开展垃圾分类、乡村清洁、庭院打扫等志愿服务活动1100多场次，在全县创建“最美庭院”8.4万户，并在“最美庭院”基础上创建100户“鲜花庭院”，激励、带动妇女群众热爱家庭、保护环境，为乡村振兴贡献力量。

二是疫情防控志愿服务活动。组建家庭教育志愿服务队到江桥街道西阁社区开展小区值守、防疫宣传、核酸信息采集等疫情防控志愿服务活动。号召各级妇联干部走街串巷、上门入户，开展疫情防控排查和宣传。在“攸州妇联”发布疫情防控宣传报道28篇，将攸县巾帼志愿者的防疫身影推向“人民网”“潇湘女性网”“株洲女性网”等主流媒体。在攸县《疫情防控专报（三）》中，巾帼志愿者参与防控工作作为亮点工作推介。主动为联点企业和驻点村捐赠防疫物资。

三是适婚青年服务活动。发挥村妇联执委作用，建设“鹊桥”工程，落实“五个一”任务，即建立一个数据库，摸清农村大龄单身男青年3232人，大龄单身女青年408人，组建一支人数为933人的公益红娘队伍，开通一条红娘热线“0731-24327858”，在“攸县相亲吧”成立一个婚恋基地，举办一批主题鲜明的“鹊桥”工程联谊活动。全年共开展5场联谊活动，共促成青年男女牵手23对，领证2对。组织线上线下红娘培训3场，全县近千名红娘观摩学习，提高红娘队伍服务婚恋的专业水平。

（李丽萍）

攸县科学技术协会

【概况】

2021年，攸县科学技术协会机关有在职人员8人，下设学会部、办公室；全县各类学会19个、农村专业技术协会17个、行业协会4个。全县农村科普示范基地86个，其中，国家、省级4个，科普示范村75个，农村社区科协1个，农技协联合会1个，科普文明社区5个。全县新增企业科协214家，省、市级科技示范户200户，省级青少年科普教育基地2个。2021年，攸县成功入选为“2021—2025年全国科普示范县创建单位”。

【基层科普】

宣传贯彻《全面科学素质行动纲要》，围绕公民科学素质建设目标，开展对公民的科普培训，提高公众科学文化素质和科学技术，促进经济发展的科学技术普及工作。在全县各乡镇（街道）开展实施2021年“基层科普行动计划”，分别设立科普教育（示范）村、科普教育（示范）基地、先进农村专业技术协会、农村科普带头人、青少年科技创新示范点等5类科普项目。

【科普宣传】

贯彻落实《中华人民共和国科普法》，精心组织“全国科普日”“科普宣传周”“科技下乡”等活动；在全县开展内容丰富、形式多样、效果明显的各类科普宣传活动，组织全县各中小学校开展“科技节”系列活动。

宣传发动全县上下进行“科普中国”App下载及传播量，至2021年11月11日，全县共注册“科普中国”12277户，传播量达101.34万人次；第五届科学素质网络大赛参与人次达10.12万次，超额完成省、市的各项绩效考核指标任务。11月2日，在株洲生物工程中等专业学校组织全校师生参加“科普中国”网络传播大赛，普及科普知识，弘扬科学创新精神，激发学生科技创新兴趣，提高科学素养。

9月17日，2021年全国科普日长株潭科普大篷车联合巡展活动，在攸县上云桥中学启动，长沙、株洲、湘潭三市科协，县人民政府、县教育局、县科协相关领导及上云桥中学师生共3600余人参加活动，参与人员认真观看“红色百年路，科普万里行”展览、体验机器人、无人机等大批科普、科技和人工智能设备展示。活动中，通过科学性、知识性、趣味性的科普活动，以参与互动、现场体验等方式共享长沙、株洲、湘潭三市优势科普资源，让公众感受科技魅力；培养广大青少年的科技兴趣，开阔学生视野，激发学生科学探究精神。

【农技联合协会】

农技联合协会为各农技协会群众做好科技咨询、技术授课、产品营销、项目联系申请等服务，成为连接各级政府及职能部门的桥梁纽带，为攸县农业产业做大做强服务，全年举办各类科技培训班30余次，参训者达5000余人。县科协对联合协会给予政策项目和经费等方面的支持，实施年终考核评比与奖补挂钩的形式推动工作，同时做到平时有工作安排、有督促检查、有交流互动，每年安排科技骨干人员外出学习，3次安排协会12个科技人员，到醴陵参加种植、养殖及农技协发展培训。在攸县农技联合协会的指导下，各协会积极开展科技交流活动。攸县蔬菜协会组织蔬菜种植大户每月开展一次交流，主要内容包括蔬菜生产经验、蔬菜高产方法、提高种菜经济效益。种植大户通过技术经验的交流，增强蔬菜安全共识，促进蔬菜品质的提高。

【新冠肺炎疫情社区防控】

8月和10月两次疫情防控阻击战期间，县科协全体工作人员，迅速组建一支队伍，第一时间深入结对社区（雪花社区），坚守社区防疫一线，与社区工作人员共同严格落实全县群防群控措施，对小区及出入管理卡点人员进行严密排查，并为小区居民制作“一户一卡”出入通行证，劝导、帮助社区居民采取正确的疫情防控措施，共同构筑疫情防控群防群治的严密防线。

（刘春花）

攸县归国华侨联合会

【侨胞维权帮扶】

2—4月，集中开展“春风拂侨”行动，为侨界朋友解难题、办实事、送温暖。共为53

多人次解决实际问题37件，送上慰问资金5940元，组织31名拟赴外国人员集中免费接种新冠疫苗。开展“新侨及归国留学人员就业创业”课题研究，通过问卷调查、电话访谈等形式了解侨界创新创业中的难点，形成《关于新侨及归国留学人员创新创业情况的调研报告》。运用互联网新媒体开展联络、沟通协调和帮助工作，建立侨界联谊微信群、留学生微信群，收集侨界各种需求帮扶信息及相关意见建议15条，第一时间协调处理5例。传达国家有关惠侨政策，帮助侨眷落实“三侨子女”中考、高考加分2例，帮助归侨身份认定1例。开展新春走访活动，慰问困难侨眷12户，走访侨企2家。中秋节期间，组织常委会会议成员以及北美、欧亚、侨青等活动组正副组长对31位侨界代表人士进行走访慰问。

【爱心公益活动】

组织攸县侨界开展“侨心永向党，侨爱满株洲”爱心公益系列活动。6月1日，联合县妇联开展的“与爱同行、欢庆六一”爱心捐赠活动，侨资企业大豪药业为全县婴幼儿捐赠爱心中药肚兜1000件，价值3.5万元。7月，代表市侨联和市侨商会慰问一线环卫工人。11月底，走访慰问尿毒症患者，为10名去尿毒症患者送上慰问金1万元。疫情防控阻击战期间，攸县侨界捐赠防控物资价值5万余元。

【助力乡村振兴】

2021年，县侨联与株洲市侨联驻攸县新市镇丁家垅村乡村振兴工作队、丁家垅支村两委共同创建全省首个“党建+侨建”引领助力乡村振兴创新示范点，在该村建设株洲市首个村级“侨胞之家”。侨胞之家由4个部分组成“党建+侨建”陈列展示室、侨胞之家办公室、侨胞之家学习活动室（在建）、8个乡村振兴示范基地。开展“侨胞之家同心夏令营”服务活动，开办“侨胞之家云课堂”，组建“侨胞之家志愿者服务队”，利用侨界资源为乡村振兴服务。

（毛克涵）

攸县工商业联合会

【概况】

在县委、县政府的正确领导下，在市工商联和县委统战部的悉心指导下，切实加强非公经济人士思想政治建设，实施“桥梁稳固工程”，围绕中心，主动作为，发挥优势，强化服务，为推动县域经济高质量发展作出积极贡献。2021年，先后获评湖南省“五好”县级工商联、市工商联“万企兴万村”先进单位、县“优化营商环境”先进单位等称号。

2021年，继续本着“稳步发展、调整结构、提高质量”的原则，坚持“团结、服务、引导、教育”的方针，引导和鼓励符合条件的非公企业和非公经济代表人士加入工商联（总商会）。2021年，攸县总商会新增会员企业10家，总共有107家，其中副会长企业新增2家，常委企业新增7家，执委企业新增1家。基层商会共有17家，异地商（协）会7家，联系行业协会11家，会员队伍不断壮大。同时，进一步规范商（协）制度，建立健全商会会员台账，落实专人负责网上会员统计数据填报工作，加强所属商会会员信息录入，会员服务体系得到完善。

【非公企业党建】

年初，工商联就商会、非公企业党建工作推进情况展开调研，创新自选模式，通过“请进来走出去”“学习＋竞赛”等方式，组织会员企业、商（协）会党员集中学习教育，开展“主题党日”“建党100周年”等活动，深入学习贯彻中共十九大，十九届五中、六中全会精神和中央、省、市、县的重要会议精神。2021年，共组织非公经济人士开展理想信念教育、党史学习教育等活动3次，充分发挥党组织阵地堡垒作用。

【参政议政】

总商会共有43人担任县级以上的人大代表、政协委员。工商界人大代表和政协委员，围绕带有全局性、普遍性的重大问题，开展调研活动，广泛听取非公经济人士的意见和建议，先后形成2篇调研报告，为县委、县政府决策提供有效参考。组织工商联界政协委员从非公经济的实际出发，就如何扩大非公经济规模、如何解决非公企业发展中的融资、技术、环境等方面的问题，共撰写提案及建议14件，更好地发挥工商联界委员在参政议政中的积极作用。

【服务全县经济社会发展】

一是配合支持招商引资。紧密结合“迎老乡、回故乡、建家乡”招商引资活动，先后多次赴广东、东莞、佛山、深圳、长沙等地走访调研考察，与在外攸县籍工商界人士共同探讨异地商会发展和服务。依托异地商（协）会，发挥其在外联络的优势，利用好各种外部因素和资源，推动招商引资走深走实。在工商联和各级商（协）会的牵线搭桥下，提供招商引资有效项目信息8个，陪同意向企业到攸县考察29次，成功引进项目并落地投产11个，项目投资金额达6.6亿元。不少基层商会也纷纷为小微企业服务，为乡镇总部经济作贡献。

二是积极投入新冠肺炎疫情防控。引导、组织商会组织和广大非公经济人士积极参与新冠肺炎疫情防控，捐赠抗疫物资、派送爱心餐、深入抗疫一线进行防控值守，共捐赠价值100余万元爱心物资。

三是大力支持全县乡村振兴会战。推动“万企兴万村”活动与乡村振兴有机结合，引导29家所属商（协）会和会员企业主动与村（社区）结对开展乡村振兴帮扶工作。投入或参与流转土地、解决就业、修山塘水库、修建村路、安装路灯、开发种植基地等发展项目达42个，投资总额达4578万元。

四是开展慈善公益活动。引导非公经济人士进一步弘扬“致富思源、富而思进、扶贫济困、乐善好施”的光彩事业精神，切实履行社会责任，踊跃参与家乡建设和社会慈善事业。各级商（协）会和非公企业积极开展“爱心助学”活动，累计救助贫困大学生、中小学生达40多名，为贫困生送去学习生活用品和助学金，累计捐款、捐物达60万元。

【会员企业服务】

以“营商环境优化年”活动为契机，组织开展“百会千企”大走访大调研活动。其间，共深入走访民营企业100家、基层商（协）会20家、异地商（协）会6家，收集问题41个，协调解决35个。加强与司法局、律师协会等部门的联系和协调，同18家商会、5家律师事务所建立“万所联万会”机制，着重加强对发展非公经济政策落实情况的监督检查和合法权益的司法保护，切实减轻企业负担，为县域非公企业的发展保驾护航，坚决维护非公企业的合法权益。

（邹　宾）

攸县文学艺术界联合会

【概况】

攸县文学艺术界联合会下辖作家协会、书法协会、摄影协会、音乐协会、诗词楹联协会、戏剧协会、美术家协会、汉服文化协会等8个文艺家协会。攸县文联是由全县文学艺术家协会和产业（行业）文联组成的人民团体，是党和政府联系文学艺术家的桥梁和纽带。攸县文联由县委领导，县委宣传部代管。2021年，开展意识形态工作巡察整改“回头看”，对标对表，严格落实整改；制定《2021年度攸县文联意识形态工作要点》，完善《攸县文联加强协会管理的暂行办法》，出台《攸县文联微信公众号及微信群管理制度》，规范网上信息传播秩序。注重协会队伍发展和壮大，新发展基层协会3个，新发展省、市会员36人。

【《攸州印象》和“印象攸州”微信公众号】

全年出版《攸州印象》12期。2021年《攸州印象》的编辑出版，对选题、版面、文字、照片、封面、封底、编排都做到求新求变，精益求精。2021年庆祝中国共产党成立100周年之际，《攸州印象》成功创办《百篇诗文颂党恩——庆祝中国共产党成立100周年》《奋进新时代，开启新征程——庆祝中国共产党攸县第十三次代表大会》《绿色新攸县——我们在行动》《北伐首战在攸县》4期专刊，专刊主题突出、内容丰富、图文并茂，深受广大读者欢迎。

“印象攸州公众号”是攸县文联对外宣传的窗口，主要展示攸县工作动态，普及文化艺术知识。公众号下设新闻、风俗、美文推荐、历史人物、攸州风情等栏目。由于“印象攸州”微信公众号当初是以个人名义注册的，不能作为攸县文联官方微信公众号使用，故该微刊于2021年12月13日宣布正式休刊。

【文艺协会活动】

4月13日，书法协会“在攸县发展中心大厅开展礼赞攸州”攸县第三届临书展。本次展览有74人参展，共展出作品128幅，其中临摹作品70幅、创作作品58幅。评出优秀作品(5人）10幅，提名奖作品(10人）20幅。4月13日，刘梦祥、彭文明、刘志勇、过继祥、文格伟一行到联星街道办事处雷公仙革命教育基地开展书法交流活动。

8月19日，美术协会、书法协会和摄影协会联合举行“欢乐潇湘·文明攸州”攸县庆祝中国共产党成立100周年美术书法摄影展。

5月30日，诗词楹联协会在海悦国际大酒店402会议室举办“冯子振散曲社”授牌暨建党一百周年“冯子振杯”诗词大赛颁奖活动。庆祝中国共产党成立一百周年为主题的第一届“冯子振”杯诗词大赛，评出一等奖1名，二等奖2名，三等奖3名，优秀奖10名，组织奖2个。

8月12日，汉服文化协会组织开展线上吟诵活动，吟诵内容包含古诗、词、曲、《诗经》选篇、《道德经》(节选）以及现代诗等不同文体，微信群内100多人领略汉文化的独特魅力。

【文艺创作】

作家协会会员创作作品2000余篇，在县以上杂志网络发表1000余篇。夏昭炎、刘湘林、陈安国等一批会员的文学作品获省级以上的奖励。书法协会会员创作作品1500余幅，刘梦祥、陈兴吾等会员的作品多次参加省展并获奖，尹忠的隶书作品《毛主席诗词》获省展一等奖。摄影协会会员创作作品500余幅，陈敬、李秋江等会员的作品获得省级以上展览和奖励，谭德乐获株洲市第八届“炎帝文艺奖”二等奖。音乐协会创作的歌曲《这就是你》和《香干情》广获好评。诗词楹联协会会员在市级以上刊物发表作品500多首，罗正初、何文庭等创作的作品入选国家和省级刊物。戏剧协会创作的剧目《三张收据》在湖南卫视录播，反响良好。美术家协会会员创作的作品多次参加全国、省、市各级美术作品展览，谢林的国画作品《太行月夜》、蒋玉成的国画作品《罗霄山下幸福人家》入选湖南省“欢乐潇湘”美术作品展。

【党建工作】

坚持从严从实抓党建，认真落实“三会一课”制度，着力狠抓机关制度建设，努力提升机关党建工作水平。按照党史学习教育的“四个目标要求”，扎实开展学史明理、学史增信、学史崇德、学史力行专题学习，组织干部职工及各文艺家协会主席到南岸列宁室红色教育基地、谭震林生平业绩陈列室开展现场教学，切实推动党史学习教育走深走实。开展“我为群众办实事”实践活动，组织作家协会、摄影协会等文艺协会负责人前往桃水夏泉大周蜜梨基地采风，推介蜜梨产品，助力乡村振兴。

（殷运良）

攸县残疾人联合会

【概况】

2021年，全县有残疾人3.65万人（已办理残疾人证24193人），占总人口的4.6%。其中按等级：一级残3440人，二级残10361人，三级残5517人，四级残4875人；按残疾类别：肢体残疾12367人，视力残疾3059人，听力残疾2769人，言语残疾366人，智力残疾2563人，精神残疾2452人，多重残疾617人。残疾人的分布特点：一是地域性，山区高于平地，贫困地区高于富裕地区，边远地区高于发达地区；二是年龄性，肢体残趋于年轻化，听力语言残趋于老龄化；三是差异性，肢体残多于其他残，重、中度残多于轻度残，男性多于女性。年内通过对22518名持证残疾人调查，完成残疾人基本服务状况和需求信息数据动态更新工作，实现残疾人信息动态管理，为精准化开展残疾人服务提供基础数据支撑。

全县297个村（社区）都选聘残疾人专职委员，规范基层残疾人工作队伍,明确责任,规范制度,提高镇(街道)、村（社区）残联专干和专职委员干事的服务能力，形成机构健全规范、队伍扎实肯干、服务功能完善的全县残疾人服务体系。至2021年，全县17个镇（街道）都建立残联组织，配备残联专职干部。

县残疾人联合会有在职干部职工8人，内设办公室、康复部、教育就业部3个股室，下设事业单位残疾人劳动就业服务所。2021年，县残联坚持把改善残疾人民生，促进残疾人全面发展作为工作的出发点和落脚点，提升县、镇（街道）、村（社区）残疾人组织服务能力，着力解决残疾人最关心、最直接、最现实的问题，全力推动残疾人工作再上新台阶。

【残疾人康复】

一是残疾人眼疾救治行动。为确保贫困眼疾患者享有康复服务，帮助他们恢复视功能，县残联协助三三一定点医疗机构，实施“集爱三湘·光明助残——爱眼公益行”眼疾救治，为宁家坪、桃水等乡镇25个村600余人进行白内障免费筛查，完成手术30余人。

二是精神病患者医疗救助。为确保贫困精神病患者得到康复服务和医疗救助，县残联为150人精神病患者提供人均1000元的服药补贴。

三是开展0—6岁贫困残疾儿童抢救性康复。为确保残疾儿童获得精准的基本康复服务，减轻残疾儿童家庭负担，县残联对全县残疾儿童进行摸底筛查，为55名涉及脑瘫、智障、自闭症和听力障碍等方面的贫困残疾儿童提供免费康复服务。

【残疾人就业】

推进按比例安排残疾人就业工作，进一步完善残疾人就业保障金制度，县残联严格按照省市残联按比例安排残疾人就业年审工作相关文件的要求，完成69个单位按比例安排残疾人就业年审。进一步加强残疾人职业技能培训，切实提高残疾人职业技能水平和综合素质，增强残疾人的竞争能力，促进残疾人就业，县残联依托攸县超群CAD（电脑辅助设施）工程学校培训机构，计划开展残疾人职业技能100人，完成培训100人。加大残疾人创业扶持力度，根据省残联下达的创业扶持任务（12人）要求，县残联入户下乡，精准摸排，实地考察，确定2021年度残疾人创业扶持名单，并下拨创业扶持资金。继续开展残疾学生以及残疾人家庭学生教育资助项目，为136名残疾学生及残疾人家庭学生进行教育资助。

【残疾人维权】

成立残疾人法律救助工作站，为残疾人提供法律援助2件。完善残疾人信访机制，共接待残疾人来信来访来电200余人次，资金救助经费近1.5万元。在各类来信来访中做到办结率100%，回复率100%，切实维护残疾人的合法权益。

【全国助残日活动】

以全国助残日为契机，开展丰富多样的助残活动。在县特殊教育学校组织“特娃心向党、筑梦共成长”助残日活动，发放慰问金5万元；在电视台分期开展残疾儿童康复、上门办理残疾人证、残疾人就业创业、贫困残疾人家庭无障碍改造项目专题宣传，利用各种宣传媒体广泛宣传扶残助残和残疾人发奋图强的典型事迹以及助残日活动内容，努力营建良好的社会助残氛围。

【民生实事】

2021年，县残联承担3项民生实事项目。一是残疾人职业技能培训100名。通过个人申请、镇（街道）初审上报、县残联实地上门考察，确定职业技能培训对象100名，完成培训100人任务，完成年度目标的100%。二是贫困残疾人家庭无障碍设施改造60户。通过个人申请、镇（街道）初审、县残联实地考察，确定贫困残疾人家庭无障碍改造对象60户，完成60户残疾人家庭改造任务，完成任务目标的100%。三是残疾儿童康复救助55名。实施0—6岁贫困残疾儿童抢救性康复，为55名贫困残疾儿童提供免费康复服务，有55名残疾儿童在定点康复机构接受康复训练。

【攸县残疾人联合会第五次代表大会】

一是健全基层残疾人工作组织。二是完成县残联第四届主席团换届工作。根据《中国残疾人联合会章程》关于“县及县以上残疾人联合会，每5年召开一次代表大会，设主席团、执行理事会，主席团每届任期5年”的规定，谋划部署、扎实筹备，依法依规依程序召开攸县残疾人联合会第五次代表大会，协商审查推选产生县残联第五次代表大会代表80名，选举产生县残联第五届主席团委员23名，推举产生县残联执行理事会，通过县残联第五届个专门协会。

（王能静）

攸县红十字会

【救助困难群体】

弘扬“人道、博爱、奉献”精神，市、县红十字会向新市镇回龙村、宁家坪镇坪塘村等6个社区、村的199户385名贫困户发放大米、食油、奶粉等物资。向省、市有关部门申报，为18名攸县户籍的患有肿瘤、白血病及其他血液疾病、严重心脑血管疾病患者家庭争取5000元的大病救助资金，共计9万元。

【“三献”主题宣传活动】

2021年6月14日是第18个“世界献血者日”，在6月13日，红十字会组织开展宣传和义诊活动。志愿者深入街道、社区、乡村宣传普及“三献”知识，发放“三献”知识手册，免费健康检查、免费义诊120余人，同时，组织志愿者在湘东大市场献血屋开展“献血让世界继续跳动”活动，宣传献血与疫情防控知识，推进“三献”（无偿献血、造血干细胞捐献、遗体及人体器官捐献）工作，走街串巷发放宣传资料3000余份，为当地群众义诊及健康咨询32人。同时，在鸾山镇三联村、株洲生物职业学校、大市场等场所开展急救培训、健康检查、义诊活动。

【实施博爱家园项目】

县红十字会贯彻红十字人道主义救助精神，为鸾山镇三联村申报争取省级红十字“博爱家园”项目，项目资金20万元。一是建设博爱家园健康文化广场。2021年7月，鸾山镇三联村博爱家园健康文化广场建成并投入使用。该广场惠及家庭290户，惠及人口数量占全村总人口60%，成为新农村建设的新亮点。二是群众自救互救知识培训。县红十字会先后在三联村对留守儿童、村居老人等开展两期应急救护知识培训，参训130人，普及村民自救互救知识，有效提高农村居民抵御自然灾害和应对突发事件的能力。三是设立村级服务机构。在三联村还专门设立红十字工作站和红十字“博爱家园”综合服务站，明确1名工作站长、2名工作成员；组成一支由26名村民组成的志愿服务队，主要开展义诊、公益、文化宣传工作。四是发展扶贫产业。在三联村利用原有场地设施，初步建成占地面积20亩的黄骨鱼与牛蛙养殖的水产品养殖基地，带动村民就业和贫困户的脱贫增收。

【新冠肺炎疫情防控】

2021年8月、10月，全县两次新冠肺炎疫情阻击战期间，县红十字会及时发出捐赠倡议书，加强联络沟通，全力募集防控物资，至2021年11月，接受各类捐赠物资20余次价值56.27万元。扎实做好捐赠物资接受和使用工作。按照归口接受、统一分配的原则，所有捐赠物资交由县疫情防控工作领导小组办公室安排下拨给各乡镇（街道）、村（社区）、医疗机构等一线疫情防控单位使用。同时，按照全县联防联控工作要求，县红十字会作为联西社区的结对单位，克服人手少、任务重的困难，积极配合社区进行社区防控值守，连续坚守50多天，完成小区疫情防控任务。

【乡村振兴帮扶】

2021年，根据全县乡村振兴结对帮扶工作统一安排，县红十字会结对帮扶了江桥华富村乡村振兴工作。红十字驻村工作队与华富村支村两委致力于乡村产业振兴，在2021年华富村启动蔬菜基地，种植螺丝椒100亩，带动该村的脱贫户和一般农户的剩余劳动力就近就业，全力推进华富村乡村振兴。

（蔡丽君）

法 治

政法委及综治

【概况】

2021年，全县政法系统在县委的正确领导下，严厉打击违法犯罪，维护社会稳定。全年公安机关立刑案1668起，破刑案655起；检察机关批捕194件272人，起诉480件686人；审判机关受理各类案件15681件，审（执）结案15072件，结案率96.12%。司法行政机关调处矛盾纠纷1440件，调解成功率99%。开展信访积案“百日攻坚”活动，硅肺人员、三线民工、企业改制等各类群体人员均有效稳控，国家信访局交办的信访积案化解率100%，完成全国、省、市两会十余项重要维稳安保任务。

贯彻总体国家安全观，始终把维护国家政治安全摆在首位，开展反渗透、反间谍、反恐怖、反邪教斗争，成功实现暴恐“零发生”目标。

全县没有发生政治安全事件、暴力恐怖事件、个人极端事件、大规模群体事件；刑事案件、八类严重刑事案件、信访总量下降；全省公众安全感大幅提升。县法院获评“2021年度全省优秀法院”；县检察院获评“全省检察机关信息工作表现突出集体”；县公安局获评“全省十佳公安局”“全省扫黑除恶专项斗争先进集体”；县司法局获评“株洲市政法工作先进单位”。

【社会治理体系建设】

以落实“创建市域社会治理试点合格城市”为抓手，着力防范化解各类风险矛盾，大力推进法治、德治、自治、智治一体融合，全面推进和完善县域社会治理风险防控“N合一”机制建设，切实把保安全、护稳定各项措施提升一级。完善“执行难”综合治理体系，推进“网格+执行”工作模式。针对办案中发现的一些行业和单位在社会治理中的短板、漏洞，制发社会治理类检察建议3份，并及时跟踪督促整改。加强社会面管控，大力推进“智慧攸县”工程建设，新增人脸识别摄像头，成功将民用监控统一纳入县公安监控系统。加强部门协作，推进“智慧社矫”建设，将社区矫正对象纳入技术监管、教育转化、技能培训、信息共享等管理体系，杜绝重新犯罪的发生，取得明显成效。获评中国最具安全感百佳县市。

【法治社会建设】

深入开展法宣“六进”行动，推进民主法治示范村（社区）创建工作和“门前三小”法治小广场、小讲堂建设，营造浓厚法治氛围。全面深化行政复议体制改革，成立县人民政府行政复议办公室，办结行政复议案件7件，行政诉讼案件17件。成立行政执法乱象专项整治领导小组，在全县范围内开展行政执法乱象专项整治活动。大力加强法治政府建设，审查9份政府规范性文件，130份一般涉法文件和合同。精准开展司法救助，对14个司法案件当事人累计发放救助金40万元，进一步促进公平正义和社会和谐。

【服务优化经济环境】

组建律师事务团队为全县18个商会和园区企业提供优质

法律服务，深入开展“温暖企业”行动。出台《关于发挥政法职能服务保障县域经济高质量发展的实施意见》，政法各有关单位以“意见”为指南，对涉企案件，慎用查封、扣押、冻结等措施，最大限度降低对企业经营的影响；起诉破坏市场经济秩序罪53人，依法对涉企经营类刑事案件不捕6人、不诉6人，根据认罪认罚从宽从轻制度，提出轻缓量刑建议10人。

【政法队伍教育整顿】

县委政法委围绕“筑牢政治忠诚、清除害群之马、整治顽瘴痼疾、弘扬英模精神”工作重点，扎实做好学习教育、查纠整改、总结提升等“三个环节”的教育整顿工作。政法系统全年组织主要负责人讲党课10次，开展政治、党史、警示、英模教育98次。核查线索65条，倒查涉黑涉恶问题5个，清查涉法涉诉线索3条，大数据排查发现问题222个，所有问题均落实整改责任单位，并严格督查，完成整改。组织开展谈心谈话1686人次，填报个人事项自查表1328人次。建立健全《攸县政法系统重大事项报告制度》《建立健全政法队伍作风建设长效机制的实施方案》等9项规章制度。攸县政法队伍教育整顿优秀经验推介文章《全方位推进教育整顿，攸县实现“四个一”》在“人民网”登载。

（蔡　鹏）

法治政府建设

出台《攸县人民政府关于行政复议体制改革的实施意见》，成立攸县人民政府行政复议办公室，全面完成行政复议体制改革工作。全年共受理行政复议案件9件，办结7件；办理行政诉讼案件19件。发挥合法性审查职能作用，共审查8份政府规范性文件，78份一般涉法文件和合同，实现政府规范性文件合法性审查100%覆盖，有效避免潜在法律风险。出台《开展行政执法乱象专项整治工作方案》《关于开展2021年行政执法专项督查工作实施方案》等文件，在全县范围内开展行政执法乱象专项整治活动，全年共办理市级交办举报案件5件，自行受理举报2件，形成5份行政执法监督通知书。

全面开展党政主要负责人履行推进法治建设第一责任人职责情况列入年终述职内容工作，全县300多名领导干部完成年度述法。统筹社会力量，组建法治监督员队伍，将法治建设纳入县直部门、乡镇（街道）年度工作综合实绩考核指标体系，以考核考绩倒逼责任落实。组织全县干部学法考法，组织9477人参考，参考率、合格率均达到100%。依法完成2021年度44名人民陪审员的补选工作，进一步提升法治水平。

（谭捷鸣）

公　安

【概况】

2021年，攸县公安局在编人数445人，下设机构38个，其中机关综合部门4个、派出所17个、其他执法勤务机构17个。2021年全县公安系统进一步夯实捍卫国家政治安全的防线，打击违法犯罪，防范化解重大涉稳风险，持续巩固社会治安大局稳定局面，服务新冠肺炎疫情防控和经济社会发展。全年共计接报警110357起，立刑事案件1668起，破刑事案件655起，现行案件破案率35.37%，查处行政案件1535起。

加强基础建设，完成联星、宁家坪等6个派出所的改造搬迁工作，建成启用新执法办案管理中心，切实优化基层所队执法硬件设施。全力推进“雪亮乡村”工程，按时按质完成视频监控建设。建立“检警一体化侦审指导机制”，挂牌成立“侦查监督与协作配合办公室”。构建“扁平指挥、智能管理、精准防控、合成作战、动态管控”的智慧监管体系。坚持以“百日大会战”专项行动为引领，持续深化黄赌毒、盗抢骗、食药环案件攻坚，在打赢新一轮禁毒人民战争、打击治理电信网络诈骗、打击跨境突出违法犯罪、打击妨害国（边）境犯罪、“三非”外国人治理、交通顽瘴痼疾整治等多项工作中取得突出成绩，攸县“全市禁毒通报警示地区”，桃水镇、皇图岭镇、联星街道3个“全市禁毒重点乡镇街道”全部成功“摘牌摘帽”。

攸县公安局获“全省扫黑除恶专项斗争先进集体”称号，获评“2021年度全市公安机关新时代县域警务特别贡献单位”，攸县成功从一类风险县降为二类风险县。9月9日，攸县看守所作为全国信息化智慧监管示范所，在全国公安监所规范化管理现场会上做经验推介。9月28日，湖南省公安厅召开全省公安机关新一轮县域警务工作推进会，攸县副县长、县公安局党委书记、局长赵聚忠在会上作典型经验发言。

【打击违法犯罪】

紧紧围绕影响人民群众安全感的突出问题，破获电信诈骗案件180起，抓获违法犯罪嫌疑人255人，刑事拘留196人；利用电诈平台止付金额2.1亿元，冻结905.4万元，以优异成绩获全市公安机关“百日攻坚庆百年”行动优胜单位、“创先争优”优胜单位称号。常态化开展扫黑除恶专项斗争，打掉涉恶犯罪集团2个，抓获恶势力团伙骨干成员9人，破获涉恶案件12起。

2月2日，攸县刑侦大队在县城某电竞宾馆抓获涉电诈犯罪嫌疑人4人，当场查获作案手机17台，银行卡30余张。攸县公安局顺藤摸瓜、扩大战果，4月至6月间，先后从攸县、耒阳等地抓获犯罪嫌疑人13人，收缴作案用手机20余台，银行卡30余张，成功打掉一个涉案银行卡资金流水高达近4亿元的犯罪团伙，斩断一条横跨三省“卖卡、收贩卡、洗钱”的洗钱通道。

3—4月，攸县联星街道、渌田镇、黄丰桥镇、丫江桥镇、皇图岭镇等地连续发生街面店铺被盗案件。3—8月，刑侦大队成立专案组，强化合成作战，日夜鏖战、审案攻坚，成功打掉一个横跨两省八市十县，作案60余起的盗窃团伙。

7月，攸县公安局收到“有通讯代理商贩卖公民个人信息非法牟利”的线索，网安大队立即联合相关派出所开展研判侦查。经周密部署，成功抓获涉嫌侵犯公民个人信息犯罪嫌疑人17人，破获7起侵犯公民个人信息案件，查处2起非法出售个人信息案。有力打击侵犯公民个人信息违法犯罪活动，严厉打击下游黑灰产业链，持续加大对三大通信运营商的整治力度，切实维护广大人民群众的合法权益。

10月中旬，攸县公安局成功破获一起古墓被盗案，抓获犯罪嫌疑人2人。11月26日，攸县公安局刑侦大队将该案收缴的10件文物全部移交给攸县博物馆收藏。

【维护社会稳定】

全方位推进县域警务和节点警务工作，不断完善“联片、联管、联控、联责”四联工作机制和“5+N+1”重点人员包保管控机制。完成中国共产党成立100周年、省市县两会等重大节点的安保维稳工作，化解各类社会矛盾纠纷5039起。

【人口户籍管理】

2021年，全县年末总户数24.57万户，总人口79.68万人。从性别构成看，男性40.21万人，女性39.47万人；从年龄构成看，0—17岁15.97万人，18—34岁14.87万人，35—59岁32.77万人，60岁以上16.07万人。

全年办理身份证39784张，办理户籍业务16253人次。办理临时身份证332张、居住证169张、边境通行证53张。共计出生登记4143人、死亡注销4646人，补录户口105人，户口迁入964人、迁出4531人，主项变更1310人。受理公安平台用户电子证照登记和网上办换领证件数22133件，办件满意率99.98%。持续推进“一标三实”信息采集维护，全年“一标三实”监测数据全部“清零”完成率100%。重点人员采集率、录入率、准确率均达100%。

开展打击妨害国（边）境犯罪专项行动，共破获偷越国（边）境案件7起，刑事打击11人，法定不准出境报控共计905人；内控人员报控共计569人；国家工作人员登记、变更177次。开展出境未归人员和“三非”外国人摸排管控专项行动，共查处“三非”案件15起，行政处罚16人。核查涉外婚姻外籍人员在攸县居留登记45人。

【警务服务】

开展“网格走亲——我为群众办实事”“百万警进千万家”实践活动和护民、卫民、安民、便民、暖民行动，出台为民办实事专项措施23条，全年落实护校安园、上门办证、困难救助等民生实事4000余件。深入推进公安部“团圆行动”，先后帮助五个家庭实现团圆梦，特别是奔赴千里，帮助皇图岭镇彭某夫妇寻回失散29年的儿子，被央视等主流媒体争相报道，攸县公安局被评为全市十佳“我为群众办实事”单位。

【队伍建设】

从严从紧从实开展教育整顿工作，切实强化民警知敬畏、守底线、讲规矩、守纪律意识。开展政治业务双督察，严格落实“七查”要求，强力整治“六大顽瘴痼疾”，党纪政务处分13人，移交纪检监察部门处理5人，批评教育110人。面向实战需求，不断深化“学练战”一体化练兵机制，不断提高全警实战技能和警务素养，9月28日，在全省公安机关新一轮县域警务工作推进会上攸县公安作为唯一代表就队伍建设作典型经验发言。

【“团圆行动”帮助走失29年的孩子找到父母】

全国公安机关开展以侦破拐卖儿童积案、查找失踪被拐儿童为主要内容的“团圆行动”以来，攸县公安局以科技手段为支撑，大力开展信息核查、DNA采集比对和积案侦破工作。通过DNA比对技术为攸县一对夫妇找到走失了29年的儿子。

【社会治理风险防控“N合一”机制建设指挥部办公室】

12月27日，攸县社会治理风险防控“N合一”机制建设指挥部办公室正式挂牌成立。攸县社会治理风险防控“N合一”机制建设指挥部办公室整合全县信访工作、退役军人管理、防范处置非法集资、矛盾纠纷调处化解以及反恐怖等各类社会综合治理资源，创新建立一个集各类风险管控工作于一体的县域社会治理“N合一”新机制，实现部门联合、职能整合、资源聚合、手段融合，对各类风险实行信息化、智能化、精细化管理，切实将信访工作纳入法治化轨道。

（肖国亮）

公安交通安全管理

【概况】

2021年，全县共发生道路交通事故401起，死亡67人，受伤494人，直接财产损失119.05万元，全年未发生较大及以上交通事故。全年交通事故接处警8978起，立案处理3657起；办理刑事案件50起、刑事拘留12人、逮捕5人、移送起诉44起；一般案件326起，其中，因交通肇事构罪办理吊销机动车驾驶证12本。全年共计查处各类交通违法行为10.96万起，对交通违法行为人处以行政拘留44人。

攸县公安局交通警察大队在职干警72人，下设4个支部，内设办公室、政工室（工会）、事故股、法宣股、车管所、科技股、巡逻中队和7个基层执勤中队。2021年，紧紧围绕“压事故、保畅通、保平安”的工作目标，全力推动事故预防“减量控大”、交通秩序治理、基层基础、“放管服”改革、铁军建设等重点工作，确保辖区道路交通安全形势平稳。交警大队获评2021年全市公安交警部门绩效暨优秀警队评估优秀单位、全市公安交警系统建党百年大庆交通安保成绩突出大队、全县政法工作先进单位、全县安全生产工作先进单位。

【事故预防和隐患治理】

常态化组织开展道路交通安全隐患排查治理工作。全年共排查道路交通安全隐患177处，并全部治理到位。在攸州公园辅道路段、新城西路和南苑山庄辅道路段、长鸿路到攸衡路西侧辅道路段、吉兴路等完成“停车位”建设计划，共新增622个停车位。淘汰老旧柴油车63辆，实体注销、报废变形拖拉机186台；向重点车辆运输企业下发督办函79份，向行业主管部门送达抄告函27份，约谈重点运输企业3次。全县重点运输企业备案数25个，备案率达备案率86.21%,人车比录入率100%。全县重点车辆检验率99.36%、审验率96.57%、报废率99.92%。

【整治交通“顽瘴痼疾”】

现场纠违19228起，其中酒驾582起，醉驾21起，涉牌涉证5219起；非现场查处90418起，其中机动车不礼让斑马线5280起，未系安全带13362起。

联合交通、城管、环保等部门开展校车、货车、“三车”（工程车、公交车、出租车）、拖拉机违法等整治行动，共查处排放不合格机动车违法72起、“三车”交通违法3470起、拖拉机违法454起、货车超载229起、非法改装603起，客运车辆违法200余起、校车违法80起，危化品运输车辆违法12起。

持续开展摩托车和电动车集中整治行动。着力实施“戴帽工程”，共查处摩托车、电动自行车骑乘人未佩戴安全头盔7756起，全县摩托车、电动车头盔佩戴率由年初5%提升至85%。

【交通安全护学和特护期警保】

在城区设立11个护学岗，部署警力50名，日均护学次数22次，确保城区学生平安上学、放学。完成春运、传统节假日、建党百年大庆安保、国庆长假等重要时间节点和全国文明城市迎检测评等重大活动警保任务80余次。

【交通安全宣传教育】

贯彻落实全省交通安全宣传“七进”（进企业、进校园、进机关、进社区、进农村、进家庭、进公共场所）活动，全年到学校、企业、社区、农村开展宣传活动63场次，发放交通安全宣传资料8万份。充分利用电视、广播等传统媒体和双微平台等新媒体、电子显示屏、大喇叭等宣传形式，利用大队双微、交管“12123”平台及微信群等共发送信息1119条，公开曝光终生禁驾人员5名，推送警示提示短信4.47万余条。开展“一盔一带”宣传活动，为手续齐全驾驶摩托车群众发放安全头盔1000余顶。依托国、省道和农村道路，积极开展交通安全示范村、示范路创建活动。

【交管服务】

2021年，交警大队辖区交通事故快处快赔1482起，人民调解立案196起；侦破交通事故肇事逃逸案5起，运用社会救助基金救助43人。办理各类车管业务11745笔，完成驾驶人考试6032人次。全力推进交管“放管服”改革便民措施落实，推动申请材料“四个减免”“点对点”年检、交管“12123”网上办理业务等便民措施落地见效，实现简单业务“一证即办、普通业务一窗通办、个性服务自助快办”；提高群众办事满意度。全面启动驾驶证电子化推广应用，年内共有10万余名机动车驾驶人申领到电子驾照。开展“流动车管所”下乡活动，设置摩托车临时考场，组织驾考笔试。“流动车管所”下乡服务共办理摩托车驾驶证260余本。

【交警队伍建设】

一是政治建警。深入开展党史学习教育，以集中研讨为主要形式，每月至少开展一次集中学习，全年共开展集中学习18次。二是从严治警。全面开展队伍教育整顿活动，先后组织召开动员会、推进部署会等专题会议2次，开展谈心谈话43次涉及33人次，结合民警个人自查报告事项表排查问题92个，开展提醒谈话10人次，针对查纠的问题大队制订整改方案，工作任务逐项认领，明确责任人和整改期限，问题整改率100%。强化队伍日常警示教育、廉政教育，教育引导全警自觉增强防腐拒变能力。三是从优待警。用足用好从优待警政策，落实民辅警年度体检、家庭困难民警慰问等系列慧警措施，激发民警职业荣誉感和认同感，累计走访慰问困难民辅警25人。

【新冠肺炎疫情防控工作】

2021年8月、10月，全县新冠肺炎疫情防控阻击战期间，交警大队坚决落实县委、县政府决策部署，第一时间制定和启动应急预案，全员上岗上路、坚守在全县12个主要交通出入口，开展24小时防控勤务，积极有效配合各有关部门疫情防控的外防输入工作，并为全县复工复产创造了良好的道路通行环境。

（阳 洁）

检 察

【概况】

2021年，攸县人民检察院坚持以习近平新时代中国特色社会主义思想为指导，深入学习贯彻习近平法治思想，全面履行宪法和法律赋予的职责使命，努力强化自身建设，切实提高履职能力。突出打击严重刑事犯罪，维护社会稳定，全年共批捕194件272人，起诉480件686人；不批捕88人、不起诉84人。协同推进市域社会治理现代化，推行认罪认罚从宽制度，适用率90%，促使犯罪嫌疑人认罪悔过、服判息诉，促进矛盾化解关系修复，促进和谐社会建设。监督侦查机关立案5件、撤案9

件，纠正漏捕5人，纠正漏诉3人、纠正侦查活动违法9件。突出对民事生效裁判、民事执行的监督，共受理民事行政检察监督案件59件。立案公益诉讼案件76件，与上年同期相比翻一番。攸县检察院获评“全省检察机关信息工作表现突出集体”“株洲市扫黑除恶专项斗争先进单位”“全县平安建设工作先进单位”；凌洁、赵幸福获“湖南省检察机关扫黑除恶专项斗争先进个人”称号。

【打击犯罪、维护稳定】

突出打击严重刑事犯罪，履行批捕、起诉职能，全年共批捕194件272人，起诉480件686人；不批捕88人、不起诉84人。其中严惩“盗抢骗”“黄赌毒”等违法犯罪活动，批捕138人，起诉233人。参与“断卡”行动，批捕帮助信息网络犯罪66人，起诉153人，助力斩断电信网络诈骗“洗钱”供应链。推动常态化扫黑除恶专项斗争走深走实，依法办理涉黑涉恶案件9起，批准逮捕10人，提起公诉26人。办理的宁某某等13人涉黑案，首犯宁某某被判处有期徒刑14年，单某、彭某等其他黑社会性质组织成员，分别被判处有期徒刑八年至一年六个月不等。加大反腐倡廉工作力度，深化监察、检察协作，起诉职务犯罪案件9件11人。办理株洲市城市管理和综合执法局原党组副书记、副局长刘某（副处级）涉嫌受贿、贪污案，株洲市荷塘区教育局原党委书记、局长赵某某（正科级）涉嫌受贿等职务犯罪案件。坚持一手抓“新冠”防疫、一手抓办案，派出干警1056人次下沉社区、入驻企业，开展联防联控、助推企业复工复产。

【推进社会治理现代化】

推动量刑建议精准化，确定刑量刑建议提出率为98.6%、法院采纳率为97.7%，居全市前列。坚持和发展新时代“枫桥经验”，有效结合网络平台与实体大厅，为人民群众提供更加便捷高效的“一站式”检察服务，开展检察长接待日48次，受理各类控告案件40件，接待来信来访51件次，全部在7日内回复、3个月内办结答复。针对办案中发现的一些行业和单位在社会治理中的短板、漏洞，制发社会治理类检察建议3份，跟踪督促整改，助力社会治理能力和治理水平不断提升。

【检察监督】

全年共监督侦查机关立案5件、撤案9件，纠正漏捕5人，纠正漏诉3人、纠正侦查活动违法9件。加强对刑事审判活动的监督，对刑事审判活动提出纠正意见3件。加强刑事执行活动监督，监督纠正监外执行不当、刑事执行活动违法65件，发出检察建议23件。对近3年的549件财产刑执行监督案件进行清查，发出检察建议1份，纠正违法通知书12份。办理重大案件讯问合法性核查9件。

突出对民事生效裁判、民事执行的监督，坚持程序正义与实体正义并重，不断强化监督实效，彰显监督权威。全年共受理民事行政检察监督案件59件。其中，受理各类民事检察监督案件42件，行政检察案件17件。加强弱势群体权益保护，办理支持农民工讨薪案件9件，联合相关部门合力化解该纠纷，促成庭前调解，帮助9名农民工追回欠薪60667元，取得良好的法律效果和社会效果。

【公益诉讼检察】

全年共立案公益诉讼案件76件，其中行政公益诉讼71件、刑事附带民事公益诉讼5件；发出检察建议60件，起诉4件，已判决4件，诉前整改12件，行政公益诉讼诉前整改率、提起民事公益诉讼后法院支持起诉率均为100%。争取人大支持重视，县人大常委会专题听取公益诉讼检察工作报告，邀请30多家行政单位负责人列席参会，为进一步加强和改进公益诉讼工作注入强大动力。

【检务公开】

向县人大常委会专题报告公益诉讼、诉讼监督、未成年人检察等专项工作，并认真落实审查意见；检察长、副检察长向县人大常委会报告履职情况7人次。举办各类检务公开活动25次，邀请人大代表参加公开听证、检察开放日等活动2次，邀请人民监督员参加案件公开听证60人次。发布案件程序性信息795件，发布重要案件信息56件，办理辩护与代理预约257人，公开法律文书380件。在各类媒体刊发宣传稿件266篇，发布各类新媒体作品 71 条。

【队伍建设】

坚持党对检察工作的绝对领导，深入推进党史学习教育和 90 年检察史学习教育，传承红色基因，弘扬伟大建党精神。通过开展全员政治轮训、革命传统教育等引导干警深学细悟笃行习近平新时代中国特色社会主义思想，筑牢对党忠诚的思想根基。加大优秀年轻干部培养储备力度，90 后青年干部占中层骨干比例的 63%。坚持素质兴检不停步，开展集中学习、岗位练兵、远程教育培训 115 次 2742 人次，干警实战能力明显提升，20 人次青年干警分获省市县内各项先进表彰。坚持全面从严治党从严治检，紧盯领导班子“关键少数”，压紧压实主体责任。开展经常性廉政教育，加强对检察人员八小时外的监督管理，深化检务督察，持之以恒正风肃纪。严格执行“三个规定”，主动记录报告过问或干预、插手司法办案等重大事项，筑牢廉洁司法防线。

【政法队伍教育整顿工作】

贯彻落实全国政法队伍教育整顿工作部署，深入开展政治教育、警示教育、英模教育 32 次 1197 人次，有力提升全院干警的政治判断力、政治领悟力、政治执行力。抓严查纠整改，确立 8 项整治内容，收集问题线索 21 件，作出通报责令检查 1 人、批评教育 1 人、提醒谈话 5 人。抓实机制建设，建立健全《不捕不诉、监督制约工作机制》《检察人员涉毒违法犯罪的处理办法》《贯彻执行“三个规定”实施细则》等 21 项工作机制。常态化办好检察为民实事，列出“为民办实事清单”并推动 10 件实事全部落地，推出 3 项长效便民利民举措。

5 月 24 日，由县委政法委联合县纪委监委、县委组织部组成的政法队伍巡查工作专班到攸县检察院，开展为期 2 天的政法队伍教育整顿队伍建设巡查工作。

（谢林虹）

法 院

【概况】

2021 年，攸县人民法院现有人员编制 111 个，在岗在编 102 人，其中员额法官 46 人。内设立案庭、刑事审判庭、民事审判一庭、民事审判二庭、综合审判庭、执行局、政治部、综合办公室、审判管理办公室、司法警察大队等 10 个机构，下辖联星、网岭 2 个人民法庭。在联星法庭挂牌成立“少年法庭”，成为全省首批、全市唯一设置“少年法庭”的基层法院。新审判法庭于 8 月 2 日正式投入使用，诉讼服务中心集约立案咨询、信访接待、当事人自助等多项功能，诉讼服务条件得到明显改善。2021 年共受理各类案件 15681 件，审执结 15072 件，结案率 96.12%，审限内结案 100%。获得“2021 年度全省法院考核优秀单位”“全市优秀法院”“株洲市三八红旗集体”等多项集体荣誉称号。

【刑事审判】

充分发挥刑事审判职能作用，有力惩治犯罪、保障人权，全年共受理刑事案件（含旧存）538 件，审结 482 件，对 627 名被告人依法判处刑罚。开展打击毒品犯罪专项审判活动，审结涉毒品犯罪案件 39 件 45 人，对其中 23 人判处三年以上有期徒刑；开展打击治理电信网络新型违法犯罪活动，审结开设赌场罪、帮助信息网络犯罪活动罪等案件 122 件 153 人；开展打击性侵未成年人犯罪专项行动，审结性侵未成年人案件 6 件 8 人。深化以审判为中心的刑事诉讼制度改革，为 86 件 118 名刑事被告人指定辩护律师。准确适用认罪认罚从宽制度，严格区分案件性质，对犯罪情节较轻、认罪态度较好的 187 件 240 名被告人适用缓刑，更好发挥刑罚的教育矫治功能。常态化推进扫黑除恶专项斗争工作。依法审理宁某某等 13 人涉黑案件，对首犯判处有期徒刑 14 年，有力维护县域经济发展秩序和人民群众正常生活。

【民事审判】

充分发挥民商事审判理顺关系、规范行为的功能，受理民商事案件（含旧存）9281 件，审结 8968 件，坚持“调解优先，调判结合”，调撤率达 39.16%。审结教育、住房等涉民生案件 1212 件，审结借贷、买卖等合同纠纷案件 6332 件，审结抚养、赡养等婚姻家庭纠纷案件 1004

件。推进民事诉讼程序繁简分流改革，出台《关于民事案件繁简分流和速裁工作实施办法》，简易程序、小额诉讼程序适用率94.32%，在立案庭建立专业速裁团队，速裁案件审理周期仅16天，审判效率明显提升。

【执行工作】

全年共受理执行案件（含旧存）5766件，结案5530件，执行到位1.3亿元。执结涉民生案件180件，到位金额614万元，为农民工追讨工资168万元。清理执行积案487件，到位金额5274万元，涉茶陵泽源水电开发有限责任公司案件、涉攸县梅城水泥有限责任公司系列案件均成功结案，有效化解风险隐患。加大对失信行为的打击力度，予以司法拘留62人、罚款13人，纳入失信公示系统374人次，限制高消费3871人次，公布失信名单130人次。累计拍卖执行标的物113起，变现财产2093万元。完善综合治理执行难大格局，推进"网格+执行"工作模式，依托全县297个村（社区）、520个基层网格，发布6则悬赏公告，发动超3万人协助查人找物。开展不明案款集中清理行动，清理暂存执行案款573笔3859万元并全部核实兑付。

【司法服务】

妥善审结破产案件3件，涉及债权6000余万元，推动1家"僵尸企业"平稳有序退出市场，为破产企业提供救助金10万元。开展"环境资源审判利剑"专项行动，依法审结环境资源案件19件，裁定准予强制执行县环保局对某违规企业的处罚决定，有力守护碧水蓝天净土。派出2名专业法官为县域重点项目提供司法指导，对13栋房屋依法下达强制拆除裁定，指导帮助推进建设北路征拆项目工程如期竣工并投入运行。开展专项治理重复信访事项、化解信访积案工作，每周一由各分管院领导集中分线接待，接访200余人次，成功化解信访13件。在诉讼服务中心设立法律援助中心工作站，为228件案件的当事人提供法律咨询和服务。大力开展诉源治理工作，推动14个诉调对接工作站实际运行，诉前化解纠纷428起。

【司法绩效管理】

认真研究、大胆改革，开展干部交流轮岗31人次，形成以法官为核心的审执团队，推进资源整合、职责明确以不断提升审执质效，案件办理周期比上年缩短23.5天。落实院庭长带头办案制度和监督机制，明确院领导带头办理大案要案、疑案难案、新类型案，引导院庭长将主要精力投入审判业务的指导中，院庭长全年办案9220件，占所有案件的63.5%。加强审判管理，全面落实司法责任制，对47件二审、再审改发案件实施双向评查，对改判发回案件实行责任倒查并与司法绩效考核挂钩。在案多人少压力日益凸显、办案速度大幅提升情况下，一审案件改判率仅0.26%、发回重审率仅0.17%，服判息诉率98.4%，办案质量稳居全省基层法院前列。

【法治宣传】

大力开展法治宣传活动，开展"送法进机关、进乡村、进社区、进企业、进学校"活动48次；开展校园安全、毒品防范、《中华人民共和国民法典》实施等专题讲座16场次；提供法律咨询340余人次，发放宣传资料2万余份。借助新型媒体，发布工作动态和普法资讯134期，被上级法院转发46篇、省级以上主流媒介刊登63篇。

【党建工作】

加强党员学习教育。强化科学理论武装，常用态化组织党员开展政治学习，中心组带头学习21次，全院集中理论学习14场次。扎实开展党史学习教育和中国共产党成立100周年系列活动。党组书记带头讲授党课3次，利用网络资源和红色资源，开展专题中心组学习、支部学习、庭室学习、全院学习46场，收集学习心得89篇，做到学思用贯通、知信行统一，结合本职工作开展"我为群众办实事"实践活动35次，进一步把群众工作融入执法办案之中，实现学史明理、学史增信、学史崇德、学史力行。

加强全院纪律作风建设，结合县委巡察整改、司法队伍教育整顿活动，严格落实考勤、庭审和群众信访接待等工作制度。坚持标准开展审务督察56次，开展庭审和诉讼服务窗口作风纪律专项整治活动，进行情况通报42次。针对管理漏洞和突出问题，出台完善《防止干预司法

“三个规定”的实施办法》《审判流程管理办法（试行）》等22项规章制度并推动落实。

（康 帅、王 宾）

司法行政

【概况】

县司法局有在编在岗人员62人，下设县公证处、县法律援助中心和县矿山职业病纠纷联合调解事务中心等3个二级事业单位，镇（街道）基层司法所17个。2021年，完成行政复议体制改革，设立攸县人民政府行政复议办公室，由县人民政府统一行使行政复议职责，县司法局为县人民政府行政复议机构，依法办理县人民政府行政复议事项，以攸县人民政府名义作出行政复议决定。

多渠道开展普法宣传,营造浓厚的法治氛围，举行法治宣传主题活动共计210余场；主办法治宣传教育活动120余场次。完成人民调解委员会的更新换届工作。深入推进全县民主法治示范村(社区)创建工作和“门前三小”法治小广场项目建设,完成民主法治示范村(社区)创建3个。持续推进法治政府建设,全年共受理行政复议案件9件,办结7件；办理行政诉讼案件19件；发挥合法性审查职能作用，实现政府规范性文件合法性审查100%覆盖。全年办理各类公证业务1799件，法律援助案件368件。

【公共法律服务】

与县工商联联合开展“万所联万会”活动，动员法律服务人员深入重点企业、重点项目，提供针对性的法律体检、发放宣传资料，让企业充分享受“一站式”的法律服务。深入开展“乡村振兴法治同行”活动，全年全县297个村（社区）的法律顾问免费为群众代写法律文书356份，调解矛盾纠纷270件，法律咨询1300人次。全年办理各类公证业务1799件，其中涉外公证145件，办理上门服务60余件。以“应援尽援，应援优援”为目标，全年共办理法律援助案件368件，其中刑事案件189件，民事案件179件。

【人民调解工作】

全县共有人民调解委员会325个，调解员1279人，新备案成立知识产权调解委员会和攸县联星街道商会调解委员会，全年共调处矛盾纠纷1440件，调解成功率达99%以上。深入开展“喜迎建党百年维护和谐稳定”及中秋节、国庆节期间矛盾纠纷集中排查调处等专项排查调处行动。

【社区矫正】

加强对社区矫正对象的考核和奖惩，全年共进行调查评估361件，接收社区矫正人员327人，解除矫正266人，变更居住地19人。开展社区矫正案卷评查活动，共核查3176份案卷，整改131份案卷。

【法治宣传教育】

通过多渠道灵活开展普法宣传,营造浓厚的法治氛围。全年组织开展含元旦春节期间“送法下乡”、“4·15”国家安全教育日、5月农村法治宣传教育、青少年法治宣传教育周、“12·4”国家宣传日等各类法治宣传主题活动共计210余场，发放宣传资料10万余份，现场接受法治教育人数达4万人次。开展《中华人民共和国民法典》专题讲座60余场，举办120余场次法治宣传教育活动，发放15万余份法治宣传资料。深入全县各中小学校开展法治讲课130余堂，接收教育学生近7000人次。

【政法队伍教育整顿】

明确党组书记为政法队伍教育整顿第一责任人，成立领导小组和工作专班，制定队伍教育整顿，学习教育、查纠整改环节以及自查自纠、顽瘴痼疾专项整治、谈心谈话等具体工作方案。3月15日，召开全县司法行政系统队伍教育整顿工作动员部署会。会后，通过举行专题讲座、开办培训专班等形式，集中学习《中华人民共和国公职人员政务处分法》、《防止干预司法“三个规定”》、《习近平谈治国理政》第三卷、《习近平关于政法工作的重要论述》等，开展党纪党规和法规教育。组织观看警示教育片《贪欲引他们误入人生歧途》《初心与蜕变》以及旁听职务犯罪庭审，邀请县纪委常务副书记上廉政党课，扎实开展干部队伍警示教育。全面自查自纠、整治司法行政系统的顽瘴痼疾，确保司法行政队伍绝对忠诚、绝对纯洁、绝对可靠。

（谭捷鸣）

军 事

人民武装

【概况】

2021年，县人武部坚决贯彻军分区党委和中共攸县县委决策部署，始终把加强思想政治建设摆在首位，确保部队绝对忠诚绝对纯洁绝对可靠。认真学习习近平新时代中国特色社会主义思想和习近平强军思想，深入开展“为群众办实事”活动，感悟思想伟力，深化对党的性质宗旨认识，激发奋进新时代的斗争精神。加强共产主义理想信念和爱国主义教育，组织民兵赴谭震林业绩陈列室重温入党誓词、聆听微党课，到网岭六十分革命烈士陵园祭扫英烈，集中观看《守岛人》《长津湖》等红色影视，广泛宣讲习主席“七一”重要讲话精神和中共十九届六中全会精神，引导广大民兵传承革命先烈遗志。

【练兵备战】

2021年，县人武部以深化巩固应对强敌作战能力目标，全面推进战备训练。结合县情抓战备，围绕中心任务规范战备训练，修订完善各类抢险救灾应急预案，严格落实重大节日和重要时期的战备教育和战备值班制度，做好遂行抢险救灾和维护社会稳定等任务准备。立足实备抓训练，全年共组织民兵抗洪抢险、森林灭火、反恐维稳等分队军事训练5期，先后选派基层专武干部、民兵参加省市集训；组织预定新兵开展入伍前适应性训练，指导完成全县5000余名学生的军训任务。瞄准任务抓演练，联合县应急管理局、消防大队等10多个单位开展防汛应急演练，探索防汛抗洪“海陆空”一体化模式。

【国防动员】

2021年，县人武部扎实开展潜力调查工作，注重发挥军地合力，联合27个部门成立国防潜力统计调查领导小组和联络员队伍，采取“四个结合”（上下结合、条块结合、普遍调查与重点调查结合、抽样检查与全面验收结合）、“两条线运转”（军事科带乡镇武装部纵向联动，国动委带各成员单位横向互动）的方式，摸清辖区潜力。深入推进民兵整组工作，全县基本形成结构合理、基础稳固、力量精实、反应迅速的基干民兵队伍。高标准、高质量完成2021年兵员征集任务，征兵“五率”排名在南五县（区）位列第一。

【正规化建设】

2021年，县人武部聚焦“四个秩序”抓建设，整体提升部队建设水平。持续推进机关本级建设，高标准抓好新营院主体和硬件配套设施建设，年初完成新营院部署调整并正式启用。持续推进星级达标工作，在基层武装部100%达标的基础上，成功创建多个“五星”级基层武装部和“四星”级基层武装部，基层武装部阵地建设水平大幅提升。持续保持安全稳定，始终坚持把确保安全稳定作为基础保底工程，加强安全保密教育，落实安全制度，扎实开展“百日安全活动”，全年没有发生安全事故。

【“双拥”共建】

2021年，县人武部发挥桥

梁纽带作用，推动兴武强军和富民强县互促共进。广泛开展“双拥”活动，协调出台《攸县现役军人立功受奖喜报送达和优待奖励措施办法（试行）》，牵头退役军人事务局常态化开展挂光荣军属牌匾活动，军地联合为二等功臣梁斌等多名立功受奖官兵送喜报，走访慰问师级以上现役干部及困难军人军属。切实维护军人军属权益，努力解决军人“三后”问题，先后为多名省编职工办理落编手续，补缴养老保险，并协调解决多名军人子女入学问题，较好地维护军人军属合法权益。积极参建参治，结合工作加强军地双向宣传，主动借助中央、湖南军事新闻媒介，大力推介攸县红色文化。大力支持全县乡村振兴工作，共投入20余万元帮扶冯家坳村、苏江村乡村振兴工作。

（欧阳盼）

退役军人事务

【概况】

攸县退役军人事务局有干部职工26人，设办公室、思想政治和权益维护股、拥军优抚股3个内设机构及退役军人服务中心、军队离退休干部休养所、烈士陵园管理所、县光荣院4个二级事业单位。

2021年，为提升退役军人服务能力，推进服务保障体系建设，对标“五有”“四化”退役军人服务站建设要求，制定下发《在全县开展规范化退役军人服务站创建工作实施方案》，计划用3年时间完成攸县17个乡镇（街道）退役军人服务站规范化创建工作，用3—5年时间完成全县297个村（社区）退役军人服务站规范化创建。5月，对全县退役军人信息及退役军人服务保障体系建设数据进行全面摸底；6月，开展规范化退役军人服务站创建工作。至年末，有11个镇（街道）退役军人服务站规范性创建验收合格。

【优抚安置】

2021年，通过“一卡通”发放优抚对象抚恤补助金，缴纳新型农村医疗保险和养老保险，发放公益性岗位补贴，发放援助解困资金。将2021年度退伍的转业士官通过“阳光安置”方式分配到攸县县直部门、镇（街道）及央企，并及时发放转业士官待安置生活费和接续待安置期的养老保险、医疗保险。推荐多名退役士兵免费参加职业教育和技能培训，组织多名退役士兵参加株洲市退役军人事务局大型招聘会，推荐3家退役军人创办的企业参加株洲市创新创业大赛，攸县中湘能源荣获大赛三等奖。3月底开始，县、乡镇（街道）两级退役军人事务部门通过走访座谈、调查问卷、实地调查等方式在全县开展退役军人就业创业工作调研。

【烈士褒扬】

9月30日，举行全县烈士纪念日公祭活动。稳步推进渌田北伐首战纪念广场和蔡会文、蔡兰阶烈士事迹陈列馆等烈士纪念设施场馆建设，努力向省厅争取项目建设资金支持。11月23日，配合县委完成“北伐首战攸县渌田学术研讨会”工作，组织与会代表举行祭奠北伐首战牺牲的无名烈士活动。启动零散烈士墓迁移工作，对12处零散烈士纪念设施进行实地核查，完成全县零散烈士纪念设施坐标、经纬度等测量工作任务。

【“双拥”和“军民共建”】

2021年，在全县大力开展“关爱退役军人工程”活动，与新市颐宁圆、县公交公司等单位建立拥军合作单位，为多名退役军人办理“惠军卡”。联合株洲市慈善总会开展烈属专项救助活动，为多名特别困难的现役军人家庭发放救助资金。6月20日至7月20日，在全县开展“老兵永远跟党走”为主题的退役军人免费摄影公益活动，活动中组织婚纱摄影公司深入57个村（社区）免费为退役军人夫妻拍一组婚纱纪念照，为攸县户籍的退役军人夫妻圆一个婚纱梦。春节和“八一”中国人民解放军建军节期间，为优抚对象发放慰问和解困资金，为驻地部队发放慰问金。9月1—11日，株洲市退役军人事务局拥军优抚合作单位——株洲市三三一医院爱尔眼科医院为攸县军人军属、退役军人和其他优抚对象提供眼健康诊疗服务。

（杨 军）

综合经济与管理

发展计划和改革

【概况】

攸县发展和改革局在职工作人员36人。下设办公室、经济发展股（国民经济动员办、装备动员办）、行政审批股、投资管理股、价格管理股、能源和电力运行股、规划股、法规股等8个内设机构；下属重点项目事务管理中心、价格调节基金中心、价格监测中心、电力执法大队等4个事业机构；另设产业项目建设年活动领导小组办公室、抽水蓄能项目协调办公室、重大交通项目前期工作领导小组办公室、攸县“双碳”电网建设工作领导小组办公室等4个临时机构。

2021年，全县经济发展主要计划指标平稳增长。全年地区生产总值同比增长6.9%，社会消费品零售总额增长15.2%，规模工业增加值增长11.9%，一般公共预算收入中税收占比提高11.57个百分点，城乡居民人均可支配收入增长8.4%。项目攻坚和前期项目实施成效明显。三峡建工攸县抽水蓄能项目前期工作组正式进驻攸县开展前期工作，基本完成地勘工作和预可研编制；明月风电项目实现并网发电；衡吉高铁完成预可研。接续开展“产业项目建设年”和“三比三看”大竞赛活动，全年实施省市重点项目57个，完成投资112.3亿元，产业项目建设工作获评全市先进，列五县市区第二。其中旭日陶瓷、斯多瑞、华悦电子、大豪医药产业园等项目按期投产；昊华二期、天镒锆业、臻诚新材、华纯新材等项目加快推进；体育路、建设北路、吉兴西路建成通车，文化路延伸段、二环路等多年“断头路”彻底打通。

【计划规划和项目审批监管】

科学制定《2020年国民经济和社会发展计划执行情况与2021年计划草案》，并通过县人大会议审议。科学编制了以“一中心四样板”为总体发展目标的《国民经济和社会发展第十四个五年规划和二〇三五年远景规划纲要》。规划共有11章，50节，52899字。参与湘赣边区域合作示范区建设相关工作，完成月度固定资产投资分析、季度经济形势分析报告，为县委、县政府决策提供参考、当好参谋。

2021年，共批复各类项目503个。其中：政府性投资项目236个，投资金额约51.2亿元；企业投资项目备案和核准189个，投资金额约252.2亿元；核准招投标21个，其他项目57个。在湖南省投资项目在线审批监管平台项目信息报送330个，在互联网+智慧株洲“一件事一次办”平台办结124项。

【争资引项】

重点围绕保障性安居工程、“三农”、资源型地区转型发展、服务业、煤矿、湘赣边、新型城镇化、污染治理和节能减碳等18个专项，全年争取预算内资金项目34个，到位资金1.98亿元；储备项目156个，总投资111.03亿元，其中专项债项目12个，总投资64.1亿元，争资引项工作在全市排名前列。

【公共资源交易管理】

监督公共资源交易。2021

年度全县公共资源交易项目184宗，交易总金额约1.74亿元；完成全县高标准农田、工业类、代建项目招标监管6宗，总交易金额1.41亿元。

推进社会信用体系建设。完成“信用攸县”平台网站开发，建立攸县社会信用体系建设联席会议制度，印发《2021年攸县社会信用体系建设工作要点》，全年指导30家单位完成信息录入，收录各类信用信息16937条。

优化营商环境。制定《攸县发展和改革局2021年“营商环境优化年”活动实施方案》，印发《优化营商环境发改局牵头事项任务分解表》，牵头的优化营商环境工作获得省政府2021年真抓实干激励奖励。

【重点工程管理】

全年共收到变更申请35项，其中部门联席会议审核通过项目29项，合同金额13401万元，变更增加金额达1306万元，增加率为9.7%。直插施工现场进行现场监管及签证共计820人次，参加县政府性投资工程结算定案会90多次，处理争议意见560余条，制定符合攸县实际的政府投资工程施工合同格式范本，主持监签施工合同共100份。组织县财政、审计、住建等部门单位到县重点工程攸州中心医院项目现场办公，为建设单位、施工企业解难题。组织全县中小学校长、现场管理人员等进行县政府投资项目监管业务知识培训。

【价费管理】

严格执行价费管理标准。对17家小区高层住宅二次供水加压电费标准、2021学年幼儿教育收费项目及标准、城区和乡镇污水处理收费标准等7个收费项目经科学严谨调查核实后进行核定和规范。加强调控减免相关费用。进一步保障低收入群体的基本生活，为低保户等低收入群体在水费、有线数字收视费、电广网络、管道燃气费、生活垃圾处理费、诊查费6个方面共减免费用163.92万元。

【价格认定服务】

履行好价格认定服务职责，强化涉案物价格认定，承办公安机关委托的价格认定案件82起，总认定金额179.19万元，发挥价格认定维护当事人合法权益、维护司法公正和维护社会稳定的作用。

【商品价格监测】

全县设有价格监测点21个，监测种类720种。全年上报日报、周报、旬报、月报等重要商品项目及服务价格等各类监测报表655份，内含国家级159份、省级223份、市级195份、县级78份；上报主要商品和服务价格监测分析材料129篇。

【党建和乡村振兴帮扶】

组织全体党员干部前往汝城县沙洲村“半条被子”等红色基地考察学习、参与“幸福攸州、颂歌向党”大合唱比赛等庆祝建党一百周年系列活动，弘扬伟大建党精神，坚定理想信念和党性修养。全力抓好抓实中心组学习，举办干部夜校培训12次，主动将政治建设与中心工作有效融合，着力提升干部能力，着力打造专业型、服务型队伍。

2021年，委派2名干部常驻结对帮扶村——菜花坪镇菜塘村，驻村帮扶乡村振兴工作。建立防返贫监测工作机制，巩固脱贫攻坚成果，驻村工作队每个月定期走访、了解脱贫户、边缘户、“三类人员”（脱贫不稳定户、边缘易致贫户、突发严重困难户）生产生活情况，及时发现返贫风险，采取有力措施，及时解决，实现返贫风险动态清零。全力助推乡村振兴，争取到发改、乡村振兴、农业农村、水利等部门单位的惠农项目资金近700万元，完成菜塘村高标准农田760亩，弄塘广场提质改造，修路及清淤6千米，山塘改造等配套基础设施。

（谭正午）

自然资源管理

【概况】

攸县土地总面积为2648.65平方千米，占株洲市土地总面积的23.5%。耕地502.18平方千米，占18.96%。至2021年末，攸县查明和发现的矿产有煤、铁、锰、石膏、石灰岩、玄武岩、白云岩、高岭土、钨、钼、铅、锌、银、锑、沙金等31种，共发现矿产地45处。其中煤炭、铁矿、水泥用灰岩、普通建筑用砂石矿为攸县优势矿产。煤炭保有资源储量约为3.37亿吨，铁矿保有资源储量约为1015.9万吨，水泥用灰岩保有资源储量约为8868万吨，探明的普通建筑用砂石矿资源储量近2亿吨。攸县有各类采矿权72家，其中煤矿28家、铁矿23家、普通建筑用砂石矿21家。

攸县自然资源局内设16个股室，下设22个直属事业单位（其中副科级14个）；全局共有在职在编工作人员169人；局党委下设6个支部（机关党支部、储备中心党支部、执法大队党支部、中心所党支部、规划设计院党支部、夕阳红党支部），在职党员119人。2021年，攸县自然资源局获株洲市“文明单位”称号，被株洲市自然资源和规划局评选为“依法行政先进单位”，获评县优化营商环境先进单位、污染防治攻坚战先进单位、乡村振兴工作先进单位、征拆征收先进单位，获株洲市全民阅读“书香株洲，爱心无限”公益活动一等奖。

【用地要素保障】

2021年，攸县批回建设用地21宗29.71公顷；完成集体土地征拆项目21个，245.01公顷，经营性储备土地收储27.33公顷，全县园区工业用地动态储备30公顷；全年招拍挂供应土地17宗，面积27.51公顷，成交总额4.11亿元。全面推动“一件事一次办”改革，优化审批登记服务，简化流程、精简资料、前置服务，全力提升服务质量和效率。

【耕地保护】

严格落实耕地保护占补平衡，全县储备耕地指标184.63公顷，水田规模88.66公顷，粮食产能208.86万千克；新增补充耕地126.17公顷。出台规范性文件《关于加强耕地保护工作的实施意见》，进一步明确加强土地规划管控和用途管制、严格控制建设占用耕地、加强耕地保护动态监管、落实耕地管理责任等具体内容。

【规划管控】

2021年11月，成立攸县国土空间规划委员会。编制完成《国土空间总体规划大纲》、6个专题研究资料和《全县城镇开发边界划定方案》，通过县自然资源和规划委员会审议；完成生态保护红线评估调整，待国务院批复；完成城镇建设用地规划现状基数成果认定和《2020年度国土空间规划城市体检评估报告》，报省厅审查。完成涉及菜花坪镇等8个乡镇共16个村的攸县农村综合服务平台等29个项目的土规调整。审议危化品专项布局规划、《攸县火车南站片区控制性详细规划》用地规模调整等12个项目，共核算各项技术经济指标、复核建筑用地面积约18万平方米，建筑面积约36万平方米，其中计容建筑面积约31万平方米。完成规划核实验收项目12个，面积78.32万平方米，立案查处规划违规行为80起，处罚金额43万余元。制定了规范性文件《攸县县城规划区内私人住宅建设管理办法》。

【矿政管理】

编制呈报《攸县普通建筑用砂石土矿资源开采专项规划（2019—2025年）》，配合编制《株洲市矿产资源总体规划（2021—2025年）》。推进绿色矿山建设，完成3家铁矿探矿权关闭退出及复垦现场验收工作、2家铁矿关闭退出注销及复垦工作、1家煤矿部分避让退出复垦复绿验收工作。出台矿山“四关闭一到位”超深越界检查方案，矿山井下检查31矿次。严厉打击非法采砂行为，组建砂石土矿打非工作队，立案查处非法开采砂石土矿行为50余起，收缴罚没款20余万元，扣押非法采矿铲车、挖机及运载车辆60余台。

【地质灾害防治】

2021年，全局推行领导带队督察制度，分6个小组2批次对全县349个地质灾害隐患点进行巡排查；开展地质灾害隐患专业监测及普适化监测工作，安装17台监测设备。联合县气象局累计发布地质灾害预警33期，发送预警提示短信8.9万条。完成皇图岭山关村、鸾山咸周小学、石羊塘金坑、莲塘坳镇中江村、锦江名园小区等5处重点隐患项目治理，稳步推进鸾山镇新和村地质灾害灾后恢复，处置地质灾害25处，实现地质灾害“零伤亡”。

【政务服务和信访工作】

开展送证下乡活动，为新市镇善桥社区11个村民小组送证272本；深入推进“交房即交证”改革，为“正泰新城”业主代表颁发不动产权证书，实现新建五证齐全商品房“交房交证零时差”。全县农村房地一体确权登记发证，完成调查和测绘18.31万宗、建库17.01万宗、打印新证7236本。累计会审房地产办证信访突出问题项目55个、1.2万余户、166.48万平方米。

全年应诉行政案件10件（一审法院7件、二审法院3件），办理市、县长热线交办件96件，办理省、市、县转来交办的信访事项14件，办理政府信息公开申请4件，办理信访复查复核1件，办理行政执法监督函1件，办理检察监督1件。

【党建工作】

2021年，充分利用主题党日、“三会一课”等形式，定期组织全体党员学习贯彻中共十九届五中、六中全会和习近平总书记考察湖南重要讲话精神。开展庆祝中国共产党成立100周年系列活动，扎实开展党史学习教育，开展学党史办实事系列活动。充分发挥党员先锋作用，组织支部党员开展“交房即交证”“送证下乡”“地质灾害防治进村入户宣传”“土地管理法律法规宣讲”“上门解决土地遗留问题”等便民利民活动。

（欧阳雄）

审　计

【概况】

2021年，累计完成项目33个，查出各类违规金额112055万元，管理不规范金额312525万元，非金额计量问题170个，提出审计建议107条，报送审计成果5篇（其中被党政主要领导批示3篇），移送县纪委监委和部门单位线索9条。督促指导各有关部门单位的内部审计机构进一步加强财务收支、经济责任和基本建设审计。开展内审单位内审工作经验交流，推动部门单位内审工作向规范化、制度化、有序化逐步迈进。

攸县审计局有干部职工39人，局内设机构有办公室、法制审理室、财政金融审计股、行政事业审计股、经贸企业审计股、政府投资审计股、领导干部任期经济责任审计股，二级机构县投资审计中心。2021年度，审计工作获评“全省审计宣传通联工作先进单位”“市文明建设先进单位”“县文明建设红旗单位”“县平安建设先进单位”“县乡村振兴工作先进单位”，组织实施的“攸县城南滨江风光带（景观）工程项目实施情况审计调查”获全省优秀审计项目荣誉称号。

【财政预决算审计】

按照“预算执行为主线、全部政府性资金为主要内容、财政专项资金为重点、提高财政资金使用效益为目标”的审计思路，聚焦支出预算和政策拓展，对2020年度县本级财政预算执行和财政管理情况以及全县所有一级预算单位2020年度部门预算执行情况实行审计全覆盖，揭示财政资金收、支、管、用等流程控制环节中存在的突出问题，从源头分析原因和提出建议，强化财政资金绩效监督。推动出台《关于建立县人民政府向县人大常委会报告国有资产管理情况制度的意见》，促进国有资产管理工作有序开展，确保国有资产保值增值。

【领导干部任期经济责任审计】

全年实施并完成10个单位15名领导干部经济责任履行情况审计项目，查出违纪违规金额2679.3万元，界定领导干部应负领导责任金额2673.8万元、应负直接责任5.5万元，提出审计建议31条，移送县纪委监委及主管部门线索7条，在引导领导干部树立科学的发展观和正确的政绩观，为组织部门选人、用人提供有力参考。

【自然资源资产审计】

全年实施并完成领导干部自然资源资产审计项目1个，审计领导干部2人，查出被审计单位在土地管理、水资源综合治理、环境污染防治、森林资源开发利用保护等方面存在的已关停的采砂场林地大面积未复绿、农村环境卫生综合治理不到位、黑臭水体整治项目治理不到位、生产企业未办理排污许可证和环评手续、未批先建占用林地等问题，切实发挥审计在促进党中央令行禁止、推动全面深化改革、促进权力规范运行、推进生态文明建设等进程中的监督和保障作用。

【政府投资审计】

全年共完成审核工程项目

411个，核减造价8962万元，开展政府投资审计项目4个，其中重点建设项目跟踪审计2个，服务全县项目建设、促进政府投资管理规范化。

【行业审计】

对县属国有企业公司及其子公司进行全面审计，查出问题金额83964万元，揭示新增融资部分利率超规定、当年新增融资支付不合理费用、项目实施不按工程进度付款、重大资金安排未严格执行请示报告制度等问题，全面反映攸县国有企业经营状况，助力防范化解融资债务风险工作。

（曹　敏）

市场监督管理

【概况】

2021年，全县共有市场主体42881户（同比增长9.4%），其中内资企业8697户，个体工商户34184户。食品生产经营单位5653家。其中，食品生产企业（含小作坊）178家，食品流通单位3545家（其中特殊食品流通单位521家），大型商场超市7家，农贸市场56家，餐饮服务单位1867家。药品生产企业4家，药品批发和连锁总部3家，药品零售企业286家，药品使用单位535家。在用特种设备共1984台（件）。其中，电梯1089台，锅炉60台，压力容器249台，压力管道单元411项，压力管道工程46项，起重机械94台，场（厂）内机动车辆30台，大型游乐实施5台。工业生产企业共145家。其中，电线电缆3家，水泥1家，水泥助磨剂1家，冷轧钢筋4家，烟花爆竹29家，红砖厂48家，危险化学品及包装容器4家，食品相关产品4家，其他企业51家。检测机构共11家。其中，机动车检测站5家，计量检验授权站2家，质量检验机构4家。全县共有计量器具约18600台（件）。

攸县市场监督管理局主要承担全县食药安全监管、质量技术监督、经济秩序管理、市场环境服务、行政综合执法、消费权益保护等重要职责。2021年，全局干部职工336人，其中在编在岗216人、离退休120人，党组班子成员8人，党员240人（其中在职党员171人，离退休党员69人）；局内设机构19个、二级事业单位5个、派出机构12个。2021年度获评省特种设备安全监察工作优秀单位、县“营商环境优化年”活动先进单位、县疫情防控工作先进单位、县平安建设先进单位。

【维护市场秩序】

一是市场执法监管。大力开展食品药品安全整治、保健品百日行动、打假护牌、反不正当竞争等专项行动，查办各类违法案件659起，其中食药案件435起，有效维护市场竞争秩序。

二是企业信用监管。健全市场监管领域部门“双随机、一公开”监管机制，市场主体年报率达92%，在协同监管平台接收双告知数据6968条，数据反馈6765条，全县231户企业列入严重违法失信企业，709户企业列入经营异常名录，吊销124户企业营业执照。

三是消费维权。畅通“12315”投诉举报渠道，对符合受理条件的，严格按照投诉举报处置程序进行处置，共受理投诉举报781件，为消费者挽回经济损失160余万元。疫情防控期间累计出动执法人员7685人次，检查和指导督促市场主体8503家次，市场价格巡查1950家次，全力保障各类生活必需品及防疫物资供应充足，市场平稳有序。

【质量、安全监管】

坚持“四个最严”原则，共抽检农副产品1386批次、食品监督检验1307批次、一次性餐饮具92批次，切实守好百姓“米袋子”“菜篮子”；开展中药饮片、儿童化妆品、农村药品安全等专项整治行动，切实维护公众用药用械用妆安全。

紧盯重点领域、薄弱环节、关键部位，全力摸排整治电梯、锅炉、压力容器等特种设备安全风险和隐患，督促指导企业做好日常运行维护，严防安全生产事故发生，全县特种设备定检率达到98%。

开展儿童和学生用品、农资产品、“黑加油站”、建筑材料、日用消费品、危险化学品、马路市场等专项整治行动，共开展各类专项抽查160余批次。

【优化营商环境】

先后出台《“营商环境优化年”活动实施方案》《关于元旦春节期间进一步规范市场监管行

为优化营商环境的通知》等文件，指导“攸县香干”地理标志证明商标成功注册，指导高新区管委会“知识产权综合服务分中心”项目顺利通过验收，对2020年申请、授权的专利进行资助和奖励。

着力开展春节、元旦等节假日期间的市场价格监管，突出粮油、禽肉、蔬菜、燃气、医疗、交通等与人民生活密切相关的民生商品和服务价格监管，严厉打击恶意囤积、哄抬价格、串通涨价的行为。

深入开展“公筷·光盘”行动，先后组织“3·15”守护安全畅通消费宣传、全国食品安全宣传周、“餐饮安全你我同查”“放心消费”创建等系列活动。通过文明引导、安全监管、示范创建等途径，进一步升级大众消费环境。

【行政审批服务改革】

进一步深化“放管服”改革，全面实施市场准入“负面清单”制度，推动“非禁即入”真正落实。推行“证照分离”“药品多证合一”“容缺受理”，5月，发出首张株洲市县级药品经营“多证合一”许可证。推行“一窗通办”，整合企业开办涉及的市场监管、公安、税务、人社、住房公积金等部门行政审批服务环节，将企业开办时间压缩至1个工作日。全线推进企业电子化登记，并推出企业登记“预约办”“自助办”服务，提升企业登记效率。累计为新办企业免费刻制首套印章390余套，免费邮寄营业执照1300余份，实现企业电子化登记率86.2%、简易注销率75%，真正实现“零门槛”“零见面”“零收费”。全年来新增内资企业1330户、个体工商户4802户。（罗萍萍）

应急管理

【概况】

2021年，全县共计发生一般生产安全事故17起，死亡15人（其中生产经营中交通事故16起，死亡14人；烟花事故1起，死亡1人），未发生较大及以上生产安全事故，事故起数和死亡人数双下降，全县安全生产形势总体平稳。

攸县应急管理局有工作人员339人，其中正式工作人员119人（行政编制30人，事业编制89人），临聘工作人员220人（局机关10人、二级机构210人）。主要承担全县安全生产综合监管、日常监管（煤矿、非煤矿山、危险化学品、烟花爆竹、工贸）、自然灾害类综合防灾减灾救灾和应急救援等职责。全局设17个内设机构，下属6个二级机构（煤炭产业事务中心、矿产资源税费事务中心、安全生产监察大队、矿山救护队、煤矿安全工作站、森林消防中队）。县安委会下设矿山、道路交通运输、建筑施工、消防等10个安全生产专业委员会。全县有煤矿22家（县属煤矿20家、市管煤矿2家），非煤矿山48家（地下矿山22家、露天矿山22家、尾矿库4家），烟花企业304家（生产企业29家、零售店271家、批发公司4家），危化企业109家（其中生产企业14家），工贸企业30家。全县共有从事生产经营活动的企业2760家，2021年暂扣和吊销许可证46个，取缔关闭企业4家。

2021年，县委、县政府积极向上对接协调助推产业发展，县域保留20个煤矿，成为全省县属煤矿最多县。共召开5次县委常委会会议、5次县政府常务会议，专题研究解决应急管理工作重大问题，县安委会全年召开4次全会研究安全生产工作。全县各级领导干部带队检查安全生产工作265次，检查单位536家，发现和消除各类问题隐患1612处。

【安全隐患排查整治】

以“安全生产专项整治三年行动”为总抓手，分战线、分领域、分行业深入开展安全隐患排查治理工作。全县共排查问题隐患9811处。其中：排查一般隐患9576处，整改到位9337处，整改率97.5%；排查重大隐患235处，销号到位230处，销号率97.9%。开展督导检查共6121次，检查单位企业12931家，督导问题4757个。行政处罚435次，责令停产182家，罚款617.34万元，移送司法机关4人，约谈警示161家企业法人，依法关闭退出煤矿7家、烟花生产企业1家。

【监管执法和打“非”治“违”】

高效推进“强执法防事故”行动，规范企业安全生产行为，聚焦煤矿、烟花、危化等重点领域，实行“5+2”“白+黑”工作模式，采取“四不两直”方式对各企业突击检查。2021年，全县安全生产方面开展监管执法行动13238次，出动执法人员47488人次，检查单位23317家，立案调查1121起，责令停产停业379家，关闭取缔4家，行政拘留48人，行政罚款1384.82万元。2021年共办理矿山、建筑施工、烟花爆竹、交通运输等领域“打非治违”案件469起，罚款583.2万元，移送公安案件2起，取缔非法生产经营点16处，没收非法产品价值591.3万元，媒体公开曝光30起。其中高塘煤矿非法生产行刑衔接案例，是全省办理的第一起煤矿安全生产行刑衔接典型执法案例，受到省安委会全省通报表扬。

【防灾减灾救灾】

2021年，共治理地质灾害隐患点44处、整治森林火灾风险隐患点75次，组织全县防汛应急演练4次、森林防灭火演练3次。确定过渡期生活救助对象118人，倒房重建对象16户，一般损房维修对象31户。年初，发放冬春救助资金500余万元，拨付地质灾害治理资金400余万元。制定出台《攸县第一次全国自然灾害综合风险普查工作方案》，全面完成清查和调查阶段任务。根据普查结果，加强县级防汛物资和基层备灾物资储备，并与社会力量签订防汛物资储备协议，提升应急保障能力。

【安全风险防控】

采取聘请专家查隐患、专项督导组明察暗访等形式，精准有效评判各类隐患风险。如期完成煤矿、烟花爆竹等行业退出任务，2021年，关闭退出煤矿7家、烟花生产企业1家，妥善处理了淘汰落后产能与改革发展稳定之间的关系。

推动煤矿整改技改，开展“一矿一策”技术指导，科学制定出台《攸县煤矿安全发展分类处置方案》，促进煤炭行业健康发展。将完善烟花风险预警与防控系统纳入复工复产必备条件，全县29家烟花爆竹生产企业累计投入600余万元，完成风险预警与防控系统的安装和联网，是全省率先全部完成的烟花主产区。印发《危险化学品企业重大危险源安全包保责任制办法（试行）》，督促企业建立重大危险源、A级（红色）和B级（橙色）风险点安全包保责任制。对全县砖加工企业进行摸底排查，查出共性问题及隐患清单10条，根据问题隐患制定出台《砖厂各类人员职责、制度、操作规程》，其经验做法得到全市推广应用。

【安全宣传教育和培训】

组织全县各级各部门和相关重点企业主要负责人，集中学习《中华人民共和国安全生产法》和刑法修正案（十一），对新提拔的领导干部如何抓好安全生产工作进行培训，并将学习情况纳入季度安全生产和消防工作考核重点内容。利用“攸悠我行”志愿服务App发布安全宣传活动，开展“五进”（进企业、进农村、进社区、进学校、进家庭）专题宣讲活动，共计发放各类安全宣传册30余万份，宣传资料6万份，累计开展宣讲156场，参与宣讲人数2万余人次。扎实开展安全生产月、“5·12”全国防灾减灾日、森林防火周等安全宣传活动。在县湘东大市场、步步高广场等人口密集场所设立安全咨询台60余个，安全展板60余块，派出专业咨询员600余名，群众参与3万余人次。

【突发事件应急处置】

完成《攸县公共突发事件总体应急预案》《攸县矿山事故应急预案》等11类应急预案的修订，结合应急预案，在煤矿、危化、防汛抗旱、森林防火等方面成功组织开展应急演练10次，切实提高专业救援、精准救援和机动救援能力。以应急指挥中心为基点，搭建“应急系统+重点领域+重点企业”的应急值班值守机制，实行全局、全年、全天、全气候式“1+1+N”值班制度。全年接警225起，救援电话29起，调度派遣救援队63批次，强降雨天气、高温火险天气、冰冻天气等情况发布实时预警信息81.17万条；对接省厅地灾救援处及相关部门和专家实地核查指导，完成20处应急避难场所的建设。全面提高社会安全意识，组织开展乡镇（街道）“六有”（有班子、有机制、有预案、有队伍、有物资、有保障）应急能力建设工作督查、指导、验收等工作，通过省、市联合验收达标的乡镇（街道）13个，全县完成率达76.5%。

【机构队伍】

整合消防救援队、森林消防

队、矿山救护队，建成一支以火灾扑救、防汛抢险、事故救援为主的攸县综合应急救援队伍，选派应急救援人员11批次参加省市应急救援培训。全县按照“每个乡镇（街道）配备10人以上扑火队员、10台以上风力灭火机、一村1个护林员”的标准，加强森林消防专业队伍建设。配备森林消防专业队伍20人，专职护林员301人，乡镇级半专业扑火队伍190人。按照“全灾种、大应急”要求，推进综合执法改革。局党委先后多次召开专题会议剖析当前行政执法现状，研究讨论改革事项，调优执法人员充实一线执法队伍，全局在编在岗119人已完成执法服装申报。

（谭　江）

消　防

【概况】

2021年，县消防救援大队共接警出动265次，出动消防车422辆次，出动警力2586人，抢救被困人员122人，疏散人员58人，抢救财产价值1907.99万元。成功处置“3·15”丽水山庄小区居民楼火灾，营救5名被困群众、“9·7”攸县新市镇大同桥何岭村大同桥组村民住宅火灾，营救6名被困群众、“10·10”攸县网岭镇洞井村出租房火灾，营救3名被困群众等急、难、险、重任务，有效检验队伍应急救援能力。完成中国共产党成立100周年、两会、“湖南红色旅游节”等10余项消防安全任务。

【监督检查】

全年共检查单位726个，发现隐患596处，整改591处，办理一般程序案件49件，当场处罚案件29起，责令“三停”12家，查封11家。共立案重大火灾隐患单位11起，提请政府挂牌督办11起，销案11起，整改销案比例100%。受理查办举报投诉21起，受理投入使用前消防安全检查41起，开展火灾调查一般程序6起，为辖区经济社会发展营造良好的消防安全环境。

【消防宣传】

结合“3·15”消费者权益保护日、“5·12”全国防灾减灾日、“安全生产月”、“落实消防责任、防范安全风险”、“119”消防宣传月等活动全面推进“全民消防”大格局的构建。全年共开放消防站40余次，发动单位员工、社区居民、学校师生2万余人走进消防站及健坤消防教育科普教育基地参观见学。开展独居老人消防关爱活动，深入辖区260余户老人家庭安装烟感探测器，帮助老人检查和消除身边火灾隐患，教会老人在紧急情况下如何进行逃生自救。开展消防宣传五进活动，深入社区、小区、学校、农村、行业部门等开展消防宣传，发放资料10万余份，协调文旅广体等部门在娱乐场所和景区集中播放消防公益短片，进一步提高全民消防安全意识。

【火灾防范】

打非治违，强执法防事故，排查整治火灾隐患。开展冬春火灾防范，深入多合一场所、厂房物流仓储场所、农村房屋、文物古建筑、高层建筑电缆井、大型商业综合体、社会消防技术服务机构等场所开展专项隐患排查整治工作，确保辖区消防安全形势平稳。

严格落实消防安全责任，坚决遏制重特大火灾事故。例行重大节日、重要时段由县委县政府主要领导牵头开展消防检查工作制度，县委、县政府领导带队检查消防工作10余次，部门联合执法20余次，召开消安委联席会议4次。县消安委成员单位主动开展行业自查、各乡镇街道每月常态化开展巡查。

【应急能力建设】

大队积极探索“作战、训练、考评”三位一体实战化训练模式，聘请专业体能教练，因材施教，增强训练的针对性。大力开展冬训和夏训工作，不断提升队员体能素质和灭火救援实战能力，通过“主官带着干部练，干部带着队员练”，形成“要我练”为“我要练”的思想观念，掀起全员岗位大练兵的热潮。在株洲市消防季度练兵考核中，县消防救援大队连续3个季度名列全市大队第一，消防站综合排名获得1次第一、2次第二，提请县委县政府开展灭火演练2次，开展大队级灭火演练12次，开展站级灭火演练56次，开展桌面推演4次，修订灭火预案50份，完善水源管理的基础数据，确保数据信息真实可靠。

（付　秋）

统 计

【概况】

攸县统计局设办公室、综合研究室、教育和稽查股3个内设机构，下设副科级公益一类事业单位县经济社会调查中心和县普查中心、股级公益一类事业单位县经济考核事务中心和县联网直报数据管理服务中心。2021年有在职工作人员22人，其中行政编制岗位实有7人，事业编制岗位实有15人。根据湖南省统计局基层统计工作联系点建设的相关要求，新增设立联星街道统计工作联系点，基础条件有明显改善，统计示范引领作用全面提升。申报2022年3个乡镇示范点建设。全年完成统计网络信息化二级等保工作，改造升级了全县统计联网直报系统和局机关视频会议系统。2021年度获得“产业项目建设年活动先进单位”和“乡村振兴工作先进单位”称号。

【统计监测】

科学统计并跟踪监测全县经济发展基本情况。2021年，全县实现地区生产总值457.2亿元，按可比价格计算，同比增长（下同）6.9%，两年平均增长5%。分季度看，一季度增长18.1%，二季度增长8.9%，三季度增长6.3%，四季度增长0.8%。分产业看，第一产业增加值68.4亿元，增长8.1%；第二产业增加值167.8亿元，增长4.6%；第三产业增加值221.1亿元，增长8.2%。三次产业结构为15∶36.7∶48.3。

【统计服务】

联合相关单位开展统计性调研，服务经济社会发展。4月，联合县发改局、县科工信局、县住建局和县商粮局对全县“四上”（规模以上企业、资质等级建筑企业、限额以上批零住餐企业、限额以上服务业企业）企业开展“进企业、摸实情、优服务、促发展”大走访大调研活动，各镇（街道）和部门单位组成走访工作组，采取全面走访和重点走访两个步骤，摸清辖区内“四上”企业的基本情况，协助企业建立健全统计台账、完善统计工作制度，指导企业统计人员熟练掌握统计业务知识。5月，联合县住建局对房地产企业、建筑业企业和在建项目开展实地调研，通过查阅财务报表、基础数据，核实项目投资总额、销售面积、工程进度，充分掌握房地产、建筑业总体进展情况；对10家样本单位开展劳动工资抽样调查；对酒埠江镇、鸾山镇等地具有代表性的民宿企业开展走访调研。11月，对全县部分服务业企业开展数据质量核查。通过调研，进一步宣传统计法律法规，夯实统计基层基础，提升企业统计服务水平。

深度分析解读第七次人口普查数据，及时在攸县人民政府门户网站公开发布攸县第七次全国人口普查公报（第一号—第五号），为县域经济高质量发展提供基础依据。完成2021年度人口抽样调查工作。

完成“四上”企业申报工作任务，全年新增“四上”企业71家，完成目标任务的118.3%。协助考核督查“政府为民办实事”项目实施。根据目标任务，按月收集资料、通报情况，及时督促个别进展较缓慢的项目，配合督查组实地考核“民生100”实施情况，推动市委、市政府确定的“民生100”工程各项任务圆满完成。

【统计执法】

9月，联系县发改局、县科工信局、县住建局和县商粮局等重点行业部门开展重大统计违法案例警示教育，营造依法统计浓厚氛围。根据湖南省统计局、株洲市统计局相关文件要求，研究制定《2021年攸县“双随机”统计执法检查工作方案》，对全县各行业部门、企事业单位开展统计执法检查。10—12月，根据年度执法检查计划目标，组织局内执法人员和专业人员对省统计局随机抽取的7家企事业单位开展“双随机”统计执法检查，主要检查企业依法提供统计资料情况、依法建立原始记录、统计台账和统计资料管理制度情况、依法履行法定填报职责提供保障情况、依法配合统计调查和统计监督情况及法律、法规规定的其他事项，切实履行统计执法监督职责。

【队伍建设】

加强统计工作人员专业学习培训。上半年先后选派2人到株洲市统计局跟班学习，12月，选派8名业务骨干到株洲市委党校参加专题培训班学习，提高统计专业化程度。通过召开年报会、建立业务群等方式，多层次、分重点，有针对性地对部门单位、重点企业统计员开展业务培训，举办全县“四上”企业申报业务培训和部分重点企业统计员培训。重用提拔2名副科级干部，充实调整4名乡镇专职统计员。

【党建工作和文明实践活动】

将党建工作和党史学习教育深度融合，全年开展12次党组理论学习中心组集中学习，主题党日12次，党员大会4次，讲党课4次。开展学习强国“每月一评”活动，总积分30000分以上的有13人，年度积分10000分以上的有14人。向局全体班子成员和全体党员干部发放《中国共产党简史》等4本指定理论书籍100余册。组织开展四次党史学习教育专题学习，到湘赣攸县苏区革命烈士纪念馆和茶陵苏维埃政府旧址现场参观学习。开展“学党史、办实事”活动。组织党员到各乡镇（街道）实地走访重点企业，为企业解决问题、提供统计服务。成功举办全县统计系统、参加株洲市统计系统和全县“百年风华、株洲力量”党史学习教育专题演讲比赛，推选的参赛选手县调查中心主任陈维荣获全市二等奖。

结合新时代文明实践活动的开展，联合攸州府碧桂园到乡村振兴结对帮扶村——新市镇新联村开展扶贫公益行活动，捐赠扶贫物资和读书用品，帮助困难群众解决实际问题。到菜花坪镇中学关心慰问留守儿童，为他们送去书籍和体育用品；与菜花坪镇流塘村支两委开展新时代文明实践活动，宣传垃圾分类政策，引导广大人民群众积极投身到人居环境整治行动中来，助推乡村振兴战略。（谭志国）

社会经济统计调查

【概况】

国家统计局攸县调查队是国家统计局派出的直属正科级单位，既是政府统计调查和统计执法机构，依法独立行使统计调查、统计监督的职权，独立向国家统计局和湖南调查总队上报调查结果，并对上报调查资料的真实性负责。主要组织实施城乡一体化住户调查、县级粮食产量抽样调查、畜禽监测调查、劳动力调查、农民工监测调查、农产品价格调查、农业中间消耗调查、工业生产者价格调查、规模以下服务业和新设立小微企业等常规调查任务。同时，充分利用调查队机动灵活的优势，承担党委政府委托的文明城市测评、党风廉政建设调查和营商环境调查等多项专项调查任务。

【调研服务】

在认真完成各项国家调查任务的同时，围绕党中央、国务院和地方党委政府新的政策措施部署落实情况进行跟踪分析；围绕社会经济发展中亮点、热点问题开展深度分析；围绕常规统计调查数据中新变化、新趋势做好分析研判与对策建议，发挥统计部门“参谋部、晴雨表、信息窗”的职能作用。2021年共撰写工作信息43篇，分析类信息55篇，大部分信息和分析材料被国家统计局、湖南调查总队和县委、县政府采用。

【城乡居民收支情况调查】

住户收支数据：通过对抽样的13个村（社区），共130户城乡居民家庭进行逐日记账调查，得到全县城乡居民人均可支配收入等各项经济社会发展指标（主要调查数据详见表1、表2）。

2021年攸县城乡居民人均可支配收入调查数据一览表

表1

地区	全体居民人均可支配收入（元）	增速（%）	城镇居民人均可支配收入（元）	增速（%）	农村居民人均可支配收入（元）	增速（%）
攸县	40625	8.4	46957	7.3	33365	10.2

2021年攸县城乡人均收支结构调查数据一览表

表2 单位：元

指标名称	城镇居民	农村居民
一、可支配收入	46957.0	33365.0
（一）工资性收入	15427.7	11260.7
（二）经营净收入	12228.2	13981.6

续表2

指标名称	城镇居民	农村居民
（三）财产净收入	5162.6	583.3
（四）转移净收入	14138.5	7539.4
二、消费支出	25559.0	24653.8
（一）食品烟酒	6408.3	5493.4
（二）衣着	1401.2	846.7
（三）居住	7210.0	7875.9
（四）生活用品及服务	1447.2	985.8
（五）交通通信	2404.7	3092.5
（六）教育文化娱乐	3000.2	2946.2
（七）医疗保健	3427.9	3197.0
（八）其他用品和服务	259.5	216.3

【粮食产量抽样调查】

采取主要品种抽样调查、小品种全面统计相结合的方法，按早稻、夏粮和秋粮三个收获季节，对抽中的15个行政村的45个200米×200米的样方组织开展现场调查，推算全县粮食播种面积和总产量（主要调查数据见表3）。

2021年攸县粮食播种面积和总产量调查数据一览表

表3

粮食种类		播种面积（公顷）	总产量（吨）
稻谷	早稻	18670	120965
	中稻	20150	162769
	晚稻	20060	142155
其他粮食		2350	10631.80
合计		61230	436520.80

【生猪生产情况调查】

通过对全县生猪存栏达1000头的养殖大户及15个抽样散养小区进行生猪调查，推算全县生猪年末存栏数和年内总出栏数（主要调查数据见表4）

攸县2021年生猪调查数据一览表

表4

项目	2021年核定
一、年末生猪存栏（万头）	51.17
其中：能繁母猪（万头）	4.40
二、全年生猪出栏（万头）	84.90
三、猪肉产量（万吨）	6.03

（占慧玲）

行业办公室

【概况】

攸县行业办公室有干部、职工115人，其中在岗14人、离退休人员101人(离休干部2人，退休99人)。机关内设办公室、政工股、财务股、综合股4个股室。2021年，全行业办扎实做好74家改制企业3万多名下岗职工、老干部服务工作和信访工作，持续推进全系统企业改制扫尾工作。共为改制企业下岗职工开具证明184人次，查阅档案资料149人次，办理医保审核67人次，办理退休资格认定审核307人次。配合做好国有企业退休人员社会化管理工作，为11家央企、2家省企和1家市企共1583人完成人事档案移交，为205名退休党员完成组织关系移交。2021年持续开展职工、特困党员、离退休老干部进行走访慰问工作，解决群众“急难愁盼”问题。

【党建工作和老干部服务】

按照县委统一部署，开展党史学习教育。组织党员到爱国主义教育基地现场开展爱国主义教育和共产主义理想信念教育，积极参与党史知识竞赛活动，开展“我为群众办实事”系列实践活动，在县委党史学习教育巡回指导组第一组的指导下，顺利召开了专题组织生活会和专题民主生活会。加强离退休党支部党建工作，第一时间向离退休党员宣传贯彻党的路线方针政策，传达县委、县政府的重要文件、重要讲话精神；先后组织离退休党员到醴陵“左家老屋”红色纪念馆、湘赣攸县苏区革命烈士纪念碑等红色教育基地参加党史学习教育现场教学。6月，组织走访慰问一批老党员，并为17名老党员颁发中央组织部“光荣在党50年”纪念章。10月，召开“喜迎新时代 欢乐度重阳”重阳节座谈会，行业办党总支向离退休干部们汇报一年的工作、分享养生保健知识，让他们老有所学、老有所乐、老有所为。

【原外贸公司职工宿舍征拆工作】

2021年，响应县委、县政府号召，参与攸县重点项目（攸县一号工程建设北路征拆工作），全员上阵，通过上门思想动员、耐心解读政策、解决问题，提前完成原外贸职工宿舍18户的协议签订等有关工作，完成该公司企业改制工作任务。至此，全县所有改制企业全部完成改制任务。8月13日，顺利拆除原外贸职工（18户）的宿舍及附属设施，确保建设北路工程如果期竣工。

【新冠肺炎疫情防控】

8月和10月的新冠肺炎疫情阻击战期间，在结对小区谭桥街道同乐湖美林水岸小区开展疫情防控工作，捐赠防疫防暑防寒物资，设立疫情防控监督服务岗，领导干部带班开展疫情防控值守，全员轮流驻守，严格执行“居家令”，核查小区出入人员“双码”，对小区住户开展排查和疫情防控宣传工作，全面落实小区常态化疫情防控各项措施。

（阳锦芝）

工　业

工业、科技管理和服务

【概况】

2021 年新增培育规上工业企业 42 家，全县规模工业企业达到 321 家。全年完成规模工业总产值 372.2 亿元，同比增长 18.8%；规模工业增加值 118.38 亿元，同比增长 11.9%。工业用电量 48391.98 万千瓦时，同比增长 1.2%；工业固定资产投资 114.3 亿元，同比下降 3.3%；工业技改投资 60.2 亿元，同比增长 14.9%；工业税收 24538 万元，同比增长 2%（其中制造业增长 14.7%、采矿业下降 23.9%、电力热力燃气及水的生产供应业下降 16.7%。采矿业中，煤炭开采和洗选业累计完成税收 1826 万元，同比下降 49.7%，占采矿业税收总量的 40.9%，占全部工业税收总量的 7.4%）。非公经济完成规模工业增加值 105.6 亿元，增长 16%，占比 89.2%。工业税收贡献较大的工业企业有湖南旭日陶瓷有限公司、湖南远大水泥有限责任公司、湖南昊华化工股份有限公司、湖南明珠选矿药剂有限责任公司、湖南湘东化工机械有限公司、株洲宏信科技发展有限公司、湖南澳维膜科技有限公司、大唐华银攸县能源有限公司、株洲安特新材料科技有限公司、湖南恒盛新材料有限公司、湖南冠群电子科技有限公司、攸县龙昊重工有限责任公司、株洲地博光电材料有限公司、湖南优多新材料科技有限公司等企业。

【工业项目建设】

持续扩大工业技改及新兴产业投资，促进工业转型升级。制造业投资占工业投资 90.7%，较上年度增长 6.2 个百分点；新投资的项目涵盖高分子材料、智能制造、锂电池材料等多个领域。

规上工业投资项目 50 个，项目数量上年度基本持平，其中新建 26 个、技改 24 个，项目总投资额 159.6 亿元，已完成投资 146.3 亿元，占 91.7%。规下工业投资项目 39 个，其中新建 11 个、技改 28 个；项目总投资额 9.34 亿元，完成投资 7.2 亿元，占 77.5%。

完成松本林业（一期）、长荣新材、龙昊重工（三期）等项目建设，企业竣工并进入试产阶段；有序推进昊华化工（二期）、臻诚新材、硕泰新材、天镒锆业、亚美生物、旭日陶瓷产业园、地博光电（二期）、华纯新材、艾硅特新材等项目。

【电力通信基础建设】

有效推进农网升级改造，完成雅江 800 千伏特高压直流线工程建设，完成春联、新市 110 千伏变电工程建设。有序推动数字乡村建设，加快网络基础信息化设施建设，5G 基站建设完成 382 个，5G 网络覆盖范围进一步扩大。

【优化营商环境】

建立“领导联企，部门帮企，联络员进企，特派员驻企”机制，40 名县级领导、85 个部门单位、85 名联络员、10 名驻企特派员联点企业进行帮扶，为企业解难。组织企业参加“湖湘精品”中小企业品牌能力提升、技术创新“破零倍增”、“打造湖湘精品、铸就品牌力量”、“惠企政策专题解读培训”、“创客大赛”等各项主题活动。通过“我帮攸企”平台宣传各项惠企政策，全年共发布信息728篇，其中政策公告96篇，暖企动态134篇，项目申报45篇，企业需求发布525条，访问达32175人次。收集整理中央、省市县各类促进企业发展的政策及措施，向各企业和相关单位印发《中小企业发展政策汇编》手册。通过“一窗通办”首站中小企业服务中心为企业提供开办流程的政策咨询、导办服务，引导企业在1个工作日内完成设立登记、公章刻制、申领发票、银行开户、员工参保、住房公积金缴存六合一环节服务。

【科技创新扶持】

全年有18家企业通过高新技术企业认定，有效高新技术企业有42家，完成高新技术产业增加值46.85亿元，同比增长27.8%。全县社会研发（R&D）经费投入22075万元，同比增长23.2%，R&D入统企业122家。2021年完成省、市科技成果转化项目4项，并组织申报市科技项目12项，省科技项目11项。其中株洲地博光电材料有限公司、湖南澳维膜科技有限公司、湖南亚美生物科技有限公司、株洲壹诺生物技术有限公司、湖南优多新材料科技有限公司、攸县龙昊重工有限责任公司和株洲宏信科技发展有限公司等企业7个科技创新项目被列入市“五个一批”重大科技创新项目。株洲地博光电材料有限公司被认定为市企业技术创新中心，“攸州优品”被认定为市众创空间，“亚美茶油”精炼工艺技术项目通过市科技重大专项审核，湖南博田现代农业有限公司、湖南天华油茶科技股份有限公司、湖南攸州优品创业服务有限公司、攸县人民医院等企业和单位通过市农业与社会发展成果转化项目审核。

【科技示范基地建设】

制定科技示范基地（园）创建工作方案，按照“有规模、有基础、有特色、有科技含量”四有原则，从支持“地理标志”产品企业、支持高新技术企业、支持科技创新和成果转化企业角度出发，创建一批科技示范基地和示范企业。经过前期摸底、外出考察、资料初审、现场查验、集体会审等程序，共立项22家示范基地（园）。

2021年5月，省农业科学院植物保护研究所攸县博士工作站在湖南博田现代农业有限公司挂牌成立，这是攸县首家博士工作站，也是省农业科学院植物保护研究所首个博士工作站正式落户农村基层企业。

（王　成）

煤炭产业管理服务

【概况】

攸县是湖南省重点资源县之一，也是全国百个重点产煤县和商品煤基地县之一。境内煤炭资源丰富，含煤面积约173.6平方千米，探明可采储量4.7亿吨，主要集中分布在黄丰桥、鸾山2个产煤乡镇。2021年，产原煤11.4万吨，煤炭销售21.3万吨，统征税费1714万元。截至12月，全县保留县属煤矿20家。2021年，克服工作时间紧、任务重、矛盾多等困难，完成关闭退出煤矿7家。攸县煤炭产业事务中心为攸县应急管理局下属正科级事业单位，内设综合管理股、生产技术股、计财股、培训股、产业经营和发展股5个股室。

【煤矿分类处置】

按照“扶优扶强一批、升级改造一批、关闭退出一批”原则，推进煤矿分类处置工作。结合全县煤矿实际，制定出台《攸县煤矿安全发展分类处置方案》。对按现有产能保留煤矿实行“6+6”（限期6个月内取得采矿许可证，限期6个月内整改达标）管理模式，对已取得技改批复的煤矿实行“限时启动”管理模式（3个月内必须启动技改施工）。严把安全投入关，严格要求煤矿必须筹备80%整改技改资金，资金筹备不到位，坚决不予复工。建立煤炭产业信贷风险补偿基金，支持煤矿企业整改、技改。出台激励政策，对2021年12月底完成矿井整改并取得安全生产许可证的煤矿企业，奖励50万元。技改矿井在2021年12月底前完成技改并通过省级验收合格的，按生产能力30万吨/年和30万吨/年以下两类分别奖励80万元、60万元。同时，明确关闭退出奖补标准，对关闭矿井实施奖补1900万元（其中省、市、县奖补资金1000

万元，煤炭协会会商保留煤矿自筹900万元），煤矿产能指标交易所得收益（税后）全部归煤矿企业，采矿权价款、环境治理备用金全额返还。

【行业技术服务】

一是认真开展隐蔽致灾因素普查。重新调整水害联防联治片区，逐矿落实监管责任人，定期召开片区防治水会议，建立水害联防联治信息联络体系。投入300万元，聘请3家专业资质单位对全县煤矿及5个联防联治片区开展新一轮的水害普查，并完成水害普查报告编制工作，为全面掌握攸县煤矿水害隐患提供科学依据，为煤矿安全生产打下坚实基础。

二是强化技术服务。积极配合省、市专家开展煤矿水害普查，做好各项协调工作。工作人员深入一线，每周下乡不少于4天，督促指导煤矿进行技改施工并提供技术服务。

三是有序开展煤矿安全培训。全年共主办防治水副矿长培训班1期、煤矿普工义务培训班4期、煤矿特殊工种培训班1期、安全监控系统技术人员培训班1期，总培训人数达500人。强化从业人员的理论基础和实操能力，为企业安全办矿提供坚强的保障。

【党建工作】

加强政治思想建设，组织党员学习贯彻中共十九大精神和习近平新时代中国特色社会主义思想，坚决做到“两个维护”，扎实推进党史学习教育，高质量召开学史明理、学史增信、学史崇德、学史力行专题研讨会和组织生活会，深入查摆问题，剖析根源，开展批评与自我批评，达到预期效果。聚焦群众急、难、盼、愁痛点难点问题，结合新时代文明实践志愿服务，积极开展“我为群众办实事”系列活动5次。加强基层党组织建设，完成中心机关党支部换届，如期转正2名正式党员。开展加强纪律作风，强化主体责任，落实“一岗双责”，建立起一把手负总责、分管领导各负其责、股室负责人直接负责的组织责任体系，做到时时抓、常常抓，不断开展集体谈心谈话，警醒提示等活动。

（李　砚）

电力供应

【概况】

国网攸县供电公司下设五部室四中心两公司〔党委党建部、综合管理部、配电部、财务资产部、安全监察质量部、配网项目管理中心、客户服务中心、供电服务指挥中心（调控中心）、物资供应分中心、株洲市湘能农电服务有限公司攸县分公司、株洲高新电业集团有限公司攸县分公司〕，下辖10个供电所，在职干部职工136人、供电服务职工332人。

2021年，完成售电量10.97亿千瓦时，比上年增长6.59%；实收电费7.41亿元，回收率100%。完成台区线损率3.44%，同比下降0.9个百分点，少损电量473.29万千瓦时。查处210户用电不规范用户，追补电费87.68万元；盘活非生产性房产5处。全年完成农网改造投资6695.87万元、业扩配套投资1392.17万元，电网建设环境不断优化；电网管理水平稳步提高，配网运维检修成效明显。2022年春节期间实现“95598”服务零投诉、线路零停运。

多方协调追补昊华化工高可靠性费用，为公司收回142.56万元。完成上云桥地区443块智能表更换工作任务，历史性解决遗留长达16年的上云桥地区用电秩序混乱问题，确保非智能表计清零工作顺利完成，预计每年挽回损失80余万元。有序推进网岭监狱自供区移交，努力扩大直供营业区，预计每年新增售电量336万千瓦时。

【电网建设和改造】

2021年11月16日，国网株洲供电公司与攸县人民政府联合举行《加快建设攸县智慧绿色能源互联网工作推进协议》签约仪式。攸县人民政府与国网株洲供电公司签订建设智慧绿色能源互联网工作推进协议。根据协议，双方紧密衔接攸县“十四五”规划，全面加强电网建设和智慧绿色能源服务，实现“电网更坚强、服务更优质、用能更智慧、能源更绿色”，为攸县经济社会高质量发展提供坚强的能源保障，解决县域供电瓶颈和配电网低电压、重过载、频繁跳闸、网架薄弱等问题。此外，攸县高新区与国网攸县供电公司签订关于低碳园区建设战略合作框架协议。双方从规划设计、能源供给侧、能源消费侧等方面开展低碳建设，提升区域配电网的分布式新能源消纳能力、供电可靠性和电网接入友好性，实现能源充分利用以及就地消纳，助推攸县园区低碳建设，打造湖南低碳园区示范。深化政企合作，“双碳”电网建设工作纳入县委2021年年度绩效考核体系。高效完成雅中—南昌±800千伏特高压属地协调，获省公司特高压办高度肯定；110千伏新市输变电工程竣工送电，有效缓解新市片区春节保电压力；220千伏朝大II线施工任务过半，进一步推动攸县主网外联互通。

新建、维修改造10千伏线路230.86千米、低压线路183.93千米，变压器141台。落实项目自营模式管理要求，充分发挥项目负责人和现场负责人作用，进一步提升专业精益管理水平，完成大修技改、农维和租赁项目投资5875.84万元。

【配网管理】

组建多专业协同的电网滚动诊断分析小组，编制《2021年攸县电网运营诊断分析报告》《2021年攸县电网网架结构分析报告》。成立配网规划柔性团队，建立数据有分析、规划有依据、项目有来源、建设有底气、运维有手段的配网全域管控体系。

常态化开展输电线路通道和隐患治理，完成110千伏大东线、大皂线及35千伏高江线“三跨”治理；开展差异化防雷整治和141处不合格接地电阻改造，实现110千伏输电线路零跳闸。组织开展“党建+向配网开战—攸州大会战”专项活动29次，调动供电所员工1126人次，兑现奖励29.6万元。建立低电压日会商、日分析机制，完成478个低电压台区分析、治理，低电压用户数同比减少49964户。

【数字化管理】

完成127条10千伏线路数据采集治理，937个台区数据采集、842个台区数据治理，全面提高数据质量，为数字化转型奠定良好基础。建设安装189台自动化断路器，实现故障精确判断，大幅降低停电时间，缩小停电范围，逐步打造数字化智慧配电网。

注重数据分析，充分挖掘数据价值，编写“电力看经济”“电力看疫情”报告为县委、县政府相关决策提供依据。开展“电力大数据+煤矿安全用电”研究，形成常态化的煤矿企业大数据分析机制；“电力大数据+台区降损”助力精准定位窃电和违约用电客户，反窃查违准确度由40%提升至70%。

【优化供电服务和新型业务发展】

供电服务持续提质。主动走访用户26345户，下发投诉风险预警单52份，完成22笔有时限低电压工单专项整治。深化“三零”“三省”服务，为用户减免办电成本402万元。与政府成立有序用电专班，多措并举完成两轮迎峰保网工作。完成庆祝中国共产党成立100周年、中高考、省长调研等保电任务；面对两轮疫情，切实发挥好“大国重器”和“顶梁柱”作用，取得疫情防控和防疫保供“双胜利”。建立需求侧管理体系。成立需求侧及新兴产业拓展中心，设置园区分中心。多维分析用能情况，召开大客户专题会4次，完成能效账单推广1253户，电能替代2770.75万千瓦时，完成53户大用户深度精准画像工作，有序用电期间共137户次参与需求响应，错避峰8.2万千瓦负荷。

完成《攸县充电设施专项规划报告》修编，与攸州工业园签订战略合作协议，促成政府出台专变用户预试通知，完成74户专变预试合同签订。完成酒仙湖景区全电厨房一期改造，建设全电景区。推进政府广场、石山书院等充电桩建设，累计建设48个、储备53个充电桩，充电量180.79万千瓦时。在皂角变电站建成全省首个5G汇聚机房并成功举办现场会，高效推进优多新材屋顶光伏建设。在攸州工业园区建设园区用能监测中心，完成400个低压设备感知安装；完成综合能源营收1029.77万元，智能代维收入106.81万元。

【安全生产】

加强安全生产宣传教育，组织“5·11”专题安全日、“6·22”安全事故警示教育等专题活动，通过班组负责人讲安全课、安全生产专题约稿、集中观看安全警示教育片等形式，提高全员安全意识。加强安全监管，推行“驾照式”积分管理办法，明确安全管理人员职责，各级管理人员下班组218次、下现场1249次。

开展线上线下“双稽查”，稽查现场2556个。编制安全监控考核细则，结合现场稽查常态化开展班组安全基础检查。建立安全专项激励机制，评选表彰市公司无违章现场3个，明星工作负责人1名；自评无违章现场3个，明星工作负责人8名，有效调动一线员工抓安全工作的主动性和积极性。

【党建工作】

扎实开展党史学习教育，开展学习讨论34次，组织红色教育和岗位实践活动，全体党员深入汝城沙洲村倾听“半条被子”的红色经典故事，重温军民鱼水情深的历史；参观谭震林生平事迹陈列馆，感受先辈艰苦奋斗光荣传统；开展党史知识竞赛活动，激发干部职工干事热情。开展“党建+”专项活动，组织公司共产党员服务队在抗疫保电、上云桥用电秩序整治等急难险重任务中担重担、做表率。开展“我为群众办实事”“党员服务队”等活动，全年开展党员服务队活动68次，与党政机关开展联学联创活动22次。加强党风廉政建设。开展党风廉政建设分析调查2次，督查督办工作20余项；开展任前廉政谈话23人次。聚焦公司重点工作开展专项监督检查15次，督导整改各类问题43个，下发日常综合管理监督考核通报7期。

【乡村振兴帮扶】

根据县委、县政府统一部署，国网攸县供电公司安排专职人员到黄丰桥镇樟井村驻村开展乡村振兴帮扶工作，争取帮扶资金15万元，扶持该村发展鲈鱼养殖业。开展农产品消费帮扶，销售大米、食用油等农副产品，全年采购扶贫物资3.7万余元。2021年度，国网攸县供电公司被评为攸县乡村振兴工作先进单位。

（林凡凡）

攸县高新技术产业开发区

【概况】

2021年，攸县高新技术产业开发区有入驻企业143家，规上工业企业106家，其中绿色建材企业12家，投资总额88.37亿元；高分子新材料企业21家，投资总额61.7亿元。园区完成技工贸总收入235亿元，同比增幅25%；完成高新技术产值175亿元，同比增幅21.53%。攸州化工片区被认定为湖南省第一批化工园区，攸县高新技术产业开发区被推荐为全市文明建设红旗单位。

全年安排园区建设资金总额44991万元，其中工程项目建设5627万元、土地报批及摘牌13342万元、征拆安置1335万元、还本付息24687万元。对接省、市、县相关部门，全年批回旭日陶瓷二期、龙昊重工、三亿化学等项目用地6宗25.21公顷；组织国土报批资料10宗39.04公顷；土地出让挂牌18宗61.57公顷。

推动赋权改革。出台《2021年园区赋权改革实施方案》，围绕“减环节、减材料、减时限、减费用”，制定第一批赋权事项清单，下放高新区38项行政审批权限，其中直接赋权2项，委托行使12项，服务前移24项，确保“园区事园区办”，提升为企办事效率。

【招商引资】

围绕高分子新材料和绿色建筑材料“一主一特”产业定位，严格招商引资门槛，大力开展产业链招商，持续开展“请老乡、回故乡、建家乡”活动。2021年，园区新引进旭日陶瓷、美圣雅恒、固辉新材、艾硅特新材、众志城科技、格瑞科技等18个项目，签约金额38.3亿元。斯多瑞、中铼新材料、硕泰新材料、旭日陶瓷绿色建材项目、中医药产业园项目、天镒锆业、臻诚高分子等项目进展顺利。2021年引进项目属于主导产业的占比为70%。清退百里香、威克尔2家僵尸企业，累计僵尸企业清退数8家，共盘活土地25.68公顷，土地有效利用率极大加强。逐步形成高分子新材料、绿色建材“一主一特”的主导产业结构，实现产业分散发展向集聚发展的转变，招商引资向招商选资的转变。绿色建材企业项目总产值69.05亿元，同比增长18.50%；高分子新材料产业链总产值31.6亿元，同比增长35.46%，高分子胶粘剂和膜材料2个细分行业基本成型，产业链集聚效应初步显现。

【高新技术产业建设】

全园区有省级高新技术企业51家，科技型中小企业45家，宏信科技、地博光电、澳维环保等“小巨人”企业8家，培育科创板上市企业一家（安特新材料），昊华化工等6家企业被列入全市上市企业重点培育名单。建立省级知识产权综合服务分中心、外贸综合服务中心、众创空间（市级）、企业服务中心等公共服务平台9家。安特新材料、旭日陶瓷等13家企业建立市级以上企业研发中心，多个企业与湖南大学、武汉大学、华南理工、陕西科技大学等院校开展产学研合作。高新企业助力高新技术发展，高新技术反哺高新企业，园区科技创新服务能力较大提升。

【园区基础建设】

加强项目建设工作调度和考核督查，力促项目建设进度及质量。出台《产业项目建设考核办法》《项目建设百日攻坚实施方案》，成立园区大会战项目建设专班，全年召开项目建设调度会以及到项目建设现场调度22次，定期对项目建设专班服务情况进行专项督查，下达各类交办通知21份，交办事项93项，开展督查督办25次，报送督查通报23份，及时通报项目建设进程。

园区全年新开工建设项目17个，新竣工项目15个。斯多瑞、中铼新材料、硕泰新材料、地博集团总部项目、旭日陶瓷绿色建材项目、中医药产业园项目、天镃锆业、臻诚高分子等项目进展顺利。澳维二期正在建设二层以上建筑，犀金机械已完成主体框架结构，三亿化学已出正负零，雅韵仕、佳阳声学、立品、超凡、鑫润等5个项目已入驻标厂并竣工投产。智能制造产业园标厂项目已完成90%桩基工程量和80%定制化厂房工程量；返乡创业园工程已全面竣工；兴旺路侧排水及左江路吴家段厢涵工程完成总工程量的90%；支路三已全线贯通。完成龙山路路面修复及标线工程，保证入园企业通行顺畅；对园区10千米污水管道进行疏通修复。

【征拆安置】

妥善处理征拆安置问题。先后召开3次安置疑难问题会审会，解决各类安置问题11个，共安置各类拆迁户地基32空，安置人口48人，保障园区拆迁安置户的权益，确保项目建设的顺利推进。

【污染防治和安全生产】

时刻绷紧安全生产这根弦，牢牢守住环保红线、安全生产底线。一是抓整改推进。4月，积极配合完成中央环保督察工作后，针对督查反馈的问题，出台《关于全面开展园区生态环境突出问题整治攻坚的实施方案》，严格落实整改责任，对园区进行全面环保隐患摸排并整改，基本完成中央环保督察和上级部门交办的13个问题整改任务，其中11个已完成销号，还有2个按时间节点逐步推进整改。通过整改，进一步夯实环保基础设施建设。完成空气监测站建设，“一企一管”项目完成第一次规划专家评审会议，启动大背岭污水管网建设，完成兴旺路侧排水及左江路吴家段厢涵工程的80%，启动日处理1万吨工业污水处理厂扩容工程，实现园区污水管网全覆盖。

以中央环保督察为契机，开展园区全范围安全隐患、绿色环保排查治理工作，排查气味扰民、污水排放、建筑工地扬尘、生活垃圾乱堆乱放等环保、安全问题30余起，并通过沟通反馈、督查交办等方式，及时落实问题的整改。

【园区企业服务中心】

融合涉企行政审批、外贸服务、知识产权、金融服务等功能，安排县生态环境分局、应急管理局、自然资源局、住建局、电力局、税务局、自来水公司等相关单位派驻工作人员，组建园区企业服务中心，实现审批服务事项“一窗化”综合受理、“一条龙”代办服务。服务中心共为企业解决用水、用电、用工等各类问题130余件，解决遗留问题60余个。

（吴 斌）

农　业

农业农村工作

【概况】

2021年，全县农业农村工作坚持以习近平新时代中国特色社会主义思想为指导，全面贯彻中央一号文件和中央、省、市农业农村工作会议精神，紧紧围绕县委第十三次党代会提出的“一二三四”工作思路，突出乡村振兴样板区建设重点，全面推进和乡村振兴大会战工作，取得明显成效，全县农业农村经济呈现稳定向好发展态势。

全县农林牧渔业总产值119.25亿元，比上年（下同）增长8.9%，其中农业总产值59.75亿元，增长2.8%；林业总产值8.92亿元，增长6.9%；牧业总产值40.16亿元，增长20.2%；渔业总产值4.61亿元，增长3.7%；农林牧渔服务业总产值5.81亿元，增长6.9%。全年实现农产品加工业总产值280亿元，增长15.7%。全年实现第一产业增加值到114.2亿元，增长3.3%。

全县农村居民人均可支配收入达到33365元，增长10.2%。全县农业机械化总动力达115.87万千瓦，农业综合机械化水平达75.12%。

全县农作物总播种面积162.79万亩，其中粮食播种面积增至91.85万亩；粮食总产量43.65万吨，增产1.32万吨；油料作物总面积27.29万亩，增长10%,产量2.86万吨,增产9.3%。经济作物总面积(含蔬菜)51.21万亩,总产量139.34万余吨,比上年增加17.76万吨。

株洲众森生态农业股份有限公司攸县豆腐特色产业园被认定为省级现代农业特色产业园，攸县尚鲜食品有限责任公司和湖南凉热食品有限责任公司被认定为市级现代农业特色产业园。石羊塘镇获评省级乡村治理示范镇。县农业农村局承办湖南省科学安全用药观摩会、株洲市水稻生产全程机械化现场演示会、“攸县首届特色产业工匠（植保飞防）操作竞赛”。

2021年，攸县获评全国农作物病虫害绿色防控示范县、全国农作物病虫害统防统治百强县、全国粮食生产先进集体、全省农村承包地确权登记颁证工作先进集体、2021年株洲市粮食生产先进县、2021年度乡村振兴先进单位、2021年度全市高标准农田建设先进单位、2021年度全市实施“六大强农”行动先进单位。攸县农业农村局获评“全国粮食生产先进集体”。

【农业产业发展】

2021年，新增培育2家规模以上农产品加工企业，年末全县共发展规模以上农业产业化龙头企业51家，其中省级龙头企业14家、市级龙头企业30家，年内新增培育2家规模以上农产品加工企业，5家市级农业产业化龙头企业。全年实现农产品加工业总产值280亿元，同比增长15.7%，实现利润5.5亿元。全县共有农业特色产业园区14个，其中省级农业特色产业园7个。市级农业特色产业园7个。年内新增省级农业特色产业园1个、市级现代农业产业园2个、皇图岭香干产业园建设取得积极进展。全县共有休闲农业经营主体86家，其中省三星级以上休闲农庄发展到11家。2021年株洲市福韵新澧生态旅游度假村成功申报为省五星级休闲农庄，攸县洞里乐乡村旅游开发有限公司成功申报为省四星级休闲农庄。全年实现休闲农业企业经营总收入1.51亿元，接待游客102万人次。

农业产业不断升级。实施攸县豆腐（香干）品牌提升行动，12月，攸县香干注册国家地理标志证明商标。全县大豆原料供应基地稳定在3万亩以上，全年新（扩）建豆腐（香干）加工企业1家并已正式投产，日加工豆腐（香干）3吨以上的企业达到14家，豆腐（香干）全产业链总产值达到22亿元。株洲市湘泰粮油股份有限公司、湖南长得快饲料有限公司等2家企业被认定为省级农业产业化联合体；株洲湘东情食品有限公司、攸县金湘米业有限责任公司和湖南长得快饲料有限公司等3家企业被认定为省级农业产业化示范联合体；湖南凤丹食品加工有限责任公司、株洲富佳定制家具有限公司等2家企业被认定为规模以上农产品加工企业；湖南省凉热食品有限公司、攸县荣幸米业有限公司、攸县尚鲜食品有限公司、湖南业诚现代农业发展有限公司、攸县五行泉生态农业科技有限公司等5家企业被认定为农业产业化市级龙头企业。株洲市福韵新澧生态旅游度假村申报为省五星级休闲农庄，攸县洞里乐乡村旅游开发有限公司申报为省四星级休闲农庄。全县休闲农业经济收入1.51亿元，增长3.3%。

持续推进品牌强农行动，加强农业品牌建设。湖南天华油茶科技股份有限公司的湘天华茶油、攸县金湘米业有限责任公司的金新银大米、金湘大米获得湘赣红品牌授权。组织农业企业参加各类展示展销会，其中鸿华麻鸭参加2021年广州国际森林食品交易博览会并获金奖。

巩固产业扶贫成果，重点扶持扶贫产业，制定《攸县2021年省巩固拓展产业扶贫成果重点项目遴选公告》，公开遴选了湖南皓特强生态农业股份有限公司、湖南天华油茶科技股份有限公司、攸县贵民水稻种植专业合作社、攸县蜻蜓水稻种植专业合作社为攸县2021年省巩固拓展产业扶贫成果重点项目实施主体，争取项目资金460万元，带动了脱贫户和监测户融入产业发展链条。

【新型经营主体培育】

全县经市场监管局注册登记的农民专业合作社共1416家，年内新增83家，攸县悠悠火龙果种植专业合作社等4家合作社被评为省级示范社；攸县应通牲畜养殖专业合作社等13家合作社被评为市级示范社，攸县燕丰农机专业合作社被评为省现代农机合作社，攸县明智农业机械专业合作社被评为省示范农机合作社，攸县森琳农业机械专业合作社被评为省综合农事服务中心，攸县硕丰农机服务合作社等8家农机合作社被评为市特色社。全县已录入全国家庭农场名录系统的家庭农场3969家，年内新增43家，攸县尹建辉家庭农场等7家家庭农场获评省级示范家庭农场，攸县晗轩家庭农场等14家家庭农场获评市级示范家庭农场。

【高标准农田建设】

2021年，攸县获评全省高标准农田建设先进县。全年高标准农田建设任务为6.16万亩，项目总投资10090万元，项目区涉及黄丰桥镇、鸾山镇、菜花坪镇、谭桥街道办事处、皇图岭镇、丫江桥镇6个乡镇35个行政村。通过项目实施，完成平整土地62.86亩，新增耕地14.7亩；土壤改良5.4万亩，施用有机肥；衬砌骨干灌渠127千米/196条；衬砌骨干排渠14.52千米/20条；扩建、加固骨干山塘69座；建设小型闸坝11座；新建、重建电灌站4座；建设高效节水灌溉面积900亩，其中喷灌20亩、管灌880亩；新建、扩建田间道路25.26千米/64条；建设农田防护林4720米，建设岸坡防护工程2处，总长449米；架设输电线路0.81千米；技术培训1500人次，检测耕地质量实施前、后各240个点位。2021年高标准农田建设被纳入人大代表票决民生实事项目，经攸县十八届人大常委会第三次会议测评为基本满意档次项目，满意度排名第二。

【农产品质量安全】

狠抓溯源管理。大力推广国家农产品追溯和省级农产品“身份证”管理平台的应用，全县有97家省市龙头企业和绿色食品、有机农产品、地理标志农产品生产企业纳入“身份证”管理，赋码产品增至34个。全面实行食用农产品合格证制度，共有59家企业共开具食用农产品合格证34600张，进一步推动农产品生产经营企业主体责任落实。

扎实开展农产品质量安全专项整治。加强农产品质量监测力度，有针对性地对蔬菜水果生产基地进行监督抽查，全年完成农产品质量抽检17971批次，定量检测308批次，合格率99%。开展农产品质量安全专项整治，出动监管执法人员500人次，检查蔬菜水果生产经营主体300家次，重点检查生产过程中是否存在违法使用禁用农药、农药残留超标等行为，未发现上述违法违规行为。

稳步推进“两品一标”农产品认证。攸县神岭水果种植专业合作社的黄桃、水蜜桃、猕猴桃；攸县河田阳光水稻种植专业合作社的白玉丝瓜；湖南田研觅圑农业发展有限公司的油菜籽；株洲市丹陵江蔬菜种植专业合作社的丹陵冬瓜、丹陵南瓜、丹陵黄瓜、丹陵辣椒、丹陵长豇豆；株洲市圣仙水果种植专业合作社的圣仙黄桃；攸县煜盛园生态果园的台湾蜜桃、黄金柰李；攸县悠悠火龙果种植专业合作社的珍珠红红心火龙果获得绿色食品认证。

【农村人居环境整治和美丽乡村建设】

扎实推进“农村人居环境整治提升五年行动”，全县完成改（新）建农村户用无害化卫生厕所1.32万户，达到年度改厕目标；新建公厕14座，完成计划任务。全县累计改（新）建农村户用无害化卫生厕所2.97万户，卫生户厕普及率达90%；新建公厕31座。

全县省、市、县三级美丽乡村示范村88个，其中省级美丽乡村示范村12个，市级美丽乡村示范村17个，县级美丽乡村示范村59个。年内，新增创建网岭镇里旺村为省级特色精品乡村，创建春联街道盘龙村、网岭镇北坪村、网岭镇樌山社区、莲塘坳镇高楼社区4个村（社区）为省级美丽乡村示范村，创建黄丰桥镇柏市社区、宁家坪镇大兴村、新市镇钟佳桥村、菜花坪镇菜塘村、石羊塘镇谭家垅社区、酒埠江镇酒仙湖村6个村（社区）为市级美丽乡村示范村。

【农业综合执法】

2021年，攸县农业综合行政执法局（攸县农业综合行政执法大队）主要围绕“四大专项整治”行动扎实开展农业执法。全年共组织执法活动192次，出动执法人员1354人次，行政立案31起，结案27起，收缴罚没款41.4万元。开展农资打假专项行动，针对种子、农药、肥料、饲料等重要农业投入品，组织开展春、秋季农资市场打假行动，出动执法人员186人次，检查农资市场56次，检查农业投入品经营门店272家次。开展“禁捕退捕”专项整治行动，落实洣水“十年禁渔”，联合公安、检察部门开展多部门联合执法集中行动33次，出动执法人员586人次，出动执法车辆85辆次，出动执法船39艘次，查办违法违规案件13件，司法移送案件11件，移送公安机关立案处理13人。开展“拖拉机顽瘴痼疾”专项整治行动。主动配合交警部门联合执法85次，共出动执法人员450人次，检查拖拉机198台，行政立案1起。开展“农村乱占耕地建房”专项整治行动。联合县自然资源局、乡镇人民政府，核查自然资源局移送过来的35户村民建房图斑，省人大执法检查村民建房问题提供的15个图斑，共出动执法人员132人次，督促并指导乡镇执法18次，发出整改建议6份。

【党建和机构队伍建设】

扎实开展党史学习教育，严格落实“三会一课”和主题党日活动，全年共开展党组中心组理论集中学习12次，党员干部集中学习16次，支部党员小组讨论学习12次，开展形式多样的主题党日活动13次。

攸县农业农村局由局机关和下辖农业技术推广中心、农业综合服务中心、农机事务中心、农村经济管理服务站、农业综合行政执法大队、农广校等6个副科级事业二级机构及蔬菜事务中心、农机技术推广站等2个股级事业单位组成。局机关内设办公室、纪检监察室、政工股、党建办等12个股站室。全局年末共有在职工作人员143人，2021年1月，攸县农机事务中心、农村经济管理服务站37人完成转隶。2021年1月，攸县农村经济管理服务站并入攸县农业农村局，系县农业农村局下属二级机构，内设管理股、监督股2个股室，下辖农村土地承包经营权流转服务中心、农村土地承包经营纠纷调解仲裁委员会办公室 2 个二级机构。

加强干部队伍建设，出台《攸县农业农村局公务员平时考核实施方案》，全局团结干事氛围更加浓厚，顺利完成经管站、农机事务中心转隶工作。注重年轻干部培养，成功推荐 1 人晋升副科级领导岗位，1 人当选市、县党代表，1 人当选县政协委员，输送 1 人到县委信息室跟班学习。

（何刘波）

种植业

【概况】

全县粮食播种面积 91.85 万亩，同比增加 1.77 万亩，总产量 43.65 万吨，同比增加 1.32 万吨。水稻播种面积 88.31 万亩，分别为早稻面积 28 万亩，较上年减少 1.45 万亩，总产量 12.1 万吨，比上年增加 0.58 万吨；中稻和一季晚稻面积 30.23 万亩，较上年减少 0.82 万亩，总产量 16.28 万吨，比上年减少 0.28 万吨；晚稻面积 30.09 万亩，较上年增加 1.07 万亩，总产量 14.22 万吨，比上年增加 1 万吨。大豆、玉米、高粱等其他粮食作物播种面积 3.8 万亩。全县水稻优质化率进一步提高，优质稻种植面积 72.59 万亩，其中高档优质稻 35.91 万亩，较上年增加 2.72 万亩，同比增长 8.2%。

油料作物总面积 27.29 万亩，同比增长 10%，产量 2.86 万吨，增产 9.3%，其中夏收油菜面积 25 万亩，秋播油菜面积 25.62 万亩。

经济作物总面积（含蔬菜）51.21 万亩，较上年减少 0.34 万亩，总产量 139.34 万余吨，比上年增加 17.76 万吨，其中蔬菜播种面积 36.81 万亩，产量 123.8 万吨，水果及西（甜）瓜播种面积共 9.01 万亩，产量 10.52 万吨，杂交水稻制种面积 3.92 万亩，产量 0.75 万吨，茶叶 0.7 万亩，产量 0.04 万吨，中药材（含湘莲）、桑麻、烤烟、花卉等其他作物 4.99 万亩。

【落实强农惠农政策】

精准发放 2021 年实际种粮农民一次性成本补贴 1531.42 万元，发放耕地地力保护补贴资金 7078.29 万元，发放早稻集中育秧补贴资金 260.46 万元，发放稻谷补贴资金 1820 万余元。整合涉农资金 3300 万余元用于粮食生产特别是双季稻生产。发放早稻种子、高档优质稻种子、绿色防控设备等各类物化补贴 608 万元，兑现农业保险 1958.82 万元，其中水稻大灾保险 1450.63 万元，水稻制种保险 375.23 万元，玉米保险 6.19 万元，油菜保险 126.76 万元。争取承担涉农项目 10 余个，项目资金过 2 亿元，其中单个项目资金 1000 万元以上的项目有高标准农田建设、农村改厕、制种大县奖励资金项目、绿色种养循环农业试点项目等。

【农业面源污染防治】

全县推行主要农作物统防统治面积 68 万亩，覆盖率 47.05%，其中水稻统防统治面积 40 万亩。绿色防控总面积 70.84 万亩、绿色防控覆盖率 43.2%，其中水稻 25.2 万亩、蔬菜 25.2 万亩、瓜果 9.04 万亩，其他农作物 11.4 万亩。开展单位面积化肥使用量零增长行动和农药减量增效行动，化肥施用量 2.63 万吨、农药施用量 562.5 吨，较上年分别下降 1.02%、7.8%。稳步推进受污染耕地安全利用工作，推动 12.92 万亩受污染耕地安全利用措施落实，全县共验收完成严格管控区种植结构调整续种面积 4.94 万亩，占 2019—2020 年度开始种植结构调整点位任务面积（8.09 万亩）的 61.06%。配合办理第二轮中央生态环境保护督察组调查处理督办件 6 件。

推广秸秆还田面积 96.2 万亩次，秸秆还田量超过 28.49 万吨，综合利用率达 86.19%，农膜综合回收率 89.31%。推广测土配方施肥技术面积 154.1 万亩次，覆盖率 91.73%。对全县 78.36 万亩耕地布设耕地质量等级调查评价取样点，开展“三调”耕地质量等级调查评价等相关工作。开展绿色种养循环试点工作，全年推广粪肥还田面积超过 10 万亩次，创建粪肥还田示范区（片）11 个，全县畜禽粪污综合利用率 95.56% 以上。

【病虫害防治】

为加强病虫监测和提高测报的准确性，在全县不同方位建立病虫害全天候智能监测点和人工监测点，其中全天候智能监测设备7台，人工监测点16个，监测点覆盖县域主要农作物，监测类别涵盖主要病虫害。印发《病虫情报》15期4.5万份，邀请县广播电台进行2期专项病虫害报道，使用“村村响”播放15期。推动“2021年湖南蔬菜病虫害全程绿色防控示范项目”“2021年湖南水稻病虫害全程绿色防控示范项目”实施，创建蔬菜绿色防控核心示范区1个，示范面积500亩；主产乡镇示范区2个，示范面积共560亩。创建水稻全程绿色防控核心示范区1个，示范面积1000亩；主产乡镇示范区3个，示范面积共900亩。自建果树绿色防控技术示范点5个，示范面积2000亩；瓜蒌绿色防控技术示范点1个，示范面积200亩。

【农技推广和农技队伍建设】

以实施基层农技推广体系改革与建设补助项目为契机，着力提升农业技术人员的服务水平。组织县、乡镇（街道）两级农技人员32人分7个批次参加省级农技人员蔬菜、粮油和检测等脱产业务培训，4名农技人员学历提升。着力提升农业从业人员的科级素质。以高素质农民培育和农业生产技术培训为抓手，全年培育高素质农民300名（其中新型农业经营和服务主体带头人100人、种养加技术能手100人、植保无人机手100人），举办早稻集中育秧技术、科学施肥、绿色防控、农机技术等各类培训班129期约1.12万人次，发放各种技术资料4.9万余份；在莲塘坳镇、黄丰桥镇开展田间学校培训2期，培训40余人。开展农技人员定向培养工程，招收41名应届高中毕业生，带编培养，充实基层农技队。开展农业科技创新基地创建，创办试验示范基地2个。

（何刘波）

农机事务管理

【概况】

2021年，全县拥有农业机械总动力115.87万千瓦，农业机械拥有量10.54万台（套），全年完成水稻机耕面积5.88万公顷，机插面积3.25万公顷，机收面积5.89万公顷，水稻生产各个环节机械化率进一步提升，耕种收综合机械化水平达86.5%。农机安全生产形势持续稳定，农机安全生产事故率控制在3‰以下。

【农机推广应用和技术培训】

全年推广应用高速插秧机79台，谷物烘干机19台，植保飞机77台，大中型收割机143台，拖拉机180台，推广油菜播种机120台，油菜籽收获割台135台，油菜收割机36台，油菜生产机械化率达75.1%，全年机播油菜10.24万亩、机收油菜19.97万亩。继续推行农机指标申请、选机购机、监理上户、机手培训和补贴办理于一体，推行一站式服务。全年共办理补贴机具693台，受益户数232户，补贴资金1559.7154万元，报废更新机具104台，报废补贴70.7万元。攸县农机事务中心获评2021年度“市农机化工作先进单位”“全市农机合作社建设先进单位”，连续3年获得“全省农机工作先进单位”称号。

根据农业生产实际需要，合理调整安排农机科教和应用管理培训，全年共完成各类培训1155人次，包括农机管理人员15人次、农机技术人员184人次、拖拉机手128人次、收割机手180人次、履带式旋耕机（或履带式拖拉机）手120人次、机插秧人员211人次，烘干机操作人员52人次、耕整机手265人次。

【农机安全监理】

深化“平安农机”创建活动，进一步完善县、乡、村、合作社四级农机安全监管网络，开展农机安全生产打“非”治“违”，组织农机安全监理人员深入田间、场院，对危及人身安全的农业机械逐台进行安全隐患排查。按照省、市、县交通顽瘴痼疾专项整治工作的相关要求，开展拖拉机安全“顽瘴痼疾”整治行动，扎实开展变型拖拉机报废拆解工作，报废拆解190台，剩余23台，完成省市目标任务的89.2%。至2021年底，全县共注销2143台变型拖拉机。积极联合安监、公安交警等部门开展联合执法行动，严厉打击拖拉机超载、超速、疲劳和酒后驾驶、无牌无证、准驾不符、不参加年检等行为，共检查农机合作社100余家，农业机械400台，纠正违章违法行为180起。全年注册登记农业机械398台，报废拆解机具190台，年检拖拉机

333台，其中运输型拖拉机193台，轮式拖拉机114台，年检收割机26台，驾驶员换证86人次。

【“民生100”——农业机械化实事项目】

继续扶持建设现代农机合作社，引导农机大户改变传统的经营方式，组建农机合作社，开展社会化农机服务，增加自身作业收入。充分利用农机购置补贴、机耕道建设和作业补贴，对合作社实行政策倾斜，不断推动合作社发展壮大。2021年新增合作社15家（共133家），新增省现代合作社1家（共75家），省示范社1家（共10家），市特色社8家（共20家），共争取扶持资金188万元。

大力推进农村机耕道建设项目实施，安排全县各乡镇（街道）共完成农机道路新建和维修140千米。严格落实财政奖补措施，按照“建前申报、建成验收、先建后补”的原则，县级财政投入资金140万元，按1万元/千米的奖补标准对实施项目乡镇进行奖补。

（刘石平）

农村经济管理服务

【农村集体产权制度改革】

2021年度清理集体资产20.54亿元，集体土地总面积367.48万亩；确认集体经济组织成员70.29万人，对22个村进行了经营性资产股份制改革，颁发股权证书56518本；254个涉农村（社区）成立集体经济组织。2021年1月，攸县农村产权流转交易中心正式运营，该平台全年完成产权交易、颁发交易鉴证书193宗，鉴证总面积4.25万亩，交易鉴证总额7839.13万元。

【农村土地确权登记颁证】

加快完成农村土地确权档案验收工作，全县共签订合同15.32万余份，合同签订率为96.8%，颁发证书14.5万本，证书发放率为94.6%。对部分因征地原因暂缓确权的村民小组，待征地完成后，按要求重新外调确权到户。收集并整理好确权档案工作，完成农户档案整理数14.2万户，完成档案扫描14.2万户，档案入馆14.2万份。

【村级集体经济发展】

2021年，为发展和壮大村级集体经济，对全县村（社）的村级经营性收入进行全面摸底调查，并上报到县委组织部等相关部门。全年共争取集体经济中央扶持项目9个，市级奖扶项目14个，扶持资金共575万元。村级集体经济带动城乡资本、社会资本1600万元，带动专业合作社、家庭农场、农业公司共28个，增加农民就业1000人以上，解决贫困户就业150个，预计农民年增收5200万元，集体经营性收入3000万元以上。

【农村财务管理】

全县村级换届结束后，针对村级经济合作社法人发生变化的210个村，及时在全国赋码系统完成信息变更。将全县285个村的村委会和经济合作社进行账务分设，独立核算。对村委会和经济合作社的财务代理方式、代理内容、财务收支、操作流程进行统一、规范，为全省、全市提供了经验，树立了样板。

开展2020年度财政扶持资金的专项检查。由县财政局、县扶贫办、县农业农村局联合组成检查组对全县17个乡镇、街道所属村（社区）2020年度的基础设施扶持资金、水利设施扶持资金及产业扶持资金等拨付、使用和结存情况进行全面检查，形成专题汇报材料，将检查中存在的问题列出清单，督促全面落实整改。指导督促各乡镇（街道）付账代理中心定期做好村级财务报账结账工作，并在“互联网+监督”等载体的实时公开，使村民在“三湘e监督”微信公众号、村级微信群、财务公开栏等网页实时了解村级财务收支状况。

【农村宅基地使用监管】

2021年，根据各乡镇（街道）上报全县农村宅基地和农房现状摸底调查，全县17个乡镇（街道）已办理乡村规划建设许可证的在建民房和已批准未办理乡村建设规划许可证的在建民房共1612宗，所批准面积27.42万平方米。联合县自然资源局、拆违控违大队等部门单位组成检查组，对全县17个乡镇、街道就贯彻执行《株洲市农村村庄规划建设管理条例》开展执法检查，对检查中存在的问题进行交办。

【农民权益维护和农民负担监督管理】

加强农民权益维护政策宣传，将农民负担“监督卡”及时发放到各农户手中，全年共计发放农民负担“监督卡”21万份，确保每一户农户都能知晓惠农减负政策。落实惠农补贴发放备案制，全年累计通过“一卡通”发放民政、教育、交运、住房保障、扶贫等惠农补贴项目103个，涉及补贴资金22123.24万元。开展农民权益维护和农民负担监督年度综合检查，重点查看是否存在涉农乱收费、村级组织报纸杂志征订超标、村级财务管理欠规范等情况，针对检查中发现的问题，列出问题清单，向相关镇（街道）和责任单位进行了交办，及时督促相关部门将问题整改到位。

（周　翔）

养殖业

【概况】

2021年，全年存栏生猪51.17万头，出栏生猪84.9万头，猪肉产量6.03万吨，分别比上年同期增加3.92%、25.18%和23.57%；存栏牛3.52万头，出栏牛1.48万头，分别比上年同期增长-1.68%、9.63%；存栏羊6.44万只，出栏羊7.91万只，分别比上年同期增长1.26%、8.06%；存笼家禽500.66万羽，出笼540.57万羽，分别比上年同期增长0.77%、-4.23%；蛋品产量1.73万吨，比上年同期增长2.98%；水产品产量2.64万吨，全县未发生区域性重大动物疫情和畜禽水产品质量安全事故，养殖业发展态势良好。全县生猪规模养殖产量占比82.7%，规模占比进一步提高。菜花坪紫旭万头母猪场项目建成投产，新增产能20万头。累计创建国家级标准化示范场4家、省级标准化示范场8家，生猪养殖基本形成集育种、屠宰、加工、销售为一体的产业化发展模式，产业链条逐步延伸完善。先后对接引进湖南天心、湘猪科技、广东海大、唐人神、新希望、广安、新五丰等龙头企业来攸县投资生猪产业，带动全县养殖业持续走向标准化、规模化、现代化。

攸县麻鸭保种场被列入国家级保种场和省级种质资源保护单位。生猪良种推广工作经验在全省推介。获得“全省畜禽粪污资源化利用工作突出县”“全省第三次畜禽遗传资源普查工作突出县”“全省优秀生猪规模场监测县”称号。

【动物疫病防控】

组织实施好辖区内的强制免疫工作，确保应免畜禽的免疫密度达到100%。全年共采集猪、羊、禽血清样品分别为240份、180份、367份，开展口蹄疫、高致病性蓝耳病、猪瘟、小反刍兽疫、禽流感、鸡新城疫免疫抗体水平检测，抗体水平合格率均超过90%。通过全面排查、泔水禁喂、严格调运等措施，全面阻击非洲猪瘟，共排查养殖场38718场次，生猪911.5万头次；排查定点屠宰场948场次，生猪31137头；排查病死猪无害化处理中心632次，病死猪13.11万头。排查过程中，没有发现疑似非洲猪瘟等重大动物疫情。开展荧光PCR（聚合酶链反应）检测，共检测17个乡镇3个屠场、152个养猪场、40辆运输车辆、1个无害化处理场、1个洗消中心，荧光PCR法检测样品共计2332份，其中无害化处理场检测采集病死猪样品和环境样品145份中，样品检测结果全为阴性。按照上级要求，投入30万元开展畜禽水产品三方检测，共计30个样，全部为阴性。

【畜禽水产品质量安全监管】

集中开展全县饲料经营门店和养殖场饲料自配点全面摸底排查。检查兽药生产企业4家次、饲料生产企业12家次、兽药经营门店56家次、饲料经营门店90家次、畜禽水产规模养殖场80家次，配合农业农村部对兽药企业抽样检测2批次。同时对生产设施设备安全状况、用电用气等安全隐患排查。全力推动动物产地检疫网格化管理，明确检疫人员工作职责、划定区域，分片履职、责任到人；建立辖区养殖台账，掌握养殖动态信息，督促出栏检疫申报，全面堵塞检疫漏洞。严把屠宰检疫生猪入场查证验证关，杜绝无产地检疫合格证的生猪入场。对定点屠宰场日常监督“两项制度”检查15次，对照检查内容督促整改2项，全部落实到位。加强部门配合，从生猪屠宰的源头抓起，严查两章两证是否齐全。

【污染防治】

推广“平衡式”的农牧结合、“零排式”的异位发酵、“达标式”的生化处理、“试点式”的集中处理等综合技术，共支持1129家畜禽养殖场完善粪污处理设施设备，284家规模养殖场实现养殖废弃物资源再利用。完成畜禽粪污资源化利用整县推进项目，项目总投资1.2亿元，共拨付中央资金4500万元，自筹资金7540万元，完成367个畜禽养殖场项目单位建设，顺利通过省级审计。全县376个畜禽规模养殖场粪污处理设施设备配套全覆盖，配套率100%，畜禽粪污资源化利用率达到95.5%，有机肥使用占比达到25.8%。完成中央环保督察交办任务，举一反三，在全县开展畜禽养殖污染防治大排查大整治行动。

【水生生物增殖放流】

组织水生生物增殖放流活动，在洣水攸县南门渡口投放经检疫合格的四大家鱼、细鳞斜颌鲴、黄尾鲴、中华倒刺鲃3厘米以上春片，合计402万尾，维护生物多样性，改善攸水、洣水流域水质和生态环境。（文玺华）

林 业

【概况】

2021年，全县林地总面积16.92万公顷，森林蓄积量500万立方米，森林覆盖率58.19%，林业总产值63亿元。林业工作围绕县委“一二三四”发展思路，紧扣“一中心四样板”目标，坚持“生态立县”，聚焦封山育林，强抓生态保护、生态修复、生态惠民、生态服务四大主业，推进林业高质量发展。荣获“全省森林防火工作优秀单位”等荣誉。

【林业生态修复】

一是加快造林绿化步伐。坚持造林与“造绿、造景、造富”相结合，加大“四旁五边”和紫色页岩、石漠化地、矿区等难利用地造林绿化力度，大力开展绿色村庄（社区）、秀美乡村创建活动，完成人工造林2.61万亩、义务植树170万株，培育100亩以上造林公司、专业合作社和大户32个。二是推进森林质量提升。通过森林抚育、低产林改造、林下改培等措施，积极培育大径材和优质材，精准提升森林质量。全年完成封山育林7.5万亩、退化林修复0.3万亩、森林抚育11万亩，挂牌保护古树名木1176株。启动推进省级生态廊道、天然林管护、第四次石漠化调查等工作。三是保证项目实施成效。加大争资引项力度，加强“十四五”入库项目跟踪对接。全年争取林业改革发展及生态保护修复项目资金7144万元。在项目实施中，注重工程质量，强化示范带动，确保专款专用，做到“争得来、实施好、有成效”。

【林业资源保护】

一是严格资源监管。推进保护发展森林资源目标责任制检查和森林督查常态化，层层压实责任，严格技术操作，保证工作进度。全年接收国家森林督查图斑780个，经现地查验核实图斑数780个，划分细斑887个，如期完成了内外业调查、数据库建设和问题整改工作。出台《攸县全面推行林长制实施方案》，构建“一长三员”网格化管护体系。严格森林限额采伐制度，全年使用森林采伐材积10.46万立方米，结余2.96万立方米。不断加大林地保护管理，主动向上申报审批重点项目林地使用34宗90.53公顷。二是加强森林保护。多形式开展防火宣传巡护，严格野外火源管控，确保各特护期内没有发生大的森林火灾。有序开展森林火灾风险普查，按期完成森林可燃物标准地调查45个、大样地6个。扎实做好松材线虫病防控和疫木处置工作，除治松材线虫病感染疫木3945株，坚决遏制疫情扩散蔓延。投入80万元完成国家中心测报点标准站建设，完成产地检疫苗木2.08亿株，林业有害生物防治3.162万亩。三是推进依法治林。开展林业普法宣传，通过各类专项行动打击毁林违法行为，严格依法治林，保障林业资源安全。完成野生动物繁育主体成功转产转型39户，兑现奖励资金114.07万元；放归或救护野生动物5次126只（条）；查结林业行政案件65起，侦办刑事案件6起。不断完善林权管理，维护合法权益。协同自然资源局启动清理规范林权确权登记历史遗留问题试点工作，办理林地流转7起5100亩，森林保险83万亩；成功调处山林权属纠纷9起、裁决

2起、应诉5起，有效化解王依才等一批信访积案。

【油茶产业发展】

2月召开的县第十七届人民代表大会第六次会议第三次全体会议上，县人大代表表决通过，“加快油茶产业发展”被确定为2021年人大代表票决民生实事项目之一。一是加强基地建设。坚持“政府引导、项目扶持、社会参与、平台助推”，全年争取产油大县等项目资金2050万元、“油茶贷”在保资金2444万元，政府贴息85万元；对油茶新造、低改、抚育给予每亩300—500元的奖励补助。全年完成油茶新造1.2万亩、低改抚育10.3万亩。同时，加强油茶种苗质量监管，提高种苗质量。查处非法生产经营油茶苗木行为3起，没收销毁非法苗木3.2万株、非法穗条7万芽，不断擦亮攸县油茶种苗金字招牌，有效推进油茶育苗“合作化经营、市场化运作、质量化认证、规范化管理”。二是扶持产业升级。坚持“做大基地、做强企业、做响品牌、做优产业”的思路，扶持湘天华、亚美、皓特强、地杰、乡轩山等油茶龙头企业5家，拥有“湘天华”“大康时代”“酒仙湖”“乡轩山”等油茶品牌，实现茶油年产量1.3万吨，综合产值超17亿元。三是宣传推介产品。联合湖南广电、县油茶协会开展油茶产业品牌宣传推广工作，向全社会征集攸县油茶广告语和创意品牌设计近万件，评选出12件作品分获一、二、三等奖，活动盛况在国家、省市各级网络媒体上报道，并制作专题宣传片，不断扩大攸县油茶知名度。

【党建工作】

围绕“学史明理、学史增信、学史崇德、学史力行”主题，通过学习研讨、专题宣讲、现场教学、班子成员讲党课、知识抢答赛等活动形式，深入开展党史学习教育。精心组织“幸福攸州颂歌向党”红歌大合唱等庆祝中国共产党成立100周年系列活动，“七一”表彰先进党支部4个、优秀共产党员22人。组织全体党员到李立三故居、左家老屋等红色教育基地参观学习，推动党史学习教育入脑入心。加强作风建设，严格落实整治违规吃喝隐形变异“十严禁”，开展惠农资金“一卡通”和损害营商环境专项整治，加强股级干部警示教育。

（虞晓乐）

攸县黄丰桥国有林场

【概况】

2021年，攸县黄丰桥国有林场经营林地面积15.2万亩，森林蓄积量83.02万立方米，林地森林覆盖率为91.74%。场部机关内设10个职能股室，下辖广黄、柏市、长冲、漕泊、上陇、幽居、严湖7个营林分场，1个林业调查设计队，天子山、高湖2个示范基地共10个基层单位。共有在职干部职工207人。全年共销售木材2.7万立方米，实现销售收入2216万元。被县委、县政府授予安全生产、乡村振兴先进单位等称号。

【森林培育】

坚持保护与发展并重，提质与扩量并举，以科技兴林为引领，以打造样板示范林为重点，按照“科学造林添新绿，精细抚育优环境，提质改造增亮点”总体要求，积极开展营造林工作。全年共完成造林6698亩，补植2731亩，新造林成活率在92%以上，完成中幼林抚育及间伐21339亩。在大塘、天子山建立森林质量精准提升示范点4000亩，在烂木坑、小田建立国家储备林建设示范点2000亩。

【资源保护】

落实护林员责任，加大林区巡查力度，严厉打击毁林违法犯罪行为，全年未发现一起林木偷盗案件，未发生一起损毁林木案件。加强防火宣传，严格执行24小时领导带班值勤制度，开展隐患大排查，主动找问题、促整改、抓落实；加强生物防护林带建设，修筑防护林带320千米，筑牢防护墙，全年未发生一起火警、火灾事件。加强病虫害监测，在广黄分场、天子山分场、高湖工区建立3个病虫害预测预报仪，对森林资源病虫害进行监测、做到病虫害早预报、早防治，森林病虫害成灾率控制在3‰以下。加强林地保护管理，加大清理整顿非法占用林地行为，严格林地征占用审批手续，不乱批、违规批，全年共上报林地占用7起，挽回林地林木损失69.9万元，无违法侵占用林地行为。加大山林纠纷调处力度，全年发生山林纠纷12起，成功调处12起；完善林场经营范围矢量化数据，明确林场矢量边界的山林权属，稳定林场的生态红线。

【争项引资】

通过围绕政策谋项目，抓住上级政策机遇，主动加强与国家省市县林业主管部门对接，竭力争取一切适合实施的项目，2021年共争取的项目有储备林项目3000亩，精准提升项目5600亩、珍稀树种培育项目3500亩、森林抚育项目7000亩等，争取各类项目资金以及财政补助资金共计1720万元，同时积极、主动对接德促项目、林业碳汇项目，力争项目落户林场。

【党建工作和乡村振兴帮扶】

党建工作贯穿于工作全过程，以党建带生产，以党风带场风，充分发挥基层党支部的政治引领作用和党员干部先锋模范作用。开展“追忆百年党史，弘扬红色精神”主题教育和党史学习教育。创新开展“主题党日+”活动、“缅怀革命先烈，追寻红色记忆”等主题党日活动，让党员干部在思想上受到深刻的党性教育，切实增强党组织的战斗力、凝聚力和向心力；对照支部“五化”建设标准，足额拨付党建经费对全场部分基层支部阵地，特别是机关支部进行装修、补充，查漏补缺，完善资料。

配合做好乡村振兴帮扶工作，选派副科级干部贺文明为攸县黄丰桥国有林场驻皮佳村乡村振兴工作队队长，贺建伟为驻村专干，严格落实“四不摘”防返贫工作举措，扎实开展驻村帮扶工作。按照“五必到五必访”的驻村工作要求，开展“送温暖”行动，走访慰问皮佳村困难家庭，逝者家属、抗美援朝老党员，捐赠了价值5600元的物资和慰问金；拨付帮扶资金9万元支援产业发展、人居环境改善和美丽村庄建设。

（陈颂朝）

水 利

【概况】

全县拥有大型水库1座，中型水库2座，小(1)型水库19座，小(2)型水库271座，山塘22662口，陂坝978处，小型电力排灌站1104处，大中型灌区7个，干支渠道总长1939千米(其中渡槽225千米,隧洞18千米,倒虹吸管17千米),大小河流102条。全县形成以酒埠江、皮佳如、三星坝、老虎岩、凉江、苏洲坝、张家冲7个骨干灌区为主，其他小型水利设施为辅的农田灌溉体系，全县水利工程总蓄引提水能力达到6.45亿立方米，有效灌溉面积为57.1万亩。

2021年1—9月，总降雨量为1417.1毫米，较上年同期少314.3毫米，与历史同期相比少205.4毫米。全县各类水库和山塘应蓄水量为5.43亿立方米，截止到9月24日，实际蓄水2.03亿立方米，占应蓄水量的32.5%。其中酒埠江水库蓄水1.15亿立方米（正常蓄水量2.05亿立方米），黄沙桥水库蓄水406万立方米（正常蓄水量1010万立方米），皮佳如水库蓄水268.4万立方米（正常蓄水量1039万立方米），其他小型水库及山平塘蓄水为正常蓄水量的32.5%。2021年上半年经历了“5·15”“5·21”“5·26”等多轮强降雨，下半年少雨干旱，县、乡、村三级协同作战，最大限度地减轻了灾害损失。

县水利局机关内设股室6个，二级机构14个；全水利系统共有干部职工417人，其中水利高级职称12人、中级职称45人、初级职称10人。在2021年度株洲市水利建设工作考核中排名第一，获评湖南省2021年度水利建设工作10个优秀单位之一。

全年完成水利基础建设总投资15415万元；争取2021年农村供水工程维修养护项目上级资金203万元、财政资金410万元。扎实有效推进人大票决民生实事项目。完成水土保持行政审批41个，全年征收水土保持、水资源规费380万元以上，联合解决各类河湖问题1355件。

【防汛抗旱】

一是严格各方责任落实。全县所有水库、大型水闸均落实防汛行政、技术和管护等“三个责任人”，基础性资料比较完善，物资保障较为充足，重要堤防、骨干山塘、小水电站、山洪灾害易发区基本实现常态化巡护。二是严格措施落实到位。3月，会同应急管理局对全县水库、骨干山塘、山洪灾害易发区、重点堤坝开展汛前检查，对31处度汛隐患提出处理措施并交办。5月19—21日，开展“回头看”，重点查隐患、督整改，全年发布2000余条预警信息，更新改造维护15处水位站、雨量站。同时，争取水毁抢险资金400万元，完成20处骨干山塘，4处山洪灾害易发区、10处重点堤坝的除险加固。三是严格值班值守制度。落实汛期24小时值班制度，密切关注天气形势变化，实时监测强降雨过程，县直相关单位、乡镇（街道）、气象、水文等部门多方联动，加强沟通，实时信息共享，及时发布预警信息，提高综合分析研判能力。全县320处风险点实行山洪灾害预警，做到险情有人警示、出险有人处理、人员有地安置。

【水利基础建设】

常态化开展秋冬春三季水利基础建设。投资2500万元，对8座小型水库进行除险加固；投资700万元，完成网酒项目区罗家坪生态清洁小流域治理项目；投资1582万元，实施洣水防洪保护圈竹丰至大和段、东塔段及东联段项目工程建设；投资500万元，对200处小水源工程（山塘）进行清淤整治和配套改造；投入1200万元，实施酒埠江灌区“十四五”续建配套与现代化改造项目，包括更新改造西干渠文明渡槽368米，泥脚巷支渠10千米，完成南干渠、河东渠险工段处置及2座泄洪闸建设；投入3583万元，完成2020年度34座小型水库除险加固项目扫尾工程。

如期如质落实“政府为民办实事”工程项目。争取2021年农村供水工程维修养护项目上级资金203万元、财政资金410万元，维修养护农村供水工程32处，启动农村供水保障工程10处，新增保障农村供水人口4.1万余人。完成阳升观水库及供水管网建设，加快实现城乡供水一体化，进一步解决农村安全饮水问题。积极推进人大票决民生实事项目——“中小河流综合治理”工程（包含攸水、铁水两个部分），综合治理中小河流治理13.4千米，岸坡整治25千米，新建下河踏步23处，清淤疏浚2千米，新修防汛公路1.3千米，新建堤防1.2千米，新建涵闸3处，总投资5350万元。

【争项引资】

争取13座小型水库除险加固、水土保持项目、铁水综合治理、大塘冲山洪沟治理等项目列入2022年实施计划，总投资在6000万元以上；争取皮佳如水库除险加固、城南防洪保护圈堤防2.5千米、攸水铁水综合治理、苏洲坝灌区续建配套、15座小型水库除险加固被列入2023年实施计划，总投资超2亿元；完成网岭宏市及新市水闸、清江、浊江、永乐江等项目前期工作，争取列入规划笼子；启动中型水闸安全鉴定，争取阳升观水库列入中央投资计划，推进酒埠江大型灌区现代化改造；完成《攸县“十四五”水安全保障规划》《水安全规划》《攸县水利基础设施空间布局规划（2021—2035年）》设计审查。

【行政执法】

一是严格项目审批管理。水土保持方案报告表实行承诺制管理，实行并联审批，且所有审批事宜均上传“智慧株洲·诸事达”攸县行政审批服务平台，完成水土保持行政审批41个，完成饮水工程计量设施安装23处；落实最严格水资源管理，严格实行审批、核准、备案的建设项目需开展水资源论证工作及严格实施取水许可审批，共办理取水许可证128家，新批取水许可12家；遵循“确保河道行洪安全，规范涉河行为标准”的原则，严格涉河项目审批程序，换发永乐江河道采砂许可证、攸河治理工程等涉河项目审批4项。二是打击违法行为。全年进行水土保持监督执法检查49次，发现违规4个，整改到位4个；河道巡查达220余次，制止涉河水事违法行为52次，其中下达《责令停止水事违法行为通知书》16份，立案查处12起，罚没收入45.256万元。组织相关部门进行联合执法8次。出动执法人员620余人次。三是积极处理各类水事矛盾。全年共化解涉河矛盾纠纷5次，处理涉河上访22次，答复涉河信访件12次。

【河湖管理】

一是完善工作机制。持续完善“河长+河道警长”工作机制、“河长+检察长”司法衔接机制，全年联合解决各类河湖问题1355件。完成攸河岸线保护与利用岸线规划编制、22条河道管理范围划界、271座水利工程划界；生态修复治理河道23千米，推进17条示范河（段）创建，实行洣水流域“十年禁捕”；完成高楼、皮佳如2座水电站退出，47个小水电站生态流量监测监控进入运行阶段。二是强化监管措施。严格落实轮值联合执法机制，严厉打击涉水涉河违法行为，全年制止涉河水事违法行为52次，开展联合执法5次，立案查处非法采砂4起，拆除涉水违建物32处，行政拘留14人。三是从严治理“四乱”（乱占、乱采、乱堆、乱建），加强河道保洁。5月，在全县开展“啄木鸟”河湖突出问题“零容忍”专项行动，全县发现、整治问题近100个，河湖“四乱”明显改善，洣水攸县段获省“美丽河湖”称号。

【移民扶持】

编制了移民后期扶持“十四五”规划并上报省移民事务中心，编制移民后期扶持“十四五”规划，计划总投资1.74亿元，支持完善全县移民村基础设施，加强产业扶持，改善生产生活条件，增加移民群体收入。完成2021年度大中型水库移民后期扶持723.45万元直补发放，投资630万元实施八合冲、新虎塘、琴陂3个移民重点村项目，投资80万元完成网岭三峡移民做好养殖产业扶持项目。争取酒埠江镇酒埠江村列入省2022年10个移民乡村振兴示范村项目，到位资金420万元。鸾山镇竹木加工产业扶持项目被纳入省移民事务中心项目库。办理移民来信来访，解决移民纠纷矛盾。2021年共办理移民户来信70余件，接待移民户30余次来访，多渠道了解移民需求。

【党建工作】

始终把政治建设摆在首位，以党建促业务，不断推动党建工作与水利工作的深度融合。一是开展党史学习教育。以党史学习教育为契机，开展志愿植树、水法宣传、主题党课、党员进社区活动，接受红色教育，参加党史知识、大合唱比赛。在项目建设与疫情防控方面立足本职岗位开展为群众办实事活动，彰显党员模范带头作用。二是开展基层组织建设。坚持把支部“五化”建设摆在重要位置，不断增强党支部的生机活力，明确支委成员主要职责，提升支委领导作用。加强制度建设，落实党费收缴规定、“三会一课”制度、民主评议党员工作制度、组织生活会制度、发展党员工作制度等机制。三是加强党风廉政建设。落实党风廉政各项制度，扎实推进清廉水利建设，做到警钟长鸣。配合省“8·15”招投标专案问题查处，深化招投标突出问题专项整治。

（王祖林　刘　凌）

气候和气象服务

【概况】

2021年，攸县的主要气候特点是气温偏高，降水量偏少，日照偏多。5月、10月、11月降水量偏多，其他各月降水量均偏少。年内强降水不多，灾害性天气不多，天气比较正常。年平均气温19.1℃，较历年同期高1.3℃。极端最高气温40.1℃，出现在7月16日，极端最低气温-5.3℃，出现在1月9日。各月气温除4月、10月较历年同期偏低外，其余各月均偏高，稳定通过8℃、11℃的日期分别是3月8日（偏早）、3月23日（偏早）。2021年总降水量为1309.9毫米，比历年同期少208.5毫米，除5月、10月、11月偏多，其余各月均偏少。2021年总日照时数为1568小时，比历年同期多98.2小时，全年，除4月、5月、11月偏少，其余各月均偏多。总的来看，2021年，光照条件充足，温、光、水条件搭配比较合理，气候比较适宜，对各行各业及人们日常生活比较有利。

2021年，气象部门被列入县级规划、道路安全、防汛抗旱等多个领导小组成员单位。在攸县县委、县政府对气象事业高度重视和支持下，稳步推进气象灾害综合风险普查工作，整合攸县42年各类气象灾害风险资料并完成数据录入；开展人工影响天气保障能力建设，制定人工影响天气责任清单，对攸县5个人工影响天气作业点逐步进行升级；建成株洲市首个标准化人工影响天气弹药库；向省局申报全省气象现代化高质量发展先行试点。

【主要气候事件】

持续性强降水。从2021年5月16—29日，全县出现持续性降雨天气，累计雨量达309.7毫米。由于持续降水，导致酒埠江水库水位上涨，酒埠江水库于5月28日上午7时起开闸泄洪。

局地大暴雨。2021年6月10日11时5分至13时15分，攸县丫江桥镇普降暴雨，局地特大暴雨。从6月10日11时20分开始，攸县丫江桥镇大桥雨量点1小时内降水量达128.8毫米，24小时累计降水量167毫米。受灾人口2500人，直接经济损失509万元。

【预报预警和气象观测】

投入16万元加强区域自动站巡检维护及升级工作，33个区域站传输及时率和资料可用率达到省局标准。编制发布《春运气象专题服务》《气象专题服务》《专题气象报告》《重大气象信息专报》等服务刊物60余期；发布预警信息21次；通过手机短信、大喇叭等发布气象信息5万余条，接受媒体采访3次。邀请县政府办、水利局、应急管理局、交运局、农业农村局等部门召开了2021年春节天气新闻发布会。完成元旦、两会、春节、炎帝陵祭祖、清明节、“五一”国际劳动节、高考等气象专题服务。为中国民用航空湖南安全监督管理局、县交警大队、中铁二院土木建筑设计研究一院、攸县抽水蓄能电站、湖南省裕优丰种业科技所等单位免费提供专业气象服务。

每次重大过程提前作出预测，第一时间向县委、县政府、防汛办作专题汇报；主要负责人3次参加全县防汛调度会并作发言；汛期共出现4轮强降雨袭击，始终以高度的责任心全力应对，做好精准靶向和递进式气象预警服务。攸县“6·10”短时超强降雨过程中，及时启动防汛紧急预案，发布年内首个暴雨红色预警，主要负责人第一时间通过电话向县委县政府主要领导作专题汇报，同时通过预警平台发布山洪及地质灾害风险提示信息。丫江桥镇负责人收到靶向预警信息后，随即组织干部紧急转移安置群众67人。此次突发强降雨造成多处江堤、渠道和道路损毁，倒塌房屋146间，由于政府及相关部门在收到气象预警信息后，及时采取应急措施，实现人员零伤亡。

【农业气象服务】

与农业农村局、水利局、应急管理局重新组建为农服务专家联盟，持续开展“直通式”气象为农服务，保障粮食安全生产。共编发《攸县杂交水稻制种气象服务专报》《春播春耕专题服务》等服务信息12期。联合县政府办、农业农村局、水利局、应急管理局等单位，召开全县乡镇气象信息员培训会。利用“3·23”世界气象日、“5·12”全国防灾减灾日和科普宣传周，推进气象信息进农村、进社区、入学校志愿宣传活动，制作宣传展板4块，发放《气象知识》《农业与气象知识读本》等科普资料1000余份，攸县电视台现场采访报道。

【防灾减灾气象服务】

继续与自然资源局、水利局、生态环境局签订合作协议，深化防灾减灾联防联动。联合发布山洪灾害预警5次、地质灾害预警57次、乡镇强降雨警报66次、空气质量预报短信365次。联合自然资源局、水利局等开展防汛抢险应急演练3次。水旱灾害防御系统推广应用取得初步成效。

【气象执法和雷电安全隐患治理】

依法开展雷电防御、施放气球管理、气象探测环境保护、气象信息传播等执法工作，全面落实防雷安全监管责任，结合“攸县安全生产专项整治三年行动”要求，落实“一单四制”，积极开展防雷重大事故隐患治理工作，全年出动行政执法人员80余人次，领导带队对燃气、烟花爆竹等危化场所进行全覆盖式防雷安全排查，排查出27处重大安全隐患，全部按要求如期完成整改销号。全年施放气球管理有序，未出现责任事故。

【党建工作】

充分发挥中心组理论学习示范带动作用，加强党员的政治思想学习教育。制定《党组理论学习中心组学习办法》，固定每月一学，实行“第一议”题制度；党支部每月不少于2次集中学习，每月对党员“学习强国”应用等情况进行综合考核；领导干部全年讲专题党课4次、普通党员讲微党课3次、观看党史学习教育视频10次、开展现场红色教育实践活动9次。落实“三会一课”“组织生活会”“主题党日”等党内基本制度。多形式开展主题党日活动，组织党员前往谭震林生平业绩陈列馆、攸县烈士陵园等地开展红色革命传统教育活动，先后与醴陵市气象局、湘乡市气象局、谢家垅社区党组织开展党建联建活动。

开展党史学习教育，引导全局党员做到学史明理、学史增信、学史崇德、学史力行。成立攸县气象局党史学习教育领导小组，先后选派4人参加市、县“党史学习教育培训班”，运用“轮流领学”“户外课堂”“我是党史讲解员”系列微党课等多种形式，促进边讲边学边受教育。结合“我为群众办实事”，开展“献一份热血、庆百年华诞”无偿献血、“四季同行、党员学习雷锋”志愿服务、“学习党史，观影筑魂”等主题活动。

抓好党风廉政建设。严格落实领导班子成员“一岗双责”责任，推动全面从严治党向纵深推进。班子成员带头执行中央八项规定精神，坚决遏制“四风”问题，全面完成省局第五巡察组巡察反馈意见的整改任务。开展党风廉政建设宣传教育月活动，召开3次作风建设警示教育会，观看警示教育片2次，组织开展《严禁酒驾醉驾》知识答题活动。

【乡村振兴服务和精神文明建设】

安排副局长张海燕同志常驻江桥街道谢家垅社区，专职服务驻点村乡村振兴。召开“助力乡村振兴，我为群众办实事”座谈会，全体党员在帮扶点举行“慰问困难老党员，圆梦微心愿”等实践活动。

将文明创建工作纳入重要议事议程，成立创建市级文明单位领导小组，拟定《创文工作实施方案》，定期向县委宣传部汇报工作进展情况。完善党建活动室、户外宣传牌、文化墙等硬件设施建设，新建阅览室、职工之家、道德讲堂，院内设置垃圾分类收集亭。开展形式多样的社会主义核心价值观教育实践活动，组建攸县气象局志愿服务团队，多次参与防灾减灾宣传、文明规劝、无偿献血、义务植树、扶贫帮困等志愿服务活动。倡导文明健康生活方式，组织职工参加“步行健身”“文明餐桌”“文明读书”、羽毛球赛活动；开展文明评优表彰活动，评选表彰“文明家庭”“文明职工”“文明股室”。

（皮钦源）

乡村振兴

【概况】

2021年，全县共有脱贫户10574户31745人，边缘易致贫户293户861人，监测户456户873人。5月，攸县获评湖南省“2020年度脱贫攻坚先进县市区”，攸县农村人居环境整治获评省、市人居环境整治提升先进县。人民网、省、市主流媒体全年刊发攸县巩固拓展脱贫攻坚成果同乡村振兴有效衔接和农村人居环境整治工作报道和经验推介文章140余篇，防返贫监测与帮扶机制和乡村振兴工作机制分别在省、市作经验推介。

【机构队伍和绩效管理】

2021年5月，根据中央、省委和市委关于扶贫工作机构调整有关文件精神，攸县扶贫开发办公室重组为攸县乡村振兴局。县乡村振兴服务中心（原城乡同治办）并入乡村振兴局，作为局辖副科级事业单位。安排46名县级领导联系指导乡村振兴示范村；向各类重点村派出107个乡村振兴驻村帮扶工作队、240名驻村工作队员。8月，成立由县委书记任组长的实施乡村振兴战略领导小组，县委副书记主管、县委二级调研员协管，县人民政府副县长具体分管，镇（街道）成立由党政一把手为组长的乡村振兴领导小组。全年开展防返贫监测与帮扶、驻村帮扶、项目资产、乡村振兴等业务培训11期、1200余人次。出台《攸县乡村振兴驻村帮扶工作队管理办法》，严格执行“两脱钩、一挂钩”制度，定期督查考核。建立督查机制。开展巩固拓展脱贫攻坚成果同乡村振兴有效衔接工作督查，通过查台账、看现场、访农户等形式开展督查、发现问题，现场交办、限时整改，确保督查工作取得实效。对任务完成不好、质量不高、应付了事的个人、单位进行通报批评，限期整改。强化考核机制。加强考核制度建设，强化责任制考核，按照“一月一督查、一季度一通报、年终考核排名”，对17个乡镇（街道）和21个行业部门进行考核排名。建立健全涉贫信访工作制度。加大对衔接领域信访问题督查督办力度。实行县级领导包案化解制，按照“属地管理、分级负责”的原则，按照领导包案、核查回访和应急处置原则，确保问题处置到位。二是专门结对制，按照“谁结对、谁负责”，查漏补缺，防患未然，从源头上杜绝或减少重大涉贫事件发生，全面提高了群众对乡村振兴工作的满意度。

【防返贫监测与返贫风险消除】

开展全面摸排。全县所有脱贫户和边缘易致贫户全部纳入湖南省“防返贫监测”帮扶平台，定期对全县所有脱贫人口、边缘易致贫人口、档外低保户、档外五保户、和档外严重困难户等“五类对象”进行脱贫质量回头看，梳理存在的风险点，罗列清单、及时整改。

实施精准帮扶。按照“缺什么补什么”的原则，根据监测对象的风险类别、发展需要开展针对性帮扶，对57户因残对象落实残疾人临时救助帮扶，对1户就业不稳定对象开展就业帮扶，对373户因病纳入的监测对象开展健康帮扶，25户无劳动能力纳入监测对象开展兜底综合保障。从驻村工作队后盾单位和乡镇领导班子成员中选择有帮扶能力的干部作为监测帮扶联系人，梳理和综合各项惠农惠民政策，制定《攸县乡村振兴政策口袋书》，截至2021年底，发放口袋书1200余册。

精准消除风险。严格对照“两不愁三保障、收入稳定、无大额刚性支出”等风险消除程序，对达到风险消除标准的监测户按照村（社区）提出名单、入户核实、村（社区）民主评议、乡镇（街道）审核、县级审定的程序进行风险消除，全县监测对象有10户20人消除风险。

【扶持发展产业】

产业发展方面。立足实际、因地制宜，编制产业发展规划，制定《攸县乡村振兴产业发展奖励办法》，鼓励村级集体经济组织和企业帮扶车间进行农产品初加工，着重扶持村级集体产业基地建设，打造一批具有特色的“一村一品”示范村。全年财政统筹安排资金1166.91万元用于产业发展，其中自主发展产业奖补脱贫户和边缘易致贫户870户，落实产业奖补资金228.91万元；累计投入938万元奖励62个村级集体经济组织和100个企业帮扶车间。

【稳岗就业】

一是切实稳定外出就业。全县共有脱贫劳动力外出务工人数12734人，其中5019人在省外就业，2816人在省内县外就业，4899人在县内就业。监测户劳动力外出务工人数335人，其中119人在省外就业，75人在省内县外就业，141人县内就业。二是积极拓展就地就业渠道。举办“3·11”就业招聘会，搭建就业平台，组织372名农村脱贫人口参加，邀请全县各行各业的55家企业，提供362个工作岗位，共有352人达成就业意向。全县共安排586个公益性岗位。三是加大职业技能培训力度。在17个镇（街道）开展各类职业技能培训96期，其中农村劳动力参加培训4242人（含脱贫人口345人）。

【落实基本保障】

一是教育扶贫。全年共资助义务教育贫困学生15714人次，资助金额872.89万元。发放雨露计划补助资金1771人次265.65万元。二是医疗救助。脱贫人口四类慢病患者全部签约服务到位，2021年医保缴费共计全额资助困难对象参保54067人，资助金额1518.57万元。脱贫对象及监测户住院补偿14432人次，医疗总费用5753.32万元，总计报销4989.26万元，综合支付率86.72%。三是易地扶贫搬迁。搬迁户中902人实现稳定就业，有劳动能力且有劳动意愿的搬迁群众就业率为100%；2021年度发放产业奖补资金14.92万元；享受农村低保487人、特困供养19人，合计506人。搬迁户后续帮扶措施覆盖率为100%。四是落实住房保障。2021年，全县对1147户突发困难户的住房进行鉴定，共核查出7户住房存在安全隐患，并完成危房改造项目。全年完成脱贫户C、D级危房改造13户，发放补助资金37万元。五是兜底保障。新增167户279人脱贫人口为农村低保对象。全年共有10817人脱贫对象享受低保救助，累计发放低保金1827.4万元、临时救助资金470万元，落实残疾脱贫户生活和护理补贴344.9万元、特困供养户补贴金208.5万元、困境儿童抚养金18.5万元。七是解决安全饮水问题。健全安全供水保障机制，出台《关于进一步加强农村饮水安全保障工作的通知》，通过集中供水、接山泉水、打井、人力取水解决脱贫人口（含监测户）用水问题。基础设施方面，为切实提高脱贫村、部分乡村振兴重点村农村生产、生活基础设施条件，统筹安排资金1353万元用于水利、道路等基础设施建设。

【农村人居环境整治】

完善垃圾治理体系，深化垃圾治理。完成80个农村生活垃圾分类示范村垃圾分类工作，完成农户垃圾分类桶配置工作和农村生活垃圾户外分类设施建设工作，配置农村生活垃圾运输车辆46台、垃圾收集车61台、垃圾分类亭320座、垃圾收集桶41000余个、垃圾箱307个，落实农村保洁员2893名，建成乡镇垃圾中转站3座。基本形成“户分类、村收集、镇转运、县处理”的垃圾治理模式。

实施改厕改水。全面推行“旱厕改水厕、一格改四（三）格”，至年末，共完成省重点民生实事农村改厕任务13200户，新建公厕14座，完成年度任务的100%。卫生厕所普及率达86.6%，使用维护率达100%，群众满意率100%。

加强农村污水和养殖场污染治理。完成6个示范村生活污水治理，6个示范村生活污水处理率达到60%以上；建成乡镇污水处理厂12座，日处理生活污水1.58万吨，受益居民达15万人。将农村水环境治理纳入河（湖）长制管理，集中清理整治入河湖排污口和河湖水面垃圾，全县主要地表水体水质达到国家标准。建立健全粪污资源化利用和长效管护机制。完成规模养殖场247个、养殖专业户114个的畜禽粪污资源化利用配套设施建设，建成洗消中心5个、有机肥加工厂1个，全县畜禽粪污资源化利用率达到95.5%，规模养殖场污染防治设施配套率达到100%，有机肥替代化肥比例达到25.8%，农作物秸秆综合利用率85.47%。

整治环境卫生，清洁村容村貌。在全县范围内开展全民大扫除、大清洁、大整治，参与人员25300余人次。完成清理转运废弃杂物、农业生产废弃物等各类垃圾达7万余吨，整治乱贴乱画1700余处，拆除乱搭乱建72余处，整治私拉乱接60余处，清理河塘沟渠800多千米；结合春季绿化和“最美庭院创建等活动”，推进村庄绿化，完成道路绿化420多千米；张贴宣传提升人居环境和健康意识标语2400多条，开展村庄清洁行动志愿活动300余次。提质改造农村道路100千米，自然村100%通水泥（沥青）路。

【乡风文明建设】

全面推行《村规民约》修订，发挥“一约四会”作用，推行婚事新办、丧事简办、余事不办制度，着力整治大操大办、竞相攀比、薄养厚葬等不良风气，村规民约覆盖率达到100%。加强对村民教育教化，倡导文明新风尚，广泛开展新时代文明实践服务和“最美庭院”评比等活动，创建最美庭院8万余户。全县铺开“门前三小”工程建设，全年建成“门前三小”200个，打造示范点20个。组织召开新时代文明实践“门前三小”点理论政策宣讲座谈会，全县组织召开微宣讲1680多场，服务人数18700多人。“门前三小”搭建农村文化大舞台入选全国第二批农村公共服务典型案例。

（欧阳辉）

商 贸

商务和粮食管理

【概况】

2021 年，全县完成外贸出口 1.75 亿元，同比增长 25.6%。新增对外贸易经营备案企业 17 家。湖南省益力盛电子科技有限公司、攸县网酒铸钢厂实现出口破零。新增入库“四上”企业 17 家。社零总额 171.26 亿元，增长 15.2%。改造钟佳桥、新市农贸市场 2 个。全年引进内资 107.52 亿元，增长 28.04%。签约引进项目 45 个，其中亿元以上 40 个，1 亿—5 亿元 34 个，5 亿—10 亿元 4 个，10 亿—30 亿元 1 个，50 亿元 1 个，投资总额达 124.4 亿元。如期完成早中晚稻地方临储粮收购任务。完成政策性收购 2.79 万吨，其中地方储备粮轮换收购 2.05 万吨；临储粮收购 0.74 万吨。

2021 年，攸县商务和粮食局获评市文明建设先进单位、全市商务和粮食工作（招商引资）先进单位、县文明建设红旗单位（先进单位）、县“产业项目建设年”活动先进单位、县“营商环境优化年”活动先进单位、县安全生产（食品安全）工作先进单位、县乡村振兴工作和农村人居环境工作先进单位、县招商引资先进单位、县疫情防控工作先进单位。

【对外经贸】

2021 年，全县有 55 家企业进行对外贸易经营者备案，16 家外贸企业有进出口业绩，进出口的产品主要有农药、黄药、焦锑酸钠、电子、鞋等，进出口涉及的国家主要是印度尼西亚、俄罗斯、泰国、朝鲜、印度、日本。把外贸工作和招商引资工作相结合，针对性引进、培植一批具有出口潜力的外贸企业，引进株洲市铭雄工艺品制造有限公司、湖南同美服饰有限公司、株洲地博光电材料有限公司等外向型企业 3 家。组织企业申报“株洲市老字号”品牌，“熊阿公”“罗氏聚香斋”“湘东情”进入第一批“株洲市老字号”公示阶段。组织湖南明珠选矿药剂有限责任公司、攸县网酒铸钢厂申报“对非适销产品重点企业白名单”。

【内贸流通】

2021 年，全县电商销售农产品零售总额 3.54 亿元，超额完成 3.3 亿元的目标任务。开展乡村直播电商技能培训，培训人数 400 余人，数商兴农工作取得较好成绩。参与举办湘赣边首届直播带货创新创业大赛，进一步壮大电商人才队伍。组织餐饮企业参加“味道湖南・株洲攸县味道”活动，举办攸县首届豆腐宴烹饪技艺大赛和美食评选活动，攸县香干钵名菜获得“湖南名菜”银奖。

【打非治违】

扎实做好加油站年检工作，联合查处非法流动加油车 1 台，收缴油品 1500 升，油气回收改造和双层油罐改造完成 3 家。取得建站批文 3 家，验收 7 家，发证 3 家，换证 4 家，变更 1 家，规范成品油市场管理。二手车交易、典当、再生资源回收、报废机动车拆卸等行业管理到位，全年未出现任何安全事故。

【招商引资】

完善招商工作机制，攸县制定出台招商引资攻坚活动方案、考核办法，推行管行业管招商工作机制，不断完善“一事一议”和落地联席会议制度，继续开展驻外招商工作。夯实招商工作基础，完善招商宣传资料，编制新版投资指南和招商项目册。围绕省、市最新部署，结合县情，制作新版招商引资宣传片，营造良好招商引资氛围。创新招商工作方式，县主要领导带队赴山东、佛山、广州等地上门招商 20 余次。举办集中签约、招商推介会等活动，积极参加“港洽周”“深圳恳谈会”等省市活动，列入省签约成绩的项目有 6 个，创历史新高，在株洲市全市招商引资年度考核中，攸县排名第四。

【粮食流通管理和粮食应急保障】

贯彻执行《粮食流通管理条例》，开展全县粮食流通“亮剑 2021”专项执法行动、早稻收购工作监督检查、政策性超标粮食定点处置检查、政策性粮食销售出库检查，所发现的 7 个问题整改到位。

根据实际情况，对原有的应急加工、供应和储运企业进行确认，印发《关于确定县级粮食应急保障体系企业的通知》，重新确认 6 家应急加工企业、11 个应急供应网点、4 个应急配送企业、5 个应急储运企业，进一步完善应急体系构架。疫情防控期间，迅速启动监测，建立日汇报、周汇总机制，对接县内大型商超，盘存商超粮油商品库存，做好防控期间的粮油商品的调运，确保县内疫情防控期间粮油商品供应充足、价格稳定。同时，成立专项工作督查组对县内超市和粮油门店进行专项督查，及时纠正粮油价格违规行为，杜绝疫情防控期间大幅提价的现象。

【党建和精神文明建设】

2021 年，攸县商务和粮食局抓好思想引领，强化理论武装，坚持作风从严、执纪从严，助推党建工作走深走实。采取“领导干部带头讲、邀请专家重点讲”等方式开展党史学习教育系列讲座，把开展党史学习教育作为主题党日、“三会一课”等党组织活动重要内容，开展集中学习 12 次，党史学习教育专题学习 4 次，党组理论中心组学习 12 次。前往谭震林生平业绩陈列馆、湘赣攸县苏区革命烈士纪念碑和湘赣攸县苏区革命历史纪念馆参观学习。召开庆祝中国共产党成立 100 周年暨优秀党员表彰大会，发放“光荣在党 50 年”纪念章，凝聚起干事创业的信心与决心。

以城关粮库获评湖南省粮食安全教育基地为契机，全力打造“爱粮节粮”志愿服务品牌，接待参观学习的中小学学生 3600 余人次；组织参加“幸福攸州、颂歌向党”大合唱比赛，加强精神文明建设。

【大型抗疫公益活动】

8 月 11 日，攸县商务和粮食局联合共青团攸县委员会，共同主办“疫情无情人有情，全民抗疫一条心·攸县土特产助力株洲抗疫大型义卖直播”大型抗疫公益活动。活动承办企业——攸州优品创业服务公司组织部分爱心企业共捐赠价值 76048 元的攸县土特产品参与网上直播，具体包括攸县双旺食品有限公司捐赠价值 14850 元香酥小麻花、攸县盛玉坊食品有限责任公司捐赠价值 19800 元攸县香干、湖南攸州优品创业服务有限公司捐赠价值 16000 元蜂蜜老婆饼、湖南天华油茶科技股份有限公司捐赠价值 20148 元茶油、株洲蓉园食品股份有限公司捐赠价值 5250 元伏蒜。直播活动中，攸县商务和粮食局、团县委领导走进直播间为大家报道最新疫情情况、宣传新冠肺炎疫情防控知识；广东省攸县商会和攸县驻长沙流动党员支部等组织纷纷发动企业会员、爱心人士，购买义卖特产。活动结束后，县商务和粮食局、团县委将此次直播义卖活动共筹集资金近 3 万元，全部用于购买防疫物资，送到县人民医院、县中医院援株洲抗疫一线。

（李水云）

石油销售

【概况】

2021 年，攸县地域成品油市场竞争激烈，受柴油“价格战”以及疫情影响，部分销售量下滑。攸县石油分公司全年成品油销售 5.42 万吨，同比下降 21.45%，其中零售完成 4.6 万吨，同比下降 26.75%；直分销完成 8200 吨，同比增长 44.1%。

非油完成销售额1941万元，同比增长3.35%。全年实现销售收入4.51亿元，缴纳税金278万元。全年无数质量纠纷，无上等级安全事故。

【成品油零售和非油品促销】

2021年，攸县石油分公司遵循“精细、精准、灵活”原则，着力客户维系与开发，实行“网格化经营”，着力打好零售攻坚战。一是建立回访制度。督促管站经理、站长等建立客户台账，建立回访机制（家包站坚持“五必访”，自营站坚持“十必访”）。二是落实“一户一策”，“一站一策”等措施。柴油销售通过“机出配送”与大客户积分等措施，建成株皇与衡炎站“司机之家”，柴油量大的加油站开展点对点竞争，赢得客户促进销量；汽油销售利用“周四会员日”“冬奥卡”“一键加油”“第三方资源”等活动，网厅实现客户充值1850万元。三是开展优惠增值服务。落实加油现场“积分客户唤醒”工作，实现客户回流；网岭加油站“择日优惠”，城关与城中加油站洗车增值服务等营销举措，稳住客户的同时遏制汽油销量下滑趋势。

开展“易享节”“水饮料竞赛”“第九届年货节”等专项活动。组织建立社区微信群，郊区、乡镇加油站建立区域客户群，收集客户订单需求，开展“微信+送货上门”活动，建立良好的客群关系。配合省公司的第三方盘点工作，对全区所有在营门店进行现场督查考核以及盘点，全年未出现考核否决项。

【安全生产和环境保护】

一是强化安环意识，落实安环责任。严格要求加油站建立安全管理台账，各加油站建立生产异常统计表、工艺报警登记表和泄漏点台账。标杆站开展风险识别，建立“加油站隐患排查治理台账”。县石油分公司每周召开HSSE（涉及健康、安全、安保和环境等方面的管理）工作会议，并把县分公司月度HSSE会议纪要发到每个站，指导加油站开展安全工作。

二是加强安全检查，排查治理隐患。加油站每周例行安全自查，管站经理每月2次安全检查，检查发现的问题隐患由县公司汇总填报《隐患排查治理台账》，按照隐患治理“五定”（即定治理标准、定治理方案、定责任人、定期限、定安全防范措施）原则，进行隐患治理。

三是加强演练，提高应急处置能力。加油站每月按计划开展应急预案演练，县公司每季度分片开展县分公司层面的应急演练，2021年分别在网岭片区加油站防恐预案演练、城区加油站灭火预案演练和跑冒油预案演练、大同桥片区加油站开展灭火预案演练。通过演练提高员工应对突发事件的能力。

四是扎实做好环保工作。2021年全司33个完成排污许可办理，其中23个站是网上申报登记，10个站办理排污许可证。已办理排污许可证的10个站完成2021年度污监测数据的采集上传。

【质量管理】

建立健全油品抽样检验制度。2021年县石油分公司全司33个加油站（1座联营站）每个油品至少取样1次。落实加油枪校验工作，全司258条加油机全部按规定按期进行强检。

【绩效管理和队伍建设】

攸县石油系统对5座自营站、27座委托站开展站长竞聘上岗和竞标承包，压实县区管理人员、站长主体责任。在城关与攸洲加油站率先在全区建立“赛一晒”机制，站与站PK，员工与员工PK（对决），公司领导积极参与点评、站长点评、员工互评、赛干劲、赛目标、晒业绩，掀起“比学赶帮超”热潮，充分调动员工工作积极性。

加强业务培训。组织业务管理人员、加油站管理人员积极参加各项零售非油业务培训。针对员工“有热情没技巧，想推销没方法，懂客户不懂商品”现状，每周二定期对员工实行线上培训，学习零售非油业务知识，指导经营实践。邀请先进员工座谈，分享经验，对各站每周经营完成情况进行逐一分析，帮助加油站分析原因短板，研究对策与方法。

【企业党建】

一是突出思想引领。把学习中共十九大及历次全会精神作为党建工作的重要政治任务，通过线上线下相结合的方式，全年组织集中学习20余次。二是抓基层党组织建设。按照《湖南石油分公司建立基层党支部“四抓四提升”履责机制实施方案》文件要求，着力构建支部抓，一级抓一级、层层抓落实的党建工作格局，为公司持续健康发展提供坚强思想政治与组织保障。三是加强廉政建设。公司支委成员深入基层严格落实党风廉政建设工作，与每位员工签订“廉洁从业承诺书”及“杜绝酒驾承诺书”，开展谈心谈话活动，对工作当中存在的问题及时提醒与告诫。四是发挥党员先锋模范作用。支部党员组成多个帮扶小组，到加油站现场帮扶，让落后员工现场观摩学习，现教现学，学员认真领会，全年共组织示范队开展帮扶14次，参培员工近100人次，促成各个站点达到“同步提升”。

（黄煜哲）

盐业经营

【概况】

雪天盐业集团股份有限公司攸县分公司是国家食盐定点批发企业的直属公司，公司主要经营有“零添加”“未加碘”“不含抗结剂”“营养功效”“减钠调味”等五大类别高端系列食用盐产品和“食品盐洗”“餐具盐洗”“家庭盐净”“身体盐护”等四大系列日化用盐。

2021年，攸县盐业公司销售各类盐2744.12吨，完成年度计划3755吨的73.08%。其中，原包盐销售1207.5吨，完成年量1965吨的61.45%，比上年销量增加2.34%；小包盐销售1536.7吨，完成年量1790吨的85.85%，比上年销量下降11.97%；全年实现销售收入433.28万元，创销售毛利223.36万元。8月，攸县疫情防控阻击战期间，公司彰显上市国企责任担当，组织党员干部带头冲锋在保供配送一线，每天加班加点穿梭在全县各社区各乡镇的超市便利店，保障好老百姓食盐供应，稳定食盐市场秩序。

【食盐储备管理】

攸县分公司作为省级储备盐仓库，坚决落实《湖南省省级食盐储备管理办法》要求，建账立卡，包括“食盐储备保管账”“储备食盐仓储检查记录卡”“储备食盐质检化验报告单”等记录，仓库管理员及时、准确、完整地记录储备盐的出入库情况，轮换、库存、质检等情况，保证底数清、账目明、保存完好、有据可查。各类盐堆码整洁、排列有序、标示清楚，安全堆放严格控制堆码的层高；经常检查仓储设施，防止漏水漏电事故发生，同时仓库配备温度湿度计，防鼠板等；对新入库的盐品进行扫码追溯，确保盐品质量安全。攸县市场监督管理局不定期对盐品进行抽检，均为质量合格，授予攸县分公司2021年度特殊食品安全“示范单位”称号。

【宣传促销】

2021年，深受后疫情影响，不少餐饮企业用盐量和线上消费等原因，盐业经营出现困境；公司转换销售思路，创新营销新方式。一是广泛开展宣传促销活动。3—7月，结合“3·15”国际消费者权益日和“5·15”全国碘缺乏宣传日活动，深入江桥、万古桥等社区，居走访居民，广泛宣传安全用盐和补碘知识；并利用抖音等相关直播平台宣传健康用盐及相关盐品知识，引导消费者食用健康高品质好盐。二是优惠让利销售。开展现场买赠活动，让利于消费者；在各大中型超市中进行中高端盐品打堆促销，前后建立盐品打堆促销30多家。三是开展配送、导购服务。每周轮流安排员工参与商超导购工作，全年共安排103场；夜晚安排巡店工作，共走访餐饮店200多家，建立长期合作直配终端餐饮网点100余家。

【保障供应，维护食盐市场秩序】

全年购进各类大包盐1380吨，购进各类小包盐1329吨，保障好各类食盐供应。11月，因部分居民误读商务部“鼓励家庭储存必要的生活物资”信息，过度担心物资紧缺而抢购食盐，全县城乡出现抢购食盐潮。攸县分公司正确应对抢购现象，足量保障食盐供应，及时消除市民的恐慌心理。承担国企应有的社会责任。全体人员连续奋战12天，在人员少配送量巨大的情况下，每日工作时长甚至高达20个小时，并在高峰时应急临时调用一台装载40多吨盐的大货车，冒雨为沿106国道一线20多家客户送货，员工自己动手卸货，将盐品及时配送到客户。

（周 莉）

烟草专卖

【概况】

攸县烟草专卖局（分公司）在编人员57人，下设综合室、办公室、专卖监督管理股（稽查大队）、客户服务分部、安保室5个部门。2021年，建成零售终端加盟店“湘汇636”6家、“湘村636”4家，开展前、背柜一体化改造；加强零售终端信息系统推广应用，开通“云POS”信息系统，推动传统门店向数字化门店转型升级。强化“云服务”，创立“U”服务客户直播品牌，累计直播7场次，受众达8527人次，在线释疑300余条；携手农业银行建成黄丰桥、丫江桥和皇图岭3所“攸烟驿站”，形成以网岭工作站为中心、驿站为辐射的“1+3”站所服务格局，打通7个偏远乡镇客户服务“最后一千米”。

全年销售卷烟2.48万箱，上缴税利5078万元，同比增长5.38%。2021年，攸县烟草专卖局（分公司）获评攸县“文明建设红旗单位”。

【专卖监管】

加强与公安、邮政、市监等部门协作，巩固打假打私联合协作机制，起底重点区域市场，掌控重要边界卡口，铁腕出击破源净网，严厉打击涉烟违法行为。全年累计查处涉烟违法案件166起，查获各类违法卷烟734.96万支,破获真烟刑案1起。

建立新型监管机制，开展烟草市场治理专项行动。完成零售点合理布局规划修订，发挥准入退出管理作用，加强许可证后续监管；积极推进“互联网+政务服务”，网上申办率达61%。

【信用体系建设】

将信用体系建设贯穿“我与客户共成长”主题活动中，累计举办各类培训及活动102场次，招募诚信监督员，对不同信用等级客户采取差异化服务，831户信用优质客户获批“烟商贷”“门店贷”。

【安全生产和精神文明建设】

强化“人人讲安全，安全到人人”意识，开展安全教育活动20场次，发送安全提醒100余条；压实安全管理责任，全员签订《安全生产工作目标责任书》；扎实开展隐患排查，开展各类安全检查70余次，持续保持安全生产零事故。

深入推进“忠诚卫士双服务”“三新服务靓终端”主题实践活动，帮助困难零售户实现“微心愿”30余个。开展主题助学活动2次，捐赠学习用品700余件，设置“爱心午餐站”，赠送午餐100余份；全体员工深入社区、乡村振兴驻点村防控疫情，协助医护人员完成核酸检测3轮、8000人次。

【党建工作】

一是加强党员政治思想建设。紧扣“百年回眸”主题，制定《党史学习教育方案》《我为群众办实事活动方案》，扎实推进党史学习教育。依托“学习强国”、烟草网络学院、“党史百年天天读”专栏等，开展网上学习；线下，打造党史学习教育文化长廊，拍摄视频党课《谭震林》，制作红色地图，开展“半条被子”党性锻炼、党史知识竞赛、亲子共读党史、我与党旗合个影等活动12场次。二是加强组织建设。以“火车头”精神丰富县局党建子品牌“攸烟党员先锋行”内涵，强化品牌理念，完善党员责任区管理清单，推行“主题党日项目认领”和党小组会议“课代表”制度。三是加强作风建设。扎实推进“两项整改”回头看，对照整改台账和整改完成情况逐条逐项自查自纠，开展专项检查9次；组织全员毛发毒品初筛检测，开展赌博吸毒酒驾醉驾问题集中专项整治，对贯彻落实中央八项规定精神情况进行检查，围绕重点领域和关键环节排查廉洁风险，打造“清廉攸烟”。

（谢　宜）

供销合作社联合社

【概况】

攸县供销合作社联合社（以下简称县供销合作社）有在职人员18人（含改任非领导职务3人）、退休人员23人。社机关内设办公室、政工股、财计股、业务股、资产管理股、法制股、监事会办公室等7个股室。下辖4家社有企业，即攸县供销惠农商贸有限公司(全资公司)、株洲供销云商贸易有限公司、攸县新三湘农资有限公司和攸县惠民农业服务有限公司。县供销社共有资产29宗，其中25处资产已签订租赁合同，全年共收取资产管理费135万元。2021年，认真贯彻落实中央、省、市深化供销合作社综合改革精神，践行为农服务宗旨，拓展为农服务领域，完成各项具体综合改革工作任务。扎实做好系统内信访工作，根据市、县两级信访工作及矛盾排查化解工作要求，制定《信访工作领导包案制度》，建立由党组书记负总责，分管领导亲自抓，其他领导协同抓，股室负责人具体抓，一级抓一级，一级对一级负责的工作机制。全年接待来访人员90余人次，2021年全系统无越级上访和群体性上访事件发生。县供销合作社获“2021年株洲市深化供销合作社综合改革先进县”“2021年度文明建设先进单位”“2021年度招商引资工作先进单位”等称号。

【村级基层社建设】

选择人口规模较大、经济基础较好的中心村组建规范的村级基层服务社，在发展壮大集体经济的同时，组织带领村民开展生产合作、生活（消费）合作和承接、整合涉农项目等综合服务。全年完成惠民综合服务中心（社）建设45个（目标任务43个，完成率104.65%），创建4个全国供销合作社系统农民专业合作社示范社和17个市级供销合作社系统农民专业合作社示范社。

【土地托管整村推进示范点】

2021年，共完成土地托管服务面积31798亩（目标任务30000亩，完成率106%）。在宁家坪、鸾山等地开展整村推进示范试点。农户先把农田集中流转到村里，村里再与攸县供销社进行土地托管服务合作。大范围农田集中托管，有利于标准化生产、规模化管理和农业机械化推广，为农民降低生产成本。土地托管服务内容逐渐由粮食种植向油茶、油菜生产等方面拓展。

【社有资产经营】

多措并举盘活社有资产。建立租金动态调整机制。以随行就市为原则，对租金实行动态管理，对所有出租资产采取联合询价、集体定价的工作机制进行全面清查，凡低于定价标准的一律上调租金。实行公开招租。引入第三方评估机构，对现有资产进行全面评估，提高社有资产的租赁收益和房屋价值，社有资产保值增值效果显著。2月7日，作为攸县首家通过网上公开拍卖租赁权的方式，将攸县网岭供销惠农服务中心（原攸县农业银行网岭营业所）房屋租赁权价格由原来的4.5万元/年增长至18 万元/年。6月4日，攸县供销社农资仓库部分房屋租赁权以44万元/年的成交价拍租成功。

【县供销社为农服务中心改革】

引导社会资本参与供销社改革。利用攸县供销社文化路和县社老办公楼优质资产招商，建设农特产品平价超市和水果超市，强化县级实体店对村级服务社的业务带动力。在攸县供销社为农服务中心引进湖南众享共配公司和匠心为农农资服务中心，着力打造物流、农资经营等县级为农服务实体，做实县级运营中心服务，使其具备较强的辐射县域、带动乡村的能力，为惠农综合服务网络提供服务支撑和提升土地托管服务农资供应能力。2021年，招商引资共达6000余万元。

【党建工作和乡村振兴帮扶】

加强全系统党建工作，坚持以党建引领供销社改革和发展。全年共组织党员开展集中学习12次，专题党课4次；开展新时代文明实践活动5次、“我为群众办实事”活动5项。深入学习贯彻中共中央《关于在全党开展党史学习教育的通知》精神，坚持问题导向，密切联系实际，学党史、悟思想、办实事、开新局，推进供销综合改革。加强纪律作风建设，经常性开展谈心谈话、廉政提醒、约谈。充分发挥监事会的监督职能，建立“贯穿全过程、覆盖全方位，权责统一、上下联动”的监管机制。强化社有企业运营督查，以财务监督为重点，把好财物的使用关。加强对资产租赁、资产运营、经营决策等事项的监督，把监督贯穿于改革发展的全过程。扎实推进供销系统腐败问题专项治理工作，自查自纠问题隐患19个，并全部督促整改到位。组织资产评估1次，组织审计检查专项资金3次，实地随机抽查或实地核查20余次，检查覆盖面达70%以上。紧盯疫情防控、重要时间节点、重大工作推进、重点敏感岗位，开展日常监督检查35余次，开展谈心谈话80余人次。

2021年，攸县供销社为乡村振兴结对帮扶点——皇图岭镇界联村组建村级农民专业合作社，筹建2个共计500平方米的山林养鸡场，发展养殖业。积极对接各有关部门，为界联村争取湘赣边贸市场提质改造及“门前三小”建设等项目资金55万元，基本完成边贸市场提质改造及“门前三小”的建设。

【业务托管】

9月10日，攸县供销社进驻鼎新公司，开始业务托管工作。至12月31日，鼎新公司代工代宰生猪共计9017头，日均屠宰量80头（托管前鼎新公司日均屠宰量约50头/日）。10月下旬新冠肺炎疫情阻击战期间，因县城区部分居民抢购，出现猪肉采购量骤增、价格一度骤涨（40元/千克）。攸县供销社立即组织调运生猪，加大市场猪肉投放量，保障县城区生猪肉品市场供应，稳定猪肉市场价格。

【“攸州五小宝”注册国家商标】

进一步深化供销社综合改革，为帮助农民解决县域特色农产品“卖难”的问题，积极探索自营品牌发展模式，依托社有企业攸县供销惠农商贸有限公司（简称供销惠农公司），创树“攸州五件宝”“攸州五小宝”等“五字号”系列农产品品牌，促进“攸”姓特色农产品进城和上线销售。11月14日，完成“攸州五小宝”商标命名、名称核准、受理审查、公示公告等各个环节的工作，正式通过国家市场监督管理总局商标局注册批准，并核发商标注册证。

【攸县供销社社员代表大会】

5月13日，攸县供销社在株洲市供销系统内率先召开社员代表大会，县委副书记文斌、株洲市供销社监事会主任周峰、县政府副县长杨正武出席会议，全县供销系统60余名代表参加会议。大会审议通过理事会工作报告、监事会工作报告、《攸县供销合作社联合社章程（草案）》《攸县供销合作社联合社第五届社员代表大会选举办法（草案）》，选举产生第七届理事会理事、监事会监事，并在随后召开的理事会第一次全体会议、监事会第一次全体会议上分别选举产生理事会主任、副主任，监事会主任。

（李伟玲）

市场服务中心

【概况】

攸县市场服务中心是县人民政府授权主管全县国有市场营运和管理工作的正科级事业单位，主要负责市场的开发建设、经营管理。中心有在职工作人员72人。内设办公室（监察室）、政工股（工会、考核办）、财务股、创建管理股、营运资产股、企划招商股等6个股室。下设湘东大市场管理处、湘东家居城管理处、湘东汽贸城管理处、宝悦机动车检测有限公司、城关市管所、城南市管所、网岭市管所、皇图岭市管所、黄丰桥市管所、鸾山市管所、桃水市管所等11个市场管理所（处、公司）。所辖各类市场共20个，其中专业市场3个，即湘东大市场、湘东家居城、湘东汽贸城等，车辆检测站1个，农贸市场16个。总经营面积20多万平方米，涉及商户6000多家，交易总额超过50亿元。2021年，经营创收6229万元，资产总值24亿元。中心积极开展融资工作，化解债务风险，全年共计完成融资规模66475万元，预计还本付息约26325万元，提前完成全年融资目标任务。借款平均利率约为7.26%，公司存量债务年利率均控制在8%以内。

【集贸市场基础建设】

着力解决老百姓“菜篮子”便民、惠民工程，投资800万元完成石羊塘、新市等农贸市场的提质改造。升级改造后的新农贸市场排水、水电、公厕、风扇等设施齐全，并设有停车场、电子监控、消防设备及休闲广场等配套设施。

【宣传营销和融资服务】

重点为培育湘东大市场、湘东家居城和湘东汽贸城等三大专业市场策划、组织“五一”国际劳动节、“十一”国庆节营销活动；在攸县手机台、电视台、广播电台增设宣传栏目；联合周边县市同步宣传，运用微信进行市场品牌线上预售活动。与攸县农商银行签订战略合作协议，为湘东家居城进行“整体授信”，解决家居城商铺发展小微信贷问题。

【新冠肺炎疫情防控】

严格监管、指导全县各类市场常态化新冠肺炎疫情防控工作，落实亮码通行、戴口罩、接种疫苗、核酸检测等措施。10月底的疫情防控阻击战中，第一时间进行全面安排和部署，全员迅速进入战时状态，奔赴疫情防控一线，对所辖城区市场实行物理封闭管理，对乡镇农贸市场实行半封闭管理，严格落实查验“两码”（健康码、行程码）、测体温、戴口罩等防控措施，所有市场做到“三个一”，即一天一清扫、一天一消毒、一天一清查。同时，安排专职人员到结对责任社区——宋家洲社区和震林中学核酸采集点轮班值守，维护核酸检测现场秩序，配合医护人员开展核酸检测工作，顺利完成三轮核酸检测。

【党建工作和文化建设】

加强党支部规范化建设。各支部常态化开展“三会一课”、主题党日等组织活动。组织员工认真开展学史明理、学史增信、学习崇德、学史力行的党史学习教育。组织党员召开民主生活会，开展民主评议工作，本着实事求是、民主团结的态度，确保专题民主生活会开出高质量，有效增强全体党员的大局意识、服务意识。2021年发展党员2名。

组织员工参加全县“百日万步行健走”活动、“幸福攸州颂歌向党”大合唱活动，新时代文明实践等多种形式的活动；组织参与尊老爱幼、爱心救灾、文明规劝等志愿服务活动15次。策划制作攸县市场服务中心发展纪录片《风雨兼程二十载凝心聚力创辉煌》和《走向辉煌—攸县市场服务中心成立二十周年影像志》，展现市场服务中心20年的发展历程。

【乡村振兴帮扶】

2021年，攸县市场服务中心派驻3名党员干部组成驻村工作队，在皇图岭镇麻城村开展乡村振兴结对帮扶工作。驻村工作队协助争项引资，村兴建村油茶加工厂，扶持绿色蔬菜和虾稻种植发展特色产业，投入资金推动全村抛荒地整治工作。获得2021年度“全县乡村振兴先进单位”称号。

（欧阳慧）

交通·通信

交通运输

【概况】

全县公路总里程7990千米，公路桥梁511座。共有等级公路3179.96千米，其中一级公路18.77千米、二级公路248.04千米、三级公路22.65千米、四级公路2890.50千米；境内有国道63.343千米、省道333.73千米；县道613.401千米、乡道592.57千米、村道1595.98千米（部分路网系统外的道路未作统计）。泉南（G72）高速公路境内长13.2千米，武深（G0422）高速公路境内长54.3千米。吉衡铁路攸县段长12.25千米，醴茶铁路攸县段57.50千米，日均有10列客车停靠。有道路客运企业3家（湘运、华盛、顺发），开通了道路客运班线111条（省际14条、市际7条、县际7条、农村客运83条）、公交线路8条，有1家危货运输企业（东风），有1家公交企业（华昌），有驾校13所、机动车综合性能检测企业5家，通航河道3条（洣水、永乐河、酒埠江水库）47千米，有义渡渡口11道。2021年，道路货运量1131.51万吨，水路货运量0.87万吨，道路货物周转量10.81亿吨千米，水路货物周转量2.78万吨，道路客运量1030.55万人，水路客运量70.91万人，道路旅客周转量99.53亿人千米，水路旅客周转量1.65万人千米，铁路客运量91.56万人，铁路货运吞吐量201万吨。

交通运输局有干部职工133人，其中，中共党员85人，内设机构9个（办公室、政工股、财务审计股、计划统计股、建设股、养护股、运输综合股、安全监督股、行政审批股），下属单位有综合执法大队和综合服务中心。2021年度，县交通运输局获“县文明建设红旗单位”“县乡村振兴工作先进单位”“县污染防治攻坚战先进单位”“县疫情防控工作先进单位”称号，华昌公交公司获“县安全生产工作先进单位”称号。

【基础建设】

完成X130谭桥至万美段7.32千米、X002凤塔至泉塘段6千米、东冲至兵工厂1.2千米、香干特色产业园13.2千米、健坤生态园3.8千米、泥脚巷至衡东高湖3千米、博利生猪养殖场2.7千米、G106至石羊塘镇政府10千米、Y300富头至江西省界段3千米等公路建设工程，均投入运行。完成江口大桥、阴山港桥、茶园桥、东塘下桥、东文桥改造。县人民政府筹资奖补2400万元提质改造了农村公路6万千米。完成X015、X004、X020、S333等51千米公路隐患路段1.3万余米波形护栏、350多块标志标牌安装工程，修复被水毁的护坡1200平方米、路面1300平方米。新建了综合枢纽站1个、运输服务站2个、乡村首末站3个、农村客运招呼站165个。超额完成人大代表票决民生实事项目任务。

有序推进“四好农村路”中长期发展规划编制工作，S204网株公路槚山路口至杉仙殿项目通过工可审查，G106上云桥至流和绕城公路完成工可批复，上垅桥、田星桥、方龙小桥完成设计，石羊塘乡镇通三级道路完成立项批复，老澧至莲花公路和S204莲塘坳至路岭坳公路已经完成施工招投标，茶常高速公路攸县段3千米项目完成了实物量调查。

【行政执法】

1月，攸县交通运输综合行政执法局及其下设的攸县交通运输综合行政执法大队正式成立，执法大队核定全额拨款事业编制112名（自然减员后执法编制限额为100名）。全年共查处超限超载货车及非现场执法超载货车308辆、卸载货物4120余吨，联合高速交警查处非法营运客运车辆15辆，拆除公路建筑控制区内违章建筑11处，清除路障4处，查处货运车辆脱落、扬撒违法行为6起、纠正17辆次，检测各类货运车辆13万车次，行政执法主体、实体和程序合法，没有行政复议、行政诉讼和国家赔偿案件。

【安全监管】

4月10日12时许，攸县华盛运输有限责任公司阳德全驾驶湘B7A101中型客车（核载19人，实载12人）由攸县往渌田方向行驶至省道S211线3千米+500米流塘村路段时，因会车避让不及，与相对方向湘潭籍驾驶员朱某驾驶的装载石子的湘AH9063重型半挂牵引车湘C1225挂相撞，造成中型客车内乘客1人重伤、11人轻微伤的交通事故。交通运输系统各单位深刻汲取事故教训，围绕安全生产专项整治三年行动目标，开展交通问题顽瘴痼疾整治、交通运输安全“隐患清零”等行动，全面排查，建立安全隐患台账，并按照“一单四制”要求，将隐患整治到位。

【铁路安全环境整治】

按照铁路“双段长”制工作要求，开展“两山”铁路沿线安全隐患整治工作。至2021年5月30日，83个隐患问题全面整治到位并销号。完成公跨铁桥梁移交、公铁并行路段防护栏整治移交工作。

【“城乡客运一体化示范县”创建通过省级验收】

启动于2018年11月的“城乡客运一体化示范县”创建工作，2021年6月23日通过省级验收。创建期间，共争取省交通运输厅补助资金1200万元，投入2330万元购置50辆新能源客车，投入3098万元收购243辆废旧客车，投入1000万元建成综合枢纽站1个、运输服务站2个、乡村首末站3个。83条农村客运线路170辆农村客运班车正常有序运行，行政村客运班车通达率保持100%，每日农村客运总量达1.5万人次，农村客运班线单程最高票价6元，每日有5000余人次特殊人群享受免费乘车优惠政策。“城乡驿站+邮政快递”成为全国第二批农村物流服务品牌，星都物流园“司机之家”建设通过省级验收，攸县成功入选全省农村客货邮融合发展示范县创建。

【政企分离】

根据县委决定，从2021年5月1日起，攸发集团派人进驻华盛运输公司和华昌公交公司，2021年8月1日，攸县交通运输局和攸发集团签订协议，攸发集团接管华盛运输公司和华昌公交公司。政企分离全面到位。

【疫情防控】

根据县委、县政府疫情防控工作统一部署，8月5日零时起，在攸县东、渌田、钟佳桥、酒埠江、皇图岭5个高速公路互通口以及S336、S211、S333、S535、G106等普通国省干线公路边界路口，开始实施交通管控，查验核酸检测阴性证明、健康码和行程码、村（社区）或单位证明，并测体温、督促戴口罩，共派出工作人员2210人次。8月5日12时0至8月17日8时，攸县长途（省际、市际、县际）道路客运班线以及商务快客暂停营运，巡游出租车和网约出租车不得离攸营运。自8月1日起，“三站一场”高风险岗位人群每日1次核酸检测，受检4000余人次，均为阴性。交通运输局干部职工和交通运输行业从业人员疫苗接种率分别为100%和95%。8月14日，公路检测站点撤除。

【党史学习教育】

在县委党史学习教育巡回指导组第十组（王晓成、何毅、颜宇庭）的悉心指导下，按照“学史明理、学史增信、学史崇德、学史力行”总要求，学思结合，学悟结合，学用结合，组织召开党史学习教育专题民主生活会，广泛征求意见，深入查摆问题，深刻剖析根源，纵深推进“我为群众办实事”实践活动，农村物流成本降低了25%，春运“情满旅途”活动好人好事200余件，44件人大代表建议政协委员提案办结率100%，让党员在办实事中受教育，让群众在办实事中得实惠。

（张文武）

交通事务管理

【概况】

攸县交通事务中心有在职干部职工70人。机关内设办公室（财务室）、政工股、计划统计股、建设养护股、路产路权安全股5个股室，下辖一个副科级二级机构攸县公路养护中心。主要负责实施辖区内379.38千米国省干线及部分主要支线公路的建设、养护和管理工作。2021年1月，交通事务中心36名路政执法人员正式转隶至攸县交通运输综合行政执法局，体制改革顺利完成。交通运输综合行政执法改革后，公路养护成为交通事务中心主要职能，交通事务中心以国、省干线公路为养护重点，在做好日常养护工作的同时规范实施预防性养护等工作，保障公路的安全畅通。

2021年，在全市公路目标管理考核中综合评估获评优秀单位，干线公路建设、公路安全生产、公路路产路权保护工作获评先进单位。

【公路维修和养护】

2021年，如期如质完成G106线、S333线、S336线等国省干线公路13.81千米中修工程；完成G106线（K1777+235至1784+606段）长7.371千米的应急养护工程，进一步完善攸县交通基础设施，提高群众出行便利度和安全性。

全年共计完成国道、省道路面坑槽修补10360平方米，处治车辙3470平方米，其他支线水稳修补基260.8平方米，路肩水沟除草355.97千米，重点整治路肩29200平方米，清灌缝29710.1米，清挖水沟4000余米，完成桥梁伸缩缝更换2条，完成各类浆砌墙404.3立方米；完善了公路附属设施，共计修复钢护栏702米，修复并新装各类标志标牌20块，完善道口示警桩248根，完善道路标线5525.4平方米，更换玻璃钢千米碑14块；完成52座干线公路桥梁的信息录入并投入30余万元完成52座桥梁信息牌的更换；完成南岳冲隧道更换盖板196块，更换隧道灯27只，更换隧道灭火器38个。

【应急保“畅”】

多措并举，完善冰冻极端天气、防汛应急预案，成立应急抢险队伍、加强了应急设备、物资的管理，确保一旦发生紧急情况，能及时响应，科学有效处置。寒潮雨雪天气期间，为确保辖区道路安全畅通，在桥梁、山区等易结冰路段储备好融雪剂、砂石等保畅物资，能及时高效开展除雪除冰工作，做到“雪停路净”。全年共计处理水毁17处，清挖塌方2625立方米，清理倒塌行道树8处，设立警示标牌30余块，有效保障了辖区内公路安全畅通。

【安全生产】

全年开展安全生产工作专项检查19次、领导带队检查安全生产21次，召开安全生产例会10次，下发隐患交办单18份，发现一般安全隐患65处，整改到位65处，隐患整改率100%，未发生任何安全生产事故。扎实抓好“顽瘴痼疾”隐患整改工作，上报省“顽瘴痼疾”办12处安全隐患，全部整改到位，并进行了销号处理。

【党建工作】

召开党史学习教育动员大会，传达学习习近平总书记在中共中央关于开展党史学习教育动员大会上的重要讲话精神和省委、市委、县委有关党史学习教育精神，成立学习领导小组，制定《交通事务中心党史学习教育实施方案》，开展学史明理、学史增信、学史崇德、学史力行专题学习研讨活动，组织中心所属3个支部全体党员前往谭震林生平业绩陈列室、南岸列宁室旧址等红色教育基地接受爱国主义和革命传统教育，引导全体党员传承红色基因，感悟初心使命。结合交通事务工作实际，制定《“我为群众办实事”实践活动工作方案》，组织党员干部开展“我为群众办实事”实践活动，紧盯群众身边“急难愁盼”事项，积极为群众排忧解难，组织支部党员前往乡村振兴联系村（黄丰桥镇墙背村），召开“我为群众办实事”座谈会，与基层群众代表面对面交流，收集群众诉求。“我为群众办实事”实践活动期间，学习领导小组收集群众诉求10余件，并全部解决落实到位。

始终把党风廉政建设和反腐败斗争摆在首位，按规定完成民主生活会、主题党日活动和理论学习中心组学习，开展廉政建设专题学习，全年累计参加党风廉政教育、党课学习561人次，开展廉政提醒谈话195人次，进一步强化干部职工的廉洁自律意识，提高全体党员干部的政治热情和党员意识。发展党员1名，推荐1人担任市人大代表、推荐1人担任县政协委员；1人获得县“五一劳动奖章”。

【乡村振兴帮扶】

2021年，交通事务中心作为县派驻黄丰桥镇墙背村乡村振兴联点单位，投入资金80余万元，帮助墙背村实现村主道“白改黑”；依托单位的相关职责职能及技术资源，为墙背村的基础建设提供技术指导和资金支持。联点村、墙背村被推荐为“美丽乡村示范村”候选村，帮扶效果显著，社会效应明显。交通事务中心多次走访调研联系企业湖南省攸发湘通环保新材料有限公司，强化协调服务，多次联系县林业局、自然资源局等有关部门，帮助解决企业的用地性质的问题，得到企业的高度评价。

（刘文星）

中国邮政集团公司湖南省攸县分公司

【概况】

中国邮政集团有限公司湖南省攸县分公司（简称“攸县邮政”公司），是国有独资企业，为中国邮政集团有限公司湖南省分公司下属分公司，是国家重要的社会公用事业单位。主要经营国际和国内函件、包裹、特快专递、汇款、报刊订阅、零售、集邮业务和集邮品制作、商业信函制作、邮送广告、邮政物流、代理保险、代收代缴以及金融类代办业务。公司有从业人员222人，其中正式职工128人，劳务用工94人。机构设置综合办公室、市场经营部、寄递事业部，其中市场部下辖代理金融部、集邮与文化传媒部、渠道平台部等生产部门，综合办公室管理后勤、工会、人事劳资、财务等内勤部门。

2021年，攸县分公司实现业务收入9384万元，同比增长6.69%。年末邮政储蓄规模达到51.2亿元；投递报纸杂志52.7万份；投递信函、快递包裹超260万件，出口本地包裹超61万件，为全县群众提供优质的普遍服务及快递服务。

【邮政服务体系】

全县下设25个中国邮政储蓄代理金融网点、3个纯邮政营业网点、1个空白乡镇纯邮政营业网点。开设自办汽车运输邮路3条，全长515千米；开设报刊信函、快包投递段道90条，其中县城投递段道28条，投递人员30人；农村乡邮投递段道62条，投递人员33人，总投递路线长1956千米。承担全县各级党政部门、学校、企事业单位的邮政普遍服务。

【服务提质】

履行邮政普遍服务义务和特殊服务任务，严格履行《邮政法》等法律法规的要求，充分发挥邮政实物流、资金流和信息流“三流合一”的优势，以遍布城乡的邮政网点和覆盖全县的投递网络为基础，指导和支持邮政便民服务站、村邮站等便民渠道代办邮政服务、金融服务、便民服务和公益服务。县邮政公司寄递事业部普遍服务、快递包裹各项质量指标居全市前列，用户满意度明显提高。2021年新冠肺炎疫情防控期间，攸县邮政全体干部员工在县委、县政府及市公司的领导下，全员抗击、科学应对，普遍服务工作正常开展，彰显国企担当。

（贺知明）

中国电信股份有限公司攸县分公司

【概况】

2021年，中国电信攸县分公司共有在岗合同制员工94人。公司下辖综合部、渠道销售部、财务部和网络部4个部门；渠道销售部下设销售类中心，即政企分部、商客分部、客经分部、客服分部、2个城市支局、16个农村支局；网络部下设城区综合维护分部、客户端装维中心、2个城区装维分部、政企支撑分部、5个农村综维分部。85个营业服务网点遍布全县城乡，为全县人民提供包含固定电话、移动电话、精品宽带、高清数字网络电视及其他高品质增值类通信业务服务。2021年，攸县分公司宽带用户8.5万户；网络电视（IPTV）用户8.5万户；移动电话用户21万户，市场份额达到39.11%，比2020年12月提升3.12%；2021年业务收入环比2020年提升12.65%。

【通信基础建设】

全年新建基站218处。其中5G站181个（城区95个、农村86个）、4G站19个、皮基站18个（均为普服站）。完成同乐湖、丽水山庄、江尚明珠3个点的5G室分和东方大院的4G室分工程。对湘东大市场、望云广场等6个区域进行无线优化，解决一些信号干扰问题。

【客户服务】

公司秉持“用户至上，用心服务”的服务理念，在客户服务中严格执行“首问负责制”，不断提升用户满意度，提升营业窗口服务水平。全年共处理公众客户工单5.22万单，其中装移机3.77万单，障碍1.45万单。装维工单的处理及时，确保了营销战线发展成果颗粒归仓。政企支撑分部全年加班加点完成政企专线28条、云专网422条、互联网专线57条、三层VPN专线47条、云桌面372条、视频专网监控271条。安全网关5条、云主机4条。

【党建工作和乡村振兴帮扶】

继续强化基层党组织标准化建设，对支部党员重新调整部门岗位，加强党建与业务相融合，坚持以党建引领业务发展。党支部定期开展多种形式的主题党日活动，严格落实“三会一课”制度，组织党员开展党史学习教育。2021年，攸县分公司贯彻落实县委县政府乡村振兴的决策部署，积极履行社会责任，与黄丰桥镇石联村结对进行驻村帮扶，推动学理论、强组织、固成果、兴产业、美村庄等各项职责、共同治理乡村宜居环境，为打造新农村贡献国企责任。

（易春媚）

中国移动通信集团湖南有限公司株洲市攸县分公司

【概况】

2021年，中国移动通信集团湖南有限公司株洲市攸县分公司有员工82人，其中上市员工73人，劳务员工9人。公司下设综合部、营销中心、网络支撑中心、政企客户中心及环城、中心、菜花坪、新市、网岭、皇图岭、黄丰桥7个营业部。境内设移动服务网点98个，覆盖县城及绝大部分乡镇。主要业务经营范围包括移动电话、有线宽带、集团专线、高清数字电视以及其他基于移动通信业务的各类增值业务。2021年，全县移动用户数25万户，其中5G用户数近7万户，宽带用户数7万户，2021年业务总收入1.78亿元。

至2021年底，攸县移动公司共有基站1615个。有2G宏站402个，室分9个；4G宏站980个，室分69个，微站83个；5G宏站234个，室分7个。在攸县及周边乡、村、镇地区基本实现通信信号无缝覆盖，县城及乡镇人口密集区全面覆盖4G网络；县城主干道、重要商圈，农村乡镇镇区、重要工业园区实现5G网络覆盖。2021年攸县移动家庭宽带网络建设基本实现县城全覆盖、农村补盲的目标，县城宽带覆盖率达到100%，乡镇及农村宽带覆盖率超过95%。

【服务县域经济社会发展】

积极践行央企使命担当，服务县域经济社会发展。助力全县疫情防控，配合攸县政府部门做好防疫通信保障工作，向政府部门和集团单位推广使用中国移动云视讯、云MAS（移动代理服务器）、健康码疫情大数据平台等抗疫产品，提供信息化支撑；免费提供通信保障及防疫信息化产品服务，为一线防疫工作人员赠送流量服务。开展断卡行动，联合县公安局开展“5·17”世界电信日反电信诈骗大型公益活动。向广大市民介绍通信网络诈骗特点、作案手段和防护措施，提高全民反诈意识。

【公司党建】

2021年，攸县移动公司党支部共有党员29人，其中正式党员27名，预备党员2名。公司党支部组织全体党员深入学习贯彻习近平总书记“七一”重要讲话精神，习近平总书记关于国有企业改革发展和党的建设重要论述、对网络强国、数字经济、科技创新、乡村振兴等领域的重要指示批示、中共十九届六中全会精神；扎实推进党史学习教育，开展“我为群众办实事”实践活动，以实际行动增强“四个意识”、坚定“四个自信”、做到“两个维护”。定期举办党风廉政建设专题学习，坚决贯彻落实中央八项规定精神，构筑牢固的拒腐防变防线，营造风清气正的政治生态。

【乡村振兴帮扶】

响应县委、县政府号召，贯彻落实乡村振兴战略，严格落实帮扶责任，派遣专职工作人员驻村对口帮扶贫困村，协助村、支两委做好返贫检测、低保入户、禁毒/赌宣传等工作。并筹措帮扶资金10万元，为村里修建综合楼、拓宽道路、改造危桥。

（刘　伊）

中国联合网络通信有限公司攸县分公司

【概况】

中国联合网络通信有限公司攸县分公司成立于1999年7月，为中国联合网络通信有限公司在攸县的分支机构，是一家大型本地网综合性信息服务提供商，负责在攸县区域的通信建设及综合电信业务经营。有合同制员工24人，省劳务派遣工3人，外包人员68人；分公司下设有综合部、运维部；市场业务系统分设城区综合、核心、乡镇中、乡镇北、乡镇南、政要、行业及中小企业8个划小网格；下设1个自营厅、移网渠道39家、固网渠道21家，业务覆盖全县城乡。主要业务经营范围：移动电话、有线宽带、高清数字电视，集团专线及其他移动通信业务的各类增值业务。公司有3G基站440个、4G基站463个；与电信公司共建共享29站。基站已覆盖所有行政村区域；互联网宽、电视带接入100%覆盖全县13镇4街道。2021年，公司共有移网用户7.55万户，宽带用户数2.18万户。

【网络建设和维护】

2021年，新增（扩容）小区覆盖30余个；宽带总上行新增扩容100G。年内与电信公司做好攸县5G建设规划，全年完成攸县5G建设150站，4G共享电信300多个小区、130多个物理点加强攸县5G网络服务。4G网络覆盖，解决部分地区的投诉和弱覆盖问题。完成攸县部分小区的千兆网络建设。完成了备用路由的建设和开通。建设完成攸县公安局、交警队、城管等230对个监控点的网络建设，完成全县OLT（光线路终端）隐患整改和双上行保护工作以及万兆板升级工作。

共有网络维护员30人，网络维护车辆10辆，油机15台，实行“24小时×7”保障，核心固网机房均有双电路、UPS（不间断电源）保护，OLT（网络局端设备）中断确保4小时抢修恢复。宽带网络整体出口带宽（宽带负载能力，用M，G为单位）为80G，攸县至周边区县主干传输8条，下有OLT设备79台，其中10GOLT设备19台交换机11台，宽带认证设备中兴M6000设备2台；有核心机房3个、固网专用机房8个，OTN（光传送网）环路3个，安装华为“波分1800”设备23套，实现OLT设备双保护。

【客户服务提质】

以“为客户提供周到的综合电信服务”为宗旨；不断规范资费及收费行为，加强用户信息安全、网络安全和信息化建设。不断加强窗口服务人员业务培训，努力提升服务水平。进一步完善以客户为中心的标准化服务化体系，建立涵盖全业务、差异化特色服务的工作质量标准和达标考核制度，不断提升公司整体业务受理和服务能力。

【乡村振兴帮扶】

落实县委、县政府关于乡村振兴的部署要求，2021年，公司派驻专职工作人员，帮扶攸县宁家坪镇下湾村乡村振兴工作，按照乡村“五个振兴”总要求，立足村情实际，紧扣补短板、促发展两个主题，狠抓工作落实，确保了乡村振兴各项工作有序有效推进。

（欧阳玲）

财政·税务

财　政

【概况】

2021年，全县完成一般公共财政预算收入20.09亿元，比上年完成数（下同）下降0.58%，其中税收收入完成15.16亿元，增长17.43%，占比为75.47%。地方收入12.42亿元，下降12.3%，地方收入中的税收收入74925万元，增长9.12%，地方税收占比为60.33%。全年完成一般公共预算支出50.88亿元，增长2.69%。

全县财政部门共有人员编制245名（机关行政编28名、后勤服务事业编2名、事业单位参公编20名、事业编90名，乡镇财政行政编105名），实有入编人数190人，空编55名。年底有人员275人，其中在职190人（机关98人、乡镇街道财政所和高新区财务派驻92人，其中乡镇财政所有5人是乡镇编，另有5人未入编）、离退休85人。县财政局内设14个股室、8个事业单位（包括国库集中支付核算中心、财政事务中心、乡镇财政服务中心等3个副科级单位），下辖17个乡镇（街道）财政所，另有1个高新区财务派驻机构。

【保障支出】

一是保障经费运转经费支出。按时保证了工资待遇，统发工资提前至每月上旬发放。将基层运转经费摆在财政支出的优先位置，预先下达经费指标，有力保障单位公用经费和专项工作经费的落实。二是保障民生改善经费支出。完成民生支出34.81亿元，占一般公共预算支出的比重为68.43%。通过“一卡通”发放的补贴项目94项，金额3.44亿元。文化旅游体育与传媒、社会保障和就业、节能环保、住房保障等支出较去年同期分别增长为15.32%、17.67%、28.38%、31.13%。三是保障重点经费支出。助力打赢疫情防控歼灭战，调拨疫情防控经费3300万元。巩固脱贫攻坚成果，实现精准扶贫和乡村振兴的有效衔接。财政统筹整合涉农资金安排乡村振兴专项资金18.14亿元，重点扶持产业发展和改善农业基础设施。

【财源建设】

成立攸县财源建设工程联席会议办公室，组建工作专班，制定并出台2个财源建设规范性文件，凝聚财源建设合力。加大土地储备和出让力度，完成土地交易17宗，动态储备土地410亩。完善支持总部经济发展若干措施，实现总部经济税收5.25亿元。

【财政监管】

以预算管理一体化改革为契机，持续推进财政改革，优化财政管理。预算管理一体化系统全面上线运行，财政预算管理规范化、标准化和自动化水平明显提高。严格国库资金调拨，月末足额留底，保障库款安全，国库对外借款“零新增”。出台《攸县国库集中支付单位往来资金管理办法》，进一步规范往来资金的使用和管理，业务办理时间平均缩减60%，工作效率显著提高。完善《攸县财政性资金审批管理规程》，全面规范财政性资金审批程序，提升资金绩效。制定《攸县财政管理改革三年

（2021—2023）行动方案》，深入推进公共财政管理改革，全面提升财政管理能力，促进政府治理体系和治理能力现代化。

【债务风险防控】

沉稳应对债务还本付息高峰期，全力坚守了“隐性债务不新增、债务风险不爆雷、借新还息不发生”的底线。一是加强调度化债工作。坚持按周调度，及时分解年度化债目标，压实压细化债责任，确保没有发生债务逾期等风险事件。二是努力化解债务存量。全面落实“六个一批”化债举措，如期完成隐性债务化解任务。三是大力清理高息债务。全年通过偿还、谈判降息等措施清理高息债务41笔，较年初下降82.24%。综合债务率稳步下降，较上年降低18个百分点。四是着力强化风险预警。完善隐性债务应急处置预案，强化应急预警和风险监控；加强政府债务风险防范的舆情引导。

【党建工作】

加强党员理想信念教育，组织党员干部到爱国主义教育基地开展“追寻红色基因，汲取精神力量”主题党日活动；集中组织观看纪录片《见证初心和使命的“十一书”》，进一步教育引导党员干部铭记红色历史，坚定理想信念，更加自觉地践行党的初心使命。推进党史学习教育，开展主题党日活动24次（线上2次），以学史明理、学史增信、学史崇德、学史力行为主题开展4次专题研讨。领导班子开展党组中心组学习11次，党组中心组（扩大）专题学习4次。发挥党员先锋模范作用，组织80余名党员干部投入城区小区疫情联防联控，打赢疫情防控阻击战。

2021年攸县财政收支明细一览表

表5

收　支　项　目	调整计划（万元）	累计完成（万元）	占计划（%）	同比完成（万元）	比上年	
					增加（万元）	增长率（%）
一般公共预算收入	200800	200899	100.05	202069	−1170	−0.58
其中：税收收入	151600	151625	100.02	129115	22510	17.43
非税收入	49200	49274	100.15	72954	−23680	−32.46
税收收入比例	75.50	75.47	—	63.90	11.57	18.11
一、地方收入	124125	124199	100.06	141615	−17416	−12.30
地方税收收入比例	60.36	60.33	—	48.48	11.85	24.44
（一）税收收入	74925	74925	100.00	68661	6264	9.12
1. 增值税（37.5%部分）	31900	31938	100.12	21733	10205	46.96
2. 企业所得税（28%部分）	6550	6593	100.66	6464	129	2.00
3. 个人所得税（28%部分）	3795	3677	96.89	2278	1399	61.41
4. 资源税（75%部分）	780	777	99.62	1208	−431	−35.68
5. 城市维护建设税	3800	3851	101.34	2815	1036	36.80
6. 房产税	2200	2190	99.55	3188	−998	−31.30
7. 印花税	900	905	100.56	1054	−149	−14.14
8. 城镇土地使用税（70%部分）	2700	2738	101.41	2286	452	19.77
9. 土地增值税	10000	10038	100.38	8399	1639	19.51
10. 车船税	3200	3159	98.72	2812	347	12.34
11. 耕地占用税	1200	1180	98.33	2018	−838	−41.53
12. 契税	7300	7320	100.27	13906	−6586	−47.36
13. 环保税（70%部分）	600	559	93.17	516	43	8.33

续表5

收　支　项　目	调整计划（万元）	累计完成（万元）	占计划（%）	同比完成（万元）	比上年	
					增加（万元）	增长率（%）
（二）非税收入	49200	49274	100.15	72954	−23680	−32.46
1．专项收入	5800	5800	100.00	4996	804	16.09
其中：教育费附加和地方教育附加收入	3800	3822	100.58	2774	1048	37.78
2．行政事业性收费收入	11200	11206	100.05	8296	2910	35.08
3．罚没收入	8500	8565	100.76	6255	2310	36.93
4．国有资源（资产）有偿使用收入	19936	19936	100.00	49701	−29765	−59.89
5．捐赠收入	—	—	—	—	—	—
6．政府住房基金收入	450	453	100.67	413	40	9.69
7．其他收入	3314	3314	100.00	3293	21	0.64
二、上划中央收入	60923	60948	100.04	47085	13863	29.44
1．增值税（50%部分）	38321	38321	100.00	27812	10509	37.79
2．消费税（100%部分）	595	620	104.20	541	79	14.60
3．企业所得税（60%部分）	14128	14128	100.00	13851	277	2.00
4．个人所得税（60%部分）	7879	7879	100.00	4881	2998	61.42
三、上划省级收入	15752	15752	100.00	13369	2383	17.82
1．增值税（12.5%部分）	9678	9678	100.00	8019	1659	20.69
2．企业所得税（12%部分）	2826	2826	100.00	2770	56	2.02
3．个人所得税（12%部分）	1576	1576	100.00	976	600	61.48
4．资源税（25%部分）	259	259	100.00	403	−144	−35.73
5.城镇土地使用税（30%部分）	1173	1173	100.00	980	193	19.69
6．环保税（30%部分）	240	240	100.00	221	19	8.60
附：税务部门征收	155400	155447	100.03	131889	23558	17.86
财政部门征收	45400	45452	100.11	70180	−24728	−35.24
一般公共预算支出	505000	508757	100.74	495450	13307	2.69
1．一般公共服务支出	50600	50678	100.15	55588	−4910	−8.83
2．国防支出	600	628	104.67	1256	−628	−50.00
3．公共安全支出	16000	16132	100.83	14994	1138	7.59
4．教育支出	74600	74743	100.19	71689	3054	4.26
5．科学技术支出	5600	5604	100.07	24617	−19013	−77.24
6．文化旅游体育与传媒支出	5500	5531	100.56	4750	781	16.44
7．社会保障和就业支出	86000	86776	100.90	86140	636	0.74
8．卫生健康支出	58000	58412	100.71	62777	−4365	−6.95
9．节能环保支出	11000	11383	103.48	11049	334	3.02
10．城乡社区支出	41200	41596	100.96	14720	26876	182.58
11．农林水支出	72000	72300	100.42	72245	55	0.08
12．交通运输支出	13000	13462	103.55	16626	−3164	−19.03
13．资源勘探工业信息等支出	22000	22023	100.10	10085	11938	118.37
14．商业服务业等支出	2800	2915	104.11	1088	1827	167.92

续表5

收　支　项　目	调整计划（万元）	累计完成（万元）	占计划（%）	同比完成（万元）	比上年	
					增加（万元）	增长率（%）
15. 金融支出	1000	1040	104.00	179	861	481.01
16. 自然资源海洋气象等支出	6000	6191	103.18	10281	-4090	-39.78
17. 住房保障支出	6300	6381	101.29	9803	-3422	-34.91
18. 粮油物资储备支出	1200	1346	112.17	1491	-145	-9.73
19. 灾害防治及应急管理支出	7200	7213	100.18	7105	108	1.52
20. 债券付息支出	19334	19334	100.00	18878	456	2.42
21. 其他支出	5066	5069	100.06	89	4980	5595.51

（陈亚珍）

税　务

【概况】

2021年，累计完成税费收入25.49亿元，其中税收收入16.02亿元，完成县本级税收收入7.62亿元，同比增收5261万元，增长7.42%，税收收入首次突破地方收入的60%；征收入库社保费8.81亿元，非税收入6619万元。完成13个土地增值项目清算，实现土地增值税清算入库1377.63万元；对加油站、片石行业开展实地核查和行业整治，共查补税款及滞纳金201.56万元；规范房屋租赁税费管理，100多人次投入专项行动，进行筛查比对、登记通知、宣传辅导4495户次。灵活就业人员社保费共征收入库1.17亿元，参保缴费4.39万人次。

国家税务总局攸县税务局内设（另设）13个机构，1个事业单位和6个派出机构；全系统有在职干部职工232人。国家税务总局攸县税务局先后荣获市“服务品牌劳动竞赛先进单位”、县“平安建设先进单位”、县“‘营商环境优化年’活动先进单位”、县“乡村振兴先进单位”、县“妇女工作先进单位”等称号。

【税费征管】

推行“日报日清”数据质量清理机制，修正各类信息数据6012条，有效降低数据差错率。完成风险应对327户次，入库税款3424.7万元，加收滞纳金316.96万元，查补入库率达100%。全年清欠税款600余万元，进一步堵塞征管漏洞。平稳推行增值税专票电子化试点改革，全年电子专票核定有效户数798户，已开具户数359户，开具电子专票3687张。清退疫情防控期间违规处罚罚金51户次，开展“现金税费征缴”专项整治3轮、核查疑点数据614条，重大执法决定法治审核2户，对相关问题均完成整改。协调各银行在全县297个乡镇街道、村组社区设立社保费代收代缴网点；推进水土保持补偿费、城镇垃圾处理费等4个非税收入项目平稳划转。

【互联网线上办税服务】

依托税企微信群等载体搭建集“精准消息推送、即时互动交流、涉税业务咨询、网上直播课堂”等为一体的税收服务平台，实现远程帮办、问办结合，向纳税人缴费人提供个性化、滴灌化的“一对一”服务。全年共发放政策“礼包”、宣传资料5万余份，接听、解决办税缴费疑难杂症278条；举办“纳税人学堂”“缴费人学堂”8期，培训1300人次；探索推出“春姐工作室”等专家服务品牌，切实解决办税缴费“痛点”“难点”“堵点”。全面落实203项便民办税“一次不用跑”清单，318项业务实现网上办理。

推动办税服务厅整体进驻攸县政务中心，进一步整合政务服务资源；引导非接触式办税走向常态，全年线上业务量32.96万笔，线上办税占比由一季度71.16%提升至四季度87.36%；深化纳税信用评级管理及结果运用。此外，通过“银税互动”帮助237户企业获得信贷支持1.21亿元。

【党建工作】

全县税务系统党员干部151人，共设9个党支部。加强党建工作，落实“纵合横通强党建”机制体系20条措施，持续开展支部“五化”（支部设置标准化、组织生活正常化、管理服务精细化、工作制度体系化、阵地建设规范化）建设，9个党支部均通过“五化党支部”验收。加强全系统党员学习教育，共组织党委开展“第一议题”学习53次、中心组学习12次，邀请县委宣讲团专题宣讲4次。支部组织专题党课39次、党史学习教育专题讨论54次，撰写学习心得、征文450余篇。组织开展庆祝中国共产党成立100周年演讲比赛和“就认这个理”青年微党课竞赛，组织全体干部职工共计230余人次参加党史学习教育韶山培训班，为17名老党员颁发“光荣在党50年纪念章”。

推出“红色专列进万家，门前三小与税行”党建创新项目，将税收志愿服务基地落户全国公共服务典范石羊塘镇“门前三小”，聘请第七届全国道德模范夏昭炎为税法宣传形象大使，通过支部联点共建构建“县—乡—村”三级税费网格化服务体系。成立志愿服务队4个，开展各类志愿服务30多次，解决“急难愁盼”问题1000余次。

发挥党建带群团建设作用，完成机关党委、机关纪委改选工作和10个党支部及工青妇团等组织换届选举工作，均衡分配了各支部老、中、青党员。积极组织青年参加志愿服务活动，2021年攸县税务局团支部获评县“五四红旗团支部（总支）”、县“学习型团组织”。

【队伍建设】

平稳推进人事改革，选拔任用中层正副职14名，其中80后干部提拔5名，90后干部提拔4名，进一步优化中层干部队伍年龄结构。对全局164人次干部定岗定责，推行职务与职级并行，完成47名公务员和11名工勤人员职级晋升。组织教育培训66场次，参训达3489人次。鼓励参加业务练兵比武，将竞赛结果与个人绩效、选拔任用挂钩，强化正向引导，共计2人入选省税务系统人才库，3人获得市税务系统社保非税“业务比武”二、三等奖。

【服务乡村振兴和疫情防控】

主动融入全县乡村振兴战略工作大局，向联点帮扶村——新市镇协塘村拨付帮扶资金15万元，组织工作人员在该村入户走访低保户、残疾户等“五类人员”189户次。开展“造血式”产业帮扶，协调新建农贸市场，助销西瓜、花生等农副产品。

组织党员、团员参与新冠肺炎疫情联防联控140小时，捐赠口罩1500只，发放防疫宣传单1200张，服务群众5000多人次，并推出线上服务“不打烊”系列措施，支持保障经济社会平稳运行。

（蒋伟豪）

金融·保险

银行业概况

【机构队伍】

2021年，攸县有银行业金融机构11家，包括中国人民银行攸县支行、中国农业发展银行攸县支行、中国工商银行股份有限公司攸县支行、中国农业银行股份有限公司攸县支行、中国银行股份有限公司攸县支行、中国建设银行股份有限公司攸县支行、中国邮政储蓄银行股份有限公司攸县支行、攸县农村商业银行股份有限公司（法人机构）、长沙银行股份有限公司攸县支行、华融湘江银行股份有限公司攸县支行、攸县潭农商村镇银行股份有限公司（法人机构）。共有对外营业物理网点96个（含邮政储蓄代办所25个），离行式自助网点15个，从业人员801人（邮政储蓄代办人员113人）。

【存款贷款业务】

截至12月末，全县金融机构本外币各项存款余额351.88亿元，较年初增加15.85亿元，同比增长4.72%；各项贷款余额198.85亿元，较年初增加20.69亿元，同比增长11.61%，存贷比56.51%，较年初提高3.49个百分点。

（张玮琳）

中国人民银行攸县支行

【概况】

中国人民银行攸县支行内设人秘股、货币信贷与统计股、国库会计股、货币金银股和保卫股5个股室，在职正式员工25人。2021年，人民银行攸县支行深入贯彻中共十九大，十九届五中、六中全会和中央经济工作会议精神，坚持党建核心引领作用，贯彻执行稳健货币政策，防范化解县域金融风险，致力提供优质金融服务，全力支持地方经济发展。支行先后获评中支级文明单位、全省人行系统文明单位。

【贯彻执行货币政策】

一是积极宣传货币信贷政策。以金融工作联席会、调研座谈会、银企洽谈、现场约谈等形式开展政策传达，组织贯彻执行稳健货币政策，主动落实上级行工作会议精神和相关金融服务实体文件精神。强化窗口指导，充分发挥宏观审慎评估、差别化存款准备金率政策、普惠金融定向降准、涉农信贷政策导向效果评估等政策的导向作用，综合运用再贷款、降准降息等货币政策工具，发放支农再贷款0.6亿元，办理普惠小微贷款延期工具利率互换本金4.58亿元，发放信用贷款支持计划1.14亿元，引导全县金融机构加大信贷投放、优化金融服务。

二是贯彻落实重大金融决策部署的。围绕金融支持乡村振兴和“三高四新”战略，先后出台《关于加大金融支持乡村振兴的实施意见》《关于加大金融支持“三高四新”战略的实施意见》，支持县委、县政府乡村振兴会战和“三高四新”战略的实施。

三是优化信贷结构。发挥“窗口指导”作用，持续引导金融机构加大支柱产业、特色行业、重点项目、龙头企业的培育力度，通过银企对接、培育，提高银行资产服务的针对性，重点在乡村振兴、小微企业、低碳绿色产业、工业制造、基础民生等领域加大信贷投放力度，实现实体企业贷款融资成本持续下降。

【维护县域金融稳定】

一是金融机构的风险监测。针对疫情对银行资产质量的影响进行及时摸排，有效应对因疫情和经济下行等诸多不确定因素带来的潜在风险，在落实中央“六稳”“六保”决策部署的同时，重点防范资产运用过程中的风险隐患。完善“攸县金融机构重大事项报告和重要信息报送制度”，增强维护金融稳定和提供金融服务的能力。

二是重点领域风险防控。对重点领域的风险和不同行业的风险分类施策，及时关注地政府债务、涉煤行业、房地产等重点领域风险，加强沟通，定期上报，及时提示风险，制定风险应对预案。

三是存款保险宣传。广泛开展存款保险宣传、督导活动，根据上级行统一工作部署，积极谋划存款保险宣传示范村镇两项创建工作，压实金融机构存款保险宣传主体责任，推动存款保险宣传常态化、制度化。

【金融监管和服务】

高效经理国库，开辟新冠肺炎疫情防控期间资金划拨“绿色应急通道”“退税通道”，成功上线运行预算一体化系统。引导改善农村支付环境，推动“创建电子支付示范县”工程，全县银行卡助农取款服务点实现村覆盖率100%，全县43个网点已全部加入大（小）额支付系统及人民银行支付系统。联合相关部门开展打击非法金融活动，持续深化金融领域“断卡”行动，向公安机关移送涉税洗钱、网络赌博洗钱可疑线索。稳定运行二维码整袋交接暨冠字号码同步流转系统，开展发行基金风险大排查，安全运行发行库市县联合值守模式。向炎陵县公安局提供涉假币案件信息，配合攸县公安机关破获非法持有、使用假币案。深入推动社会信用体系建设，提升征信窗口服务标准化水平，上线运用动产融资统一登记系统。

加强金融法规宣传。以“3·5”学雷锋服务月、“3·15”国际消费者权益保护日、“5·15”全国公安机关打击和防范经济犯罪宣传日、“9月金融知识宣传月”“普及金融知识守住‘钱袋子’”等活动为契机，大力开展防范电信诈骗、反洗钱、防范非法集资、反假货币及征信知识等宣传活动，联合辖内金融机构开展“金融知识进校园”等专题宣传。联合承销机构走进乡村农家开展“国债进乡村，共圆振兴梦”国债恢复发行40周年主题宣传活动，提醒投资者及时兑付到期国债。

【党建工作】

始终坚持党建核心引领，加强党员政治理论学习，严格落实“三会一课”制度，发挥党支部“战斗堡垒”作用。深入开展党史学习教育，将学党史与工作实际结合，坚持问题导向，认真解决问题、推动工作开展，让金融服务落到实处，助推支行履职质效进一步提升。深化党风廉政建设，加强廉政警示教育，定期召开廉政教育专题会议，充分发挥纪检组监督作用，深层推进制度落实。

（张玮琳）

中国农业发展银行攸县支行

【概况】

中国农业发展银行攸县支行有在职员工23人，下设综合部、客户部2个部室，共有信贷客户10家。2021年年末贷款余额17.26亿元，累放2.9亿元，累收3.38亿元；存款余额3.77亿元，月均存款5.02亿元；实现账面利润2618万元。牢固树立“存款支农、存款增效、存款兴行”理念，通过高端营销、资产负债联动、紧抓闭环管理等方式，全年营销财政性存款10500万元，银联收单1858万元，实现日均存款50197万元，资金自给率为28.2%。

【粮食收储和粮油企业贷款业务】

一是全力抓实粮食贷款业务。按照“保收储、增供给、当主导、强基础、防风险”总体要求，支持政策性收储和市场化收购，全年共发放各类粮食贷款19583万元，支持粮企收购粮米7.7万吨。贯彻执行政府粮食储备政策，全年发放储备及轮换贷款7373万元，收储原粮24587吨、大米2700吨。主动适应市场化改革需要，稳健支持民营粮食企业，全年向仙竹米业有限公司、金湘米业有限公司发放粮油购销流动资金贷款6010万元，支持收购市场粮26647吨。按照“钱等粮”的要求，累计发放调控粮贷款6200万元，收购超标粮23334吨，辖区粮食收购工作平稳运行。

【重点建设项目信贷支持】

围绕全县重点项目工程，充分发挥农村金融骨干作用，做好信贷营销及投放工作。营销审批攸县老城区环境综合治理一期项目1.2亿元，并实现首批投放9037万元，有效改善5199户居民生活居住环境。成立金融服务小组，积极营销，深入实地走访调查，形成一批以香干产业园、洣水河攸县段防洪清淤、城乡供水提质改造等为重点的储备项目。

【民营小微企业信贷服务】

金融支持民营小微企业，助力“六稳”“六保”工作，全行小微企业年末贷款余额1413万元。围绕民营小微提升工程要求，创新模式，为2家小微企业续贷1193万元，新营销小微企业1家，投放贷款220万元。

【风险防控】

一是严防信贷风险。聚焦关键环节，做实贷前调查评估，提高客户调查的真实性、审慎性、专业性和规范性；强化押品管理，解决担保估值虚高等问题；严格放款监督，规范贷前条件落实和资金支付监督管理。高度关注重点领域，密切监测企业生产经营状况，发现风险信号及时处置应对；密切关注中长期贷款风险，关注地方政府债务情况，做好涉债贷款管理。强化风险防控，针对市场化承贷主体、产业化经营工作等，精准把握贷款用途、运作方式、还款来源等，严控实质性风险。二是强化财务管理。严格落实财会内控监督管理，坚持内控优先，强化岗位制约，按照制度要求严格履行会计监督责任，从严落实强制休假、会计对接交流检查等制度。进一步规范财务收支。从严落实中央八项规定，严格费用开支管理，按月公开费用开支情况和经营指标执行情况，严格执行重大财务事项和大额费用审议制度。

【党建工作】

一是强化政治理论武装。学习贯彻习近平新时代中国特色社会主义思想和中共十九届历次全会精神，开展党史学习教育，落实支委理论中心组学习、首议题学习、“三会一课”制度，全年累计学习50余次。组织党员到湘赣攸县苏区纪念馆、谭震林生平业绩陈列馆开展现场参观学习，与兄弟行党支部共建活动平台，开展系列主题党日活动，举办退休党员干部座谈、参加建党百年文艺汇演等，教育引导广大党员干部传承红色基因。二是规范党组织建设。加强党支部标准化、规范化建设，推进责任体系标准化规范化，坚持“书记抓、抓书记”，党支部书记履行“第一责任人”职责，落实“一岗双责”制度，做到党建工作与分管工作有机融合，一体推进。推进组织体系标准化规范化，落实“火车头”加速度支部工作法，开展“三亮三比”活动，以“亮标准、亮身份、亮承诺”为要求，落实“比作风、比技能、比业绩”，使支部工作更务实效。三是加强党风廉政建设。严格教育管理，常态化开展警示教育和专题学习，节前做好廉洁过节提示，将红色党建活动和廉政教育有机结合、一体推进，把好党员干部“思想关”。严格监督执纪，针对干部身上出现的苗头性倾向性问题，及时提醒、诫勉、纠正，落实民主评议制度，做好民主评议并及时公开，严格落实党风廉政“制度关”。严肃整顿排查，强化员工日常行为管理，定期开展员工异常行为排查，坚持全行干部职工签订廉政从业责任书，支行与信贷企业签订银企廉政协议，强化内外监督约束，把好党风廉政和纪律作风“建设关”。

【承担社会责任】

一是助力乡村振兴。落实县委、县政府乡村振兴部署，做好谭桥街道竹丰社区的帮扶工作，共筹集帮扶资金3万元，资助竹丰社区完善基础设施和改善人居环境。响应省、市分行消费扶贫要求，组织员工购买农产品2.3万元，帮助脱贫地区销售农产品292万元。二是做实做细疫情防控工作。落实全县疫情防控工作部署，8月和10全县疫情防控阻击战期间，第一时间成立防疫工作小组，筹备抗疫物资，与结对帮扶社区共同构筑联防联控、群防群治防线。三是组织开展志愿服务活动。开展“捐书筑梦，礼赞教师节”主题团日活动，为东北街小学送去100份阅读大礼包。开展“3·15”消费者权益保护宣传、金融知识进万家等金融知识宣讲活动。

（刘　赛）

中国工商银行股份有限公司攸县支行

【概况】

中国工商银行股份有限公司攸县支行在职员工29人，下辖2个部室、2个物理网点、1个自助银行网点。2021年，攸县支行坚持对内加强管理、对外强化服务，力促各项业务良性发展，坚持依法合规，严控风险，推动各项工作平稳发展。年末，各项存款余额86265万元；各项贷款余额54103万元；实现拨备前利润1992万元，缴纳各项税款116.8万元。全年发放个人住房贷款9748万元，发放小企业短期贷款6035万元，发放经营性贷款5193万元，发放信用贷款1247万元。

【信贷服务和产品营销】

加强与政府、相关职能部门、大中型企业的联系沟通，主动对接了解金融服务需求。进园区、进企业、下乡镇，持续推动“税务贷”“烟草贷”等业务发展，拓展方便快捷的融资渠道，全年累计发放各项贷款22223万元。通过各种便利的融资渠道，为县域实体经济发展提供有效的金融支持。多举措营销转型产品，针对重点客群的不同产品需求积极拓展业务。加强与各企业单位协作，做好个人住房贷、个人消费贷、银行卡、批量代发、网络金融等产品的组合营销，批量代发金额1.59亿元，较上年末增加2668万元。加强有效商户的拓展，存量有效商户546户，全年收单额4.56亿元；持续加强与社保、医保协作，推动居民社保卡发卡及缴费业务发展。

【内控案防】

严格内控管理，切实防控风险。按照上级行部署认真开展内控规范管理，加强党员的党风廉政教育和员工法规教育，提升全员遵纪守法意识。严格按照上级行工作要求，开展重要风险点的防控和治理，切实加强断卡行动的管理，积极配合、支持全县“社保卡”清查工作。坚持将各项内控管理工作抓落实、抓到位，发现隐患及时排查处置报告。密切关注员工思想动态，深化员工异常行为排查，切实防止各类风险事件和案件的发生。

【党建和乡村振兴帮扶】

组织党员干部和员工广泛深入学习中共十九届五中、六中全会精神和习近平总书记在庆祝中国共产党成立100周年大会上的电视讲话等系列重要讲话精神。组织党员到谭震林生平业绩陈列室、黄克诚故居参观学习，举行“庆祝建党百年党员宣誓”“到帮扶村慰问困难老党员”和“全国党史知识竞赛网上答题”等多项活动。开展“学党史、办实事”活动。主动走进城镇乡村的多个建筑工地上门为农民工办理工资卡，为民办实事、解难题；开展“进社区、进园区”活动，为客户提供差异化、个性化、特色化金融服务；开展金融业务知识宣传活动，为县域民众服务，提升风险管理能力和净化县域金融环境。

落实县委、县政府乡村振兴工作部署，安排专职工作人员常驻结对村——丫江桥镇华富村开展乡村振兴帮扶工作。定期组织走访帮扶监测户，了解经济收入、生活开销和健康状况，征求他们对驻村帮扶工作的意见和建议，实施精准帮扶。为结对帮扶村争取帮扶资金5万元。

（周　晖）

中国农业银行股份有限公司攸县支行

【概况】

中国农业银行股份有限公司攸县支行共有员工101人，内设4个部室和2个团队，辖内有10个营业网点。2021年，年末各项存款余额57.13亿元，各项贷款余额为33.47亿元；收回不良贷款676万元，不良率降至0.498%；支行实现营业收入17699万元，中间业务收入4043万元，拨备后利润13628万元，净利润10382万元，交纳税款850万元。全年安全运营无事故，系统内三农事业部考核排名第一、普惠金融专项评价排名第一、社会责任维度评价领先。

【“三农”和园区企业信贷服务】

攸县农行作为服务乡村振兴的主力银行，始终坚持服务“三农”、深耕乡村，彰显服务“三农”担当。年末，支行将一个城区网点迁址至渌田镇，进一步支持乡村振兴。推进“惠农 e 贷”和农户信息建档模式，切实满足广大客户需求，全年投放贷款 14642 万元，获评攸县 2021 年度乡村振兴工作先进单位。通过与攸县园区管委会签订战略合作协议，对园区 16 家规上企业进行信贷支持。对公实体贷款较年初净增 3.7 亿元，其中普惠小微贷款净增 4133 万元。

【风险防范】

强化日常监督，全面抓实“内控评价、党风廉政、风险控制创建”等达标活动，扎实开展法规宣传活动，加强行业作风建设；加强员工行为管理，定期开展风险排查，采取多种形式加大对员工的教育。严格落实安全生产管理要求，抓好安全生产工作，未发生责任性刑事案件和较大安全生产事故。

（尹　郁）

中国银行股份有限公司攸县支行

【概况】

2021 年，中国银行股份有限公司攸县支行共有员工 30 人，支行下辖 2 个营业网点和 1 个离行式自助网点。支行年末各项存款余额 15.75 亿元，比上年同期下降 3217 万元。其中，个人存款 11.55 亿元；单位存款 4.2 亿元，较年初下降 16382 万元。各项贷款余额 7.16 亿元，比上年同期增长 7201 万元，其中个人贷款余额 61677 万元，较年初新增 5550 万元；单位贷款余额 9901 万元，较年初新增 1651 万元。全年累计投放贷款 20839 万元，其中普惠类贷款投放 5399 万元。全年实现净收入 3930 万元，不良贷款余额 212 万元。

【企业融资服务】

7 月，推进企业拓展进出口业务，组织部分企业召开国结业务专题座谈会，特邀请市分行专家向到场的 11 家企业，介绍相关国结业务知识，并对相关企业发放贷款 950 万元。同时，进一步拓展企业融资渠道，续作票据业务，全年共计贴现 4665 万元。

【风险防控】

紧紧围绕上级行内控案防工作部署，第一时间落实上级行相关管理政策与要求，进一步提升员工的案防意识和法规意识；着重落实规章制度，采取一系列的措施，强化业务监管。全年没有发生案件，未发生风险事件，未发生外部监管处罚，内控运营未发生中风险及以上的业务差错。

【法规宣传】

2021 年，在做好正常的客户服务的同时，开展法规宣传工作，通过网点宣传、广场摆点、进企业、入园区、下乡镇等多种途径，相继开展了存款保险、防范非法集资、反假货币、冠字号查询、消费者权益保护、断卡行动、反电信诈骗、反洗钱、征信等专题宣传活动。

【乡村振兴帮扶工作】

大力配合支持全县乡村振兴工作，支行克服人员紧张的困难，安排专人脱岗从事乡村振兴驻村帮扶工作，克服经费紧张的困难，安排总值 3 万余元的资金与物资，资助帮扶点的乡村振兴工作。

（陈海亮）

中国建设银行股份有限公司攸县支行

【概况】

中国建设银行股份有限公司攸县支行下辖 2 个综合性营业网点，3 个离行自助区 3 个，在职员工 32 人（2021 年新进员工 6 人，退休 2 人）。2021 年，年末全口径存款余额 24.91 亿元，其中对公存款时点余额 4.81 亿元，对私存款时点余额 20.1 亿元。各项贷款余额 15.15 亿元，较年初净新增 2.7 亿元。全年继续积极开展普惠金融，扶持小微民营，全年支行普惠贷款余额 3.39 亿元。

【基础设施建设】

2021 年 6—12 月，攸县支行办公大楼和营业部网点进行装修升级。因新冠肺炎疫情的影响，线下设备需求逐渐减少，线上云服务需求逐渐增加。为适应线上服务需求，完成自助设备优化升级，2 个附行、3 个离行自助区，现金类设备减少至 15 台，其中增加 1 台集大额现金存取款、非现金业务一体的综合设备，满足客户多种业务需求。

【党建工作和乡村振兴帮扶】

加强党员政治思想教育，开

展党史学习教育，组织全体党员赴郴州市汝城县“半条被子”故事发生地旧址、谭震林生平业绩陈列室参观学习，开展共产主义理想信念教育和爱国主义教育。严格落实“三会一课”和主题党日活动制度，每月举行一次廉政主题晨会，党风行风建设常抓不懈。加强支行基层组织建设，鼓励广大员工积极向党组织靠拢，1名预备党员按期转正，发展预备党员1名，培养入党积极分子2名。发挥党建引领作用，组织带领员工深入农村，开展“断卡行动”，防电信诈骗、反假币、维护金融消费者权益宣传活动和“金融知识进万家”活动。2021年，根据全县统一部署，支行结对帮扶宁家坪镇大兴村乡村振兴工作。

【“劳动者港湾”特色服务】

持之以恒做好“劳动者港湾”特色服务。营业大厅精心设立“劳动者港湾”服务站，提供便民服务，为环卫工人、巡逻民警等户外劳动者提供小憩场所。开展为环卫工人提供冬日暖茶、赠送母亲节鲜花、赠送蔬菜（大白萝卜）等活动。

（张　琳）

中国邮政储蓄银行股份有限公司攸县支行

【概况】

2021年，中国邮政储蓄银行股份有限公司攸县支行有在职员工48人，内设综合管理部、零售金融部、风险合规部、公司金融部等4个分部，下设4个自营网点，即营业部、新城支行、黄丰桥支行、丫江桥支行。2021年，全年累计实现收入6384.87万元，完成市行年预算进度91.07%，与上年同期相比收入增加105.69万元，增长1.68%；实现利润4089.68万元，完成市行年预算83.41%。

【储蓄、信贷业务发展】

年末个人存款余额8.81亿元，年净增7998万元；公司存款余额4.18亿元。信用卡透支额4844万元，分期金额135.62万元，2021年悦享分期信用卡累计分期金额1028万元。年新增手机银行用户4075户，年新增快捷绑卡3739张，其中信用卡快捷绑卡379张，累计结存借记卡绑卡49843张。新增数字钱包9405户，完成市行计划任务168.2%。

各项贷款合计结余14.34亿元，年净增1.22亿元，其中，经营性贷款结余37564.53万元，年净8476.68万元，完成市行年计划进度117.73%；消费贷款结余95130.21万元，年净增2455.55万元；小企业贷款结余10665万元，年净增1254万元。

【风险防控】

开展“合规文化建设年”活动，持续筑牢合规防线，有效提升合规经营水平。开展“雷霆行动”“排雷行动”和中间业务等专项排查行动，实施邮银全覆盖的合规“大体检”，坚持问题导向，狠抓整改落实，全年未发生一例重大资金案件、重大违规行为和重大安全事故。通过全员教育、人员排查、日常检查等多手段筑牢员工合规意识，完成年度案防、合规等指导意见各项工作任务。

【党建工作和乡村振兴帮扶】

攸县支行党支部坚持以习近平新时代中国特色社会主义思想为指导，充分发挥党支部把方向、管大局、保落实的作用，支部党建工作取得一定的成效。坚持在“强基固本”工程常态化制度化建设上下苦功、出实招，全面推行“党建+”工作新模式，充分发挥党支部的战斗堡垒作用和党员的先锋模范作用。继续将党建及纪检监察工作纳入月度绩效考核办法，与业务发展同部署、同检查、同落实、同考核。

与攸县网岭镇洞井社区结对开展党建共建活动，成功创建“共建示范村”。在该村设立普惠金融服务点，结合普惠金融版图走访工作，积极开展送金融服务下乡镇活动；开展源头营销，对社区住户、商户进行调研，开发结合农村市场特色、贴合市场需求的惠农贷款等金融产品。根据全县乡村振兴工作统一安排，与新市界江村结对，派驻党员刘宏作为“第一书记”驻村帮扶，“两节”期间，组织党员走访慰问困难户并赠送价值4000元生活物资；支行为该村提供帮扶资金2万元，并给予金融支持，提供40万元低息贷款，助力村民发展产业。疫情防控阻击战期间，赠送价值6000元的防疫物资。

（王韵律）

湖南攸县农村商业银行股份有限公司

【概况】

湖南攸县农村商业银行股份有限公司（简称攸县农商银行）在编在岗员工382人，其中35岁以下员工占比50%，大学以上学历占比92%。有营业网点43个（1个营业部、23家支行、19家分理处），其中农村网点33个、城区网点10个；总行机关内设职能部门12个；2个直属中心，是攸县从业人员及营业网点最多、规模最大、服务范围最广的银行。

2021年，全行绩效等级为A+，全省排名第一；经营等级为一类一级行，全省排名第四，不良贷款风险防控为全省农信社“前十行”。全行各项存款余额150.65亿元，较年初净增14.44亿元；各项贷款余额82.65亿元，较年初净增11.02亿元，县域市场份额分别为43.15%、43.51%，存、贷款均位居全县金融机构首位。年内实现财务总收入9.14亿元，经营利润3.44亿元，资产经营利润率1.96%，资本利润率14.5%，资本充足率12.26%，向地方贡献税收1.09亿元。

持续推进网点建设，年内完成了乡村振兴金融服务中心等5个网点的达标改造，成功将“震林支行”打造为红色网点。

【普惠金融】

始终坚守服务“三农”、服务小微、服务地方发展的市场定位，成立株洲地区首家“乡村振兴金融服务中心”，同乡村振兴局签订《金融服务乡村振兴战略合作框架协议》，整体构建以“总行层面乡村振兴金融服务中心，基层支行普惠金融服务中心，园区企业金融服务中心、新媒体营销中心”四位一体的营销服务体系。围绕“一行一品”“一镇一业”重点领域，推出涵盖“乡村振兴”“普惠金融”和“助力小微”三大系列16款“福祥信贷”产品，全面满足客户金融需求。不断深化和创新担保方式，健全金融风险分担机制，加强与产权交易中心、省农担公司等进行战略合作，增强信贷风险分担能力。持续简化业务流程，举办乡村振兴产业带头人现场办贷会，向全县村级集体经济组织综合授信10亿元。启动“增户扩面”示范工程暨营销能力提升项目，普惠金融覆盖面得到不断扩大，更多的县域百姓获得普惠、便捷的信贷支持。切实加大金融扶贫力度，至12月末，累计发放扶贫贷款1.78亿元，支持贫困农户5500户。

【移动互联网线上金融】

通过移动互联线上+线下“双引擎”，解决广大客户融资难题。自主开发“码上贷”产品，惠及千家万户的福祥“码上贷”成为普惠金融的攸县名片。截至年末，完成278个行政村（街道）、6个行政单位“码上贷”导入推广工作，码上贷客户达17.82万户，扫码率51.43%，签约2.58万户、授信额度170.32亿元，贷款余额24.8亿元。大力推广平板电脑“移动办贷”营销系统，结合线上预约平台，实现申贷、授信、发放等贷款全流程线上办理。主动走进客户生活中，走到企业交易过程中，真正实现金融服务“零距离”。至2021年末，全行移动营销签约客户6855户，占新增签约客户的12.54%，用信金额62053.32万元。

【管理改革】

以管理促发展，向管理要效益，突出抓好五大改革。一是组织机构改革。实行大支行大部室制，进一步优化资源配置，提高行政效能。二是人事机制改革。打破唯票取人、唯分取人的观念，实行推荐选拔制，畅通晋升渠道，推动形成“能者上、庸者下、劣者汰”的用人导向。出台《员工城乡交流实施办法》，为全行高质量持续发展构筑人力资源梯队。三是绩效机制改革。推出以经济利润能力创造为核心的绩效系统2.0版本，进一步凸显薪酬分配的正向激励作用，有效激发员工潜力。四是科技研发发力。研发多个本地特色化辅助系统，业务流程和决策效率得到全面改进，有力促进业务转型和质效提升。五是财务管理改革。实行经济利润考核，突出“以利润为中心”导向，全员增收节支意识明显增强，成本分摊系统的开发，推动财务精细化管理迈上新台阶。

【新冠肺炎疫情防控】

坚持常态化新冠肺炎疫情防控工作，实现全行“零感染”。

全县疫情阻击战期间，全行广大一线员工坚守岗位，金融服务未中断，定期对网点硬件、收支现金消毒，确保客户用上“放心钱”。积极落实国家“不盲目抽贷、断贷、压贷”政策，多措并举助力疫情防控，累计发放生活物资类、医疗物资类抗疫贷款6700万元，支持医药重点企业6家，发放支农支小再贷款4.6亿元，支持企业复工复产；对于受疫情影响较为严重的行业进行降息让利，截至年末，为小微企业减免利息24.6万笔，让利金额32800万元。

【精神文明建设】

建立员工爱心基金，评选出首届“最美奋斗者”，在城乡开展“百场金融惠民送戏下乡巡演活动”。扎实推进清廉金融文化建设，攸县农商银行获得“清廉金融文化建设示范点”称号。加强宣传报道，全年在国家级媒体发表文章18篇，省级媒体刊登文章68篇，被省联社评为“特色发展示范行”。坚持社会担当，参与扶弱济困，捐赠帮扶资金157万元，向鹰翔教育基金、美丽乡村建设等爱心捐助达620万元。

（武　昭）

长沙银行股份有限公司攸县支行

【概况】

长沙银行股份有限公司攸县支行（简称长沙银行攸县支行），有在岗人员27人。内设综合保卫部、市场营销部、营业部3个分部，下设攸县网岭二级支行、攸县商城社区支行、攸县胜利社区支行3个网点，1个离行式自助银行。2021年，持续贯彻落实县委、县政府各项决策部署，打通金融服务“最后一千米”，助力攸县经济社会发展。围绕业务发展、客户需求，持续优化信贷资源配置，不断提高效率和水平，做大做强资产业务。2021年，支行年新增储蓄时期数2.1亿元，完成1.55亿元年度任务的135.26%，年末各项存款余额15.68亿元，表内外贷款余额16.58亿元，全年无结算和安全责任事故。

【信贷服务】

积极营销“政采贷”“风补基金”“供应链金融”“线上税e贷”产品，以“百行进万企”工作为契机，扩展对公客户群体，解决中小微企业融资难、融资贵等问题。全年县域授信余额16.58亿元，其中表外授信余额8.39亿元，表内贷款余额8.19亿元，其中零售贷款余额5.28亿元；对公贷款余额11.3亿元；企业贷款余额1.22万元。新增对公有效结算账户净增69户、核心客户26户，财政、医院、学校等系统客户实现有效突破。

【乡村振兴帮扶】

根据县委、县政府乡村振兴工作统一部署安排，2021年，攸县支行结对帮扶皇图岭镇笔和村乡村振兴工作。全支行干部员工和驻村专职工作人员深入脱贫户，开展结对帮扶42次，节假日慰问3次，为该村投入乡村振兴帮扶项目资金6万元。

【党建工作和队伍建设】

通过建立健全科学有效的激励机制，提高员工归属感和荣誉感，建立一支有责任、有担当、能战斗的员工队伍。抓好员工的培训工作，健全绩效考核制度，将绩效考核结果作为履职考核、创先评优、序列转化的依据。

开展“庆祝中国共产党成立100周年”系列活动，组织全体党员到谭震林生平事迹陈列馆等红色教育基地参观学习，教育党员弘扬伟大建党精神，坚定理想信念，加强党性修养。扎实开展党支部“五化”建设，支行班子成员开展“学党史、干实事”活动，每月前往下辖单位调研，了解基层情况，解决一线困难。

（刘慧敏）

华融湘江银行股份有限公司攸县支行

【概况】

华融湘江银行股份有限公司攸县支行成立于2012年3月，2017年12月，办公地点搬迁至攸县中心大道梅城国际一楼107—114号，有在职员工16人（含劳务外包人员3人），支行内设公司部、零售部、营业部3个部门，1个全能型网点，1个离行式自助网点。2021年，年末一般性存款余额为5.7亿元，各项贷款余额为8.3亿元。按照全县统一部署，与攸县网岭镇沙峰村结对，开展乡村振兴帮扶工作。

【服务县域经济发展】

华融湘江银行股份有限公司

攸县支行立足服务地方经济建设，发挥本土银行优势，持续加大对当地重点项目的支持力度，累计投放政务项目类贷款23.96亿元。同时，积极贯彻落实国家重大战略部署，全力推进普惠金融。

【业务拓展】

持续加快转型发展步伐，加大对电子银行、信用卡、银联POS机、拆迁代发、工资代发、华融闪贷、住房按揭等优质金融产品和金融服务的推广运用，重点突出对中小微企业的服务和支持，超额完成“两增两控”任务。成功获取省县两级风险补偿基金合作银行资格，向县内小微企业新增贷款投放9800余万元。

（谢秋霞）

湖南攸县潭农商村镇银行股份有限公司

【概况】

湖南攸县潭农商村镇银行股份有限公司（简称攸县潭农商村镇银行），内设综合管理部、业务部、运营管理部、合规风险部、营业部5个部门，下设皇图岭支行，在岗人员24人。2021年，公司坚持以“壮规模、调结构、提效益、保质量、严内控”为总目标，不断壮大自身实力，竭诚为地方经济发展服务。年末各项存款总额44130万元，其中储蓄存款27564万元，占比62.46%。全力以赴发展基础性存款和优质客户，加大储蓄存款营销力度，储蓄存款占比62.46%，为开业以来最高。各项贷款余额43331万元，不良贷款为零。实现总收入3835.03万元，总支出2058.17万元，实现经营利润1894.06万元，缴纳所得税430.48万元。所有者权益总额12091.86万元，拨贷比2.61%。主要监管指标均达到国家监管标准。

【“支农支小”信贷服务】

坚定“支农支小”市场定位，切实服务乡村振兴战略，助力县域经济发展。坚持“做小、做散”，立足民营和小微企业、公职人员、农户、住房按揭贷款投放；服务重点企业，助力企业转型升级，持续改进金融服务，不断加大信贷支持力度，进一步发挥农村金融主力军作用；灵活运用阶段性延期还本付息政策和信用贷款支持政策工具全力支持中小微企业发展，缓解疫情影响带来的经营周转压力。12月末，普惠型小微企业贷款余额29643.07万元，较年初增加1452.18万元，增速为5.15%；小微贷款余额户数为276户，较年初增加71户；涉农贷款余额42201.57万元，较年初增加2596.92万元，增长6.56%。

【队伍建设】

坚持“以人为本，人才兴行”理念，大力引进优秀人才，不断优化梯队建设，壮大人才队伍，为增强发展后劲提供人才保障和智力支撑。大力推进“人人都是客户经理”的全员营销模式建设，着力培养一支懂营销、会营销、能营销的业务骨干队伍。实行管理层及特殊岗位“AB角”跟班学习及上机关、下基层学习制度，全面培养全能型人才。建立了干部能上能下、员工能进能出、待遇能高能低的用人机制；实行内部竞聘晋升制度；注重后备人才的培养和建设，为员工晋升提供渠道。2021年，1名员工当选为攸县人大代表，1名员工当选为株洲市人大代表。

【党建和乡村振兴】

坚持以党建引领公司发展。2021年，新发展党员2名，培养入党积极分子2名。把党建工作融入公司治理的各个环节；加强党员干部理想信念教育和爱国主义教育，深化“不忘初心、牢记使命”主题教育和党史学习教育。开展党风廉政建设学习培训、征文、演讲比赛等活动。助力全县乡村振兴工作，派驻专职工作人员驻联星街道侯市社区开展结对帮扶工作，向结对社区捐赠资金及物资，积极为农户宣传推介农产品，拓展销售渠道。

（周婷玉）

中国人民财产保险股份有限公司攸县支公司

【概况】

中国人民财产保险股份有限公司攸县支公司(简称人保财险攸县支公司）有在职员工56人（含外包），保险营销从业人员155人。内设综合部、理赔部、车险部以及非车险、三农营销服务部等共计11个部门，下设黄丰桥、网岭、皇图岭等3个三农营销服务部（车管所保险服务点）。公司始终坚持“做人民满意的保险公司”，将客户需求摆在首位，不断优化服务流程，升级服务措施，履行服务承诺，面向全社会庄严承诺并认真履行“十项优质水平”措施。提供微信客户服务查询平台，系统平台专设“95518”专线服务电话，全天候24小时接受事故报案及保险咨询，对未涉及人伤单方肇事事故赔偿金额在1万元以下事故做到3个工作日之内赔付，案件处理率和客户满意度大幅度提升。

2021年，公司全体员工在中共攸县县委、县政府和上级公司的正确领导下，牢固树立“发展能力超越市场、盈利能力优于市场、服务能力领先市场”的经营理念，以“六大服务战略”为统领，开展业务经营，助力攸县经济社会发展。全年实现总保费收入11946万元，其中车险5143万元，非车险6803万元；保险赔付支出9078万元。市场份额位居区域市场同行业第一。

【服务县域经济社会发展】

发挥保险公司的“保障与补偿”职能作用，立足服务全县经济和社会发展大局，全年为县域居民提供风险保障3000亿元，上缴地方税收808万元。同时响应县委、县政府号召，配合支持全县结对共建、乡村振兴工作，为结对帮扶村——桃水镇夏泉村乡村筹备帮扶资金3.5万元。

【风险防控】

坚持依法合规经营，严格按照银保监会和上级公司监管要求，不断强化公司内控制度建设，严把“三道关”（承保入口关、财务管理关、理赔出口关）。积极开展非法集资风险防范和反洗钱培训宣传教育，加强全体员工风险知识普及和法规教育，从源头上治理风险隐患，确保公司稳健经营。

（谭振容）

中国人寿保险股份有限公司攸县支公司

【概况】

中国人寿保险股份有限公司攸县支公司（简称中国人寿攸县支公司）在职员工33人，支公司销售队伍持证人员652人。设有营销发展部、收展发展部、个险培训部、团体业务部、银行保险部、综合部、客户服务中心和城乡居民医保管理服务中心8个部门。2021年保费总收入1.92亿元，其中新承保4330.35万元、续期保费1.49亿元。期交保费达成2813.49万元，其中十年期达成1174.17元、短期保费达成1516.86万元。全年共受理寿险理赔案件5757件，共计赔付金额2437万元；共处理城乡居民意外伤害医疗保险补偿案件3808起，补偿医疗金1527.3万元。缴纳各种税费105万元。

【电子化服务】

2021年，全系统全面实行电子化服务，智能化审核通过率达到80%，电子化回访替代率达97%，年度电子化通知服务开通10000余名客户。参加客户服务活动报名人数16500人，全面提升理赔时效，使客户免费了解健康知识。

【风险防控】

开展抵制非法集资和反洗钱宣传教育，开展风险知识和法规教育，加强警示教育，提升全员的风险意识。全年开展“治乱打非”“防范化解重大风险攻坚战”“防范化解非法集资风险”“打击非法商业保险活动”“治理保险业市场乱象”等系列风险排查、防范活动，参与“平安攸县”的创建活动，公司没有发生违纪违法犯罪案件。

（陈英歌）

城建·环保

住房和城乡建设

【概况】

2021年，全县有在建房屋建筑和市政基础设施项目32个，建筑总规模103.4万平方米，施工总面积80.13万平方米。建筑业联网直报总产值42亿元，同比增长12.1%；新增“四上”建筑业企业5家。完成房地产开发投资30亿元，同比减少16%；新开工房地产开发项目3个；共办理商品房预售许可45项，新增商品房供应3013套、46.96万平方米；完成商品房销售40.08万平方米，实现销售总额20亿元。建筑工程质量安全标准化率95%，城区生活污水集中收集率50%、集中处理率98%，常住人口城镇化率达到60%。

2021年，县住建局获评全省脱贫攻坚先进集体、2021年度攸县文明建设先进单位，新型城镇化、依法行政暨政务服务、供水燃气等工作获评全省住建系统单项先进单位，城镇老旧小区改造、国有土地上房屋征收等工作获评全市住建系统先进单位。

【城乡基础设施及配套工程建设】

自来水二厂完成提质改造并恢复运营，园区企业用水需求得到较好保障。交通北路供水管网改造全面竣工，新建和改造市政供水管网17千米，城区公共供水漏损率降低1.5个百分点，新增用水户3000余户，水质合格率保持在99%以上。

继续推进乡镇污水处理设施建设，新建成乡镇污水处理设厂9座，新增配套管网27.8千米，新增日处理能力0.48万吨，提前1年完成全省“四年行动”攻坚任务，在全市率先实现建制镇污水处理设施全覆盖，获得省级奖补资金1953万元。建成移交跃进水库市民游园，新增公园面积2万平方米，入选全市污染防治攻坚先进典型案例。西阁污水提升泵站提质改造项目有序推进，完成深基坑开挖支护工程。谭桥污水处理厂及配套管网完成60%的工程量。

衡炎长输燃气管道攸县段全线贯通，春联、网岭分输站基本建成，液化天然气储备能力实现翻番，城区燃气管网在线监控平台建成投运。新建天然气管网11.4千米，新添乡镇天然气撬装点3个，新增管道燃气用户2000余户。

完成2020年计划实施的老旧小区改造项目9个。完成2021年计划实施的老旧小区改造项目1个，其余6个均已开工建设。完成棚改“改扩翻”200户，实施货币化安置60户。全面完成13.8万栋农村房屋安全隐患排查，查找出安全隐患房屋554栋，其中58户农村低收入户纳入2021年危房改造项目，均完成改造并验收合格。

完成住房发展、城乡建设、人民防空“十四五”规划编制，修编县城排水专项规划，实施污水处理厂中期评估，成功申报省级智慧排水示范县。组织开展房屋建筑和市政设施普查，完成全县40多万栋房屋建筑和城区400多千米地下管线的信息调查。

【建筑市场管理】

坚持“房子是用来住的，不是用来炒的”的定位，持续推进房地产市场平稳健康发展。将所有未完工的房地产开发项目纳入预售资金监管范围，全年共监管在建项目28个，解除竣工验收备案后项目2个，审核资金使用申请355次，累计拨付监管资金18.5亿元，监管账户余额2.1亿元。

监管政府性投资公开招标项目17个（标段）、总预算价23893.91万元，全过程电子化率达到73%，节约政府性资金2000万元。查处招投标违法违规案件4起，对相关责任单位合计处以罚款37万元。

推进房地产开发信访突出问题化解处置，基本完成义乌商贸城屋面渗漏治理，有效处置东华商业广场、望云新外滩等外墙脱落隐患，中央铭城按协商调解时间及时交房，东风蔚蓝国际、中江书香苑等“烂尾楼”实现搬迁入住，明阳杏苑维修补偿款全部拨付到位，妥善处理枝柳铁路三线民兵伤残补助事宜，一批老公房、廉租房的多年未办证问题得到解决。

【建筑业管理】

承接房地产开发企业三级资质审批业务，为6家房地产开发企业办理资质延续手续，新增1家房地产开发企业的开发资质，全县房地产开发企业达到30家。全年完成测绘成果审核和入库面积50万平方米，搭建楼盘表45宗，实现楼盘表全信息化管理。

全年共办理企业信息变更7个，新申报劳务和专项承包资质4个，资质增项3个。扶持县内建筑企业晋升资质，攸县2家本地建筑企业湖南汉骏建设有限责任公司、株洲湘东建设有限责任公司同时被住房和城乡建设部核准为建筑工程施工总承包壹级资质，实现攸县建筑业企业壹级资质“零的突破”。

开展县内建筑业企业资质动态考核2批次，共考核10个建筑业企业，其中基本合格3个、不合格7个，均要求限期完成整改。核算缴存农民工保证金37项、431万元，常态化开展民工工资督查检查，盯紧守牢民工“血汗钱”。

【安全生产监管】

扎实开展建筑、燃气、消防和物业等各类安全生产集中整治行动，严厉打击违法建设行为，竭力排查消除安全隐患。组织开展各类执法检查活动432次，下达停工整改通知45份，处置重大事故隐患31件，立案调查及移交线索19起，上报严重不良行为记录13项，全年未发生一般及以上的生产安全事故。做好安全宣传教育，开展应急救援演练，组织参加全市标准化工地观摩3次，参与质量安全监督员集中学习2次，定期开展液化石油气从业人员和网点负责人安全培训，探索推进小区燃气泄漏综合应急演练。

建立健全案审会制度，严把案件侦办审核关，行政处罚“零差错”“零复议”。有序推进“双随机、一公开”市场监管，共设定双随机任务4个，覆盖率100%、执法率100%。开展消防建筑市场整治，推行消防施工全过程监管，降低消防验收整改费用2000余万元，清退违规承揽消防检测业务企业10家。巩固扩展施工扬尘治理成效，项目新增雾炮机15台，防尘网防尘布7.6万平方米。

【住房保障】

清理长期空置和违规占用公租房14套，收回历年欠租67万元，安排房屋修缮1180户次，完成县本级3617套公租房信息登记录入，发放城镇低收入人群住房困难补贴2498户次、112万元。完成标准化白蚁防治40.5万平方米。归集房屋维修资金2700万元，追缴维修资金58万元，办理资金支付31项。

【城建政务服务】

持续推进工程建设项目审批制度改革，举办全县工改业务培训班，编印法律法规汇编和办事服务指南，实行“一窗受理”“一网通办”，深化“多审合一”“并联审批”，线上办理施工许可59项、总建筑面积50万平方米、总造价11.6亿元，全面实现线下无审批。完成6个项目的线上联合验收，启动市政公用服务报装业务系统，首次实现“交房即交证”。

共受理政府性投资项目初步设计审查43个，施工图在线审查项目44个。开展工程材料询价12次，发布工程造价信息6期，支付图审服务费28.8万元。

接收竣工工程项目档案45项、2105卷，声像档案照片6348张、光盘47张。启动馆藏档案数字化建设，接待档案查询400余人次。搬迁改造质量检测中心，新增主体结构和市政道路检测资质，承接检测面积110万平方米。

【2021年攸县房地产交易博览会】

举办2021年攸县房地产交易博览会，配套出台《购房优惠政策》，12家房企、18个精品楼盘参展。展会现场3天（10月2—4日）共签约各类房屋225套、3万多平方米，合同额1.34亿元，达到预期效果。截至11月15日，房博会优惠政策期间共完成网签883套、11.5万平方米，实现销售金额5.35亿元，占全年销售量的28.75%。

（苏 浩）

湖南攸州水务有限公司

【概况】

湖南攸州水务有限公司(原攸县自来水公司）是集自来水生产供应、水表检定、水质检测、管道安装及市政公用工程施工等业务于一体的供水和施工综合型企业。公司现占地面积113.6亩，固定资产2亿余元；DN（外径）100毫米以上供水主干管网500余千米、用户6.6万户。有3座水厂日供水能力8.5万立方米，供水覆盖区域30平方千米。公司总部下设4个分部门，7个基层单位，在职职工168人，公司所属子公司（工程建设公司）拥有市政公用工程总承包资质。

2021年完成产水量2010万吨，实现总产值6098万元（其中水费收入3818万元，安装产值2280万元）。新增改造供水管网34千米，新增用户2700余户，水费回收率达到98%以上。水质合格率保持在99%以上。疫情防控期间，严密监测原水、出厂水、管网水水质变化，加强消毒功能，增加水质检测频率，保障疫情防控期间安全供水。

【供水安全和服务提质】

完成下辖3个水厂的设备更新改造，全力保障安全优质供水。经省卫健委专家实地考核，公司第三水厂被评定为“2021年度湖南省A级卫生信誉度集中式供水单位”。全年累计排除污水泵站故障58次，处理60余处小区的加压设备故障，抢修1800多处，完成12处老旧小区的管网改造，用户改造近500户。

始终坚持“以初心，换民心”的服务理念，通过信息、微信等各种信息平台发布即时供水信息。建立容缺办理、节假日预约办理机制，服务标准上墙公布，公开承诺，接受用户监督。为优化营商环境，为用水企业减流程、控时限，与工业园区各用水企业建立即时沟通机制。对全城消防栓的布局和使用状况进行全面摸底，在确保消防栓完好率100%的同时增设消防栓20座。

【重点项目工程建设】

1—7月，完成“东城新区污水管网工程”建设并正式交付使用，工程总造价370余万元，由公司下属工程建设公司承建。8—11月，完成“交通北路”供水管网改造工程。该项目投入500余万元，完成管道安装2.2千米（敷设DN500球墨内衬铸铁管300米、DN300球墨内衬铸铁管1900米），为配合县重点工程——“建设北路”供水管道配套工程建设，共计新敷DN600供水管道近1000米，实现“建设北路”如期贯通。

启动“七〇七矿退役饮水治理工程”建设。“七〇七矿”项目是通过“湖南招标投标网”面向社会公开招标的项目，是公司首个公开招标的中标项目，由公司全资子公司（工程建设公司）中标承建。该项目位于攸县丫江桥境内，于2021年11月正式签订合同，工程总造价833万元。

推进城乡供水一体化进程，配合县水利部门完成攸县城乡供水一体化建设规划，加强对乡镇水厂的专业化指导。推动“二次供水”规范化建管工作。

【县人大建议提案办理】

落实江桥街道、春联街道在攸县第十七届人大六次会议上提出的关于“推进自来水管延长”和“解决辖区内居民饮水安全”的建议提案的办理。通过与当地居民充分有效沟通、实地勘察，迅速制定施工方案，严把施工质量，解决了公司供水区域外部分居民的用水难题。

（王新征）

城市管理和行政执法

【概况】

攸县城市管理和综合执法局是县人民政府工作部门，机关内设办公室、政工股、财务股、政策法规与行政审批股、综合管理股、考核考评股、公用设施管理股、数字城管监督指挥中心、生活垃圾无害化处理场、城市垃圾分类办公室10个股室。下辖市政园林服务中心、城市管理综合行政执法大队、环境卫生服务中心3个副科级单位；灯饰管理事务中心1个股级单位。主要承担城区环境卫生监督管理、市容秩序监督管理、市政设施运行监督管理、园林绿化建设维护管理、静态交通秩序监督管理、违法建设管控、城市管理领域综合执法等职能。2021年，攸县城市管理和综合执法局获评市文明单位、市城市管理先进单位，县文明建设红旗单位、县污染防治攻坚战先进单位、县乡村振兴工作先进单位。

全年共计办理各类审批335件，四级办理深度占比达到89.13%。承诺时限平均至少提速80%以上、实际办件时间比法定时限平均提速90%以上，“即办件”事项占总事项比率达到93.33%。全年督查考核交办各类案件2611件，及时完成率达98.2%，处置达标率为100%。受理“12345”热线228件，群众投诉37件，及时办结率100%。根据省行政权力事项的三化工作要求，编制了新的办事指南。优化审批流程，明确部门职责，确保群众一件事一次办。贯彻落实党风廉政建设规定和“一岗双责”，以严的要求推动严的落实，强化党员干部纪律意识和规矩意识，强化日常教育监督，增强监督执纪问责实效，切实提升机关效能。组织开展新时代文明实践活动81次，将党心和民心紧密相连，打通宣传群众、教育群众、关心群众、服务群众“最后一千米”。

2021年，全面推进城市治理、功能修补和街道整治提升，持续改善城市人居环境。扎实推进城市垃圾分类收运体系建设，基本完成4个生活垃圾分类示范社区和2个生活垃圾分类示范小区建设。秉持“能划则划，应划尽划”原则，在原有基础上新增小车停车位445个，有效地缓解了市民停车难问题。在巩固和深化国家园林县城创建成果同时，加大城区增绿补绿力度，顺利通过国家园林城市复查验收。常态开展市政环卫设施体检，及时消除隐患，确保市政设施完好率达98%，环卫设施完好率达100%，路灯亮化率达99%。坚持“即查即拆”工作机制，始终保持对违法建设的高压态势、常管常严。2021年，控违670处，涉及面积18.26万平方米；拆除违法建设516处，面积5.21万平方米。

【民生实事项目】

结合城市管理实际，科学谋划，加快补齐停车、市政、环卫等城市管理基础设施短板。完成攸州大道北上云桥中学路段市政管网建设工程、高排渠改造10千米，通畅排水通道，消除内涝隐患。完成雪花社区珍珠巷小区外市政环卫配套基础建设项目、提质改造城区25条小街小巷，惠及5万余人，受到老百姓的高度认可和称赞。

【垃圾污染防治】

按照中央、省、市环保督察反馈问题整改要求，将垃圾场推向了市场化运营，改良渗滤液处理工艺，实现垃圾场生产运营专业化、规范化，顺利通过省、市环保督察验收。对高新区实行同城同管，采取“零容忍”态度，严格“四个一律不准”规定，扎实开展建筑垃圾专项整治行动，清理垃圾死角42处，有效地提升了城区环境质量。基本完成省、市下达的鸾山镇、渌田镇和石羊塘3座乡镇垃圾转运站建设任务。

【城管队伍建设】

持续开展城市管理领域“强转树”专项行动、行政执法乱象专项整治行动，努力打造一支法治化、专业化执法队伍。扎实开展执法乱象问题排查和整改，加强城管执法人员八小时以外的监督管理，做到严在经常、管在平时。按照省、市城市执法体制改革方案部署，全面承接住建领域行政处罚权，调整公布权责事项清单，推动城市管理执法体制机制更加科学顺畅。邀请领导、专家、法律顾问等老师专门授课，培训教育干部职工1200余人次；送干部职工外出学习15批次，40余人。

【乡村振兴帮扶】

根据县乡村振兴工作部署，县城管局派出3个工作队，分别驻黄丰桥广和村、满江村、严塘村。驻村工作队参与组织完成村级两委换届工作，帮助抓好村级党组织建设和阵地建设工作，完善村级各项工作管理制度。局机关工作队协调相关部门为广和村攸县第六区苏维埃政府旧址立牌，协助农业局完成高标准农田改造项目，协助水利局完成广黄小学后河堤护坡工程、立新组蓄水池建设项目。市政园林服务中心工作队协助完成农田复耕200多亩，协商电力局为严塘村免费改造21个电杆，节约费用35万余元。环卫服务中心工作队为满江村购买150个垃圾桶，并签订垃圾收运合同，解决生活垃圾乱倒问题。共拨付帮扶资金34万元，走访慰问困难党员群众，发放慰问资金5.1万元。

（夏　昆）

攸县环境卫生服务中心

【概况】

攸县环境卫生服务中心为副科级事业单位，隶属攸县城市管理和综合执法局，共有干部职工142人（其中在岗60人、退休82人），临聘人员88人。内设办公室、财务股、政工股、考核办、设备管理股、收费队、清洗队、后勤服务中心和水上清洁队9个股室。有各类作业车辆49台，果皮箱810个，侧挂桶4071个，公厕70座，环卫工人休息室50处，垃圾中转站11座。主要负责城市市容卫生的监察管理，城区434.87万平方米的主街道、小街小巷、集贸市场清扫保洁，主街道的洒水降尘及清洗，果皮箱、侧挂垃圾桶、公厕和垃圾中转站的管理和维护，洣水河城区段18千米河道垃圾打捞，城区近26万户居民、230余个单位池点生活垃圾的收集清运。全年维修城区公厕、环卫工人休息间近720次，更换侧挂桶425个。同时，投入资金6万余元对海康、西阁、火车南站等公厕进行全面升级改造。

对标国家文明城市和国家卫生城市标准，扎实推进城区人居环境治理。清除高新区、背街小巷、城中村、城乡接合部等卫生死角42处，清理各类垃圾3800余吨。严格执行“每日一普扫，全天候保洁”的清扫保洁模式，做到地面勤扫、绿化带勤捡、设施勤洗、雨水口勤掏，确保作业范围无死角、无盲区，同时加强考核，将考核结果与市场化公司的财政拨款挂钩，全面提升保洁效果。

全年清运城区生活垃圾52617吨，确保城区生活垃圾日产日清，侧挂桶无满溢。清运餐厨垃圾3705吨，收集率达到96%。清运处置废弃物约2800余吨，确保城区街道无大件垃圾。在县城高排渠和低排渠入河口分别设置钢质垃圾拦污栅，新建桐坝电站、武家场河道垃圾中转平台。全年清理河内垃圾死角750处，打捞河道垃圾1900余吨。

【街道清洗和雾炮降尘】

在抓好日常街道洒水降尘、街道清洗工作的同时，增加雾炮车作业范围，全面加强城区大气污染防治工作力度，确保城区空气质量提升。全年落实保障任务，出动作业人员加班966人次、作业车辆455车次。

【安全生产】

坚持“安全第一、预防为主”的原则，全面落实安全监管责任，完善安全生产管理制度，加强安全生产检查频次，督促市场化公司落实安全生产主体责任。邀请县交警队、县消防大队举办安全知识讲座和预防演练。在高温季节，及时发放防暑药品，开展防暑降温、紧急施救等实地演练，切实增强环卫工人的自身防护意识和能力。

【疫情防控】

按照县疫情防控工作部署，严格落实各项疫情防控措施。每天组织环卫工人对城区48座公共卫生间、20座工人休息室、13座垃圾中转站等环卫设施设备进行清洗及消毒杀菌。累计向一线环卫工人发放消毒液525公斤，一次性口罩30450只。同时在城区投放78个废弃口罩收集桶，由市场化公司配备1台专门的清运车辆，对专用收集桶进行单独收集、单独运输、统一医学处置。

【乡村振兴帮扶】

2021年，环境卫生服务中心结对帮扶黄丰桥镇满江村乡村振兴工作，协助村支两委加强党组织建设和阵地建设，以党建促乡村振兴。筹措帮扶专项资金9万元，购买垃圾桶150个，签订生活垃圾清运合同，使全村村组环境卫生状况得到根本性的改善。扶持发展3户养羊专业户，年收入在10万元以上；协助完成土地流转，明确林地权属，增加村民收入和村民组收入集体收入，县乡村振兴局、驻村办的一、二、三季度考核中，环卫乡村振兴工作队均获评优秀。

（陈玉兰）

攸县城市管理综合行政执法大队

【概况】

攸县城市管理综合行政执法大队是城市管理和综合执法局下属的副科级事业单位，有干部职工57人，协管员39人。大队机关设有办公室、财务室、法制办、考核办、执法室。下设城东中队、城南中队、城西中队、城北中队、城中中队、广告中队、渣土中队、特勤中队、城建中队、城管公安中队等10个直属中队。主要负责对县城区规划范围内违反《城市市容市貌和环境卫生管理条例》《中华人民共和国广告法》《湖南省户外广告管理办法》《攸县城区街道车辆停放管理办法》等有关法律、法规规定的行为组织实施行政处罚。2021年，开展市容市貌、户外广告、渣余土运输、夜宵市场、乱停乱放、交通顽瘴痼疾等6次专项整治行动，办理简易程序案件62起，一般程序案件96起。

【整治街道违规停车】

调整街道道路功能区域划分，增设小车、摩托车停车位，增设小车停车位400个，摩托车停车位2000个。清除路墩、路障600余处。设立指示牌150块，引导驾驶人员规范车辆停放。处罚违规行为，全年共依法处罚乱停摩托车驾驶人2630人次，违规停放小车20500人次。

【城区空气污染治理】

加大城区夜间流动摊点、夜宵烧烤等污染防治整治力度，规范夜宵摊位50余处。依法取缔造成严重油烟污染的8家夜宵摊点和59处占道露天烧烤摊位。中元节期间，广泛宣传，提倡市民文明、清洁、安全祭祖，在大街小巷设立《温馨提示》公告栏，全城设立焚烧地点18处，方便市民焚烧，在各个进城路口设立秸秆收购点，免费提供稻草，安排专人在指定地点值勤，机动巡查人员负责街道巡察，维护民俗活动期间城区的洁净环境。

【队伍建设】

扎实做好党建工作，坚持党建引领城管队伍建设。落实“三会一课”、主题党日、谈心谈话等党内组织生活制度。全年共开展领导干部带头上党课3次，主题党日活动12次，谈心谈话2次，开展“党员讲课啦”精品微党课活动2次。开展党史学习教育，组织党员到红色教育基地开展共产主义理想信念教育和爱国主义教育4次，组织观看红色影片、警示教育片3次。加强城管执法人员的学习培训，提升城管队伍执法水平。全年共组织全体队员法律法规知识培训4次，学习《中华人民共和国行政处罚法》《株洲市城市综合管理条例》《城市道路管理条例》《株洲市户外广告管理办法》等法律法规。

（刘笑颜）

攸县市政园林服务中心

【概况】

攸县市政园林服务中心为副科级事业单位，隶属县城市管理和综合执法局，有干部职工32人。内设办公室、财务室、政工股、工会、市政管理股、绿化管理股、工程建设股、公园管理股8个股室。主要负责城区绿地系统规划的编制，城区绿线、绿章的管理与执行，城区市政公用设施维修计划编制，城区市政公用基础设施的建设、管理和维护，城区园林绿化的建设、管理和养护，城区公园管理。

2021年，共维修县城区破损人行道5079平方米、完成车行道沥青路面维护5176平方米、更换主次干道雨水口354套和检查井盖202座、疏通雨水口堵塞883座、排除路面完成侧边石修复2361多米、过水沟板修复205米，下水道疏通520米、清除积水4545平方米，修复公园坐凳15座，修复树围31座，清理建筑垃圾117车，清理路面渣滓150余处。城区人行道、车行道、下水道、雨水口等市政设施完好率保持在97%以上。对城区主次干道、公园广场、街边小游园缺株行道树进行逐一排查，对内环路、中心大道、枫林大道、长鸿西路、环湖路、紫云路等11条道路及各公园广场、街边小游园补栽银杏、栾树、樟树、柚子树等乔灌木560株。对城区黄土裸露地块新增杜鹃、兰花、三七、葱兰、沿阶草、香樟、桂花、栾树等特色品种，集中归类种植小苗3万余株，新增草皮5000余平方米，散播各种宿根花卉种粒50余公斤。建成区绿化覆盖面积900.65公顷，绿地率39.62%，绿化覆盖率40.75%。

实施监督整改，对市政设施、道路桥梁实行工程排查监管，及时消除隐患，对管线单位下达“一单四制”整改单24起，通过领导干部安全生产带队检查33次，督促其他管线单位及管网部门对其管线及井盖修复30余起，做到安全防护全方位整治，确保全年安全生产责任事故零发生。

全年办理开发商建设工程附属绿地审批验收手续1起、办理绿化报建联合审批手续1起、办理城市绿地、树木审批手续13起，办理查处临时占用、挖掘城市道路共25起。确保建设项目事前、事中、事后全过程管理。

【民生实事项目工程建设】

按照“党史学习教育”活动要求，扎实推进“为民办实事”活动。完成城区25条小街小巷提质改造、中心大道路面大修、富康社区老旧小区改造等项目，城区路面修复2万多平方米，提升城市整体形象。启动城区高低排渠改造项目，共清除淤泥8000多立方米，改善城区8万平方米排水管道，使城区一年来未出现大面积、长时间的内涝积水现象。高质量、高标准完成文化园兰花园、四亩湖公园二期项目建设。

【市政基础设施普查】

根据省、市、县房屋建筑和市政设施普查工作要求，对市政道路、市政桥梁、城市园林绿化设施进行摸底排查、数据采集录入和调研工作。至12月29日，按时完成数据收集、信息汇总等工作任务，各项质检任务完成率100%，已提请调查数据抽样核查工作。阶段性完成城市道路、桥梁、绿化、环境卫生设施、路灯等市政设施普查工作，为线上监管奠定了基础。

【国家园林城市复查】

根据县委、县政府安排部署，按照国家园林城市复查的7大项47小项的要求，将任务分解到43个单位，对照迎检时间节点有序推进。重新修编《城市绿地系统规划》，完善《攸县湿地系统保护规划》，确保市政基础设施全面运行，各项指标全面达标，市政设施和园林绿化公共服务设施得到全面提升改造。6月23日，国家园林县城复查反馈会上，复查专家组各专家对攸县城市规划建设、环境、绿化率等给予充分肯定，一致认为，攸县为巩固国家园林县城创建成果做了大量卓有成效的工作。创园工作基础资料基本完备，庭院、小区、园林单位等绿化情况良好，垃圾处理厂运行达标，沿街开放公共厕所的举措值得借鉴。

【党建工作】

以庆祝中国共产党成立100周年为契机，以习近平新时代特色社会主义思想为指导，扎实开展党史学习教育。加强“五化”支部建设，完成支部换届；转正党员2名，发展入党积极分子1名。加强党风廉政建设。局党组组织党员开展廉政教育活动6次，筑牢思想防线，全面落实“一岗双责”，建立完善工程管理、内务管理、内审程序等制度，坚持以制度管人管事，全年未发生一起违法违纪现象。

（张　琴）

征地工作协调服务

【概况】

攸县征地工作协调服务中心成立于2017年3月，在职工作人员34人，内设办公室、财务政工股、国有房屋征收股、集体土地征拆事务股、督查考核股等5个股室。2021年，紧跟县委、县政府发展战略，构建“高位推动、街道主责、部门主力、合力攻坚”的征拆环境。进一步强化与各部门单位的协调沟通，建立“部门会审”工作机制，以问题为导向，针对征拆征收面临的新困难和历史遗留问题，组织现场调研各类征拆问题150余次，召开政策会审会议10余次、调度会议90余次，全年共研究解决各类历史遗留问题60余个。推行“以村为主”的征拆模式，将目标、任务和相关经费落实到基层。

全年共计完成征拆项目52个，完成土地征收3903亩，占市对县考核任务109%；房屋拆迁218栋（套），房屋拆迁面积

5.28万平方米（含企业厂房1.1万平方米），占市对县考核任务225%。全年办理上级交办32件、行政诉讼4件次、接待处理各类信访30余件，办结率、满意率和胜诉率均达100%。获得株洲市征拆征收年度考核二等奖，获评市文明建设先进、县文明建设红旗单位、县平安建设工作先进、县产业项目建设年先进、县征拆征收工作先进。

开展“老项目征拆清零”攻坚行动，超额完成年初目标任务。建设北路（仅19天时间完成40户全部签约倒房）、体育路、文风路、二环路、建设南路、长鸿西路延伸段、吉兴路与文化路延伸段（仅用18天时间完成拆迁工作）等8条城区“断头路”，以及春联生态人工湖、春联学校、火车南站、酒埠江棚改、谭桥11号棚改、旭日陶瓷二期等6个老项目，共计14个遗留项目全部扫尾清零。

完成“攸储11号”“攸储21号”“攸储26号”“攸储33号”等地块储备土地（面积47.67公顷）征拆任务，共拆迁房屋34栋，建筑面积10035平方米。

同步推进34个产业及民生项目。完成全长200多千米的800千伏、220千伏、110千伏等4条电力线路工程和110千伏变电站、明月风电等电力项目征地工作任务，永久性征地6.6公顷、临时用地79.93公顷，房屋拆迁67栋、9985平方米。完成全长49千米的天然气长输管道、3个站场及1个阀室项目征地任务，永久性征地3.47公顷、临时用地79.27公顷。完成5个乡镇污水处理厂征地23.8公顷和3个乡镇垃圾中转站项目征地2.07公顷。

【规范管理】

加强制度建设，坚持以制度管事管人。修订完善《征拆征收资金管理办法》《征拆征收工作考核奖励办法》《“三重一大”事项集体决策》《党组工作规则》《党组议事决策规则》《机关支部学习制度》《党建工作制度》《理论学习中心组学习制度》《工作规范》《内务管理制度》。落实项目考核和奖惩兑现，强化基层责任，全年印发交办文件9件，交办工作164项，全年共发工作进展情况督查通报21期，发布短信通报8000余条，约谈2人。坚持依法、公开办事，进一步规范程序。对照相关法律法规要求，明确从项目启动到结束各个程序上的工作要求、时间节点，并在项目推进过程中，按照程序逐项落实，确保所有征拆项目程序规范、痕迹化管理有序。按照法定程序行使职能、履行职责，推进“互联网+政务服务”建设，全面公开办事程序。

【乡村振兴帮扶】

2021年度，中心驻村网岭镇连滩村结对帮扶乡村振兴工作。为该完成6.1千米的道路刚改柔工程，解决村民自来水入户问题；安置脱贫户就业12人；帮助脱贫户发展家庭经济7户。调解垃圾转运引起的矛盾纠纷，完成五保户文新民房屋修缮；多方筹集重点帮扶付建云解决医疗负债问题。

（易慧敏）

湖南省攸州投资发展集团有限公司

【概况】

湖南省攸州投资发展集团有限公司成立于2015年10月，注册资本为28.83亿元，经营范围包括城市基础设施建设投资、土地一级开发、公用事业经营、房地产开发、股权投资、资产经营、酒店管理、护理机构服务、自来水供应、砼结构构建及商品混凝土生产、销售，砂石销售等业务。下辖有19家子公司（其中独资公司16家，合资公司3家）。公司内设综合部、人事部、融资部、财务部、工程部、法务部、资产部、规划部共8个部室，从业人员68人。截至2021年12月，公司资产总额为160亿元，负债总额为89亿元，负债率为55.63%，公司信用评级为AA。

2021年度，在建项目8个，总投资21.5亿元。累计完成投资约2.2亿元，其中攸州康养中心建设项目、洣水三桥及连接线项目、洣水四桥及连接线项目、体育路项目、狮形岭周边道路项目、东城新区金水东路与慈峰路A段项目、商业东路路面工程项目、湘子冲安置区建设项目等8个项目共完成年产值5675万元。

【业务拓展】

在平台公司改革转型的过渡期，不断拓展中石化和充电桩业务，顺利完成华昌公司和华盛公司的划转接收工作。加强康泰和鸿泰等子公司开源节流、质量管控和队伍管理，全年鸿泰酒店营业额332万元、康泰养老院实现营业额328万元、华昌公交和华盛运输公司实现营业额收入2218万元。注重拓展经营范围、做大收入规模、增强实体经营能力。完成攸水大道加油站点（东城加油站）的供地挂网及摘牌工作，启动基础设施建设；充电桩项目已完成一期的三个站点建设和攸州公园2根充电桩选址及前期设计工作。

【融资化债】

2021年度，公司利用一切利好政策，加大与政策性、商业性银行的对接，共完成融资项目14个，签约金额14.21亿元，全年还本付息共计19.54亿元，为项目建设、日常运营提供有力资金保障。同时，通过对政府隐性债务全面清理，化解存量隐性债务1.24亿元。

【党建工作和乡村振兴帮扶】

注重加强企业党建工作，全年组织召开主题党日活动12次、支委会议24次、党员大会11次、专题党课8次；开展“学史明理”“学史崇德”“学史增信”“学史力行”党史专题学习4次，召开党史学习教育专题组织生活会1次；开展我为群众办实事活动。加强党风廉政建设，开展廉政谈话4次、召开警示教育大会暨整治违规吃喝“十严禁”推进会1次、组织全体职工观看警示教育片1次，

2021年，根据全县乡村振兴工作统一安排部署，集团公司落实全县乡村振兴工作统一部署，选派3名优秀党员干部常驻网岭镇武仓村，开展乡村振兴帮扶工作。向有关部门扶持资金9.8万元，改造村级公路。

（杨骁雄）

湖南省攸州国有资产投资集团有限公司

【概况】

湖南省攸州国有资产投资集团有限公司成立于2013年5月，注册资本20亿元，2019年9月，根据县委、县政府平台公司改革转型方案要求，原国投集团通过整体吸收产投公司、市建公司、福园水务、民爆公司重组成现国投集团，总资产已超114亿元。公司主体信用等级AA，拥有全资子公司3家、控股公司1家、投资参股子公司3家。公司定位为“产业服务商”，主要负责全县产业类投资、建设和运营。共设6个部室、3处办公点，干部职工70人。

【工业园区基础建设工程】

以建设“五好”园区为目标，推进园区基础设施项目建设，全年完成投资近1亿元。如期完成旭日陶瓷二期工程供地工作，基本完成旭日大道二期工程建设，全部完成网酒公路路灯工程并投入使用，完成智能制造产业园桩基础工程量的90%，其中定制化厂房工程量完成80%，完成兴旺路侧排水及左江路吴家段厢涵总工程量的80%，完成返乡创业园扫尾工作，对园区10千米的污水管道进行疏通修复，并新建天镒镐业段污水管网工程全长600米。

完成大背岭北扩安置区、乌坳安置区、西阁安置区和兴达安置区2000多米桩基工程，有序推进大背岭北扩安置区配套工程，完成招商引资企业基建土方平整近24万立方米，完成罗家坪安置区一期土方工程，启动二期土方工程。配合江桥街道完成园区征地1.44公顷、腾地15.29公顷、拆迁房屋3961.45平方米、宅基地安置32空（含门面）12户48人。

【资产经营】

2021年储备土地12宗600亩，房屋资产1.4万余平方米，总价值超5亿元，为融资提供保障；投资收益、租金收入等经营收入总额近1000万元。加大经营项目投入力度，完成东风酒店资产收购，工业园集中供热二期已投产，攸县天然气合作项目与中燃公司合作框架协议基本达成，有序推进增量配电、皇图岭国家特色小镇（香干小镇）农产品加工园等项目。

【债务风险防控】

严格落实化债举措，通过银行贷款、发行企业债、争取上级专项债等举措，共到位资金11亿元，其中成功发行7亿元企业债券。新增融资成本基本控制在8%之内，将4笔农商行高息债务降息，有效控制债务成本，优化债务结构，整体债务率下降1~2个百分点，完成全年还本付息9.5亿元，储备融资项目8

个，融资额度近26亿元。

【党建工作】

结合“三会一课”和党史学习教育，加强党员的政治思想教育。通过干部夜校、中心组学习、专题研讨等载体，重点集中学习习近平总书记“七一”重要讲话、中共十九届六中全会、省市县党代会等重要会议精神。组织学习11次，开展专题党课及“五个一”活动专题党课6次，参观红色基地4次，邀请县委宣讲团授课2次。

落实党风廉政建设主体责任制，开展讲廉政党课、交心谈心、提醒约谈等活动，组织全体职工观看党风廉政教育片《初心与蜕变3》，每个季度对班子成员进行常规性廉政谈话不少于21次，对苗头性、倾向性问题及时预警提醒，督促领导干部廉洁履职。不断改进党风廉政建设日常监督方式，定期或不定期对班子成员廉洁从政、改进作风、履行党风廉政建设职责等情况进行督促检查。结合组织生活会、民主生活会、巡察整改，交流思想、总结经验、展开批评和自我批评，教育和引领党员干部筑牢防腐抗变防线。

（李　凤）

攸县城市建设开发有限公司

【概况】

攸县城市建设开发有限公司有员工38人（班子成员7人、合同制员工31人），内设综合部、法务部、财务部、资产部、建设部5个部室。主要经营业务范围包括棚户区改造、老旧小区范围内基础配套设施建设及房地产开发。

【融资化债】

截至2021年12月31日，公司债务余额共计19.9亿元（其中城建公司18.01亿元，腾龙公司1.89亿元）。全年还本付息共计4.3亿元，其中本金3.25亿元，利息1.05亿元。1—12月已还本付息2.55亿元，缓释置换腾龙公司攸文路项目1.75亿元。

通过包装老旧小区改造项目，与县农发行、建行共融资到位2.3亿元；与县财政局、发改局对接专项债发行，已申报棚改专项债0.5亿元、老旧小区改造专项债续发0.91亿元、垃圾处理及资源化利用专项债0.6亿元；全年成功争取上级保障性安居工程专项资金3421万元，有效保障棚改、老旧小区改造和城区其他项目征拆工作顺利推进。

【资产经营】

加快土地出让及合作储备。支付征地报批费430万余元，完成皇图岭一号地块的挂牌出让工作。与桃水政府联合开发桃水特色一条街项目，签订合作开发协议，已启动项目正在组卷报批和征地工作。加快资产注入，有序推进交警大队、交警一中队、电视广播台、枫岭公租房等资产注入工作，5处资产全部办至本公司名下，有效降低公司资产负债率。完成“智慧停车”项目可研报告，项目一期涉及城区8条主干道，1200余个车位，正在进行车位重新规划布局（预计可实现营收700万元）。

【老旧小区和棚户区改造】

争取上级专项资金4603万元，结束2020年启动的9个老旧小区改造工程，完成投资6669万元，惠及3429户。启动2021年7个片区老旧小区改造工程（计划投资5370万元），惠及3922户，完成投资2800万元，并完成总工程量的50%。

2021年棚改任务260户。其中，改扩翻200户，投资395万元，货币化安置任务60户，全部完成签约，并于12月全部完工。

【建设北路项目工程建设】

建设北路成功实现年底建成通车。工程总投资约8800万元，其中拆迁补偿费4296.8万元，道路建设1843万元，征地报批费约155万元，资产收购费2280万元，其他费用268万元，签约40户，倒房29户。

（尹　啸）

生态环境保护

【概况】

株洲市生态环境局攸县分局机关内设办公室、财务股、政工股（加挂纪检监察室）、党建办、督察办、行政审批股、水生态环境股、大气环境股（加挂固体废物与辐射管理股）、土壤与自然生态保护股、法制宣传股等10个股室。下设攸县生态环境监测站和攸县生态环境保护综合行政执法大队2个二级事业单位。综合行政执法大队下设综合办和3个执法中队。全局在职干部职工58人。主要负责贯彻执行环境保护法律法规和方针政策，对全县的环境保护工作实施统一监督管理。

2021年，全县饮用水源水质达标率为100%，主要地表水体水质均达到国家Ⅱ类标准，国控省控地表水考核断面水环境质量全市排名第三，水质改善率全市排名第一。攸县全年空气优良达347天，优良率为95.1%；空气综合指数为2.77，居全省第33，较上年上升43名。空气质量改善率居全省第一，并入围省政府“真抓实干”激励奖励。污染地块安全利用率和污染耕地安全利用率达90%。

【污染防治】

一是大气污染防治。完成湖南旭日陶瓷有限公司工业炉窑污染整治工作；完成湖南昊华化工股份有限公司VOCs（挥发性有机物）治理设施升级改造工作，并通过验收及销号；完成国家臭氧帮扶组反馈的37个问题整改工作。开展尾气排放不合格机动车交通违法整治，查处不合格车辆74台。持续推进非道路移动机械摸底调查和编码登记，攸县已登记注册发牌402个。查处涉及渣土运输车超载、道路遗撒等违法行为，共立案处罚13起。开展施工扬尘检查，发现施工扬尘污染问题600余个，下达责令整改通知书200余份，立案查处4起。大力推广秸秆粉碎直接还田，秸秆综合利用率提高到86.16%。

二是水污染防治。对重点涉水企业以及县城生活污水处理厂、垃圾填埋场、攸州工业园污水处理厂、网岭循环经济园污水处理厂、黑臭水体等进行专项巡查，发现问题10个，及时予以治理交办。全年累计实施水污染防治项目19个。其中，涉铊企业专项整治2家，饮用水水源保护区污水治理1个，包装水污染防治项目4个，乡镇污水处理厂及配套管网建设工程9个，企业强制性清洁生产审核3家。完成了全县17个乡镇级“千吨万人”饮用水水源地规范化建设和环境状况评估。严把入河排污口的设置审批关，全年共审批入河排污口15个，其中市级审批11个、县级审批4个，为全县水生态环境质量把好安全关。对攸县莺山镇自来水厂、酒埠江镇自来水厂取水口搬迁工作进行专项督查。

三是土壤污染防治。严格按照《土地污染防治行动计划》“建体系、抓落实”的要求，积极申报桃水镇良泰锌品厂的污染地块项目，加快推进污染地块修复治理工作。顺利开展攸州工业园的地下水调查摸底工作和绿色循环农业的试点工作及镉污染治理工作，加强工业园区的环境管理。完成4个重点土壤监管企业管理专项检查，重点整治6个重点村的生活污水，完成新漕村黑臭水体的治理工作任务。完成了桃水镇、莲塘坳镇的污染地块调查。加大对危险废物的专项治理，对33家放射源使用单位进行监督检查，对36家隔离点的特殊有害垃圾实行规范化管理。为医废转运专用车辆开辟“绿色通道”。新冠肺炎疫情防控期间，共出动医废专用转运车辆41台次，安全、及时转运攸县各隔离点特殊有害垃圾2万余千克。

【环境监测】

按月完成5个地表水断面水质手工监测并上报数据，3个重点防控区域重金属水环境质量监测并上报数据，2个县级城镇集中式饮用水水源地水质手工监测并上报数据并开展加密监测。按季完成1个农村环境质量监测并上报数据，21个农村饮用水水源地水质监测并上报数据。按时完成攸县城市区域声环境质量监测、交通噪声、功能区声环境噪声监测工作，2次农田灌溉水质监测并上报数据，4个农村生活污水处理设施出水监测并上报数据，13家重点污染源监督性监测，21个入河排污口监测，7家重点尾矿库监测工作。督促已核发排污许可证企业和年度重点排污单位名录的企业在全国污染源监测信息管理与共享平台制定自行监测方案、提交审核，按开展自行监测并及时填报监测数据。开展排污单位自行监测专项检查，检查企业46家。

【环境安全隐患排查整治】

组织开展环境安全大检查工作、环境隐患大排查工作，检查企业150余家。开展辖区内企业环境安全隐患、涉铊企业、危险废物、园区涉水企业排污口、园区燃煤燃柴锅炉、臭氧帮扶企业大排查大整治等专项行动，立案查处环境违法行为36起，罚没金额169万余元。

【行政执法】

开展环保信用评价，执行环境影响评价制度。2021年，攸县共有183家排污单位参加环保信用评价，指导督促排污单位严格按照信用评价评分细则要求争创环保信用企业。提高环保审批质量和效率，全年共办理175个建设项目的环评手续，其中网上登记备案145个，环评审批项目30个。严格落实环保执法“双随机”制度，定期公开随机抽查情况，随机抽查企业共116家。维护群众合法权益。畅通群众诉求渠道，及时受理并妥善处理各类环境信访投诉案件，共受理环境信访案件400余件，办结率为100%。

【环保宣传】

提高全民环保意识，强化群众环保法律意识。利用“3·22”世界水日、“4·22”世界地球日、“5·12”防震减灾日、“6·5”世界环境日、“9·16”国际臭氧层保护日、法制宣传周等时间节点，组织法制宣传工作，同时以“攸悠我行”为抓手，开展环保志愿者活动，全年开展志愿活动13次，参加人员500余人次。利用互联网、电视台和报刊等媒体进行法制宣传，在网络发布环保信息149条，在《株洲日报》、中外法制网发表调研文章6篇。

（罗朝莹）

人民生活

民 政

【概况】

2021年，攸县民政局共有在职工作人员50人，内设7个股室，下设县慈善事务服务中心（副科级全额拨款事业单位）、县婚姻登记服务中心、县福利院、县救助管理站、县殡葬管理所、县社会福利有奖募捐服务中心、县社会救助服务中心7个二级事业单位。

全年救助特困人员3.2万余人，发放城乡低保救助资金6817万元。全年共计募集慈善基金约528.9万元，发放慈善救助资金536.2万元。按国家三级救助管理机构标准完成攸县救助管理站的软硬件平台建设，工作人员配备执勤记录仪，全年共计救助救治流浪乞讨对象91人次。2021年，围绕养老服务体系建设总体要求，结合攸县实际，有效推动安联网指挥中心、江桥街道桐坝村“长者之家”建设，中央厨房“1”托“10”送餐服务三项工作揭牌运营。制定出台《攸县促进农村养老服务发展的实施意见》《攸县养老机构“五化”建设实施方案》《攸县党建+农村长者之家与党建+城市小区驿站管理服务二十条指导意见》。开展形式多样的扶贫济困活动，助推全县乡村振兴工作。

【城乡居民最低生活保障】

坚持兜底线、织密网、建机制，保障特困人员基本生活3.2万余人。救助城镇低保对象1704户3120人，发放城镇低保资金1793万元，城镇低保保障线为550元/月；救助农村低保对象7444户17409人，发放农村低保资金5024万元，农村低保保障线为360元/月。全县共有特困供养3422人，其中集中供养对象582人，分散供养对象2840人，发放特困供养金2854万元。全年共发放城乡低保、特困人员物价补贴9671万元。

【儿童福利】

严格按照上级要求，发放孤儿津贴49.7万元、事实无人抚养津贴149.8万元、困境儿童津贴164.2万元、孤儿助学津贴5万元。新冠肺炎疫情防控期间建立关爱台账，分类管理跟踪、记录，随时关注儿童动态。在新《未成年人保护法》颁布实施之际，会同县教育局、团县委、妇联等相关单位，扎实有力做好“六位一体”未成年人保护工作。多次组织全县儿童督导员及各村（社区）儿童主任业务培训，提升关爱农村留守儿童和困境儿童服务水平，开展各种上门关爱活动。

【慈善、福彩工作】

全年共计募集慈善基金约528.9万元，发放救助资金约536.2万元。完成慈善会第四届理事会换届选举工作，重阳节开展“慈善助老”活动，为全县2000多名老年人发放慈善物资，在攸县特殊教育学校开展“情暖特校爱在金秋”助残捐赠关爱残疾学生等活动。2021年福彩总销量1438.4万元，完成省、市福彩中心的销售任务。

【基层民主政治建设】

指导全县297个村（社区）依法依程序完成村级八大配套组

织的改选工作。将全县所有村委成员基本信息录入全国基层政权建设和社区治理信息系统。为全县297个村（社区）换发基层群众性自治组织特别法人统一社会信用代码证。开展农村地名标志设置标准化试点摸底工作。开展村（社区）民政业务全程帮代办服务行动。各村（社区）依托“一门式”综合服务平台，将各项民政业务统一归口综合受理窗口，实行由专人全程代办。全面落实“三个清单”，确保落地见效，继续加强村（居）务公开栏规范化建设和村规民约、居民公约修订工作，深化村民议事堂建设，持续推进村民自治领域扫黑除恶专项斗争工作。

【社会组织管理】

依法开展日常登记管理工作，全县共有社会组织322家，其中社会团体176家、民办非企业单位146家。全年办理变更的社会组织6家，其中社团4家、民非2家；到期换证65家；新成立10家，其中社团9家、民非1家；注销15家，其中社团8家、民非7家。推进社会组织“放管服”改革，社会组织党建实现“两个全覆盖”，专项整治打击社会组织、行业协会商会违规收费行为，引导社会组织、社工人员积极服务乡村振兴。依托基层社工站，建立社区社会工作室297个。

【区划、地名工作】

有序推进地名普查成果转化工作，完成全国第二次攸县地名普查图、录、典、志编纂出版工作。开展不规范地名清理整治。申报攸县莲塘坳镇高楼社区湘赣攸县苏区作为红色地名，上报参选省民政厅开展“保护地名文化、记住美丽乡愁”乡村地名活动。开展株郴线（攸县—安仁段）第四轮边界联检工作，推进平安边界创建工作。

【婚姻登记】

持续深化“放管服”改革，推进“一件事一次办”改革工作，拓展深化“互联网+政务服务”平台建设，全年办理婚姻登记2980对，临时救助66人，无一例违法登记，办结率100%，登记合格率100%。为广大群众提供安全、放心的政务服务。

【殡葬改革】

不断深化殡葬改革，成立殡葬改革领导小组，县委县政府多次召开专题会议研究该项工作，明确各相关部门主要职责，出台了一系列奖励措施，并将殡葬改革列入县绩效考核范畴。加大宣传教化力度，宣传生态、节俭、绿色、环保的殡葬理念，进一步推行殡葬改革。至2021年，建成农村公墓（骨灰堂）5处，全县遗体火化率不断提升，从2020年的7.3%上升至2021年的17.8%。

（郑唯薇）

人力资源和社会保障

【概况】

2021年，全县新增城镇就业5240人、农村劳动力转移就业3093人，分别完成年度任务的121.86%、113.29%，零就业家庭动态援助100%，城镇登记失业率控制在2.87%以内。阶段性降低工伤保险费率政策惠及349个企事业单位，减少工伤保险费97万元。发放失业保险金114.34万元、失业补助金455.55万元，代缴职工医保22.77万元。

基本养老、工伤、失业保险参保人数分别为41.2万人、2.99万人、2.39万人；基金总收入16.36亿元、总支出17.51亿元。退休职工养老保险待遇调整全面到位，城镇职工人均增资114.26元/月，机关养老人均增资166元/月，城乡居民养老保险人均待遇月增加118元。

攸县人力资源和社会保障局(以下简称人社局）设11个股级内设机构：办公室、政工股、计划财务股、法规和行政审批股、劳动关系股、人力资源和就业促进股、社会保险股、工资福利股、专业技术人员管理股、事业单位人员管理股以及社会保险基金监督股；6个副科级二级事业机构：就业服务中心、工伤保险服务中心、社会保险服务中心、人力资源服务中心、人事考试培训中心和劳动保障监察大队。2021年末，全局在编干部98人。机关党委下设3个党支部，共有党员117名。2021年，获评全县“乡村振兴工作先进单位”“营商环境优化年先进单位”“产业项目建设年先进单位”。如期完成年度内省市“民生100”工程共十二大类，63个项目（省任务19项、市任务44项）

指标任务考核工作。

【人事人才管理】

持续优化政策，提升揽才吸引力。引进“产业项目建设年”活动关键人才21人，招募2021年高校毕业生“三支一扶”12人，安置2019年服务期满高校毕业生“三支一扶”5人。办理退休审批1254人，完成事业单位公开招聘230人，安置服务期满特岗教师、定向培养毕业生等49人。

加快创新培育，提升人才竞争力。实施“湘才创新能力提升工程”项目，推进专业技术人员继续教育培训，共有118人申报中级职称，235人申报高级职称，41人申报基层中小学高级教师，231人申报资深乡村教师。指导江桥街道、网岭镇、县行办、县中医院等38个单位开展岗位设置工作。

不断拓宽渠道，提升引才集聚力。开展重点企业岗位信息需求征集活动，开设网络招聘专区，登记招聘岗位2113个，招聘人数2467人，登记求职人数3979人，达成就业意向2896人。同时，通过劳务派遣公司和职介公司促成聘用1500余人次。

【就业创业扶持和服务】

统筹推进高校毕业生、农民工、退役军人等重点群体就业，持续实施退捕渔民安置保障推进行动，健全动态跟踪管理帮扶机制，高校未就业高校毕业生就业服务率100%。探索开展15个充分就业社区建设试点工作。认定就业见习基地5家，安排高校毕业生就业见习50余人。为105家企业发放稳岗补贴44.04万元，发放技能提升补贴0.25万，惠及职工5235人。举办创业培训班9期，培训学员287人。成功孵化创业企业3家，引导大学生创办实体企业8家，发放创业担保贷款560万元，扶持36人实现自主创业，带动就业210人。

深入实施职业技能提升行动，完成政策性补贴培训6000余人次，为年度任务的113.5%。开展中西式面点师、中式烹调师、育婴师、茶艺师、计算机操作员、电子商务师等各类职业技能培训班96期，培训农村劳动力4242人。举办“春风行动”“就业援助月”“311就业服务日”“百人百企进百村”等大型现场招聘会40余场，网络“直播带岗”及线上招聘会30余场，参加招聘企业100余家，累计提供就业岗位16000余个，帮助5000余人实现就近就业。

【劳动者权益维护】

全年共收到仲裁申请案件232起，立案受理案件213起，涉案金额达1535万元。进一步完善劳动关系协调机制。组织28家本地规模企业参加国家薪酬调查统计，为沃尔玛等15家企业办理劳动用工备案，确认劳动关系2489人。对127家用人单位开展诚信等级评价，并将结果纳入人民银行征信系统。继续加大治欠保支力度。全面推进在建项目“一金三制”制度，深入开展“建党百年、护薪三湘”、娱乐场所禁止使用未成年人情况专项检查、女职工保护专项检查等行动。共受理来信来访345件，处理各类投诉举报案件455件，立案12起，为785名农民工讨回工资720万元；26个在建备案项目通过银行代发工资8000余万元，31个在建项目建立人脸识别考勤系统和实名制登记管理系统，系统内实名制登记4942人。

【社保基金专项整治】

对照省、市关于社保基金管理防风险堵漏洞专项整治工作要求，扎实开展养老保险待遇核查“回头看”工作。整治活动，采取县包镇、镇包村、村包组的模式，逐户、逐人、逐卡全面开展核查，取得阶段性成效。累计比对核查123.22万条数据，核查城乡居民参保人员41.2万人、待遇发放人员17.97万人、社会保障卡32.5万张，做到人清、卡清、钱清。养老保险待遇核查后，三险共产生需整改人数为17769人，疑似风险社保卡10018张，核实违规冒领多领人员13345人，应稽核多领、冒领养老金701.45万元，提前10天实现省确定的问题整改“清零”目标。

【党建工作】

坚持以党建为统领，持续推进干部队伍建设。突出政治学习，筑牢思想基础。全年共召开党组会议42次，组织传达学习习近平总书记重要指示精神和中央、省、市、县重要决策部署。按“学党史、办实事、开新局、增效能”的要求，召开动员会、专题学习会、现场教学会，邀请县委宣讲团成员作题为“从中国共产党百年历史中汲取继续前进的智慧和力量”的宣讲党课，引导广大党员干部群众从党史中汲取精神力量，切实凝聚起知党恩、感党情、跟党走的思想共识。用好活动载体，抓好党史学习教育。组织开展服务企业“送党史、送法律、送政策、送服务”等系列志愿服务活动40余场。组织参加“百年风华、株洲力量”党史学习教育专题演讲比赛，荣获优胜奖。加强党风廉政建设，推进“清廉机关”创建活动，开展“社会保险基金风险专题警示教育月”活动，提高党员干部“知敬畏、存戒惧、守底线”意识。立足工作实际，强化内部监督。扎实做好巡察反馈问题的整改落实工作，围绕县委第十一轮巡察第五巡察组巡察反馈的问题，落实“马上改”的举措，建立“长久立”机制。

（杨　洋）

医疗保障

【概况】

2021年，全县医疗保险参保人员65.69万人，其中城乡居民医保参保60.32万人、城镇职工医保参保53684人（退休人员26155人）；医保协议医疗机构347家（其中医院42家、口腔门诊部4家、村卫生室301家），医保协议零售药店199家。县医疗保障局共有在编在岗30人；局机关内设办公室、基金财务股、医药管理股等3个行政股室，下设县医疗保障事务中心，为副科级全额拨款事业单位。

全年医保基金总收入66869万元，其中城乡居民医保基金收入51183万元（其中各级财政补助34519万元、保费收入16664万元），城镇职工医保基金收入15686万元（划入个人账户3666万元）。全年医保基金支出76987.22万元。其中，城乡居民医保基金支出55754.09万元，职工医保基金支出13640.93万元，新冠疫苗及接种费7592.2万元。

【补偿享受和医保支出】

一是门诊治疗。城乡居民普通门诊享受54.72万人次，基金支出1303.76万元，其中“两病”门诊享受78954人次，基金支出197.05万元。城镇职工个人账户支出3230.77万元。

二是特门特药治疗。城乡居民特门特药享受73308人次，基金支出2585.52万元；职工特门特药享受41250人次，统筹基金及个人账户支出1367.06万元。

三是住院治疗（生育）。城乡居民住院（含单病种包干、异地就诊、生育等）14.48万人次，基金支出44529.23万元；职工住院14883人次，统筹基金及个人账户支出8846.05万元。

【意外伤害保险】

意外伤害保险投保标准为50元/人，保费3282.26万元（其中城乡居民保费3016.15万元、职工保费266.11万元）。全年共有9479人次享受意外伤害险，统筹支出3895.87万元（城乡居民医保基金支出3384.01万元、职工统筹基金及个人账户511.86万元）。

【大病保险】

大病保险是在基本医疗保障的基础上，对发生大额医疗费用患者的进一步保障，是对基本医疗保障的有益补充。大病保险投保标准为65元/人，保费3951.57万元。全年享受大病保险8809人次，统筹支出3672.26万元。

【医疗救助】

医疗救助为保障困难群众而实施的专门帮助和支持，全年资助困难参保群众33173人，资助资金932.27万元，住院及门诊救助20333人次，救助资金858.78万元。

【医保服务】

深化医疗保障制度改革，扎实推进医药集中带量采购，继续推行以总额控制为主，按病种付费、按床日付费等多种付费方式相结合的复合式医保支付方式改革。前期开展业务编码贯标，指导300余家医药机构完成接口改造、政策配置等工作，并按照全市统一部署于9月24日全国统一医保系统攸县同步上线。

推行精细化经办服务，提高服务水平。实行顺路顺口顺手“三顺”理念和“学帮奖”做法，出台《经办风险管理规范业务流程》，推行经办业务窗口节假日预约办理，继续推行异地联网就医结算，大力推行网上办、掌上办、邮寄办等举措，切实改善服务态度、服务效率和服务水平。全年异地就医住院结算11244人次，统筹基金及个人账户共支出8071.26万元。

加强业务指导管理，提高服务质量。为落实城乡居民门诊补偿政策，持续深化城乡居民高血压、糖尿病门诊用药保障，县医疗保障局加强业务指导，规范业务办理，明确各乡镇卫生院及村卫生室做到“五有”（有“两病”门诊标志、政策宣传栏、患者信息库、购药台账、补偿结算单）。进一步优化特门特药申报流程，向社会公布准入条件，做到流程规范、待遇标准及审批环节公开透明。进一步完善绩效考核制度，提升保障服务质量。

【基金监管】

2021年，通过省、市、县组织检查，监督检查、日常稽核、群众举报、专项整治等方式开展打击欺诈骗保行动，严格规范医保基金监管。约谈3家医院负责人，通报批评6家协议医药机构，核减违规金额417.34万元，其中行政罚款92.64万元。

【集中整治骗保套保挪用贪占医保基金行为】

9月6日，县人民政府2021年第65次常务会议审议通过《攸县开展打击欺诈骗保套保挪用贪占医保基金集中整治工作方案》，成立攸县打击欺诈骗保套保挪用贪占医保基金集中整治工作协调机制领导小组，启动骗保套保挪用贪占医保基金集中整治。整治行动分“自查整改”“督导整改”“建章立制”等3个阶段。一是深入开展自查自纠。组织机关全体职工围绕岗位职责及服务管理率先开展自查自纠，完成整改梳理的51个问题，追回2人重复报账，涉及违规金额13075.1元；协议医药机构全面完成整改自查发现的问题149个，追回金额65.08万元。二是扎实有力抓好整改。医保基金结息按3个月整存整取定期存款基准利率计息，统一调整为1.35%；追回7人8次住院重复报账违规医保基金19666.21元；核对26人疑似死亡后发生住院信息，无一例死亡后住院记录情况；交叉检查追回县内7家协议医院、5家协议零售药店分解收费等9个方面37个问题，金额22.18万元，通报相关问题，并督促整改；办结纪检部门移送问题线索1条。三是建立健全机制制度。局内细化党风廉政建设责任分工，完善经办业务规范流程制度，建立医保基金管理风险防控数据共享比对工作机制，进一步推进责任落实，防控风险，堵塞漏洞。

【党建工作】

出台县医疗保障局《关于开展党史学习教育的实施方案》《工作清单》，制订党史学习教育“1234567”计划，明确“三个没有”具体要求。举办庆祝中国共产党成立100周年主题演讲比赛、系列表彰和知识竞赛等活动；撰写心得体会和每日分享党史故事等举措，引导全体党员干部加深了解党的光辉历程、感悟党的初心使命，进而坚定革命理想信念。开展为民办实事活动，组织文明规劝、政策宣讲和帮办代办进社区等新时代文明实践活动50余次，紧密联系群众，及时解决所需。

【助力乡村振兴】

推进医疗保障乡村振兴工作，巩固拓展脱贫攻坚成果同乡村振兴有效衔接。全县31869名建档立卡脱贫对象100%完成参保并及时在医保系统录入标识、动态调整；落实相关政策和待遇，继续做好“一站式”结算工作。全年建档立卡脱贫对象及特困、孤儿等特殊群体住院28787人次，总费用11534.11万元，总报销9842.61万元，综合报销比例85.33%。

组建乡村振兴工作队，选派3名驻村干部在联星街道上云桥村开展乡村振兴帮扶工作。全年协助该村完成台上组至江弦组水渠疏浚、砌筑项目，解决相邻4个组的农田排灌泄洪问题；规范台上等11个村民小组用电秩序问题。通过会演下乡、送戏、送电影、志愿者献爱心活动，丰富全村群众文化生活。2021年度被县委、县政府评定为乡村振兴工作“先进单位”。

【新冠肺炎疫情防控】

落实“确保患者不因费用问题影响就医，确保收治医院不因支付政策影响救治”的“两个确保”工作要求，全年做好2轮新冠肺炎疫情应急状态的防控，协助文化社区、联西社区和世纪花园小区开展摸排和值守工作，组织协调，配合全县3轮全民核酸检测工作，承担同发大酒店隔离点工作，为21名次密接触者提供隔离服务。通过发挥医保基金保障作用，助力免疫屏障的建立，医保基金承担疫苗180元/人的70%部分和接种费10元/剂次，全年医保基金共支付新冠病毒疫苗及接种费7592.2万元。

(李志勇)

住房公积金管理

【概况】

2021年，全县发放住房建设改造贷款1.01亿元，同比增长84.7%；办理提取1.64亿元，同比下降3.9%；归集资金3.5亿元，同比增长0.4%；清理“呆滞”账户724户。住房公积金攸县管理部获评“市青年文明号”“市城建系统表现突出的单位”“县城市服务先进单位”“市中心先进党支部”，参加市中心业务竞赛获集体三等奖。

完成上级部署的“跨省通办”“一件事一次办”“面签当天即放款”等政务服务改革工作。根据全县统一安排，结对帮扶万美村乡村振兴工作，住房公积金攸县管理中心为队长单位。多措并举帮扶结对村困难户，做好防返贫工作，筹集资金30多万元，原扶万美村开展道路修建和水库维护等基础建设。

【归集扩面】

贯彻全县“优化营商环境年”工作部署，走访企业和缴存单位，重点走访拟上市公司6家。坚持公积金服务“请进来”和“走出去”相结合，组织开展专管员和开发企业专管员参与业务培训6场次，主动提供上门服务13次，选派党员干部参与社区宣传20余人次，组织学习18场次，不断加强专业训练，促进公积金服务专业化、精细化。新开户单位13家，新开户职工1188人，完成任务目标的198%。

【政策调整】

一是贷款额度调整为按缴存余额计算。贷款额度=（借款人住房公积金账户余额+共同借款人住房公积金账户余额）×N倍数。其中N倍数，经管委会授权后，由管理中心根据中心个贷率情况确定。2021年，N=20。

二是开通灵活就业人员缴存使用住房公积金。

(尹志强)

教 育

综 述

【机构队伍】

2021年，全县有公办中、小学校130所，其中小学100所（含教学点）、初中25所、县直高中4所、特殊教育学校1所。有职业中专1所，共有民办中小学校6所。在校中、小学生共91427人，其中公办学校77929人（高中生8905人，初中生20160人，小学生45526人，职专学生3338人）；民办学校13498人（高中生4974人，初中生4989人，小学生3535人）。全县幼儿园128所，其中公办幼儿园62所、民办幼儿园66所，在园幼儿17461人。公办在编在岗教职工4899人，民办学校教职工919人。

【教育经费投入】

全年教育预算内经费7亿元，全县教职工绩效考核奖金人均1.5万元，中小学教师健康体检费人均比2020年增加150元。县政府出台《关于进一步健全全县义务教育教师工资待遇落实保障长效机制的意见》，教师待遇落实保障机制进一步健全。教育财政支出实现“两个只增不减”，各项教育经费基本拨付到位。

投入3000余万元，提质改造78所中小学校，增加学位2500个。县政府办印发《攸县乡村小规模学校优化提质工作方案》，投入400余万元提质改造15所小规模学校，4所乡村学校获评“株洲市最美村小”。投资5500万元的攸县网岭镇芙蓉学校高标准建成并投入使用，增加1080个学位。投入1200万元用于“教育信息化2.0”建设和图书装备，优质教育资源覆盖面不断扩大。为实现学前教育普及普惠，县财政投入150万元购买民办普惠性幼儿园园位15000个。持续加大公办幼儿园的建设力度，通过扩容提质、深入挖潜、配套建设等措施，不断增加公办幼儿园园位，公办幼儿园在园幼儿占比达50.8%，居于株洲市前列并超额完成省厅下达的小康考核指标任务。

巩固教育脱贫成果与乡村振兴有效衔接，发放教育专项资助资金2067万元，惠及学生16325人；发放攸县鹰翔教育基金会奖助师生126万元，惠及师生1432人。

【教育质量】

高中教育质量稳步提升。2021年高考全县本科以上万人上线率居全市第一，其中攸县一中本科上线率为99.09%；600分以上173人，被清华大学录取1人，攸县连续六年获评株洲市“高中教育质量建设先进县”。

素质教育高质量发展。1所学校获评“全国中小学中华优秀传统文化传承学校”，2所学校申报创建为全国文明校园，7所学校申报创建为市文明校园，10所学校被授予市“校内劳动教育基地”称号，12个学生数字创作作品获省一等奖，县教育局获省中小学生信息素养提升实践活动优秀组织奖。学生心理健康教育工作在省市产生一定影响，有8所学校获评省级心理健康教育特色学校。启动“家校社”共育工作，在全省率先申请设立“家校社共育与家长教育专业化建设”攸县实践区。

2021年度，攸县被评为湖南省“国培计划”示范性项目县、株洲市2021年普通高中教育质量综合评价优秀县。县教育局获湖南省教育厅中小学教师信息技术应用能力提升工程最佳组织奖、湖南省中小学幼儿园教师网络研修（工作坊研修）工作先进单位等称号。

（李晓岚）

教育行政管理

【党建工作】

扎实推进党史学习教育，全县教育系统召开党史学习教育动员部署会、推进会、学习研讨会和成果汇报会，开展讲红色故事、“两优一先”评选、“七一”走访慰问党员、“我为群众办实事”等系列活动，组队参加市、县庆祝中国共产党成立100周年演讲赛、党史知识抢答赛、大合唱比赛，取得优异成绩。

县委教育工作领导小组进一步加强对全县教育系统党建工作指导，县委、县政府主管领导深入教育一线调研，为师生上思政课。组织中心组集中学习12次，专题座谈会5场，举办基层学校党组织书记、党建专干、入党积极分子培训，组织全县教职工参加“学习强国”平台学习，在“攸州教育”微信公众号开辟党建专栏。坚持党建引领，加强党对学校的领导。新发展教师党员29名，中小学校党组织领导下的校长负责制基本形成。

加强党风廉政建设。全县教育系统召开党风廉政建设工作会议6次。开展廉政谈话135人次，处置问题线索15件，立案9人，政纪处分5人，组织处理5人。

【师资队伍建设】

全县减少临聘教师400余人，新招聘教师160人，县外调入16人，安置公费师范生49名。

送培公费师范生216名；培训教师7076人次，实现参训率、合格率、优秀率“三个100%”，13个教师工作坊被省项目组推为“优秀工作坊”。全面加大城乡干部教师交流工作，交流中小学校长、书记、副校长27人次，交流教师320人次，选派12名支教人员赴“三区”支教。

开展“师德师风建设年”专项行动，出台《攸县教育局师德师风建设年实施方案》，评选一批师德标兵、教书育人楷模，严查重处师德失范行为。张高雄老师获得“2021年湖南教书育人楷模”提名奖。教职工绩效考核改革纵深推进。

【义务教育“双减”和“五项管理”】

有序开展义务教育“双减”工作，县委教育工作领导小组召开各层级落实“双减”政策会议，印发实施方案，建立联席会议制度。县政府牵头，联合相关职能部门对全县学科类校外培训机构进行5次集中督查，对10家学科类培训代表机构收费定价进行现场评审。县教育局对全县义务教育阶段学校起始年级严格实行电脑随机编班，教师随机安排任教班级，缓解学生和家长焦虑。

切实抓好“五项管理”（作业、睡眠、手机、读物、体质），印发《关于进一步加强“五项管理”工作的通知》，成立工作领导小组和管理机构，制定实施方案，明确工作目标、主要任务、工作措施和工作要求，将“五项管理”工作纳入督导检查重点内容，设立专项考核细则，建立一月一督导一通报制度。

【民办教育监管】

全县6所民办中小学。全面落实“双减”政策，全年共完成学科类校外培训机构重新审核23个，完成办学许可证换发“营转非”23个，学科类培训机构从38家压减到13家。

全面规范民办义务教育发展，召开规范民办义务教育发展专题研究部署会和民办学校负责人座谈会，按照“五个一批”要求，制定工作实施方案，坚持“一校一策”有序推进，民办学校准入、运转、监管等机制更加健全。

【校园安全管理】

县人民政府为进一步加强教育安全工作，牵头建立攸县学生安全专业委员会、学校安全工作领导小组、校园安全联席会议制度，召开研判部署校园综治安全工作会议6次，印发文件11份，联合开展校园疫情防控、安全排查整治专项行动12次，配备校园专职保安478名，增设48所学校的防冲撞设施，教育安全网格化管理有力实施，全县“平安校园建设”卓有成效。

【株洲生物工程中专学校专业升级】

2021年，县委将“株洲生物工程中专学校开办2个大专专业并争取升级为大专院校”纳入全县“十件标志性大事”，不断推进校企深度合作，产教协同发展，职业教育服务县域经济社会发展的能力不断提升。

（李晓岚）

学校选介

株洲市生物工程中等专业学校

【概况】

株洲市生物工程中等专业学校前身为湖南农学院湘潭分院，创建于1985年。1995年更名为攸县职业中等专业学校，1998年更名为株洲市生物工程中等专业学校，先后与攸县成人中专、攸县教师进修学校、中央广播电视大学攸县工作站合并，成立攸县职教中心和社区学院，是一所集中专学历教育、专本科成人教育、教师培训和短期职业技能培训于一体的综合性中等职业学校。是首批国家级重点职业中专、湖南省示范性中职学校、株洲市卓越中职学校。

学校（县城校区）占地98667平方米，建筑面积12万平方米，固定资产3.8亿元。学生公寓宽敞整洁，舒适方便；教室全部接通网络，配备教学一体机；实训室设施设备齐全，工位充裕；运动场地充足，篮球场（馆）、足球场、排球场、羽毛球场一应俱全。对接区域优势特色产业，开设电子电器应用与维修、模具制造技术、电子商务、计算机应用、商务英语、旅游服务与管理、音乐、工艺美术、汽车运用与维修等9个专业，有省级特色专业1个，省级生产性实习实训基地1个，市级特色专业2个。

学校实验楼和实训楼总建筑面积20017平方米，建有机械实训中心、智能制造加工中心、汽车维修中心、电子产品加工中心、电子商务实训中心、现代传媒中心、虚拟实训中心和6间理实一体化教室。实验场所56间，教学仪器设备总值5000多万元。校内实习实训工位数2745个，生均工位比约1∶1。纸质图书10万余册，电子阅览室工位50个，阅览室1间48座，电子图书10万册。

2021年，中职学历教育在校生规模2700余人；国家开放大学专本科教育规模保持2000人，年技能人才培训近1万人次。教职工总数207人，在编专任教师188人，兼职教师19人。其中从行业引进专业教师3名，生师比13∶1。有省、市级专业带头人5人，“双师型”教师占专业课教师的91%。

【教学质量】

2021年，全校学生文化统测（思政、语文、数学、英语、计算机应用基础等），751人参考，合格率92.14%；40人参加市技能抽查，合格率100%，商务英语专业优秀率为100%，电子技术应用专业优秀率超过80%；体质测评合格率97.6%，毕业率100%。

【学生思想政治教育】

坚持德育为首。利用国旗下讲话、读报课、主题班会、专题讲座、志愿服务活动等多种形式与载体，开展“法治”“爱国”“意识形态”“垃圾分类”“安全”“反校园欺凌”“生态文明”等系列主题教育。

【学生毕业就业】

2021年学生毕业人数为743人，其中直接就业的学生278人，参加对口升学人数465人。就业学生中，学校推荐安排252人，自主就业26人，对口就业率98.28%，在本地就业的116人，占就业生总人数的41.73%；到异地就业的162人，占就业生总人数的58.27%。参加对口升学465人，大专及以上上线452人，升入高等学校比例97.2%。

【学校党建】

注重学校党建工作，发挥党员干部模范先锋作用，开展为民办实事活动，党员干部每周参加一次护学岗值勤。开展党员干部一对一结对帮扶活动，全年共计46名学困生、贫困生受帮扶，活动过程中党员与帮扶学生交流次数达到206次，与其班主任交流142次，与其家长交流121次。加强党史学习教育和宣传。举行庆祝中国共产党成立100周年暨建校36周年大型主题文艺晚会。参加“百年风华、株洲力量”党史演讲比赛，荣获攸县教育系统一等奖；选送的舞台剧《榜样的力量——蔡会文的故事》，参加攸县系统教育党史学习教育成果汇报比赛得分排名第一。

（谢 锟）

攸县第一中学

【概况】

攸县第一中学是攸县唯一一所省示范性高级中学。学校历史悠久，前身为震阳书院，1813年更名为东山书院。1939年改为县立初级中学并正式建校，1958年开办高中并定名为攸县第一中学，1999年晋升为省级重点中学，2004年评为省示范性普通高中。学校占地面积20万平方米，建筑面积11万多平方米，是湘东地区校园面积最大的高中学校。

2021年，有65个教学班，在校学生3200余人。有教职员工355人，其中专任教师337人，高级教师95人，特级教师1人，正高级教师2人，历届市学科带头人20余人，具有研究生学历31人。

2021年是高考改革的第一年，全校教职员工围绕立德树人根本任务，扎扎实实推进素质教育，促进学生全面而有个性地发展。继续保持“湖南省学业水平考试先进单位”“高中教育质量建设先进单位”等荣誉称号，列入湖南省高中新课程新教材实施省级示范校。9月，《中国教育报》以《仰望星空，更当脚踏实地——湖南省株洲市攸县第一中学建设“高品质”校园剪影》为题，对学校建设“高品质”校园的经验和做法进行专题报道。

2021年高考，1031人参加纯文化考试，本科上线率99.6%，一本上线878人，一本上线率85.2%；物理类650分以上20人，列全省前1000名；600分以上166人，2人列省前100名，20人列省前1000名(物理类)。

【思想政治和心理健康教育】

学校着力立德树人，打造思政教育品牌，校级领导上讲台，为学生上思政课。抓好思政教育契机，邀请获得全国脱贫攻坚先进个人荣誉称号的唐华容走进课堂，为学生们讲授“开学第一课”。寓思想政治教育于课作活动中，举行庆“七一”红歌会、十佳“新时代好少年”评选、艺术节等活动，组织学生参加县教育局组织的“讲红色故事，做时代新人”故事大赛，学生罗佳妮获高中组唯一的特等奖。3月5日，启动“学雷锋”主题活动，组织全体学生以“学雷锋精神，传播正能量”为主题，举行主题黑板报比赛、主题志愿服务活动、主题班会、主题征文系列活动，教育学生弘扬雷锋精神，树立奉献担当的意识。在“三考”(高考、中考、学业水平考试)、艺术节、家长会期间，组织开展志愿者服务活动。学生周盛扬被评为党旗下的新时代文明实践攸县“十佳新时代好少年”。

充分发挥心理咨询室的阵地作用，对接专业心理咨询机构，利用校园网站、家校通、讲座、《南云泉》简报等多种方式，全方位有针对性地开展心理健康教育，开创新形势下心理健康教育特色，为学生健康发展护航。

【教研教改】

动员鼓励全体教师积极参加各类研讨会，参与教学研究和教育改革。举行“班主任论坛”、课堂教学竞赛、新教材研讨等教研活动。王廷在《株洲教育发展》上发表《抢抓机遇，打好高考“主动仗”》文章，重点阐述“在高考综合改革的洪流里如何守正创新”三大问题，即“教”与“研”并重，培育有品位的教育生态；“学”与“习”兼顾，迈向高质量的学习方式；“变”与“守”辩证，回归最真实的教育本质。刘伟主持的“湖南省中小学国家课程校本化策略研究”课题获湖南省教育学会“十三五”教育科研课题成果一等奖。2021年上期全校教研教改论文获省级奖18篇，其中刘艳平、曾燕、荣万清、尹光辉四人获省一等奖。

进一步加强课程体系建设，开设包括“3D打印实践”“生命科学探索”“国学经典诵读”“心理健康教育”“物理与生活”“化学与生活”等12门选修课程，满足学生个性发展的需求。

【教师队伍建设】

加强师德师风建设，学校相继出台《关于师德师风相关纪律要求的通知》《关于全面落实“五项管理”的通知》等文件，进一步引导广大教师以德立身、以德施教，全面树立良好的教育形象。建立以贡献为导向的教师评价体系和以“品行+综合素质”为核心的学生评价体系，完善学校、教师、家长、学生多元评价机制，注重过程评价与结果评价相结合。每期集中进行三次“督查—整改”活动，对教学各环节实施全过程、全方位监控，杜绝教学工作随意性、无序性，进一步加强教育教学工作管理。

鼓励教师积极，组织开展“三新”教师岗位能力提升培训，在“十校联盟”的基础上内引外联，加强校际互动，与资兴、安仁等地10多所学校开展学习交流，邀请金太阳高级研究员江太海等名师来校开展新高考讲座。下期委派英语教师10人赴衡阳八中跟岗学习一周。打破年级与学科壁垒，建立学科建设指导团队，在原有基础上打造语文、英语、数学等亮点学科。培育青年教师，开展“青年教师论坛”“青年教师高考题研做”“新进教师汇报课暨同课异构活动”等系列活动。教师谢岳云获株洲市中小学思政课教师“立德树人”教学竞赛活动一等奖。

【学校安全工作】

在学生上下学时段设立值勤护学岗，护学岗值勤人员由行政干部、校园保安及家长志愿者组成，切实维护校园周边治安、道路交通秩序，确保师生安全。

【党建工作】

加强党建工作，充分发挥党员的导向、引领作用，为学校迈上高质量发展“快车道”提供坚强有力的政治保障。落实党建责任，切实强化“一岗双责”；强化廉政教育，广泛开展法纪教育；抓好基层党建，规范开展每月的党委中心组理论学习、主题党日等活动。党建形式生动活泼，组织100余名师生到湘赣攸县苏区革命烈士陵园祭奠革命先烈，开展党史学习教育，组织党员、入党积极分子70余人赴醴陵红色革命教育基地参观学习，实地接受革命英雄主义教育和爱国主义教育，扎实开展“四结对”活动，密切联系群众。举行庆祝中国共产党成立100周年暨“两优一先”表彰大会，举行“红歌汇”合唱比赛。

【“爱心营养餐活动”】

学校筹集资金15万元，4月6日至6月6日，在临近高考2个月期间，为全体高三学生每天供应一份的免费爱心营养餐，主食为牛奶，另配有巧克力等。

（胡海龙　王鸿武）

攸县第二中学

【概况】

攸县第二中学位于攸县皇图岭镇笔和村，始建于1946年，其前身为私立丹陵初级中学。校园占地面积13.2万平方米，建筑面积5万多平方米。是“株洲市规范化完全中学”“株洲市现代教育技术实验学校”,省级“园林式单位”。2021年，学校有55个教学班，在校学生2900余人。在编在岗教职工245人，专任教师226人，正高级教师1人，高级教师71人，中级教师91人。有国家优秀教师1人，市级学科带头人4人，学科为数学1人、化学1人、美术1人、英语1人。2021年高中毕业生高考一次性二本上线人数398人，其中一本上线人数131人；高二学业水平考试一次性合格率为99.33%；初中毕业会考综合成绩位列县公办学校前十名。学校先后获评2021年度“株洲市普通高中教育质量综合评价优秀学校”“攸县高中教育质量先进单位”。

2021年，根据全县乡村振兴工作统一部署,学校与皇图岭镇鹏江村进行结对帮扶乡村振兴工作，全年为该村筹集帮扶资金5万余元，捐赠空调3台，打印机1台。

“金秋助学”共30人，总额为11万余元；寄宿生生活补贴336人次，总额为21万元；“高中助学”814人，总金额为83万余元。

【思想品德教育】

定期开展“开学第一课”，主题班会，升旗仪式，研学旅行等思想品德教育专题活动，对学生进行理想信念、爱国主义、热爱大自然等教育。注重搭建学生德育实践的平台，由学校团委会牵头，广泛开展“研学大课堂”，坚持设立“校园卫生监督岗”“校园安全监督岗”和“学生文明行为监督岗”；使学生通过上岗执勤实践活动，增强学生自律自护意识，纠正学生不良习惯，养成文明行为习惯的。坚持每周四召开思想教育专题报告会，每学期召开2次学生家长会，坚持家长接待日制度，加强家校联系协作，拓展学生管理空间，携手做好学生的思想道德教和学生在校内外的教育管理。

【教学科研和教师培训】

继续实行集体备课制度，发挥集体智慧，提高课堂教学实效。做到“五定”：定时间、定地点、定人员、定内容、定主备人。进一步完善初中阶段的“学生自主学习”课堂模式和高中阶段的“三主”（学生为主体、教师为主导、素质为主旨）、“四步”（学、探、展、测）课堂教学模式。注重专业教师培养，组织骨干教师和年轻教师近300人次参加国培省培县培学习，并再次获得“攸县师训工作先进单位”的称号。继续组织一年一度的“新教师专业成长”暨“金盆杯”（“同课异构”）教学大赛活动，彭洁等45位教师参赛，评选出一批教学能手。王晓明等6位老师代表学校参加全县“学课标，育素养”课堂教学大赛，分别获得数学等6个科目的县级二等奖。鼓励教师积极探索研究，撰写教育教学论文，李雄飞等6人获省一、二等奖；10人获市一等奖；38人获县一等奖或二等奖。

【安全工作】

坚守安全底线，打造平安校园。严格落实安全责任，全体教职工都签订《安全责任首见责任状》，要求全体教职工都做“安全工作者”。坚持“一周一巡查制度”。加强安全隐患排查和整治，政教处和总务处联合，每周对学校校园的安全隐患进行安全排查，并写出书面的排查报告，及时落实整治。加强学生安全教育，通过主题讲座、主题班会等形式对学生进行防溺水、防交通事故、防校园欺凌等安全常识教育。

【学校疫情防控】

10月中旬全县新冠肺炎疫情阻击战期间，全体师生严格按照疫情防控要求严防疫情输入，严格把好校园进出关，做到入校人员身份核验、体温检测和健康码、行程码、场所码核查全覆盖；及时组织全校师生完成核酸检测筛查和疫苗接种工作。严格落实常态化防控措施，检查督促学生个人健康管理，戴好口罩；密切关注健康码变化，落实晨午检制度。做好教室、食堂、户外的消毒工作。

【基础建设】

2021年，投入800万元，完成3500平方米的综合楼和运动场厕所建设，排查治理高坡地教学楼安全隐患，改造学生宿舍、教学区供电线路，完成学校的机房、电脑房进行升级改造和教师宿舍的网络整修。

（谢曦熙）

攸县第三中学

【概况】

攸县第三中学创办于1956年，是株洲市最早的市规范化中学。有51个教学班，在校学生2626人；在岗教职工206人，其中专任教师176人，具备研究生学历的教师7人，高级教师40人。2021年，生源质量有提高，高一新生录取分数全县排名在前2000名之内的学生达130名，获评株洲市2021年高中教育质量建设“突出贡献学校”、攸县“2021年度教育工作先进单位”、株洲市“平安建设示范校”、攸县“德育工作先进单位”。2021届高中毕业生参加高考本科上线206人，一本上线27人。

在县运会中，高中组团体总分获第二名；在全县中学生青少年科技节中，荣获初中组团体二等奖。在“三独”（独唱、独舞、独奏）比赛中，有13人获奖。水上基地在湖南省青少年皮划艇锦标赛中获得优异成绩，荣获“全国群众体育先进单位”。

【教师队伍建设】

加强师德师风建设。组织教师专题学习《攸县中小学教师师德师风行为三个“十不准”》《攸县师德师风教育读本》等文件，提高全体教师的法治素养、规则意识，提升依法执教、规范执教能力。严格落实师德师风考核奖惩制度，将师德表现列入教师年度考核、岗位聘用、职称评审、评优奖励考核内容，实施“一票否决制”。继续实施“青蓝”工程，举行“青蓝工程”暨青年教师思想政治建设座谈会。

鼓励教学研究，提高教师专业水平。组织教师积极参与“奉献杯”、汇报课、在线备课、“研赛培一体化”等教学比赛和各类论文评比活动。洪亚敏和李小鹏老师获得县一等奖，谢琳丞老师获得一等奖；贺新艳等12名老师论文获省级奖项；《用心浇灌，用爱经营，静待花开》获评攸县德育工作优秀案例。有序推进“农村薄弱高中学校学生学习内驱力激发的研究”“农村中学生文学社团活动设计与应用研究”等课题研究；政教处申报的课题——“双减”背景下的家校社协同机制研究，通过株洲市教育科学研究院的评审。

注重班主任教师培训。定期召开班主任培训会，以会带训，学习先进的教育理论；让年轻教师担任班主任工作，在实践中提高班主任工作能力。定期组织班主任教师召开例会，共同学习探讨班主任工作，分析学生思想状况，针对问题研究解决方法，交流工作经验。

【学校安全管理】

综合治理周边环境，净化校园环境。召开学校周边环境整治专题会议，与政府综治办、交警、城管联合行动，就校门口流动商贩、200米范围内网吧、周边频繁活跃的黑车进行排查、整治。落实行政人员、政教人员、党员护学岗、与派出所联合等各种安全值日制度，让校园安全无死角。排查整治安全隐患，不定期检查学生所带的物品，收缴弹簧刀、铁棍等管制刀具。

注重学生安全教育。定期召开安全教育主题班会，利用广播会议、国旗下讲话、安全主题《手抄报》等多种形式的活动进一步加强安全宣传教育。关爱女生、关注青少年性教育。本期举办以“守护花季，护航成长”为主题的青春期性教育讲座，向学生普及预防性侵教育，让学生学会保护自身安全。进一步完善《学生校园活动安全管理制度》《学生放学、集会安全管理办法》《突发事件应急处理预案》，尤其是疫情防控等规章制度。加强学生紧急疏散演练，提高学生应对突发情况的应变能力。

【学校基础建设】

2021年，共投入资金近1000万元，完成教师宿舍三栋改造、北教学楼、科学馆负一楼、行政楼和食堂后坪的改造；建成化学通风实验室，配备安防监控系统，电子显示屏安装；完成行政楼、科学馆、体艺楼、水校教学楼顶防渗、下水道修缮和强弱电线路改造。

【扶贫助学】

为资助家庭经济困难、品学兼优的学生，经攸县教育局批准，从2021年下期开始在高一年级开设“宏志班”，并免除所有“宏志生”在校3年的学费、住宿费、杂费等（每生每年约1万元）。在开创宏志班的实践中初步形成自己的“宏志精神”与“宏志经验”，深得家庭、学校和社会好评。工会组织师生和校友捐款5万元，资助贫困学生14人，获评2021年“9·9公益日托起寒门学子的希望”先进单位。

【学校党建工作】

以庆祝中国共产党成立100周年为契机，以“我为群众办实事”为载体，全面推进党委的思想、组织、作风建设。扎实开展党史学习教育，按照“学党史、悟思想、办实事、开新局”的总体要求，利用“三会一课”、教职工大会形式，组织师生集中学习党史。号召师生阅读《中国共产党简史》等红色书刊，组织观看《红旗漫卷西风》《榜样6》等红色电影，举行微党课比赛，参观左权故居，参加“幸福攸州，颂歌向党”大合唱决赛并获奖。加强党风廉政建设，党建办设立意见箱、举报电话，约谈教职工，严格监督学校合同签订、工程收方、后勤采购、年级组经费管理等方面。发挥党员在教育教学工作的模范带头作用，设置“党员示范岗”，让每一名党员的承诺公开上墙，引导每一名党员带头示范，用心钻研教学，真情对待学生，自觉接受监督。

【新冠肺炎疫情防控】

学校成立以校长为组长的疫情防控工作领导小组，强化疫情防控工作领导。10月下旬全县疫情防控阻击战期间，接到紧急通知后，迅速召开专项会议，对疫情的防控物质保障、师生摸排、线上教育、门卫管理等方面进行详细部署，严格落实学校防控的各项措施，同时出台《新冠肺炎疫情防控工作方案》《新冠肺炎疫情防控预案》，向学生家长《关于新冠肺炎防控致家长及教职工的一封信》《疫情防控期间居家管理实施方案》，动员家长严密配合学生居家隔离工作。扎实做好常态化疫情防控工作，坚持每天填报疫情防控表、疫情防控统计表、教职工和学生居家隔离健康报表，动员、鼓励师生积极注射新冠疫苗。

(董　政)

攸县第四中学

【概况】

攸县第四中学位于县城南郊的菜花坪镇，紧临106国道，是株洲市示范性完全中学，2018年攸县东山学校整体并入攸县四中，校园占地面积11.67万平方米。有48个教学班，在校学生2500余人；有在职教职员工234人，其中高级教师60人，中级教师93人。2021年高考一次性本科以上上线132人，学考一次性合格率99.15%，中考有12人考入省重点中学。

【学生思想品德教育】

通过线上线下多种形式，组织开展爱国主义和革命传统、社会主义核心价值观、法制教育和校纪校规等专题教育活动。新生入学期间，组织高一新生开展以校纪校规教育和理想前途教育为内容，严格规范学生的思想和行为。组织高二、高三年级学生进一步学习各种法律法规和校纪校规，反思上一学期的学习生活，总结经验和教训，明确新学期个人努力方向。每次考试前，分年级进行学生的考风考纪教育，严肃考纪，端正考风，提高考试的诚信度。军训期间，组织高一新生在县人民法院旁听一起学生伤害案件的审理，近距离接受法制和安全教育；邀请菜花坪派出所警官来校，为全体师生进行法制教育授课。

继续突出行为规范的养成教育，坚持以《中小学生守则》《中学生日常行为规范》《攸县第四中学学生一日常规》为准则，严格规范学生的思想和行为，养成良好持行为习惯。

加强“问题学生”的教育管理，制定《攸县第四中学问题学生回访制度》《问题学生回访记录表》《违纪学生回访记录表》，为每一名问题学生建立档案，班主任根据学生的表现情况做好详细记录。3个月观察期后，班主任视其表现情况撤销观察或交由政教处处理。

【教学研究】

大力开展课堂教学研究和实践活动，整体提高教师教学水平。全校组织教学赛课活动，如各年级组内赛课，高三专题复习研讨课，初三年级的中考调研课和全校性新教师的汇报课。鼓励教师积极参加各级各类教学研究赛课活动；高中部数学、政治、物理3个学科各派出一位教师参加县局组织的2021年中小学教师课堂教学大赛，有王雪艳、朱鸿亮获全县一等奖第一名，黄锋喜、周晶获县二等奖；龙慧娟参加湖南省中小学教师信息技术能力应用在线集体备课大赛荣获省三等奖；株洲市2021年中学数学教师几何画板制作竞赛中，龙利娟荣获市一等奖，王雪艳荣获市二等奖。组织骨干教师参加省、市、县的各项教研活动，参加长沙理工组织的高考学考研讨会，线上组织的高中新教材培训与研讨会，县教育局组织的“国培计划（2021）教师工作坊”讲座等。鼓励教师积极开展课题研究和理论探讨，全年共有43名教师参加省级论文评比，其中有3名老师论文荣获省一等奖，8名老师论文荣获省二等奖，8名老师论文荣获省三等奖。

【学校基础建设】

争取项目资金，改善办学条件。争取老旧小区改造项目，完成学校给排水系统改造，改造校园路面（柔性路面），建成塑胶运动场，改造东山复习部教师宿舍，重新粉刷高三楼，完成部分学生寝室和家属楼卫生间翻修。

【学校安全管理】

学生安全教育常抓不懈，组织初中部、高一、高二全体班长在电教室观看电影《火海逃生》，学习防火、灭火和逃生自救的基本知识。继续完善各项安全管理制度，修订《攸县第四中学学生安全管理制度》《攸县第四中学学生安全教育制度》，落实安全责任，建立应急机制。

【党建工作】

学校党委扎实推进思想、组织和作风建设。落实“三会一课”制度，坚持党委理论学习中心组学习制度，充分利用支委会、党员大会、党小组会议、专题党课和主题党日等活动，加强党员干部政治思想教育。党委成员分别以《杏坛情系家国事，无需扬鞭自奋蹄》《新时代学校新发展，党员教师应该怎么做》《做正能量的自己》为题讲授党课，召开党史学习教育专题组织生活会，开展“学党史，当先锋——我为群众办实事”系列活动。定期召开组织生活会、民主生活会和民主评议党员，采取批评与自我批评、谈心谈话、党性分析等形式切实解决，纪律性不强、责任心不够、工作不严不实、精神萎靡不振等问题。

扎实开展党史学习教育。为230位教职员订购《论中国共产党历史》等书籍；扎实开展学史明理、学史增信、学史崇德、学史力行4次专题学习；组织党员到革命先烈李立三故居和攸县高楼湘赣边革命博物馆参观学习，组织师生观看《百炼成钢》《榜样5》《榜样6》视频，举行“铭记革命历史，传承革命基因”红色诗歌朗诵活动和红色家书、征文、演讲活动；承办教育系统第四片区党史学习教育成果汇报，本校《红星照我去战斗》故事演讲荣获二等奖；举行师生红歌大合唱活动。

（徐　青）

攸县震林中学

【概况】

攸县震林中学有67个教学班，在校学生3652人；在岗教职员工259人，其中高级教师46人、一级教师98人、省骨干教师6人、市学科带头人5人。2021初中学业水平考试综合值优异，稳居全县前列。攸县一中上线210人，攸县一中创新班录取28人，获得“攸县教育工作先进单位”称号。学校师生参加各项学科竞赛，有200余人次分获全国、省、市、县级奖励。

学生男子足球队获全县初中生男子足球赛冠军；在2021年攸县中小学田径运动会获团体二等奖；获2021年攸县中小学青少年科技创新与实践大赛初中组团体一等奖；在2021年全县中小学生艺术节获8个一等奖，4个二等奖，4个三等奖。文鑫蕾同学在攸县教育局“讲红色故事，做时代新人”故事大赛中获初中组特等奖，株洲市一等奖。

【学生思想品德教育】

一是开展学科课堂思想品德教育。树立人人都是德育工作者的观念，以课堂教学为主渠道，在传授文化科学知识的同时，渗透对学生的爱国主义教育、集体主义教育、法制教育、国防教育、环保教育、安全教育。

二是开展主题教育实践活动。学校领导班子带领全体师生开展“扣好人生第一粒扣子”主题教育实践活动，研究制定《震林中学“童心向党·震林远航”系列教育实践活动方案》，并成立“童心向党·震林远航”活动领导小组，加强对“童心向党·震林远航”系列教育实践活动的领导与指导，加强对学生的革命传统教育，引导青少年从小听党话、感党恩、跟党走，培养担当民族复兴大任的时代新人。学校团委联合政教处、各年级组等部门组织部分青年师生在震林校园开展“助力开学”青年志愿服务活动。开展以“激扬青春自尊自信”为主题的女生青春期卫生保健、自我保护暨励志教育讲座。开展“一盔一带”安全守护行动，助推全体骑乘人员养成安全习惯，严格遵守交通法规，杜绝交通安全事故发生，提高学生的交通安全意识与防范意识。

三是家校社联动共同加强思想品德教育。学校作为攸县首批“家校社”共育试点学校，根据县教育局“家校社共育”的精神要求，学校高度重视，周密部署，扎实工作，加强组织领导、完善规章制度、开展系列活动、构建家庭、学校、社会三位一体的教育网络，形成教育合力。

【教研教改】

继续有序推进学校校本研修，全面提升教师专业素养。在新学年国家“双减”落地、“五育”并举的新形势下，学校更注重课堂质量，向课堂要效益。注重发挥集体智慧，组织集体备课，严格落实“六备”要求，即备课标、备教材、备学生、备教法、备学法、备作业。抓好课题研究、教研经验论文撰写、各类各级竞赛、教师继续教育培训等活动。邀请县局教研室和成员校渌田中学、高和中学、银坑中学在震林中学成功开展主题为“夯实基础，精准施教”的2021年度会考科目示范课暨同步听评课等教研活动，共同研究毕业学科复习课的教学方法以及努力方向，有效提高教育教学能力，切实推进减负增效的落实。

【教师队伍建设】

大力引进优秀中青年教师，优化教师队伍结构；继续推进“青蓝工程”，切实发挥老教师传帮带作用，努力促进青年教师的专业成长。安排骨干教师定期、分批参加各级各类培训、继续教育，定期组织“阳光杯”教学大赛，切实提高教师的教育教学能力。搭建交流平台，互相学习，努力促进教师从经验性向创新型、专家型转变。

【疫情防控】

10月，震林中学家长中出现新冠肺炎无症状感染者，学校启动应急机制，坚持把做好疫情防控工作放在首位，维护广大师生健康安全。一是成立疫情防控领导小组。成立以校长为组长，书记为副组长，其他行政人员为成员的震林中学疫情防控领导小组，下设震林中学疫情防控办公室，全面安排、协调学校疫情防控工作，行政人员轮流值日，各项工作顺利开展。二是启动疫情防控应急预案。学校严格按照疫情防控方案和预案，从人员分工，物质调配、师生隔离、情况反馈等方面迅速落实到位。三是严格落实隔离、排查、消毒和接种疫苗等措施。动态管理集中隔离人员、学生集中隔离人员；做好部分学生居家隔离工作，通过线上指导帮助与学生居家自主学习相结合，限时限量合理安排学生的学习生活，各年级信息互通，教师与家长、学生沟通良好，密切配合，确保学生居家学习状态，尽量减少疫情防控对教学的影响。校园每天严格消毒一次，工作人员全员佩戴口罩。严格校门出入管理，严防疫情输入和溢出。

（刘青华）

文化·传媒

综　述

【公共文化服务体系】

全县有公共文化场、馆 10 个（文化馆、图书馆、博物馆、青少年活动中心、影剧院、石山书院、文昌阁和 24 小时城市书房、谭震林纪念馆、体育场）；社会足球场 2 片（石山书院和健坤生态园）；乡镇文化站 17 个，村级综合文化服务中心 297 个，农家书屋 304 个；建成“门前三小”700 个，其中示范点 84 个；公共文化设施面积 132.9 万平方米，公共体育设施面积 103.8 万平方米，合计 236.7 万平方米。2021 年，成功将网岭镇申报为槚山民间艺术之乡，14 个非遗传承基地和展示展销基地正在申报中。

持续做好县图书馆、文化馆、博物馆、青少年活动中心免费开放工作。2021 年，图书馆接待读者 50 万余人次，博物馆接待观众 5.2 万人次，接待团体单位 132 批次，花鼓戏保护传承中心开展送戏下乡 180 场，青少年活动中心开展科普、美术、声乐公益课堂等多项公益性普及活动 40 余次，4000 余人次参与活动。

【文艺创作】

2021 年，县文化馆将民间舞蹈《打钱花》音乐重新配器，舞蹈动作重新编排后各镇（街道）在全县开展培训 20 余场次，并在 2021 年湖南省红色文化旅游节上推出。县花鼓戏保护传承中心指导并参演的“欢乐潇湘、文化株洲”百团百角唱百年的节目《重上井冈山》在株洲市文艺院团竞演中荣获“十佳节目”；配合党史学习教育重新编排《悠悠赤子心》《柑子树上打百花》等经典红色文化和廉政教育节目。

【群众体育】

开展为期 100 天的健走活动——“百日万步行”，共有 256 支队伍报名参赛，参赛人数多达 3000 人。还举办 2021 年“乡村振兴杯”攸县第九届职工羽毛球赛、2021 年职工乒乓球赛、2021 年攸县三人制篮球赛、“梅城杯”门球赛、“文体活动”微视频征集大赛等。在 2021 年株洲市第十四届运动会青少年组比赛中，攸县代表队获 83 枚金牌，团体总分名列株洲市第一。在 2021 年湖南省皮划艇、赛艇、激流回旋皮划艇锦标赛中，攸县获得金牌 17 枚、银牌 15 枚、铜牌 16 枚，金牌总数和团体总分名列湖南省第一。

【旅游业发展】

全县有 AAAA 级旅游景区 1 个、AAA 级旅游景区 1 个、国家级森林公园 1 处、国家地质公园 1 处、地质遗迹保护区 11 个、国家湿地公园 1 处、拥有星级宾馆 1 家、旅行社 3 家。2021 年，全县累计接待游客 138.69 万人次，同比增长 7.79%；实现旅游收入 8737.47 万元，同比增长 8.11%。其中酒仙湖景区游客 113 万人次，门票收入 6780 万元。

2021 年，酒仙湖景区、健坤生态园、新市徐公店 3 家成功创建省级研学旅游基地。成功创建省级乡村旅游重点村新市新联村；开展对 A 级旅游景区、省星级乡村旅游区（点）、旅游度假区、星级饭店的复核工作。酒仙湖、湘东情、湘天华等公司不断挖掘具有地方特色的农产品和纪念品，如“攸县油茶”“攸县香干”“攸县麻鸭”“攸县米粉”等，其中“攸县香干豆腐”、仙泉生物“仙美无患”获评“中国动力谷”十大消费品牌。

（丁　娜）

文化管理与服务

【群众文化服务】

组织开展各类文体活动，活跃群众文化生活。全年组织20余场大型群众文艺体育活动，积极指导各镇（街道）开展各种民俗文化活动和文艺体育活动。主办“幸福攸州、颂歌向党”庆祝中国共产党成立100周年大合唱比赛，活动分初赛、决赛两个阶段，全县94个单位66支队伍、4500余人参赛。文旅志愿者开展“文艺轻骑兵”送活动、送培训进“屋场”100余场，联合县人才办开展攸县首届“攸州产业工匠”之“豆腐宴烹饪”大赛、导游（讲解员）大赛等技能型大赛；县图书馆加快线上平台建设依托网络平台定期推送“好（新）书推荐”“党史上的今天”等主题推文近500篇；文化馆开展“人人当网红、个个直录播”“窝里的大师傅”直录播15场，网上观众近10万人。

加强专业人才的培训，为基层文化建设提供有效指导帮助。开展“攸县文艺骨干/文艺爱好者技能提升培训”对全县文化站长、文化专干、文艺爱好者等进行相关政治理论和业务知识培训。同时还抓实年轻干部的培养，组织开展“青年大教堂”等针对性强的高品质课程，不断提升文旅广体各战线人才的专业能力。

【志愿服务】

2021年，继续开展“温情暖山水·艺体乐乡边”“四季同行·雷锋家乡学雷锋”文化志愿服务活动4次，参与人数达2500多人。组织开展“流动青少年宫走进江桥小学”志愿服务活动9场，为孩子们每人免费提供书法练习资料一套。同时开展“身边的科学”亲子科普公益课堂等公益课堂17次，参与人数800多人；组织36名学生参加第十二届湖南省少儿才艺大赛语言表演和书法类的比赛项目，其中16人进入决赛环节。

【文物保护】

始终坚持“保护为主、抢救第一、合理利用、加强管理”的工作方针，全力抓好文物保护工作。

一是加大文物维修保护力度。完成文明上塔修缮工程结算审计工作、网岭墓群安防安装工程省局终验收的资料报审以及工程的进一步完善督促等工作；阳升观、博物馆消防工程实行跟踪监管。完成中共攸县地方执行委员会旧址、东冲兵工厂旧址、阳升观、宝宁寺、蔡会文蔡兰阶故居等维修项目计划书的编制和上报工作，启动国保单位总体保护规划的编制工作。

二是加强文物考古调查发掘工作。2020年12月，经报国家文物局批准，株洲市文物局、株洲市博物馆、攸县博物馆联合对攸县里旺古城南城墙村民建房处进行抢救性考古发掘。至2021年8月，完成发掘面积约300平方米，发现一批夯土基址、柱洞、古井等建筑遗迹，出土瓦当、筒瓦、陶鬲、陶豆、硬陶罐、铜镜、五铢钱等大量遗物，初步弄清东、西、南城墙结构和走向。2021年9月，经报市文物局批准，启动对网岭枫树塘古墓群的抢救性发掘。同时，按要求搞好县重点工程项目建设前的文物勘探调查工作。

三是加强文物安全管理。2021年对全县各文博单位进行全面排查15次，其中，宗教场所文保单位、“三合一”场所进行2次全面大排查，明确并公示所有国保、省保单位消防安全责任人、管理人，制作并设立疏散标志标识20余块。配置消防器材80多件，全县有3家消防安全标准化管理单位，邀请消防专业人员到所（馆）开展消防安全知识培训和实践演练活动3次，邀请消防、电力部门来所（馆）进行安全排查整改5次。

【非物质文化遗产保护和传承】

完成省、市非遗申报工作。争取县财政专项工作经费20万元，完成“酿酒技术”“农民教拳术”“阿胶熬制”“攸县艾叶斋”“攸县火焙茶”“打钱花”等6个项目、7个非遗传承人的市级申报。同时挖掘整理“烧架香”“攸县豆腐”“攸县水力木榨榨油技艺”3个项目资料，报送“攸县豆腐传统制作技艺”“攸县水力木榨榨油技艺”2个项目参与省级非遗保护项目申报，成功将“攸县豆腐传统制作技艺”新增为湖南省第五批非物质文化遗产名录。

开展非遗展示及评选活动。10月14日（重阳节），在“门前三小”发源地石羊塘高桥门前三小服务点开展“豆腐宴烹饪技艺暨美食评选活动”。活动除非遗项目———豆腐宴烹饪技艺比赛外还有美食品鉴、习俗展演，另邀请多名非遗传承人现场展示手工技艺（木雕、艾叶斋制作、手工布艺、合香调香）。共涉及“打铁水”“攸县豆腐传统制作技艺”“攸县坛子菜”等省、市、县级非遗项目8个，推出《柑子树上打白花》《香干情》《攸悠赤子心》《打钱花》原创文艺作品4个，展示文创产品6类百余种。12家名店26名厨师推出创意名菜50余道。活动进行直播和录播，并在“人民网”“华声在线”、《株洲日报》等主流媒体宣传报道。11月5日和11月17日，《湖南日报》推出记述非遗传承人事迹的《一片豆腐阅人生》和水力木榨油作坊《三代人接力护“文化遗珠”》等3篇通讯报道。

开展非遗文化展演和宣传活动。争取省厅项目“打铁水”进景区专项资金25万元，全面开展省非遗项目“打铁水”景区展演，鼓励宁氏表演队传承非遗“打铁水”，展示其独具魅力的艺术美。除了“春节民俗文化节”“三月三”和端午节等传统节日例行展演活动外，每年6月的“文化和自然遗产日”，开展系列的专场“非遗进社区进屋场”活动。文化馆在全县开展“非遗四进”，即进“门前三小”、进校园（攸县一中，高楼）、进景区、进企业基地，将非遗文化“见人、见物、见生活”的活态演绎出来。

【文化市场行政执法】

全年共出动文化市场执法检查3179人次，检查经营单位1235家次。开展专项整治行动11次，处理举报电话、县长信箱投诉29件次；立案调查5起，结案5起，下达责令整改通知书26家次，依法取缔1家，责令停业整改2家次。文化旅游广电体育局获评株洲市2021年度“扫黄打非”办案先进集体。

【旅游宣传推介】

7月9日，在县城文化广场，成功举办“伟人故里·红色湘赣·魅力攸县”2021湖南红色旅游文化节。此次节会集中展示攸县的红色资源、秀美风光、乡土人情、民风民俗和特色产业。9月底，2021年株洲市秋季乡村文化旅游节在攸县酒仙湖景区开幕。活动以“环酒仙湖健康跑”为主的六大主题文体系列活动以及以亲水运动之旅为主的4条体育旅游精品线路，为广大休闲爱好者提供全民参与的健身平台，以专业的赛事推动全民参与体育运动。

5月下旬，株洲市文旅广体局举办的株洲旅游资源江西萍乡、吉安专场推介会，并举办攸县专场推介会。向江西游客推介攸县景区景点，助推全县旅游业的升温。

【旅游接待服务专业建设队伍】

11月25日，在石山书院组织举行攸州产业工匠之导游（讲解员）大赛，来自全县各景区（点）博物馆、生物职业中专等13名参赛选手参加比赛。12月，在鸾山镇和酒埠江镇分别举行民宿服务人员培训，当地旅游区100位民宿经营和服务人员参加培训，培训老师以旅游知识与本土文化、民宿经营课程以及民宿服务人员职业道德与法规、服基本技能等内容进行授课，提升攸县旅游服务人员的业务能力、服务水平。

【党建工作】

加强党员干部学习教育，联系工作实际，在全系统广泛开展“党史学习教育”活动，开展“我为群众办实事”实践活动近300场，县花鼓戏保护传承中心与组织部联排大型党课舞台讲演剧《红星照攸州》，将攸县本土的红色人物、红色故事搬上舞台，深受全县人民的喜爱。加强党风廉政教育。县文旅广体局通过组织党员干部观看爱国教育电影、唱红歌比赛等活动提升党员干部政治素养，各党组成员分别对各自分管领域干部职工开展廉政提醒谈话，对存在的苗头性和倾向性问题及时进行教育和警示，并虚心听取干部职工的意见和建议。通过这种经常性的咬耳扯袖、红脸出汗、抓早抓小抓预防，让接受监督成为党员干部的自觉。

（丁　娜）

广播电视和新媒体

【概况】

攸县融媒体中心（广播电视台）下设广播、电视、网站、手机报、手机台、微信公众号等6种媒体13个平台，有在编在岗工作人员146人。全县城乡有数字电视用户3.65万户（其中城市10368户、乡村26166户），宽带用户1.2万户（其中城市3926户、8124户），手机报、手机台、微信公众号注册用户近30万户，手机台总点击量3100万次，有线广播“村村响”覆盖全县城乡，全年完成总收入2967万元。

融媒体中心一期建设以优异的成绩完成省级考核验收；指挥调度平台高效、平稳运行；融媒体中心二期建设（高清数字化改造）已经进入招标程序。

【新闻宣传】

电视台“攸县新闻”栏目播发自采新闻报道2400条，在央视发稿6条，省级以上电视媒体发稿121条，市级新闻单位发稿超过260条。《湖南攸县：破获电信诈骗洗钱案30人落网》《湖南攸县：货车起火司机浑然不知民警追停救火》等6条稿件成功在央视播出围绕庆祝中国共产党成立100周年、湘赣边区域合作示范区建设和乡村振兴等重大事件，推出以“奋斗百年路·启航新征程”为主题的《榜样·力量》《百人百年——攸县优秀共产党员风采故事》《“百年潮·攸县红”“青春100”》等专题报道；创作一系列专题节目、短视频、微党课网课等有影响的公益视频类作品。

专题报道《人民的丰碑》获得“学习强国”2021年第五期全国县级融媒体中心优秀作品一等奖；创新党课——音乐党史课《歌声里的攸县》获得湖南省广播电视创新创优评选扶持节目；《春天战“疫”》荣获湖南广播电视奖（广告信息类）一等奖；短视频《主播打卡红色地标VLOG》获湖南省第六届网络原创视频大赛三等奖。

“攸县新闻网”、“智慧攸州”App、“攸县手机报”、攸县电视台、“攸州发布”“文明攸州”微信公众号等原创、转发各类信息20429条。农村广播电台播发各类便民、应急消息近300条次，“学习强国”累计发稿208篇（2021年82篇）。

【专业队伍建设】

通过员工培训、专业人才招引等方式，不断加强媒体专业队伍建设。通过开展广电干部夜校、部室学习交流会、岗位技能比武等活动，提高干部职工综合技能水平。完成紧缺专技人才人事招聘工作，招聘主持人2名、记者2人、视觉设计1人。聘用劳务派遣专技人员2人，接收实习见习人员4人。

【湖南有线电视网络机构人员安置工作】

根据《中共中央宣传部等全国有线电视网络整合发展实施方案（中宣发〔2020〕4号）》《中共湖南省委宣传部等关于湖南有线电视网络机构事业人员分流安置的意见（湘宣发〔2020〕14号）》和中共湖南省委常委《2020年第7次议事协调会议纪要》精神，攸县融媒体中心（广播电视台）推进在攸县电广网络有限公司（中心）的在编事业身份人员分流安置工作。专门召开班子会议，专题研究人员分流事项，并成立工作小组。经县委、县政府同意，形成《攸县有线电视网络机构事业人员分流安置方案》，协同省集团公司处理相关历史遗留问题，为人员的分流安置作好充分的准备工作。至年末，顺利完成攸县电广网络有限公司（中心）的在编事业身份人员分流安置工作。

【新冠肺炎疫情防控宣传】

8月下旬和10月上旬，全县新冠肺炎疫情阻击战期间，新闻媒体平台开设疫情防控专题专栏，借助“今日头条”“抖音”“央视新闻网”等外媒力量，扎实做好疫情动态、党和政府的有关政策宣传工作，跟踪宣传报道和防控阻击战先进典型。发布原创短视频超过200条，总点击量达1.5亿次。 （唐　庭）

湖南省新华书店有限责任公司攸县分公司

【概况】

新华书店攸县分公司现有在岗员工34人，退休员工16人。内设经理室、综合管理部、图书业务部、教材业务部、资产财务部、文化用品业务部6个部室。教材教辅是新华书店的核心业务，确保第一时间送到学校，并做好教材教辅的余缺调剂后续工作。2021年，全年实现营业总收入6038.29万元，利税670万元。参与配合全县乡村振兴驻村帮扶工作，安排1名专职干部驻皇图岭镇笔和村做好乡村振兴工作，并为结对点捐赠帮扶资金及新冠肺炎防疫物资。

【政治理论图书发行】

配合全县庆祝中国共产党成立100周年庆祝活动，切实做好党史学习教育等重点时政图书征订发行工作，上门服务于全县各单位。全年发行时政类读物码洋345万元。其中《论中国共产党历史》25143册，《毛泽东、邓小平、江泽民、胡锦涛关于中国共产党历史论述摘编》25148册，《习近平新时代中国特色社会主义思想学习问答》25131册，《中国共产党简史》25284册，党史类4个品种合计发行码洋286万元，《中华人民共和国简史》《改革开放简史》《社会主义发展简史》《新征程面对面》345套，《读有所得》155套，《新征程面对面》345本，单行本《在庆祝中国共产党成立100周年大会上的讲话》4587册，《中国共产党第十九届中央委员会第六次全体会议公报》309册。

【全民阅读引领、服务】

开展形式多样的公益营销活动，引领并服务全民阅读。2月，与文旅广体局举办“喜迎新年华，童吟新时代”新春朗诵会，提升广大读者的体验感。在世界读书日与县图书馆开展第26届“你读书，我买单”活动，共销售图书337册。年初，参与新时代文明实践活动给联星春风社区图书室捐赠适合群众阅读及少儿经典图书2万余册。3月，参加“我在新时代文明实践中心学雷锋志愿服务”活动，赠送图书450册、文化用品320个，共计1.16万元。为倡导学生养成阅读的好习惯，与图书馆、东北街学校举办全民阅读活动暨“护苗·绿书签”行动启动仪式。开展图书河流活动，共漂流图书800册，码洋1.3万元。“六一”国际儿童节期间县委县政府在湘东大市场举办的新版《中华人民共和国未成年人保护法》宣传活动中，攸县新华书店作为承办单位，现场免费发放学生阅读类书籍近1万元。

【“书香攸县·爱心无限”公益活动】

2月，协助配合县委宣传部举行“党旗下的新时代文明实践”示范点揭牌暨第二届全民阅读“书香攸县·爱心无限”公益活动总结表彰活动。7月，启动的第三届“书香攸县·爱心无限”公益活动，全县85家单位办理爱心卡与书香卡共192万元，募集公益图书65万元。

（欧旖旎）

森林公园建设和管理

【概况】

湖南攸州国家森林公园管理局组建于2015年12月，为副处级事业单位，主要承担国家森林公园、国家湿地公园、国家地质公园和省级风景名胜区范围内自然资源和旅游资源的保护、管理、利用等职责。内设办公室、公园管理科、开发建设科、资源保护科，在编工作人员16人，二级机构酒埠江地质公园博物馆为正股级事业单位，在编工作人员3人。

【景区基础建设】

抓住湘赣边乡村振兴示范区建设契机，深入推进酒埠江生态新镇综合开发项目建设。累计完成投资16.05亿元，基本完成污水管网工程改线、景观大道下垅组农田复耕项目和环湖游道项目征地前期准备等工作。完成《酒仙湖村居民集中建房点》规划，规范景区居民建房秩序，收集首批安置名单13户。完成酒埠江景观大道建设项目A匝道耕地荒废复耕、立面改造店招复建。及时做好项目包装和申报等前期工作，主动对接省市相关上级部门，成功争取森林步道项目资金20万元、森林康养基地项目资金20万元,酒埠江国家湿地公园2022年度中央财政湿地保护修复项目资金200万元。

【园区安全管理和生态环境保护】

采用“地面巡检、空中飞检”的方式，不定期对自然保护地范围内开展全方位的系统巡查40余次，督查景区做好防汛预案和地质灾害点的防范措施，在各景区（点）增设安全警示牌

130余块，全年景区内未发生一例安全事故。

开展“绿盾行动”，联合环保部门和属地乡镇对风景名胜区内6个养殖场的排污情况开展专项检查并督促整改直至排污设施设备达标排放。2021年，结合新时代文明实践活动的开展，以展板、横幅、现场宣讲等形式，积极开展世界湿地日、世界地球日、世界森林日、世界环境日活动，进一步提高社会各界对自然生态的保护意识。

【旅游宣传推介】

为进一步提高攸县各景区（点）的知名度和美誉度，宣传推介“攸县全域旅游”，借助《攸州印象》刊物专版，全方位宣传酒仙湖、白龙洞、仙人桥、皮佳洞等景区（点），制作《这五年旅游的那些事儿·湘当攸秀》系列报道片，并在“学习强国”、央视客户端、人民网、新湖南网等官方媒体平台发布。

成功举办株洲市委党校2021年第一期县处级干部进修班红色教研基地教育培训、2021年第四届酒仙湖油桐花节暨“锦绣潇湘. 自驾当红”湖南千车万人酒仙湖自驾游、“策游潇湘‘营’出花 YOUNG”湖南文旅推广、2021年株洲市秋季乡村文化旅游节等系列活动。

【2021年株洲市秋季乡村文化旅游节暨酒仙湖休闲体育节】

9月25日，为加快株洲文化旅游发展，致力打造攸县知名旅游目的地和酒仙湖休闲体育旅游品牌，株洲市委、市政府在攸县酒埠江旅游风景区举行开幕式，启动“2021年株洲市秋季乡村文化旅游节暨酒仙湖休闲体育节”活动。活动期间，开展以“逍遥山水间韵动酒仙湖”为主题的“环酒仙湖健康跑”“湖南省钓鱼大赛酒仙湖站”“国庆运动七天乐”“酒仙湖露营嘉年华”“株洲市第十四届运动会健身广场舞大赛”“狂欢彩虹跑”等主题文体活动。

（邹发喜）

湖南酒仙湖生态旅游开发有限公司

【概况】

湖南酒仙湖生态旅游开发有限公司成立于2015年12月，是省内首个旅游行业实施PPP（公私合营项目）酒埠江生态新镇开发项目的SPV公司（项目公司），注册资本金4.3亿元。公司位于酒埠江旅游风景名胜区（酒埠江镇酒仙湖村）。下设6个部门和酒仙湖景区、同心湖酒店、营销分公司3个分公司，共有员工194人。公司定位为“旅游休闲度假集成服务商”，以景区开发、运营、区域旅游资源整合及运营、旅游综合服务为三大核心业务。累计完成投资16.68亿元，公司资产总额19.22亿元。2021年，酒埠江生态新镇项目建设投资8762万元；实现经济收入4119.82万元（经营收入1251.39万元、回购收入2808.25万元、政府补助60.18万元）。酒仙湖景区被确定为“中国艺术摄影学会摄影创作基地”“湖南文旅推广活动青年人才培育基地”、株洲市总工会“劳模（职工）疗休养基地”“株洲市爱国主义教育基地”“株洲市党史学习教育现场教学点”“攸县党性教育现场教学点”。

【旅游接待服务基础建设】

一是特色民宿酒店建设。以“精品型度假民宿酒店”为标准，抓住“温泉”特色，修复桐心谷——温泉别院特色民宿酒店。10月1日，桐心谷——温泉别院正式开业，其幽静的地理位置，独特的设计风格，周到的服务，深受游客喜爱。

二是游乐项目基地建设。根据青年群体的特色需求，利用“和平精英”的国民认知度，投资60多万元建设株洲市首家大型情景式野战运动营地——“CS精英战场”，并在10月1日成功开业。

三是历史文化研学体验基地建设。挖掘酒埠江地方历史文化资源，依托酒埠江工业遗址和酒仙湖水库筑坝历史，打造“酒埠江工业小镇”“酒埠江红色大坝修筑体验”等研学、团建项目，丰富研学课程内涵，增强游客的体验感。

【旅游宣传推介】

2021年，举办“年味酒仙湖”“采茶”“玩水避暑节”“国庆七天乐”“直播抢购”等活动。重点打造五月油桐花节、九月株洲市秋季乡村文化旅游节等大型节事赛事。4月底至5月中旬举行第四届酒仙湖油桐花节，包括“湖南千车万人酒仙湖自驾游”“汉服游园体验”“第三届桐花女神评选”等活动。9月底，举办株洲市秋季乡村文化旅游节开幕式，9—10月，开展“环湖健康跑”“钓鱼比赛”等备趣味体育赛事活动，并全新推出水上运动特色表演、露营嘉年华体验等活动项目。

创新旅游宣传营销方式和途径，拓展自媒体运营。全年聚焦酒埠江工业小镇、油桐花节、露营嘉年华等重要产品和特色活动，通过微信公众号、抖音等线上平台，发布微信文章35篇，创作视频号60余条，更新抖音视频60余条，单条视频最高自然流量达19.7万人次，多篇公众号文章还被长沙、株洲的线上官媒、自媒体平台转载，线上推广文章近100篇。“双十一”期间，推出“超值双十一，我在酒仙湖”直播带货活动，单场最高访问量3000人次。4月，与中南林业科技大学旅游学院组队参加“策游潇湘·营出花样”湖南文旅推广活动，其作品在抖音、微博、小红书等线上平台受到广泛阅览，曝光量超5000万人次。各种线上宣传方式，进一步拓展酒仙湖景区在目标群体中的品牌认知度。

（向姝巍）

湖南省攸福实业集团有限公司

【概况】

湖南省攸福实业集团有限公司（简称“攸福集团”）系县属国有企业，前身是湖南酒埠江旅游开发投资有限公司（简称“旅投公司”）。2019年10月，经县人民政府批准并授权县财政局履行出资人职责，在原旅投公司基础上新组建攸福集团，注册资本18亿元。主要经营范围包括文化旅游项目的开发、建设、运营管理，房地产开发，工程监理服务，工程建筑，劳动保障事务代理，土地整理开发等业务。公司下辖6家子公司，即湖南酒埠江旅游开发投资有限公司、湖南官田邑新文化旅游发展有限公司、湖南高原建设工程有限公司、攸县开源农业综合开发有限公司、攸县建设工程监理有限责任公司、攸县同鑫劳务派遣有限公司。公司共有人员86名，班子成员（高管）10人、中层管理人员14人、普通员工62人，其中2名公司高管及7名工作人员派驻湖南酒仙湖旅游开发投资有限公司（项目公司）工作。2021年，监理公司完成经营收入357.85万元，实现利润117.17万元；高原公司签订合同金额2690.2万元，实现利润超112.25万元。同鑫劳务公司完成劳务派遣人数1153人,签订物业合同4个，共实现利润34.16万元；开源公司完成18个土地开发项目竣工验收，实际开发土地153.33公顷，省市复核指标79.27公顷，官田邑公司抓住建党100周年的机遇，做好“红色+旅游”“红色+教育”文章，推出红色旅游精品线路，进一步提高品牌知名度。

【民宿服务示范和研学基地建设】

为助力湘赣边乡村振兴，作为民宿服务示范引领，公司自主投资1000余万元，建设占地面积6500余平方米的“桃源山居”中高档艺术式民宿（酒店）项目，在2021年国庆节期间启动试营业。积极开展乡村振兴帮扶，在鸾山桃源村投资兴建“桃源山居”民宿，打造行业示范标杆。

满足县内外研学、旅行需求，公司投资近600万元在官田邑旅游街区，建成可同时容纳800人研学、旅游及食宿的专业化研学基地,为市内研学团队提供接待服务近1000人次。

【融资化债】

统筹推进融资化债工作，有序化解债务存量。截至2021年12月底，公司总资产7.415亿元，总负债4.79亿元，资产负债率64.6%，实现收入5309.9万元，缴纳税款355.85万元。公司全年完成化债任务还本付息9441万元，实现无新增隐性债务和高息债务。

【资产经营】

不断做大资产体量,共收储不动产资产十大宗地（17个小宗地），面积为78.74公顷，固定资产由原来的1.7亿元增加至2.47亿元。多方拓展融资渠道，融资到位2.058亿元，均为间接融资贷款，利率均低于8%，新增融资以中期、长期融资为主，目前整体运营平稳可控。

（吴　魁）

卫生健康

综　述

【机构队伍】

2021年，全县共有卫生健康机构515个（家），其中县直医疗卫生单位5家、乡镇卫生院25家、街道社区卫生服务中心2家、村卫生室304家、民营医院15家、厂矿职工医院1家、个体诊所70家、学校医务室8家、卫生所（室）68个、镇（街道）妇幼保健计划生育服务站17家。全县卫生技术人员3880人，床位4597张，每千常住人口医疗机构床位数为6.91张，每千常住人口执业（助理）医师数为2.39人。

【医疗服务】

全县各医院门急诊110万余人次，较去年增长19%，住院15.57万人次，较去年增长7%，县内住院率87.14%。县级公立医院药占比29.04%（不含中药饮片），乡镇卫生院（街道社区卫生服务中心）药占比36.95%（不含中药饮片）；县级公立医院医疗服务收入（不含药品、耗材、检查、化验收入）占业务收入比35.69%，同比下降3.97%；乡镇卫生院医疗服务收入占业务收入比32.76%，同比上升6.24%。

【疾病防控】

全年登记报告法定传染病5901例，发病数比上年同期（4898例）增长20.48%，其中乙类传染病2244例，发病数比上年同期（2211例）增长1.49%，丙类传染病3657例，发病数比上年同期（2687例）增长36.1%。报告死亡病例13例（均为艾滋病病例），无甲类传染病报告。报告发病数居前三位的病种依次为手足口病（1823例）、流行性感冒（1130例）、乙肝（901例）。报告发病数居前三位的乡镇依次是联星、新市、莲塘坳。全县未发生重大传染病流行。

【人口计生和妇幼健康】

2021年度，全县总人口84.31万人，期内上报出生3942人，人口自然增长率-0.302‰，出生人口性别比109.35（女=100），新增计生家庭特扶奖扶对象701人。5月31日起，全县推进国家三孩政策落实，将优生优育贯穿妇幼保健工作，生育三孩可领取生育津贴。全年办理三孩生育服务证173本。全县孕产妇死亡率、五岁以下儿童死亡率、婴儿死亡率分别为0、3.7‰和2.8‰，均控制在“两纲”范围内。2021年全县辖区分娩活产数4309人，机构内分娩活产数3082人；孕产妇系统管理率99.91%，高危妊娠管理率100%；0—6岁儿童系统管理率97.1%。新生儿出生缺陷发生率0.42%，比上年同期下降9.4%。疫情防控期间没有发生一例妇幼感染病例。

【卫生应急处置】

全县突发公共卫生事件及时、有效、规范处置率100%。2021年，全县突发公共卫生事件4起，其中3起为感染性腹泻疫情，1起为柏市小学流感暴发疫情，规范处置率100%。开展“第一目击者”现场急救技能培训30余场次，接受培训5000余人，通过操作和理论考试900余人。派出医疗保障和疫情防控工作组进驻活动现场，完成各种重大活动及会议医疗保障任务20余次，出动医务人员70余人次、救护车30余趟，完成活动现场核酸采样5000余人次。

（卢敬爱　胡金荣）

医疗卫生服务

【医疗服务体系建设】

提质改造乡镇卫生院3家，网岭精神病专科医院配套建设项目完成投资615万元；启动攸州中心医院第一阶段第三期建设；完成妇幼保健院改造项目立项、规划设计。启动酒埠江医养中心建设项目地勘、设计。攸县人民医院、攸县中医院与乡镇卫生院签订医共体合作协议，建成县内紧密型医共体9个，全面推动优质医疗资源下基层。

2021年，全系统引进医学研究生4人，公开招考医务人员67名，招录订单定向医学生本科6人、专科8人、中医特岗20人。攸县人民医院3个课题获省卫健委立项，介入手术量大幅增长60%以上，获评“全省优质护理服务表现突出医院”。中医院成功挂牌三级中医医院，开展省重点学科建设2个。骨伤医院获批二级甲等骨伤医院。

【医疗卫生体制改革】

持续深化人民医院“双联双创”工作，南华附一第二批帮扶团队10名教授进驻攸县，助力开展胸腔镜下肺叶切除等新技术项目20余项、三四类手术170余例。开放“南华专家门诊日”56场次，接诊7000余人次，双向转诊50余人次。出台《攸县紧密型医共体建设试点实施方案》，由3家县级医院牵头，建成县内紧密型医共体试点9个。全县医疗机构应用电子健康卡达100万余人次，用卡近5万人，占总门诊量的10%。两家县级医院推行“互联网+护理”线上服务，开通网上护理项目8个，提供服务180余例，涉及16个乡镇，县人民医院获全市“互联网+护理服务”试点单位三等奖。妇保院实现微信公众号预约挂号，6家卫生院应用远程影像系统提供服务6000余例，有效方便基层群众。

【综合监督执法与健康促进】

开展各类综合监督执法整治行动13次，卫生健康立案5例。严把计生审查关口，开展审查65批次，其中单位79个、个人8414名。开展生活饮用水、学校卫生等领域卫生监督执法4000余人次，实现卫生监督全覆盖，获“省卫生健康监督执法优秀案例三等奖”。

推进“健康攸县行动”实施，成立县政府牵头的推进委员会，出台《健康攸县行动实施方案》，落实15个专项行动。1个社区获评“全国示范性老年友好型社区”，完成2家省级、4家市级老年友善型医疗机构创建，办理老年优待证1.1万余人次。开展“职业卫生跨越年”活动，完成2个基层医疗机构尘肺病康复站国家级试点和1个省级试点建设，国家与省、市卫健部门予以高度肯定，《健康报》进行专题推介报道；推进新增设的丫江桥、新市卫生院等5家康复站建设。

【公共卫生服务与爱国卫生工作】

开展14项基本公共卫生服务。全县城乡居民健康建档65.23万人，建档率98.12%，重点人群面访率92.24%，65岁及以上老年人体检率79.35%，家庭医生签约新签续签55.16万人，服务总计60万余人次，高血压、糖尿病、重性精神疾病患者、脱贫户、计生特扶户等重点人群家庭医生签约率100%。发挥爱国卫生运动在疫情防控中的重要作用，提高全民卫生健康意识和自我防护能力。推进“无烟党政机关”创建，全县完成创建90%；成功创建1家省级、3家市级卫生村；完成全年生活水水质监测工作，省级监测项目——城市生活饮用水合格率100%，农村生活饮用水合格率79.1%，抽样检测全县中小学校自备式井水合格率68.6%。

【民生实事与乡村振兴帮扶】

完成“两癌”免费检查19095人、免费孕前优生健康检查3600对、孕产妇免费产前筛查3648人，均超额完成任务，县妇计中心获评全省“两癌”免费检查重点民生实事项目先进集体。救治尘肺病患者5200余人次，解决农民工尘肺病个人低保300余人。发放老年乡村医生困难补助资金840人，行政村卫生室补助全部落实到位；全县建制卫生院中医馆建设实现全覆盖，全科医生和村卫生室各项指标任务均达标。

做好乡村振兴与健康扶贫工作衔接，落实各项政策，救治建档立卡贫困患者 11130 人次，其中医疗救助 115.9 万余元，医院减免 593.6 万余元，贫困患者县内就诊率 99.8%，贫困人口四类慢病患者签约服务率 100%。卫健系统派出 18 名驻村干部投身乡村振兴工作。

【党建和行风建设】

以庆祝中国共产党成立 100 周年和党史学习教育为契机，以“我为群众办实事”为载体，全面推进健康系统党委的思想、组织、作风和制度建设。完成基层党组织换届和支委补选 16 家，推行“双培养”工作机制，发展 33 名年轻干部、业务骨干为预备党员，按期转正党员 29 名。4 月 29 日，举行系统“医心向党 健康有我”主题演讲比赛决赛，选派 4 名选手参加全县“百年风华株洲力量”党史学习教育专题演讲比赛复赛。6 月 30 日，召开庆祝中国共产党成立 100 周年暨系统“两优一先”表彰大会，表彰“两优一先”对象 63 人。开展“周周义诊、天天健康”义诊活动 260 余期，服务 3 万余人次，获评市级志愿服务先进品牌项目。

扎实开展“清风护健”“清廉医保”等专项行动，加强医疗卫生行风建设。持之以恒开展“四风”问题及中央八项规定精神督查，开展 2 轮疫情防控等重点领域督查，受理、回复信访举报线索 10 件；配合县纪委、监委及局纪检组处置问题线索 13 件，处分 7 人（其中党纪处分 3 人、政纪处分 4 人），诫勉谈话 2 人，谈话提醒 1 人。

【新冠肺炎疫情防控】

坚持常态化防控“新冠肺炎”和应急处置相结合，切实做好重点人员摸排、流调溯源、核酸检测、集中隔离、发热门诊等工作。5 月 12 日，启动老党校院内方舱式新冠疫苗接种点，拉开全县大规模疫苗接种工作序幕。5 月 30 日，在湘东汽贸城启动第二家方舱新冠疫苗接种点。8 月 1 日，全县全面启动 15 岁至 17 岁青少年人群新冠疫苗接种工作。至年末，共完成接种新冠疫苗 102 万余剂次。

省政府督查刊发《2021 年度真抓实干成效明显地区予以表扬激励的通报》。

（卢敬爱　胡金荣）

医院选介

攸县人民医院

【概况】

攸县人民医院是一所集医疗服务、预防保健、康复治疗、临床教学于一体的三级综合医院，系南华大学附一医疗集团医院。医院占地面积 5.07 万平方米，总建筑面积 6.5 万平方米，开放床位 880 张。共有在职职工 1157 人，其中高级职称 107 人，中级职称 465 人，市级核心专家及中青年名医 3 人，硕士研究生 23 人、在职博士 1 人。

全院设置临床学科 31 个，医技医辅科室 10 个。拥有胸痛中心、卒中中心、危重孕产妇救治中心、危重新生儿救治中心、创伤急救中心等五大中心，心血管内科、儿科、骨科被列为省重点建设学科，神经内科等 12 个临床科室评为县级临床重点学科。胸痛中心介入治疗技术日臻成熟，卒中中心开展颅内动脉取栓、支架置入等新技术，促进介入手术量大幅增长 60% 以上；心内科获评国家卫健委“改善医疗服务”先进科室，熊升林在“心系潇湘——心血管病历”总决赛中获得第三，符鹏在全市县级医院抗菌药物临床应用优秀案例评比中夺取一等奖。文佩燕等 10 名教授常驻帮扶，开展胸腔镜下肺叶切除等新技术项目 20 余项，开展“专家门诊日”45 次；攸县人民医院通过国家 PCCM（呼吸与危重病医学科）规范化建设验收；举办首届骨科学术沙龙；3 个科研课题获省卫健委立项，处于省内县域医院科研立项前列。启动与网岭等 4 家卫生院医共体建设。

2021 年，全院门急诊接诊 44.5 万人次，同比增长 16%；出院 4.9 万人次，同比增长 9%；手术 1 万余台次，同比增长 14%。通过国家“千县工程”综合能力提升初筛，在全省二级公立医院绩效考核中专科能力排名第四。医院荣获全县卫生健康工作红旗单位。

【服务提质】

建立“巡察、点评、约谈、

处罚、通报”五项制度，巡察70余次，开展病历书写竞赛活动，提升病历及时归档率至97%以上。组织疑难危重病历全院会诊40余次、急危重症患者抢救20余次，促进全年医疗纠纷持续下降。

开展“优质护理服务百日竞赛”活动，丰富“互联网+护理”13项服务配套；全县护理管理质量控制小组成立并挂靠本院；通过省卫健委优质护理服务现场评价并获评表现突出医院，王娜获评全省优质护理服务表现突出先进个人，神经外科等3个科室获评全市优秀护理团队，ICU等2个团队及何玲玉等17名护士在省市竞赛中成绩优异。

进一步完善信息化服务平台，完成省医保平台、信息互联互通升级；维护升级PACS（影像储存和传输）信息系统，植入护理表单、自费比例等新功能；开通微信服务号核酸采样预约、缴费、查验结果功能。实行“一站式”结算服务，开通医保跨省就医门诊刷卡服务。

【队伍建设】

加强专业技术队伍建设，2021年引进研究生2名，招聘合同制人员57人；选派外出进修100余人，组织开展院内学习10余次；招录助理全科医生18人，完成全科医生师资培训8人；接收院校实习生、见习生、进修生等共160余人。

坚持党建引领作风建设。深入开展党史学习教育，集中学习研讨14次；开展庆祝建党百年华诞“七个一”系列活动，积极参与全县“幸福攸州、颂歌向党”红歌大合唱活动。迎接县委巡察“回头看”，完成13个反馈问题整改，整改率100%。加强党风廉政建设和医德医风建设，全年拒收红包22次，收受感谢信、锦旗53次。

【新冠肺炎疫情防控】

坚持“平战结合”疫情防控总方针，平时运用日督查、月调度工作机制，严格落实常态化防控措施；战时应急全员出动。7月，全市“德尔塔”疫情阻击战中，派出37名医护骨干驰援株洲市，王慧、刘霞在渌口定点救治医院“零距离”抗疫22天。10月，全县疫情群防群控战役中，完成城区三轮全员核酸检测30余万人次；完成方舱疫苗接种15万余剂、县委党校集中隔离观察500余人、火车南站核酸检测2万余人，接管菜花坪定点救治医院，守好院内主战场，多条战线防控疫情。党校隔离点抗疫事迹在“学习强国”、央视新闻频道等主流媒体宣传报道。龙湘秦获评全县防疫工作先进个人。

【攸州中心医院建设】

攸州中心医院建设项目位于攸县东城新区，北临迎宾大道，东临紫云路，西临慈峰路，南临金水路。项目总建筑面积约19.2万平方米，总投资约12.90亿元。共分3部分进行：建设第一部分（攸州中心医院一期）由专科住院楼、综合服务楼和医技楼地下部分组成，建筑面积约3.08万平方米，承建单位为攸县卫生健康局和攸县人民医院；第二部分（康养护理中心）由门诊楼、医技楼地上部分等组成，建筑面积约9.82万平方米，承建单位为攸州投资发展集团有限公司；第三部分（攸州中心医院二期）由综合住院大楼、室外附属工程（含高压氧舱、锅炉房、垃圾站、液氧储罐、污水处理站、道路、给排水等）组成，建筑面积约6.3万平方米，承建单位为攸县人民医院。

攸州中心医院建设项目是县委、县政府“十大民生”工程，项目自2019年3月正式启动以来，医院发挥项目搬迁方主体责任，协调对接有关部门，争取项目建设资金，做好项目建设监督，防范化解项目风险，有序推进项目建设进度，确保项目建设质量与安全。至2021年底，第一部分（攸州中心医院一期）完成主体验收和室外装饰工程，完成工程总造价的75%；第二部分（康养护理中心）完成整个项目主体验收和门诊楼外墙装饰工程，完成工程总造价的55%；第三部分（攸州中心医院二期）完成该期代建公司的招标工作，建设工程施工和监理公司挂网招标。

（李玉龙）

攸县中医院

【概况】

攸县中医院是一所集医疗、预防、保健、康复、教学于一体的公立三级综合性中医医院。占地面积5.2万平方米，建筑面积3.9万平方米，现有在职职工

653 人，其中高级职称 48 人（正高 5 人、副高 43 人）、中级职称 202 人、研究生 5 人。开放床位 661 张，总资产 2 亿元。拥有 1.5T 超导磁共振、64 排 CT、单板多功能四维彩超、全自动生化分析仪、电子胃肠镜、电视输尿管肾镜、激光治疗仪、多功能进口麻醉机、前列腺电化学治疗仪、C 臂 X 光机、6 人用高压氧舱、进口血液透析机、臭氧射频、钬激光等高精尖现代化医疗设备。医院设有 19 个临床科室，23 个病区、8 个医技科室、1 个治未病·健康管理中心。拥有针灸理疗科、肛肠科和心血管内科 3 个省重点中医专科。是湖南省中医药高等专科学校教学医院，是广东省中山附一院、湖南省湘雅附二院、湖南省中医附一院、湖南省直中医院的技术协作医院。2021 年 1 月，顺利通过三级中医医院评审，成功创建三级医院。

2021 年，门诊总量 15 万余人次，同比增长 18.99%，出院 2.5 万余人次，同比增长 3.79%。全年实现业务收入 1.99 亿元，同比增长 7.43%，其中中药收入 2445 万余元、中医治疗收入 1703 万余元。医院先后获得“全国敬老文明号”“湖南省大众放心百佳满意医院”“法治湖南诚信守法共建单位”“湖南省医疗执业先进单位”“湖南省文明卫生单位”“株洲市文明窗口”、株洲市卫生系统“先进基层党组织”县“双文明建设先进单位”等称号。

【中医特色专科建设】

完善优势科室的基础建设，为将更多中医优势科室纳入“十四五”省重点中医专科创建科室作准备。单独设立中医肿瘤科，启动治未病科建设，升级改造传染科病房，启动中医专病护理专科建设。建立名老中医药专家传承工作室，出版中医专著 2 本；基本完成 5 种院内中药制剂的前期工作。通过上联三甲名院，下联乡镇龙头推进专科特色进化，与中医药研究院附属医院和省直中医院分别建立专科联盟及紧密型医联体合作关系，部分科室通过借助专家的帮扶学科水平综合实力全面跃升；与新市、酒埠江等 4 家卫生院签订“医共体”协议，探索共同发展。积极开展中医特色诊疗项目，大力推进重点中医专科的创建。开展中医特色护理门诊、“冬病夏治”等活动。

【创树中医品牌】

与湖南省中医药研究院附属医院建立中医肿瘤专科联盟，成立湖湘欧阳氏杂病流派传承工作室。与酒埠江等 4 家卫生院签订“医共体”协议，探索紧密型医共体发展模式。协助新市中心卫生院建设急救分站，开通急救转诊绿色通道；在市上坪卫生院成立“汤金彪省基层名老中医工作室”。继续联合广播电台、电视台、红网等媒体，制作、推广大量健康宣教专题节目宣传推广中医药；“攸县中医院官方抖音”平台作品浏览量超 3000 万，点赞量超 100 万人次。全年共举办大型义诊 13 场次，服务 5000 余人次，免费发放中医养生艾条、香药包、健康手册 3000 余份。组织专家进基层、进社区、进学校开展健教活动 15 场次，服务 1800 余人次。组织中医药健康科普大赛，涌现一大批优秀科普作品和优秀讲师，其中骨伤科健教视频获得湖南省医学会科普视频三等奖。

【专业队伍建设】

高度重视人才工作，在采用积极有效的人才引进政策的同时，采取多种途径、多种方式强化年轻医务人员的培养。启动第二轮学科带头人和护士长轮训工作，稳步推进各学科骨干医生和专科护士培训进修工作，将近 30 名业务骨干送到省内外大型医院进修；举办“青苗班”，培养一批中医护理骨干。成功创建“高校毕业生见习基地”“现场救护第一目击者培训基地”。先后举办医、护“三基”竞赛、中西医护理操作大练兵，派出的医务人员在省市各级业务比赛中获优异成绩，先后获湖南省人工气道护理授课竞赛三等奖、株洲市护理职业技能中医组二等奖、株洲市医院感染相关国家标准执行案例竞赛二等奖。开展新项目、新技术超过 40 项，4 项科研课题正申报在省中医药管理局立项。

【新冠肺炎疫情防控工作】

制定新冠肺炎疫情防控实施方案，严格督导检查，全面排查感染隐患。成立督导检查组，不定期到重点岗位和各科室进行督导检查，发现问题及时解决。8

月，先后派出35名医务人员外援株洲市区全民核酸采样。10月，派出近200名医务人员参与县全面核酸采样，并负责隔离点的标本收集及检测。承担同乐湖方舱疫苗接种点工作及辖区内3岁以上适宜人员新冠疫苗接种及医疗保障工作任务。

【医院党建】

召开中国共产党成立100周年庆祝大会；举行“百年芳华医心向党”红色教育团建活动；组队参加全县庆祝中国共产党成立100周年合唱比赛和演讲比赛。采取“线上+线下”“集中学+个人学”等形式，教育引导医院全体党员、干部职工铭记党的光辉历史，发扬伟大的建党精神；组织全体党员到谭震林生平业绩陈列室、网岭六十分烈士陵园、谭龙烈士墓等红色教育基地，现场开展共产主义信念教育和爱国主义教育。发挥好党组织堡垒作用，在工作中倡导党员亮身份、战前锋，党员干部起到先锋模范作用。疫情防控期间，组建党员先锋队和共青团志愿者队伍，发挥党员、团员在疫情防控一线的重要作用。优先吸收培养战斗在一线的干部职工，全年培养业务型预备党员4人。强化纪检监督，加强医院廉政文化建设。进一步完善重点岗位廉洁谈话制度；严格执行招投标制度，监督院内各项招标工作；组建院内督查小组，进一步严格规范医药购销经营。

（陈　琛）

攸县疾病预防控制中心

【概况】

攸县疾病预防控制中心在职职工68人，其中高级职称11人、中级职称30人、初级职称12人。共设置12个科室。2021年，中心严格落实新时代卫生健康工作方针，扎实开展全县的疾病预防控制工作。2021年度，县疾控中心获“‘十三五’期间艾滋病性病综合防治工作先进单位”“2021年度职业卫生工作目标管理先进单位”“2021年度乡村振兴工作先进单位”等称号。

2021年，全县学校学生接种查验率100%，补种率97.46%以上；11种国家免疫规划疫苗单苗各剂次接种率均达到上级要求。开展6次疫苗冷链运转，共下发一类疫苗71029支。全县共接种卡介苗2963剂次、乙肝苗9884剂次、脊灰疫苗22313剂次、百白破疫苗13359剂次、乙脑减毒活疫苗8397剂次、A群流脑苗6038剂次、甲肝减毒活疫苗4394剂次、麻腮风疫苗7644剂次、A+C流脑7153剂次、白破疫苗5474剂次、新冠疫苗102.15万剂次，共报告110例AEFI（疑似预防接种不良反应、预防接种不良事件），一般反应98例，严重AEFI12例。AEFI发现后48小时内报告率100%，个案卡关键项目填写完整率100%，分类诊断率100%。

全县共报告法定传染病6023例，发病数比上年同期(4898例)增长22.97%，其中乙类传染病2329例，发病数比上年同期(2211例)增长5.34%，丙类传染病3694例，发病数比上年同期(2687例)增长37.48%。报告死亡病例13例（均为艾滋病病例），无甲类传染病报告。报告发病数居前三位的病种依次为手足口病（1823例）、流行性感冒（1158例）、乙肝（932例）。

【传染病防控】

加强重点传染病的防控工作。2021年，攸县共发现新冠肺炎确诊病例1例，及时对确诊病例的密切接触者进行排查、搜索和处置；累计检测、外送54647人次标本进行新冠病毒核酸检测。开展进口冷链食品、农贸市场等新冠肺炎常态化监测48次，共检测标本3187份，检测结果均为阴性。

开展鼠疫监测，采集鼠血清标本83份，结果均为阴性。采集100例手足口病病例的标本，经检测38例为肠道病毒阳性。规范处置24起手足口病聚集性疫情。开展霍乱监测，采集水产品60份、各种水体样30份，经检测结果为弧菌阴性。全县各预防接种门诊共接诊动物咬伤4352例。全年共报告处置流行性出血热病例4例。共登记肺结核管理病人634例，全县各医疗机构报告肺结核患者和疑似肺结核患者总体到位率97.5%，病原学阳性率58.2%，肺结核患者成功治疗率94.3%，新病原学阳性患者耐药筛查率96.8%，高危人群耐药筛查率100%，利福平耐药纳入治疗率69.23%，肺结核患者规范管理率100%。完成全县65岁及以上老年人群和糖尿病患者结核病症状筛查工作。对既往报告的685例和新发的71例HIV（艾滋病）感染者和艾滋病病人进行管理和抗病毒治疗，对娱乐场所、吸毒人员993人进行干预，并进行HIV、梅毒抗体和丙肝检测，全县4家HIV初筛实验室共检测血样170141份。

【职业病防治】

完成79家厂矿企业3045名职工职业健康检查，共查出疑似尘肺患者24人次、职业禁忌证272人次。开展职业性尘肺病随访调查工作，共调查1180例，随访率100%。按要求完成企业职业病危害现状调查及工作场所职业病危害因素监测，调查及监测完成率100%，职业病危害因素申报率100%。

【慢性病防治和健康管理服务】

2021年，全县报告死亡人数5485例，年报告粗死亡率7.82‰，报告及时性100%；开展2021年死因监测回顾性漏报调查，调查3个乡镇共55个村，通过系统和人工比对查出漏报272人，入户调查272人，并录入漏报系统。开展重点慢性病监测工作，全县报告各类恶性肿瘤1649例、心脑血管事件3285例。经公卫3.0系统统计，全县共建居民健康档案65.23万份，建档率98.12%；65岁及以上常住居民数97348人，接受健康管理人数77676人，老年人健康管理率79.33%；管理高血压患者人数47007人，规范管理率93.63%；管理2型糖尿病患者人数15631人，规范管理率94.08%。严重精神障碍患者在册人数3392人，在管人数3305人,年管理率97.4%,规范管理人数3273人,规范管理率96.5%。

【血防寄防地防工作】

一是消除疟疾工作。开展疟疾血检工作，完成血检420人份，任务完成率116%，复核42张，复核率10%。二是地方病防治。制定《攸县2021年碘缺乏病监测方案》，开展碘盐和尿碘抽样、检测、数据录入和上报工作，共抽样检测5个乡镇200名学生和100名孕妇的尿碘及盐碘，检验结果均正常。并对其基本情况作个案调查。与县卫健局、县盐务局、县广电局等单位联合开展“科学补碘，健康一生”宣传日活动。三是麻风病防治。对14位治愈麻风病人均进行2次随访，无新发病人。四是肝吸虫病和土源性线虫病监测。制定《攸县2021肝吸虫病和土食源性线虫病监测方案》，抽取5个乡镇村作为监测点，共监测1024人，覆盖儿童、青年、中年和老年各年龄组人群。

【卫生应急】

加强卫生应急工作，制定《攸县疾病预防控制中心传染病疫情（新冠肺炎）调查处置工作方案及新冠肺炎疫情常态化防控工作方案》。调整突发公共卫生事件应急处置工作领导小组和卫生应急队伍，设置6类专业应急处置机动队。开展4期公众关注的传染病和突发公共卫生事件风险评估和3期专题风险评估，及时响应并处置辖区内预警信息206条。2021年共报告4起突发公共卫生事件（其中3起为诺如病毒感染性腹泻暴发疫情，1起为流行性感冒暴发疫情），均有效处置。

12月9日，在攸县联星街道联西社区明珠花园小区开展居民小区新冠肺炎疫情防控应急演练，现场模拟小区封控、现场流调、人员转运、环境消杀、健康监测、全员核酸检测、解除小区封控；应急机动队针对新冠肺炎疫情开展物资准备、个人防护、样品的采集、保存及送检、疫点消毒等，进一步提高基层应急队伍调查处置能力。

【公共卫生监测】

开展全县生活饮水水质监测，全年共采集农村生活饮用水182份(不含质控样品),合格144份，合格率79.1%。全年共采集水源水3份,不合格1份。全年共采集城市生活饮用水56个(不含质控样品),合格率100%。所有水质检测资料都按要求按时上报，每季度均在政府门户网站将城市管网末梢水信息公布。

开展食品安全风险监测、食源性疾病监测、农村环境卫生监测工作：全年完成食品化学性污染物和有害因素监测90份；完成食品微生物及致病因子监测共30份。全年报告食源性疾病1890例，发生感染性腹泻聚集性事件与暴发事件8起，无死亡病例。对攸县20个村、10个农村学校、100个农户进行农村环境卫生调查工作，采集20个土壤样品和2个平行样进行检测，检查结果1个样品检出蛔虫卵，其余结果均在限量范围内。

【学校卫生健康监测】

开展学生常见病和健康影响因素监测与干预工作，完成4所幼儿园和5所学校共2381人近视、肥胖、营养不良、龋病、脊柱弯曲异常等常见病筛查，对5所学校开展教学生活环境卫生监测。组织完成全县各中学、中心完小及部分片小的在校学生常规体检工作，共体检136所学校，其中中学29所(含职校)、小学103所、民办学校4所。体检人数共计86962人，其中高中生13287人，初中生26842人，小学生46833人。体检结果显示全县中小学生常见病患病率排前三位的分别是视力低下(28.03%)、龋齿(21.70%)、肥胖(2.64%)。

【健康教育与健康促进】

利用县电视台、政府门户网站、新闻网、智慧攸洲等媒体进行健康教育宣传，全年报道重点工作和重大宣传活动89次，电视台新闻专题采访报道4次，发布新冠肺炎防控提醒41次。开展世界麻风病日、世界结核病日、“4·25”全国儿童预防接种宣传日、职业病防治宣传周、“5·15”全国碘缺乏病日、“5·31”世界无烟日、“7·28”世界肝炎日、全国高血压日、世界精神卫生日、世界糖尿病日、中英减盐行动等20余次大型宣传咨询活动，共发放各类宣传资料20万份，接受群众咨询1.2万余人，为居民提供测血压、血糖等义诊服务4600余人次。倡导健康生活方式理念和行为，通过微信群、QQ群、朋友圈等途径开展健康教育宣传活动。

【党建工作和乡村振兴帮扶】

加强党建工作，以支委会、党员大会、主题党日活动、党小组活动、支委领导上党课等多种形式，宣传贯彻中共十九大和十九届五中、六中全会，省市县三级党代会精神，开展党史学习教育。全年共召开支部党员大会7次、支委会16次，开展主题党日活动12次、支委领导上党课4次。

根据县委、县政府安排，开展乡村振兴结对帮扶工作，向联星街道沙陵陂村派驻工作人员开展整产业、谋就业，“守住‘两不愁三保障’底线”等工作，全年共计投入帮扶资金10万元，完成村内主干道路拓宽硬化工程。

【疾控研究项目】

完成口服六价重配轮状病毒活疫苗项目。7月，启动新型冠状病毒灭活疫苗（Vero细胞）上市后临床研究：高血压与糖尿病人群免疫原性与安全性评价项目，完成入组480人，采血及随访475人。11月，启动新型冠状病毒灭活疫苗（Vero细胞）上市后临床研究：高血压与糖尿病人群第三剂免疫原性、安全性和抗体持久性访视项目，完成入组460人，采血及随访工作顺利进行中。继续开展心血管病高危人群早期筛查与综合干预项目工作，完成复筛502人，检出高危对象125人，高危对象干预125人，完成高危对象短期随访75人，长期随访980人。

（彭丽平）

乡镇（街道）

江桥街道

【概况】

江桥街道位于县城西郊，成立于2012年1月。2012年按照园政合一的模式，街道办事处与工业园合署办公。2016年全省乡镇撤并工作中，将原鸭塘铺乡并入江桥街道，实行园政分设，街道办事处独立办公。江桥街道办事处驻在攸县江桥街道兴业路1号，因驻地“江桥社区”得名。总人口51027人，其中城镇常住人口14021人，辖16个社区（村）、290个居（村）民小组。辖区总面积97.05平方千米；耕地总面积37831亩，农业以种植水稻、蔬菜等农作物为主。2021年，地区生产总值年增长8.2%；社会消费品零售总额增长8.6%；完成总部经济税收3111万余元，一般公共预算收入年增长6.5%；固定资产投资投入1000余万元，增长10.2%；城乡居民人均可支配收入年增长8.1%；民生建设固定资产投入1000余万元。全年发放各类救助保障资金972万元，建成日间照料中心16个，农村五保集中供养率达到100%；投入450万元，完成鸭塘铺敬老院改造一期建设。投入480万元,建成桐坝村时代楷模广场和杨木港农耕“邻家驿站”等8个“门前三小”新时代文明实践点。

【农业产业发展】

治理农田抛荒，完成农田水稻种植2.98万亩，完善惠联生态农业日产60吨大米加工自动化生产线、大米检测仪和粮仓储存库房建设，创树“泥脚巷野香优”品牌商标。调整产业结构，农产品种植达到7个以上，种植面积3000多亩。

争取帮扶资金60多万元，完成项目建设7个；做强做大皓特强生态农业、惠联生态农业、业诚农业、鹏鑫机械合作社等龙头企业，带动发展中小型生态农业企业6家。巩固“泥脚巷”品牌商标成果，鼓励发展鸽子、鱼苗等特色养殖产业，激发群众自主创业和参与创业活力。

【城乡基础建设】

紧扣“五好园区”建设目标，努力营造一流营商环境，始终把项目服务与保障当作主责和主业抓，完成园区14个项目和落户企业征、拆、迁、腾等要素保障；解决历史遗留问题15处，化解矛盾纠纷65起，实现服务零距离，建设零干扰，化解零延误的总体目标。推动城市提质行动，完成西阁月形小区520余户老旧小区改造，成功打通长鸿西路、吉兴西路2处“中梗阻”，完成攸储21、33两个地块征拆工作，实现土地收储150亩、房屋拆迁28栋9500平方米等任务，完成内环路、吉兴路的拆迁任务。

投入约300万元完成农村公路提质改造6千米，道路亮化工程5千米，推动攸杨公路项目建设。投入150万元完成15座山塘水库的除险加固和10千米渠道清淤；投入100万元解决农村供水保障3000余人。

【人居环境整治】

持续增强农村人居环境整治力度，成立自主的垃圾转运公司，创建垃圾分类示范村3个，建立垃圾集中分类点20个，完成农村厕所改造1400个。建立健全街村组三级“河长制”“路长制”“林长制”组织体系，加强黑臭水体、道路顽瘴痼疾、封山育林治理工作。

【社会治理】

推进平安创建，建立网络化管理服务中心平台，常态化推进扫黑除恶专项斗争、防恐禁毒等工作。做好中国共产党成立100周年、“两节一会”、中共十九届六中全会等期间信访保障工作。整治烟花销售点安全隐患23家，整治农村交通安全隐患10次，整治中小学校周边安全隐患排查8次。

【基层党建】

组织“新春第一课”和支村（居）两委干部业务培训学习，提升基层干干部“领头雁”能力。抓实抓细党员学习教育，建立16个网上学习支部、组织中青年干部夜读班。举行庆祝中国共产党成立100周年系列活动，开展党史学习教育，完成“我为群众办实事”问题56项。开展农村发展党员违规违纪问题排查整改，从严从细排查党员148名，处理党员2名。

2021年度江桥街道村（社区）基本情况表

表6

社区(村)	村民小组（个）	户数（户）	人口（人）	耕地面积（亩）	粮食总产量（吨）	人均纯收入（元）	党员人数（人）	党组织书记及村（社区）主任
江　桥	11	576	1785	1430	572	26000	65	杨利成
胡公庙	15	480	1795	1240	540	24800	42	罗一毛
乌　坳	25	941	3643	3310	1500	19800	104	皮志忠
谢家垅	14	487	2246	1946	1861	26480	60	王国平
龙　湖	24	650	2682	2129	1320	27420	52	袁　义
西　阁	18	1365	6868	675	237	21700	374	蔡建东
洪家洲	14	867	4023	2611	2036	19500	93	夏永青
泥脚巷	12	560	2560	2398	1680	21800	66	吴建湘
茅　坪	18	775	3458	2715	1600	21000	104	王　毅
黄双桥	14	526	2014	2029	825	18800	52	王国云
邱家垅	21	870	3646	3328	1358	18800	105	夏艳蓉
牛头湖	22	1051	3986	3271	1450	19850	98	谭建辉
奥　林	18	745	2462	2384	1468	22000	60	刘远芳
桐　坝	27	812	3999	3006	1028	21500	64	黄冬阳
杨木港	17	592	2678	2430	1280	18630	78	龙冬华
阴山港	20	698	3182	2929	810	20800	86	龙海航
合　计	290	11994	51027	37831	19565	21805	1503	

（徐跃平）

联星街道

【概况】

联星街道系攸县县城老城区、主城区，下辖23个社区(村)、385个居(村)民小组，户籍人口13.82万人(常住人口16.8万人)。2021年，全年实现规模以上工业总产值26.43亿元，同比增长17%；实现规模以上社会消费品零售额59.9亿元，同比增长19.8%；实现规模以上服务业主营业务收入2.6亿元；新增“四上”企业8家。完成新增商业土地储备150亩，实现建筑业总产值30.4亿元，商品房销售总面积32万平方米。耕地总面积约3.12万亩，以种植水稻、蔬菜等农产品为主，粮食总产量约2.83万吨；生猪出栏39852头，牛出栏3562头，羊出栏2530头，家禽出笼423561羽，水产品产量1250吨。实现财政收入4777.31万元；总部经济完成税收4070万元，占年任务数226.1%。完成5000万元以上固定资产投资项目2个，5000万元以下固定资产投资项目10个，完成总投资额3.31亿元。

【城乡基础建设】

完成建设北路项目40户征拆任务、实现120天建成通车目标；有效破解文化路路口、文风路、体育路、二环路等“断头路”征拆难题；共完成老旧小区改造7.36万平方米，涉及526户。启动新塘水库、白虎塘水库除险加固工程，启动攸河河堤修复、清淤疏浚工程；提质改造农村公路10千米，完成上云桥中学校外道路大修、高沙公路路面拓宽工程。

推进上云桥片区电网改造，共完成447个表计安装和线路改造；完成花庙前大桥接线工程、跃进水库黑臭水体治理、高低排渠行洪疏浚、西阁污水提升泵站扩建等一批项目；建设“门前三小”项目14个，改(新)建农村无害化厕所780个。

【社会救助和保障】

新增城乡低保户93户175人，共发放救助金1225.1万元；慈善救助78人，发放救助金9.5万元；临时救助共600余户，发放救助金55万余元。

【安全维稳】

全年共排查矛盾纠纷817起，成功调解799起，成功率达99%以上，化解积案6起，完成湘赣“红色文化旅游节”和“炎帝陵公祭”等公务安保维稳任务。定期召开安全生产工作调度会，开展安全生产“三大行动”，对危化、烟花等重点企业实行一月一例检，并建立管理台账。共组织安全生产集中执法行动12次，检查生产经营企业326次，排除隐患53处，查处非法经营店铺2家。

【基层党建】

全街道共有中共党员3469名，设党(总）支部142个，社区(村）两委干部159人。2021年，深入学习贯彻习近平新时代中国特色社会主义思想，坚持以省、市、县党代会精神为引领，持续巩固“不忘初心、牢记使命”主题教育成果，多形式开展党史学习教育。党政领导带头进社区(村）讲党课30余次，组织党员干部到谭震林纪念馆、北伐首战纪念馆等红色基地参观学习5次。新组建小区党支部12个，其中四星级小区党支部2个（明珠花园、东华广场)。景秀家园党群服务中心志愿服务经验2次获得主流媒体宣传报道。

【新冠肺炎疫情防控】

在8月和10月的两次疫情防控阻击战中，迅速启动联防联控机制，第一时间内将密接者、次密接者落实集中隔离措施，完成三轮35万余人全员核酸检测。创新开展重点人员信息有奖征集工作，及时掌握其行踪。动员组织居民积极接种疫苗，总接种人数和全程接种率稳居全县前列。

2021年度联星街道村（社区）基本情况表

表7

社区（村）	村民小组（个）	户数（户）	人口（人）	耕地面积（亩）	粮食总产量（吨）	人均纯收入（元）	党支部书记	村（居）委会主任
永　佳	10	6710	15106	—	—	28663	刘士嘉	刘士嘉
胜　利	13	4086	10759	—	—	24160	朱建德	朱建德
联　西	10	4998	16862	—	—	22800	雷文华	雷文华
百　花	5	1143	3107	—	—	21500	刘金元	刘金元
雪　花	17	5722	16313	—	—	23550	王丽雄	王丽雄
联　星	9	3164	8572	—	—	22376	贺　祥	李　望
文　化	14	3328	14822	—	—	38000	赵彩安	赵彩安

续表7

社区（村）	村民小组（个）	户数（户）	人口（人）	耕地面积（亩）	粮食总产量（吨）	人均纯收入（元）	党支部书记	村（居）委会主任
富　康	16	4730	11826	—	—	22880	陈　武	陈　武
万古桥	18	702	8979	1290.84	1290.86	21000	朱爱良（1—11月） 陈志荣（11—12月）	陈志荣
高　岭	27	8352	33528	2043.4	2043.4	22350	刘育秧	刘育秧
宋家洲	13	613	2469	1968	1458.16	20000	黎正春（1—10月） 刘　钢（10—12月）	李双武
田　富	29	460	2032	1917.96	1923.51	15500	尹国锋	尹国锋
沙陵陂	21	555	2249	1507.16	1359.3	16000	曾新连	曾新连
圳　江	12	480	2236	1228	1279.13	56800	文艳媚	文艳媚
大　屋	18	482	1522	2550.5	2035.45	18000	文　勇	文　勇
侯　市	22	725	2052	1924.7	1756.6	18200	文新明	文新明
侯　联	17	486	2056	1533.92	1533.92	14500	颜　星	颜　星
高车头	25	678	2678	2404.44	1839.95	16200	阳国清	颜朝云
高　岸	22	798	3092	3821	3370.01	22000	杨渠生	杨渠生
上云桥	24	946	2362	3143	2982.94	23800	彭润明	彭润明
七里坪	20	843	3282	2174	1761.93	28000	谭文伟	谭文伟
冯家坳	12	256	932	1410.17	1353.94	14000	王继文（1—7月） 丁阳辉（7—12月）	宁晓武
泰青塘	11	521	1442	2293.27	2293.27	14500	彭　钢	彭　钢
合　计	385	50778	168278	31210.36	28282.37	—		

（谭伏宁）

春联街道

【概况】

春联街道成立于2014年1月，辖5个社区、3个行政村、120个居（村）民小组，4760户、17610人，其中党员553人。土地面积35.44平方千米，耕地面积13216亩。境内有卫生室8个、小学5所。

2021年，继续因地制宜，根据村域自然条件及种植业传统，巩固发展"一村一品"特色农业，以春塘龙、春风、盘龙为农业重点发展区域，创建春塘龙千亩优质稻基地、盘龙千亩湘莲基地和春风五百亩蔬菜基地。进一步加大土地流转力度，新增土地流转面积1100余亩，新增种植大户5户。积极开展荒山造林，新造油茶400多亩。

全年实现财政收入1860万元，比上年增长28%；完成固定资产投资1.38亿元、税收3100万元；人均纯收入3万元，增长10%。春联街道办获得"株洲市文明建设先进单位""攸县文明建设红旗单位"等称号，春联社区成功创建"县级美丽乡村"，盘龙村被授予"省级乡村振兴示范村"称号。

【民生改善和社会保障】

救助特困户110户，发放救助资金25万元，新增低保救助77人。全面启动城乡居民保险生存认证，开展城乡居民养老保险金风险防控及整治工作，完成161户退费清缴。切实抓好稳岗就业，拓展就近就业渠道，组织脱贫劳动力参加就业招聘会和培训，街道劳动就业259人；在社区（村）开展中西式面点师、中式烹调师、育婴师等各类职业技能培训20余期。

【乡村基础建设和生态环境治理】

安装路灯266盏，硬化改造春塘龙村、巨洲村主要机耕道路，春风社区、双丰社区共防渗水渠6条，3.5千米。完成洣水河春塘保护圈工程，实现全线闭合。

开展农村人居环境整治，重点突出以山背社区和柘合社区生活垃圾分类治理工作推进，基本实现垃圾分类投放、分类收集、分类运输全覆盖。扎实推进农村“厕所革命”，改造农村卫生厕所700户。进行“地毯式”排查，摸排环保大小问题12项。全面落实河长制湖长制，推动河湖面貌和水生态环境不断改善。

【新冠肺炎疫情社区防控】

开展常态化疫情防控，加强对重点地区、涉外群体等返乡人员摸排核查，有效管控、监测重点地区人员，做好小区、高速值班值守和集中隔离点的服务保障工作，核酸检测累计采样20434人次，全力筑牢疫情防控安全防线，确保辖区内“零感染”“零疫情”。推进疫苗接种，累计完成第一剂疫苗接种8390人次，第二、三剂疫苗接种7838人次，全程接种率91.33%，加强针完成率56.76%。

【综治维稳和乡风文明建设】

深入推进扫黑除恶专项斗争，常态化开展禁毒宣传，统筹抓好食品、校车、企业等安全生产工作，社会大局保持和谐稳定。广泛开展新时代文明实践“春风·春晓·春晖”志愿服务，引导乡村民众参与志愿服务，引领移风易俗。全年举办理论宣讲、文化服务、科技科普、疫情防控、防灾减灾等各类线上线下活动100余次。

【基层党建】

落实班子成员抓党建“一岗双责”“三会一课”制度。举行专题党课30余堂，参学1200余人次，开展中心组学习12次，干部集中学习40余次，组织新任党组织书记到宁乡、浏阳等优秀社区（村）参观学习。完成社区（村）“两委”换届选举工作，新选任“两委”干部15人。发展村级后备干部23人，入党积极分子11人。完成党代表选举工作，选举产生代表8人。落实党史学习教育“学党史、悟思想、办实事、开新局”要求。成立学习教育领导小组，配发学习资料367套，开展“百年风华株洲力量”专题演讲比赛、播放微宣讲视频、到醴陵左权故居及渌江书院进行现场教学、结合“新时代文明实践志愿服务活动+我为群众办实事”等深化学习教育。累计为民办实事285件，安装路灯266盏，为辖区内约1万人换发春联居民身份证。

2021年度春联街道村（社区）基本情况表

表8

社区(村)	村民小组(个)	户数(户)	人口(人)	耕地面积(亩)	粮食总产量(吨)	人均纯收入(元)	党支部书记	村(居)委会主　任
柘合社区	13	326	1518	708.21	534	28000	游社明	游社明
春联社区	10	451	1388	1030	95.8	37200	刘新文	刘新文
山背社区	15	592	1759	1427	1080	29500	刘南湘	刘南湘
双丰社区	16	548	2162	1935	1100	20000	贺正初	何乐平
春风社区	14	585	2088	1258	1700	30000	李湘凯	李玉开
盘龙村	13	479	1941	1793	—	24000	朱忠民	朱忠民
春塘龙村	31	1356	5028	3678.8	2030	23800	刘国华	刘国华
巨洲村	8	423	1726	1386	800	18000	罗雪平	罗雪平
合　计	120	4760	17610	13216	7339.8	26312.5		

（欧阳芳）

谭桥街道

【概况】

谭桥街道位于县城南郊，洣水河南岸，总面积59.21平方千米。共辖11个社区（村），228个居民小组，总人口35017人。有小（2）型水库4座，村级卫生室11家，小学4所。

2021年，完成1620亩种植结构调整，落实460亩休耕耕地复耕，治理抛荒复耕460亩；新造油茶林100亩，发展高效特色产业600多户1500余亩；培育科技示范户水稻8户、油茶3户，完成1.4万亩早、中、晚稻的农业保险投保任务。辖区内规模以上工业总产值3103万元，完成税收3200万元，实现财政总收入1465万元，社会消费品零售额12.61亿元，城乡居民人均可支配收入25498元。

【民生改善和社会保障】

落实农村最低生活保障制度，全年救助特困人群178人，发放救助资金31.44万元；扶贫车间吸收低收入人群再就业19人，新增17个公益性岗位，组织4次贫困劳动力招聘会，组织2次技能培训参训180余人；养老保险待遇核查回头看追缴回稽核资金243931元；开展农村房屋普查共18614栋，督促存在问题的住房做好修缮，保障群众住房安全；完成城乡居民养老保险10919人，总缴费金额258.31万元，人均缴费额236元，参保率90%；完成城乡医保24589人，参保率92.53%。

【基础建设】

完成四桥施工便桥建设与桥头征拆工作；完成谭桥大道项目征拆工作扫尾；启动谭桥街道代建回购区内排水、排污、护坡等基础设施建设；启动谭桥污水处理厂厂区主体建设工作，铺设约7千米管网；完成城南防洪堤建设竹丰段400米、东塔段400米，马址陂段修筑高出水面约1米；完成郴州—株洲输电工程塔基建设和线路架设，区域内基础设施建设不断完善。洣水四桥11号地块棚改项目签约3户，项目房屋签约工作清零，施工便桥重新架设，完成桥梁桩基础建设。

投入43.5万元完成谭洲、苏江、流和等社区（村）的山塘实施防渗硬化、水渠疏浚硬化、水塘清淤。投入290余万元完成东塔社区、流和社区高标准农田改造项目；投入22.5万元完成大和、马址陂、万美、苏江小水源供水能力恢复工程项目。投入116.25万元完成谭洲、东联、苏江、流和、谭桥水稻种植区小型基础设施建设项目；完成万美、东联、谭桥、竹丰等社区（村）共3.5千米长农村道路提质改造项目；完成17口山塘清淤防渗工程。

【生态环境建设与安全维稳】

开展“五治理一革命”行动，治理垃圾2500吨、污水3.5万吨、空心房5间、发出殡葬改革宣传单1万份、完成“厕所革命”改厕950个。开展打击非法采沙专项行动5次，进行“千吨万人”饮用水源保护工作，对谭桥社区境内的11家手工豆腐作坊和1家酒作坊进行排污督查整治大行动。防治大气污染，开展垃圾、秸秆等禁烧整治行动，防治建筑施工、砂石场、道路扬尘等面源污染。

对辖区内的烟花鞭炮销售店和仓库进行安全排查，开展交通和校园周边环境整治，全年零风险零事故；排查矛盾纠纷60起，司法所调处22起，村内调解38起，调解率100%。

【基层党建】

加强党员干部政治思想教育。党工委理论中心组组织学习12次，党工委书记讲党课4次，现场教学2次；组织“新春第一课”和机关社区（村）干部业务培训。举行庆祝中国共产党成立100周年系列活动，开展党史学习教育，举行微宣讲活动12场次，举办年轻干部学习班、谭桥街道“百年风华 株洲力量”演讲比赛、谭桥街道“六十佳”和“两优一先”评选活动。6月，与县县住房保障中心等相关部门，就同乐湖小区与物业所产生的矛盾纠纷进行入户走访和问卷调查。多方面了解矛盾实情后，组织召开业主代表大会，动员换届选举工作，推选新一届有责任心的业主委员会；成立同乐湖小区党支部，推广新型社区党建引领共建共治模式，促进小区治理和文明建设。

【新冠肺炎疫情防控】

配合县政府及有关部门，在24小时内建成方舱接种点，方便群众就近接种疫苗，全街道落实疫苗接种26282人次。落实好常态化疫情防控措施，做好群防群控、动态跟踪，即时处置各类疑似输入风险。做好7月底株洲市云龙示范区和10月下旬攸县县城出现确诊病例后防控阻击工作，守住“外防输入、内防反弹”底线。组织党员志愿者发放宣传资料达2万份，疏散聚集人群700多场次，做好人员摸排、核查中高风险返乡人员、护送对象到集中隔离点医学观察、落实居家隔离观察措施、组织全员核酸检测、抓好公共场所消毒、管理，全街道无一输入、疑似、确诊病例。

【谭桥污水处理厂工程建设】

改善河流水体环境，攸县博世科水务有限公司投资在谭桥街道建设污水处理及配套管网工程。计划占地面积7000平方米，管网铺设总长约12千米。2020年年底完成设计规划、地勘、征地工作。2021年协调处理业主单位与村组关系，顺利推进管网铺设及占地补偿工作，完成管网铺设7千米，完成进出厂道路建设，启动厂区主体工程建设。

2021年度谭桥街道村（社区）基本情况表

表9

社区(村)	村民小组（个）	户数（户）	人口（人）	耕地面积（亩）	粮食总产量（吨）	人均纯收入（元）	党支部书记	村(居)委会主任
谭桥社区	20	3259	6935	1067.08	480.19	25808	张建华	张建华
东塔社区	32	1251	3860	2417.04	1087.67	26487	张新球(市派书记)	肖向阳
谭洲社区	32	998	3803	1936.45	871.4	26284	武志华	武志华
竹丰社区	11	409	1687	811.52	365.18	24522	陈风飞	陈风飞
流和社区	22	727	2480	1851.44	833.15	26298	王秋林	王秋林
东联社区	18	776	2988	2127.04	957.17	25598	周明华	周明华
苏江村	19	550	2151	1825.29	821.38	24932	苏曼乃	苏曼乃
苏洲村	20	699	2976	2850.87	1282.89	25235	陈湘林	王四龙
马址陂村	13	548	2076	1045.82	470.62	24426	李建国	李建国
大和村	21	739	2893	1342.32	604.04	24514	李黄德	李黄德
万美村	20	814	3168	1815.1	816.8	24600	胡　义	胡　义
合　计	228	10770	35017	19089.97	8590.49	25498		

（刘慧青）

鸾山镇

【概况】

鸾山镇地处攸县东部山区，东与江西省萍乡市莲花县交界，南与茶陵县八团乡接壤，省道S535贯穿全境；辖14个村、2个社区，162个村（居）民小组，总人口27250人。全镇总面积259.78平方千米；耕地面积23310亩，其中水田19265亩；林地面积27.88万亩，森林覆盖率84%。全年规模以上企业工业总产值2.9亿元，实现财政总收入3380万元，同比增长9.86%；固定资产投资2.13亿元。

全镇有中学1所，小学5所，公立幼儿园1所，民办幼儿园3所，在校中、小学生1828人，教职工114人。有卫生院1所，全院职工65人，村卫生室15所，个体诊所6所。有敬老院1所，集中供养人员18人。

【旅游开发建设】

进一步加强旅游景区开发建设，与福建客商开展合作，受赠价值300余万元樱花树，开启“十里樱花景观园”项目建设。提质改造东冲兵工厂和南岸列宁室2个国家级文物保护单位。引进攸福集团1000万元投资，在桃源村原有旧村部的基础上建成“桃栖山居”精品民宿，成功带动更多村民返乡投身民宿产业，桃源村民宿酒店规模从六七家增加至20余家。全镇初步形成“南岸列宁室—三联十里樱花景观园—‘桃源山居’特色民宿—东冲兵工厂”的全域旅游布局。

【农业产业发展】

建设老漕片区等8个稻油轮作示范点，示范片面积合计4000亩。投资400万元进行移民楠竹加工项目，发展竹木加工企业3家，企业年产值超过500万元。大力发展现代山地高效农业，做优做强黄桃、猕猴桃等多品种、小规模、高品质的特色产品，在江冲村、新漕社区黄桃猕猴桃种植基地，实现黄桃种植1000亩，猕猴桃种植面积320亩。鼓励发展集体经济，对咸周村集体经济合作社、韵鸿楠竹专业合作社等10家集体经济组织合计奖补51万元。发放38户自主发展产业的脱贫户奖补资金约10万元。

【脱贫巩固和乡村振兴重点帮扶】

持续做好脱贫攻坚与乡村振兴的有效衔接，建立健全防返贫动态监测和帮扶机制，通过风险化解协同联动，有效保障11户监测户生活水平；雨露计划资助贫困学生38人，发放补助金5.7万元。投资1050万元，为新和地质灾害红线区内受灾群众在镇区完成29栋集中安置区建设。9月，在咸周村建成镇垃圾转运站，满足垃圾减量化处理的需求。镇污水处理厂于9月底在江边村如期竣工并投入运营，有效解决鸾山镇5000余人正常生产生活污水处理问题。加快推进“厕所革命”，完成改厕任务450户。

【农业基础建设】

投入1549万元，对8个村首先进行高标准农田项目建设，完成桃源等9个水稻种植区小型基础设施项目建设，完善农田灌溉，解决渠道防渗和水利死角，改善农业生产生活条件。新修道路3.7千米。投资160万元，完善电网建设，新增变压器2台，改造低压线路30千米。完成大塘冲山洪沟项目规划设计，项目资金350万元。

【安全生产】

完善应急管理体系建设，强化安全生产和应急管理，抓牢重点煤矿、非煤矿山等领域17家企业的安全管理。加大巡查监管力度，全年共计组织派出所、市管所、国土所等单位开展安全大检查4次，矿山企业日常监管46次，日常巡查170余次；对全镇6家煤矿安排专人实行24小时监管。对全镇40余家废弃、关闭退出井口进行专项整治，排查安全隐患130余处，并全部整改到位。2021年获株洲市安全生产工作先进单位。

【新冠肺炎疫情防控】

全县疫情防控阻击战期间，党员干部职工始终战斗在第一线，广泛宣传，深入摸排，对161位三类人员采取“四包一”的网格式管理。镇村（社区）干部严格落实常态化防疫措施，严格重点场所管理，推进疫苗接种工作，新冠疫苗全程接种率93.6%。

2021年度鸾山镇各村（社区）基本情况表

表10

社区(村)	村民小组(个)	户数(户)	人口(人)	耕地面积(亩)	粮食总产量(吨)	人均纯收入(元)	村党支部书记村(居)委会主任
建新社区	4	595	1120	167.4	75.3	32579	刘新荣
琴陂村	8	336	1295	323.8	145.7	31254	林思南
咸弦村	10	433	1592	1228.1	552.6	30151	吴胜春
咸周村	6	276	1010	633.7	285.2	31261	尹志硕
新和村	9	353	1329	795.3	357.8	31150	尹祥志

续表10

社区(村)	村民小组(个)	户数(户)	人口(人)	耕地面积(亩)	粮食总产量(吨)	人均纯收入(元)	村党支部书记村(居)委会主任
东院村	18	828	3020	1697.7	763.9	30244	刘宏伟
上垅村	14	647	2363	1720.3	774.1	31110	刘喜平
江冲村	10	341	1130	454.9	204.7	31001	刘勇义
江边村	11	522	1918	1927.9	867.5	32191	谭飞跃
龙会村	4	536	2050	1387.9	624.5	31286	刘志坚
南岸村	15	691	2745	2538	1142	32319	陈艳午
皮佳村	9	361	1404	1562.4	703	32431	皮平广
三联村	9	317	1109	1043.1	469.4	30253	洪建波（1—10月） 洪文辉（10月任）
桃源村	10	377	1456	1347	606	32619	洪奉鹏
新漕社区	15	568	1935	2481.7	1116.7	32422	张卫平
老漕村	10	468	1774	1886.4	848.9	32157	李新建
合　计	162	7649	27250	21195.6	9538	31514	

（文　静）

黄丰桥镇

【概况】

黄丰桥镇位于攸县东部，地处攸县与江西省萍乡交界处，由原黄丰桥镇、兰村乡、柏市镇合并，境内有7个村（社区）分别与江西莲花六市、萍乡白竺、广寒坪三乡接壤，是全县最大的乡镇，土地面积350.1平方千米。镇内储有煤炭约3亿吨，有煤矿17家（含2家省属煤矿）、石料矿6家，林地面积39.8万余亩，国有林场3家，受保护古树名木260株。全镇地处攸水源头区域，三面环山，自然风光优美宜人，人文底蕴厚重，旅游开发潜力较大。

全镇下辖20个行政村、2个社区，295个村民小组，总人口34770人。有普通中小学校9所，在校学生2932人，在编在岗教职工131人；有卫生院2家，敬老院1所。2021年，全镇共完成规模以上工业产值1.92亿元，引进总部经济2600万元，完成固定资产投资1.2亿元。

【产业发展】

按照“兰村片发展种植业、柏市片发展养殖业、老黄丰桥片发展康养休闲”的发展规划积极谋求产业转型。一是打破煤炭产业发展僵局。稳妥推进煤矿分类处置，引导5家煤矿有序关闭退出，有煤矿17家，5家煤矿恢复技改整改，4家煤矿技改设计方案获批复，3家煤矿引进外资重组。二是扩大特色农业发展规模。全年治理耕地抛荒4000余亩，稳定粮食播种面积2.16万亩，实施稻油轮作4000亩，完成10个村1.5万亩高标准农田建设。黑木耳种植辐射带动全镇5个村，鲈鱼养殖规模增加投资1000万元，开始凸显效益。三是提升发展全域旅游业。致力开发建设以生态体验、康养休闲、农业观光等为主的休闲旅游区。继续注重宝宁寺、广寒寨、欧公山等景点的开发建设和宣传推介，不断完善景区基础设施配套；基本完成泉塘幽谷“神奇湘东”景点改造升级一期工程，逐步完善“周末两日游”方案，以墙背“石岸花谷”为代表的民宿产业成型并不断壮大。

【民生改善和社会保障】

以“应保尽保、应退尽退”为目标，全年登记农村低保694户，1325人，城镇低保30户，50人，特困分散供养人员141人，集中供养35人。发放城乡低保资金448.4万元，为退役军人、硅肺群体、重点优抚对象等群体发放民政临时解困和救助资金110.2万元。全年开展关爱留守儿童活动9次，共计发放物资10000余元，惠及“事实无人抚养”儿童7人，孤儿3人、困境儿童30人。扶持残疾人阳光增收10人，为6户残疾户申报无障碍改造民事实事，完成残疾人换证1680人，开展就业技能培训10次，带动就业300余人。参保城乡居民养老保险22288人、参加城乡居民医疗保险18257人。

【脱贫巩固和乡村振兴】

开展3轮五类人员集中走访摸排，核实消除726个返贫风险点，引导全镇2020年脱贫户和有致贫风险的边缘户全部与县重点企业振源农业联结，签订5年重点产业帮扶项目合同，确保全镇上年脱贫的85户195人全部无返贫风险。组织开展各项就业技能培训8个班次，培训受益人员400余人。申报脱贫攻坚入库项目192个，其中村基础设施类160个、产业项目类32个，累计下拨36个乡村振兴项目资金375万元。完善村级文化服务场所管理，配送图书3520册、文化器材2套，完成全镇22个村（社区）共62个旅游单体普查。新申报“门前三小”示范点2个、普通点10个，组织开展新时代文明实践活动100余场，参与群众近10000人次，丰富人民群众文化生活。

【人居环境整治】

常态化开展“五治理一革命”，高质量完成11个垃圾分类示范村（社区）达标创建，新建垃圾中转站1座并投入使用，全年累计处理垃圾3600吨。投入资金120万元，与22个村（社区）分别签订垃圾托运合同，建立镇、村垃圾清运市场化运作模式。开展“农村生活垃圾治理大整治大提升专项行动”和“村庄清洁行动主题整治月活动”10余次，全年给村（社区）当场下达整改意见书51份。投入资金97.5万元，完成农村厕所改造650户。深入推进“河长制”巡河工作，全面排查河道“四乱”7次。严格落实镇区建设统一规划制度，共拆除违章建筑4例，拆除面积达640平方米，因超面积建房下发停建告知书8份，拆违控违工作两个季度获奖。

【基础建设和争项引资】

采煤沉陷区避险安置项目完成前期征地和规划设计，墙背村主干道“刚改柔”、泉塘村X002路基拓宽改造完工，完成其他村（社区）道路提质改造4.3千米。实施5个村惠及约2000人口的农村安全饮水项目，启动燕山水库除险保安项目。按期完成“湘赣边乡村振兴”项目中组道路提质改造、水渠清淤、桥梁改造等工程任务。完成黄丰桥中学铺设塑胶操场和6所小学食堂改造；争项引资230余万元，对柏市卫生院进行改造，建成医院硅肺专科楼；黄丰桥敬老院二期项目通过考核验收，成为攸县可达省标的乡镇样板敬老院。全年镇、村两级争取各类项目资金5870万元，3家煤矿企业招商引资投入1.2亿元。

【综治维稳】

明确综治工作责任，全力做好重大节假日维稳工作。全年集中开展矛盾纠纷和不安定因素排查60余起，稳控处置群体事件5起，受理调处各类矛盾纠纷170余起，矛盾纠纷调处成功率90%以上。全年受理办件市、县长热线140余件，按时办结率100%，实现群众诉求件件有着落、事事有结果。

【基层党建】

强化党建引领作用，加强党员政治思想学习教育，开展省、市、县党代会和“两会”精神大宣讲12次。推进党史学习教育，组织党史学习教育专题研讨4次。推进基层党组织建设，新发展预备党员23名、入党积极分子31名，党组织力量不断壮大。完成22个村（社区）换届工作，成功转化1个软弱涣散基层党组织。不断完善基层阵地，启动2个便民服务中心建设，推进3个党建示范村创建，并投入80万元建成凤岭公园示范点。加强党风廉政建设，坚持一周一调度、一月一例会、一季一考核。正风肃纪，开展廉政教育学习3次，处理问题线索33条，立案7件，处分13人次。

2021 年度黄丰桥镇各村（社区）基本情况表

表 11

社区（村）	村民小组（个）	户数（户）	人口（人）	耕地面积（亩）	粮食总产量（吨）	人均纯收入（元）	党支部书记	村（居）委会主任
严　塘	10	358	1220	425.36	—	14583	阳秋华	阳秋华
宝　宁	16	543	1849	687.16	—	16654	高石荣	高石荣
东岳山	9	310	1048	358.74	366.4	15263	魏余	魏余
丰　垅	14	588	1804	580.78	468.12	16522	颜爱平	颜爱平
兴　旺	14	506	1485	988.22	700.24	15744	王志强	王志强
广　和	16	746	2310	1281.7	877	14303	李雪华	李雪华
阁前社区	9	798	1679	631.99	399.3	18562	贺海	贺海
万　新	13	432	1522	1168.5	530.1	18966	邓建勇	邓建勇
杨　丰	23	538	1897	1172.58	766	15001	杜德华	杜德华
石　联	11	304	1164	857.37	513.2	18023	许洛华	许洛华
满　江	22	576	2040	1343.65	763.9	15664	谢雄明	洪升红
晓　曙	13	370	1315	1019.2	611.89	14882	尹建韶	尹建韶
塔　前	24	722	2441	1614.55	—	15996	谢一平	谢一平
泉　塘	9	412	1294	1669.28	863.2	16398	肖思	肖思
凤　塔	11	457	1383	1500.7	1043.1	14956	谭忠玉	谭忠玉
富　头	6	202	672	748.11	500.7	11263	邱湘林	邱湘林
温　水	6	256	897	929	514.9	15674	张雄伟	张雄伟
中　洲	17	620	1908	1711.2	1066.2	17633	文志芳	文志芳
湖　厂	11	393	1337	1686.2	904.2	14321	何文德	何文德
樟　井	11	456	1471	1735	1035.3	16522	陈望顺	陈望顺
墙　背	9	385	1236	1403.79	836.2	17831	刘观云	刘观云
柏市社区	21	917	2798	2774.9	—	20995	赵新跃	赵新跃
合　计	295	10889	34770	26287.98	12759.95	16171		

（张继柱）

酒埠江镇

【概况】

酒埠江镇位于攸县东部，全镇土地总面积 146.2 平方千米，辖 13 个行政村（社区），151 个村民小组，9703 户，总人口 30014 人。辖区内有国家 AAAA 级旅游景区——酒埠江旅游风景区、国家级大（2）型水库——酒埠江水库。2021 年，全镇完成财政总收入 3499.63 万元，总部经济完成 2100 万元。全镇新增规模以上企业 2 家，共计规模以上企业 22 家，工业生产总值 10.5 亿元；社会消费品零售总额 1.73 亿元，服务企业营业收入 6.2 亿元；社会固定资产投资 1.42 亿元。农村居民人均可支配收入 28988 元。全镇疫情防控、招商引资、乡村振兴、食品安全、文明建设等 5 项工作获评 2021 年度攸县先进单位，酒埠江村获 2021 年度“市双文明村”“县双文明村”称号，酒仙湖村被授予市级美丽乡村示范村称号。

【旅游开发建设】

根据县委、县政府决策部署，酒埠江镇继续瞄准创建国家休闲旅游度假区和省级全域旅游示范区目标，持续推进酒埠江生态新镇建设。一是加快推进重点项目建设。完成游客服务中心停车场区域遗留地块和隧道连接线地块的前期手续，启动环湖游道177亩征地补偿工作，协调推进酒埠江自来水厂的搬迁和建设，完成酒埠江污水管网建设并试运营，启动酒埠江镇医疗康养项目建设。二是加大旅游景区宣传推介力度。成功举办湖南省红色旅游文化节、第四届酒仙湖桐花节、株洲市秋季乡村文化旅游节等大型节会赛事活动。酒仙湖景区全年接待游客17.44万人次，增长25%，酒仙湖村入选“全国乡村旅游重点村”，九歌、隐沫、同城、鹏泰等大型酒店商业超市先后入驻官田邑商贸城。三是深度挖掘文化旅游资源。结合酒埠江镇资源禀赋和产业特点，抓好文化旅游、红色旅游、康养旅游、研学旅行等旅游新业态发展，推出“三打官田”“三张收据”“大坝精神”酒文化资源、“五小工业遗址修复”等本土文化景点建设，建设特色民宿接待点和乡村旅游休闲带，全镇建有特色民宿接待点65家，酒埠江龙泉开发旅游有限公司获评国家四星级休闲农庄，旅游市场主体规模进一步扩大。

【农业发展】

全年稳定粮食播种面积1.4万亩，建设粮食生产1000亩示范基地和300亩高档优质稻示范片，推广机插秧机抛秧3000亩，稻油轮作8000余亩，治理耕地抛荒1486亩，其中联塘村汤家组50亩抛荒治理得到省市农业部门的肯定和好评，创建攸县酒峻种养农民合作社联合社，并以该农联社为龙头，在全镇发挥示范带动作用。

【乡村振兴重点帮扶】

推动巩固脱贫攻坚成果同乡村振兴有效衔接，成立酒埠江镇乡村振兴战略领导小组，加大酒仙湖、大田等5个村重点的乡村振兴帮扶力度，落实防返贫监测，稳固脱贫措施。坚持项目安排精准、资金使用精准，提升项目带贫减贫成效。扶贫项目入库93个，乡村振兴项目8个，其中产业扶贫项目3个，“双基”建设项目5个。全力支持新型农业经营主体带动脱贫户发展产业，扶持壮大“慈峰有机茶”“普安桥葡萄”“大芹有机蔬菜”“柘桑研学基地”等特色产业，完成5个项目基地申报，带动全镇77户208人，实现全镇有就业能力贫困劳动者312人转移就业，开发乡村两级公益岗位13个，实现50户脱贫户自主发展产业，获县奖补11.6万元。

【基础建设】

集中力量抓好涉农项目建设，涉及9个村的小农水基础项目建设全部通过验收，完成大田村龙潭冲饮用水源改造，实施普安桥、酒仙湖、大芹3个村小水源提升项目6个，建设农村机耕道路18千米。投入资金38.9万元，完成2020年度5个村的移民避险解困项目扫尾工程。完成2021年第一批移民“十四五”规划项目建设，涉及11个村，项目资金117万元。完成天然气中燃管道酒埠江段建设，镇区工业路全程亮化，加速推进东田农贸市场建设。

【人居环境整治】

扎实推进“五治理一革命”，采用政府主导、统一招标运作方式完成改厕356户。按照“依规划建设，依法律审批，依程序管理”原则，审批发放乡村建设规划许可证55户，拆除新增非法违建3处，危房改造1户；完成房屋建筑物普查15820栋，摸排调查出租房屋105户，整改销号第二轮中央生态环境保护督察交办问题1个。坚持“守河有责、护河尽责”工作理念，镇村河长全年巡河684次，发现并整改问题130宗，打造黄竹冲示范河，镇河长办获“株洲市河长制先进集体”。加强动物防疫常态化排查和农产品质量监管，完成2020年度13个养殖场畜禽粪污资源化利用整县推进项目建设任务。

完成人工造林700亩，其中油茶新造300亩，村级道路绿化18千米，落实杉林抚育项目支持600亩，天然保护林补助项目1.1万亩。开展防火演练，出动防火宣传车10次，发放禁火令7600份，杜绝森林火灾的发生。

【民生改善和社会保障】

开展精准救助低保“评改算”试点工作，全镇低保人员511户900人，特困供养人员112人。高效完成养老保险待遇核查“回头看”任务，核查整改275人，追缴资金37781.89元。发挥社会救助作用，发放临时救助金42.4万元，临时救助重病重残、退役军人248户。发动社会力量募捐慈善资金近10万元，用于民生保障。实施农村脱贫劳动力就业援助计划，安置脱贫劳动力就业8人。推进农村养老行动计划，建设"全国示范性老年友好型社区"1个，"长者之家"示范点2处。落实民生实事，投入20万元对敬老院进行修缮改造。

加强乡风文明建设，推进殡葬改革，建成"门前三小"普通点7个、示范点1个，全年开展新时代文明实践活动44次，各项文艺活动20余场，进一步活跃群众文化生活。

【综治维稳和新冠肺炎疫情防控】

深化乡村治理，常态开展扫黑除恶专项斗争，建立矛盾化解调处工作机制，酒埠江柘桑村被评为全市平安建设示范村。扎实开展安全生产专项整治三年行动，加大对重点领域、重点企业的安全监管和风险预警。全年联合开展专项整治12次，实现酒埠江大坝全年"零"野泳人员目标。开展拖拉机顽瘴痼疾整治，完成变型拖拉机报废拆解任务15台，确保变型拖拉机整治全部清零。举全镇之力打赢疫情防控歼灭战，成功实现"零外溢、零扩散、零感染"目标，全镇累计完成12岁以上疫苗接种14457人。

【基层党建】

加强党员的政治思想教育。落实"第一议题"制度，学习贯彻中共十九大、十九届历次全会及省市县党代会精神，开展党史学习教育，引导党员在"学"中知党史、在"讲"中感党恩、在"践"中炼党性。全年开展理论中心组集中学习13次，县党代会精神宣讲10次，颁发"光荣在党50年"纪念章163枚，完成"我为群众办实事"重点项目3个，人大代表票决民生实事项目4个。

加强基层组织建设。落实党建第一责任和意识形态工作责任制，全面做好农村党组织发展党员违规违纪问题排查及整改，排查中共十八大以来发展党员166人，通过自查、集中排查和联合筛查发现并整改问题8条。按照"控制总量、优化结构、提高质量、发挥作用"原则，全年新发展党员17人，转正12人，党员队伍进一步壮大。有序组织选举产生镇党代表101人、县党代表9人、县人大代表12名、镇人大代表65名，镇党委会、纪律检查委员会及镇人大主席、镇长、人大副主席、副镇长均全票当选。

加强党员干部作风建设。强化党风廉政教育，全年开展专项督查6次，处置问题线索4件，立案4件，组织处理4人，督查覆盖率、线索办结率和问题整改率均实现100%。及时回应群众诉求，把握舆论主动权，村级微信群收集并解决群众诉求276件，通过市长热线、红网和百姓呼声等回复140余件，群众满意度进一步提高。

2021年度酒埠江镇各村（社区）基本情况表

表12

社区（村）	村民小组（个）	户数（户）	人口（人）	耕地面积（亩）	粮食总产量（吨）	人均纯收入（元）	党支部书记	村（居）委会主任
酒埠江	12	877	3018	1814	1058	32657	谢德荣	谢德荣
白石冲	7	451	1599	1225	710	31615	易　忠	易　忠
大　田	18	828	3119	2719	1679	30859	艾国华	艾国华
慈　联	13	683	2482	2486	1414	32574	王立雄	王立雄
黄　竹	9	542	1793	2217	1236	30785	欧小兵	欧小兵
木　联	15	677	2409	2354	1355	31831	刘卫兵	刘卫兵
大　芹	13	699	2403	2307	1327	32584	袁金荣	袁金荣
普安桥	14	786	2682	2449	1422	32514	黄祖翔	黄祖翔

续表12

社区（村）	村民小组（个）	户数（户）	人口（人）	耕地面积（亩）	粮食总产量（吨）	人均纯收入（元）	党支部书记	村(居)委会主　任
联　塘	13	573	1971	1934	1121	32568	文志刚	文志刚
柘　桑	6	410	1179	979	531	32138	贺吉辉	贺吉辉
酒仙湖	14	627	2009	1125	629	32417	曾爱武	曾爱武
东　田	9	948	2543	785	449	30465	谢罗辉	谢罗辉
江　北	8	1602	2807	0	0	30867	陈　平	陈　平
合　计	151	9703	30014	22394	12931	31837		

（欧艳飞）

网岭镇

【概况】

网岭镇是攸县的工业重镇，被列为“全国重点镇”、市推进新型城镇化试点镇。全镇辖23个村（社区），564个村民小组，总人口70080人，镇区人口1.68万人。土地总面积236平方千米，耕地面积75783.3亩，镇区面积10平方千米。2021年，全镇实现地区生产总值113.5亿元，完成社会消费品零售总额43.02亿元，完成固定资产投资1.4亿元。继续保持“省文明村镇”“省第三轮小城镇建设示范镇”、市“十强乡镇”、市人居环境整治“十佳乡镇”称号。2021年新增规上企业5个，完成规模以上工业总产值84.9亿元。以旭日陶瓷、华润水泥、乐鼎环保等一批重点龙头企业为基础的“绿色建材产业园”格局基本形成。挖掘六十分革命烈士墓群红色资源，结合省非遗项目槚山皮影，初步构建文旅融合发展新局面。发展以罗家坪研学基地、健坤农业学生基地为代表的研旅产业，全年共计接待学生超3万人次，经营收入突破1200万元。继续抓好粮食生产，复耕复种抛荒田、休耕田7110余亩；水稻种植（单、双季稻）面积61172亩，全镇粮食总产量51684吨。推进种植结构改革，实行水、旱作物轮作，全年改种作物面积3951亩。

【民生保障和乡村振兴重点帮扶】

全年解困90多人次，投入救助资金20万元。全面落实资助重点救助对象参保缴费政策，2021年度医保缴费人数达53345人，参保比例排在全县前列。

建成产业帮扶基地48个，全镇7家村集体经济组织、6家企业帮扶车间获得产业奖励，奖补金额达85万元，带动1143名脱贫人员实现就业，168名贫困学生享受“雨露计划”政策补助，实施危房改造4户。巩固拓展脱贫攻坚成果同乡村振兴有效衔接，有效推动罗家坪、里旺、北坪村完成湘赣边乡村振兴示范村创建。

【综治维稳】

坚持共建共治共享的社会治理格局，开展“控增量、减存量、消变量”综治专项工作，全年化解矛盾200余起，重大矛盾纠纷13起，防民转刑3起，调处金额达1000万元以上。重点管控涉毒等人群。

【基础建设】

完成工业西路提质、槚山农贸市场改造、沙河治理等群众“急难愁盼”民生实事。启动镇区天然气管道项目工程，村级道路拓宽路基成型9千米。除险加固小（2）型水库2座、水渠冬修5000余米、水渠防渗4000余米，实施小水源供水能力恢复工程，恢复9口山塘供水能力，完成4处坡坝维修。投资6000余万元，建成1100个学位的芙蓉学校并投入使用；新建“门前三小”12处，改（新）建农村户用无害化卫生厕所1680户。加大违法建设整治力度，全年下达停建通知书28户，拆除违建11处，5216平方米。妥善解决网岭循环经济园遗留问题81个，完成远大水泥安置区建设桩基工程。

【生态环境治理】

开展人居环境整治专项行动，清理陈年垃圾300多处，处理生活垃圾900多吨。新配垃圾桶33661个，新建垃圾中转点25个，新增村垃圾转运车辆34台，处理上级环保类交办案件53起，全镇污染治理攻坚战得以扎实推进。

【基层党建】

围绕中共十九届六中全会和习近平总书记“七一”重要讲话精神，组织专题学习12次，开展各类宣传活动30余场次。利用“红星云”“学习强国”“干部在线教育”等学习平台推动学习常态化，累计培训学员9000余人。完成镇村换届，选优配强村（社区）干部117名，创建“五化”支部25个，株形村软弱涣散党组织成功摘帽。加强党风廉政建设，灵活运用“四种形态”，依法依规办案，全年共计受理上级和本级问题案件18件，办结案件15件，给予党纪处分12人（其中1人开除党籍），提醒、诫勉谈话6人，批评教育7人，持续推动监督下沉，监管落地。深入治理“微腐败”，在全镇范围开展作风专项监督检查38次，发现纠正整改类问题8个。

2021年度网岭镇各村（社区）基本情况表

表13

社区(村)	村民小组（个）	户数（户）	人口（人）	耕地面积（亩）	粮食总产量（吨）	人均纯收入（元）	党支部书记	村(居)委会主任
罗家坪	32	1286	4541	5239.35	3573.2	28990	欧国胜	董爱荣
里旺	36	1116	4000	5824.2	3972.1	23650	邓经豪	王志敏
涟滩	23	1099	3378	3985.5	2718.1	22680	王正中	王新建
宏大	43	1692	4732	4968.75	3388.7	24320	罗新恒	邱晓兰
江塘	29	1062	3552	4857.6	3312.9	17350	吴齐文	罗新生
北联	34	1077	3490	4649.85	3171.2	18630	文育新	李正华
兴和	23	879	2856	4213.2	2873.4	19870	彭跃飞	彭理强
北坪	17	752	2999	4248.3	2897.3	24120	刘福元	占运兵
笙塘	22	687	2388	3663.9	2498.8	19542	吴旭日	罗铁宾
洞井	42	1787	5012	5091	3472.1	36890	唐三军	吴志平
甘溪	8	2659	3908	—	—	39070	谭衡武	谢宇豪
大瑞	23	615	2490	3043.95	2076	22610	邱泉水	谭雨顺
宝山湖	21	411	1645	1355.7	924.6	19730	林青	何凤
灯笼桥	19	471	1911	1783.05	1216	19570	欧湘林	李楚华
沙峰	17	559	1942	2018.55	1376.7	23650	易国全	彭勇
龙蟠洲	28	683	2652	2152.35	1467.9	17480	王湘云	易雪合
湖沙垅	22	635	2520	2633.85	1796.3	18940	刘正明	易良武
横山社区	29	1456	3958	2641.35	1801.4	19120	龙平华	欧石军
株形	23	914	3279	3549.45	2420.7	18320	刘红兵	陈曼云
网金	16	539	1981	2468.4	1683.4	18460	欧阳根云	吴辉
武仓	15	447	1540	1750.8	1194	20310	江春华	易伟星
伏陂	23	671	2585	2777.85	1894.5	19430	张武华	刘军
巷口山	19	759	2721	2866.35	1954.9	23760	朱余良	谢兰芳
合计	564	22256	70080	75783.3	51684.2	23555		

（谭妩媚）

皇图岭镇

【概况】

皇图岭镇位于攸县北部，列入全国重点镇、全国第二批特色小镇（共享农业特色小镇），保持“国家农业产业强镇”“全省百强镇”“文明镇”称号。辖24个村、2个社区，18670户，总人口74894人，其中镇区人口2.5万人。全镇总面积243平方千米，耕地面积59575亩，镇区面积2.1平方千米，境内共有中小学校7所，其中原皇图岭片区中心完小4所，市坪片区中学1所，完小1所，高枧片区九年一贯制学校1所，在职教职工296人，在校学生4543人。有县级医院1所，卫生院2所，医务人员297人。有敬老院1所,供养人员83人。

2021年，全镇实现规模以上工业增加值12.9亿元；完成社会消费品零售总额8.42亿元。完成固定资产投资2.36亿元；完成地方一般公共预算收入3606.68万元；完成总部经济税收2400万元。皇图岭镇获评湖南省应急能力建设示范乡镇和株洲市粮食生产先进单位。

【农业产业发展】

全镇治理耕地抛荒复耕面积0.34万亩。完成粮食播种面积11万亩，其中双季稻面积4万亩，优质稻面积5万亩。创建高产优质稻示范片7个，万亩双季稻示范片1个。粮食总产量6.3万吨。建成白日坳大豆种植、高枧脐橙、丹塘板垄生态农业、荫泉皇椒种植、市上坪蔬菜种植、界联中药材种植、河田麻鸭养殖等特色农业基地，培育60余家林下生态养鸡场。

【民生改善和社会保障】

全面落实社会救助、保障措施。完成城镇低保评审86户144人，农村低保评审789户1929人，共发放低保金49.20万元、特困供养金和照料护理费22.14万元、临时救助金60余万元。落实计划生育奖励扶助政策2222人、计划生育特别扶助政策84人、独生子女保健费政策73人、家庭医生签约服务27596人。城镇新增就业865人、农村劳动力转移就业18851人。

【生态环境建设】

全面推行生活垃圾分类处理，实施垃圾收运有偿服务；创建10个垃圾分类示范村，评选“最清洁农户”3000户、“最美庭院”766户。改（新）建农户厕所1089个，新建公厕2个。整改销号第二轮中央生态环境保护督察交办问题2个，在镇区新建污水管网2.5千米，完成饮用水源取水口治理215户，消除黑臭水体2处，治理畜禽养殖排污49家。加强农村建房规划管理，依法拆除违法建筑3处，拆除违法建筑5060平方米。农村“四类房”整治全面清零。开展植树绿化活动，完成人工造林1600亩，义务植树14万株。

【基础建设】

投资2000多万元完成1.6万亩高标准农田建设项目，除险加固小型水库3座，改造完善农村道路16.8千米。提质改造医疗教育基础设施3处。完成农村道路提质改造、高标准农田建设、沙河治理、皇图岭镇应急能力建设、“门前三小”建设等5个县人大代表票决民生实事项目。

【综治维稳】

积极化解矛盾纠纷，全年共调解矛盾纠纷163起，调处成功161起，调解成功率98.8%。开展安全生产“打非治违”专项行动和安全生产三年行动，全年共排查治理安全生产风险隐患17处，获评全省应急能力建设示范乡镇。

【精神文明建设】

开展党史学习教育，推进“我为群众办实事”实践活动，服务群众1万余人次，解决实际难题100多个。全年开展文艺演出6场，开展志愿服务活动63场次，举办电商赋能培训100余人次，满足群众精神生活的新期待，新建龙和等“门前三小”点10个。

【乡村振兴会战】

全镇申报省级乡村振兴重点帮扶村1个，省级乡村振兴示范创建村3个，湘赣边重点村5个，乡村振兴项目152个，培育2个百亩精细农业示范基地、2个百亩脐橙基地。26个村（社区）分产业、道路和水利等3个类型申报乡村振兴项目152个，争取资金582万元。香干产业园、精细农业园、抽水蓄能等重点项目有序推进。

【基层党建】

推进基层党组织建设，完成镇村党组织换届，新建“两新”支部1个，发展党员29名。组织新任两委班子各类业务培训23次，党组织书记讲党课79次。开展党史学习教育，组织理论宣讲28场、党史故事宣讲3场。坚持“一岗双责”和廉洁自律制度，加强党风廉政建设。强化镇纪委执纪力度，全年办结线索案件共14件，党纪立案7件，党内警告5人、党内严重警告1人、开除党籍1人。加强干部作风建设。坚持机关干部周例会制和重点工作、项目月调度公示制，完善镇村干部作风管理办法和工作考核办法。新建村级便民服务中心2个，“一门式”工作提质增效，全年办结事项399项。新冠肺炎疫情防控阻击战期间，运用“党建引领、互助五兴”模式，组建志愿小组105个，完成皇图岭大酒店集中医学观察隔离点各项工作任务。

2021年度皇图岭镇各村（社区）基本情况表

表14

社区(村)	村民小组（个）	户数（户）	人口（人）	耕地面积（亩）	粮食总产量（吨）	人均纯收入（元）	党支部书记村(居)委会主任
荫　泉	26	1076	3732	2630	1200	21000	王新华
龙　和	23	508	2488	1905	1143	26500	张建立
高　新	25	545	2293	2048	1024	28220	张铁成
共　和	16	425	2009	1915	1200	25000	谢展望
富　厚	23	756	3016	2596	1298	22000	陈德明
港　口	26	806	3039	3154.45	1892	28000	杨国东
新　联	28	664	2456	2650	1242	26600	王建成
丹　塘	19	667	2815	2720	1550	22000	李昌德
笔　和	34	1280	5280	4454.5	2050	23000	彭胜辉
皇　图	19	668	2672	1637.96	1517	28000	王庆华
皇　新	31	726	2966	2178	1430	26000	何　锋
西　街	11	1038	3029	100	—	30000	瞿艳民
金　塔	7	590	3060	—	—	30000	刘铁尧
山　关	12	446	1790	1317.46	741.6	22000	刘树平
芳　田	41	976	3626	4520	2475	23000	谭正国
李家铺	22	465	1710	1773	1063.8	23000	左卫阳
界　联	31	599	2370	2440.38	2814	22000	谭三促
高　枧	32	667	3226	2700.2	1273.5	24000	刘铁汉
新　乐	34	834	3433	2732.64	1500	22000	汤光卫
白日坳	27	556	2136	2418.8	1950	26000	谭小燕
长　华	19	418	1728	1628	1580	25000	杨桂祥
长　桥	31	651	2536	2425亩	2200	22000	丁子阳
河　田	42	1019	4039	3008.7	3800	22000	陈世云
麻　城	37	826	3268	3916	2350	26000	丁亚仁
市上坪	35	756	3688	2593.37	2723	26800	刘建珍

续表14

社区(村)	村民小组（个）	户数（户）	人口（人）	耕地面积（亩）	粮食总产量（吨）	人均纯收入（元）	党支部书记 村(居)委会主任
鹏　江	28	708	2489	2538	1369	26000	丁建新
合　计	679	18670	74894	59575	41385.9	646120	

（陈理灵）

宁家坪镇

【概况】

宁家坪镇位于攸县北部，沙河河畔，政府驻地宁家坪社区双联组，因驻地“宁家坪”而得名。2015 年 12 月，以原坪阳庙乡和原湖南坳乡为行政区域，合并成立新的宁家坪镇人民政府，辖区总面积 204.94 平方千米。辖 21 个村（社区），473 个村民小组，总人口 52247 人。

2021 年，全镇规模以上工业产值同比增长 7.7%，社会消费品零售总额为 3.3 亿元，同比增长 9.9%，农村居民人均收入同比增长 1.4%。完成财政收入 3909 万元，总部经济税收 2500 万元。

【农业发展和招商引资】

继续调整农作物种植结构。种植青贮玉米、香芋等粮食和经济作物 1.2 万余亩，其中青贮玉米 6000 余亩、香芋 3000 余亩、中药材 1200 余亩、芝麻 1000 余亩；种植高档优质稻 1.5 万余亩，创建早稻生产示范片 3 个、早专晚优示范区 2 个；种植油菜 3.7 万余亩，种植面积居全县第一，建立油菜县级示范区 2 个。成功引进金水沥青站投资项目落户，田安加油站和丹陵能源改扩建工程。青贮玉米产业园、香芋产业园、南湖山庄二期等项目达成落户意向。

【基础建设】

投入 1400 余万元，完成沙河河段改造 2300 米，防渗加固山塘、水库 16（座），完成农村道路绿化、硬化 23 千米。完成 110 千伏高压供电线路改造、镇区自来水管网架设、原坪阳庙水厂备用水源选址、丰辰自来水厂项目、杜口村饮水项目、原湖南坳水厂增容工程、镇区污水处理厂管网架设等一大批项目工程。

【民生、社保和安全维稳】

落实积极就业政策，举办劳动技能培训 13 场 630 人，组织参加招聘会 2 场 78 人。切实开展低保评审工作，全镇农村低保 760 户 1793 人，分散、集中供养五保老人 228 人。发放临时救助金 37 万元，救助 389 户。完成敬老院建设改造，进一步提升敬老院服务水平。

做好维稳和安全生产工作，全年实现安全生产事故零发生，获评 2021 年度全县维护稳定工作先进单位、全县安全生产先进单位。开展村级微信群工作，全年推送各类信息 3291 条，处理群内群众反映问题 256 个。全年调处各类民事纠纷 50 起，调解成功率 100%。开展道路顽障痼疾整治工作，开展超限超载“一盔一带”和“戴帽行动”路检 8 次。

【人居环境整治】

推进农村垃圾分类处理，整治非正规垃圾堆放点；创建双田村等 5 个村垃圾分类示范村，龙旺村通过县生活垃圾分类“首村示范过关制”验收。全面禁止露天焚烧秸秆，督查 43 家工业企业排放达标情况；排查河道清“四乱”6 次，处置各类问题 30 余次；全镇 10 条主干河流、15 座水库和 70 座骨干山塘全部管护到位。配合第二轮中央生态环境保护督察工作，整治 B41 县道沙洲里收费站治超点煤矸石乱堆乱放问题。2021 年度，宁家坪镇获评全县农村人居环境工作先进单位和全县污染攻坚先进单位。

【脱贫巩固和乡村振兴项目建设】

推进脱贫攻坚同乡村振兴有效衔接，全镇摸排识别监测户 61 户 82 人，镇村干部尽锐出战，实现监测户帮扶 100% 全覆盖。大力推进乡村振兴项目库建设，全年发展产业基地 23 个，申报乡村振兴项目 329 个，财政专项扶贫资金拨款168万元。

【乡村文明建设】

首创“志愿十到”模式，开展新时代文明实践活动200余次，服务群众6000多人。强化“门前三小”阵地作用，全年组织开展送文化下乡活动，送戏下乡21场次、送电影下乡63场次、送书下乡6300余册。持续深化“移风易俗”，通过村规民约对婚丧嫁娶简约化、规章化，进一步淳化文明乡风。

【基层党建】

学习贯彻中共十九届六中全会和省市县党代会精神，组建21个镇级宣讲队，实现全镇党员宣讲全覆盖。开展党史学习教育，在全县率先组织开展学党史演讲比赛、庆祝中国共产党成立100周年文艺会演和我为群众办实事活动，省主流媒体进行推介报道。开展农村发展党员违规违纪排查整顿，排查党员档案235本，问题档案全部整顿清零。加强软弱涣散整顿，大祥村采取“一村一策”成功“摘帽”。加强党风廉政建设，处置有关线索问题25件，立案6件，组织处理19人次。严格程序、严把关口、严明纪律，完成村（社区）“两委”换届、乡镇领导班子换届、县镇党代表和人大代表选举工作。进一步加强村干部队伍建设，组织开展村干部集中培训5次，整体提升村干部素质和能力。

2021年度宁家坪镇各村（社区）基本情况表

表15

社区(村)	村民小组(个)	户数(户)	人口(人)	耕地面积(亩)	粮食总产量(吨)	人均纯收入(元)	党支部书记村(居)委会主任
联和村	21	890	2527	2386	1088.2	20678	罗新成
宁家坪	31	908	3241	3444	2740.3	24500	王喜余
龙旺村	27	764	2568	2789	2007.2	17000	刘治国
坪双村	13	350	1182	1220	860	20000	谭三查
坪塘村	14	617	2009	1652	1165	28000	聂　健
坪台村	16	865	2726	2117	1445.3	21383	陈　健
黄公村	46	1308	4465	3850	3100	20000	吴松岩
双凡村	10	508	1741	1205	840	19500	王　敏
双松村	15	612	2029	1335	800	17000	曾桂珍
龙泉村	11	434	1422	1054	890	16900	吴云峰
笔武村	34	1019	3750	2963	1800	20530	刘　辉
排山村	25	656	2276	1013.1	748.4	25069	刘新乐
杜口村	13	458	1721	1245	860	18520	陈文军
龙田村	12	522	1852	2014.74	1220	18000	陈小军
下湾村	34	789	2814	2910	2086.3	21186	谭又星
双田村	24	535	1906	2022	1256.5	18586	丁宗豪
田心村	30	1158	3459	3200	1980.6	21500	唐　勇
大兴村	17	536	1774	1560	1405	18228	贺继美
大祥村	26	727	2470	2417	1600	17500	郭辉民
金水村	27	988	3144	3110	1999.1	22517	刘龙云
自力村	27	883	3171	3217	1942.6	37600	邓自伟
合　计	473	15527	52247	46723.84	31834.5	21619	

（张　浩　蔡莹晶）

丫江桥镇

【概况】

丫江桥镇地处攸县西北部，南距攸县县城35千米，与醴陵市、渌口区、衡东县交界，土地总面积160.1平方千米；辖15个村和1个社区，370个村（居）民小组，11146户，总人口45433人；耕地面积4.47万亩，其中水田3.34万亩、旱土1.13万亩，林地面积18.5万亩。境内铀、钼、钨矿等贵重金属储量较为丰富。全镇公路总长195千米，有中型水库1座，小（1）型水库1座，小（2）型水库13座。有文化站1个、“门前三小”点14处、农家书屋16所、乡村大舞台3座、中小幼儿学校7所（其中中学2所、小学4所、幼儿园1所），在校正式职工131人，在校中学生689人，小学生1698人，幼儿园182人；镇卫生院1所，病床80张，村卫生室18个，共有医护工作人员49人。

2021年，全镇实现财政收入2568万元，税收累计完成2670万元，其中总部经济税收完成2550万元，基本税收完成120万元。

【农业发展】

抓好粮食生产，完成抛荒耕地复耕复种面积523.5亩、种植业结构调整900余亩，全部用于水稻制种。全年累计水稻种植面积超40000亩，发展油菜种植示范大户20余户。新造油茶、果树等经济林共计800余亩，油茶低改1000余亩。落实耕地地力保护资金申报30678亩、稻谷补贴资金申报36520亩，落实水稻早晚稻保险4.7万余亩。

【民生、社保和乡村振兴会战】

统筹推进稳岗就业、社会救助、全民参保等工作，全年发放临时救助补贴36.97万元，救助233人；镇、村、组三级全面动员，扎实有效完成全镇34215人养老保险核查和“回头看”工作。

推动巩固拓展脱贫攻坚成果同乡村振兴有效衔接。壮大村级集体经济产业，着力扶持辣椒、蓝莓、油茶、蕲艾、黑木耳、药材、耳环加工厂等形式多样的“一村一品”，实现“一村一品”全覆盖。全镇有年经济收入达到5万—10万元的村集体5个，10万元以上的村11个。

开展“美丽乡村”创建活动，申报完成3个“省级乡村振兴示范村”创建，验收完成3个“垃圾分类示范村”创建。深入推进“厕所革命”、河长制、房屋普查等工作，完成改厕1050户、房屋普查21931户。道路绿化15千米。

【基础建设】

投入600余万元，基本完成镇区改造。全面完成双江加油站一期供地、污水处理厂部和主管网、农电站综合大楼、农村客运站改造升级、农村道路提质改造、雅中—江西±800千伏特高压直流输电线路工程。稳步推进风力发电、七〇七矿退役治理项目；顺利实施松江、华富村高标准农田建设项目。完成2个小型水毁项目的修缮加固和1座骨干山塘及水库的除险保安工程建设。

【综治维稳】

深入开展重点领域大排查、大管控、大整治行动，组织安全生产执法行动60余次，确保安全生产“零事故”；打击非法采砂40余起，开展马路市场集中整治20余次。全年组织扑火机械检修3批次，应急灭火演练2批次。开展平安创建、民调宣传活动和扫黑除恶专项斗争、黄赌毒专项打击活动，全年处理矛盾纠纷近40起，接各类报警100余条，其中立刑事案件4起，破获2起，移交起诉3人，行政拘留5人，强制隔离戒毒9人。

【基层党建和文明建设】

开展党史学习教育，组织庆祝中国共产党成立100周年系列活动，聚焦“我为群众办实事”实践活动，解决群众问题40余件。从严从实做好农村发展党员违规违纪问题排查整顿工作，成功整顿验收完成软弱涣散党组织1个。2021年培养入党积极分子36名，新发展党员28名，预备党员转正14人；集中培训党组织书记、党建专干党建业务120余人次，党员培训16次。开展党风廉政建设谈话提醒近90余人次，累计受理各类信访件5件，妥善处理“12345”县长热线派件

162件。办结村级微信群众诉求17件，其中被“清风株洲”网站推介2件；完善仙石村“党建+关爱留守儿童+日间照料+居家养老送餐”服务活动新模式。

持续抓好新时代文明实践三级阵地、“留守儿童之家”建设打造志愿服务品牌项目1个，搭建村级“一门式”服务平台16处；组织开展新时代文明实践活动40余次。

2021年度丫江桥镇各村（社区）基本情况表

表16

社区(村)	村民小组（个）	户数（户）	人口（人）	耕地面积（亩）	粮食总产量（吨）	人均纯收入（元）	党支部书记 村(居)委会主任
联　江	15	574	2041	2184.75	965	18605	阳丙建
仙　石	17	920	3806	3885.54	1700	35000	罗正华
新杉岭	20	613	2275	2446.62	1122.13	25512	刘飞鹏
万　兴	19	505	2136	2272.48	1030	12000	刘亦华
华　裕	11	557	1998	2171.23	1620	9100	刘伟胜
增佳新	27	740	2505	2661.61	1100	16000	王春明
源　佳	29	526	2268	1656.16	860	10500	王跃进
严　良	17	589	2128	2877.95	2809	35890	彭礼华
盆　上	25	614	2822	2492.72	1225.2	16600	彭亦良
联　胜	32	812	3265	3431.9	3000	21800	刘建伟
双　江	36	1108	5658	3829.73	909	29805	易爱国
三　峰	29	628	2585	2451.69	1939	15880	胡晓良
明　月	15	628	2273	2153.95	996	10800	王新安
松　江	15	506	2217	2571.54	1200	19960	刘开耀
华　富	36	1096	4438	4264.65	2880	20540	龙向阳
樟　树	27	730	3018	3350.59	1285	20870	易辉建
合　计	370	11146	45433	44703.11	24640.33	19928.88	

（宋宁瑜）

新市镇

【概况】

新市镇位于攸县中部，南临县城，北接网岭；由原新市镇、原钟佳桥镇、原大同桥镇三镇合并而成，辖25个村、2个社区，共699个村民小组，总人口78852人。全镇总面积约185.26平方千米，耕地面积6.9万亩，林地面积10533公顷。2021年，全镇实现财政收入3862万元，税收收入3500万元，完成固定资产投资1.99亿元。

镇内有中学3所，小学13所，幼儿园11所；有卫生院3所。利用“门前三小”文化主阵地，分级设立新时代文明实践三级机构，建成镇村两级志愿服务队伍体系。丁家垅村、罗潭村、新市镇多次获评省、市文明村镇。

【产业发展和招商引资】

大力发展现代农业。建设稻虾养殖基地2200亩，集中连片种植荷花3250亩，大豆3920亩，玉米560亩，黄桃500亩，柑橘500亩。加大新联村众森生态农业园开发力度，开发网红沙滩、房车露营、烧烤基地等娱乐项目，年接待游客12万余人次，营业收入300余万元，获评“全国休闲农业与乡村旅游五星级企业”“湖南省五星级休闲农庄”，所在的新联村获评“湖南省乡村旅游重点村”。加大招商引资力度，成功举行8家重点企业签约仪式，引资总额2.8亿元，项目涵盖直播电商培训、乡村旅游、新型材料加工等多个方面，获评全县招商引资先进单位。引导企业走高效精细发展路线，成功引进2亿元的省畜牧育种产业园项目落户，初步形成畜牧、花卉、生态苗木等农业产业聚集格局。

【社会保障和脱贫巩固】

提升新农合、城乡居民养老保险缴费比例，2021年，农村合作医疗保险参保缴费53485人，城乡居民养老保险参保缴费25210人。深入开展社保、医保基金管理风险防控专项整治，全面完成清查整治任务，核查追回资金83万余元。全年共发放临时救助资金85.1万元，救助696人，开展慈善救助工作，共发放助困资金6.1万元，救助56人，发放冬春救助17.5万元，完成灾后重建3户。雨露计划、“两免一补”、校车补助等教育助学共资助学生1819名，未发生贫困学生辍学失学现象。农村建档立卡贫困人口就医报销比例达到85%以上，大病救助95人，脱贫人口四类慢病患者821人全部签约家庭医生。实施“春风行动”“百人百企进百村”等招聘活动，助力脱贫人口1250人实现就业。

【基础建设】

推进农村道路提质改造工程，道路拓宽362.5千米，修建错车道1744处，新建大修公路45.2千米，架设路灯2000余盏，投入80余万元实施道路绿化工程。进一步完善农业水利基础设施，建设高标准农田2.86万亩，完成罗潭大桥等3座危桥改造，新修桥梁4座，新挖山塘93口，新修渠道8500米；投资540万元完成大同桥中学运动场改造及新市中心小学综合教学楼建设工程；完成总投资9800万元的新市110千伏输变电站工程建设；投资1300万元完成新市、钟佳桥、土楼3个农贸市场升级改造。

【生态环境建设】

全面推行垃圾处理有偿服务，配套垃圾清运和收容设备35辆，配备专职保洁清运员448人，购买垃圾桶超4.4万个；加强秸秆禁烧管控，积极推动垃圾分类处理。投资3700万元，完成新中污水处理厂建设，完成丁家垅农村生活污水治理示范村创建工程。完成大同桥、西干渠饮用水源保护治理工程，规划安装四级净化池440余个，护栏2.6千米。持续推进封山育林和“三边”绿化，庭院绿化率超过60%，最美庭院创建率71%，丁家垅村获评“省级美丽乡村创建示范村”，新联村获评“省级同心美丽乡村”，钟佳桥村获评“市级美丽乡村建设示范村”。

【综治维稳】

开展扫黑除恶专项斗争行动，开展平安创建工作，抓紧落实新时代社区警务工作，确保社会大局和谐稳定，社会治安环境进一步净化。完善重大矛盾纠纷管理台账，落实重点人员管控“五包一”责任制，将矛盾纠纷化解在基层，全年共开展矛盾纠纷排查13次，共调解案件128件，为人民群众挽回经济损失86.61万元。丁家垅村获评2021年度全国“扫黄打非”进基层示范点。

开展“环境安全隐患大排查大整治百日行动”和中小学校校园及周边食品安全“护苗”行动。加大对烟花鞭炮零售店安全隐患排查力度，严格证照手续办理程序。开展安全生产“打非治违”“专项整治三年行动”等重点行业（领域）专项整治行动，全年共组织集中执法行动28次，督导检查相关企业累计65次，检查生产经营单位167家，排查发现安全隐患企业2家，对查出的安全隐患实行“零容忍”，确保隐患排查无死角、隐患整改无遗漏。

【基层党建】

开展党史学习教育，开展专题研讨4次，组织理论中心组学习12次，购买指定用书1871套，组织举行专题党课宣讲10场，办点干部到村（社区）讲党课50余场，村书记讲党课50余场，开展红色教育3次。稳步完成镇村两级换届工作，完成支村两委换届工作，全镇在职村（社区）“两委”班子137人，其中女性占比38.69%、大专及以上学历占比52.55%、35岁及以下占比30.66%；5—8月，完成镇党委、人大换届选举。全面推进“一门式”服务工作。通过“党建+政务服务”，依托便民服务中心，完成村级96项、社区127项、镇级228项便民服务事项发布及流程配置，受理办结业务400余条，大大缩短办事流程，打通为民服务“最后一千米”。

2021年度新市镇各村（社区）基本情况表

表17

社区(村)	村民小组(个)	户数(户)	人口(人)	耕地面积(亩)	粮食总产量(吨)	人均纯收入(元)	党支部书记村(居)委会主任
界　江	21	1062	3452	2720	2000	20050	刘四新
丁家垅	15	610	2008	1765	1400	19385	丁雪龙
罗　潭	37	917	3006	3262	3000	18546	巫新云
观　背	41	1169	4187	3405	3050	18640	王开林
大　同	32	768	3184	3095	2200	19080	胡　蓉
何　岭	49	1442	4883	4083	2900	19198	周科慧
善　桥	11	666	1788	1098	1200	20286	欧清辉
善　化	23	666	2350	2097	1400	18026	王志敏
土　楼	28	809	2709	2410	2200	18456	谭建荣
新虎塘	23	655	2493	1857	1600	18036	易双能
平　田	34	698	2868	3431	900	17565	王继辉
方　溪	15	612	2150	2300	1000	17625	邓国辉
钟佳桥	30	928	3498	4174	1200	17915	占花兰
协　塘	32	1021	4121	3863	2000	18545	阳喜连
排　楼	32	922	3116	3200	2500	17952	刘亦江
福寿湾	25	647	2218	3001	1350	17460	刘　敏
大桥头	18	815	2488	2616	1150	18730	吕湘武
光　明	34	802	2967	2187	500	18105	周伟民
回　龙	31	806	3286	2922	600	18275	刘爱平
文　和	19	387	1820	1635	1200	17843	王大力
新　联	15	612	2062	3426	1800	20287	文升平
庚　子	33	304	3044	2660	2000	18135	易炳才
新　中	17	1890	4438	1875	2100	18562	易卫东
新　市	14	586	2039	1518	1400	18786	刘湘骥
桐　梓	32	752	3156	3201	1200	18856	付天雄
桐　树	21	710	2456	1664	950	19695	谭海龙
山　门	17	738	3065	3021	1200	18902	易喜云
合　计	699	21994	78852	72486	44000	18627.44	

（刘伶俐）

莲塘坳镇

【概况】

莲塘坳镇位居攸县东南近郊，与东城新区相距1.7千米，东与鸾山镇接壤，西与春联街道相邻，南与茶陵县腰潞镇、虎踞镇交界，北与新市镇、酒埠江镇毗邻。洣水、攸河环绕而过，万酒公路连接东西，醴茶高速纵穿南北。由原银坑、凉江、莲塘坳3乡合并而成，总面积269.83平方千米，辖16个村、4个社区，319个村（居）民小组，10862户，总人口47201人。2021年实现规模以上工业产值1.72亿元，完成固定资产投资1.96亿元，获评2021年度全县招商引资先进单位。全年实现财税收入3320万元，其中总部经济2320万元，同比增长54%。

全镇推进养老保险、医疗保险全民参保计划的实施，养老保险参保总人数22754人，医疗保险参保总人数达36626人，社保医保水平持续提升。开展“打非治违”行动，推进非煤矿山、烟花爆竹、交通运输等重点行业重要领域安全生产巡查，落实防汛抗旱、地质灾害等隐患排查，全年未发生重大安全事故，连续4年荣获市县安全生产工作先进单位。

【产业发展】

2021年，全镇落实耕地抛荒治理1000亩，完成粮食播种3.8万亩；调整优化农业产业结构，落实结构调整面积4500亩。立足发展特色农业产业和文化旅游业产业。继续巩固油茶、楠竹苗木、菌菇等特色农业产业基地。打造5000余亩有机油茶林地，持续推进油茶农业产业园建设，引进湘天华油茶总部正式入驻。先锋村青盛种养专业合作社、下洞村“洞里乐”文化旅游等一批企业成功落户并发展壮大；红色旅游景点——湘赣攸县苏区革命烈士纪念碑和下洞村“红军洞”被列入县级“党史学习教育基地”，日接待游客近1000人。

【基础建设】

完成衡炎天然气管道二期建设主体工程，完成乡村道路提质改造4.1千米，铺设污水管网3.2千米，完成道路绿化4千米，完成改厕1500户。莲塘坳镇垃圾中转站及同联社区公墓山建设完成初步选址。完成凉江水库、楠竹江水库、东塘水库除险保安，复修山塘7口，硬化凉江社区水渠1条长约500米。解决沿龙村农村安全饮水2000余人。

【脱贫巩固和乡村振兴】

巩固脱贫攻坚成果，实施乡村振兴有效衔接，充分利用防返贫监测平台加大对“三类人员”的动态监测和针对性帮扶力度，累计消除重大风险和政策未落实风险数据1112条。坚持以产业振兴为突破，扶持208户贫困户自主发展产业，培育发展凉江社区好美五金、先锋村青盛种养专业合作社、下田村楠竹加工厂等产业扶贫基地14个。推动高楼社区、山田村农村土地流转，发展村级集体经济，获评省级乡村振兴示范村。开展“五治理一革命”，推进人居环境整治，完成《生活污水整治方案》编制，凉江社区、高楼社区、盘联村、廖公村、下田村等5个村垃圾分类创建达标。

【基层党建】

镇党委下辖2个社区党委、22个党（总）支部，党员1560人。完成镇党委、人大、政府换届选举和村“两委”换届工作。举行庆祝中国共产党成立100周年系列活动，开展党史学习教育，落实“学党史、办实事”要求，收集办理问题34个，完成群众期盼的民生实事26项。落实软弱涣散党组织整顿，星和村党总支得到有效整改。对照县委巡察反馈问题，县委巡察反馈的3个方面10项重点事项全部整改到位。开展执纪督查，力促转作风，展担当，全年办结信访举报线索6件，开展集体谈话4次。开展提醒谈话3批次、批评教育8人次、诫勉谈话1人次、党纪立案3人、开除党籍1人。

2021年度莲塘坳镇各村（社区）基本情况表

表18

社区(村)	村民小组(个)	户数(户)	人口(人)	耕地面积(亩)	粮食总产量(吨)	人均纯收入(万元)	党支部书记 村(居)委会主任
幽　居	8	313	1403	1120.76	148	2.33	周龙华
下　洞	13	477	2058	1475.72	72	3.5	李梅春
下　田	7	268	1107	880	260	3.8	暂　无
高　楼	7	387	1626	1193	600	2.9	吴刘国庆
银　坑	26	812	3856	2212.72	1399	2.8	周冬林
枧　头	14	395	1719	1500.57	785	1	王正德
南　水	9	433	2086	1525	667	2.68	陈贤华
阳升观	12	675	3062	1238	1028	3.2	汪正安
廖　公	13	393	1546	644.05	243	3	廖慧敏
星　和	10	394	1856	971	332	2.5	范卫平
中　江	9	415	1702	812.9	88	1.5	吴肖洹
凉　江	9	482	2187	956	64	3.2	刘会宜
山　田	19	871	3581	1922.98	962	3.8	刘飞跃
先　锋	21	386	1512	1224	575	3.3	谭二林
新　华	28	579	2768	2980	1045	0.88	谭文章
新　朝	22	718	2574	2920	1288	0.8	朱小毛
沿　龙	17	612	2686	2500	680	2.6	游湘文
同　联	43	825	3850	2717	1639	1.5	单新华
盘　联	10	549	2136	1605	732	0.8	张新伟
巨　田	22	878	3886	2897.49	1332	2.28	张　敏
合　计	319	10862	47201	33296.19	13942	2.42	

（佘志民）

菜花坪镇

【概况】

菜花坪镇辖11个行政村，2个社区，253个村民小组，7799户，总人口34922人。土地总面积105平方千米，林地面积8.5万亩，耕地面积2.96万亩（其中水田2.55万亩，旱土0.41万亩）；有小（2）型水库共22座。有中学2所，小学8所，在校学生4927人；有卫生院2所，医疗卫生人员62人。2021年粮食总产量2.4万吨；实现规模以上工业总产值16.23亿元，社会消费品销售总额4.34亿元，完成规模企业投资3866万元，实现财政创收700余万元，居民人均纯收入27651元。

2021年，发挥菜花坪商会平台优势，开展“引老乡、回故乡、建家乡”行动，成功签约创润食用菌、东方希望、联龙生态有机肥等产业项目。开展“产业项目建设年”活动，联点帮扶解决企业发展难题，有效化解云田花卉、振源脐橙、菜龙生态、紫旭农业等企地矛盾，成功助力海达新材、坤辉工艺、龙鑫玻璃、金丰茶香等企业产能扩建，帮扶龙鑫玻璃实现“小升规”提档升级。

时刻紧盯污染防治高压线，高效办结中央环保督察督办件2起，及时处置环保问题线索20余件、关闭整顿污染企业6家。

新冠肺炎疫情防控阻击战期间，全镇上下万众一心、群防群控，以最严标准落实人员管控隔离、以最快速度建好病患救治医院，确保实现全镇风险零输入。全民疫苗接种率达95.24%，获评2021年度全县疫情防控工作先进单位。

【民生改善和社会保障】

脱贫攻坚成果持续巩固，1487人“三类户”全部纳入防返贫监测帮扶系统，及时消除风险隐患点283处；不断增强社会保障服务，临时救助535人、帮残助残1162人、关爱留守儿童106人、高龄老人732人，发放各类民生保障资金410余万元。

推进基层就业服务与创业指导，开展“新就业形态建会入会专项行动”，2021年获评“省级充分就业乡镇”；整治社保资金核查“回头看”疑点数据615项、追缴资金34.3万元；完成高和教育基金会筹建，募集爱心助学资金近200万元。

【基础建设】

推进“我为群众办实事”行动，集中办好醴茶铁路K089道口改造、菜花坪污水处理厂主体及管网延伸等民生实事，加速攻坚城南220千伏变电站、洣水四桥连接线等重点建设，争取高和农贸市场搬迁改造项目。

【乡村振兴会战】

遏制耕地“非粮化”、耕地抛荒乱象，注重粮食生产，全年实现粮食总产量2.4万余吨。启动2021年高标准农田项目建设，新修农业机耕道6千米、整治隐患山塘水库40余座，争取苏洲坝水渠修缮项目。推进农村人居环境整治行动，集中开展农村改厕，重点打造垃圾分类示范村5个，菜塘村成功获评省乡村振兴示范村；开展“治陋习、树新风”文明行动，推动殡葬改革再深入，推进示范性公墓建设。推广“菜垅服务企业”创收新模式，率先完成流塘村级合作社2300亩流转土地的承包办证，实现从资源到资产的跨越；争取稻油轮作经济项目，菜花、联龙、流塘实施轮作种植3500亩。

【综治维稳】

开展打击非法盗采“高岭土”等矿产资源行为专项行动，移送检察机关案件1起。完善突发事件应急处置机制，建立健全消防应急救援队伍，实现各村（社区）消防应急物资全配备。聚焦重点领域和危化行业，督查下发安全生产整改意见130余条、整治交通问题顽瘴痼疾10余处。连续两年获评全市安全生产先进乡镇，并被推荐申报全省安全发展工作示范乡镇。

【基层党建和精神文明建设】

加强党员干部政治思想教育，定期组织全体党员学习习近平新时代中国特色社会主义思想和中共十九大及历次全会精神。开展党史学习教育，表彰优秀共产党员17名、优秀党务工作者7名、先进基层党组织2个，颁发“光荣在党50周年”纪念章92枚。加强基层组织建设。选优配强村级班子，13个村更换书记7人，35岁以下占比35.7%，大专以上文化占比42.5%；选出镇党代表101名，其中女性占比23.8%，先进模范占比17.8%，45岁以下占比44.6%。推进农村党员档案问题整治，有效排查党员1026名，发现和处理问题线索7起。落实全面从严治党主体责任，持续保持反腐斗争高压态势，累计受理办结问题线索11起，党内严重警告1人、提醒谈话127人次。

落实意识形态工作责任制，打造弄塘广场“门前三小”精品示范点，承办全县首站“音乐党史课进农家活动”，得到新湖南等主流媒体报道。

2021年度菜花坪镇各村（社区）基本情况表

表19

社区(村)	村民小组（个）	户数（户）	人口（人）	耕地面积（亩）	粮食总产量（吨）	人均纯收入（元）	党支部书记 村（居）委会主任
菜　花	22	566	2434	2481	1976	15992	陈秋林
菜　垅	15	474	1950	1521	1020	15973	王倩姑

续表19

社区(村)	村民小组(个)	户数(户)	人口(人)	耕地面积(亩)	粮食总产量(吨)	人均纯收入(元)	党支部书记 村(居)委会主任
菜　坪	20	436	1882	1576	1346	15979	龙晓明
菜　塘	14	329	1459	1463	1257	15981	刘德华
大　旺	22	877	3912	2821	2176	15988	单志谋
高　和	19	705	3065	2493	2056	15984	单龙文
高　联	15	576	2739	2322	1981	15989	陈新文
高　塘	19	696	2951	2633	2057	15983	易　平
联　龙	23	776	3516	2736	2439	15990	周运国
流　塘	25	584	2821	2080	1713	15986	易同连
潘　塘	14	506	2408	1917	1728	15989	刘明月
苏塘西	31	736	3196	3006	2153	15992	王志刚
芷　陂	14	538	2589	2552	2098	15984	周水珍
合　计	253	7799	34922	29601	24000	15985	

（王方琪）

渌田镇

【概况】

渌田镇辖14个村（社区），262个村民小组，13684户，总人口49119人；土地总面积108平方千米，耕地总面积33629.9亩。有小（1）型水库4座，小（2）型水库16座，山塘1002口，陂坝49处，电排35处。全镇有中学1所，小学10所，在职教职员工191人，在校学生3060人。有中心卫生院1所，村卫生室14个，在职医护人员31人，有病床60张。有敬老院2所，供养五保对象29人。

2021年，完成早稻集中育秧面积2088亩，早稻种植面积15000余亩，产量3万余吨。五丰村玫瑰花养殖基地和猕猴桃种植基地被评为“攸县农业科技创新示范基地”。全年完成规模工业产值3.5亿元，固定资产投资0.725亿元，总部经济税收2000万元，居民人均纯收入15635元。

【民生改善和社会保障】

开展职业培训，组织参加现场招聘会5场，实现农村劳动力转移就业17791人。推荐10名贫困劳动力在公益性岗位就业，共发放工资18.6万元。征收城乡民居养老保险费300.9万元、医保参保费用946.8万元。全年发放低保保障资金367户266万余元，发放救助资金188万余元，统筹实施五保老人分散、集中供养170人，关怀孤困儿童54人。组织“温暖2021关爱困境母亲”公益捐款活动，为10名困境母亲送去慰问金2.48万元。教育基金会奖扶师生116人，合计39.6万元。

【脱贫巩固和乡村振兴】

加强脱贫户常态化监测，开展监测户纳入程序4次，进行动态调整7次，建立监测户44户81人，清退返贫风险边缘户18户41人。持续加强产业扶贫，把猕猴桃种植、玫瑰花养殖、木耳培育、光伏发电和乡村旅游等产业作为主攻方向，奖励自主发展产业示范户11户，个人产业奖补3.05万元。五丰村猕猴桃种植基地，主要种植天然绿色健康水果，并形成水果种植、销售产业链，带动本地就业和产业发展，种植销售翠玉猕猴桃、黄桃、红心柚，种植面积200余亩，年产值约50万元。五丰村玫瑰花养殖基，年种植玫瑰花150亩、半夏20亩，种植油茶林70余亩；并能进行药用玫瑰花、半夏等中药材和油茶加工，年产值50余万元，有效带动本地劳动力就业。

【安全维稳工作】

开展安全生产“打非治违”专项行动和“安全生产三年行动”，排查治理安全隐患 11 处。五丰村被评为县平安建设示范村，江口村被评为县平安建设先进村。

【基础建设】

完成江口大桥、220 千伏电塔工程、水库维护、河道疏浚、山塘清淤等 10 余项“我为群众办实事”项目。完成“四好公路”建设 4.3 千米，道路提质改造 20 千米，新增变压器 5 处，自来水管网延伸 70 千米，完成五丰小学、群新小学附属设施改造及群新村卫生室、党员活动室改造工程。

【农村人居环境整治】

完善“户分类、村收集、镇转运、县处理”垃圾处理模式，推行农村垃圾处理和农村污水处理受益农户收费制度。全镇共建成 20 座垃圾分类亭，粉刷垃圾分类标语 100 余条，发放垃圾分类宣传单 6000 余份，配备保洁员 101 名、垃圾托运车 54 辆、垃圾桶 9000 余个，新建垃圾中转站 1 个。推进“厕所革命”，新建公共厕所 1 个，实施改厕 750 户。新造油茶 700 余亩，中幼林抚育间伐 1000 余亩，新增庭院绿化 320 户，完成道路绿化 5 千米，义务植树 8 万株。潞甫村被评为县人居环境整治先进村。

【新冠肺炎疫情防控】

2021 年 8 月和 10 月的 2 轮新冠肺炎疫情阻击战期间，第一时间启动应急响应，连夜在与周边县交界处设卡，建立查验点 10 余处，对全镇范围内的流动人群进行严格筛查。积极发动流动党总支、商会、协会积极筹措捐献防疫物资。扎实推进疫苗接种工作，构筑健康屏障。动员全镇 1200 余名党员加入疫情防控网格化管理队伍，实现疫情防控“零输入、零感染”，守好攸县“南大门”。

【基层党建和精神文明建设】

通过“学习强国”“株洲党建”等平台，利用主题党日、党史学习教育等形式，强化党员干部理论武装和党性修养。落实党风廉政建设“一岗双责”制和中央八项规定，全面加强镇村党员干部作风建设。全年妥善处理“12345”政务热线派件 180 件，受理各类信访件 8 件，党纪立案 5 人，给予开除党籍 2 人，取消预备党员资格 1 人，党内警告处分 2 人，诫勉谈话、批评教育 9 人次，进一步肃清镇村党员干部作风。建设“门前三小”10 余个，配送图书 2000 余本，开展新时代文明实践活动 90 余次。渌田中学获评市文明校园，潞甫村获评县文明建设红旗单位，渌田镇、渌田社区获评县文明建设先进单位。

【北伐战争渌田首战首胜纪念陈列馆建设】

北伐首战首胜纪念陈列馆位于攸县渌田镇渌田社区三门前组，占地面积 16920 平方米，建筑面积 1900 平方米。规划建成集北伐烈士纪念馆、爱国主义教育基地、党员教育基地、渌田特色文化展、红色旅游打卡地和村民健身休闲的综合场所，主要包括新建北伐首战首胜主体陈列馆、渌田文化陈列馆和北伐历史文化影像资料馆，包括纪念碑、英烈墙、哨塔、掩体、雕塑群等，并配套休闲健身区、生态停车场等公益设施。项目于 2021 年 3 月完成征地补偿及规划设计，5 月完成项目建设工程可行性研究报告、专家评审及相关手续报批；2021 年 11 月完成招标，12 月 1 日开始动工，预计场馆的主体建设将于 2022 年完成。

2021 年度渌田镇各村（社区）基本情况表

表 20

社区(村)	村民小组(个)	户数(户)	人口(人)	耕地面积(亩)	粮食总产量(吨)	人均纯收入(元)	党支部书记	村(居)委会主 任
存 养	17	710	2826	2241.4	2167.2	15685	周珍香	周珍香
福 田	18	1033	3645	2783.6	3094.6	15346	宁金文	宁金文

续表20

社区(村)	村民小组（个）	户数（户）	人口（人）	耕地面积（亩）	粮食总产量（吨）	人均纯收入（元）	党支部书记	村(居)委会主 任
五 丰	19	825	3077	2062.5	2881.4	15547	蔡柏武	蔡柏武
潞 甫	34	1482	5188	3454.8	3502.2	16245	尹国良	尹国良
陂 垅	18	890	3367	2590.4	2681.4	15112	蔡道平	蔡道平
楼 塘	16	870	3174	2640.1	2612.6	15334	蔡道庆	蔡道庆
渌 田	22	1556	4755	2515.3	2599.7	16712	刘文汉 蔡仁波	刘文汉
江 口	12	705	2674	1782.7	1836.5	15453	单新平	单新平
新 江	21	1098	3933	2913.8	3031.1	16354	龙柏沅	龙柏沅
江 联	11	695	2500	1610.5	1638.4	15212	单晓华	单晓华
大 联	19	895	3315	2129.9	2348.7	15321	陈祝华	陈祝华
大 洲	21	1152	4152	2421.6	2421.2	15832	过小明	过小明
群 力	15	743	2809	1958.1	1974.7	15266	刘晚良 过芒生	刘晚良
群 新	19	1030	3704	2525.2	2012.5	15475	方 志 刘甲仔	刘冬姬
合 计	262	13684	49119	33629.99	34802.2	15635		

（蒋伟男）

石羊塘镇

【概况】

石羊塘镇地处攸县西部，距县城12千米。辖14个村（社区），202个村民小组，10650户，总人口38191人。土地总面积82.7平方千米，耕地面积43152亩。有中学1所、小学4所、公办幼儿园1所、民办幼儿园5所，在校中小学生1969人，幼儿443人，在职教师职工132人（含11个代课教师）。有乡镇卫生院1所，设床位50张，在岗职工36人，辖区内村级卫生室16所，乡村医生21名。

2021年，全镇工业生产总值2.51亿元，固定资产投资2.36亿元，财政收入2308万元，完成税收2455万元，农民人均纯收入28665元；14个村级集体经济年收入都达到5万元以上，其中7个村达到10万元。获评“省级乡村治理示范乡镇”“攸县平安建设先进乡镇”“攸县安全生产先进单位”“全县污染防治攻坚战先进单位”，谭家垅社区入选省级乡村振兴建设示范村，“‘门前三小’促基层大治”作为全国创新社会治理典型推介。

【产业发展和招商引资】

紧紧围绕“香干产业一体化、产品标准统一化、生产经营自主化、升级改造规范化”的目标，全镇豆腐“作坊”升级改造全部达标，在乡贤馆和罗家桥村举办攸县豆腐（香干）传统制作大赛和豆腐宴烹饪技艺大赛，广泛宣传折推介石羊塘镇物产“香干豆腐”。多次组队赴广州、福建等地招商，对接洽谈项目5个。开展“一村一品”特色强农行动，争取国家产业发展项目资金共139万元。

【脱贫巩固和乡村振兴重点帮扶】

全年共发放临时救助金47.32万元，救助622人；清退农村低保对象423人，新增农村低保119人，发放低保金299.53万元；补贴高龄老人1004人，特困供养240人。

全镇有脱贫户631户2141人，监测户35户70人。新开发公益性岗位14个，全镇已开发公益性岗位27个。13个产业基地共带动121户167人就业。

乡村振兴重点村1个（贺家坪村），乡村振兴省级示范村1个（谭家垅社区），乡村振兴示范村2个（老虎岩村、金坑村），乡村振兴片区带动村1个（界市村）。全年成功申报乡村振兴基础设施建设项目19个，争取项目衔接资金113万元。

【安全生产】

开展安全生产专项整治三年行动，加大对烟花企业、加油站等重点场所的巡查力度，累计检查102次，排查安全隐患及违规行为276处，下达整改文书56份，全部复查整改到位。消防排查三合一场所83处，联合派出所对学校、培训机构，幼儿园等开展消防大检查，排查消防安全隐患17个，整改16个，推动各企业落实安全生产主体责任；建立健全防汛度汛、地质灾害防范、森林防火机制，成立石羊塘镇应急消防支队23人，进行专业消防知识培训5场，有效防范化解各类安全生产风险。

【基础建设和人居环境整治】

完成农贸市场建设并于1月正式开业，共设摊位40个，门面22个，增设停车位20个。

投入202万元实施农村"厕所革命"，购买化粪池1214个，完成改厕1214户；投入10万元新建公厕2座。垃圾中转站竣工并投入使用，全镇实现垃圾统一清运处理；成功创建罗家桥、老虎岩村2个村（社区）垃圾分类示范点；完成污水处理厂建设，实现镇区污水处理设施全覆盖。圆满完成中央环保督察和乡镇"千人以上"水源保护地整改工作；深入落实"河长制"，加大河道排污口治理力度，清理河道垃圾5吨；全面实行饮用水源区域禁钓禁捕禁养，查处在饮用水源区域捕鱼人员9批。规范管理生猪养殖、豆腐加工等重点污染企业生产。

【乡村文明建设】

持续"擦亮"乡贤文化品牌，投入48万元新建"儿童之家"，对"乡贤馆"进行修缮，先后迎接党史学习教育中央、省委巡回指导组等上级领导督查调研70余批次。开展以党史学习教育为主题的新乡贤宣讲活动26场次，组织开展"寻找传统武术传承人""少儿假期学校"等各类志愿活动54次。全年共组织开展各类志愿服务活动130余次，累计2952人次参加。发挥乡贤引领作用，探索推进基层社会治理，引导群众主动参与、配合推动人居环境整治、疫情防控、信访工作、安全生产等各项重点工作，成功创建省级乡村治理示范乡镇。新乡贤贺春雷老师获评县十佳乡贤称号。

【基层党建】

坚持政治引领，不断加强基层党建工作。实施季度督查制，全年督查56次，并纳入工作考核。加强党员干部学习教育，全年开展主题党日12次，镇党委理论中心组专题集中学习16次，发放党史书籍700本；结合习近平总书记"七一"重要讲话、省第十二次党代会和市第十三次党代会精神、县第十三次党代会精神宣讲；动员党员干部、新乡贤、驻村干部利用晚上、周末时间，面向村民开展"两进两见"理论宣讲35场次。先后迎接党史学习教育中央、省委巡回指导组等上级领导督查调研60余批次。

严格规范党员管理，全年发展青年党员10名、转正党员9名，储蓄培养村级后备干部28名；对全镇中共十八大以来发展的134名农村党员全部进行排查，确保党员队伍纯洁性、先进性。完成镇、村（社区）换届选举工作，选举产生镇级班子11人，村级班子共73人，实现"一升一降""一肩挑"等目标。组织镇村干部党务培训16次、测评考试6次，软弱涣散党组织界市村11月成功摘帽。

举行庆祝中国共产党成立100周年专题文艺节目，发放"光荣在党50年"纪念勋章119枚。围绕"学史明理、学史增信、学史崇德、学史力行"四个方面，制定45项为民办实事清单，全年完成41项。同时完成桥梁加宽、山塘清淤、"门前三小"建设等9项民生实事基础设施。

推进"学党史、当先锋——我为群众办实事"实践活动，引导党员干部深入群众走访摸底、体察民意，积极回应民生关切热点。

2021年度石羊塘镇各村（社区）基本情况表

表21

社区(村)	村民小组（个）	户数（户）	人口（人）	耕地面积（亩）	粮食总产量（吨）	人均纯收入（元）	党支部书记 村(居)委会主任
谭家垅社区	15	975	3524	3597.75	1278.12	30061	夏耀宗
南田村	16	884	3159	3739.05	2198.41	28743	吴俊强
达水桥村	9	580	2205	2935.65	1847.73	29893	张　峰
贺家坪村	21	904	3433	4302.75	1880.90	27985	谢文革
田星村	27	616	2200	3574.35	2087.27	27661	蔡建平
洲上田村	20	774	2767	2657.10	465.92	27490	贺金春
黄家垅村	15	966	3390	3534.30	1143.88	29995	汤德风
佳台村	18	757	2455	4552.20	606.56	27484	阳　勇
八合冲村	14	681	2206	2093.70	2105.46	27773	李林（罗冬英）
金坑村	13	678	2478	1357.35	1373.39	30971	周金华
罗家桥村	9	541	1926	1838.70	2222.31	28256	符爱斌
老虎岩村	8	643	2425	2249.10	1765.89	28467	廖三明
市大村	9	912	3266	2770.65	1451.19	27978	汤透湘
界市村	11	739	2757	3949.80	947.24	27974	丁志良
合　计	202	10650	38191	43152.45	21374.27	28665	

（杨谭琼）

桃水镇

【概况】

桃水镇地处攸县西部，与衡阳市衡东县接壤，总面积97.7平方千米，辖13个村，1个居委会，246个村（居）民小组，总人口36864人。耕地面积3.25万亩；林地面积8.47万亩，其中油茶林面积6.13万亩。有小（1）型水库1座，小（2）型水库18座，骨干山塘330口。2021年，全镇实现工业总产值3.615亿元，完成固定资产投资3.04亿元，社会消费品零售额2536万元。完成总部经济引税2800万元。

全镇有初级中学1所，中心完小学2所，在职教职工120人，在校学生1758人。

全年临时救助410人，发放救助款39.74万元。帮助残疾人1609人，关爱留守儿童35人，开展留守（困境）儿童、留守老人安全教育和生活服务活动4场次。全面整治社保资金核查“回头看”疑点数据701项、追缴资金24.43万元。

【油茶产业发展】

按照“一园四区三基地”的构想，集中连片开发1000亩以上油茶示范基地2个。总计投入资金500余万元，低改老油茶林5050亩，抚育油茶林1万余亩，新造油茶林1700余亩；以生产基地+专业市场为抓手，全力以赴打造油茶特色小镇。镇区油茶专业市场开发有序推进，完成总体规划、房屋拆迁、战略合作对象引进工作。

【农村基础建设】

完成盘塘、竹如山等7个水稻种植区小型基础设施项目，完成全镇13个村30口山塘小水源恢复供水项目；投入160万元完成13口山塘的新修、扩容、清淤工作；建成3个垃圾分类示范村，共计建设16个垃圾分类亭，193个垃圾分类收集点；推动各村改厕工作，完成

460户改厕工作。完成污水处理厂一期建设项目工程厂区建设和管网建设。

【综治维稳】

持续推动信访积案矛盾化解，加强“建党百年”等特护期综治维稳工作。排查受理各类矛盾纠纷案件58宗，成功调处55宗，成功调处率95%。安排专项资金50余万元有效解决硅肺、退役军人群体信访诉求的突出问题。全镇开展“禁毒”“禁赌”等专项行动。全年行政立案35起，办结24起；刑事立案43起，处理19起。大力配合全县扫黑除恶专项斗争行动，发放宣传册3万余份，张贴标语1000余张，悬挂横幅200余条，组织桃水派出所、综治等部门进行定期和不定期巡逻。

【基层党建】

组织学习中国共产党党史和习近平新时代中国特色社会主义思想、中共十九大和十九届历次全会精神，扎实开展党史学习教育；精心组织庆祝中国共产党成立100周年系列活动，走访慰问困难党员16名，发放“光荣在党50年”纪念章144枚。推进村（社区）“两委”换届后续工作；抓好党员发展和管理工作，培养入党积极分子18人，发展预备党员10人，预备党员转正14人；摸排流动党员288人，核查农村党员档案127份，排查问题8个。

2021年度桃水镇各村（社区）基本情况表

表22

社区(村)	村民小组(个)	户数(户)	人口(人)	耕地面积(亩)	粮食总产量(吨)	人均纯收入(元)	党支部书记	村(居)委会主任
小集	16	643	2431	2088.6	1034	20125	葛炼钢	葛炼钢
竹泉	20	611	2263	2432.6	870	19035	尹天度	尹天度
夏泉	18	728	2697	3226.8	920	20112	彭进粮	彭进粮
湾田	15	631	2294	2276.3	1430	18995	李介兵	李介兵
褚家桥	12	666	2621	2372.6	1370	18324	褚金文	褚金文
谢家坪	19	816	2883	2256.5	990	20116	谭祖仁	谭祖仁
竹如山	25	753	2835	2724.2	1550	21985	杨凤慧	贺武
桃水	19	797	2797	2153	980	20132	欧阳志德	欧阳志德
盘塘	18	586	1992	2068.8	1640	27200	吴志阳	吴志阳
睦塘	20	636	2331	2266.4	933	18065	李志丹	李志丹
老君潭	11	625	2029	1902.9	842	19435	李叶丹	李叶丹
睦田	26	826	2991	2686.4	1710	19960	黄属彩	黄属彩
清江桥	22	1018	3750	4123.1	2410	20210	肖水庭	肖水庭
泉塘冲居委会	5	1497	2950	—	—	—	李立雄	李立雄
合计	246	10833	36864	32578.2	16679	19814		

（肖　维）

人　物

人物简介

【中国工程院院士——单杨】

单杨，男，汉族，1963年出生，湖南攸县人，工学博士，研究员，博士生导师。湖南省农业科学院院长，科技部重点领域创新团队“果蔬加工与质量安全”负责人，柑橘资源综合利用国家地方联合工程实验室和农产品质量安全风险评估实验室（长沙）主任。2021年11月当选中国工程院院士。

37年从事柑橘等果蔬贮藏加工与综合利用基础理论、关键技术研究和工程科技应用与推广，创立连续、清洁和标准化加工技术及基础研究，构建资源高效高值综合利用技术及基础研究，创新开发加工原料绿色贮（冻）藏技术及配套设施。是国家“万人计划”科技创新领军人才和农业农村部“科研杰出人才”。以第一完成人获国家科技进步奖二等奖2项、中国工程院光华工程科技奖和湖南光召科技奖各1项、湖南省技术发明奖一等奖1项、湖南省科技进步奖一等奖2项，主编著学术著作6部（ELSEVIER英文专著2部），以第一或通讯作者发表论文168篇，第一发明人授权发明专利26件，与企业共同制订出口欧美食品产品标准和技术认证7项。

【中国工程院院士——王双飞】

王双飞，男，汉族，1963年9月出生，湖南攸县人，中国工程院院士，国际木材科学院院士，博士、教授、博士生导师，中国共产党第十九次全国代表大会代表，首批“新世纪百千万人才”国家级人选，现任广西大学技术成果转化研究院院长。历任广西大学轻工与食品工程学院院长、国务院学位委员会第六和第七届学科评议组轻工技术与工程组成员、糖业及综合利用教育部工程研究中心主任等职务。先后获全国先进工作者、全国杰出专业技术人才、全国模范教师等称号和全国五一劳动奖章。

王双飞长期致力于造纸清洁生产与末端治理的应用基础研究、关键技术开发及产业化应用，构建了高温二氧化氯漂白和高纯度二氧化氯制备技术与装备体系，解决了中国清洁漂白的“卡脖子”技术难题，建立了制浆废水厌氧处理工程理论与关键技术体系，解决了制浆高浓废水的高效厌氧处理与资源化利用的瓶颈问题。为保障中国造纸行业可持续发展做出了重要贡献。作为第一完成人，获2019年度国家技术发明二等奖、2016年度国家科技进步二等奖、2021年何梁何利基金科学与技术创新奖、2018年度广西科技特别贡献奖，以及其他省部级一等奖5项；获授权美国、加拿大、日本等国发明专利12件，中国发明专利58件。以第一或通讯作者发表SCI论文102篇，其中JCR一区Top论文37篇，出版专著2部，译著1部。

人物名录

2021年度攸县副县级以上领导名录表

表23

姓　名	性别	民族	籍　贯	出生年月	文化程度	政治面貌	任职情况
李鹏程	男	汉族	醴陵市	1973年9月	本科	中共党员	县委书记(2021年6月任)、县委副书记、县人民政府县长(2021年6月止)
康月林	男	汉族	双峰县	1964年9月	本科	中共党员	县委书记(2021年6月止)
武挪强	男	汉族	河南省汝阳县	1983年10月	硕士研究生	中共党员	县委副书记(2021年6月任)、县长(2021年7月提名,11月当选)
林　涛	男	汉族	临澧县	1983年10月	硕士研究生	中共党员	县委统战部长、政协攸县委员会党组副书记(2021年7月止)、县委副书记、政法委书记(2021年7月任)
文　斌	男	汉族	攸县丫江桥镇	1965年6月	大专	中共党员	县委副书记(2021年4月任,7月止)
冯　杰	男	汉族	长沙市望城区	1974年11月	研究生	中共党员	县委常委、纪委书记、监察委主任(2021年7月止)、县人大常委会党组书记(2021年12月任)、主任(2021年7月提名,11月当选)
吴爱清	男	汉族	攸县莲塘坳镇	1963年7月	本科	中共党员	县人大常委会党组书记(2021年12月止)、主任(2021年11月止)
文　毅	男	汉族	攸县莲塘坳镇	1969年5月	硕士研究生	中共党员	县政协党组书记(2021年12月任)、主席(2021年7月提名,11月当选)
毛春良	男	汉族	攸县鸾山镇	1964年3月	硕士研究生	中共党员	县政协党组书记(2021年12月止)、主席(2021年11月止)
何文龙	男	汉族	茶陵县	1969年3月	本科	中共党员	县委常委、县人民政府常务副县长
彭爱斌	男	汉族	攸县酒埠江镇	1971年8月	本科	中共党员	县委常委,县人民政府党组成员(2021年12月任)、副县长(2021年7月提名,11月当选),县委办主任(2021年7月止)
唐军全	男	汉族	攸县皇图岭镇	1977年3月	硕士研究生	中共党员	县委常委、县委办主任(2021年7月任)、县委政法委书记(2021年7月止)
夏春良	男	汉族	醴陵市	1976年9月	本科	中共党员	县委常委、组织部部长(2021年3月任)
李易常	男	汉族	宁乡县	1973年2月	本科	中共党员	县委常委、组织部部长(2021年3月止)
易晓红	女	汉族	攸县丫江桥镇	1974年1月	本科	中共党员	县委常委、宣传部部长(2021年7月任)、县人大常委会党组成员(2021年12月止)、副主任(2021年7月止),县总工会党组副书记、主席(兼,2021年12月止)
梁天琛	男	汉族	常德市	1984年10月	硕士研究生	中共党员	县委常委、宣传部部长(2021年7月止)
陈银河	男	汉族	渌口区	1976年1月	硕士研究生	中共党员	县委常委、统战部部长、政协攸县委员会党组副书记(2021年7月任)
阙　昶	男	汉族	安化县	1980年1月	本科	中共党员	县委常委、纪委书记(2021年7月任),监委主任(2021年7月提名,11月任)

续表23

姓　名	性别	民族	籍　贯	出生年月	文化程度	政治面貌	任职情况
王志伟	男	汉族	黑龙江省五常市	1977年8月	本科	中共党员	县委常委(2021年12月任)、县人武部政委
沈松鹏	男	汉族	河南省开封市	1976年12月	硕士研究生	中共党员	县人武部上校部长(2021年10月任)
曾富勇	男	汉族	宜章县	1973年11月	本科	中共党员	县委常委(2021年12月止)、人武部部长(2021年10月止)
陈百忠	男	汉族	攸县宁家坪镇	1967年9月	本科	中共党员	县人大常委会党组副书记(2021年12月任)、副主任(2021年7月提名,11月当选),县政协党组副书记(2021年12月止)、副主席(2021年11月止)
刘艳舞	女	汉族	攸县丫江桥镇	1976年9月	本科	非党	县人大常委会副主任(2021年7月提名,11月当选)、县人大常委会副主任(兼,2021年11月止)、攸州国家森林公园管理局(攸县酒埠江风景名胜区管理局)局长(2021年12月止)
李奇跃	男	汉族	攸县皇图岭镇	1971年10月	本科	中共党员	县人大常委会党组成员(2021年12月任)、副主任(2021年7月提名,11月当选)、县总工会党组副书记、主席(兼,2021年12月任),县政协党组成员(2021年12月止)、副主席(2021年11月止)
谭智敏	男	汉族	攸县宁家坪镇	1971年9月	大专	中共党员	县人大常委会党组成员(2021年12月任)、副主任(2021年7月提名,11月当选),县财政局党委书记、局长(2021年12月止)
谭心飞	男	汉族	攸县黄丰桥镇	1970年1月	本科	中共党员	县人大常委会党组成员(2021年12月任)、副主任(2021年7月提名,11月当选),县纪委常务副书记、监委副主任(2021年7月止)
周志强	男	汉族	攸县酒埠江镇	1966年3月	本科	中共党员	县人大常委会党组副书记(2021年12月止)、副主任(2021年11月止)
过凤文	男	汉族	攸县渌田镇	1963年10月	本科	中共党员	县人大常委会党组成员(2021年12月止)、副主任(2021年11月止)
游江龙	男	汉族	攸县莲塘坳镇	1966年6月	大专	中共党员	县人大常委会党组成员(2021年12月止)、副主任(2021年2月任,11月止)
陈代陆	男	汉族	新化县	1975年9月	硕士研究生	民进党	县人民政府副县长
赵聚忠	男	汉族	衡山县	1972年2月	本科	中共党员	县人民政府党组成员、副县长,县公安局党委书记、局长
杨正武	男	汉族	攸县宁家坪镇	1974年4月	本科	中共党员	县人民政府党组成员、副县长
程　超	男	汉族	安徽省黄山市	1987年1月	硕士研究生	中共党员	县人民政府党组成员、科技副县长(挂职)
王天来	男	汉族	攸县网岭镇	1984年1月	本科	中共党员	县人民政府党组成员、副县长,红十字会会长(兼,2021年12月止)
刘丰华	男	汉族	攸县莲塘坳镇	1977年2月	本科	中共党员	县人民政府党组成员、副县长(2021年7月提名,11月当选),县政府办党组书记、主任
陈章蓉	女	汉族	江西省于都县	1980年11月	本科	中共党员	县人民政府党组成员、副县长(2021年7月提名,11月当选),县红十字会会长(兼,2021年12月任)

续表23

姓　名	性别	民族	籍　贯	出生年月	文化程度	政治面貌	任职情况
易屹东	男	汉族	株洲市	1973年5月	本科	中共党员	县人民政府党组成员、副县长(2021年7月止)
彭顺昌	男	汉族	攸县网岭镇	1974年2月	本科	中共党员	县人民政府党组成员、副县长(2021年7月止)
龙晓辉	男	汉族	攸县新市镇	1970年1月	中专	中共党员	县政协党组副书记(2021年12月任)、副主席(2021年7月提名,11月当选),县审计局党组书记、局长(2021年12月止)
文小凤	女	汉族	攸县联星街道	1979年11月	本科	非党	县政协副主席(2021年7月提名,11月当选)、县政协副主席(兼,2021年11月止)、县统计局局长(2021年12月止)
胡建雄	男	汉族	攸县江桥街道	1971年12月	本科	致公党	县政协副主席(兼),县教育局局长
黎亚敏	女	汉族	攸县皇图岭镇	1977年9月	本科	非党	县政协副主席(兼,2021年2月当选),县工商联主席
李林华	男	汉族	攸县鸾山镇	1972年8月	本科	中共党员	县政协党组成员(2021年12月任)、副主席(2021年7月提名,11月当选)、县农业局党组书记、局长
唐　波	男	汉族	洞口县	1980年8月	大学	中共党员	县人武部副部长
刘艳辉	女	汉族	安化县	1979年8月	硕士研究生	中共党员	县人民法院党组书记、院长
刘北斗	男	汉族	华容县	1981年7月	硕士研究生	中共党员	县人民检察院党组书记(8月任)、检察长(2021年7月提名,11月当选)
徐达江	男	汉族	醴陵市	1972年10月	本科	中共党员	县人民检察院党组书记、检察长(2021年7月止)
曾小林	男	汉族	攸县网岭镇	1978年8月	硕士研究生	中共党员	县高新技术产业开发区党工委书记
杨　力	男	土家族	桑植县	1977年6月	本科	中共党员	县高新技术产业开发区党工委副书记、管委会主任,县人民政府党组成员
黄华畅	女	汉族	攸县宁家坪镇	1978年12月	研究生	中共党员	市生物工程中专学校校长(2021年12月任)、春联街道党工委书记(2021年12月止)
颜学勤	男	汉族	攸县黄丰桥镇	1963年5月	硕士研究生	非党	市生物工程中专学校校长(2021年12月止)
蔡德和	男	汉族	攸县网岭镇	1968年8月	本科	中共党员	市生物工程中专学校党委书记
王宜斌	男	汉族	攸县莲塘坳镇	1972年9月	本科	中共党员	攸州国家森林公园管理局(攸县酒埠江风景名胜区管理局)局长(2021年12月任)、新市镇党委书记(2021年12月止)
杨　波	男	汉族	渌口区	1974年10月	本科	中共党员	县公安局党委书记、政委(高配副处)

(龙　珑)

2021年度攸县副县级以上非领导职务人员名录表

表24

姓　名	性别	民　族	籍　贯	出生年月	文化程度	政治面貌	任职情况
尹诺昂	男	汉族	攸县鸾山镇	1962年6月	大专	中共党员	攸县人大常委会二级巡视员
毛春良	男	汉族	攸县鸾山镇	1964年3月	硕士研究生	中共党员	政协攸县委员会二级巡视员（2021年9月起）
吴爱清	男	汉族	攸县莲塘坳镇	1963年7月	本科	中共党员	攸县人大常委会一级调研员（2021年7月起）
文　斌	男	汉族	攸县丫江桥镇	1965年6月	大专	中共党员	攸县县委二级调研员（2021年7月起）
陈运发	男	汉族	攸县谭桥街道	1963年10月	本科	中共党员	攸县二级调研员
杨再江	男	汉族	攸县丫江桥镇	1967年5月	大专	中共党员	攸县二级调研员
罗正初	男	汉族	攸县新市镇	1963年2月	本科	中共党员	攸县二级调研员
唐晓明	男	汉族	攸县宁家坪镇	1963年3月	大专	中共党员	攸县二级调研员
谭振中	男	汉族	攸县皇图岭镇	1968年1月	本科	中共党员	攸县二级调研员
李良俊	男	汉族	攸县新市镇	1962年8月	本科	中共党员	攸县二级调研员
周志强	男	汉族	攸县酒埠江镇	1966年3月	本科	中共党员	攸县人大常委会三级调研员（2021年7月起）
张建良	男	汉族	攸县莲塘坳镇	1961年5月	大专	中共党员	政协攸县委员会三级调研员
过凤文	男	汉族	攸县渌田镇	1963年10月	本科	中共党员	攸县人大常委会原党组成员（2021年12月起）、原副主任（2021年11月起）
游江龙	男	汉族	攸县莲塘坳镇	1966年6月	大专	中共党员	攸县人大常委会原党组成员(2021年12月起)、原副主任(2021年11月起)
张益群	男	汉族	攸县渌田镇	1962年2月	本科	中共党员	攸县县委三级调研员（2021年12月起）
文谷荣	男	汉族	攸县网岭镇	1963年3月	本科	中共党员	攸县四级调研员
王卓文	男	汉族	攸县新市镇	1964年9月	本科	中共党员	攸县人民政府原党组成员、原副县长
颜学勤	男	汉族	攸县黄丰桥镇	1963年5月	硕士研究生	非党	株洲市生物工程中专学校原校长（2021年12月起）
皮世平	男	汉族	攸县鸾山镇	1963年1月	本科	中共党员	政协攸县委员会四级调研员

（龙　珑）

荣誉谱

2021年度攸县获得国家、省级荣誉

一、国家级

全国新时代文明实践中心建设工作试点县

全国粮食生产先进集体

2021年中国最安全感百佳县市

二、省级

攸县2021年营商环境改善和社会信用建设工作受到省人民政府通报表彰

攸县2021年高质量推进交通基础设施建设，"四好"交通工作受到省人民政府通报表彰

攸县2021年完成全省公共文化服务体系高质量发展五年行动计划、发展文化和旅游产业工作受到省人民政府通报表彰

攸县2021年环境质量改善工作受到省人民政府通报表彰

攸县2021年养老服务体系建设工作受到省人民政府通报表彰

攸县2021年认真贯彻落实省委、省政府重大决策部署、创造性开展工作，疫情防控典型经验做法受到省人民政府通报表彰

攸县2021年煤矿安全生产治本攻坚工作受到省人民政府通报表彰

2021年全省农村人居环境整治提升先进县

2021年湖南省扫黑除恶专项斗争先进集体

2021年湖南省脱贫攻坚先进集体

全省农村人居环境整治提升先进县

成功入选湖南县城经济高质量发展先进县十强

全国乡村振兴百强县

全国农村居民人均可支配收入百强县

全国农作物病虫害绿色控示范县

全国农作物病虫害统防统治百强县

2021年度攸县获得(保持)国家、省、市文明建设先进集体名单

一、全国文明村（共1个）

2020届：网岭镇罗家坪村

二、湖南省文明标兵单位（共1个）

2018届：检察院

三、湖南省文明村镇（共7个）

2016届：莲塘坳镇

2018届：皇图岭镇

鸾山镇新和村

网岭镇罗家坪村

2020届：石羊塘镇

菜花坪镇莱塘村

新市镇丁家垅村

四、湖南省文明单位（共10个）

2016届：公安局　民政局

联星街道　供电公司
2018届：财政局　　林业局
2020届：市场监管局　税务局
湖南攸县农村商业银行股份有限公司
江桥街道

五、湖南省文明（标兵）校园（共2个）

2018届省文明标兵校园：攸县一中
2020届省文明校园：江桥小学

六、株洲市文明建设标兵单位（共2个）

文旅广体局、乡村振兴局

七、株洲市文明单位（共13个）

高新区、自然资源局、交运局、商粮局、卫健局、审计局、应急管理局、城管局、征地协调服务中心、城建公司、烟草公司、春联街道、株洲地博光电材料有限公司

八、株洲市文明镇（共2个）

黄丰桥镇、网岭镇

九、株洲市文明村（共10个）

联星街道上云桥村、江桥街道邱家垅村、酒埠江镇酒埠江村、网岭镇北坪村、皇图岭镇富厚村、丫江桥镇仙石村、新市镇罗潭村、莲塘坳镇阳升观村、莱花坪镇芷陂村、渌田镇潞甫村

2021年度攸县文明建设红旗单位、先进单位、先进个人及创建全国文明城市先进个人名单

一、县文明建设红旗单位（共27个）

（一）标兵单位（2个）

文旅广体局、乡村振兴局

（二）先进单位（13个）

高新区、自然资源局、交运局、商粮局、卫健局、审计局、应急管理局、城管局、征地协调服务中心、城建公司、烟草公司、春联街道、株洲地博光电材料有限公司

（三）文明镇（2个）

黄丰桥镇、网岭镇

（四）文明村（10个）

联星街道上云桥村、江桥街道邱家垅村、酒埠江镇酒埠江村、网岭镇北坪村、皇图岭镇富厚村、丫江桥镇仙石村、新市镇罗潭村、莲塘坳镇阳升观村、莱花坪镇芷陂村、渌田镇潞甫村

二、县文明建设先进单位（共63个）

法院、森管局、科工信局、司法局、住建局（人防办）、水利局、金融办、医保局、机关事务服务中心、供销社、国投集团、生态环境分局、气象局、酒埠江镇、渌田镇、桃水镇、攸县一中、皇图岭镇高视中学、联星街道东北街小学、人民医院、丫江桥镇卫生院、皇图岭中心卫生院、县妇幼保健计划生育服务中心、湖南昊华化工股份有限公司、湖南旭日陶瓷有限公司、株洲宏信科技发展有限公司、湖南省冠群电子科技有限公司、湖南湘通道路养护公司、攸县金湘米业有限责任公司

联星街道：胜利社区、文化社区、七里坪社区
江桥街道：江桥社区、西阁社区
春联街道：盘龙村
谭桥街道：东联社区、谭桥社区
鸾山镇：三联村、建新社区
黄丰桥镇：柏市社区、东岳山村、晓曙村
酒埠江镇：酒仙湖村
网岭镇：北联村、灯笼桥村
皇图岭镇：麻城村、新乐村、笔和村
宁家坪镇：笔武村、大祥村
丫江桥镇：三峰村、新杉岭村
新市镇：观背村、平田村、新市村
莲塘坳镇：高楼社区、巨田村、下洞村
莱花坪镇：菜垅村、高和社区
渌田镇：渌田社区
石羊塘镇：田星村
桃水镇：盘塘村

三、县文明建设先进个人（共206人）

李　华　苏　龙　周　定　贺国胜　曾晏钰

陈灿霞	谢 盈	夏文飞	张 勇	杨建龙
高 潞	洪 溪	张 真	谭 立	谭念飞
贺玲丽	彭 洁	何绍财	黄 慧	刘 杰
吴 猛	贺 琴	王 成	肖国亮	谢志刚
周 阳	贺志华	单晓英	刘 丹	刘湘科
付旭东	苏 浩	邓 容	旷国良	肖海强
刘勇珅	陈晓妮	张斌敏	王双燕	廖志勇
刘开颜	刘 坚	彭军文	王 琴	周斌娥
闵冬建	刘韶晖	徐 炫	周丽葵	陈亚时
陈素荣	彭 炜	颜 娇	李凯丽	欧阳辉
姬小玲	文喜文	文 锋	李攸莲	贺聘婷
陈 丽	周 琴	罗 艳	王能静	罗建伟
唐洪波	文 昊	谭圣辉	刘 蜂	邱 野
易新文	尹海元	谭香兰	黄朱君	朱联军
曾建荣	谭 丽	尹承志	翟谭明	易成辉
王 凯	陈华兰	虞智慧	陈 琦	邓 勇
邓宇锋	尹江兰	肖少军	欧 莎	贺文麒
易莉波	皮钦源	张纪帅	刘朝晖	李新建
刘勇义	刘志坚	刘宏伟	段国良	阳冬良
陈 刚	胡陈宜	贺 飞	龙智鸿	贺 婷
李秀珠	阳奇凤	欧小兵	王立雄	贺建平
廖运高	谭首春	田 华	刘宗荣	肖化兰
易占鳌	刘 滢	彭凯立	贺 凤	陈理灵
刘德英	阳伟民	瞿艳民	刘建珍	谭三促
丁艳娥	丁新文	贺福乐	黄谭钢	何鑫玮
尹阳姿	蔡华松	刘 琼	张 浩	刘正书
宋宁瑜	黄子菲	易祖平	彭亦良	易爱国
易卫东	贺全华	唐添星	臧 阳	胡 蓉
刘 敏	欧清辉	易炳才	欧阳喜连	王大力
张雪成	谭文章	周冬林	汤 胜	张新龙
尹建军	李外娇	罗成尉	王诗晴	易同连
邓文娥	陈秋林	单志谋	李子东	丁远大
陈 桂	杨 芹	尹利君	龙柏沅	陈晓旭
江其武	陈志军	李 林	葛炼钢	谭润娇
陈 华	胡承荣	王新桂	孙唐义	欧阳国清
周 胜	文雪荣	刘春文	刘士嘉	彭 钢
曾新连	陈志荣	袁 义	易恩东	丁爱民
夏永青	刘远芳	龙海航	黄宇杰	欧阳芳
尹朝辉	夏峰波	贺亚妮	陈望新	文雄建
张新建	肖雪英	陈志信	李黄德	武志华
谢 亮				

四、创建全国文明城市先进个人（共30人）

李红亮	丁双城	蔡 娜	皮家谋	刘晓聪
李笑凯	丁玉峰	黄雪江	胡建斌	张文武
谭云波	王水华	王国雄	蒋 敏	欧阳娟
占慧玲	蔡卫红	付文华	谭建伟	欧阳洁
刘美红	欧灵艳	杨 娟	贺张琴	李珍媚
刘 伊	刘娇平	彭心妍	颜湘萍	贺晋军

2021年度全县凝心聚力担当实干村（社区）党组织书记名单

（共17人）

联星街道雪花社区：王丽雄
春联街道盘龙村：朱忠民
鸾山镇皮佳村：皮平广
酒埠江镇酒埠江村：谢德荣
皇图岭镇市上坪村：刘建珍
丫江桥镇樟树村：易辉建
莲塘坳镇高楼社区：吴刘国庆
渌田镇渌田社区：蔡仁波
桃水镇泉塘冲社区：李立雄
江桥街道江桥社区：杨利成
谭桥街道苏江村：苏曼乃
黄丰桥镇塔前村：谢一平
网岭镇北坪村：刘福元
宁家坪镇宁家坪社区：王喜余
新市镇新中社区：易卫东
菜花坪镇芷陂村：周水珍
石羊塘镇老虎岩村：廖三明

2021年度全县平安建设、维护稳定、扫黑除恶专项斗争、政法工作先进单位和先进个人名单

一、先进单位（共81个）

（一）平安建设先进乡镇（街道）（共9个）

联星街道、江桥街道、春联街道、鸾山镇、黄丰桥镇、网岭镇、皇图岭镇、石羊塘镇、桃水镇

（二）平安建设先进县直和省市驻攸单位（共22个）

法院、检察院、高新区、森管局、发改局、公安局、司法局、财政局、人社局、住建局（人防办）、卫健局、审计局、应急管理局、市场监管局、信访局、乡村振兴局、征地协调服务中心、网格化管理服务中心、攸县一中、生态环境分局、税务局、人民银行攸县支行

（三）平安建设工作先进村（社区）（共34个）

1.平安建设示范村（社区）（17个）

联星街道：联西社区	江桥街道：江桥社区
春联街道：春风社区	谭桥街道：谭洲社区
鸾山镇：建新社区	黄丰桥镇：墙背村
酒埠江镇：大田村	网岭镇：江塘村
皇图岭镇：李家铺村	宁家坪镇：龙田村
丫江桥镇：新杉岭村	新市镇：新中社区
莲塘坳镇：枧头村	菜花坪镇：高塘村
渌田镇：五丰村	石羊塘镇：南田村
桃水镇：睦田村	

2.平安建设先进村（社区）（17个）

联星街道：冯家坳村	春联街道：巨洲村
鸾山镇：三联村	酒埠江镇：联塘村
皇图岭镇：皇新村	丫江桥镇：明月村
莲塘坳镇：下田村	渌田镇：江口村
桃水镇：盘塘村	石羊塘镇：田星村
江桥街道：胡公庙社区	谭桥街道：流和社区
黄丰桥镇：严塘村	网岭镇：甘溪社区
宁家坪镇：坪双村	新市镇：罗潭村
菜花坪镇：莱垅村	

（四）维护稳定工作先进单位（5个）

科工信局、退役军人事务局、机关事务服务中心、谭桥街道、宁家坪镇

（五）扫黑除恶专项斗争工作先进单位（6个）

纪委监委第一纪检监察室、组织部、宣传部、法院刑事庭、检察院第一检察部、公安局联星派出所

（六）政法工作先进单位（5个）

法院政治部、检察院第二检察部、公安局经侦大队、交警大队、法律援助中心

二、先进个人（共80人）

（一）平安建设工作先进个人（50人）

文育新　彭尧明　邓庆云　王伟华　许良波
黄红艳　蔡建华　刘小刚　刘　凯　王美成
刘柯良　刘　贵　贺　飞　朱亚伟　巫　宏
王德元　夏益定　江　振　谭艳芳　谭良梁
刘　超　齐　林　陈　健　欧阳盼　刘朝阳
夏　微　陈利兵　何卫华　刘　婴　刘塘良
尹艳琴　周锐武　皮远康　周攀峰　陈　维
谭　忠　周利媛　尹新良　洪志伟　吴利辉
陈　进　刘晓芳　徐东日　苏爱军　陈亦武
贾立星　陈红飞　周卫国　文泽宇　陈晓晖

（二）维护稳定工作先进个人（10人）

胡任重　熊关良　胡　鑫　刘长力　夏卫华
陈　进　王　治　张新龙　刘　成　皮秉剑

（三）扫黑除恶专项斗争工作先进个人（10人）

刘志国　谭　彦　谭慧琴　谭　易　刘勇辉
贺　琪　康　莎　龙成成　易　珂　周书鹏

（四）政法工作先进个人（10人）

占玲玲　刘　凯　陈水卫　侯建伟　聂　蓓
胡　曦　洪　溪　王　延　刘晓刚　谭丽娜

2021年度全县产业发展奖励名单

一、税收贡献奖（共15个）

湖南攸县农村商业银行股份有限公司
湖南省烟草公司株洲市公司攸县分公司
湖南旭日陶瓷有限公司
攸县天成房地产开发有限公司
湖南逸鸿集团有限公司
中国农业银行股份有限公司攸县支行
湖南万安达集团铭德实业有限责任公司
株洲安特新材料科技有限公司
株洲宏信科技发展有限公司
湖南澳维膜科技有限公司
中国大地财产保险股份有限公司攸县支公司
湖南湘东化工机械有限公司
株洲湘东建设有限责任公司
湖南远大水泥有限责任公司

湖南昊华化工股份有限公司

二、银行新增贷款奖（共8个）

湖南攸县农村商业银行股份有限公司
中国邮政储蓄银行股份有限公司攸县支行
中国农业银行股份有限公司攸县支行
湖南攸县潭农商村镇银行股份有限公司
长沙银行股份有限公司攸县支行
中国农业发展银行攸县支行
华融湘江银行股份有限公司攸县支行
中国建设银行攸县支行

三、品牌建设奖（共5个）

株洲众森生态农业有限公司
攸县健坤农业科技有限公司
株洲市酒埠江龙泉旅游开发有限公司
株洲市福韵新漕生态旅游度假村有限公司
湖南紫旭生态农业发展有限公司

四、科技创新奖（共12个）

株洲市地杰现代农业有限责任公司
攸县农泰农业机械有限公司
湖南优多新材料科技有限公司
攸县双银塑业有限责任公司
湖南恩泽瑞微电子有限公司
攸县德兴园生态农业有限公司
株洲市亚村林业有限责任公司
湖南长荣高新材料有限公司
株洲湘东情食品有限公司
湖南旭日陶瓷有限公司
株洲市攸州在线传媒有限责任公司
湖南万安达集团铭德实业有限责任公司

2021年度全县“产业项目建设年”活动先进单位、优秀产业项目和先进个人名单

一、先进单位（共15个）

高新区、发改局、教育局、科工信局、人社局、住建局（人防办）、商粮局、统计局、金融办、行政审批局、征地协调服务中心、国投集团、江桥街道、网岭镇、皇图岭镇

二、优秀产业项目（共7个）

旭日陶瓷建材产业园项目、昊华生物二期项目、华纯新材料项目、臻诚高分子项目、天镒锆业项目、澳维二期项目、明月风力发电场项目

三、先进个人（共40人）

丁双城　刘金花　何　毅　王爱武　朱石恩
欧阳贵　文　虎　汤志伟　刘建奇　彭志敏
郑子辉　欧阳盼　文恒平　张　凯　李建辉
刘　倩　谭正午　刘志红　张新厦　颜冬桂
左　葵　谢利娟　刘桂平　张哲武　苏建成
皮晓彬　吴全阶　李富乐　彭　祺　易志明
龙百余　邓其华　丁　婷　陈卫华　丁卫国
谢欢华　易正辉　吴　建　赵德旺　谭先德

2021年度全县“优化营商环境活动年”先进单位、先进个人和优秀联络员名单

一、先进单位（共20个）

高新区、发改局、科工信局、公安局、财政局、人社局、自然资源局、住建局（人防办）、商粮局、市场监管局、金融办、行政审批局、工商联、国投集团、优化办、生态环境分局、税务局、江桥街道、鸾山镇、网岭镇

二、先进个人（共30人）

杨　千　王　飞　刘三艳　李沛莲　陈俊羽
赖贤亮　谭勇华　陈文平　鲁沛然　刘慧婧
胡志明　李志雄　单美华　丁新立　张文武
周冬桂　黄荣华　文　枫　蔡晓勇　邓开平
肖　纯　易明辉　蔡晓华　董政荣　苏　鑫
吴继志　肖国雄　唐轩麟　练子玉　董华蓉

三、优秀联络员（共20人）

蔡　昉　周　浩　杨建龙　李　衔　旷生贵
龙志华　杨　青　张会兵　李喜红　邓乐佳

张巧容　刘运武　易晓蓉　刘小平　罗爱平
谭德莲　卢　平　唐新桥　陈　琦　尹新良

2021年度全县争取省真抓实干表彰工作先进个人名单（共7人）

彭佑生　陈晓晖　朱晶娟　尹建冬　景　钊
洪虎龙　何纲华

2021年度全县防范重大风险攻坚战先进单位和先进个人名单

一、先进单位（共2个）

金融办、国投集团

二、先进个人（共5人）

宁宇新　刘三如　丁卫国　张秋云　董津津

2021年度全县污染防治攻坚战先进单位和先进个人名单

一、先进单位（共20个）

（一）乡镇（街道）（7个）

江桥街道、谭桥街道、网岭镇、皇图岭镇、宁家坪镇、丫江桥镇、石羊塘镇

（二）部门（13个）

高新区、财政局、自然资源局、住建局（人防办）、交运局、应急管理局、城管局、卫健局、乡村振兴局、妇联、畜牧水产事务中心、生态环境分局、气象局

二、先进个人（共49人）

（一）乡镇（街道）（17人）

刘招龙　黄晓瑞　龙爱兵　杨　珊　欧声悠
郭　希　李王宸　周俊革　易凌云　周雄峰
贺正亮　卢爱峯　张　俊　阳小华　刘雨成
叫东辉　胡智雄

（二）部门（32人）

吴智新　夏艳容　王朝辉　陈亚时　龙芳芳
陈　传　阳志德　王建武　欧阳昊　尹　泉
文阳荣　杨　青　胡钢建　傅庆东　张立平
麻晓武　刘铁柱　易建纲　尹晓阳　赵春贤
王飞君　王甲炜　汪添吉　王维维　邓伟华
阳再春　钟　钰　李　叶　易　波　李　珍
谭湘甫　张纪帅

2021年度全县安全生产（食品安全）工作先进单位和先进个人名单

一、安全生产先进单位（共35个）

（一）部门、乡镇（街道）（20个）

高新区、森管局、公安局、财政局、住建局（人防办）、水利局、商粮局、应急管理局、林业局、市场监管局、市场服务中心、交警大队、生态环境分局、消防救援大队、江桥街道、黄丰桥镇、皇图岭镇、宁家坪镇、莲塘坳镇、石羊塘镇

（二）企业（15个）

攸县兴隆矿业有限责任公司、株洲丰隆矿业有限责任公司、湖南省新财出口花炮厂、攸县华新烟花制造有限公司、攸县永顺烟花鞭炮有限公司、攸县合里矿业有限责任公司何家里铁矿、株洲市株富花岗岩开发有限公司、株洲英东实业有限公司、湖南昊华化工股份有限公司、湖南恒盛新材料有限公司、湖南澳维膜科技有限公司、攸县华昌公交有限责任公司、湖南汉骏建设有限责任公司、黄丰桥国有林场、大唐华银攸县能源有限公司

二、安全生产先进个人（共60人）

（一）乡镇（街道）（17人）

许良胜　董　鑫　邓洪涛　尹建军　尹　水
荣秋桂　何鸿传　何　辉　刘龙文　汤光华
张　坤　罗梦良　易秋兵　付志荣　刘新良
刘　凯　张新建

（二）部门（43人）

夏咏民　杨向红　朱天雄　曾云艺　刘　茜
龙　珑　肖永红　尹国才　谭　琪　丁　戈
王　勇　尹　剑　邱子烨　葛宇圣　周龙辉
尹　军　王智来　肖司宇　李　智　宁曼香
田　珍　颜辉兵　丁新立　李　乾　梁中赵
陈　新　刘新伟　聂双利　刘旭鹏　宁腾龙
林　照　苏革新　刘　勇　杨易成　王桂良
陈坚强　刘丽艳　苏定华　王慧君　文　凯
唐春辉　皮钦源　贺　亮

三、食品安全先进单位（共10个）

教育局、司法局、市场服务中心、谭桥街道、鸾山镇、黄丰桥镇、酒埠江镇、宁家坪镇、莲塘坳镇、桃水镇

四、食品安全先进个人（共35人）

邓通洱　何清艳　尹文林　颜高飞　李若鑫
旷海燕　陈双媛　林　鑫　贺一萍　朱鹏飞
陈志军　张华桥　吴辉兵　谭　琪　钟文灿
陈方华　谭中勇　彭小琴　吴利辉　刘建民
王飞君　徐红军　余　辉　张加亮　邓雄亮
杨　重　黄　剑　蔡丽珠　刘伟华　易　敏
罗华勇　宁建朝　刘建湘　王　华　周江华

2021年度全县乡村振兴工作和农村人居环境工作先进单位和先进个人名单

一、乡村振兴工作先进单位（共50个）

（一）乡镇（街道）（8个）

联星街道、江桥街道、酒埠江镇、网岭镇、皇图岭镇、丫江桥镇、新市镇、桃水镇

（二）成员单位（8个）

发改局、教育局、民政局、财政局、人社局、住建局（人防办）、交运局、水利局

（三）驻村工作队派出单位（34个）

编办、巡察办、科工信局、自然资源局、农业农村局、商粮局、文旅广体局、卫健局、审计局、退役军人事务局、应急管理局、城管局、市场监管局、统计局、信访局、医保局、融媒体中心（广电台）、机关事务服务中心、市场服务中心、妇联、攸福集团、交警大队、交通事务中心、黄丰桥国有林场、生态环境分局、税务局、供电公司、农商银行、农业银行、平安产险、攸县四中、人民医院、疾控中心、骨伤医院

二、乡村振兴工作先进个人（共98人）

（一）乡镇（街道）(20人)

陈运兰　阳冬良　谭先德　王　进　张　琴
谭开平　刘　滢　丁迷迷　宁书文　朱爱梅
夏　汶　陈　桂　苏　鹏　李子东　刘小庆
易华艳　贺亚妮　胡艳红　刘康丽　王　唤

（二）村（社区）(23人)

罗一艳　彭　萍　易石城　谭丽兰　刘铁刚
容健珍　李　苏　欧盛强　易爱珍　颜志萍
周叶兰　陈秋月　尹徐平　黄　玲　张艳珠
廖田志　文　珠　杨　力　刘　容　肖巧巧
赵芳丽　洪喜霞　朱玉清

（三）成员单位（14人）

罗　宵　贺志华　王爱武　罗清玉　唐庆仕
易雪美　陈　莉　吴　奕　周冬桂　洪　图
陈礼文　皮敬雄　贺　曦　彭亮霞

（四）驻村工作队（41人）

余　振　陈浩鸿　王菊林　谭　鹏　贺　飞
栗战胜　易克勤　李秋兰　肖扬丽　黄练坤
刘雄新　夏志华　湛智群　李志勇　陈　殿
廖炎初　龙秋文　刘志强　刘　胜　汤中伟
李小勇　刘运觉　刘勇华　张　亮　刘祖星
刘望京　谢庆友　肖　勇　贺志华　陈　盼
周建雄　余铁贻　周爱荣　丁迪岩　尹易才
蔡伍文　易志刚　徐小彦　刘仁勇　彭先卓
欧阳盼

三、农村人居环境工作先进单位（共15个）

（一）乡镇（街道）（5个）

谭桥街道、鸾山镇、黄丰桥镇、宁家坪镇、石羊塘镇

（二）村（社区）（10个）

江桥街道谢家垅社区、春联街道山背社区、网岭镇罗家坪村、皇图岭镇皇新村、丫江桥镇仙石

村、新市镇光明村、莲塘坳镇高楼社区、菜花坪镇苏塘西村、渌田镇潞甫村、桃水镇竹泉村

四、农村人居环境工作先进个人（共49人）

（一）乡镇（街道）(33人)

董桂华　龚朝元　颜高飞　张成德　彭优平
刘秋收　肖雪英　刘招龙　段国良　贺战凯
胡金林　黄祖翔　贺正亮　汤正光　谭富春
程　伟　杨昊舟　丁发云　谭志德　王跃进
王　力　龙玉荣　谢丽萍　袁　武　张小龙
刘　洋　单龙文　蔡春桃　刘立志　陈湘东
刘会清　刘雨成　彭进粮

（二）部门(16人)

胡京荣　贺再华　肖寿蜂　周　丽　刘红梅
胡革伟　陈亚时　谭建议　王　勇　陈志武
皮水芳　廖喜人　谭建新　陈　丽　刘俊鸿
龚攸平

2021年度全县招商引资先进单位和先进个人名单

一、先进单位（10个）

高新区、商粮局、供销社、联星街道、酒埠江镇、皇图岭镇、网岭镇、新市镇、莲塘坳镇、桃水镇

二、先进个人（共15人）

邹志斌　谭先德　王志华　单志明　廖丽平
张华桥　阳冬良　陈国昌　贺钢梁　夏杜南
刘　巍　文　琼　杨文江　罗梦良　董湘莲

2021年度全县征拆征收工作先进单位和先进个人名单

一、先进单位（13个）

公安局、财政局、自然资源局、林业局、征地协调服务中心、城建公司、行业办、联星街道、江桥街道、春联街道、谭桥街道、皇图岭镇、丫江桥镇

二、先进个人（共32人）

江　涛　刘新文　张孟东　左　葵　张文瑞
刘玉章　肖文斌　王坚强　谭　华　罗梦林
汤文武　陈华丽　彭文娥　洪　刚　龙小江
贺光辉　肖回龙　戴雅来　丁爱民　王　亮
刘　坤　谭　武　池彭余　王建刚　夏　秦
汤建喜　文　武　陈龙飞　过基雄　何重明
王陈伟　戴陈波亮

2021年度全县疫情防控工作先进单位和先进个人名单

一、先进单位（15个）

（一）乡镇（街道）(4个)

江桥街道、酒埠江镇、丫江桥镇、菜花坪镇

（二）部门（9个）

教育局、公安局、交运局、商粮局、卫健局、市场监管局、党校、融媒体中心（广电台）、机关事务服务中心

（三）医疗机构（2个）

中医院、鸭塘铺卫生院

二、先进个人（51人）

（一）乡镇（街道）(17人)

周香蓉　夏飞菲　陈双媛　陈爱琼　罗琼辉
唐剑飞　文　款　朱秀卉　刘　鑫　夏卫华
谢剑飞　陈云娟　刘洋喜　钟　媛　陈继平
陈志军　易外香

（二）部门(24人)

黄志坤　贺　扬　张　昕　贺国胜　颜亚婷
王国荣　文日明　张俊晰　宾　奇　聂　洲
朱正刚　王伟杰　刘　静　刘亚斌　谭捷鸣
陈亚珍　苏　浩　李　剑　孙　斌　易　勇
欧阳艳萍　丁爱珠　虞晓乐　周炜琪

（三）卫健系统（10人）

刘曼文　肖建勇　蔡　昌　袁芳芳　龙湘秦

张 欣 刘思文 叶 锋 廖春香 肖云丽

2021年度“十佳新时代文明实践，‘门前三小’点”

1. 联星街道上云桥村船形屋场“门前三小”点
2. 江桥街道桐坝村后背冲组“门前三小”点
3. 春联街道春风社区新村组“门前三小”点
4. 鸾山镇新漕社区新屋组“门前三小”点
5. 网岭镇株形村到木冲组“门前三小”点
6. 丫江桥镇新杉岭村老屋组“门前三小”点
7. 新市镇界江村岭下组“门前三小”点
8. 莲塘坳镇高楼社区大屋组“门前三小”点
9. 菜花坪镇菜塘村弄塘组“门前三小”点
10. 石羊塘镇洲上田村麻铺组“门前三小”点

2021年度十佳新时代文明实践志愿服务品牌项目

1. 检察院“情暖童心快乐成长“未成年人自护教育志愿服务项目

2. 教育局“共筑家校社同心圆开辟德智行新境界”志愿服务项目

3. 卫健局“第一目击者“现场救护公众普及志愿服务项目

4. 团县委“青春攸你七彩假期”志愿服务项目

5. 妇联"3+1姐妹帮帮团”志愿服务项目

6. 文联“欢乐迎新春幸福过大年”送春联下乡志愿服务项目

7. 联星街道万古桥社区“4点半课堂”志愿服务项目

8. 谭桥街道“呵护青苗，筑梦谭桥”志愿服务项目

9. 丫江桥镇仙石村“留守不孤单——关爱留守儿童和老人”志愿服务项目

10. 传统文化促进会“传承攸女文化促进齐家教育”志愿服务项目

2021年度新时代文明实践优秀志愿者名单

李丽萍 黄小凤 周道仔 左日升 陈旭敏
熊侠艳 吴刘传英 陈志辉 周桂元 刘晓玲
吴 政 周双苹 周国容 谭建娥 阳志刚
张继柱 朱 平 陈正德 阳新民 石 玉
王 华 皮钦源 刘哲博 陈 前 易慧敏
郭卫林 谢美兰 陈 斌 黄 容 肖司宇
王二喜 杨 科 王利方 殷运良 蔡卫华
陈中华 易玉丹 贺 华 刘妮娜 刘爱武
麻 君 谭润香 旷卫东 李伟玲 胡爱梅
胡红亮 赵德旺 曾丽丽 陈安国 刘京梅
贺春雷 蔡 洁 阳丙建 文 静 刘新跃
胡京荣 陈曦熹 张荣贵 邱开祥 叶旗慧

附　录

县领导、乡镇（街道）和部门单位负责人名录

中共攸县县委

县委书记　李鹏程（6月任）
　　康月林（6月止）
副书记　李鹏程（6月止）　武挪强（6月任）
　　林　涛（7月任）　文　斌（4—7月）
县委常委　李鹏程　武挪强（6月任）　林　涛
　　何文龙　彭爱斌　唐军全
　　夏春良（3月任）　易晓红（7月任）
　　陈银河（7月任）　阙　昶（7月任）
　　王志伟（12月任）
　　康月林（6月止）　文　斌（4—7月）
　　梁天琛（7月止）
　　曾富勇（12月止）
　　冯　杰（7月止）　李易常（3月止）
县委委员　王天来（7月任）　王宜斌（7月任）
　　毛春良　文　斌（4月任）
　　文　毅（7月任）　文晓华（7月任）
　　邓小荣　冯　杰　刘　亮
　　刘　敏（7月任）　刘　源（7月任）
　　刘丰华　刘分粮（7月任）
　　刘北斗（7月任）　刘艳辉（7月任）
　　苏爱军（7月任）　李鹏程
　　杨正武（7月任）　吴爱清　何文龙
　　张叶喜（7月任）　陈亦武（7月任）
　　陈银河（7月任）　陈章蓉（7月任）
　　陈新妮（7月任）　武挪强（6月任）
　　林　涛　易晓红　周卫国
　　赵爱云（7月任）　赵聚忠（7月任）
　　洪虎龙（7月任）　贺　彪
　　夏春良（3月任）　唐军全
　　黄华畅（7月任）　彭永跃（7月任）
　　彭爱斌　曾小林　阙　昶（7月任）
　　王卓文（7月止）　文泽宇（7月止）
　　尹诺昂（7月止）　李奇跃（7月止）
　　李易常（3月止）　吴伟清（7月止）
　　张益群（7月止）　陈运发（7月止）
　　易屹东（7月止）　袁　峰（7月止）
　　徐外平（7月止）　郭力颖（7月止）
　　黄　武（7月止）　康月林（6月止）
　　梁天琛（7月止）　彭顺昌（7月止）
　　曾富勇（12月止）　谭心飞（7月止）
　　颜荣华（7月止）
候补委员　王　斯（7月任）　文泽宇（7月任）
　　朱忠民（7月任）　刘　彦
　　何　勇（7月任）　陈　鹏（7月任）
　　易介兵（7月任）　贾立星（7月任）
　　汤水艳（7月止）　李福文（7月止）
　　胡芳荣（7月止）　钟怡富（7月止）
　　谭智敏（7月止）

攸县人大常委会

主　任　冯　杰（11月任）　吴爱清（11月止）
副主任　陈百忠（11月任）　刘艳舞

李奇跃（11月任） 谭智敏（11月任）
谭心飞（11月任） 周志强（11月止）
过风文（11月止） 易晓红（11月止）
游江龙（11月止）
党组书记 吴爱清（11月止） 冯 杰（12月任）
副书记 周志强（12月止） 陈百忠（12月任）
委 员 （按姓氏笔画为序）
王爱武 文日明 文红梅（11月任）
文建民 邓民慧 向宋祥（11月任）
刘俊鸿（11月任） 刘朝阳（11月任）
李伟玲（11月任） 杨玉文（11月任）
杨向红（11月任） 肖回龙
何重明（11月任） 余 鑫（11月任）
张建华（11月任） 张素珍（11月任）
陈新妮（11月任） 易吕辉（11月任）
罗 刚（11月任） 罗 静（11月任）
罗学锋（11月任） 胡正罡 洪建臣
唐青锋（11月任） 彭永跃（11月任）
彭智力 谭勇华 王思敏（11月止）
吕剑斌（11月止） 朱泊宇（11月止）
刘芳军（8月止） 刘建新（11月止）
巫朝英（11月止） 杨舟双（8月止）
吴晋宜（11月止） 何再权（11月止）
欧国胜（11月止） 周建东（11月止）
贺 曦（11月止） 袁 峰（8月止）

攸县人民政府

县 长 李鹏程（2—6月）
武挪强（11月任）
副县长、代理县长 李鹏程（2月止）
武挪强(6—11月）
副县长 何文龙
彭爱斌（11月任7月提名）
陈代陆 赵聚忠
易屹东（8月止）
彭顺昌（8月止） 杨正武
程 超 王天来
刘丰华（11月任）
陈章蓉（11月任）

政协攸县委员会

主 席 毛春良（11月止）
文 毅（11月任，7月提名）
党组书记 毛春良（12月止） 文 毅（12月任）
副书记 文 毅（7—12月） 林 涛（7月止）
陈百忠（12月止） 陈银河（7月任）
龙晓辉（12月任）
副主席 陈百忠（11月止） 李奇跃（11月止）
文小凤 胡建雄（兼）
龙晓辉（11月任，7月提名）
李林华（11月任，7月提名）
黎亚敏（兼，2月任）
秘书长 杨 溢（1月止） 杨建龙（2月任）
常务委员 王 锫 卢伟彬 卢敬爱 朱石恩
苏丽琼 李 鹏 肖喜华 张卫平
张耀湘 陈 健 陈文平 陈银河
欧阳达龙 欧阳愚 易 康 洪玉琴
贺国惠 贺香清 郭君耀 黄志坤
黄湘娟 符冬媛 彭利川 释慧禅
谢泽胜 谢祈凤 路宏伟 蔡静妮
廖 平 谭 建

（以上为十届常务委员，11月当选，按姓氏笔画为序）

陈运发（1月止） 黎亚敏（1月止）
谭朝云（1月止） 文春归（1月止）
林 涛（2月任） 向宋祥（2月任）
贺香清（2月任） 苏丽琼（2月任）
陈义勇（11月止） 肖国雄（11月止）
朱桂华（11月止） 尹向阳（11月止）
周 围（11月止） 皮建武（11月止）
侯雄伟（11月止） 徐 亮（11月止）
李润洪（11月止） 陈丽萍（11月止）
吴桂华（11月止） 刘凌飞（11月止）

（以上为九届常务委员）

中共攸县纪委、监委

纪委书记 冯 杰（7月止）
阙 昶（7月任）
监委主任 冯 杰（7月止）

阙　昶（11月任，7月提名）
常务副书记、监委副主任　谭心飞（7月止）
常务副书记　易介兵（7月任）
纪委副书记、监委副主任　陈义勇（7月止）
文　珠（7月止）
纪委副书记　黄志坤（7月任）
易川皓（7月任）
监委副主任　易介兵（12月任，7月提名）
黄志坤（12月任，7月提名）
易川皓（12月任，7月提名）
纪委常委　黄志坤　龙小兵
易川皓（7月止）　蔡水文
王海云　袁武军（7—12）
王飞君（7月任）
侯正姿（7月任）
监委委员　蔡水文　王海云　杨　千
何湘鹏（12月任）

（1）机关内设部室

办公室主任　尹伟华
组织部部长　周仁芳
党风政风监督室主任　杨　千（12月止）
案件审理室主任　胡增光
案件监督管理室主任　侯正姿（7月止）
信访室主任　侯琴莲
第一纪检监察室主任　刘志国
第二纪检监察室主任　何湘鹏（12月止）
第三纪检监察室主任　文靖翔
第四纪检监察室主任　周志成
第五纪检监察室主任　阳高文
第六纪检监察室主任　廖　青
干部监督室主任　刘　珂

（2）派驻纪检监察组长

县纪委监委驻县委办公室纪检监察组组长　易长春
县纪委监委驻县委政法委纪检监察组组长　江　振
县纪委监委驻县政府办公室纪检监察组组长　李　敏
县纪委监委驻县财政局纪检监察组组长　邓华艳
县纪委监委驻县民政局纪检监察组组长　王江泽
县纪委监委驻县教育局纪检监察组组长　黄建新
县纪委监委驻县卫生健康局纪检监察组组长　兰　华
县纪委监委驻县市场监督管理局纪检监察组组长　熊军伟（5月止）
洪　驰（5月任）
县纪委监委驻县住房和城乡建设局纪检监察组组长　彭　辉
县纪委监委驻县农业农村局纪检监察组组长　张　辉

攸县人民法院

院长、党组书记　刘艳辉
副书记、副院长　徐红军
党组成员、副院长　刘新文　董　武
副院长　郭团平
党组成员　刘向阳　胡小华
审判委员会专职委员　苏　凯　王三力
党组成员、政治部主任　蔡　武（12月任）

攸县人民检察院

党组书记、检察长　徐达江（8月止）
刘北斗（8月任）
党组副书记、副检察长　王正良（12月止）
党组成员、副检察长　钟文灿（12月止）
袁武军（12月任）
副检察长　尹奇平
党组成员、政治部主任　刘德胜
检察委员会专职委员　刘　婴（2月任）
胡志明（2月任）

攸县高新技术产业开发区

党工委书记　曾小林
党工委副书记、管委会主任　杨　力
党工委副书记、纪工委书记　李志雄
党工委委员、副主任　张　凯

招商产业科科长 谭 帅
规划建设科科长 易阁峰
经济发展科科长 李 衔

湖南攸州国家森林公园管理局

局 长 刘艳舞（12月止）
王宜斌（12月任）
党组成员、副局长 刘伟华 陈 吉
办公室主任 邹发喜
公园管理科科长 谢力峰
开发建设科科长 邓志华
资源保护科科长 许良胜（4月止）
陈拥军（4月任）

县委工作机构

1. 县委办公室

主 任 唐军全（7月任）
彭爱斌（7月止）
常务副主任 刘 亮
副主任 贺 勋（12月任）
虞益鹏（3—12月）
李金彪
纪检监察组组长（派驻） 易长春
（1）改革办
专职副主任 欧阳斌（12月止）
副主任 刘卫华（12月止）
（2）督查室
督查专员兼督查室主任 刘卫华（12月任）
汤建喜（5月止）

2. 组织部

部 长 李易常（3月止）
夏春良（3月任）
常务副部长 袁 峰（8月止）
彭永跃（9月任）
副部长 张耀湘
贺 勋（12月止）
周世伟（兼）
刘陈辉（兼，12月任）
（1）老干部局
局 长 张耀湘
（2）党员教育中心
主 任 刘金花
（3）县非公有制经济组织和社会组织党工委
书 记 贺 勋（12月止）
副书记 易新颜
（4）党建办
主 任 刘陈辉（12月止）
（5）专家人才服务中心
主 任 周冬剑
（6）老干部服务中心
主 任 周 定

3. 宣传部

部 长 梁天琛（7月止）
易晓红（7月任）
常务副部长 杨玉文（12月止）
副部长 方华容
吴辉兵
（1）网络舆情监控中心
主 任 刘晓聪

4. 统战部

部 长 林 涛（7月止）
陈银河（7月任）
常务副部长 向宋祥
副部长 吴彩霞 陈 健
（1）民族宗教事务局
局 长 陈 健
副局长 尹国才

5. 政法委员会

书 记 唐军全（7月止）
林 涛（8月任）
副书记 王国荣 谭 琪
纪检监察组组长（派驻） 江 振

6. 县机构编制委员会办公室（事业单位登记管理局）

主 任 吴奇兵（12月止）
刘陈辉（12月任）
副主任 朱燕舞
机构编制事务中心主任 王志荣

7. 县委巡察办

巡察办
主 任 易介兵（12月止）

杨玉文（12月任）
副主任 王　俊
第一巡察组
组　长 刘剑伟
副组长 王　彬
第二巡察组
组　长 苏桂喜
副组长 尹　峰（12月任）
第三巡察组
组　长 周益康
副组长 傅　钟

县人大各专门委员会及常委会机关

1. 监察和司法委员会（法制委员会）
主任委员 彭智力
副主任委员 刘朝阳
委　员 文志敏（11月任）
赵彩安（11月任）
王慧艳（11月任）
陈　亮（7月止）
贺　祥（7月止）
谭小辉（7月止）
2. 财政经济委员会（预算工作委员会）
主任委员 王爱武
副主任委员 杨向红（11月止）
委　员 湛林奇（11月任）
刘志锋
朱　蓉（7月止）
谭　晖（7月止）
谭　力（7月止）
3. 教育科学文化卫生委员会（民族华侨外事委员会）
主任委员 文日明
副主任委员 齐卫东（11月任）
委　员 刘　平（11月任）
杨林华（11月任）
彭稻花（11月任）
徐双爱（7月止）
4. 环境与资源保护委员会
主任委员 胡正罡（2月任）
副主任委员 易大友（11月任）
委　员 聂　强（11月任）
廖三明（11月任）
朱建德（11月任）
文仕建（7月止）
刘义芳（7月止）
刘激扬（7月止）
5. 农业与农村委员会
主任委员 洪建臣
副主任委员 罗向东（11月任）
委　员 缪年华（11月任）
刘园平（11月任）
文升平（11月任）
宁书文（7月止）
丁建兵（7月止）
吴志阳（7月止）
6. 社会建设委员会
主任委员 何再权（11月止）
副主任委员 戴东方（11月任）
委　员 刘德英（11月任）
尹唐生（1–7月，11–12月）
廖慧敏（11月任）
朱晶娟（7月止）
赵彩安（7月止）
7. 办公室
主　任 谭勇华
副主任 张　勇（3月任）
8. 选举任免联络工作委员会
主　任 文建民
副主任 徐夫文

县政协机关

1. 办公室
主　任 杨建龙
副主任 宾　奇
2. 提案和委员学习联络委员会
主　任 欧阳恩
3. 文教卫体和文史委员会
主　任 朱石恩
4. 经济科技和外事委员会
主　任 陈文平

副主任 刘熠莅（5月止）

5. 社会法制和民族宗教委员会

主 任 苏丽琼

副主任 吴巧红

6. 农业农村和人口资源环境委员会

主 任 谢泽胜

副主任 刘美兰

县政府工作部门

1. 县政府办公室

党组书记、主任 刘丰华（兼）

副书记、副主任 刘建兵（12月止）

党组成员、副主任 武志勇（3月止）

邓新奇 贺 亮

刘 勤 李 叶

罗延福

党组成员 陈运新（5月任）

刘芳军（5月任）

党组成员、纪检监察组长（派驻）

李 敏

2. 发展和改革局

党组书记、局长 邓小荣（12月止）

刘友良（12月任）

副局长 欧阳娟 谭 云

3. 教育局

局 长 胡建雄

党委书记 胡芳荣（4月止）

易志勇（12月任）

副局长 贺国惠

党委委员、副局长 曾亚飞（12月止）

龙小兵（12月任）

党委委员、纪检监察组组长（派驻）

黄建新

党委委员、总督学 肖志勇

4. 攸县科技和工业信息化局

党组书记、局长 过石基

副书记、副局长 颜海航（12月止）

副局长 姚文志

龙志华（12月止）

张巧容

（1）中小企业服务中心

主 任 夏春德（12月任）

5. 公安局

党委（组）书记、局长 赵聚忠

党委（组）副书记、政委 杨 波

党委（组）副书记、常务副局长

刘新华（3月止）

欧国华（3月任）

党委（组）成员、副局长 刘德明（3月止）

吴伟民（12月止）

刘塘良（3月任）

陈方华（3月任）

谢瑜麟（3月任）

党委（组）成员、交警大队大队长

彭傅纲（3月止）

党委（组）成员 刘中海（3月任）

易志平（3月任）

副政委 付洪峰（3月止）

张建华（3月任）

（1）指挥中心（办公室）

主 任 刘中海（4月止）

谭 毅（4月任）

（2）机关党委

常务副书记 周国胜（4月任）

副书记 丁健康（4月任）

（3）督察大队

大队长 曾玉龙（4月止）

谭昭阳（4月任）

（4）警务保障室

主 任 张建华（4月止）

钟江华（4月任）

教导员 谭全忠（4月止）

侯建南（4月任）

（5）法制办

主 任 周国庆（4月止）

刘桂飞（4月任）

（6）国保大队

大队长 刘桂飞（4月止）

杨 志（4月任）

教导员 欧艾新

（7）治安大队

大队长 陈方华（4月止）
单桂恒（4月任）
教导员 陈武平（4月止）
唐　健（4月任）

（8）危爆大队
大队长 刘俊彦（4月止）
王万乐（4月任）
教导员 刘　刚（4月止）
易岳雄（4月任）

（9）人境大队
大队长 皮岸滨（4月止）
刘谭剑（4月任）
教导员 张利萍（4月止）
彭丽娟（4月任）

（10）巡特警大队
大队长 朱劲松

（11）刑侦大队
大队长 刘塘良（4月止）
江　强（4月任）
教导员 周国胜（4月止）
周国庆（4月任）
副大队长 杨柳春　蔡长征
王志宏（4月止）
洪　宇（4月任）
易伟刚（4月任）

（12）经侦大队
大队长 单桂恒（4月止）
龙永新（4月任）

（13）禁毒大队
大队长 陈余烬（4月止）
贺马龙（4月任）
教导员 唐新建（4月止）
彭朝晖（4月任）

（14）网安大队
教导员 江　强（4月止）
张晓峰（4月任）
副大队长 贺　鑫

（15）看守所
所　长 唐　健（4月止）
曾玉龙（4月任）
教导员 朱细平（4月止）
杨文良（4月任）

（16）拘留所
所　长 徐石武（4月止）
刘俊君（4月任）

（17）联星派出所
所　长 易志平（4月止）
刘万生（3月任）
教导员 谭昭阳（4月止）
丁武平（4月任）
副所长 尹立武（4月止）
旷慧娟（4月任）
罗　衡（4月任）
城管中队 杨文良（4月止）
夏伟华（4月任）
陈　勇

（18）春联派出所
所　长 易岳雄（4月止）
蔡德文（4月任）

（19）江桥派出所
所　长 刘谭剑（4月止）
陈浩林（4月任）

（20）谭桥派出所
所　长 杨　志（4月止）
谭　斌（4月任）

（21）黄丰桥派出所
所　长 谢瑜麟（4月止）
杨卓泉（4月任）

（22）酒埠江派出所
所　长 杨　军（4月止）
蔡伍文（4月任）

（23）皇图岭派出所
所　长 王万乐（4月止）
陈清明（4月任）

（24）网岭派出所
所　长 蔡德文（4月止）
刘福明（4月任）

（25）菜花坪派出所
所　长 谭　毅（4月止）
陈水卫（4月任）

（26）新市派出所
所　长 杨伟成（4月止）

杨　军（4月任）

(27) 桃水派出所

所　长　刘俊君（4月止）

陈志忠（4月任）

(28) 鸾山派出所

所　长　钟江华（4月止）

冯　嵩（4月任）

(29) 丫江桥派出所

所　长　陈浩林（4月止）

韩　超（4月任）

(30) 莲塘坳派出所

所　长　谭　斌（4月止）

刘　凯（4月任）

(31) 渌田派出所

所　长　贺马龙（4月止）

侯建伟（4月任）

(32) 森林公安局

局　长　丁武平（4月止）

杨伟成（7月任）

教导员　范文辉（4月止）

王志宏（4月任）

副局长　阳爱国（4月止）

尹立武（4月任）

6. 民政局

党组书记、局长　李益民（4月止）

尹建冬（4月任）

党组成员、副局长　皮远康　丁建钦

党组成员、纪检监察组组长（派驻）

王江泽

慈善事务服务中心主任　刘亚珍

7. 司法局

党组书记、局长　贺　明（5月止）

刘　彦（5月任）

副局长　易　珂　周　阳

8. 财政局

党委书记、局长　谭智敏（12月止）

张叶喜（12月任）

副书记、副局长　陈爱民

党委委员、副局长　贺香清（12月止）

谢成凤

党委委员、纪检监察组组长（派驻）

邓华艳

党委委员、总会计师　陈大平

党委委员　彭小琴（12月止）

(1) 国库集中支付核算中心

主　任　刘凌虹

(2) 乡镇财政服务中心

主　任　王船桥

(3) 财政事务中心

主　任　文　毅

9. 人力资源和社会保障局

党组书记、局长　周世伟

副局长　罗飞斌　谢海鸿

党组成员、总会计师　黄　敏（12月止）

(1) 劳动保障监察大队

队　长　李　刚

(2) 工伤保险服务中心

主　任　张湛武

(3) 劳动就业服务中心

主　任　谢升兰

(4) 人力资源服务中心

主　任　邓　萍

(5) 人事考试培训中心

主　任　周文阳

(6) 社会劳动保险事业管理局

局　长　陈　勇

10. 自然资源局

党委书记、局长　周卫国

党委委员、副局长　刘中立（12月止）

刘桂平

党委委员　肖振军

党委委员、执法监察大队大队长

文金伟

党委委员、总工程师　谭敬东（12月止）

(1) 土地储备中心主任　肖文斌

(2) 不动产登记中心主任　高　方

(3) 土地开发整理中心　刘　智

(4) 规划勘察设计院院长　尹福民

(5) 联星中心所长　彭建宇

(6) 江桥中心所长　杨　华

(7) 皇图岭中心所长　付旭东

(8) 酒埠江中心所长　陈建湘

(9) 丫江桥中心所长　杨忠东
(10) 新市中心所长　蔡罗生
(11) 莲塘坳中心所长　余桂良
(12) 鸾山中心所长　王　勇
(13) 黄丰桥中心所长　江　澄
(14) 桃水中心所长　李志灵
(15) 菜花坪中心所长　黄亦忠
(16) 网岭所所长　贺　勇
(17) 谭桥所所长　邹双明
(18) 春联所所长　颜海容

11. 住房和城乡建设局（人防办）

局长（主任）、党组副书记　赵爱云
党组书记　刘湘波
党组成员、副局长　谭卫民　李　炜
党组成员、副主任（人防）　文智深（5月任）
党组成员、纪检监察组组长（派驻）　彭　辉
党组成员　朱建桥（12月止）
总工程师　欧阳金文(5月止)
(1) 攸县住房保障服务中心
主　任　唐新桥
(2) 湖南攸州水务有限责任公司
经　理　胡振宇
党总支书记　罗　鹏
(3) 攸县建设工程质量安全监督站
站　长　谭　晖（5月任）

12. 交通运输局

党组书记、局长　陈晓晖
党组成员、副局长　皮晓彬（12月止）　文爱泽　蔡金良（5月任）　刘能文（5月止）
党组成员、总工程师　单志雄
(1) 交通运输综合综合行政执法大队
大队长　文爱泽（兼）
(2) 交通运输综合服务中心
主　任　张文武

13. 水利局

党组书记、局长　刘　彦（5月止）　陈水根（8月任）
党组成员、副局长　谭振兴　文阳荣（2月任）
党组成员、总工程师　李　平
党组成员　刘　丹
(1) 攸县库区移民事务中心
主　任　丁志刚（7月任）
(2) 攸县水旱灾害防御中心
主　任　陈芳华
(3) 攸县水土保持站
站　长　欧阳伟平
(4) 酒埠江灌区攸县中心所
所　长　刘一夫

14. 农业农村局（县委农村工作办公室）

党组书记、局长（主任）　李林华（12月止）
党组成员、副主任（副局长）　李惊雷
党组成员、副局长　周冬桂　李　跃
党组成员、纪检监察组组长（派驻）　张　辉
党组成员　刘　晟　吴利辉
(1) 农村经营管理站
站　长　刘　晟（2月任）
(2) 农业综合行政执法局
副局长　吴利辉（2月任）
(3) 农机事务中心
主　任　陈朝辉（2月任）
(4) 农广校
校　长　彭　德
(5) 农业综合服务中心
主　任　谭　婷

15. 商务和粮食局

党组书记、局长　聂双利
副局长　余　辉　郑　莉　单志明　杨　青

16. 文化旅游广电体育局

党组书记、局长　文志辉（5月止）　朱晶娟(5—12月)　文泽宇（12月任）
副书记、副局长　朱蔡立
副局长　吴　奕　文　枫
总工程师　刘旭鹏

17. 卫生健康局

党委书记、局长　洪虎龙

党委委员、副局长　陈福耀　李喜红
张加亮（4月任）
党委委员、纪检监察组组长（派驻）
兰　华
党委委员　肖建勇
（1）计生协会
常务副会长　旷进南
18. 审计局
党组书记、局长　龙晓辉（12月止）
何　勇（12月任）
党组成员、副局长　苏红艳
王晶霜（2月任）
党组成员、总审计师　闵冬建（2月任）
（1）县投资审计中心主任　刘运武
19. 退役军人事务局
党组书记、局长　易志勇（12月止）
刘正刚（12月任）
副局长　刘韶晖（12月止）
邓海龙（5月止）
刘长力（5月任）
20. 应急管理局
党委书记、局长　何纲华
党委委员、副局长　刘宜战　王鸣春
刘海涛（2月止）
尹建国（2月任）
党委委员　刘喜华（借调）
21. 城市管理和综合执法局
党组书记、局长　谭伟荣
副局长　刘建民（12月止）
夏华光
周宪国（6月任）
胡勇勇（12月任）
（1）市政园林服务中心
主　任　刘忠良
（2）城管执法大队
大队长　周宪国
（3）环境卫生服务中心
主　任　邓　武
22. 林业局
党组书记、局长　何　勇（12月止）
王正良（12月任）
副书记、副局长　罗立平
副局长　朱向阳
（1）县林业事务中心
主　任　彭早珍
（2）黄丰桥林场
党委书记、场长　洪　涛
副场长　易文成
阳　欣（4月任）
23. 市场监督管理局
党组书记、局长　游江龙（2月止）
刘文勇（2月任）
副局长　刘建军　彭　滢
彭　炜　易　霖
李汝前　罗志武
党组成员、纪检监察组组长（派驻）
熊军伟（5月止）
洪　驰（5月任）
（1）综合行政执法大队
队　长　彭　炜（兼,2月任）
（2）食品药品和质量技术检验检测中心
主　任　吴　冰
（3）攸县市场监督事务中心
主　任　汤　华
24. 统计局
局　长　文小凤（12月止）
贺香清（12月任）
党组书记　文　江（12月止）
副局长　邓其华
肖　纯（2月任）
（1）县经济社会调查中心
主　任　肖　纯（2月止）
陈　维（7月任）
（2）县普查中心
主　任　颜　娇
25. 县政府金融工作办公室
党支部书记、主任　彭　刚
副书记、副主任　唐　桓
26. 信访局
党组书记、局长　李志军（12月止）
陈红飞（12月任）
副局长　胡小平　王国福

武志军（挂职）

27. **扶贫开发办公室**

党组书记、局长（主任） 吴爱中

副局长（副主任） 张建堂（7月任）

宋春美（5月止）

（1）乡村振兴服务中心

主 任 欧阳年春

28. **医疗保障局**

局 长 文龙彪

党组书记 龙雪刚

副局长 段 玉

（1）县医疗保障事务中心

主 任 唐庆仕

29. **行政审批服务局**

党组书记、局长 何湘成

副局长 熊 伟

（1）政务服务中心

主 任 文堂义

县委、县政府直属事业单位

1. **县委党校**

党组书记、校长 文晓华（12月止）

吴奇兵（12月任）

副校长 刘 庆 周新平

2. **攸县融媒体中心（广播电视台）**

党组书记、台长 文泽宇（12月止）

副台长 刘良平

易志中（5月止）

副总编辑 文 凯 刘 峰

杨思敏

3. **接待服务中心**

党组书记、主任 陈新妮（5月止）

副主任 刘 华（5月止）

杨 峰（3月任）

4. **供销合作社联合社**

理事会党组书记、主任 邹志斌

党组成员、副主任 颜建飞 陈湘落

卢 平

党组成员、监事会主任 杨志龙

5. **机关事务服务中心**

党组书记、主任 侯曼文

副主任 谭平华（1月止）

谢观鹏

郭建龙（3月任）

6. **市场服务中心**

党组书记、主任 宁宇新

副主任 彭益风

（1）攸县市场建设有限公司

总经理 黄建辉

副总经理 刘正宇 尹新良

7. **征地工作协调服务中心**

党组书记、主任 蔡忠良

副主任 贺凌峰

过基雄（7月止）

部门管理机构

1. **档案馆（党史和县志研究室）**

党支部书记、馆长 杨辉球（6月止）

欧阳斌（12月任）

副馆长 曾建荣

皮吉凤（1月止）

刘吉明（1月任）

2. **交警大队**

党委书记、大队长 彭傅纲（3月止）

段新华（4月任）

副书记、政委 段新华（3月止）

易前进（4月任）

副书记、副大队长 刘万生（3月止）

一级警长 陈力丁

党委委员、副大队长 贺文其（4月任）

陈区平（4月任）

副大队长 李巧林（4月任）

3. **行业办公室**

党总支书记、主任 刘正刚（12月止）

蔡 昉（12月任）

党总支委员、副主任 周小峰（3月任）

副主任 刘兵韶（7月任）

4. **煤炭产业事务（服务）中心**

党组书记、主任 刘海涛（2月任）

副主任　戴东方（2月任）
肖志刚（2月任）

5. 交通事务中心

党总支书记、主任　谭朝云

副主任　贺　亮　翟谭明
贺建湘

（1）公路养护中心

主　任　李泽兰

6. 畜牧水产事务中心

党总支书记、主任　符劲松（12月止）
刘建兵（12月任）

副主任　洪文献（7月止）
李卫东（7月止）
胡志德（7月止）
谢二威（7月任）
刘　伟（7月任）

国有企业

1. 湖南省攸州投资发展集团有限公司

董事长　余科建（11月止）
欧阳中胜（11月任）

党组（支部）书记　余科建

副书记、总经理　卜爱良

监事会主席　贺志亚

党支部委员、副总经理　戴陈亮　李传真
丁卫国　谢　旭

党支部委员、总工程师　夏国其

2. 湖南省攸州国有资产投资集团有限公司

党支部书记、董事长　陈水根（7月止）
王震勇（7月任）

党支部委员、监事会主席　贺早明

党支部委员、副总经理　谢欢华　龙小江
李湘华（7月止）
文　琼
邓伟华（2月任）
虞智慧（7月任）

党支部委员、工会主席　易小箪（3月任）

3. 湖南酒仙湖生态旅游开发有限公司

党支部书记、董事长　易大友

总经理　易　溪

党支部委员、监事会主席　刘伟华

党支部委员、常务副总经理　徐东日

党支部委员、副总经理　罗飞志（1月止）
陈中华（2月任）
周怀军

党支部委员、财务总监、工会主席　王　虎

4. 城市建设开发有限公司

党支部书记、董事长　王小锋（12月止）

副书记、总经理　洪　刚

党支部委员、副总经理　陈　鹏　罗里程
彭正义　陈　琦

党支部委员、工会主席　陈国昌

5. 湖南省攸福实业集团有限公司

党组（支部）书记、董事长　管志刚（12月止）

副书记、总经理　刘三如

监事会主席、纪委书记　徐东日

党支部委员、副总经理　吴晓明　陈中华
王　凯　刘喜华

党支部委员、工会主席　王勇华

副总经理　罗飞志　陈何慧

群团机关

1. 县总工会

主　席　易晓红（7月止）
李奇跃（11月任）

党组书记　刘　源

副主席　蔡晓华　董伟兰
周利媛（挂职）
洪玉琴（兼）

2. 团县委

党支部书记、团县委书记　杨舟双（5月止）
刘希柯（12月任）

团县委副书记　刘希柯（12月止）
单琼(挂职,5月止)
尹晓敏（兼）
刘　凯（兼）
旷岳文（兼）

3. 县妇联

党支部书记、主席　朱晶娟（5月止）
陈新妮（5月任）

党支部委员、副主席 陈　丽（5月任）
罗　艳（5月止）
副主席 宁思旖（5月任）
姚　曜（挂职）
谭妩媚（兼）
彭　晶（兼）
黄湘娟（兼）

4. 县科协

党支部书记、主席 谭张陈
副主席 罗　艳（5月任）

5. 县工商联

主　席 黎亚敏
党组书记 刘建华
副主席 文　媚

6. 县残联

党支部书记、理事长 王　志
副理事长 董政荣　余　军

7. 县文联

党支部书记、主席 卢飞飞（5月止）
文　江（12月任）
副主席 唐洪波
殷运良（兼）

8. 攸县红十字会

会　长 王天来(兼,12月止)
陈章蓉(兼,12月任)
党支部书记 李伟新（12月止）
曾亚飞（12月任）
常务副会长 罗建伟

9. 攸县归国华侨联合会

主　席 刘夏飞

垂直管理单位

1. 税务局

党委书记、局长 郭科军（1月止）
毛海波（1月任）
副书记、副局长
喻大明（正科级）（1月止）
副局长 杨又青（3月止）
李继良（3月止）
陈湘德（3月止）
袁志宏（3月止）
刘裕前（11月止）
陈鹏飞
汤　平（3—7月）
高　惠（3月任）
皮宁湘（3月任）
纪检监察组长 汤　平（3月止）
邓　良（3—10月）
黄　华（12月任）

2. 株洲市生态环境局攸县分局

党组书记、局长 景　钊
党组成员、副局长 付荣华
党组成员 苏建成　易建纲
（1）执法大队
大队长 吴　祥（3月任）
（2）监测站
站长 杨　斌（3月任）

3. 中国邮政攸县分公司

党总支书记、总经理 杨　帆
副总经理 李　杰（6月止）
阳吉翔　周风华
纪检委员 李　杰（6月止）
工会主席 阳吉翔

4. 中国电信攸县分公司

党总支书记、总经理 刘科峰（10月止）
戴欣鑫（10月任）
副总经理 朱军华　易　阳

5. 中国移动通信攸县分公司

党支部书记、经理 彭琪洛
副经理 李志波　熊　恺

6. 中国联通攸县分公司

党支部书记、总经理 罗健豪
副总经理 苏　娟

7. 国网攸县供电分公司

总经理、党委副书记 张　尧
党委书记、副总经理 陈　雄
纪委书记、工会主席 程　钺
副总经理 田宇剑　曾思平

8. 攸县石油公司

党支部委员、经　理 潘　敏（9月止）
周致立（9月任）

党支部书记　刘中坚
党支部委员、副经理　陈小宇
党支部委员　颜　晴　彭艺梅

9. 湖南盐业股份有限公司攸县分公司

党支部书记、总经理　王志勇
副总经理　王慧龙（3月任）

10. 烟草专卖局（分公司）

党组书记、局长（经理）　苏志锋
党组成员、副局长　谢众喜
党组成员、纪检监察组组长　姜　锴
党组成员、副经理　颜　晗

11. 新华书店

党支部书记、经理　陈　军
副经理　吴艳文　谭素锋

12. 气象局

党组书记、局长　李　煜
副局长　张海燕　尹劲松

13. 国家统计局攸县调查队

党支部书记、队长　张建平（5月止）
练子玉（5月任）
纪检员　徐小彦
副队长　练子玉（5月止）
张　宁（5月任）

14. 住房公积金攸县管理部

党支部书记、主任　吴　剑
副主任　陈国良　尹志强

15. 县人民银行

党组书记、行长　李国庆
党组成员、副行长　陈宏明（4月任）
党组成员、纪检监察组长　陈文明
工会主席　陈年章

16. 县农业发展银行

党支部书记、行长　何敬阳
副行长　刘会红
易　瑗（8月止）
徐鸿翔（12月任）

17. 县工商银行

党委书记、行长　彭炜莱（9月止）
曹夫朗（9月任）
副行长　黄　霞
谭　冰（4月止）
丁胜春（11月止）
郭礼成（5月任）
文思敏（8月任）

18. 县农业银行

党委书记、行长　陈　龙
党委委员、副行长　刘　敏（11月止）
刘荣华　唐　芳
纪委书记　谭文娟

19. 县中国银行

党支部书记、行长　丁传海
副行长　陈海亮　文又武
中级经理　赵政洪

20. 县建设银行

党支部书记、行长　邹　凯
副行长　陈勇平　张　琳
刘思婷　朱　睿

21. 县邮政储蓄银行

党支部书记、行长　苏　彪
副行长　刘洪谦　皮慧敏

22. 县农村商业银行

党委书记、董事长　李　涛
副书记、行长　谢越华
纪委书记、监事长　陈见明
党委委员、副行长　钟纯洁　陈　凯

23. 县长沙银行

党支部书记、行长　邓先仁
副行长　丁志刚　文　庆

24. 县华融湘江银行

党支部书记、行长　吴　鹏
副行长　易　奎　葛　斌

25. 县潭农商村镇银行

董事长　叶　波
党支部书记、行长　赵孟良
副行长　刘志峰

26. 县人民财产保险公司

党支部书记、经理　陈福年（11月止）
罗　浩（11月任）
副经理　易成毅　陈　鹏
工会主席　陈　鹏

27. 县人寿保险公司

党支部书记、经理　王丰成

副经理　罗　丹
陈　志（2月止）
舒　腾（2月任）

28. 县消防救援大队

大队长　、党委副书记　吴　聃
党委书记、政治教导员　邹　启
副大队长　彭锦明
（1）消防救援站
站　长　阳程明
指导员　张纪帅
副站长　谭正伟

学校、医院

1. 株洲市生物工程中专

校　长　颜学勤（12月止）
黄华畅（12月任）
党委书记　蔡德和
副书记、副校长　尹　飞
副校长　刘志勇　李　敏
余永贵

2. 攸县一中

校长、党委副书记　王　廷
党委书记　吴双平
副校长　周建东　刘远见
张卫平　贺玲丽

3. 攸县二中

校长、党委副书记　陈卫旭
党委书记　夏振宇
副校长　李雄飞　李光华
吴定坤　王　新

4. 攸县三中

校　长　李建春
党委书记　王小林
副校长　文里果　陈建新
吴志龙　何绍财

5. 攸县四中

校　长　刘卓成
党委书记　陈智跃
副校长　彭亚峰　尹国庆
吴向泽　易伟才

6. 攸县震林中学

校　长　龙跃平
党委书记　刘　杰
副校长　李飞虎　尹立忠
占正刚　刘克波

7. 攸县人民医院

院长、党委副书记　蔡文德（12月止）
徐俊余（12月任）
党委书记　刘锋良
副院长　罗爱平
徐俊余（12月止）
陈　振
纪委书记　过文贵
工会主席　杨双艳

8. 攸县中医院

院长、党委副书记　符三乃（12月止）
陈运兵（12月任）
党委书记　文志南
副院长　黄晶华（12月止）
蔡建平　单倚绅
纪委书记　吴韶刚
工会主席　曾引荣

9. 攸县疾病预防控制中心

党支部书记、主任　杨体吾（3月任）
副主任　阙定红（2月止）
欧阳四新（2月止）
张加亮（6月止）

乡镇（街道）

1. 江桥街道办

党工委书记　尹建冬（5月止）
贺　江（5月任）
主　任　李春华
副书记　李春华　丁喜艳
人大工委主任　王　亮
纪工委书记　彭朝敏
党工委委员　尹建冬（5月止）
贺　江（5月任）
李春华　王　亮
丁喜艳　彭朝敏

	刘　毅（5月止）
	丁爱民　夏飞菲
	刘新良（5月任）
	彭振锋（5月任）
副主任	丁爱民（5月任）
	赵景亮（5月止）
	易正辉（5月任）
	杨　柳

2. 联星街道办

党工委书记	贺　彪
主　任	刘龙亮
副书记	刘龙亮　王伟华
人大工委主任	肖回龙
纪工委书记	刘　华（5月任）
党工委委员	贺　彪　刘龙亮
	王伟华　肖回龙
	刘　华（5月任）
	漆建喜
	何玉宇（5月止）
	刘海江　刘华茂
	颜高飞（5月任）
副主任	汤前望
	刘　成（5月止）
	杨再林（5月任）

3. 春联街道办

党工委书记	黄华畅（12月止）
	刘灵宾（12月任）
主　任	陈红飞（12月止）
	钱　娟（12月任）
副书记	陈红飞（12月止）
	戴雅来
人大工委主任	文志敏
纪工委书记	蔡　军
党工委委员	黄华畅（12月止）
	刘灵宾（12月任）
	陈红飞（12月止）
	钱　娟（12月任）
	戴雅来　文志敏
	蔡　军
	彭卫东（5月止）
	李文龙（5月任）
	刘伟娟
副主任	谭　建（5月止）
	王和平　尹朝辉

4. 谭桥街道办

党工委书记	彭永跃（9月止）
	陈　鹏（9月任）
主　任	朱洪亮
副书记	朱洪亮
	贾立星（5月止）
	郭　希（5月任）
人大工委主任	李　珍
纪工委书记	陈三普
党工委委员	彭永跃（9月止）
	陈　鹏（9月任）
	朱洪亮
	贾立星（5月止）
	郭　希（5月任）
	李　珍　陈三普
	何仕勇　夏志鹏
	夏峰波
副主任	李文龙（5月止）
	贺亚妮　王水龙
	陈望新（5月任）

5. 鸾山镇

党委书记	陈　鹏（9月止）
	蔡爱国（9月任）
镇　长	蔡爱国（9月止）
	周新良（12月任）
副书记	蔡爱国（9月止）
	周新良（12月任）
	文智深（5月止）
	蔡建华（5月任）
人大主席团主席	罗学锋
纪委书记	龙　杰
党委委员	陈　鹏（9月止）
	蔡爱国
	周新良（12月任）
	文智深（5月止）
	蔡建华（5月任）
	罗学锋　龙　杰
	陈运兰

	颜高飞（5月止）
	许良胜　陈红梅（5月任）
	易　城（5月任）
副镇长	颜高飞（5月止）
	周利媛（5月止）
	刘　鹏（1月止）　罗琼辉
	陈红梅（5月任）
	易　城（5月任）

6. 黄丰桥镇

党委书记	苏爱军
镇　长	谭志军
副书记	谭志军　汤建喜（5月任）
人大主席团主席	刘长力（5月止）
	贺诗煌（8月任，5月提名）
政协工作联络处主任	贺诗煌（5月止）
纪委书记	洪　驰（5月止）
	刘熠莅（5月任）
党委委员	苏爱军　谭志军
	汤建喜（5月任）
	刘长力（5月止）　贺诗煌
	洪　驰（5月止）
	刘熠莅（5月任）　贺战凯
	易正辉（5月止）
	王军建（5月止）　谭　凯
	刘　成（5月任）
	阳冬良（5月任）
副镇长	王军建（5月止）
	谭　凯(3—5月,1月提名）
	刘　成（8月任，5月提名）
	阳冬良（3月任，1月提名）
	赵　超（8月任，5月提名）
人大主席团副主席	杨晓峰（5月止）
	刘金亮（8月任，5月提名）

7. 酒埠江镇

党委书记	欧阳忠胜（5月任）
镇　长	贺　江（5月止）
	贾立星（5月任）
副书记	贺　江（5月止）
	贾立星（5月任）
	谭先德（5月任）
人大主席团主席	周江和
纪委书记	罗中爱
党委委员	欧阳忠胜（5月任）
	贺　江（5月止）
	贾立星（5月任）
	周江和　谭先德(5月任）
	罗中爱　文　款
	贺　力
	江　洁（12月止）
	刘志敏
	黄祖翔（5月任）
副镇长	谭先德（5月止）
	贺　力
	黄祖翔（5月任）
	周思静（5月任）
人大主席团副主席	谷安玉

8. 网岭镇

党委书记	张叶喜（12月止）
	朱晶娟（12月任）
镇　长	尹朝规（12月止）
副书记	尹朝规（12月止）
	刘深根（6月任）
人大主席团主席	何重明
纪委书记	贺智鑫
党委委员	张叶喜（12月止）
	朱晶娟（12月任）
	尹朝规（12月止）
	刘深根（6月任）
	何重明　贺智鑫
	谭首春（12月止）
	王陈伟（10月任）
	单　琼（5月任）
	郑　云（5月任）
副镇长	李若鑫（8月任）
人大主席团副主席	单　琼（8月任）

9. 皇图岭镇

党委书记	刘友良(12止）
	陈亦武（12月任）
镇　长	陈建勇
副书记	陈建勇
	周新良（12月止）
人大主席团主席	程　伟

纪委书记	张新发
党委委员	刘友良（12月止）
	陈亦武（12月任）
	陈建勇
	周新良（12月止）
	程 伟 张新发
	吴 建 夏 秦
	罗 龙 刘伟峰
副镇长	夏 秦 徐小艳
	刘伟峰（3月任）
人大主席团副主席	杨再林（7月止）
	林 鑫（8月任）

10. 宁家坪镇

党委书记	陈亦武（12月止）
	管志刚（12月任）
镇 长	曾能勇（5月止）
	杨舟双(8月任,5月提名)
副书记	曾能勇（5月止）
	杨舟双（5月任）
	颜国慧
人大主席团主席	朱泊宇
纪委书记	谭平华
党委委员	陈亦武（12月止）
	管志刚（12月任）
	曾能勇（5月止）
	杨舟双（5月任）
	颜国慧 朱泊宇
	谭平华 邓敏捷
	王军建（5月任）
	谭潇雨 谭义敏
	何 佳（11月止）
副镇长	谭潇雨（5月止）
	陈 丽（5月止）
	谭义敏(3月任,1月提名)
	王军建(8月任,5月提名)
	张浩（8月任，5月提名）
人大主席团副主席	刘 靖

11. 丫江桥镇

党委书记	唐江南
镇 长	王 斯
副书记	王 斯
	张建堂（5月止）
	颜建华（5月任）
人大主席团主席	王 治
纪委书记	邓卢水
党委委员	唐江南 王 斯
	王 治
	张建堂（5月止）
	颜建华（5月任）
	邓卢水 李颖群
	宋文连
	贺振军（5月任）
	朱鹏飞（5月任）
副镇长	黄 智（5月止）
	谢剑飞（5月止）
	旷小龙（5月任）
人大主席团副主席	姚 曜

12. 新市镇

党委书记	王宜斌（12月止）
镇 长	杨勇鹏
副书记	杨勇鹏
	钱 娟（12月止）
人大主席团主席	刘朝晖
纪委书记	许 峰
党委委员	王宜斌（12月止）
	杨勇鹏
	钱 娟（12月止）
	刘朝晖 许 峰
	刘小刚
	余敦敏（5月任）
	陈云娟（5月任）
	张华桥（5月任）
副镇长	陈云娟（5月任）
	张华桥（5月任）
	黄 智（5月任）
人大主席团副主席	刘 霞（5月任）

13. 莲塘坳镇

党委书记	李伟建
镇 长	周志勇
副书记	周华容（5月止）
	汤 胜（5月任）
人大主席团主席	刘芳军（5月止）

	周华容(8月任,5月提名)
纪委书记	蔡建华（5月止）
	易志中（5月任）
党委委员	李伟建　周志勇
	刘芳军（5月止）
	周华容
	汤　胜（5月任）
	蔡建华（5月止）
	易志中（5月任）
	王　莉　刘　鹏
	张新龙
	宁书文（5月任）
副镇长	颜建华（5月止）
	贺振军（5月止）
	张新龙（8月止）
	姚岳龙（10月止）
	刘　鹏（8月任）
	宁书文（8月任）
	骆芝婷（8月任）
人大主席团副主席	钟静瑶（5月止）
	杨晓锋(8月任,5月提名)

14. 菜花坪镇

党委书记	欧阳中胜（5月止）
	余　霆（5月任）
镇　长	余　霆（5月止）
	曾能勇（5月任）
副书记	余　霆（5月止）
	曾能勇（5月任）
	蔡金良（5月止）
	刘　毅（5月任）
人大主席团主席	苏　鹏
纪委书记	皮吉凤
党委委员	欧阳中胜（5月止）
	余　霆
	曾能勇（5月任）
	蔡金良（5月止）
	刘　毅（5月任）
	苏　鹏　皮吉凤
	蔡德武　郭力颖
	欧　亮
	邓文娥（5月任）
副镇长	郭力颖　邓文娥
	欧阳区
人大主席团副主席	刘　洋（8月任）

15. 渌田镇

党委书记	刘分粮
镇　长	周天球
副书记	周天球　陈继平
人大主席团主席	王志华
纪委书记	武艳斌
党委委员	刘分粮　周天球
	陈继平　王志华
	武艳斌　池彭余
	谢珍龙（5月止）
	刘新良（5月止）
	陈新辉（6月任）
	彭　亮（6月任）
	夏　汶（6月任）
副镇长	贺钢梁（5月止）
人大主席团副主席	贺一萍

16. 石羊塘镇

党委书记	刘　敏
镇　长	杨　溢
党委副书记	杨　溢　江　亮
人大主席团主席	罗　悦
纪委书记	卿媛霞
党委委员	刘　敏　杨　溢
	江　亮　罗　悦
	卿媛霞　江　琼
	曾润财（2月止）
	虞益鹏（3月止）
	江　柳（10月止）
	符　焱（5月任）
	刘　健（5月任）
	王　唤（5月任）
副镇长	刘　健
	谭　建（5月任）
人大主席团副主席	符　焱（5月止）
	钟静瑶(8月任,5月提名)

17. 桃水镇

党委书记	刘灵宾（12止）
	王小锋（12月任）

镇　长　李赛虎
副书记　李赛虎
　刘泽强（5月止）
　刘谭平（5月任）
人大主席团主席　刘　钢
纪委书记　陈　华
党委委员　刘灵宾（12止）
　王小锋（12月任）
　李赛虎
　刘泽强（5月止）
　刘　钢　陈　华
　谭湘华　刘谭平
　许良波（6月任）
　彭振锋（5月止）
　刘　军（6月任）
　过基雄（6月任）
　颜小花（11月止）
副镇长　邓运湘（5月止）
　李　丹（8月任）
人大主席团副主席　许良波（6月止）
　谭湘华（8月任）

注：部门单位领导班子成员中行政副职和党组（委、总支、支部）成员兼任的，记录其任职情况时，省略“党组（委、总支、支部）成员”任职记录。少数单位有专任党组（委、总支、支部）成员，副科级以上非党组（委、总支、支部）成员的行政副职（总工、工会主席等）和副科级以上非党领导干部，记录党组（委、总支、支部）成员与行政职务兼任的领导干部任职情况时，不省略其“党组（委、总支、支部）成员”职务记录。

工作报告选载

凝心聚力　担当实干为加快建设社会主义现代化新攸县努力奋斗（节录）

——2021年7月29日在中国共产党攸县第十三次代表大会上的报告

李鹏程

一、过去五年成绩来之不易

第十二次党代会以来的五年，是攸县历史进程中极具挑战、极为艰难、极不平凡的五年。五年来，面对经济下行压力持续加大、政治生态净化修复、风险矛盾叠加等现实考验，县委团结带领全县人民，坚持以习近平新时代中国特色社会主义思想为指导，紧跟中央、省委、市委决策部署，统筹推进稳增长、促改革、调结构、惠民生、防风险、保稳定等各项工作，全县各项事业发生了新的历史性变化、取得了新的历史性成就，全面建成了小康社会。

五年来，党的建设全面加强。坚持把学习习近平新时代中国特色社会主义思想作为县委常委会“第一议题”，全面抓实“两学一做”学习教育、“不忘初心、牢记使命”主题教育和党史学习教育，党员干部理想信念更加坚定；制定出台加强政治建设专门意见，在全市率先开展政治建设考察，政治意识更加深入人心；积极配合省委巡视，成为全省8个集中宣传报道地区之一；严格落实意识形态工作责任制，基层理论宣讲获评全省先进；大力开展“五化”支部建设，整顿软弱涣散党组织145个，新（改）建村级综合服务平台255个；持续加强干部选拔任用，大力实施“人才强县”战略，队伍素质持续向好；全面加强反腐倡廉建设，先后处置问题线索3629件，立案1267件，查处1195人；严格落实中央八项规定精神，大力推进形式主义、官僚主义整治和基层减负工作，深入开展政法队伍教育整顿，干部作风得到持续改进；顺利完成巡察全覆盖目标，“巡镇延村”模式得到省级肯定推介，“巡察推动解决基层党组织软弱涣散问题”案例入选中央巡视办《案例选编》。

五年来，经济运行平稳趋好。GDP(地区生产总值)、规模工业增加值、固定资产投资、社会消费品零售总额年均增长率分别达到6.8%、6.7%、9.0%、8.2%，继续位列全省十强、中部百强；财政收入保持平稳增长，税收占比由40.1%提高到63.9%；外贸进出口总额增长近20倍；城镇居民人均可支配收入增长32%、达到43762元，农村居民人均可支配收入增长36%、达到30277元；签约引进项目169个、投资总额714亿元，产业项目建设、温暖企业行动连续多年全市先进。

五年来，产业结构不断优化。三次产业结构比由14.1:51.4:34.5调整为17.3:34.5:48.2；农业总产值增长38%、达到116亿元，农产品加工业总产值增长94.4%、达到242亿元；新增规模以上工业企业156家、达到298家，有效高新技术企业实现倍增，“小巨人”企业实现破零，攸州工业园晋升省级高新区；各类市场主体增长121.5%、突破4万户；商品房销售面积增长150%；酒埠江生态新镇项目基本完工，成功跻身省级旅游度假区。

五年来，城乡面貌持续改善。改造棚户区和老旧小区58个，中心医院等一批项目有序推进，网酒公路完成提质改造，醴茶铁路恢复客运运行，长输燃气管道基本拉通，成功入选全市5G试点县，实施农村道路改造2000余千米，新增巩固提升农村供水人口25万余人，提质改造农贸市场17家，完成新一轮农村电网升级改造，大力推进垃圾分类、黑臭水体治理、“厕所革命”等人居环境整治工作，成功创建省市美丽乡村23个、同心美丽乡村11个，皇图岭镇获评全国特色小镇和农业产业强镇，罗家坪村获评全国文明村镇。

五年来，三大攻坚成效显著。31939名贫困人口全部脱贫，15个省级贫困村全部摘帽，获评全省脱贫攻坚先进单位，教育扶贫、产业扶贫、危房改造和扶贫车间等工作经验在省市推介；争取中央政府置换债券39.79亿元，完成隐性债务还本付息70.41亿元，成功退出一类债务风险预警地区；积极配合各级环保督察，空气污染综合指数实现“五连降”，“全域Ⅱ类水”目标圆满实现，修复治理重金属污染耕地53.71万亩次，完成种植结构调整15.58万亩，矿区生态环境治理和修复机制入选全省示范案例。

五年来，改革创新深入推进。圆满完成党政群机构改革和事业单位行政职能回归，管理效能持续提升；大力深化政务服务改革，审批环节精简70%，资料精减43%，时间压缩58%；梳理下放镇村帮代办事项10类76项，“一门式”公共服务实现全覆盖；大力推进农村改革，农村集体产权制度改革顺利完成，第三次国土调查和土地确权登记颁证工作获评省级优秀；统筹推进园区体制、司法体制、财税体制、教育综合、医药卫生等各项改革，发展活力不断激发，市场监管领域综合执法改革得到国家层面肯定。

五年来，民生福祉有力提升。新增城镇就业2.38万人，农村劳动力转移就业1.7万人；“五大保险”提标扩面，城乡客运一体化通过省级验收；投入4.3亿元用于各类学校改扩建，义务教育大班额全面清零，连续五年获评全市高中教育质量建设先进县；投入近2亿元用于乡镇卫生院改造和村卫生室标准化建设，县人民医院、县中医院分别创建成为三级综合医院和三级中医医院；建成“门前三小”点676个，成功入选全国农村公共文化服务典型案例并获得中央深改办肯定推介；大型花鼓戏《长辈》登上国家舞台；扫黑除恶专项斗争、安全生产工作获评全省先进，县域警务工作获省级通报表扬，成功退出全省信访工作重点管理县。

成绩来之不易，共识凝聚力量。五年来，县委始终坚持党对一切工作的领导，总揽全局、协调各方，各方面活力得到充分释放。县人大及其常委会务实开展专项评议调研、依法监督和执法检查，深入贯彻《湖南省乡镇人民代表大会工作条例》，积极稳妥推进民生实事票决制，为经济社会发展作出了重要贡献；县政府面对艰巨繁重的改革发展稳定任务，精准施策、狠抓落实，各项工作成效显著；县政协扎实开展“委员提、部门办、大家评”和“定好位、履好职、服好务”等专项活动，为推动高质量发展发挥了重要作用；人民武装、统一战线、公检法司、群团组织、老龄老干、史志档案等各战线各部门紧跟中心、服务大局，主动担当、积极作为，付出了大量心血，取得了诸多成绩。在全县干部群众的共同努力下，我们成功获评国家园林县城，成功入选全国县城新型城镇化建设示范名单，先后获得全国新时代文明实践中心建设试点县、首批农村生活垃圾分类和资源化利用工作示范县、农作物病虫害绿色防控示范县、平安农机示范县以及全省粮食生产标兵县、深化供销综合改革重点示范县、农村集体三资管理示范县、休闲农业与乡村旅游示范县、实施乡村振兴战略先进县、“五化”民政进步县、养老服务体系建设试点县等一系列荣誉。这些来之不易的成绩，是习近平新时代中国特色社会主义思想科学指导的结果，是中央和省市坚强领导的结果，是全县广大党员干部群众团结奋进拼搏的结果。在此，我代表十二届县委，向全县各级党组织和广大党员干部群众，向所有关心支持攸县发展的各级领导和社会各界人士，向为攸县发展作出重要贡献的老领导、老同志，表示最衷心的感谢和最崇高的敬意！

成绩来之不易，历程充满艰辛。过去五年，面对煤矿持续关闭退出、部分领导干部先后被查、历史罕见的洪涝灾害和前所未有的新冠肺炎疫情等一系列挑战，全县各级党组织和广大党员干部群众勇挑重担、攻坚克难，共同书写了攸县发展历史上浓墨重彩的一笔。可以说，我们共同体会了攸县爬坡过坎的困难艰辛，共同经历了攸县浴火重生的难忘岁月，共同见证了攸县逆势前行的铿锵步伐！当前的攸县，已经站在了正道而行、向前向上、风清气朗的历史新起点，正在以一个全新的姿态向着现代化新征程阔步前行！

成绩来之不易，经验弥足珍贵。五年的实践经历启示我们：一是只有坚持党的领导，才能战胜一切艰难险阻。面对疫情防控、脱贫攻坚等大战大考，全县上下坚定不移按照中央、省委、市委和县委安排部署，闻令而动、听令而行，才有了今天的和谐稳定、全面小康。实践告诉我们，有了党的领导就能战胜一切艰难险阻，我们任何时候都要坚定不移地与党同心同德、同向同行。二是只有坚持改革创新，才能更好打开工作局面。五年来，我们善于结合实际，敢于打破常规，先后创造出“门前三小”等一批自选动作、创新经验，让全国人民看到了攸县人的智慧。实践告诉我们，只有不断解放思想、改革创新，才能更好打开工作思路、打通工作堵点。三是只有坚持担当作为，才能有效破解发展难题。面对产业转型、债务风险化解等诸多难题，全县上下担当作为、真抓实干，知难不畏难、迎难更克难，攸县才没有被困难压倒、被挑战打败。实践告诉我们，事在人为、贵在敢为，只有始终保持攻坚克难的劲头，才能真正破解发展道路上的一切难题。四是只有坚持以民为本，才能真正得到群众拥护。这几年，我们坚持从人民群众的“急难愁盼”问题抓起，全力以赴解决农村道路、马路市场等现实难题，群众满意度和幸福感不断增强，干群关系得到持续有效改善。实践告诉我们，只要始终牢记党的宗旨，坚持群众路线，就一定能够为加快发展凝聚更多的智慧和力量。五是只有坚持廉洁自律，才能打牢干事创业根基。谭润洪、苏涛等案件的发生，暴露出我们在管党治吏方面存在严重缺失，给攸县形象、攸县发展造成了难以挽回的损失，性质极其严重、影响极其恶劣、教训极其惨痛。在省委和市委的坚强领导下，我们以刮骨疗毒的决心正风气、树导向，举全县之力打了一场肃清流毒的攻坚战，政治生态得到有效净化，干事导向得到鲜明树立。实践告诉我们，只有干部干干净净，事业才能顺顺利利。任何时候我们都要清正廉洁不变质、永葆初心不变色。

在肯定成绩的同时，我们也要清醒看到问题和不足，主要是：产业结构还不优，发展后劲还不强，产业转型、项目建设仍需进一步发力；基础设施功能配套不够完善，城市承载能力、城镇发展水平仍需进一步提升；公共服务水平还有差距，社会事业发展还有短板，社会治理模式仍需进一步创新；部分党员干部思想不够解放，作风不够严实，队伍建设仍需进一步加强；债务风险、安全隐患、信访矛盾以及转型带来的不确定因素依然存在，各类应急处置能力仍需进一步强化。对于这些，我们必须高度重视、全力解决。

二、准确把握新的形势任务

未来五年，是我们全面建成小康社会后，乘势而上开启社会主义现代化建设新征程的重要阶段，时与势都发生了新的变化。面向新征程、面对新要求，我们必须心怀“国之大者”、把握发展大势、着眼全县大局，准确把握攸县未来发展的新形势、新任务。

未来五年，我们的基本判断是：虽然面临着经济下行压力越来越巨大、区域竞争越来越激烈、要素制约越来越明显等挑战，但更多的是机遇和希望。一是从宏观大势看，支撑发展的政策越来越好。尽管不稳定、不确定因素依然存在，但我国经济长期向好的基本面没有变，国家实施积极的财政政策和稳健的货币政策的趋势没有变，各级将县域经济作为重点扶持发展的方向没有变，特别是随着乡村振兴战略的全面推进，各级对于乡村发展的重视程度、投入力度、政策强度将前所未有，县一级作为乡村振兴的主战场，必将迎来一个全新的历史机遇期，这些都将为我们创造更好的外部环境，提供更多的发展支撑。二是从区域态势看，助力发展的机遇越来越多。国家层面专门出台推动中部地区高质量发展的意见，省市高位推进湘赣边区域合作和长株潭一体化建设，我们处于这些战略区域的重要位置，只要找准结合点，完全可以争取更多的政策和项目支持；随着发达地区的政策调整，越来越多的产业向中西部转移，特别是江浙沪、珠三角一带的高分子新材料等产业，未来五年将处于全面加速转移期，给我们抓产业、引项目提供了更多的机会。三是从自身优势看，赶超发展的动能越来越强。通过多年培育，一批项目和企业逐步成长发力，新旧动能转换速度明显加快，经济发展的基础更稳、支撑更强、活力更足；中央明确提出要开展城市更新行动，我们作为全国县城新型城镇化建设试点县，必将享有更多的优先权和主动权。同时，经过主要指标的理性回归、干部状态的有效调整、班子队伍的不断优化和对外影响的持续攀升，全县上下人心思齐、人心思进，实现转型升级、重振攸县雄风的共识空前统一、空前强烈。综上所述，未来五年，只要我们认真研判、主动作为，始终沿着既定战略砥砺前行，就一定能够实现赶超跨越。

未来五年，全县经济社会发展的指导思想是：高举中国特色社会主义伟大旗帜，深入贯彻党的十九大和十九届二中、三中、四中、五中全会精神，坚持以马克思列宁主义、毛泽东思想、邓小平理论、“三个代表”重要思想、科学发展观、习近平新时代中国特色社会主义思想为指导，全面贯彻党的基本理论、基本路线、基本方略，深入落实习近平总书记对湖南工作系列重要讲话指示精神，统筹推进“五位一体”总体布局，协调推进“四个全面”战略布局，立足新发展阶段，贯彻新发展理念，构建新发展格局，统筹发展和安全，推进县域治理体系和治理能力现代化，以推动高质量发展为主题，以深化供给侧结构性改革为主线，以改革创新为根本动力，以满足人民日益增长的美好生活需要为根本目的，大力实施“三高四新”战略，紧紧围绕“一二三四”发展思路，坚持“产业富县、科教兴县、交通强县、生态立县”，加快建设社会主义现代化新攸县。

未来五年，全县经济社会发展总体思路是：紧扣“一个定位”，锁定“两大目标”，推进“三大会战”，壮大“四大产业”，办好十件标志性大事，努力让经济发展更高质量、城乡面貌更高颜值、生态环保更高水平、社会治理更高效能、人民生活更高品质，地区生产总值年均增长 8% 以上，规模工业增加值年均增长 8% 以上，社会消费品零售总额年均增长 10% 以上，地方一般公共预算收入年均增长 7% 以上，固定资产投资总额年均增长 10% 以上，城乡居民收入年均增长 8% 以上，现代产业体系、创新创业体系、生态环境体系、社会民生保障体系和制度支撑体系进一步完善。

紧扣“一个定位”，即“一中心四样板”。就是要积极抢抓城市更新行动等机遇，打造湘赣边南部中心城市；加快产业转型，打造湘赣边资源型城市转型发展样板区；充分利用入选全国县城新型城镇化建设示范名单机遇，打造湘赣边新型城镇化样板区；以创建乡村振兴示范县为抓手，打造湘赣边乡村振兴样板区；持续放大教育、医疗既有优势，打造湘赣边教育医疗事业发展样板区。

锁定“两大目标”，即撤县设市和冲刺百强。就是要对照撤县设市最新标准，坚持硬件、软件齐抓，突出政府、社会联动，强化对内、对外协调，确保五年内撤县设市得到国家批复；以调结构、转方式为主题，以抓项目、兴产业为重点，不断增强产业实力、经济实力、县域实力，向全国百强县发起强有力冲刺。

推进“三大会战”，即推进园区创业、乡村振兴、财源建设三大会战。园区创业大会战要围绕“五好”园区创建，实施“十百千”工程，确保实现税收十亿元以上，打造百亿产业集群，形成千亿产值规模；乡村振兴大会战要以实施“五大振兴”为重点，确保打造乡村振兴示范村 100 个以上，培育集体经济收入过十万元的村（社区）100 个以上，省市美丽乡村达到 50 个以上，县级美丽乡村实现全覆盖；财源建设大会战要紧扣“三高四新”财源建设工程部署，重点抓好争资引项、总部经济建设、矿产资源开发、土地资源经营等工作，确保财政收入达到 30 亿元以上，地方税收占比达到 70% 以上。

壮大“四大产业”，即壮大高分子新材料、绿色建材、全域旅游、特色农业四大产业。高分子新材料产业要以高分子膜、高分子胶粘等为重点，确保引进链上企业 50 家以上，产业主营业务收入达到 100 亿元以上，税收达到 10 亿元；绿色建材产业要以先进陶瓷、新型建材等为重点，确保培育 2—3 家产值过 10 亿元的规模企业，产业主营业务收入达到 100 亿元以上；全域旅游产业要以森林康养、休闲度假、红色旅游、研学民宿等为重点，力争总购票游客人数达到 200 万以上，实现门票收入 1 亿元以上，创建成为国家级旅游度假区、省级全域旅游示范区；特色农业产业要以香干、油茶等为重点，确保打造 1 个国家级现代农业产业园，培育 1 家国家级农业龙头企业，农产品精深加工产业主营业务收入达到 100 亿元以上。

办好十件标志性大事：一是修通三桥四桥和 G106 绕城线，实现城区交通品质大提升；二是推动吉邵高速、衡吉高铁进入国省规划，重夺区位新优势；三是启动醴茶铁路电气化改造，推动铁路出行大提速；四是建成东城学校，再造一个教育新品牌；五是推动职业中专开办 2 个大专专业并争取升级为大专院校，打造全省技术人才培养新基地；六是建成中心医院，打造湘赣边医疗新中心；七是解决农村安全饮水问题，完成阳升观水库及供水管网建设，加快实现城乡供水一体化；八是建成县城燃气分输站，启动长输燃气二期建设，加快实现城乡供气一体化；九是引进 1 家五星级酒店，开启高端现代服务业发展新篇章；十是培育 2—3 家上市企业，打造攸县企业发展新名片。这十件标志性大事，是攸县发展的最大需要、攸县人民的最大期盼，也是新一届县委向全县人民许下的庄严承诺。我们坚信，只要一件接着一件办、一年接着一年干，就一定能够打通发展路上的堵点、消除群众心中的痛点。五年后，一个全市领先、全省一流、全国闻名的崭新攸县必将强势崛起、振翅高飞！

三、聚精会神抓好重点工作

未来五年，是攸县发展史上一个十分重要的战略机遇期，我们必须紧盯事关全局、影响发展的重点工作，全力以赴、奋勇前进，真正推动“一二三四”发展思路落地落实，加快建设现代化新攸县。

（一）要全力以赴抓产业转型，加快打造实力新攸县

做好“聚焦、裂变、创新、升级、品牌”文章，加快产业转型步伐，确保形成1—2个新兴主导产业，成功实现产业转型，全力打造湘赣边资源型城市转型发展样板区。要坚定产业主攻方向。围绕壮大高分子新材料产业，紧盯“511”目标，出台专项产业扶持政策，成立专项产业发展基金，打造一流安全环保监管平台，加快与专门院校建立高分子新材料专业学科，力争成为全省乃至中部地区最大的高分子新材料产业基地；围绕壮大绿色建材产业，加快推进绿色建材产业园建设，扶持壮大现有企业，全力招引一批龙头企业，力争形成规模企业达到100家以上的特色产业集群；围绕壮大全域旅游产业，以酒仙湖景区为重点，启动5A景区创建行动，做好红色、绿色、古色三篇文章，抓好核心景区提质、旅游产品开发、配套设施完善、市场营销推广等工作，打造全国著名的休闲康养研学旅游胜地；坚持从新旧两端发力，统筹抓好煤炭产业、煤电能源、精细化工、装备制造、电子信息、生物医药等既有产业发展，确保持续发展壮大。要升级产业园区实力。以建设“五好”园区为目标，以实施园区创业大会战为抓手，强化园区的泛投资者概念，加快完善园区投入、管理等机制体制和水电气热等基础设施，做好调区扩区、安置区和标准厂房建设等工作，大力推进亩均效益提升，加快推动园区从项目集聚向产业集群转变，从建设园区向经营园区转变，力争综合实力迈进全省20强。要强化产业项目支撑。加强项目包装，推行项目滚动储备机制，落实乡镇和部门项目储备责任；加强项目招引，强化以商招商、以情招商、“一把手”带头招商和产业链招商，确保招引延链补链强链项目200个以上，全力壮大支柱产业、延长产业链条；加强项目推进，用好现场观摩、考核述职等模式，坚决杜绝“上热下冷”“中梗阻”等现象；加强项目保障，以财源建设大会战等为抓手，加快推进砂石资源规范整合和开发利用，全力做好土地资源经营文章，用好用活占补平衡等政策，持续抓好闲置土地清理、总部经济建设等工作，切实保障项目建设要素。要优化产业发展环境。坚持既招商更安商，不断优化营商环境，着力构建亲清政商关系，严厉打击强买强卖、强揽工程、强行阻工等行为，严肃查处推拖躲绕、随意检查、弹性执法的人和事，全面倡导“店小二”服务理念，严格兑现承诺，强化换位思考，做到无事不扰、有呼必应，坚决将攸县打造成为一方发展净土；实施企业培育“领跑计划”，抓好国家级龙头企业培育、上市公司申报等工作，力争规模工业企业达到500家以上，形成大企业“顶天立地”、小企业“铺天盖地”的格局。

（二）要全力以赴抓乡村振兴，加快打造美丽新攸县

牢牢把握新时代“三农”工作总抓手，围绕农业高质高效、乡村宜居宜业、农民富裕富足目标，突出群众主体作用，合力推进乡村振兴，全力打造湘赣边乡村振兴样板区。要大力开展农业升级行动。实施农业品牌提升战略，建立健全支持品牌创建的政策体系、指标体系、工作体系、责任体系和奖惩体系，确保攸县香干等进入国家公用品牌；坚持“一园一业、一村一品、一镇一特”，加快建成香干产业园等一批特色农业产业园；坚持以市场思维引导农产品商品化，加强农产品流通骨干网络建设，推动农业产业“接二连三”，不断提升农产品加工转化水平，实现传统农业向现代农业、农业大县向农业强县转变；坚决扛稳粮食安全责任，牢牢守住耕地红线，坚决遏制“非农化”，严格管控“非粮化”。要大力开展乡村建设行动。加强水电路讯等基础设施建设，实施高标准农田建设25万亩以上，改建农村道路800千米以上，完成山塘水库

除险加固3000座以上，新增巩固提升农村供水人口35万人以上；开展农村人居环境整治提升五年行动，抓好“五治理一革命”、村庄规划建设管理等工作，让乡村更加望得见山水、留得住乡愁；探索实施农村集体经营性建设用地入市制度，加强农村产权流转交易和管理信息网络平台建设，推进农业领域综合行政执法改革、“三变”改革、供销合作社综合改革、集体林权制度改革等工作，着力激发农村活力。要大力开展农民增收行动。健全防止返贫动态监测和帮扶机制，精准落实各类帮扶举措，推动巩固脱贫成果同乡村振兴有效衔接；支持农民创办家庭农场或和涉农企业等建立利益联结机制，持续拓宽农民增收渠道，确保农村居民人均可支配收入达到4.5万元以上；扎实推进高素质农民培育，加强职业教育和继续教育，着力壮大“土专家”“田秀才”队伍；积极引导农民创新创业，着力培育一批农村致富带头人。

（三）要全力以赴抓城镇建设，加快打造品质新攸县

瞄准湘赣边南部中心城市定位和撤县设市目标，加快推进以人为核心的新型城镇化建设，全力打造湘赣边新型城镇化样板区。要优化城镇空间形态。围绕“一主一副一带两区多点”主框架，重点开发东城新区，做大做强工业园区，保护开发城南片区，提质改造老城区，不断优化“一城四区、两江四岸”城市格局，持续提升城市辐射带动力；进一步明确乡镇功能定位，依托区位和资源优势，错位发展特色农业、商贸物流、文化旅游、康养休闲等特色小镇，力争再创一个国家级特色小镇；全面完成并严格落实国土空间总体规划，坚持生态优先、保护优先、节约优先，科学划定控制线，严格实施分区管控，为经济社会发展提供良好空间保障。要完善城镇功能状态。加强交通路网建设，全面打通建设北路、枫岭大道、体育路、文风路等城市“断头路”，启动东城新区综合交通枢纽工程建设；加强公共服务配套，着力推进车位建设、供水供气、雨污分流等工作；加强市容市貌整治，严厉打击违法建设行为，加大小街小巷、农贸市场改造力度；加强智慧城市建设，推进5G基站、充电桩等新型基础设施建设，加快数字政府建设和公共服务领域智慧化应用，构建“一网统管”智慧城市治理体系；加强乡镇赋权，推动审批服务、行政执法等权力进一步向乡镇下放。要繁荣城镇发展业态。重点围绕人流、人气、人文的问题，抓好商贸繁荣，推动湘东大市场、湘东家居城、湘东汽贸城等专业市场转型升级，鼓励发展电商、网红经济、金融服务等产业，着力构建差异化、特色化、便利化的现代商贸体系；做好现代物流，布局建设一批冷链物流中心和物流综合服务园，争创国家级电子商务进农村综合示范县。

（四）要全力以赴抓改革创新，加快打造活力新攸县

坚持把改革开放创新作为核心动力，着力释放改革动能、激发创新潜能、提升开放势能，努力在全省打造科技创新高地、改革开放高地中贡献更大力量。要以改革突破发展藩篱。深化行政体制改革，进一步优化机构设置、职能配置，切实理顺部门关系、提升行政效能；巩固拓展“放管服”和“一件事一次办”改革成果，加大资源整合、部门入驻和权限下放力度，真正实现“一门式”办公、“一条龙”办理、“一站式”办结；加大国有投融资企业整合和改革力度，健全完善产权清晰、定位明确、管理科学的现代企业制度，全力打造成为城市综合运营商、产业投资运营商；抓好综合行政执法改革、财税体制改革等工作，确保改革内容精准对接发展所需、基层所盼、民心所向。要以创新增添发展动能。强化企业创新主体地位和主导作用，加大企业研发支持力度，加强关键核心技术创新和成果本地转化，扶持打造一批高水平科创孵化平台和创新基地，确保高新技术企业数量达到70家以上，专精特新“小巨人”企业达到20家以上，省级及以上研发机构达到10个以上；深化科创体制机制改革，构建创新链与产业链、人才链、资金链“四链”深度融合的创新创业生态系统。要以开放拓展发展空间。抢抓湘赣边区域合作和长株潭一体化机遇，加强与周边地区的对接交流，推动基础设施、产业项目、文化旅游、社会治理等方面融合发展，支持创建一批湘赣边界示范村镇；积极推进“一场两铁两高速”项目建设，完成老漕至莲花、莲塘坳至路岭坳等省际连接线建设，进一步贯通对外交通动脉；积极融入双循环格局，大力培育一批外向型企业、出口型品牌。

（五）要全力以赴抓民生改善，加快打造幸福新攸县

坚持以人民为中心的发展思想，紧盯群众“急难愁盼”问题，切实保障和改善民生，不断满足人民日益增长的美好生活需要。要围绕学有优教，深入实施教育强县“七大工程”，促进基础教育均衡发展、高中教育优质发展、职业教育稳定发展、民办教育有序发展、培训教育规范发展，力争新建公立幼儿园5所以上，改造中小学校50所以上，职业中专与高等院校实现联合办学并创建成为国家示范校；深化教育综合改革，加强教师队伍建设，实施名师名校工程，持续巩固拓展教育品牌。要围绕劳有厚得，健全就业创业服务体系，抓好高校毕业生、退伍军人、零就业家庭和农村转移劳动力等重点群体就业保障，加大创业指导服务和担保政策支持力度，着力激发大众创业、万众创新热情；健全劳动关系协调机制，切实保障劳动者待遇和权益。要围绕病有良医，深化医药卫生体制改革，优化医疗资源布局，提升公共卫生事件应急管理能力，强化医疗卫生人才队伍建设，支持发展特色专科医院和中医药事业，加快推进紧密型县域医共体建设，积极开展药品集中带量采购，抓好中心医院建设、中医院扩建、妇幼保健院改造等项目，力争新建4家、改造13家乡镇卫生院，标准化村卫生室实现全覆盖。要围绕住有宜居，推进农村危房、老旧小区和棚户区改造，增加保障性租赁住房供给，支持促进房地产健康稳定发展，加强物业管理和小区治理，努力让人民群众享受更有保障、更加宜居的住房条件。要围绕老有颐养，实施养老服务“五大体系”建设，加快推进社会福利中心、敬老院、日间照料中心、养老服务驿站建设，力争提质改造乡镇敬老院5家以上，日间照料中心和长者之家实现全覆盖；规范社会养老机构发展，构建养老、孝老、敬老的社会环境。要围绕困有众扶，完善覆盖全民的社会保障体系，落实全民参保计划，推进医保异地结算，加强社保、医保等基金监管，实现社会保障征缴扩面、待遇提标；大力发展社会福利和慈善事业、残疾人关爱事业，健全低保五保社会救助和流浪乞讨人员关爱保障体系。要围绕娱有雅乐，抓好新时代文明实践中心和“门前三小”的建设升级，推进文化馆、图书馆、体育场等文体设施完善，抓好文明素质提升和文艺作品创作，做好文化、体育、旅游结合文章，全力创建全国文明城市和全省体育旅游示范县。

（六）要全力以赴抓生态环保，加快打造绿色新攸县

全面落实习近平生态文明思想，紧扣碳达峰、碳中和目标，推动减污降碳协同增效，努力实现生产空间集约高效、生活空间宜居适度、生态空间山清水秀。要加强生态环境修复。深入实施“蓝天”行动，抓好工业废气、汽车尾气、扬尘污染、餐饮油烟、秸秆焚烧等治理，确保空气质量优良率持续提升；深入实施“碧水”行动，抓好河湖长制、退捕禁捕、集中式饮用水水源地保护、湘江保护和治理、黑臭水体治理、农业面源污染治理、污水处理设施和管网建设等工作，持续巩固“全域Ⅱ类水”目标；深入实施“净土”行动，抓好固体废弃物、废弃垃圾填埋场等整治，抓好农业种植结构调整，全力化解耕地重金属污染问题；推进山水林田湖草系统治理，统筹抓好林长制、封山育林、国土绿化、水土保持、采煤沉陷区治理、生物多样性保护、自然保护地高质量发展等工作，全方位筑牢生态安全屏障。要倡导生态发展方式。加快发展绿色经济，推动传统产业绿色化转型和园区循环化改造，培育壮大风能、光伏等绿色新兴产业；深入推进节能减排，持续降低能源、土地等消耗强度，加快盘活城镇低效用地，推动产业园区资源共用共享；开展绿色学校、绿色出行、绿色建筑等创建行动，推动形成绿色低碳的生活理念和生活方式。要完善生态治理体系。加快完善生态环境治理责任体系，强化领导责任和企业主体责任，落实生态文明建设目标评价考核，做好森林督察和环保督察；加快完善生态环境治理管理体系，严格落实“谁污染、谁使用、谁付费”政策导向，加强党政领导干部自然资源资产离任审计，推进生态环境信用体系建设；加快完善生态环境治理监管体系，建立数字环保监管平台，开展环境安全隐患排查，提升生态环境应急能力建设，扩大公众参与环保监督渠道。

（七）要全力以赴抓社会治理，加快打造和谐新攸县

以县域治理体系和治理能力现代化为目标，统筹抓好发展与安全两件大事，推动社会治理重心向基层下移，不断提高县域治理社会化、法治化、智能化、专业化水平。要深入推进平安建设。积极推进债务风险化解工作，严格落实“六个一批”化债举措，坚决确保“不重返一类”“不爆雷”；深化网格化服务管理，抓好县域警务工作，全面提升县域安全防控水平；常态化推进扫黑除恶专项斗争、防恐禁毒等工作，严厉打击各类违法犯罪活动；严格落实安全生产责任制，加强交通、危化、矿山、烟花、消防、校园、食品药品等领域的安全监管，坚决遏制较大以上事故发生；整合应急资源，建立公共安全应急联动平台，提高应急能力水平；落实常态化疫情防控措施，持续巩固疫情防控成果；坚持和发展新时代“枫桥经验”，完善社会矛盾纠纷综合治理机制，切实维护社会和谐稳定。要深入推进法治建设。健全政府权责清单，加快建设法治政府，不断提高依法行政水平；深化司法体制综合配套改革，全面落实司法责任制，完善监察权、审判权、检察权运行和监督机制，努力让人民群众在每一个司法案件中感受到公平正义；认真贯彻“法治社会建设实施纲要”，完善公共法律服务体系，广泛开展法治宣传教育，推动领导干部带头遵法学法守法用法，切实形成办事依法、遇事找法、解决问题用法、化解矛盾靠法的良好法治环境。要深入推进民主建设。毫不动摇坚持人民代表大会制度，充分保障县人大及其常委会依法行使职权；全力支持政府依法履行职能，确保更好推动经济社会高质量发展；高度重视人民政协事业，全力支持政协开展政治协商、民主监督、参政议政；带着责任和感情做好老干部工作，积极发挥老干部独特优势，确保老有所为、老有所乐；充分发挥侨联、工商联等统一战线桥梁和纽带作用，画好最大最美“同心圆”；加强党管武装和双拥工作，不断开创国防动员工作新局面；加强工会、共青团、妇联等群团组织建设，确保更好团结动员群众围绕中心任务建功立业。

四、坚定不移加强党的建设

事业成败，关键在党。要大力弘扬伟大建党精神，全面贯彻新时代党的建设总要求，坚持自我革命、自我提高、自我净化、自我完善，着力提高执政能力和水平，切实为高质量发展提供坚强保障。

（一）要加强思想政治建设，增强推动发展的精神动力

思想领先，发展才会率先。要强化政治统领，提升领导力。研究出台落实习近平总书记重要讲话精神和各级重大决策部署实施办法，引导全县上下不断增强“四个意识”、坚定“四个自信”、做到“两个维护”；持续发挥县委议事协调机构作用，把党的领导贯穿各项工作始终；深入贯彻《中国共产党廉洁自律准则》《中国共产党纪律处分条例》等要求，着力增强党内政治生活的政治性、时代性、原则性和战斗性。要强化思想武装，提升意志力。深学笃用习近平新时代中国特色社会主义思想，持续巩固“不忘初心、牢记使命”主题教育、党史学习教育等党内集中教育成果。推进谭震林生平事迹陈列室、北伐首战场纪念馆、蔡会文蔡兰阶烈士事迹陈列馆、南岸列宁室、东冲兵工厂等项目建设，用好红色资源，传承红色基因。全面铺开解放思想大讨论活动，教育和引导广大党员干部学会市场思维，善于用市场的办法解决发展的问题；树立产出思维，让每一份投入都发挥出最大效益；强化链条思维，精准开展招商引资，不搞“捡到篮子里都是菜”；保持创新思维，不搞“老框框、老办法、老套路”。要强化舆论引导，提升凝聚力。严格落实意识形态工作责任制，时刻保持斗争意识，夯实融媒体中心建设，加强新闻、网络、宗教等阵地管理，牢牢把握意识形态领域主导权和话语权；加强理论宣讲，引导党员干部群众唱响攸县旋律、讲好攸县故事、弘扬攸县精神，让人人都旗帜鲜明地为攸县叫好；持续开展典型挖掘和宣传表彰工作，引导全县上下对标看齐、争当先进。

（二）要加强基层组织建设，打造促进发展的坚强堡垒

基层最是不易，基础最为重要，任何时候都

必须高度重视、格外关心。要建强基层支部。以提升组织力为重点，统筹抓好各领域基层党组织建设，持续做好农村党建、机关党建、城市党建、“两新”组织党建和软弱涣散党组织整顿等工作，推动“五化”支部实现全覆盖，真正把基层党组织建设成为宣传党的主张、贯彻党的决定、领导基层治理、团结动员群众、推动改革发展的坚强战斗堡垒。要优化基层队伍。抓好基层党组织带头人建设，加大村级后备干部储备力度，做好基层干部能力素质提升工作；抓好党员队伍教育、管理和监督，做好不合格党员处置、流动党员管理、党员发展等工作，着力锻造一支信念坚定、政治可靠、结构合理、素质优良、纪律严明、作用突出的党员队伍。要夯实基层保障。完善基层阵地建设，全力把薄弱的地方补齐上来，把建好的阵地用好用活；高度重视基层运转问题，加大村级转移支付力度，保障村干部福利待遇，让他们有更多的精力放在服务群众上来；加大优秀村干部进入乡镇和事业单位选拔力度，努力让基层干部有更多盼头；高度重视村级负债问题，加强村级集体经济建设，探索资产经营、入股分红、产业带动、服务创收等模式，推动集体经济薄弱村全面“清零”。

（三）要加强人才队伍建设，提升驾驭发展的能力水平

为政之要，根本在人。要精准选人用人。坚持把用人导向体现在每一次干部调整当中，大胆使用对党忠诚、担当作为、实绩突出、群众公认的干部，坚决不用只说不干、华而不实、跑官要官的干部，真正让能干事的有机会、肯干事的有舞台、干成事的有地位，决不让实干者吃亏，决不让投机者得利，决不让跑官者得逞；将年轻干部培养使用作为战略工程实施，加大女干部、党外干部选用力度，持续优化干部队伍结构；多措并举破解基层干部晋升的“天花板”，既注重学历、更重视能力，既注重“年头”、更重视“劲头”。要加强引才留才。坚持像抓项目引进一样抓人才引进，抓项目培育一样抓人才培养，围绕园区发展、产业转型等需要，坚持向外招引和定向培养相结合，着力引进、培养一批发展急需的专业人才，真正让专业的人干专业的事；加快建立人才待遇与实绩相匹配的分配制度和激励机制，加大津贴补贴、分配激励、职称评审、创新创业等支持力度，确保各类人才引得来、留得下、干得好。要突出激励激活。加大择优选拔和干部交流力度，打造充满活力的干部选任机制；完善干部实绩考核奖惩机制，真正让实干者得实惠、有为者有位置；用好职级并行政策，落实健康体检、带薪休假等制度，持续调动干部干事积极性；加强干部教育培训，选派一批干部外出挂职学习历练，组织一批干部深入一线锻炼，全面提升干部干事创业本领。

（四）要加强干部作风建设，营造助力发展的良好氛围

作风决定作为，作为决定地位。要大兴担当之风。坚持“三个区分开来”，加快公布一批容错纠错案例，切实引导全县上下敢于拍板定夺、敢于迎难而上、敢于改革创新，真正让干事创业的人得到社会的尊重、组织的关爱；结合违反中央八项规定精神和形式主义、官僚主义整治等工作，大力开展“庸懒浮散拖”专项整治，将问事、问人、问责进行到底，坚决让滥竽充数的人没有市场、让饱食终日的人待不下去、让真抓实干的人扬眉吐气。要大兴实干之风。旗帜鲜明倡导重实际、说实话、办实事、求实效的作风，多开现场会、少开座谈会，确保所有工作说了就干、干就干成；大力践行“一线工作法”，推动领导干部、部门单位进一步深入乡镇村组和基层一线解难题、促发展；建立健全预安销号、绩效挂钩、跟踪督办等制度，更好推动干部执行落实；大力推进基层减负工作，让干部从无谓的事务中解脱出来。要大兴正派之风。充分发扬团结共事的优良传统，坚持一切以事业为重，做到思想同步、目标同向、事业同心，切实为加快发展减少阻力、增添动力、形成合力；敢于激浊扬清，打击歪风邪气，对恶意中伤、诬告陷害、散布谣言的，发现一起、查处一起、通报一起，对受到不实举报的干部及时澄清正名，真正为干事创业者撑腰壮胆，让别有用心者无地自容。

（五）要加强反腐倡廉建设，树立清廉发展的鲜明形象

党风廉政建设永远在路上，反腐败斗争永远

在路上，必须一体推进不敢腐、不能腐、不想腐，着力打造清廉攸县。要加强查处力度。深刻把握腐败问题的政治本质和政治危害，坚持无禁区、全覆盖、零容忍，坚持重遏制、强高压、长震慑，坚持受贿行贿一起查，紧盯项目招投标、土地出让等重点领域和发生在群众身边的腐败问题，重拳出击、一查到底，让腐败分子无所遁形、无路可逃；突出抓早抓小、防微杜渐，综合运用监督执纪“四种形态”，及时敲警钟、拉警报，努力把违纪违规问题遏制在萌芽状态、消灭在初起之时；强化严管厚爱，精准把握政策策略，贯彻融合纪法情理，更好激励干部担当作为；持续深入做好肃清流毒工作，切实巩固和拓展政治生态修复成果。要加强制度建设。构建党统一指挥、全面覆盖、权威高效的监督体系，推进纪律监督、监察监督、派驻监督、巡察监督统筹衔接，健全人大监督、民主监督、行政监督、司法监督、群众监督、舆论监督制度，发挥审计监督、统计监督职能作用，加强对“一把手”和领导班子的监督，压实各级廉政建设责任，加强廉政制度落实检查，让权力始终在阳光下运行，切实防止权力失控、决策失误、行为失范。要加强廉政教育。持续开展党性教育，引导党员干部牢固树立正确的世界观、人生观、价值观，切实增强拒腐防变定力；加强警示教育和党纪国法教育，推动党员干部知敬畏、存戒惧、守底线；发展积极健康的党内政治文化，倡导清清爽爽的同志关系、规规矩矩的上下级关系，全面营造风清气正的政治生态。

其身正，不令而行；其身不正，虽令不从。要不断加强县委常委会自身建设，切实改进领导方法和工作作风，着力增强以人为本、执政为民的宗旨意识，大力弘扬求真务实、艰苦奋斗的优良传统，努力营造和衷共济、团结协作的干事氛围，始终树立正确的政绩观，把对上负责与对下负责统一起来，要求下面做到的，自己首先做到；要求下面不做的，自己带头不做，真正以自身的率先垂范激发干部群众的发展热情，切实把常委班子建设成为政治坚定、担当实干、一心为民、团结奋进、清正廉洁的坚强领导集体。

名词解析

1.“小巨人”企业：指业绩良好，极具发展潜力和培育价值处于成长初期的小企业，通过培育推动其快速健康成长，最终成为行业中或本区域的小巨人。

2. 五大保险：养老保险、医疗保险、失业保险、工伤保险和生育保险。

3.“五好”园区：规划定位好、创新平台好、产业项目好、体制机制好、发展形象好。

4.“十百千”工程：实现税收十亿元以上，打造百亿产业集群，形成千亿产值规模。

5.“511”目标：以高分子膜、高分子胶粘等为重点，确保引进链上企业 50 家以上，实现税收 10 亿元，产业主营业务收入达到 100 亿元以上。

6. 农业产业“接二连三”：以第一产业为开端，接着发展农产品加工（第二产业），再发展农产品及其加工产品的销售和周边服务（第三产业），实现一二三产融合发展。

7. 五治理一革命：治理垃圾、治理污水、治理空心房、治理村容村貌、治理陋习和厕所革命。

8. 一主一副一带两区多点：一主，即攸县中心城区；一副，即网岭次中心；一带，即沿 106 国道产业集聚带；两区，即西北部特色农业区和东部生态旅游区两个功能分区；多点，即皇图岭镇、酒埠江镇、丫江桥镇和渌田镇四个中心镇。

9. 专精特新：指具有“专业化、精细化、特色化、新颖化”特征的工业中小企业。

10. 一场两铁两高速：一场，即通航机场；两铁，即韶山—井冈山铁路、衡吉高铁；两高速，即吉邵高速、长株攸高速。

11. 教育强县“七大工程”：学前普惠教育工程、乡村教育提升工程、普通高中提升工程、产教融合发展工程、五育融合发展工程、教师能力提升工程、智慧教育示范工程。

12. 养老服务“五大体系”：养老设施网络体系、居家养老服务体系、服务质量监管体系、安全隐患防范体系、孝老文化支撑体系。

13.“六个一批”：自接自盘展期一批、替接他盘置换一批、延期回售一批、发新还旧一批、债务重组盘活一批、债转股转化一批。

14. 三个区分开来：把干部在推进改革中因缺

乏经验、先行先试出现的失误和错误，同明知故犯的违纪违法行为区分开来；把上级尚无明确限制的探索性试验中的失误和错误，同上级明令禁止后依然我行我素的违纪违法行为区分开来；把为推动发展的无意过失，同为谋取私利的违纪违法行为区分开来。

15. 监督执纪“四种形态”：经常开展批评和自我批评、约谈函询，让“红红脸、出出汗”成为常态；党纪轻处分、组织调整成为违纪处理的大多数；党纪重处分、重大职务调整的成为少数；严重违纪涉嫌违法立案审查的成为极少数。

攸县人大常委会工作报告（节录）

——2021 年 11 月 9 日在攸县第十八届人民代表大会第一次会议上的报告

吴爱清

过去五年工作回顾

过去五年，是攸县发展进程中极具挑战、极其艰难、极为不易的五年，是全县上下迎难而上、负重奋进的五年，也是我县人大工作与时俱进、稳步推进的五年。五年来，县人大常委会坚持以习近平新时代中国特色社会主义思想为指引，在中共攸县县委的正确领导下，聚焦发展主题，突出法治主线，践行民生主旨，忠实履行宪法和法律赋予的各项职责，先后组织召开人民代表大会 6 次、常委会会议 42 次、党组会议 96 次、主任会议 89 次，听取和审议专项报告 122 个，开展执法检查、调研视察、专项工作评议等 210 次，依法作出决议、决定 82 个，任免国家机关工作人员 257 人次。协助县委召开纪念地方人大常委会设立四十周年大会、民生实事项目人大代表票决制工作动员部署会、县委人大工作会议。为深入贯彻落实《湖南省乡镇人民代表大会工作条例》，推进乡镇人大工作和建设，县委出台了《关于进一步加强和改进新时代人大工作的意见》，人大工作在五年的实践中得到了新提升、展现了新作为、谱写了新篇章。

（一）五年来，我们坚持党的全面领导，致力把握正确方向

万山磅礴，必有主峰。常委会始终牢记人大机关政治属性，自觉将党的领导贯穿于人大工作各方面、全过程。

——以理论清醒坚定思想自觉。坚持以习近平新时代中国特色社会主义思想武装头脑，深入开展“两学一做”学习教育、“不忘初心、牢记使命”主题教育和党史学习教育，不断增强“四个意识”、坚定“四个自信”、做到“两个维护”。常委会党组坚持把党建工作与职能工作同谋划、同部署、同推进、同考核，加强全面从严治党各项工作领导，把党的政治建设摆在首位，始终在政治立场、政治方向、政治原则、政治道路上同党中央保持高度一致，涵养了良好的机关政治生态。五年来，共组织专题集中学习 73 次、讲授专题党课 27 场、开展现场红色教育 32 次、撰写学习体会 118 篇，进一步提高了政治站位，彰显了政治属性，强化了政治引领，增强了政治能力。

——以高效履职彰显政治自觉。紧紧围绕中央和省委、市委、县委决策部署，统筹安排依法监督、重大事项决定、人事任免等工作，并通过法定程序将党的主张转变成全县人民共同意志。五年来，向县委请示报告 68 件次，对县委全会提出的“一中心四样板”战略、园区路网建设项目、酒埠江风景区旅游基础设施建设项目等重大事项进行充分调研、论证、审议，并作出相应决议、决定。坚持党管干部原则与人大依法任免相统一，市委、县委确定的人事任免事项均全票高票通过，充分发挥了常委会党组把方向、管大局、保落实的重要作用。积极配合县监察委组建工作，及时通过有关人事任命，助力攸县监察委成为全省第一批、全市第一个挂牌成立的县级监察委员会。

——以使命担当增强行动自觉。始终做到县委有号召、人大有响应，县委有决策、人大有贯彻，县委有部署、人大有行动。全面落实县领导联系重要工作和重要活动要求，常委会班子成员主动投身“一行动一活动”，紧密联系高新区企业

和项目建设，精准开展招商引资，直接参与通用机场、绿荫慢行道、湖南省体育旅游节、酒仙湖国际医养生态小镇、贾岭药博园、众森生态园、衡吉高铁、吉邵高速、湘赣攸县苏区游击战遗址保护、北伐首战纪念馆等重点项目、重要活动，挂钩联系综治维稳、信访矛盾化解、安全生产、生态环境保护、农村村庄规划、农村饮水安全等重要工作，坚持一线研究、一线调度、一线服务，及时协调解决制约工作推进中的突出问题。

与此同时，面对接踵而来的疫情防控任务，常委会党组在县委的坚强领导和统一部署下，迅速落实分片包干区域防控任务，全面深入乡村社区和企业督导疫情防控，指导复工复产，组织各级人大代表和全体机关干部全员参战一线值守，广大代表踊跃捐款捐物、主动摸排疏导，在大疫大战大考中弘扬了攸县精神，在风雨同舟、守望相助中凝聚了攸县力量，在快速反应、迅速应对中体现了攸县气派，以实际行动展现了人大担当和代表风采。

（二）五年来，我们坚持服务中心大局，致力助推发展提质

事在发展，必在力行。常委会紧扣新发展理念，围绕高质量转型发展主题，寓支持于监督之中，有力推动县域发展提质增效。

——力促经济发展有力有效。密切关注经济运行情况，听取和审议国民经济和社会发展计划执行情况报告，开展“十三五”规划实施评估监督，推动经济社会发展主要目标和重大任务顺利完成。全过程助力“十四五”规划编制，扎实开展专题调研，收集意见建议236条，支持和促进政府高质量编制好规划，县十七届人大六次会议审查批准了“十四五”规划和二〇三五年远景目标纲要。围绕产业发展，组织对高新区建设、农业特色产业发展、油茶产业发展、供销社综合改革等工作开展专题调研视察，助力县域经济发展。

——力促城镇建设提质提速。围绕城市建设“头等大事”，对《县城总体规划纲要》进行多次调研，组织多轮审议，促进高标准高质量编制好总体规划。以城区绿化管理工作为重点，对城市综合管理工作开展了专项视察，督促有关部门建立健全城市绿化工作长效机制，加强绿化管护和市政设施维护。组织开展新型城镇化建设与管理工作调研视察，提出参考性意见建议27条，助推我县成功入选全国县城新型城镇化建设示范名单。对市政工程建设、老旧小区改造、城市路网建设、乡镇污水处理厂等方面工作进行实地调研视察，督促政府加快建设进度、完善治理体系、提高治理能力。

——力促财经运行平稳健康。听取和审议预算执行、决算情况报告，依法审查批准年度预决算及相关预算调整方案，启用预算联网监督系统平台，督促县人民政府及财税部门推进减税降费、新会计制度、全口径预算管理等各项财税改革。听取审计工作、审计查出问题整改情况工作报告，加强对“同级审”查出问题整改工作的跟踪监督，督促26个单位整改问题50个。组织对税源和综合治税情况、国有资产管理、政府性债务、重点工程项目等方面开展调研视察，督促政府及部门加强债务管理、完善配套制度，推动我县防范化解重大风险攻坚战取得关键性进展。

（三）五年来，我们坚持人民至上理念，致力推动民生改善

民惟邦本，本固邦宁。常委会始终把关心民生冷暖、民心忧乐作为履职方向标，以实际行动守护“江山就是人民、人民就是江山”的根本立场。

——助力社会事业改善。聚焦社会热点问题，对中小学教育资源布局、基层医疗卫生体系建设、食品安全、养老服务事业发展等情况进行多次视察调研和专题询问，推动公共服务事业加快发展。聚焦农村饮水安全，持续开展《关于加快推进全县农村饮水安全建设的决定》贯彻落实情况专项督查，助推新增和巩固提升农村供水人口25万余人。聚焦基层的困难事、群众的烦心事，深入开展“我为群众办实事”实践活动，协调县电力局积极推进下洞下田片区农网电力改造，解决了花园台污水处理、陈家山危桥改造、龙蟠洲用电难等一批群众关心的“微”事、“急”事、“难”事。

——助力生态环境保护。每年听取审议年度环境状况和环境保护目标完成情况的报告，对全县环境污染防治重点工作落实情况进行专项检查；实地查看了污水处理站、网岭火电厂等重点场所

的环境污染防治工作，并提出针对性建议；组织开展酒埠江风景名胜区保护立法调研，探索加强生态、文化、旅游资源保护；开展河长制工作专题询问和“两江四岸”生态保护、洣水攸县流域常年禁渔等专项行动；持续开展《关于全县实行封山育林的决定》贯彻落实情况专项督查，努力让攸县的天更蓝、水更清、山更绿。

——助力民生项目实施。自2019年民生实事项目人大代表票决制试点工作正式启动以来，在借鉴先行先试地区经验的基础上，认真谋划部署，强化工作指导，出台相关文件，制定票决制实施与监督办法，探索建立“1+3”全过程督办机制，率先在全市实现县乡两级民生实事项目人大代表票决制全覆盖。县人民政府代县长武挪强高度关注民生实事项目实施，多次召开调度会，深入项目现场帮助解决实际困难。目前，县乡两级共票决民生实事项目88个，月形小区改造、自然村通水泥路、敬老院提质改造等人民群众关切的民生实事项目得到有效办理，赢得了群众点赞。与此同时，围绕精准脱贫攻坚、乡村振兴，动员省、市、县、乡四级人大代表主动参与，深入联点乡镇和贫困村调研指导，积极开展结对帮扶，争取项目资金230万元，帮助完善基础设施建设，助力万美、竹丰等贫困村或软弱涣散村摘帽，结对60户276人全部脱贫。

（四）五年来，我们坚持贯彻法治思想，致力促进民主法制

法安天下，德润人心。常委会认真贯彻落实习近平法治思想，注重运用法治思维和法治方式开展工作，推动依法行政和公正司法。

——推进司法监督实效化。司法是维护社会公平正义的最后一道防线。常委会每年听取和审议“两院”工作报告实施情况，出具审议意见，督促“两院”更好地履行法定职责。配合省市人大开展“司法公正攸县行”，规范人民陪审员的选任和监管，促进严格公正、高效司法。听取和审议扫黑除恶专项斗争、禁毒工作开展情况报告，支持和督促司法机关在深挖整治上见成效。加强对法院民事审判执行、检察院公益诉讼工作的监督，依法作出加强全县民事执行工作、加强检察建议工作等决定，促进“两院”依法履职和担当作为，有力维护社会公平正义和社会公共利益。

——推进法律实施规范化。注重发挥执法检查“法律巡视”利剑作用。紧扣回应人民群众要求和期盼，对中华人民共和国民法典、人民调解法、残疾人保障法、株洲市农村村庄规划建设管理条例、株洲市城市综合管理条例等27部法律法规的实施情况开展执法检查，有力推动法律法规在我县的全面贯彻实施。组织和配合省、市人大开展国旗法、国徽法、环保法、水污染防治法、中小企业促进法、“一法一办法一条例”等法律法规的执法检查和立法调研，提出了建设性立法修改意见。深化备案审查工作，对县政府报备的17件规范性文件及时进行备案登记和合法性、适当性审查，提出修改意见建议51条，切实保证了法制权威和执法规范。

——推进依法治理多元化。坚持组织县人大常委会委员和人大代表旁听司法庭审，参与案件评查、听证，促进司法机关进一步提高办案水平。扎实开展“一委一调研、一季一视察、一年一评议”活动，组织各级人大代表对政府工作部门开展专项工作评议5次，撰写了一批有价值的专题调查报告，督促政府提高行政效能、严格依法行政，县发改局、市场监督管理局、财政局、教育局、农业农村局、应急管理局等受评单位得到代表的充分肯定。监督支持株洲市仲裁委攸县分会健康发展和攸县互联网产业园多元调解中心建设，引导人民群众依法维权和化解矛盾纠纷。五年来，共仲裁1205件民商事案件，调处化解矛盾纠纷25018起。依法做好人民来信来访接待处理工作，完善信访事项受理、交办、督办程序，接待和受理人民群众来信来访117件次，转办率达到100%，切实保障了人民群众合法权益。

（五）五年来，我们坚持保障代表履职，致力发挥代表作用

参天之木，必有其根。人大工作的基础是代表、活力在代表。常委会充分尊重代表主体地位，积极为代表履职、发挥作用提供服务保障。

——确保议案建议依法办理。修订《代表建议、批评、意见办理工作办法》，完善办理机制，推动代表建议管理精细化、办理高效化。采取常委会领导牵头督办、专委会对口负责的工作方式，

对全局性、普遍性和涉及面广的建议议案进行现场督办，城区大班额问题、关于加大对城区污水治理等一批代表关注、群众关心的建议事项得到及时落实。五年来，共受理、交办的议案建议787件，答复率100%，其中已解决或基本解决572件，占总数的72.68%，办理质量和代表满意率不断提高。

——确保代表履职依法高效。审议通过《攸县人民代表大会代表履职管理办法（试行）》，落实代表活动经费，设立人大代表事务中心，为更好服务代表搭建了平台、提供了保障。组织县人大代表638人次参加履职专题培训，实现了届内代表培训全覆盖。健全“双联”工作机制，先后征求代表意见建议563条，邀请2273人次省市县人大代表列席常委会会议、参加执法检查和专题调研等活动，推荐382人次人大代表参与人民调解、人民陪审、庭审观摩、开放日活动等各种监督检查工作，人大代表的知情权、表达权和监督权得到充分体现。省人大代表邓民慧、李建川等同志为产业发展、招商引资倾注了心血，市人大代表皮世平、王宜斌、刘友良、邓小荣、李立球、张建华等同志和县人大代表苏爱军、王斯、肖回龙、贺亮、龙仁元、欧国胜、刘激扬、文仕建、彭琴、尹唐生、付全国、刘南湘、李建国、张许生、侯海艳等同志积极履职，为民生为发展建言献策，人大代表桥梁纽带作用得到更好发挥。

——确保换届选举依法有序。始终把坚持党的领导、充分发扬民主、严格依法办事贯穿于换届选举全过程，严格按照省市部署和县委要求，认真研究，严密组织，分阶段加强对换届选举全过程的督促指导，与相关部门共同把好代表人选入口关、政治关、素质关、结构关和纪律关，扎实做好了代表名额分配、选区划分、选民登记、提名推荐、投票选举等各环节工作，特别是在换届选举关键时刻，县委书记李鹏程亲自召开工作调度会，深入网岭镇、春联街道等地区督导换届选举工作，强调“坚持党的领导、坚持依法推进、坚持精心部署、坚持挺纪在前”的工作要求，确保了换届选举过程风清气正、选举结果人民满意。本次县乡人大换届选举依法选举产生了300名县人大代表、983名镇人大代表，圆满实现了组织意图和群众意愿的高度统一。同时，务实高效组织了新一届县乡两级人大代表初任履职培训。

（六）五年来，我们坚持加强自身建设，致力提升履职水平

九层之台，起于累土。常委会主动适应新形势、新任务、新要求，着力加强自身建设，不断提高依法履职能力和工作水平。

——全面加强党的建设。认真抓好省委巡视组反馈问题整改，主动接受县委常规巡察，落实全面从严治党主体责任和意识形态工作责任制，增强了机关各级党组织政治功能。规范党内政治生活，落实常态化谈心谈话、民主评议党员、主题党日、三会一课等制度，升级改造机关党建活动室，进一步激发了党建工作活力。完成了常委会会议、主任会议电子表决系统建设，人大工作信息化水平得到进一步提升。

——全面提升履职水平。修订完善各类工作制度12项，促进人大工作制度化、规范化。举办“书香伴我行”读书班活动，组织委办主任轮流讲座，开展法制知识和履职业务培训，全面提升人大干部依法履职能力和水平。收集汇总攸县人大常委会设立四十多年来的重要文献、重大决议决定，编纂了《不辱使命》精选文集。复办《攸县人大》内刊，累计向中央省市各级媒体投稿129篇，《弘扬伟大红船精神，为推进“一中心四样板”贡献人大力量》《民生实事项目合民意暖民心》《评议动真格监督有实效》等多篇稿件在人民日报、人民网、新华网、人民之友刊发，话剧《托管》荣获株洲市纪念地方人大设立常委会40周年文艺汇演舞台一等奖，县人大对外宣传工作得到了省、市人大高度认可。

——全面夯实基层基础。制定人大工作评价办法，对乡镇人大代表工作、中心工作、自身建设等方面开展集中评价，指导和促进乡镇人大依法履职。持续推行常委会领导分片联系指导乡镇人大工作，开展有针对性的交流指导，促进了县乡人大工作的紧密联系和良性互动。推进“两室”建设，定期召开乡镇街道人大工作例会，组织乡镇人大干部到外地人大交流联系，配备乡镇人大副主席，涌现了创先争优先进集体网岭、丫江桥、宁家坪、桃水、石羊塘、鸾山、莲塘坳、酒埠江

等乡镇人大主席团，乡镇人大工作整体水平得到有效提升。同时，有一批从事人大工作的干部得到县委重用提拔。五年来，选拔优秀年轻干部55人，充实到乡镇人大主席团，提拔到副科级岗位的有28人；副科级提拔到正科级在人大岗位的有23人；正科级岗位调整到重要岗位锻炼的有12人。

各位代表！经过五年来的实践和探索，我们对坚持和完善人民代表大会制度，对推进社会主义民主法治建设，对做好新形势下的人大工作，有了更加深刻的体会。我们深深体会到：坚持党的领导是做好人大工作的根本保证。只有坚持党的全面领导，准确把握人大正确政治方向，积极争取党委支持，人大工作才能有力有序有效推进。坚持服务大局是做好人大工作的基本原则。只有把人大工作放在党和国家工作大局、全县中心任务中去思考、谋划和推进，才能不断拓展人大履职的作为空间。坚持人民立场是做好人大工作的本质要求。只有扎根人民，倾听民声、体察民情、汇聚民智、排解民忧，推进全过程人民民主建设，人大工作才能真正赢得人民群众的信任与支持。坚持法治思维是做好人大工作的重要理念。只有践行习近平法治思想，坚持集体行使职权，严格依法按程序办事，才能更好发挥人大在推进经济社会发展和民主法治建设中的职能作用。坚持依靠代表是做好人大工作的前提基础。只有尊重代表主体地位，充分发挥代表联系群众广泛的特点和自身专业行业优势，扩大代表对常委会工作的参与，人大工作才更有活力、更有动力、更有潜力。坚持开拓创新是做好人大工作的强劲动能。只有坚持与时俱进、创新发展，推进人大工作方法、途径、机制适应新时代、新任务、新要求，才能永葆人大工作发展进步的生机与活力。

今后五年工作建议

县第十三次党代会科学描绘了未来五年的发展蓝图，确定了“一二三四”发展思路，提出了办好十件标志性大事。新的形势和任务对人大工作提出了新的更高要求。建议新一届人大常委会今后五年工作的总体要求是：高举中国特色社会主义伟大旗帜，坚持以习近平新时代中国特色社会主义思想统揽人大工作，认真贯彻习近平总书记关于坚持和完善人民代表大会制度的重要思想和习近平总书记在中央人大工作会议上的重要讲话精神，坚持党的领导、人民当家作主、依法治国有机统一，践行全过程人民民主，在县委的坚强领导下，围绕市、县第十三次党代会确定的目标任务，真抓实干、忠实履职，奋进有为、砥砺前行，推动各项工作走在前、作表率，在加快建设社会主义现代化新攸县中展示人大作为、作出人大贡献。未来五年，重点抓好以下六个方面工作：

（一）立足新阶段，锲而不舍加强政治建设

旗帜鲜明、坚定不移贯彻落实坚持党的领导这一最高政治原则，确保人大各项工作都在党的领导下进行，不断厚植人大机关政治底色。最近，党中央召开人大工作会议，这在中国共产党历史上、人大工作历史上还是首次，习近平总书记在会上的重要讲话，丰富和拓展了中国特色社会主义民主政治和人民代表大会制度的政治内涵、理论内涵、实践内涵，是一篇充满马克思主义真理力量的纲领性文献。深入学习贯彻习近平总书记在中央人大工作会议上提出的“制度稳则国家稳、制度强则国家强”、“六个必须坚持”、“八个能否”、“四个要看、四个更要看”等一系列新理念、新思想、新要求，不断提高政治判断力、政治领悟力、政治执行力。充分发挥人大常委会党组把方向、管大局、保落实的领导作用，严格执行请示报告制度，依法做好重大事项决定、监督等工作，确保党中央决策部署及省委、市委、县委工作要求在人大工作中全面贯彻和有效执行。

（二）启航新征程，驰而不息助力发展大局

始终围绕党和国家工作大局开展人大工作，切实做到党和国家工作重心在哪里，人大工作就跟进到哪里，力量就汇聚到哪里，作用就发挥到哪里。深刻把握三个“新发展”的内涵特征、实践要求、主攻方向，紧扣人大法定职责，围绕市、县第十三次党代会工作总体部署，聚焦“十四五”规划和二〇三五年远景目标纲要，综合运用听取报告、调研视察、执法检查、专题询问等刚性手段，推动全县中心工作加快落实。针对“一府一委两院”提请审议的重大事项，依法适时作出决议、决定。坚持党管干部原则，认真做好选举任免工作，确保党组织推荐的人选通过法定程序成为国家机关的工作人员。

（三）回应新期盼，不断推进全过程人民民主

坚持人民主体地位，支持和保证人民通过人民代表大会行使国家权力，从各层次各领域扩大人民有序政治参与，努力使每一个决定决议都体现和维护人民利益、反映人民愿望、增进人民福祉。完善人大的民主民意表达平台和载体，健全吸纳民意、汇集民智的工作机制，充分保证人民的知情权、参与权、表达权、监督权落实到人大工作各方面各环节全过程。切实做好人大代表工作，丰富人大代表联系人民群众的内容和形式，组织各级人大代表开展“联系群众办实事”活动，使发挥人大代表作用成为人民当家作主的重要体现。高质量推进民生实事项目人大代表票决制，进一步健全工作机制，实现政府决策由“为民作主”向“由民作主”转变。

（四）适应新常态，持之以恒提升履职能力

加强代表履职管理，开展代表履职培训，探索建立代表履职报告、代表履职登记等制度机制，健全代表履职保障制度，完善代表活动经费使用管理办法，切实增强代表意识、履职责任和履职能力。完善代表议案建议办理领办督办机制，建立考核评价激励机制，强化考核评价结果运用，提高办理解决率和满意度。进一步健全“双联”工作机制，推行常委会领导分片联系、办委对口联系乡镇人大、乡镇人大“点对点”直接联系代表工作制度。持续提质升级“两室”建设，探索建立乡镇人大工作考核体系，对乡镇人大工作进行量化设置、目标管理，促进乡镇人大工作水平整体提升。

（五）把握新要求，尽心竭力做实人大监督

准确把握新时代人大工作的新规律、新特点，实行正确监督、有效监督、依法监督。积极深化和拓展监督内容，突出问题导向，督促“一府一委两院”依法行政、依法监察、公正司法。深化预算审查监督重点向支出预算和政策拓展改革，推进预算联网监督系统升级，加强对政府预算的全口径审查、全过程监管。完善国有资产管理报告制度，加强政府性债务审查监督。探索推行审议意见卡和审议意见清单制度，加强审议意见落实情况跟踪监督。依据宪法法律规定，积极稳妥、依法有序推进对监察委员会的监督。加大人大司法监督工作，创新监督方式，推进法官和检察官履职评议，促进司法公正。聚焦贯彻新发展理念、推进高质量发展上存在的矛盾问题以及安全生产、乡村振兴、民生保障等领域突出问题，有针对性开展监督。

（六）展现新形象，大力争创一流人大机关

按照“四个机关”的定位和要求，全面加强人大机关自身建设。坚持以政治建设为统领，持续巩固和用好“不忘初心、牢记使命”主题教育和党史学习教育成果，落实全面从严治党要求，切实加强思想、组织、作风、纪律建设，从严从实推进党风廉政建设；不断健全人大组织制度和工作制度，优化人大机关运行机制，推进“智慧人大”建设，加强专门委员会建设，提高人大工作质效水平；聚焦主责主业，在高质效高标准履职中形成一批工作亮点，努力打造让党放心、人民群众满意的政治机关、权力机关、工作机关、代表机关。

名词解析

1.“一二三四”发展思路：紧扣“一个定位”，即“一中心四样板”；锁定“两大目标”；推进“三大会战”，即推进园区创业、乡村振兴、财源建设三大会战；壮大“四大产业”，即壮大高分子新材料、绿色建材、全域旅游、特色农业四大产业。

2.“一中心四样板”：即湘赣边南部中心城市、湘赣边资源型城市转型发展样板区、湘赣边新型城镇化样板区、湘赣边乡村振兴样板区、湘赣边教育医疗事业发展样板区。

3. 十件标志性大事：一是修通三桥四桥和G106绕城线；二是推动吉郡高速、衡吉高铁进入国省规划；三是启动醴茶铁路电气化改造；四是建成东城学校；五是推动职业中专开办2个大专专业并争取升级为大专院校；六是建成中心医院；七是解决农村安全饮水问题，完成阳升观水库及供水管网建设，加快实现城乡供水一体化；八是建成县城燃气分输站，启动长输燃气二期建设，加快实现城乡供气一体化；九是引进1家五星级酒店；十是培育2—3家上市企业。

4. 中央人大工作会议：2021年10月13日至14日在北京召开。中共中央总书记、国家主席、中央军委主席习近平出席会议并发表重要讲话，强调人民代表大会制度是符合我国国情和实际、体现社会主义国家性质、保证人民当家作主、保障实现中华民族伟大复兴的好制度，是我们党领导人民在人类政治制度史上的伟大创造，是在我国政治发展史乃至世界政治发展史上具有重大意义的全新政治制度。

5. 全过程人民民主：即实现过程民主和成果民主、程序民主和实质民主、直接民主和间接民主、人民民主和国家意志相统一，是全链条、全方位、全覆盖的民主，是最广泛、最真实、最管用的社会主义民主。

6. 六个必须坚持：必须坚持中国共产党领导、必须坚持用制度体系保障人民当家作主、必须坚持全面依法治国、必须坚持民主集中制、必须坚持中国特色社会主义政治发展道路、必须坚持推进国家治理体系和治理能力现代化。

7. 八个能否：评价一个国家政治制度是不是民主的、有效的，主要看国家领导层能否依法有序更替，全体人民能否依法管理国家事务和社会事务、管理经济和文化事业，人民群众能否畅通表达利益要求，社会各方面能否有效参与国家政治生活，国家决策能否实现科学化、民主化，各方面人才能否通过公平竞争进入国家领导和管理体系，执政党能否依照宪法法律规定实现对国家事务的领导，权力运用能否得到有效制约和监督。

8. 四个要看、四个更要看：要看人民有没有投票权，更要看人民有没有广泛参与权；要看人民在选举过程中得到了什么口头许诺，更要看选举后这些承诺实现了多少；要看制度和法律规定了什么样的政治程序和政治规则，更要看这些制度和法律是不是真正得到了执行；要看权力运行规则和程序是否民主，更要看权力是否真正受到人民监督和制约。

9. 四个机关：政治机关、国家权力机关、工作机关、代表机关。

10. “1+3”：1件民生实事人大代表票决制项目，由常委会领导牵头、对口专委会负责、代表参与。

11. 书香伴我行：县人大常委会在全县人大系统组织开展党史、法律法规、业务知识等学习活动。

12. “两室”：乡镇人大工作室、人大代表联系人民群众工作室。

13. “智慧人大”建设：建设为人大机关办公、会务管理、代表履职等方面提供可操作性的智能化系统。

攸县第十八届人大一次会议资料

政府工作报告（节录）

——2021年11月9日在攸县第十八届人民代表大会第一次会议上的报告

武掷强

一、砥砺奋进，过去五年成绩来之不易

县第十七届人大一次会议以来，我们坚持以习近平新时代中国特色社会主义思想为指引，在县委的正确领导下，在县人大、县政协的监督支持下，团结带领全县干部群众，深入贯彻新发展理念，扎实做好“六稳”“六保”工作，较好完成了各项目标任务，为打造“一中心四样板”打下坚实基础。

五年群策群力，经济发展稳中有进。全县地区生产总值年均增长6.8%，经济总量继续位列全省十强、稳居中部百强。财政收入平稳增长，质量趋好，税收占比由40.1%提高到63.9%。产业转型步伐加快，规模工业增加值年均增长6.7%，新增规模以上工业企业156家，有效高新技术企业达27家；攸州工业园晋升省级高新区，顺利通过全省首批化工园区认定，发展高分子新材料企业21家，园区税收达2.7亿元；培育农业产业化龙

头企业53家，创建示范专业合作社62家，建成高标准农田21.4万亩，农业总产值达116亿元，获评全省粮食生产标兵县、全省休闲农业与乡村旅游示范县；社会消费品零售总额年均增长8.2%，新增各类市场主体2.6万余户，总量突破4万户，商品房销售面积增长150%；酒埠江生态新镇项目推进有力，酒仙湖景区成功创建省级旅游度假区。发展质量进一步提升，三次产业结构比由14.1:51.4:34.5调优为17.3:34.5:48.2。签约引进昊华化工等项目169个，固定资产投资年均增长9%，产业项目建设、招商引资、温暖企业、征拆征收等工作连续多年获评全市先进。

五年尽心尽力，三大攻坚成效显著。脱贫攻坚取得历史性成就，产业扶贫、教育扶贫、扶贫车间和危房改造等工作经验获省市推介，完成易地扶贫搬迁561户2018人，全县31939名建档立卡贫困人口全部脱贫，15个省级贫困村全部摘帽，提前三年实现整体脱贫、同步全面小康。政府债务风险逐步降低，争取中央政府置换债券39.79亿元、政府中长期债券10.87亿元，隐性债务还本付息70.41亿元，成功退出一类债务风险预警地区。污染防治攻坚战纵深推进，完成中央、省生态环保督察交办问题整改。整治“散乱污”企业36家，空气污染综合指数实现“五连降”，空气优良率提高9.5个百分点，优良天数达到353天；实行洣水流域“十年禁捕”，核发排污许可证483家，治理黑臭水体5处，建成乡镇污水处理厂12座，实现“全域Ⅱ类水”；修复治理重金属污染耕地53.71万亩次，完成种植结构调整15.58万亩，矿区生态修复模式入选全省示范案例。

五年用功用力，城乡品质持续提升。改造棚户区和老旧小区58个，实施特色小城镇项目54个。累计批回土地7204亩，完成国有土地房屋征收13万平方米、集体土地房屋征拆32万平方米，拆除违法建筑108万平方米。中心医院等项目有序推进，建设北路开工建设，体育路建成通车。长输燃气管线基本拉通，新改建城市供水管网150千米，县自来水二厂恢复运营，完成城区高低排渠改造。提质改造农村公路2000千米，建设公路安全生命防护工程968千米，醴茶铁路恢复客运，网酒公路完成改造，获评全省城乡客运一体化示范县。治理河道230千米，新建防洪堤15.2千米，除险加固小型水库140座，改造灌溉干渠70余千米。新增及改造35千伏以上变电站6座，建成5G塔基382个。乡村面貌大为改观，新改建农村卫生厕所16250户，改造农贸市场17家、农村危房3287户。创建省市美丽乡村23个、同心美丽乡村11个，罗家坪村获评全国文明村镇，酒仙湖村入选全国乡村旅游重点村，皇图岭镇入选全国特色小镇和国家级农业产业强镇。攸县荣获全国第一批农村生活垃圾分类和资源化利用示范县、全国平安农机示范县、全国农作物病虫害绿色防控示范县和统防统治百强县、全省实施乡村振兴战略先进县等称号。

五年聚焦聚力，改革开放不断深化。“放管服”改革深入推进，296个事项实现“一件事一次办”，“一门式”基层公共服务实现全覆盖，政务服务审批环节精简70%、资料精减43%、时间压缩58%。实施市场准入负面清单制度，推行“证照分离”，实现“多证合一”。农村集体产权制度改革走在全省前列，“三资”信息平台建成运行。建成供销惠民综合服务中心201个，获评全省深化供销综合改革重点示范县。第三次国土调查、第七次全国人口普查和土地确权登记颁证工作获评全省优秀。全面完成新一轮政府机构改革，统筹推进园区、行政执法、财税、教育、医药卫生、市场监管等各项改革。对外开放力度加大，外贸进出口总额增长近20倍，实际利用外资年均增长13.5%。

五年倾情倾力，民生民利有效保障。累计办理人大议案决定3件，办结人大代表建议777件、政协委员提案575件，办结率100%；新增巩固提升农村供水人口25万余人，完成人工造林20.2万亩、义务植树1197万株。城镇和农村居民人均可支配收入分别达到43762元、30277元。城镇新增就业2.38万人，农村劳动力转移就业1.7万人。新改建中小学校和幼儿园44所，完成县职业中专扩建，建成网岭芙蓉学校，义务教育大班额全面清零，连续五年获评全市高中教育质量建设先进县。提质改造乡镇卫生院25家，建成标准化村卫生室240家，县人民医院、中医院先后晋升为三级综合医院、三级中医医院。“五大保险”扩面提标，养老保险增加1.23万人，农村和城镇低保分别提高至360元、500元每人每月。发展养老机构23家，拥有养老床位6000余张，获评全省“五化”民政进步县。建成“门前三小”676个，入选全国农村公共服务典型案例，新时代文明实践中心建设成为全国试点。安全生产形势总体平稳，信访秩序逐步规范，解决了一批房地产遗留问题。深入开展扫黑除恶专项斗争和禁毒人民战争，县公安局获评全省先进单位。

与此同时，武装、民兵预备役、人防、消防、退役军人事务、融媒体、机关事务、工会、共青团、妇女儿童、老龄、科协、残联、红十字、文联、水文、气象等各项工作都实现新的发展。

各位代表！奋斗充满艰辛，经历确实难忘。回顾五年奋斗历程，我们切实顶住了经济下行的压力，妥善处理了损失重大的“5·7”事故，艰难战胜了极其罕见的洪涝灾害，有效阻击了史无前例的新冠肺炎疫情，圆满实现了全部脱贫和全面小康，成功创建了国家园林县城并入选全国县城新型城镇化建设示范名单，养老服务、粮食安全、城乡建设、“门前三小”成功拿到省政府真抓实干奖励。特别是在今年疫情防控阻击战当中，党员干部全员上阵、白衣战士逆行守护、广大市民顾全大局、八方来援共克时艰，共同在大战大考中展现了责任担当，在艰苦战斗中构筑了坚固防线，在风雨同舟中凝聚了攸县力量，迅速打赢了这场歼灭战，成功实现了零外溢、零扩散、零院感的目标，得到省市领导和社会各界高度肯定。这些成绩的取得，是县委坚强领导、科学决策的结果，是县人大、县政协有效监督、鼎力支持的结果，是全县广大干部群众团结一致、接续奋斗的结果。在此，我代表县人民政府，向全县广大干部群众，向人大代表、政协委员，向各民主党派、工商联、无党派人士和人民团体，向驻攸部队和武警官兵以及省市驻攸单位，向离退休老同志，向所有关心支持攸县发展的各界朋友，表示最衷心的感谢和最崇高的敬意！

各位代表！经验弥足珍贵，启示尤为深刻。回顾五年发展历程，我们深刻体会到：*越是形势复杂、环境多变，越要加强党的领导。*党的领导是我们最大保障、最大优势、最大底气。只要我们始终坚持以习近平新时代中国特色社会主义思想为指导，增强“四个意识”、坚定“四个自信”、做到“两个维护”，就能战胜一切困难，在危机中抢先机，于变局中开新局，乱云飞渡仍从容。*越是任务艰巨、压力当头，越要担当实干。*担当实干是最可贵的品质、最务实的奋斗姿态。正是因为我们有一大批担当实干、接续奋斗、无私奉献的党员干部，攸县才能完成艰巨繁重的改革发展任务，加快构建新的发展格局。*越是风险叠加、矛盾交织，越要以人民为中心。*江山就是人民，人民就是江山。只要我们始终坚持以人民为中心的发展理念，一切相信群众，一切依靠群众，一切为了群众，就没有克不了的难、迈不过的坎、办不成的事，就一定能汇聚起振兴攸县的磅礴力量。*越是关键时期、转型阶段，越要廉洁自律。*谭润洪、苏涛等案件教训深刻、影响极坏。案例警醒我们，要想管好手必须守住心，要想干成事必须自身硬，我们任何时候都不能心存侥幸、恣意妄为，时刻都要维护好风清气正的政治生态。

各位代表！兴不能忘忧，安不能忘危。回顾五年艰难历程，我们清醒认识到，全县经济社会发展还存在不少困难和问题。*一是*发展质量效益有待提高，现代产业体系还不完善，经济体量不大，项目支撑带动不强，税收占比相对较低，产业转型升级任重道远。*二是*城乡基础仍有不少短板，发展不平衡不充分的问题仍然存在，东西向对外通道瓶颈有待突破，公共服务供给与群众美好生活需求还有一定差距。*三是*风险隐患不容忽视，财政实力不强，债务还本付息压力较大，环境保护、安全生产、防灾防疫还存在薄弱环节。*四是*政府治理效能还需增强，少数干部担当意识不强、工作作风不实，应对新挑战、化解新矛盾、解决新问题的能力和水平有待进一步提升。对此，我们一定坚持问题导向，采取更加有力举措认真加以解决，以新的发展成效回应全县人民的期盼和重托。

二、担当实干，未来五年打造全新攸县

今后五年，是开启全面建设社会主义现代化国家新征程、向第二个百年奋斗目标进军的第一个五年，也是全县着力打造“一中心四样板”，加

快建设社会主义现代化新攸县的关键五年。县第十三次党代会，擘画了发展的宏伟蓝图，鼓舞人心、催人奋进。做好未来五年政府工作，最根本的是坚持以习近平新时代中国特色社会主义思想为指导，确保党中央、省市和县委的决策部署第一时间执行、高质高效推进、不折不扣落地；最关键的是立足新发展阶段，完整准确全面贯彻新发展理念，在实施“三高四新”战略及湘赣边区域合作示范区和长株潭一体化建设上提升能级，努力为攸县赢得战略主动、抢占发展先机、提升核心竞争力；最紧要的是坚决贯彻落实市县党代会精神，加强全局性谋划、战略性布局、整体性推进，全力以赴把党代会既定的“规划图”“路线图”变成“施工图”“实景图”。新一届政府将更加主动地扛起政治担当、发展担当，以奔跑者的状态精进笃行，以奋斗者的姿态革新图强，主动应变求变、攻克难点堵点、强化创新创造，在建设社会主义现代化新攸县的征程上奋勇向前。

未来五年，全县经济社会发展的总体要求是：**高举中国特色社会主义伟大旗帜，深入贯彻党的十九大和十九届二中、三中、四中、五中全会精神，坚持以马克思列宁主义、毛泽东思想、邓小平理论、“三个代表”重要思想、科学发展观、习近平新时代中国特色社会主义思想为指导，全面贯彻党的基本理论、基本路线、基本方略，深入落实习近平总书记对湖南工作系列重要讲话指示精神，统筹推进“五位一体”总体布局，协调推进“四个全面”战略布局，立足新发展阶段，贯彻新发展理念，构建新发展格局，统筹发展和安全，推进县域治理体系和治理能力现代化，以推动高质量发展为主题，以深化供给侧结构性改革为主线，以改革创新为根本动力，以满足人民日益增长的美好生活需要为根本目的，大力实施“三高四新”战略，做好“聚焦、裂变、创新、升级、品牌”文章，紧紧围绕“一二三四”发展思路，坚持“产业富县、科教兴县、交通强县、生态立县”，加快建设社会主义现代化新攸县。**

未来五年，全县经济社会发展主要奋斗目标是：地区生产总值年均增长 8% 以上，规模工业增加值年均增长 8% 以上，社会消费品零售总额年均增长 10% 以上，地方一般公共预算收入年均增长 7% 以上，固定资产投资总额年均增长 10% 以上，城乡居民收入年均增长 8% 以上，现代产业体系、创新创业体系、生态环境体系、社会民生保障体系和制度支撑体系进一步完善，努力让经济发展更高质量、城乡面貌更高颜值、生态环保更高水平、社会治理更高效能、人民生活更高品质。

对标县第十三次党代会确定的“一二三四”发展思路，即紧扣“一个定位”，锁定“两大目标”，推进“三大会战”，壮大“四大产业”，办好十件标志性大事，我们将着力开展五大行动。

（一）着力开展产业升级行动，壮大县域经济。坚持把发展经济的着力点放在实体经济上，大力开展园区创业大会战和财源建设大会战，坚定不移大抓项目、大兴产业，打造湘赣边资源型城市转型发展样板区。

培育先进制造业集群。开展园区创业大会战，扎实推进“五好”园区创建，重点实施“十百千”工程，高新区税收达到十亿元以上，打造百亿产业集群，形成千亿产业规模，力争综合实力进入全省 20 强。做大做强高分子新材料产业，重点支持高分子膜、高分子胶粘等企业发展；加快完成澳维二期、2500 吨高分子胶粘新材料等项目建设，努力引进科技型企业 50 家以上，实现主营业务收入 100 亿元以上，着力将高分子新材料产业培育成为县域支柱性产业，力争打造成为全省乃至中部地区最大的高分子新材料产业基地。发展壮大绿色建材产业，重点推动华润水泥等一批重大项目签约落地，完成旭日陶瓷二期等项目建设，加快建成绿色建材产业园；大力培育 2 家以上产值超 10 亿元的企业，全产业链规模企业突破 100 家，主营业务收入迈上百亿台阶。升级发展特色制造业，围绕全市打造制造名城，推动“两上三化”，促进精细化工、煤电能源、电子信息、生物医药等产业健康高质发展，确保全县规模以上工业企业达到 500 家以上，培育 2—3 家上市企业。实施赋权强园，深化“园区事园区办”改革，推动园区管理由行政机构向“泛投资机构”转变，由建设园区向经营园区转变，由项目集聚向产业集群转变。探索建立园区亩均效益评价体系，清理盘活低效用地，加强僵尸企业清理，强化项目履约监管。统筹园区生产、生活、生态空间，抓好标准化厂房、返乡创业园、安置区等项目建设，完善水电路气热等基础设施，做好调区扩区工作，提升承接产业转移能力。

打造现代服务业高地。顺应大众旅游多元需求，增强产品供给，把全域旅游培育成投资的重点、消费的热点、增长的亮点，力争创建成为国家级旅游度假区和省级全域旅游示范区，确保旅游购票人数达到200万以上、门票收入达到1亿元以上。启动5A级景区创建，重点完善酒仙湖景区配套设施，全面完成酒埠江生态新镇建设，推进宝宁景区、八福垅森林康养基地和沙滩水岸运动中心等项目建设，做好官田邑商贸城招商运营。突出抓好湘赣革命根据地红色旅游开发，统筹北伐首战场纪念馆、谭震林生平业绩陈列室、蔡会文蔡兰阶烈士事迹陈列馆、东冲兵工厂、南岸列宁室、酒埠江大坝片区等红色资源，打造2—3条集红色、绿色、古色于一体的精品旅游线路。引进1家五星级酒店，引导提升民宿产业发展，推进研学旅行。做活现代商贸，加强专业市场培育，繁荣商贸综合体，加快县镇村商贸流通体系建设，建成冷链仓储物流中心。实施“数字兴商”工程，培育一批智慧商店，推动消费升级，完善便民消费网络，激发消费潜力。推进电子商务赋能消费，争创国家级电子商务进农村综合示范县。

提升产业链供给质量。开展财源建设大会战，壮大存量财源，培植增量财源，深挖潜力财源，抓好税收征管和财政收入组织工作，地方收入税收占比达到70%以上。以产业项目建设为重点，加强项目包装策划和申报，推行项目滚动储备机制，加快项目履约落地、开工建设、竣工投产。开展专业化、精准化招商，确保招引产业链条项目200个以上。做好土地储备和出让工作，用好用活占补平衡等政策，提高土地利用综合效益。完成砂石土矿矿权设置出让，稳妥推进煤矿分类处置，提升煤炭产业安全发展水平。围绕全市建设国家创新型城市，推进创新链、产业链、人才链、资金链深度融合，引导中小企业走“专精特新”发展道路，确保高新技术企业达到70家以上，“小巨人”企业达到20家以上。加强创新平台建设，力争打造高分子新材料省级工程技术研究中心。培育“外贸孵化器”，新增进出口实绩企业20家。深入开展智慧绿色能源互联网三年行动计划，提升电力保障质量。主动融入湘赣边区域合作和长株潭一体化建设，围绕“四组团”空间布局，抓好醴茶铁路电气化改造、长株攸高速和通航机场等项目，推动吉邵高速、衡吉高铁进入国省规划，完成老漕至莲花、莲塘坳至路岭坳、攸杨公路等边界路和茶常高速攸县段建设，打通对外开放合作大通道。

激发市场主体新活力。聚焦市场主体和群众关切，深化“放管服”改革，落实商事制度、工程建设项目审批等改革事项，让更多的审批事项实现“一件事一次办”。提升“互联网+政务服务”平台服务能力，构建县镇村一体、线上线下融合的服务体系，实现更多事项“跨省通办”。有序推进“证照分离”改革全覆盖，积极开展“一业一证”改革试点。持续优化营商环境，实施稳企安商工程，推动联企办点制度化，健全“发现问题—解决问题”闭环机制。建立企业评议政府部门制度，全面落实减税降费等各项惠企政策“免申即享”，坚决做到涉企问题“接诉即办”。加强便利化服务、法治化护航、市场化配置，严厉打击强买强卖、强揽工程、强行阻工等行为，全力破解企业发展中的堵点痛点问题。建立健全政商交往负面清单，做到亲而有度、清而有为，推动形成亲清政商关系。完成国有投融资公司整合改革，健全完善产权清晰、定位明确、管理科学的现代企业制度，打造成为城市综合运营商、产业投资运营商。

各位代表，产业兴则经济兴，产业强则经济强。五年之后，全县地区生产总值要突破600亿大关，财政收入要达到30亿以上，向全国百强县发起强有力冲刺！

*（二）着力开展乡村建设行动，推动乡村振兴。*坚持农业农村优先发展，紧紧围绕“五大振兴”和“五好”创建，以乡村建设行动为抓手，大力开展乡村振兴大会战，加快实现由农业大县向农业强县跨越，打造湘赣边乡村振兴样板区。

促进农业高质高效。落实国家粮食安全战略，坚决遏制耕地“非农化”、防止“非粮化”，巩固发展杂交水稻制种面积5万亩。加强粮食收储，保护农民种粮积极性。大力发展特色农业，推进

“一村一品、一镇一特”农业品牌建设；做强攸县油茶、攸县香干品牌，发展优质油茶林50万亩，确保攸县香干获批国家地理标志产品。积极推进农产品精深加工，建成香干产业园，打造1家国家级现代农业产业园，培育1家国家级农业龙头企业，发展现代农业特色园25个以上，确保主营业务收入达到100亿元以上。全面加强农产品质量安全监管，新增“两品一标”农产品45个，“身份证”赋码销售产品100个以上，农产品优质率达到90%以上，争取更多的产品进入“湘赣红”区域公用品牌。推进粮经饲统筹、农林牧渔协调，优化种养结构，增强科技支撑，强化重要农产品稳产保供，打造湘赣边现代农业示范区、主要农产品安全供应基地。

建设宜居宜业乡村。改造提升农田基础设施，除险加固山塘水库3000座，完成大中型灌区现代化改造，新增高效节水灌溉示范面积4000亩，建设高标准农田25万亩。提升农村饮水安全保障水平，完成阳升观水库及供水管网建设，新增巩固提升农村供水人口35万人以上，加快实现城乡供水一体化。改建农村道路800千米以上，建设公路安全生命防护工程300千米，建成6个客运站，巩固城乡客运一体化创建成果。实施农村电网升级改造，新建500千伏变电站1座、220千伏变电站1座、110千伏变电站3座。深入开展农村人居环境整治提升五年行动，抓好“一拆二改三清四化”和“五治理一革命”工作，坚持改厕与污水处理同步推进，农村生活污水处理率、生活垃圾治理率分别达到90%和100%。持续推进美丽乡村示范创建工作，加强村庄规划管理，规范建房秩序，有序开发中心集镇，确保省市美丽乡村达到50个以上，打造乡村振兴示范村100个以上，实现县域美丽乡村全覆盖。

实现农民富裕富足。巩固拓展脱贫攻坚成果同乡村振兴有效衔接，保持现有帮扶政策总体稳定。健全完善防止返贫动态监测和帮扶机制，加强低收入人口常态化帮扶。培育新型农业经营主体，创建全国五星级农庄1个、省市示范家庭农场45家、示范专业合作社30家。支持组建农业产业化联合体，通过订单农业、入股分红、托管服务等方式，将小农户纳入现代农业产业体系，拓宽农民增收渠道。发展一批“土专家”“田秀才”，培育农村专业人才3000人以上。发展壮大农村集体经济，控减村级负债，统筹资源资产，培育集体经济收入过10万元的村（社区）100个以上，集体经济薄弱村全面清零。

深化农业农村改革。运用集体产权制度改革成果，全面推进农村“三变”改革。深化农村承包地“三权分置”改革，开展镇村两级土地延包改革试点，完善土地经营权流转市场。健全农村产权交易平台，构建县镇村三级联动的农村产权流转交易体系，稳步推进农村集体经营性建设用地直接入市。探索推进农村宅基地改革，完善审批制度，宅基地确权颁证率达到100%。深化供销合作社综合改革，开展生产、供销、信用“三位一体”合作试点，打造服务农民生产生活综合平台。健全农村金融等服务体系，推动农业保险扩面提标。统筹推进农业综合执法、农村综合治理等改革，建立健全农村基础设施长效化管理机制。

各位代表，攸县强农业必须强，攸县美农村必须美，攸县富农民必须富。五年之内，攸县农村定要见到新气象、打造新示范、喜获新丰收！

（三）着力开展城市更新行动，提升城镇品质。坚持湘赣边南部中心城市和株洲市域副中心城市定位，统筹推进以人为核心的新型城镇化建设和城市更新行动，打造湘赣边新型城镇化样板区。

优化空间布局。严格国土空间规划实施监管，科学划定开发边界和保护红线。重点开发东城新区，提质改造老城区，保护开发城南片区，推动工业园区产城相融，进一步拉开“一城四区、两江四岸”城市框架，力争县城常住人口达到35万人，县城建成区面积达到35平方千米，城镇化率达到70%。实施分区管控，按照县城为中心、网岭为次中心、106国道产业集聚带、西北部特色农业区、东部生态旅游区、多个中心特色镇的布局，构建“一主一副一带两区多点”的城镇联动空间格局。严格规划执法，加大对违法建设的打击力度，确保增量为零，存量逐步化解。

完善基础设施。聚焦补短板、强弱项，积极推进新型城镇化建设。建成洣水三桥、四桥及连接线，完成G106县城绕城公路建设，形成县城外环闭环。启动综合交通枢纽工程建设，建成文风路、枫岭大道等一批主次干道，打通建设北路、吉兴西路和二环路，提质改造建设南路、文化路三角洲等路段，畅通城区内循环。建成县城燃气分输站，启动长输燃气二期建设，推进城乡供气一体化。规划改造38个老旧小区，惠及居民8594户，推进有条件的住宅加装电梯。完善城区防水排涝设施，完成城市防洪保护圈建设。开展城区污水管网大排查大整治，逐步实现雨污分流，污水集中收集率再提升5个百分点。做美城市绿化，新建社区公园5个，持续巩固国家园林县城创建成果。

加强精细管理。强化“全周期管理”意识，优化城市管理体系，推进城市高水平治理。加快建设“城市大脑”，一体推动交通、城管、公安、社区等公共领域智慧化应用，积极推进5G网络建设，打造“智慧攸县”。全面推行道路停车智能收费，科学施划人行道停车位，有效解决城区停车难题。完善市政配套设施，合理规范设置“亭、箱、牌、杆、线”等各类公共设施，修复破损人行道。坚持“房住不炒”定位，引导房地产市场平稳健康发展。加强城市社区治理，规范物业管理，建立物业服务“红黑榜”制度，努力构建舒适宜人的高品质生活空间。

建设特色小镇。按照“以产兴镇”建设思路，结合资源禀赋和产业特点，错位发展特色农业、商贸物流、文化旅游、康养休闲等特色小镇，打造一批产业特色鲜明、生态环境优美、宜居宜业宜游的小城镇，力争再创一个国家级特色小镇。积极引入社会资本参与特色小镇基础设施建设和公共服务领域，不断提升特色小镇承载力和吸引力。推进特色小镇多元功能聚合，打造经济高质量发展的新平台、新型城镇化建设的新空间、城乡融合发展的新支点。对接建设醴炎县域经济走廊，支持地域相邻、产业互补、资源共享的乡镇协同发展，共同壮大镇域经济。

各位代表，城市更新行动重在提升品质，完善功能。五年时间，我们定将把攸县的城市品位提升一个档次！

（四）着力开展生态治理行动，守护绿水青山。坚持环境就是民生，青山就是美丽，蓝天也是幸福，坚决不负“守护好一江碧水”的殷殷嘱托，扎实做好碳达峰、碳中和各项工作，坚定不移走生态优先、绿色发展之路。

加大污染防治力度。巩固污染防治攻坚成果，坚持精准治污、科学治污、依法治污，以更高标准打好蓝天、碧水、净土保卫战。全力推进“电力大数据+环境监管”模式，实现智能环境监测系统对排污企业全覆盖。全面落实“五控”措施，抓好挥发性有机物等重点工业污染防治，加强车油路船协同治理，确保空气优良率稳定在93%以上。强化河（湖）长履职，加快完成湘江保护和治理第三个“三年行动计划”，扎实推进中小河流综合治理，将洣水、攸河打造成“水清岸绿河畅景美”的样板河。探索园区环境污染第三方治理试点工作，打造一流安全环保监管平台，实现“一企一管”。巩固黑臭水体整治成果，完成乡镇污水处理厂配套管网建设。持续推进土壤污染治理与修复，加强农业面源污染防治，推进化肥农药减量增效，强化固体废物、危险废物等污染源管控治理，完成707矿退役治理，污染地块安全利用率达到91%以上。

加强生态保护修复。严格落实党政领导干部生态环境损害责任终身追究制度，树立“谁污染、谁治理、谁付费”政策导向，建立健全“污染者付费+第三方治理”等机制。统筹推进山水林田湖草系统治理，着力构建“东屏西丘，两水一湖，多廊多点”的生态保护屏障。强化矿山生态修复，加快绿色矿山建设，抓好采煤沉陷区综合治理。全面推行林长制，建立“一长三员”网格化管护体系，加强国土绿化、天然林保护修复和石漠化综合治理。深入推进自然保护地体系建设，加强森林公园、湿地公园、地质公园、风景名胜等自然保护地管理。实施生物多样性保护工程，落实洣水流域“十年禁捕”，持续开展封山育林20年。

加快绿色低碳发展。实施清洁能源替代工程，抓好新能源汽车推广和充电桩布局建设，培育风电、光伏等新能源产业。加快广寒坪抽水蓄能项目建设进度。围绕壮大绿色建材产业，有效构建绿色制造体系，推进园区循环化改造，积极推广装配式建筑、绿色建筑。持续完善城乡生活垃圾分类处置体系，建成资源化利用厂、有害垃圾临时贮存场所。加强畜禽养殖废弃物无害化处理、资源化利用。强化重点用能单位能耗在线监测，推广先进高效适用节能技术产品。开展节约型机关、绿色学校、绿色社区创建，倡导低碳出行、绿色消费。

各位代表，攸县之美，美在生态，美在山清水秀、天蓝地净，美在人与自然和谐共生。五年奋斗，我们坚决为子孙后代留下宝贵的“金山银山”！

*（五）着力开展民生改善行动，共享幸福生活。*坚持共享发展理念，把人民对美好生活的向往作为政府的奋斗目标，深入解决人民群众的“急难愁盼”问题，让民生福祉既有“温度”又有“质感”，打造湘赣边教育医疗事业发展样板区。

办好人民满意教育。紧扣立德树人根本任务，深入实施教育强县“七大工程”，为县域高质量发展提供人才智力支撑。实施学前普惠教育工程，新建公立幼儿园5所，普惠性幼儿园覆盖率达到85%以上。实施义务教育标准化建设工程，完成春联、永佳等6所小学建设，改造中小学校50所，改善乡村学校办学条件。实施普通高中提升工程，在东城新区建成一所示范性中学，再造一个教育新品牌，基本消除高中阶段大班额。实施产教融合发展工程，推动县职业中专开办2个大专专业并争取成为高职院校试点，支持产教对接，开展订单式技能人才培养。实施“五育”融合发展工程，培养德智体美劳全面发展的社会主义建设者和接班人。实施教师能力提升工程，加强师德师风建设，创新教师补充机制和培养模式，优化职称评价体系，保障教师待遇。实施智慧教育示范工程，加强与名校合作，打造名师课堂，发展线上教育。扎实抓好“双减”工作，规范民办教育发展和校外培训机构管理。

加快建设健康攸县。树立“大卫生、大健康”理念，全面推进健康攸县建设。突出抓好常态化疫情防控，提升重大疫情和突发公共卫生事件流行病学调查、应急处置、物资储备等能力，健全公共卫生应急管理体系。完善医疗卫生资源布局，分片区打造3—5个医疗次中心。改善医疗条件，完成妇幼保健院改造、中医院扩建等项目建设；力争新建4家乡镇卫生院（社区卫生服务中心），提质改造一批乡镇卫生院，推动村卫生室标准化建设全部达标，补齐基层医疗服务短板。完成中心医院建设和县人民医院整体搬迁，新增省市重点学科10个以上，打造湘赣边南部医疗中心。抓好县人民医院“双联双创”工作，加强医共体建设和“互联网+医疗健康”应用，严格落实分级诊疗制度。坚持中西医并重，注重中医药传承创新，培养中医人才，发展中医药事业。深化“三医”联动改革，全面实行药品、医用耗材集中带量采购，加强医保基金监管。

提升公共文化服务。以创建全国文明城市为抓手，大力弘扬社会主义核心价值观，提高社会文明程度。抓好新时代文明实践中心和“门前三小”升级建设，完善文化馆、图书馆、体育场等文体设施，人均拥有文体活动场地面积大于4平方米。巩固拓展以文化广场为中心的文体活动阵地，在东城新区启动全民健身中心建设。丰富公共文化产品和服务供给，办好一系列彰显县域精神风貌的文体活动。开展文艺精品创作，打造特色文化品牌。加强文物保护利用和非物质文化遗产传承发展，力争再添一项国家级非物质文化遗产。推进体育和旅游深度融合，争创全省体育旅游示范县。

健全社会治理体系。以防风险、保稳定、惠民生为重点，加快建设更高水平的平安攸县。强化安全风险防控，贯彻落实新安全生产法，加大矿山、烟花、危险化学品、食品药品、交通运输、教育、消防、建筑等重点领域监管和打非治违力度，完成自然灾害综合风险普查，努力实现“三坚决两确保”目标。建立公共安全应急联动平台，增强突发公共事件应急处置和防灾减灾救灾能力。防范化解债务风险，严控新增债务，有效化解存量债务，切实防范涉众型金融风险。保障社会和谐稳定，全面加强新一轮县域警务工作，常态推进扫黑除恶专项斗争，深入开展禁毒人民战争。完善社会矛盾纠纷多元预防调处化解机制，推进新时代“枫桥经验”本地化。抓好国防教育、国防动员、人防工程建设、双拥共建、退役军人服务等工作，支持驻攸部队发展。坚决兜住民生保障底线，深入实施全民参保计划，推进社保征缴扩面。稳步推进基本医疗保险、失业保险、工伤保险省级统筹工作，落实异地就医结算。健全养老服务“五大体系”，提质改造乡镇敬老院5家以上，推动日间照料中心和长者之家全覆盖。抓好就业创业工作，深入开展援企稳岗、职业培训，提升劳动力就业创业能力。推进殡葬改革，每个乡镇至少建成1座公益性公墓。大力发展社会救助、慈善福彩、未成年保护事业，落实残疾人“两项补贴”，做到精准保障、精准供给、精准帮扶，让攸县到处充满爱。

各位代表，民之所望，政之所向。五年之后，攸县人民生活将更加美好幸福，共同富裕取得明显实质性进展！

三、凝心聚力，建设清正有为政府

坚持用习近平新时代中国特色社会主义思想武装头脑，把政治能力建设摆在首位，将增强“四个意识”、坚定“四个自信”、做到“两个维护”落实到行动上、体现到效果上，把政府工作融入“国之大者”“县之大计”，不断提高把握新发展阶段、贯彻新发展理念、构建新发展格局的能力和水平。

（一）依法行政，打造法治政府。忠诚履行宪法和法律赋予的神圣职责，坚持用法治思维、法治方式推动发展、解决问题。认真贯彻实施“一规划两纲要”，高标准推进“八五”普法，高质量建设法治攸县、法治政府、法治社会，营造良好的法治环境。完善政府权责清单，将政府行为全面纳入法治轨道，做到法定职责必须为、法无授权不可为。坚持科学决策、民主决策、依法决策，规范行政决策程序，健全重大政策事前评估和事后评价制度。全面深化行政复议体制改革，基本形成公正权威、统一高效的行政复议工作体制。依法接受人大及其常委会法律监督，自觉接受政协民主监督，主动接受社会舆论监督。

（二）为民施政，打造服务政府。践行以人民为中心的发展思想，牢记初心使命，坚守人民情怀。把人民利益摆在至高无上的地位，让改革发展成果更多更公平地惠及全县人民，朝着共同富裕不断迈进。紧紧抓住人民群众最关心、最直接、最现实的利益问题，尽力而为、量力而行，一件接着一件办，一年接着一年干。坚决落实并认真抓好民生实事项目人大代表票决制工作，高质量办好人大议案、建议和政协提案。进一步转变政府职能，厘清政府和市场关系，推动有效市场和有为政府更好结合。加强政务公开，落实便民举措，推行首问负责制，全面实现政务服务事项全城通办、就近能办、异地可办，建设人民满意的服务型政府。

（三）实干理政，打造效能政府。以实干显担当，凭实绩论英雄，让干在实处、走在前列成为政府工作的鲜明特征。做到说了就做、定了就干、干就干好，真正把难办的事情办成、把能办的事情办好、把该办的事情办出彩。大兴调查研究之风，践行“一线工作法”，以走访日志的方式对工作情况进行纪实。弘扬“马上就办、真抓实干”的优良传统，谋划拼高度、下手拼速度、推进拼力度，一天当作两天用、两步并作一步走，推动各项任务快推进、快落实、快见效。切实转变工作作风，着力解决“松、散、浮、推、慢”问题，落实“严、细、深、实、快”要求，使少讲空话、狠抓落实形成风气、形成习惯、形成规矩。

（四）立信为政，打造诚信政府。坚持以徙木立信之态取信于民，强化政府示范带动作用。健全政府守信践诺机制，坚决兑现政府作出的承诺，坚决完成既定目标任务，坚决落实惠企惠民政策，做到言必行、行必果，提升政府公信力。加强行政规范性文件的制定和监督管理，落实合法性审查制度，保持政策连续性、工作连贯性，坚持一张蓝图绘到底，绝不朝令夕改、朝三暮四。全面加强社会信用体系建设，建立完善守信激励和失信惩戒制度，促进诚信经营，厚植诚信生态。

（五）从严治政，打造廉洁政府。严格落实政府系统全面从严治党主体责任，健全公共资源交易、政府投资管理、公共基金监管、国有资本运营等制度体系，扎紧制度“笼子”。加强审计监督和统计监督，强化绩效考核。牢固树立过紧日子思想，坚决压减非刚性、非重点、非急需支出。认真贯彻中央八项规定精神，严防“四风”反弹回潮，保持作风建设制度化、常态化、长效化。推进清廉攸县建设，以零容忍态度坚决惩治腐败，营造和维护干部清正、政府清廉、政治清明、社会清朗的政治生态和发展环境。

名词解析：

1.“一中心四样板”：打造湘赣边南部中心城市、湘赣边资源型城市转型发展样板区、湘赣边新型城镇化样板区、湘赣边乡村振兴样板区、湘赣边教育医疗事业发展样板区。

2.“五大保险”：养老保险、医疗保险、失业保险、工伤保险、生育保险。

3.“五化”民政：民政工作“人本化、法治化、标准化、信息化、社会化”。

4.“五好”园区：规划定位好、创新平台好、产业项目好、体制机制好、发展形象好。

5.“两上三化”：重点面向制造业中小企业，推动深度“上云上平台”，加快数字化改造、网络化协同、智能化升级。

6.亩均效益评价体系：通过建立入园企业亩均税收及增速、亩均生产总值及增速等指标评价体系，促进园区提升发展质量和效益。

7.“小巨人”企业：指业绩良好，极具发展潜力和培育价值处于成长初期的小企业，通过培育推动其快速健康成长，最终成为行业中或本区域的小巨人。

8.“四组团”空间布局：湘赣边区域合作示范区建设“一核两区四组团”空间布局，攸县—茶陵—安仁—炎陵—井冈山—永新—莲花组团。

9.“五好”创建：产业发展好、人才队伍好、乡风文明好、生态环境好、组织建设好。

10.“两品一标”农产品：绿色食品、有机农产品和农产品地理标志。

11.“一拆二改三清四化”和“五治理一革命”：拆除空心房，改水改厕，清垃圾、清沟塘、清粪污，硬化、绿化、美化、亮化；治垃圾、治污水、治空心房、治村容村貌、治陋习和厕所革命。

12.“一主一副一带两区多点”：一主，即攸县中心城区；一副，即网岭次中心；一带，即沿106国道产业集聚带；两区，即西北部特色农业区和东部生态旅游区两个功能分区；多点，即皇图岭镇、酒埠江镇、丫江桥镇和渌田镇四个中心镇。

13.“东屏西丘，两水一湖，多廊多点”：“东屏西丘”，即充分利用东部的罗霄山系和西部山丘的生态公益林，筑牢县域生态安全屏障。“两水一湖”，即加强以洣水、攸水、酒仙湖等为主体的河湖水网生态系统保护与修复，提升水环境承载力。“多廊多点”，即县域内多条水系生态廊道和水源保护地、国家级自然公园等重要生态保护点。

14.“一长三员”：林长、护林员、监管员、执法员。

15.“双减”：减轻学生过重作业负担、减轻校外培训负担。

16.“三医”联动改革：医保体制改革、卫生体制改革与药品流通体制改革联动。

17.“一规划两纲要”：《法治中国建设规划（2020—2025年）》《法治政府建设实施纲要（2021—2025年）》《法治社会建设实施纲要（2020—2025年）》。

同心合力　接续奋斗　在助推社会主义现代化新攸县建设中彰显政协担当（节录）

——2021年11月8日在政协攸县第十届委员会第一次会议上的报告

文　毅

一、过去五年，守正创新干出新样子

五年来，政协攸县第九届委员会以习近平新时代中国特色社会主义思想为指导，在省、市政协的有力指导和县委的坚强领导下，立足专门协商机构性质定位，坚持发扬民主和增进团结相互贯通、建言资政和凝聚共识双向发力，紧扣“十三五”时期的目标任务倾心助力，为我县全面建成小康社会、实现高质量发展注入了政协力量，干出了新时代人民政协的新样子。

五年来，我们维护核心，增进团结，凝聚共识突出高站位。坚持党对政协工作的全面领导，致力推进政协政治共同体建设。

强化创新理论武装。建立了制度化、常态化学习机制，开展党组会议集中学习67次、常委会议专题学习24次、界别小组全员学习155次，组织委员赴厦门大学、浙江大学等参加履职综合能力提升研修班106人次，邀请专家学者开设“委员讲堂”21期，参加学习800余人次，重点学习习近平新时代中国特色社会主义思想、党的十九大精神和中央、省、市政协工作会议精神，以及习近平总书记系列讲话指示精神，推动党的创新理论学习覆盖全体政协委员和机关干部，不断增强“四个意识”、坚定“四个自信”、做到“两个维护”。

优化双联党建体系。开展“支部建在界别上、委员聚在党旗下”系列活动，各界别小组成立了临时党支部，建立了党组成员联系党员委员、党员委员联系党外委员的“双联”制度，在参加“双助双行动”“万户帮扶行动”中，开展界别活动202场，捐款赠物累计400多万元，争取项目资金700多万元，资助贫困学生283人，帮助解决贫困人口就业125人，结对帮扶的604户贫困户1689人全部实现脱贫。尤其是在抗击特大洪涝灾害和疫情防控工作中，委员们发挥了模范带动作用，凸显了“双联”模式辐射效应，该做法在全省政协系统党建工作会上得到了推介。

深化主题教育成果。按照“不忘初心、牢记使命”“党史学习教育”等主题教育要求，做到学习教育与履职实践相统一，联系市政协特邀界开展全域旅游调研；联系广东省政协社会法制委、湖南省政协港澳台侨外事委等指导推进党建主题教育，丰富了活动形式，提升了活动效果。结合巡视巡察工作，开展巡察整改“回头看”，全面完成查摆问题的整改落实；结合重点提案督办，开展“我为群众办实事”实践活动，解决了一批群众“急难愁盼”问题。《人民日报》手机客户端、“人民网”“学习强国”对攸县政协增强主题教育实效的经验进行了专题报道。

五年来，我们围绕中心，服务大局，建言资政突出高质量。牢牢把握履职目标、建言方向和资政重点，积极为全县经济高质量发展献计出力。

精心调研建诤言。围绕“三大攻坚战”“一中心四样板”等开展“全域调研”活动，形成了《打造“两江四岸”发展格局》《发展全域旅游打造全景攸县》《加快攸县豆腐（香干）产业品牌化建设》等调研报告122篇，其中在省、市政协征文中获奖36篇，编印调研文集6册。为转化调研成果，每年遴选4至6个议题，组织委员在政协全会上进行大会发言，并采用PPT、视频同步播放，引起了与会人员的强烈共鸣，县委书记、县长现场对大会建言进行了批示和交办，进一步形成了“凝心聚力办大事、整合资源促转型”的广泛共识。

诚心协商献良策。五年来，共召开各类协商会议178次，其中常委会议协商24次，专委会议协商25次，界别协商68次，重点提案办理协商55次。围绕“一府两院”等工作报告和重点协商课题，广开言路，集思广益，开展全委会议协商；紧扣园区创建、城市提质、旅游升温、品牌提升等议题，畅所欲言，献智献策，开展常委会议协商、提案办理协商和界别协商；着眼“精准扶贫、文明城市创建、渌田北伐首战场遗址保护、编制‘十四五’规划”等工作，求同存异，聚同化异，开展专委会议协商，实现了民主氛围和协商效果的有机统一。

倾心参政做实功。主动服务全面小康、脱贫攻坚、乡村振兴等中心工作。全力参与“5·7”事故抢险救助，政协干部临危受命参与善后处置工作，稳定了矿区发展；开展“温暖企业行动”，结对帮扶了奇瑞木业、五凌电力、地博光电等21个重点企业及其项目建设；联同市政协参与全县省级贫困村的产业扶贫、健康扶贫、教育扶贫等攻坚工作，助力15个省级贫困村成功脱贫摘帽；助推品牌提升行动，会同政府及有关部门，在解决品牌效应不佳、龙头企业带动不强、产业链条不优等问题上，提供了有效的政协建议。

五年来，我们关注民生，助推发展，履职为民突出高效率。坚持以人民为中心，主动顺应群众期盼，助力增进民生福祉，切实做到人民政协为人民。

紧贴民生实事办理提案。围绕提升城区畅通水平、生态环境保护、消除城区大班额等重点提案，开展“委员提、部门办、大家评”民主监督电视问“案”专项活动。在电视媒体的直播中，委员们就提案办理现状、落实成效、群众反映等对承办单位进行协商评价，有力提升了提案办理实效。《人民日报》在《集中各方智慧、凝聚社会共识——人民政协新实践》中对攸县政协提案办理新模式予以报道。本届以来，624件提案全部办结，其中有78件提案列入政府民生实事办理落实，满意率为100%，改善了群众生活品质。如历时7年久拖未决的吉兴北路得以硬化通车；园区企业翘首以盼的工业污水处理厂得以竣工运营。

紧跟群众所需提微建议。委员们满怀履职热情，听民声、察民情、解民忧，聚焦城区停车难、看病贵、养老服务少、马路市场多等问题，提交微建议，借助省政协“政协云”智慧系统，联合政府及职能部门建立了网络办复流程，并将微建议纳入“县长热线”办理，帮助群众解决身边的忧心事、烦心事。五年中，委员们共提微建议312条，都得到了及时回应和办理。如城内地下停车场全部得以开放利用、医疗“双十”模式取得“双减双得”成效、康泰健康养老服务中心打造成了医养结合新标杆，“小”建议改善了“大”民生。

紧盯社会热点议政建言。为恢复醴茶铁路客运通行，驻攸市政协委员连续三年撰写提案、参加大会发言，积极鼓与呼，经省市县三级联动，让停开五年的火车恢复运行；为把酒仙湖建成省级旅游度假区，邀请市政协委员专家多次来酒仙湖景区把脉问诊，促进市县合力打造国家5A级旅游景区；为做强攸县豆腐（香干）产业，在市政协全会上进行联组发言，“打造攸县香干现代农业产业集聚区”的建议被写入市政府工作报告。本届中，向市政协递交提案、大会建言39件，其中有3件入选市政协成立40年来有影响力的重要提案。

紧扣同心抗疫凝聚合力。面对新冠肺炎疫情的多轮侵袭，县政协按照县委的统一部署，迅速发动全体委员和政协干部，汇聚各界力量，投身全民抗疫。主席会议成员带领机关干部下沉到所联系镇村、企业，以及集中隔离点、小区值守点、核酸检测点等，开展联防联控，督促复工复产。全体委员带头请战一线，积极参加社区管控、交通管制、防疫宣传、医疗救助、协助全员核酸检测、纾解隔离人员情绪、支援物资保障供应等抗疫行动，委员们累计捐款捐物达280余万元。央视新闻客户端、央视频和人民网等中央级媒体平台对委员参与战疫行动给予了报道。

五年来，我们夯实基础，注重创新，自身建设突出高标准。努力适应新时代政协工作要求，在自身建设上不断突破，推动政协工作提质增效。

委员履职更有活力。引入竞争激励机制，开展调研文章竞赛、大会发言演讲，为委员增强政治把握能力、调查研究能力、联系群众能力、合作共事能力提供有力支撑；不断完善《政协委员履职考评办法》，优化设置考核指标，实行日常动态管理，增强委员履职的主动性和积极性；创造性开展“定好位、履好职、服好务”专项评议活动，通过现场述职、现场测评、现场表彰，激发履职热情，强化责任担当，展现时代风采，使委员履职更加规范、更有质量，省政协《湘声报》评论为“攸县政协委员履职活跃度空前高涨”。

联络联谊更为广泛。落实主席会议成员定期走访委员和委员企业制度，为委员履职创造条件，为企业发展排忧解难，提升委员归属感和凝聚力。加强与各社会团体、工商联、异地商会、无党派和宗教界人士的经常性联系，支持他们在政协全会、调研视察、协商议政、招商引资、公益援助等活动中担重任、唱主角、挑大梁。密切与省市政协的纵向对接和毗邻县市区的横向联系，共接待上级政协和兄弟政协来攸调研考察团96批次，在联谊交往中，大力宣传推介攸县城市建设管理、人居环境整治、社会治理创新等工作经验和文明成果。

文史宣传更具影响。把加强思想政治引领、弘扬社会主义核心价值观贯穿文史宣传工作始终，讲好攸县故事，传承攸县精神。持续开展文史征集工作，编辑出版了《攸县姓氏（上中下）》《政协声音》《攸县经验》《攸县方言》《攸县里社》等文史资料，发挥存史、资政、团结、育人作用，其中《攸县方言》在全省政协文史资料评审活动中荣获“最具文化价值奖”。开展了庆祝人民政协成立70周年系列活动，举办了书画展览、编撰了纪念文集、召开了座谈会议。《人民政协报》刊登了《一路奋进一路歌——纪念攸县政协成立35周年》专版报道。

机关建设更富成效。以贯彻落实《中共株洲市委关于新时代加强和改进人民政协工作的实施意见》为契机，创建“五型”政协机关，全面推进“务实政协、智慧政协、开放政协、和谐政协”建设。以支部“五化”建设为抓手，加强机关党建工作，丰富“主题党日+政协”活动内容，营造创先争优、尚勤赶超干事氛围。以整治“四风”和以“案”促改为重点，从严履行党风廉政建设责任，全面推进“三个规定”专题学习、警示教育、问题查摆、整改落实等工作，创树了清廉政协形象。

回望五年的履职实践，我们深刻认识到，要做好新时代政协工作，必须坚持五项原则：一是党的领导是政协之魂。只有始终坚持中国共产党的领导，坚决贯彻县委的决策部署，确保工作同心同向、同力同行，政协事业才能健康发展。二是服务大局是政协之要。只有找准政协履职与服务大局的结合点，做到县委、县政府中心工作推进到哪里，政协履职就跟进到哪里，方能确保政协工作契合全局、方向不偏。三是协商为民是政协之责。只有把握专门协商机构性质定位，坚持发展全过程人民民主，才能做到以协商有效凝心、以凝心实现聚力、以聚力服务人民。四是履职创新是政协之本。只有在履职中敢于打破固化思维，勇于探索实践，积极推进创新，政协工作才会覆盖面更广，开放度更大，凝聚力更强。五是担当作为是政协之志。只有扛起委员责任，坚持为国履职、为民尽责情怀，才能交出人民群众满意、经得起历史检验的“委员答卷”。

二、未来五年，凝心聚力奋进新征程

县第十三次党代会绘就了攸县未来五年的发展蓝图，目标令人鼓舞，使命催人奋进。今后五年，我们将紧紧围绕县党代会确定的目标任务，忠诚履职，奋力作为。新一届县政协工作的总体要求是：以习近平新时代中国特色社会主义思想为指导，深入贯彻党的十九大和十九届二中、三中、四中、五中全会精神，坚决落实习近平总书记对湖南工作系列重要讲话指示精神，紧扣省市“三高四新”“培育制造名城、建设幸福株洲”战略，在中共攸县县委的坚强领导下，以“一二三四”发展思路为工作主线，以助推“产业富县、科教兴县、交通强县、生态立县”为工作主题，进一步提高政治协商、民主监督、参政议政水平，更好凝聚共识、汇聚力量，为加快建设社会主义现代化新攸县践行初心使命、彰显担当作为。

新一届，我们要注重双向发力，在服务“一二三四”战略中展现大作为。找准政协履职的切入点和发力点，做到凝聚共识更广、建言资政更实。

聚焦“一个定位”建言资政。围绕建设“湘赣边南部中心城市和湘赣边资源型城市转型发展样板区、新型城镇化样板区、乡村振兴样板区、教育医疗事业发展样板区”的重点领域，深入开展专题调研，掌握真实情况，研析瓶颈问题，提出攻坚对策，助力县委、县政府科学决策施策；选择城市更新行动、加快产业转型、推进“三农”工作、教育“七大工程”、医卫体制改革等重要方面，对口进行界别委员议政建言，突出“专”的水准，提高“言”的价值，力促攸县平稳转型、华丽转身。

锚定“两大目标”凝聚共识。紧扣“建市”系统工程，发挥政协统战功能强、专业人士多、联系范围广的优势，引导委员与群众，在硬件、软件两方面的建设中做坚实的参与者、服务者、推动者，用发展成就凝聚人心，用文明成果形成合力；朝着“百强”奋斗目标，发动企业委员、社会各界人士投身项目建设、产业振兴一线奋力实干，组织委员围绕重大建设、重点工程、重要产业实施民主监督，推进部门工作，优化营商环境，并运用政协平台传唱主旋律、传播好声音、传递正能量。

围绕“三大会战”担当实干。动员各界别委员奔赴“园区创业、乡村振兴、财源建设”主战场，全力以赴攻难关、破重围、战高地。鼓励工商界、经济界委员做大做强自身企业，提升税收贡献率，助力“五好园区”创建；引导科技界、社科界委员最大限度提供科学技术支持和法律政策服务，促进产业发展环境优化；激励教育界、医卫界委员力争成为推动城乡教育均衡化发展、提升医疗卫生优质化水平的排头兵；支持农业界、特邀界等委员带头创新创业，带动农民致富，助推美丽乡村全覆盖。

融入“四大产业”履职尽责。瞄准“高分子新材料、绿色建材、全域旅游、特色农业”四大产业，组织委员开展“大走访、大调研、大服务”活动，围绕规划、服务、机制等层面，调研走访企业，为产业转型找短板，寻对策；聚焦融资、建设、安全等环节，深入视察监督，为产业发展搭平台、疏痛点；着眼壮大高分子新材料产业和农业品牌提升战略，围绕政策扶持、基地建设、龙头培育等领域，精准协商议政，为产业升级献良策、破难题。

新一届，我们要坚持团结民主，为建设现代化新攸县汇聚大能量。加强思想政治引领，广泛增进团结共识，找到最大公约数，画好最大同心圆。

增进思想认同，搭建“连心桥”。以办好“十件标志性大事”作为履职中心任务，通过政协制度运行、民主程序和有效工作，在协商议政、考察视察、知情明政、合作共事中架设沟通桥梁、加强思想引领，增进社会各界的理解认同。以打造“实力、美丽、品质、活力、幸福、绿色、和谐”新攸县为工作契合点，发挥政协作为党和政府联系人民群众的桥梁纽带作用，畅通社会组织和公众参与协商、监督、资政的渠道和途径，不断扩大人民群众的知情权、协商权、监督权。

推进联络联谊，拓展“朋友圈”。搭建共事平台，邀请党外知识分子、非公有制经济人士、新的社会阶层代表等参与政协的联合调研、专项视察、重点协商等工作，激发他们参政议政的积极性；探索建立主席会议成员联系驻外委员制度，开展定期走访、定点指导、定向服务，发挥驻外企业委员“群主”作用，以异地商会为纽带聚乡亲、叙乡情、解乡愁，广交朋友，厚结商缘，为争资引项、招商引才提供更多资源、汇聚更大能量，推动“迎老乡、回故乡、建家乡”行动的有效实施。

促进团结合作，集结“同行者”。建立政协新型智库，推荐民主党派委员、无党派人士参加县委、县政府及相关部门的监督、评议活动；委派民主监督员助力城镇建设、生态环保、社会治理等重点工作；组织非党员委员参加各种政情交流会，积极为他们履职创设有利条件；加强与台侨宗教界联合联动，拓展政协对外交流渠道，支持宗教界委员履行职能、发挥作用；密切同社会新阶层人士、少数民族代表的交流交往，引导各界群众积极参与现代化新攸县建设。

新一届，我们要突出主责主业，促进专门协商机构效能大提升。立足“市县政协主要工作是协商、主要工作方式是搭台”的定位，推动协商制度更加成熟、更加定型。

在助推产业发展中丰富协商形式。紧盯高分子新材料产业“511”目标，就“出台专项产业扶持政策、成立专项产业发展基金、打造一流安全环保监管平台”等开展专题议政性常委会议协商，为争创中部地区产业基地聚智聚力；围绕加快绿色建材产业园建设、启动酒仙湖5A景区创建、壮大煤电能源产业、建设“五好”园区、加强项目招商等工程，实施全委会议整体协商、常委会议专题协商、主席会议重点协商、专委会议对口协商、界别会议联合协商，不断释放协商能量，增强履职实效。

在助推乡村振兴中提升协商能力。紧贴农业升级行动，抓住品牌创建的制度体系构建、加快建成香干产业园、力争攸县香干和茶油进入国家公用品牌等环节，会同政府及相关部门，开展协商前的广度调研、协商中的深度建言、协商后的高度转化，做到商以求同、协以成事；抓住农村基础设施建设、人居环境整治提升五年行动、巩固脱贫成果与乡村振兴有效衔接等工作，推行协商式监督，贯彻平等、商量、合作、民主的协商精神，达到增进理解、取得支持、改进工作、解决问题的目的。

在助推民生改善中增强协商成效。把政治协商嵌入民生改善、社会治理的有效机制中，引导委员与群众围绕学有优教、劳有厚得、病有良医、住有宜居、老有颐养、困有众扶等民生实事，搬上基层协商平台，践行有事多商量、遇事多商量、做事多商量，增强协商意识，提升协商效能。结合委员提案、微建议、反映社情民意等方式，通过提案办理协商、重点提案督办、纳入政府民生实事等途径，实行为民建言、为民商事、为民尽责，提高委员为民服务质量。

三、奋进“十四五”，固本培元续写新篇章

站位新阶段、砥砺新征程，县政协在新的赶考路上肩负新的使命。我们必须紧跟时代大势、把准性质定位、注重固本强基，做好人民政协事业发展新答卷。

（一）弘扬建党精神，促进政协党的建设上层次把伟大的建党精神贯穿政协工作全过程，确保正确履职方向。

对党忠诚，开创党建引领履职格局。坚持党对政协工作的绝对领导，构建党组领导、职责清晰、双向融入的党建引领履职格局。发挥政协党组把方向、管大局、保落实作用，严守“三重一大”协商制度，推动政协党的组织和党的工作有效覆盖。建立健全重大工作主动向县委报告、与政府协商，重点履职成果及时反馈到党政的工作机制，坚持县委有部署，政协就坚决落实；政府有要求，政协就全力支持，做到政协履职不缺位。

坚守理想，激发党建融合履职活力。用理想目标引领履职进步，建好政协党建活动室，发挥培训、研究、实践阵地功能，以“十四五”奋斗目标凝聚委员与群众力量；打造“委员讲堂”党建品牌，结合主题教育活动，宣讲党的创新理论和新的惠民政策，凝聚社会共识；开展“双岗双责双作为”活动，增强主体意识，引导委员围绕打造“一中心四样板”，投身经济建设主战场，做到政协履职不错位。

担当使命，探索党建联动履职途径。强化责任担当，推动界别党小组联系界别群众多元化，深入镇（街道）、村（社区），将协商议政的制度优势转化为基层治理效能。完善政协党建组织体系，提升党务工作者专业化水平，教育引导界别委员助力新攸县建设。完善党员委员联系无党派人士、宗教界委员的制度与办法，以党员委员的政治引领，带动全体委员为富民强县厚植根基，做到政协履职不失位。

（二）发挥主体作用，推动委员履职素养上品位新一届委员要在履职历练中，做到“懂政协、会协商、善议政，守纪律、讲规矩、重品行”。

实施全员学习培训。通过委员集中学习培训、政协培训基地学习、高校综合能力研修等形式，采用“请进来”“走出去”的方式，组织委员重点学习习近平总书记关于加强和改进人民政协工作的重要思想，中央、省、市政协工作会议精神及市、县第十三次党代会精神等，深刻领会新时代人民政协的方位使命。强化全体委员在履职岗位上的实践锻炼，练就开口能讲、提笔能写、遇事能干的过硬本领，用履职成效检验学习成果。

开展全员调查研究。在掌握调研的基本功中练好“三力”。一是练出“脚力”。聚焦乡村振兴、产业振兴，带着问题，深入基层，深入群众，用脚步丈量民情民意；二是练强“脑力”，要善于观察、勤于思考，增强调研的针对性、有效性、前瞻性，注重调查的“靶向性”，提高研究的“含金量”。三是练就“笔力”。每位委员要将调研报告和提案当精品打造，建务实之言，献精准之策，彰显委员察实情、说实话、谋实策的责任担当。

推行全员履职评议。继续深化“定好位、履好职、服好务”委员述职评议活动。一要做好参与者，每位委员均以界别小组为单位参加专项评议活动，现场进行述职，接受其他界别委员评议。二要当好评判者，在评议中，对照政协委员管理考评细则，将平常履职和现场述职相结合，对参评委员作出公正、如实评判。三要争当示范者，全体委员要在履职实践中创先争优、干在实处、走在前列，争当履职标杆。

（三）立足界别特色，联系服务界别群众上台阶探索发挥界别作用的新方法和新途径，更好地联系服务所在界别的群众。

规范界别工作。推进“一界一委室、一季一协商、一年一考核”工作机制，突出界别委员专长，开展协商议事、座谈调研、视察监督等履职活动，提出专业性的对策建议。制定《镇（街道）政协工作目标管理办法》，明确镇（街道）党（工）委副书记分管政协职责，规范工作流程，推动协商民主在基层延伸。加强专委会对界别的指导，使其在为民办实事中更加活跃，更为高效，致力把基层群众的利益实现好、维护好、发展好。

丰富界别活动。扩展界别活动的内容和范围，支持委员围绕本界别群众的有关问题提出调查报告、提案、微建议的同时，兼顾界别性与合作性，

在横向和纵向、地区间和界别间的联动中形成具有综合性、预见性的意见，扩大影响力；定期研究界别工作，召开界别工作会议，总结界别履职经验，充分利用参政议政平台，实现界别与政府对口单位的紧密联系和合作，铸牢肝胆相照、荣辱与共的共同体意识。

打造界别特色。按照省市政协要求和县委工作部署，在专委会、镇（街道）和界别有序建立委员工作室，实现“三个全覆盖”；完善委员工作室的建设、运行、管理、考核及组织保障等制度机制，以示范性创建，推动整体建设标准化、规范化；推行“坐诊”听民意、“出诊”察民情、“会诊”解民忧的“三诊”工作法，做好宣传政策、释疑增信、协调关系、化解矛盾等工作，把政协协商延伸到群众中间，打造新时代政协工作品牌。

（四）加强机关建设，确保服务工作质效上水平深入贯彻中央和省委、市委关于新时代加强和改进人民政协工作意见的精神，推进履职能力现代化。

持续发挥“专委专长”。实施“委员履职菜单制度”，专委会列“菜单”、委员选“菜单”，组织开展重点课题调研、协商、监督等履职活动，形成“一委一品”特色，强化专委会基础性作用。深入推进专委会规范化建设，建立政协委员编入专委会管理制度，进一步完善专委会与党政部门的对口联系机制、与界别的联系指导机制、与镇（街道）的工作衔接机制，打造政协创新履职的“动车组”。

持续打造“书香政协”。用活“政协云”读书平台，用好“党建活动室”学习平台，用足“委员讲堂”宣传平台，举办“读书月·分享会”活动，持续加强机关阅览室建设，适时增补各类书籍，在多读书、读好书、善读书的良好氛围中，不断提升政协委员和机关干部的政治理论素质和文化素养。继续做好政协文史征集、整理、编辑、出版工作，挖掘传统文化，赓续历史文脉，记载当下文明，创造自身特色。

持续创建“五型机关”。坚持党建引领“转思想”、搭建平台“转方式”、强化管理“转作风”，用建言打牢“说”的基础，用调研提升“写”的水平，用服务提高“干”的能力，以“三转”促“三能”，打造“五型”政协机关。认真履行全面从严治党、党风廉政建设、意识形态工作主体责任，严格执行中央八项规定，切实推进作风建设常态化、长效化，着力营造风清气正、团结和谐、充满生机活力的机关工作环境。

名词解析

1. 双助双行动：省政协在全省政协系统开展的一项活动，双助即助力脱贫攻坚、全面建成小康社会，助推新发展、建设新湖南；双行动即“三个一”扶贫行动（帮助一名贫困学生完成学业、一个贫困家庭增加收入、一名贫困人员就业）和“三进三助”聚力行动（进企业、园区、乡村，助推企业发展、园区升级、乡村振兴）。

2. 万户帮扶行动：湖南政协人助力巩固脱贫成果万户帮扶行动。

3. “三个规定”：中办、国办、中央政法委、“五部委”先后出台的《领导干部干预司法活动、插手具体案件处理的记录、通报和责任追究规定》《司法机关内部人员过问案件的记录和责任追究规定》《关于进一步规范司法人员与当事人、律师、特殊关系人、中介组织接触交往行为的若干规定》。

4. 双岗双责双作为：本职岗位和委员岗位双重职责两方面的作为。

5. 教育“七大工程”：学前普惠教育工程、乡村教育提升工程、普通高中提升工程、产教融合发展工程、五育融合发展工程、教育能力提升工程、智慧教育示范工程。

6. 十件标志性大事：一是修通三桥四桥和G106绕城线；二是推动吉邵高速、衡吉高铁进入国省规划；三是启动醴茶铁路电气化改造；四是建成东城学校；五是推动职业中专开办2个大专专业并争取升级为大专院校；六是建成中心医院；七是解决农村安全饮水问题，完成阳升观水库及供水管网建设；八是建成县城燃气分输站，启动长输燃气二期建设；九是引进1家五星级酒店；十是培育2—3家上市企业。

7. “五好”园区：规划定位好、创新平台好、产业项目好、体制机制好、发展形象好。

8.“511”目标：以高分子膜、高分子胶粘等为重点，确保引进链上企业50家以上，实现税收10亿元，产业主营业务收入达到100亿元以上。

9.“五型”机关：学习型、研究型、实干型、创新型、和谐型政协机关。

文件选载

中共攸县县委　攸县人民政府关于全力打造“一中心四样板”的实施意见

攸发〔2021〕1号

为深入贯彻落实习近平总书记考察湖南重要讲话精神和党的十九届五中全会、省委、市委、县委全会以及中央、省委、市委、县委经济工作会议精神，加快推动县域经济社会高质量发展，奋力担当湘赣边区域合作示范区建设主力军，全面建设现代化新攸县，县委、县人民政府决定，集中一切优势资源，全力打“一中心四样板”，并制定如下实施意见。

一、总体要求

高举中国特色社会主义伟大旗帜，深入贯彻党的十九大和十九届二中、三中、四中、五中全会精神，坚持以马克思列宁主义、毛泽东思想、邓小平理论、“三个代表”重要思想、科学发展观、习近平新时代中国特色社会主义思想为指导，全面贯彻党的基本理论、基本路线、基本方略，深入落实习近平总书记对湖南工作系列重要讲话指示精神，统筹推进“五位一体”总体布局，协调推进“四个全面”战略布局，坚定不移贯彻新发展理念，坚持稳中求进工作总基调，坚持“1122345”发展思路，以推动高质量发展为主题，以深化供给侧结构性改革为主线，以改革创新为根本动力，以满足人民日益增长的美好生活需要为根本目的，紧扣省“三高四新”、市“一谷三区”部署，统筹发展和安全，推进县域治理体系和治理能力现代化，大力实施“产业富县、科教兴县、交通强县、生态立县”四大战略，全力打造湘赣边南部中心城市、湘赣边资源型城市转型发展样板区、湘赣边新型城镇化样板区、湘赣边乡村振兴样板区、湘赣边教育医疗事业发展样板区，奋力谱写新时代坚持和发展中国特色社会主义的攸县新篇章，以优异成绩向建党100周年献礼。

二、主要目标

围绕县委总体部署，确保一年见成效、三年大变样、五年达目标，力争到2025年，GDP达到600亿元以上，规模工业增加值达到150亿元以上，地方一般预算收入达到20亿元，居民人均可支配收入达到5.6万元，城镇化率达到70%以上，高新技术产业增加值占GDP比重达到20%以上，全县经济发展取得新成效，创新能力实现新突破，改革开放迈出新步伐，区域发展形成新格局，文明程度得到新提升，生态环境得到新改善，民生福祉实现新进步，治理效能达到新水平，现代产业体系、创新创业体系、生态环境体系、社会民生保障体系和制度支撑体系进一步完善。

1.基本建成一个中心　即积极抢抓城市更新行动等机遇，加快城镇开发建设运营，完成洣水四桥、洣水三桥建设，完成中心医院建设搬迁，基本建成春联学校、东城高中、体育场馆，争创全国文明城市，确保在湘赣边的影响力、带动力得到大幅提升，基本将攸县建成为湘赣边南部中心城市。

2.奋力夺取两大目标　即对照撤县设市最新标准，坚持硬件、软件齐抓，突出政府、社会联动，强化对内、对外协调，力争撤县设市得到国家审批通过并成功挂牌；以调结构、转方式为主题，以抓项目、抓产业为重点，不断增强产业实力、财政实力、县域实力，向全国百强县发起强有力冲刺。

3.全面实现三个突破　即在交通建设上取得突破，力争建成通用机场，启动醴茶铁路电气化改造和一条高速公路建设，衡吉高铁进入国家中长期铁路规划笼子；在园区发展上取得突破，确保综合实力跻身全省20强；在区域合作上取得突破，力争成为湘赣边区域合作示范区重要节点城市。

4. 打造成为四个样板　即加快推动县域经济由资源型向产业型转变，全力打造湘赣边资源型城市转型发展样板区；充分利用入选全国县城新型城镇化建设示范名单机遇，全力打造湘赣边新型城镇化样板区；以创建乡村振兴示范县为抓手，全力打造湘赣边乡村振兴样板区；持续放大教育、医疗、文化等既有优势，继续加快布局完善和服务提升，全力打造湘赣边教育医疗事业发展样板区。

5. 形成五个百亿产业　即紧密对接全省打造国家先进制造业高地和全市打造“株洲·中国动力谷”目标，重点围绕精细化工、高分子新材料、建筑新材、煤电能源、农产品精深加工五大主导产业，加大政策支持扶持力度，加强上下游产业链条建设，力争到2025年，五大产业集群主营业务收入均达到100亿元以上。

三、重点任务

1. 推进产业升级　坚持重点产业重点研究、重点规划、重点扶持、重点攻关，集中精力、集聚要素、集成政策主攻精细化工、高分子新材料、建筑新材、煤电能源、农产品精深加工等重点产业，基本完成县域主导产业的基础培育和链条升级，着力转方式、调结构、强优势，彻底打破资源依赖型经济格局。

2. 实施项目攻坚　坚持项目为主，全力以赴抓好项目的策划争引、落地服务、开工建设、竣工见效，加快引进一批强链补链延链项目，大力实施一批重大交通项目、农村基础项目和民生实事项目，力争五年内完成项目签约金额500亿元以上，完成重点项目投资600亿元以上，努力以项目的大提速推动发展的大突破。

3. 深化改革创新　紧盯影响“一中心四样板”战略目标实现的关键要素、关键环节、关键部位，统筹推进园区体制、招商引资、扩权强镇、行政审批、国有企业、项目管理、征地拆迁、人才建设、农村土地、评估考核等重点改革任务，切实为发展提供优良的环境、顺畅的体制、高效的管理和有力的支撑。

4. 加快城乡统筹　坚持城乡联动、注重城乡融合，充分用好入选全国县城新型城镇化建设示范名单机遇，全面推进城市更新行动和乡村建设行动，统筹抓好城市提质攻坚、特色城镇培育、美丽乡村建设、基础设施改造等专项行动计划，全力打造宜居宜业、精致精美的示范城镇新标杆。

5. 做好生态环保　大力推进农村人居环境整治、蓝天碧水净土保卫战、污染防治“夏季攻势”、封山育林、煤矿污水处理与尾矿库治理、“河长制”“湖长制”“林长制”“两江四岸”保护开发、黑臭水体治理、“千吨万人”集中式饮用水水源地规范化建设、长江流域“十年禁渔”等工作，确保生态环境持续好转。

6. 改善民生福祉　坚持以人民为中心的发展理念不动摇，聚焦群众“急难愁盼”问题，大力实施民生改善行动，着力保基本、兜底线、促公平，切实提升群众就业、就学、就医、住房保障、社会保障等“三就两保”工作水平，全力办好民生实事，持续巩固脱贫成果，实施乡村振兴战略，努力让城乡居民共享更多发展成果。

7. 深化基层治理　统筹发展和安全，全力推进平安攸县、法治攸县、和谐攸县建设，统筹抓好基层党建、疫情防控、信访、安全生产、风险防范、扫黑除恶专项斗争、县域警务、普法宣传、网格化管理等工作，全力守住安全发展底线，切实为实现“一中心四样板”战略目标提供更加安全、和谐、稳定的环境。

四、保障措施

1. 加强组织领导　针对打造湘赣边资源型城市转型发展样板区、湘赣边新型城镇化样板区、湘赣边乡村振兴样板区、湘赣边教育医疗事业发展样板区目标，结合现有机制，统筹成立高规格领导小组，明确牵头领导和牵头部门，实行一个战略、一名领导、一套班子、一抓到底，全面负责具体工作的统筹和推进。

2. 做好规划设计　结合“十四五”规划纲要和各专项规划编制工作，聚焦实现“一中心四样板”目标，分别做好五年发展规划、制定专门行动计划、配套具体实施方案，通过明确时间表、路线图、任务书，进行预安销号、挂图作战、责任倒逼，确保各项工作每年每步每个部门都有的放矢、有条不紊、有力推进。

3. 实施联点帮扶　继续坚持县级领导带头联产业项目、联重点企业、联点制度，联产业项目突出联系重点产业项目和招商项目；联重点企业突出联系发展潜力较大、实际困难较多的企业；联点突出联系基层党建、产业发展、乡村振兴、“门前三小”等重点工作，确保点对点地推动工作，实打实地解决问题。

4. 全面宣传发动　将打造“一中心四样板”作为全县基层宣讲、干部培训、调查研究的重点内容，着力铺开全方位、高规格的动员部署和宣传推介，切实统一思想认识。围绕打造“一中心四样板”我们怎么看、应该怎么干、我能干什么，积极组织开展研讨活动，动员全县上下深入开展大讨论、全身投入抓落实。

5. 强化要素保障　加强投入保障，针对发展目标明确投入来源，制定投入计划，确保有钱办事。加强政策保障，统筹考虑各项发展目标需要，系统或定向出台鼓励政策，提升攻坚实效性。加强土地保障，结合国土空间总体规划编制，提高土地供应能力。加强人才保障，建立多元化人才建设投入体系，满足人才需要。

6. 严格考核管理　将推进“一中心四样板”建设情况作为绩效评估重点内容，并将考核结果运用与干部任用、评先评优紧密挂钩；对工作成效明显的，予以大力表彰；对工作进度滞后的，实行通报批评；对因人为因素造成不良影响的，严肃追责问责。同时，全面建立定期调度、督促检查等工作制度，倒逼责任落实。

2021 年 2 月 18 日

攸县人民政府　关于加强耕地保护工作的实施意见

攸政发〔2021〕5 号

各乡镇人民政府、街道办事处，县直有关部门单位：

为进一步贯彻落实习近平总书记关于耕地保护的重要指示精神，确保党中央、国务院及省委省政府关于耕地保护的各项决策和部署落到实处，严守耕地保护红线，扛起粮食安全的政治责任，实行党政同责。根据相关法律法规和我县实际情况，现就加强我县耕地保护工作提出如下实施意见。

一、加强土地规划管控和用途管制

（一）加强土地用途管制约束。牢固树立“依规用地”意识，国土空间规划编制过渡期，项目用地按照原《攸县土地利用总体规划（2006—2020 年）（2016 年修订版）》《攸县县城总体规划》和镇村规划确定的土地用途和范围，按程序报审批机关审批。国土空间规划和耕地保护专项规划，一经批准必须严格执行，不得随意调整。对永久基本农田实行特殊保护，永久基本农田一经划定，任何单位和个人不得擅自占用或改变用途。

（二）坚决遏制耕地“非农化”。对各类占用耕地或直接在耕地上违法违规建设私人会所、别墅、餐饮娱乐及休闲、旅游、养老等非农业产业，通过“以租代征”等方式使用农村集体所有农用地进行非农建设的，符合土地利用总体规划和相关规划的，按程序整改；不符合土地利用总体规划的，限期拆除并处以罚款，情节严重的，依法依规追究法律责任。将设施农用地改变土地性质和用途，进行非农经营的，能整改的限期整改，不能整改的，一律恢复耕地，恢复农业生产。农村村民非法占用耕地建房的，按国家、省有关政策处置。坚决杜绝巧立名目新增违法违规占用耕地行为。

二、严格控制建设占用耕地

（一）严格规范建设行为管理。县内所有新建、改（扩）建项目，都要履行选址、审批（备案）程序。其中：农村村民建房按照《攸县人民政府办公室关于规范农村宅基地审批管理的通知》（攸政办发〔2020〕6号）规定办理，并遵照《自然资源部农业农村部关于农村乱占耕地建房“八不准”的通知》要求，坚决杜绝非法占用耕地；农村道路、公共服务设施、农村灌溉设施、临时用地、坑塘水库、新增绿化由乡镇人民政府（街道办事处）和自然资源部门共同选址，出具选址意见书，并依规办理相关手续；设施农业用地必须取得自然资源部门的选址意见书和蓝线图后，方可按相关规定办理备案手续；“非农化”种植、新增绿化造林、挖湖造景等情形禁止占用耕地。擅自建设造成占用耕地的，由所在乡镇（街道）承担主体责任。

（二）严格实行占用耕地计划管理。每年分配各乡镇（街道）占用耕地年度计划指标，用于村民建房等审批。依据省动态监测占用耕地数量（年度内完成整改，并解扣解冻耕地指标的除外），对乡镇（街道）辖区内超计划占用耕地部分，按耕地开垦费标准（永久基本农田按2倍计算）收取耕地开垦费，在县财政下拨的镇转移支付中扣除。对乡镇（街道）计划内节约耕地指标的，按耕地开垦费标准予以奖励。

三、加强耕地保护动态监管

（一）开展耕地保护动态巡查。各乡镇（街道）、村（社区）要成立专门班子、明确具体负责人，对辖区内耕地保护进行巡查，动态掌握辖区内耕地的变化情况。凡发现辖区内未经审批的用地建设行为，应及时制止并报告乡镇（街道），乡镇（街道）及时组织相关人员（单位）予以制止并责令其恢复原用途，制止无效的，及时组织强制拆除及恢复。严格耕地保护和用途管制，坚决制止耕地“非农化”“非粮化”行为。

（二）全面核实整改占用耕地行为。依据耕地保护巡查发现的问题，结合“省月度耕地数量监测任务清单”，各乡镇（街道）、相关部门应严格按照县自然资源局、农业农村局、拆违控违领导小组办公室印发的《关于对省动态监测占用耕地图斑开展实地核查和整改的通知》（攸自然资发〔2021〕5号）中明确的责任分工、工作程序、工作要求，对农村村民建房、农村道路、公共服务设施、农村灌溉设施4种占用耕地情形（省扣减县耕地指标），设施农业用地、临时用地、新增违法建设用地、“非农化”种植、坑塘水面、新增绿化造林、超标准建设绿化通道、挖湖造景8种占用耕地情形（省冻结县耕地指标），实施核查和整改。

四、严格落实耕地占补平衡

以实现耕地占补平衡为目标，进一步强化耕地“谁占谁补”的法定责任，占用耕地单位必须履行占补平衡的法定义务，从严落实“以补定占、先补后占”和“占一补一、占优补优”规定。要按照国家、省市关于耕地占补平衡的要求，在积极保护生态环境的前提下，财政部门预算并保障资金，其他部门积极配合协作，加大开发复垦耕地力度。要对耕地后备资源实行严格保护，依据国土空间规划和耕地保护专项规划，有序推进耕地后备资源开发。要采取多种形式和奖励措施，落实补充耕地任务，满足各项建设对补充耕地的合理需求。要加强开发复垦耕地后续管理，引导鼓励大型农业企业粮食种植大户耕种新开发耕地，出台管理奖励措施，避免开发复垦耕地抛荒、非法占用。

五、从严落实耕地管理责任

（一）进一步强化乡镇（街道）主体责任。各乡镇（街道）要对本行政区域内的耕地保有量和永久基本农田保护负总责，主要负责人是第一责任人，分管领导是直接责任人。要定期召开耕地保护专题会议，研究耕地保护形势，强化耕地保护措施，处理耕地保护问题。要加大宣传力度，利用媒体、会议、村规民约等平台和形式为耕地保护工作营造浓厚氛围。要健全网络，实行网格化管理，任务到片，责任到人。要切实履行属地化管理责任，落实“早发现、早制止、严查处”

工作机制。强化依法依规管地用地意识，坚决克服和纠正重发展、轻保护和先违法占地、后补办手续的陈旧观念。

（二）进一步强化部门共同责任。各有关职能部门要各司其职、紧密配合，严格落实耕地保护共同责任。县自然资源部门要全面履行耕地保护监督职责，严格执行耕地保护各项法律法规政策，细化分解耕地保护责任目标，建立完善耕地特别是永久基本农田管护体系，做好耕地质量等别年度调查评价与更新工作，加大执法力度，会同有关部门共同做好耕地保护工作；农业农村部门和乡镇（街道）要严格审查农村村民建房条件、布局要求、面积标准、审批程序，指导农村宅基地违法用地查处，防止耕地“非农化”“非粮化”，严格管理高标准农田项目建设，有序引导农村土地流转，做好耕地地力管理工作，加强耕地地力提升、质量监测等工作；县财政部门要将耕地保护专项资金纳入年度预算，并严格按相关规定加强资金监管；县审计部门要将耕地保护责任履行情况纳入领导干部离任审计内容；县林业部门要加大宣传，严禁在耕地上造林；县发改、住建、交运、水利、生态环境、科工信、电力等部门在编制规划、项目审批和建设过程中,要书面征求自然资源部门对于占用耕地的意见，尽量不占或少占耕地。

（三）进一步落实耕地保护责任目标考核。完善乡镇（街道）和部门耕地保护责任目标考核办法，建立健全考核制度和奖惩机制，全面检查和考核耕地与永久基本农田保护情况。按月通报、季调度兑现奖罚。对季度排名靠前的乡镇（街道）予以奖励；对季度排名后三的乡镇（街道）采取书面检查、约谈、罚款。耕地保护责任目标考核结果作为领导干部实绩考核、生态文明建设目标评价考核、经济责任审计、自然资源资产离任审计等的重要内容，作为干部任免、奖惩的重要依据。

六、强化耕地保护责任追究

（一）强化立案查处。各乡镇（街道）对新发现的乱占耕地问题要毫不犹豫，及时制止，严肃查处，严肃问责，坚决做到“零容忍”；对违法占地，特别是占用永久基本农田的，要会同职能部门立案查处，追究责任人的责任，构成犯罪的要移送司法机关处理；对土地违法行为不制止、不组织查处，对土地违法问题隐瞒不报压案不查的，要追究乡镇（街道）负责人的领导责任。

（二）强化司法追究。完善自然资源部门与公安机关、检察机关、审判机关的协作配合机制，落实联席会议、信息通报、案件移送等各项制度，严厉打击和查处破坏耕地的违法犯罪行为。公安机关及时受理、查办自然资源部门移送的涉嫌土地违法案件。检察机关应及时受理公安移送的土地违法案件并依法行使立案监督、批捕和起诉的职能，对于符合检察公益诉讼的，应及时立案；人民法院应及时审理自然资源部门申请执行的案件，确保自然资源部门依法申请执行的案件依法执行到位；对涉及土地违法犯罪的案件作出判决的，应及时将判决情况书面告知自然资源部门。

（三）强化管理问责。对耕地及永久基本农田保护不力，耕地保护责任目标考核不合格、违法占用耕地严重或造成恶劣社会影响的，对党政负责人进行约谈；并按照监察部、人力资源和社会保障部、自然资源部联合下发的《违反土地管理规定行为处分办法》及省委办公厅、省人民政府办公厅印发的《湖南省违反国土资源管理规定责任追究办法》（湘办发〔2016〕25号）有关规定，对党政负责人和其他责任人实行问责追究，严肃处理。对违法违规占用耕地相关责任人，要坚决移送纪委监委、公安机关及法院依法依规处理。对于落实“网格化”管理责任不到位，故意隐瞒、漏报、包庇、纵容乱占耕地的，坚决从严、从重、从快对相关人员追责处理到位。

攸县人民政府

2021年11月26日

中共攸县县委办公室
攸县人民政府办公室关于印发《攸县促进农村养老服务发展的实施意见》的通知

攸办发〔2021〕5号

各乡镇党委、人民政府，街道党工委、办事处，县直各单位：

《攸县促进农村养老服务发展的实施意见》已经县委、县人民政府同意，现印发给你们，请结合实际认真贯彻执行。

中共攸县县委办公室
攸县人民政府办公室
2021年7月20日

攸县促进农村养老服务发展的实施意见

攸县是农业大县，总人口82万人，其中农村人口41.6万人，占总人口的50.7%，60岁以上农村老年人口接近9万人，占农村人口比例21%，农村社会老龄化程度日趋严重。同时由于农村地域辽阔，人口分布密度低，养老服务配套设施严重不足，养老服务从业人员严重缺少，养老服务水平严重滞后，难以有效满足农村老年人服务需求。为加快推动我县农村养老服务发展，根据《国务院办公厅关于推进养老服务发展的意见》（国办发〔2019〕5号）《湖南省人民政府办公厅关于推进养老服务高质量发展的实施意见》（湘政办发〔2020〕59号）《湖南省民政厅关于印发〈2021年度养老服务真抓实干督查激励措施实施办法〉的通知》（湘民发〔2021〕8号）等文件以及市委市政府有关工作要求，结合我县实际，提出如下实施意见。

一、推动公办养老机构转型升级

（一）改造基础设施条件。引导社会力量支持公办养老机构提质改造；分期分批将公办养老机构提质改造工程纳入省重点民生实事、市民生100工程、县民生实事；打造福利院全护理平台，构建失能老人兜底保障最后一道防线；对入住人数在40人以上的乡镇（街道）敬老院分设护理区；重点打造4—5个中心（区域性）敬老院；年内每个公办养老机构建设一座微型消防站。

（二）改善服务状况水平。建立健全乡镇（街道）敬老院管理人员聘用和护理人才引进机制；将敬老院院长的任职年龄限制在60周岁以下，护理人员年龄控制在50岁以下；分批组织管理人员、护理人员到省内知名养老企业跟班和到护理学校脱产学习，每年配备1—2个网络学习软件供乡镇（街道）敬老院工作人员业余学习，每年至少组织一期敬老院院长、护理员培训班和养老机构管理讲评和护理技能大赛；统一购置配发一批护理技具和残疾人康复辅具；公办养老机构护理员持证率达到100%；建立全县统一的养老机构等级评定体系，实现全县所有公办养老机构均在2星级以上目标，对获省、市评定为3、4、5星级的公办养老机构在资金划拨、资源配置、绩酬考核等方面予以适当倾斜；启动福利院五星级评定和ISO9001质量体系认证前期准备工作。

（三）改进管理考核办法。将乡镇（街道）养老服务工作纳入全县绩效考核范畴，实行反向扣分制度；县财政每年预算安排300万元专项资金对公办养老机构实行目标管理考核，以每个公办养老机构目标管理奖15万元为基数，由民政部门牵头，组织财政、卫健、住建、消防、公安等部门实地考核量化打分，对排名前3名的公办养老机构分别奖3万元、2万元、1万元，对排名后3名的公办养老机构分别罚3万元、2万元、1万元；对长时间存在安全隐患且多次交办未整改的或连续三年入住率不及50%的公办养老机构或连续三年考核排名垫底的公办养老机构取消目标管理奖，并责成属地乡镇（街道）人民政府予以关停并转。

（四）改变原有运营模式。积极引进省内外知名养老企业和国内连锁品牌养老机构进驻攸县推进养老服务合作；支持优秀本土养老企业对公办养老机构实行公建民营；积极创造有利条件对福利院实行公建民营改革；将基础条件差、安全隐患大、入住率低、考核排名靠后的公办养老机构作为第一批公建民营改革对象，实行挂牌督战，限期完成改革任务。

二、支持民办养老机构做优做强

（五）全力争取各级养老项目。发改局、民政局等部门要加强对上沟通协调，为民办养老机构争资引项提供全方位服务。对国家城企联动普惠养老项目落户的民办养老机构在项目用地、规划审批、资金配套、信贷等方面给予支持。

（六）着力完善各项奖补政策。继续执行民办养老机构建设和运营补贴制度；对于实行公建民营、兼并经营的民办养老机构，每完成一个乡镇（街道）敬老院的兼并经营，县财政奖补5万元，公建民营养老机构在保障所在区域内特困老人养老的前提下，可进行社会化运营，但必须保证养老服务质量和水平；对同时运营多家社区居家养老服务中心并实施同一服务标准、同一品牌连锁的知名养老服务供应商，县财政按照2万元/家给予奖补。

（七）助力开展星级创建。以提升服务水平、降低服务价格为目标引导民办养老机构实施品牌振兴战略，着力打造1—2家五星级本土品牌企业，三年内县内民办养老机构全部通过ISO9001质量体系认证，逐步形成支撑本县辐射周边的知名品牌企业；新进养老企业必须具备五星级资格和通过ISO9001质量体系认定双重条件。

（八）聚力引领自主创新。各乡镇（街道）要为民办养老机构开展拓展延伸服务创造有利条件，推动专业人员服务上门，推动民办养老机构与农村“长者之家”定向签约服务；支持有条件的民办养老机构按相关规定设立各类康复医院、护理院、安宁疗护机构、慈善超市、临终关怀服务公司；建立湘东地区重度精神病特困人员集中照护中心，通过政府购买服务的方式，实现县内精神病特困人员集中供养率100%。

三、促进农村“长者之家”务实管用

（九）标准化建设。在已经实现全县村（社区）“长者之家”全覆盖的基础上，进一步打造40家精品“长者之家”和10家精品“城市小区驿站”。明确各乡镇（街道）为投资建设主体，建立健全县、乡、村分级负担机制，以项目资金为支撑，省市福彩公益金和养老服务专项资金适当支持和倾斜，充分激发社会乡贤作用，将民间资本融入建设资金，加快建设进度，力争在今年6月30日之前完成建设任务；新建养老服务设施务必做到统一标识、统一标牌、统一功能、统一制度。

（十）常态化管理。打造“长者之家在线运营管理综合服务平台”实行“长者之家”运营日报制，年末根据系统认定的活动次数和参与活动的人数“两结合”据实差异化拨付运营经费。

（十一）功能化延伸。各村（社区）要充分考虑农村老人们的实际需求，既要量力而行，又要尽力而为，将“长者之家”打造具有“长者广场”“长者餐厅”“长者保健”“长者书屋”“长者照料”“长者棋牌”“长者讲堂”“长者超市”等多功能综合活动场所，凡报建长者餐厅，经审批验收合格，县财政分别给予每个2万元的专项奖补。

（十二）专业化指导。采取购买服务的方式用专业社会组织指导“长者之家”、“小区驿站”的建设运营。指导促进社区养老服务设施“四同步建设”；指导村（社区）卫生室与“长者之家”开展医疗服务合作；指导适老化改造建设；指导食品、消防、人身意外等方面的安全运营；开展老年人心理安抚、心理干预等工作。

四、引领居家社区养老服务提质增效

（十三）宣传更深入。县12349居家社区养老服务平台要将服务项目、服务方式、服务价格做成海报、宣传单，统一宣传口径；县直各部门要定期发布关于居家社区养老服务的志愿活动，实现城区10个社区宣传推介全覆盖；县广电台、攸州手机台等官方媒体也要免费为居家社区养老服务广泛宣传。

（十四）辐射更广泛。进一步拓展12349居家社区养老服务平台的深度和广度，引领服务向基层延伸，打通养老服务最后一千米。将全县297个村(社区)划分为若干个标段，面向社会公开竞标多个专业化养老服务团队，形成良性竞争局势，为全县老年人提供低廉、优质、高效的上门服务。

（十五）功能更全面。县12349居家社区养老服务平台要不断丰富自身服务产品，全力支持其建设中央大厨房，开发机器助浴服务，形成强大供应能力，托起城区10个社区和12个城市养老驿站的市场需求。

（十六）服务更优良。联星街道要督促各社区尽快完善老年人台账档案资料；县民政部门要加强对12349人工智能电话应用功能的投入，促使其形成转接功能，让城乡居民既方便又快捷地获得所需服务；平台应确保24小时有人值班，做到服务精准有效，同时还应根据需求加快服务节奏和频次，让12349成为百姓喜爱，政府认可的社会公共服务产品。

五、探索发展农村互助养老方法路径

（十七）充分发挥“攸州乡贤”的作用。要积极营造尊老爱老助老浓厚氛围，让留守、独居、困难老人抱团养老，就地享福，实现老人离家不离村，离亲不离情。要不断扩大“攸州乡贤”队伍，将农村党员干部、留守妇女、农闲散劳动力引导加入“攸州乡贤队伍”，开展助餐、助医、助洁、助浴、助行、助护等职能服务。

（十八）重点支持建设一批“长者超市”。对农村“长者之家”开设“长者超市”县财政实行专项奖补，向社会宣传爱心助老上门服务概念价值，按照服务类别象征性地兑取价值对等商品；各乡镇（街道）要探索建立一家“长者超市”，可尝试与驻地大型超市开展合作，加挂“长者超市”牌子，县财政给予适当奖补。

（十九）着手启动农村居家适老化改造试点。今年选择1—2个基础条件较好的村（社区）实行村（社区）老年人居家环境适老化改造全覆盖，全面开设全失能半失能家庭床位，县财政按照每户3000元的标准给予补助。

（二十）全面推进重点人群适老化改造。以实施乡村振兴战略为契机，运用好脱贫攻坚成果，结合城镇老旧小区改造、农村人居环境建设项目，对分散供养特困人员、建档立卡贫困户、城乡低保户中的失能、半失能老人家庭进行适老化改造，建设护理床位，推广运用感应带、呼叫系统设置，财政专项资金、福彩公益金、社会捐赠应予重点支持。

本意见自发布之日起施行。

中共攸县县委办公室
2021年7月20日

攸县人民政府办公室　关于农村集体资产资源全部入平台交易的通知

攸政办发〔2021〕9号

各乡镇人民政府、街道办事处，县直有关单位：

为盘活农村闲置资产资源，促进农村经济发展，根据《湖南省公共资源交易监督管理办法》（湖南省人民政府令第295号）、《株洲市人民政府办公室关于农村集体资产资源全部入场交易的通知》（株政办发〔2020〕18号）等文件精神，规范我县农村集体资产资源交易行为，杜绝场外交易和暗箱操作，现将农村集体资产资源全部入株洲农村产权流转交易中心攸县分中心平台交易的通知如下：

一、构建交易体系。建立县、镇、村三级服务的农村产权交易服务体系，实现交易信息系统全域覆盖。县级建立农村产权交易中心，在指定地点设立服务窗口；乡镇（街道）建立产权交易服务站，服务窗口设在政务大厅；村（社区）建立产权交易服务信息收集点，服务窗口设在村委会；县级工作人员由市产权交易中心统一配备、管理，乡镇（街道）、村（社区）两级工作人员由乡镇（街道）明确一名专职人员担任。县农业农村、自然资源、林业、水利、住建、市场监管、科工信等相关部门做好代办服务的指导和协调工作。

二、明确交易范围。以下农村集体资产用于流转交易：法律规定属于农村集体的可交易的耕地、荒地、山地、林地、草场、水面、滩涂等土地经营权及经济发展用地、公共设施用地、宅基地等集体建设用地使用权；属于农村集体所有的森林、林木；农村集体筹资筹劳兴建和各种合作方式取得的建筑物、构筑物，以及购置的交通运输工具、机械、机电设备、农田水利设施以及教育、文化、卫生、体育等设施；农村集体所有的有价证券、债权；农村集体与企业或者其他组织、个人按照协议及实际出资形成的资产中占有的份额；农村集体接受国家无偿划拨和其他经济组织、社会团体及个人资助、捐赠的资产；农村集体所有的商标权、专利权、著作权等无形资产；农村集体企业经营权；依法属于农村集体所有或经营管理的其他资产。根据攸县农村集体产权确认和交易条件，交易品种实现“成熟一宗、推出一宗”。

三、规范交易流程。农村集体资产资源交易活动主要采取公开竞价、拍卖、招标、招租等市场交易方式，原则上按照提出申请、审核受理、发布信息、组织流转交易、签订合同、价款结算、交易鉴证、成交公告、备案管理等程序进行，村（社）集体经济合作社（联合社）股东较为关注或金额较大的集体资产资源交易，入场交易前必须进行公示，经股东（代表）大会表决通过，并经乡镇（街道）审核后方可入平台交易，具体交易流程参照《株洲市农村产权入场流转交易办法》（株政办发〔2021〕12号）第四章第十一条至第十三条。

四、加强交易监督。乡镇（街道）要高度重视，担负起主体责任，落实好农村集体资产资源必须全部入平台交易的要求。村（社区）要通过多种形式的公开，让广大农民群众知晓农村集体资产资源的存量、价值和交易情况，便于农民群众更好地行使民主监督权利。农业农村部门要充分利用现有农村集体资产资源管理信息平台，逐步完善记账、管理、预警、监督等功能，建立集体资产资源管理台账，加强定期监测，及时排查合同到期需再次交易的各类资产资源，确保“应进必进”。加强与纪检监察部门的沟通汇报，主动接受监督，争取工作支持。及时对不按规定进场交易、暗箱操作的行为进行纠正处理，造成损失的责令赔偿，构成违纪、违法的移交纪检监察机关或司法机关处理。

攸县人民政府办公室
2021年11月26日

攸县人民政府办公室　关于印发《攸县县城规划区私人住宅建设管理办法》的通知

攸政办发〔2021〕10号

各乡镇人民政府、街道办事处，县直各单位：

《攸县县城规划区内私人住宅建设管理办法》已经县政府同意，现印发给你们，请遵照执行。

攸县人民政府办公室
2021年12月16日

攸县县城规划区内私人住宅建设管理办法

第一章　总　则

第一条　为规范县城规划区内私人住宅建设秩序，加强私人住宅建设管理，根据《中华人民共和国城乡规划法》《中华人民共和国土地管理法》《中华人民共和国土地管理法实施条例》《湖南省实施〈中华人民共和国城乡规划法〉办法》等法律法规以及《攸县城市总体规划（2018—2030）》。结合我县实际，制定本办法。

第二条　本办法所称县城规划区，是指《攸县城市总体规划（2018—2030）》确定的县城规划区范围，包括联星街道办事处、江桥街道办事处、春联街道办事处、谭桥街道办事处部分行政辖区。

凡在本县城规划区（以下简称规划区）范围内进行私人住宅建设，适用本办法。

第三条　本办法所称私人住宅建设，是指规划区内村（居）民以家庭为单位新建、改（扩）建满足其居住功能需求的建筑物和构筑物。新建指从房屋基础开始建造的建设项目；扩建指在原有基础上加以扩充的建设项目；改建指不增加建筑物体量的建设项目。

第四条　规划区内私人住宅建设应当服从县

人民政府的统筹安排，未经自然资源局、农业农村局、街道办事处等相关部门批准，不得擅自新建和改（扩）建。

第二章 分片区控制

第五条 规划区私人建房实行分片区控制，分为东城新区、工业园片区、老城区、城南片区。各片区规划的范围以《攸县城市总体规划（2018—2030）》规划为准。

东城新区，指划入东城新区范围进行规划控制的区域，包括春联街道的春联社区、柘合社区、双丰社区、春风社区、山背社区和盘龙村、春塘垅村部分行政区域。

工业园片区，指划入园区规划控制范围及江桥街道的部分区域。包括江桥街道的江桥社区、西阁社区、乌坳社区、龙湖社区、胡公庙社区、谢家垅社区、黄双桥村部分行政区域。

老城区，指沿外环路与洣水堤岸所包围区域。包括联星街道的胜利社区、联星社区、文化社区、永佳社区、雪花社区、联西社区、百花社区、富康社区、万古桥社区和宋家洲社区、高岭社区、七里坪社区部分行政区域，江桥街道的江桥社区和西阁社区部分行政区域。

城南片区，指沿洣水河以南的区域，包括谭桥街道的谭桥社区、谭洲社区和东塔社区、东联社区、流和社区、竹丰社区部分行政区域。

今后，随着经济社会的发展，各片区将相应调整，具体以省人民政府批准的《攸县空间规划》为准。

第三章 审批管理

第六条 严格控制县城规划控制区内村（居）民建房用地面积和建筑规模。村（居）民新建和改（扩）建必须符合攸县城市总体规划和安全要求，建筑层数和高度须符合规划要求，村民申请占用耕地建房的，须先经自然资源局办理农用地转用手续。

第七条 县人民政府组织街道办事处、自然资源局等相关部门统一对县城规划区范围内村民建房集聚点进行选址和规划编制，加快推进村民建房集聚点基础配套设施建设，鼓励和引导村民建房向村民建房集聚点集聚。

老城区城市建成区主、次干道两厢范围原则上不予办理新建手续，可以申请办理房屋改（扩）建手续，在近期无建设计划的主、次道路上的房屋，且属于危房，按照原高度、原用地面积办理改建手续；县城规划区范围内滨江大道道路红线（道路边线）外100米范围内禁止办理新、扩建手续，如需改建，在符合相关规划，并办理相关手续的前提下，按照原址、原高度、原占地面积进行改建；已纳入棚户区改造范围的不得办理新建、改（扩）建手续。

城南片区县城规划区范围内城南滨江大道道路红线（道路边线）外100米区域、梅花主题公园规划控制区、三、四桥连接线道路红线（道路边线）外两厢100米范围内禁止办理新建和改（扩）建手续，该区域私宅建设由县人民政府统一搬迁安置。其他区域的村（居）民可以申请办理新建、改（扩）建手续，新建住宅原则上须在已规划的村（居）民建房集聚点内建设，禁止村（居）民在村庄建成区及规划建房集聚点以外的土地上新建住宅。

工业园片区内的工业园区禁止办理新建和改（扩）建手续，私宅建设须在已规划的建房集聚点内建设。工业园区规划控制范围以外区域可以办理新建和改（扩）建手续，村（居）民新建必须统一到集聚建房点或村庄建成区进行建设。

东城新区禁止办理新建和改（扩）建手续，私宅建设须在已规划的建房集聚点或安置区内建设。

县城规划区规划范围内同排同建筑组群改（扩）建的房屋可考虑与同排同建筑群层数风格一致，临城市主、次干道两厢房屋改（扩）建必须按规划道路红线（道路边线）统一退让，统一立面风格，且房屋层数可与周边房屋保持一致，但不得超过六层；非临街房屋层数可与周边房屋保持一致，但不得超过四层。

老城区、城南片区、工业园片区部分区域村（居）民，原有房屋存在严重缺陷不能满足生产、生活需要的可以申请新建、改（扩）建房屋；房屋改（扩）建用地必须土地权属清楚，符合相关规划及消防、日照等要求，扩建用地面积原则上不超过30平方米。

县城规划区范围内出现本条未规定的特殊情况，由县人民政府牵头组织相关部门、街道办事处联合会审。

第八条　老城区、城南片区、东城新区和工业园片区部分区域的村民提出建房申请并经村民小组三分之二以上成员同意后，有下列情形之一的，可以申请使用土地新建房屋：

（一）多子女家庭，住房条件急需改善的且符合分户条件，确需单独立户的；

（二）因政府实施县城建设规划需要拆迁安置的；

（三）因发生或防御自然灾害，需要搬迁的；

（四）现居住房屋属危房且改建将影响城市规划实施的；

（五）法律法规规定的其他情形的。

第九条　老城区、城南片区内、工业园片区部分区域村民有下列情形之一的，申请新建房屋不予批准：

（一）不符合土地利用总体规划、城市总体规划和所处区域控制性详细规划的；

（二）将原有宅基地及地上建筑物出卖、出租、赠与或者改造为经营场所等非生活居住用途，再次申请住房用地的；

（三）户口已迁出，不是本集体组织成员的；

（四）原有住房已经达到法律规定标准或者能够解决分户需求的；

（五）已拥有一处集体土地性质的住宅或已拥有安置房的；

（六）土地权属有争议的；

（七）非本村村民回迁到村的；

（八）法律法规规定的其他情形的。

第十条　老城区、城南片区内、工业园片区部分区域村民有下列情形之一的，申请改（扩）建不予批准：

（一）不符合土地利用总体规划、城市总体规划和所处区域控制性详细规划的；

（二）位于文物保护单位所划定的不得建设范围的；

（三）城市绿化用地、河流保护用地、车站以及有关市政公用设施规划控制范围内的；

（四）改变房屋、土地使用性质，影响周边环境和生产、生活秩序的；

（五）法律法规规定的其他情况。

第十一条　变相从事房地产开发的、一律不予批准。

第十二条　县城规划区内符合建房条件的村民，依据有关规定，逐级向组、社区（村）、街道办事处申请建房，经资格审查确认合格，并公示无异议后，报县自然资源部门，符合规划要求的办理相关规划手续；街道办事处根据用地规划许可证办理用地审批手续。建房申请人须在所有手续办理齐全后一年内动工建设，特殊情况可以申请延期一次，延长期限不得超过一年，否则须重新办理规划手续。

第十三条　建房申请人房屋建成完工后，向自然资源部门和街道办事处申请验收，经验收合格的，凭验收合格证办理不动产权证。

第四章　监督管理

第十四条　街道办事处负责对管辖范围内的违法违章建筑组织各职能部门进行依法拆除。

第十五条　自然资源局负责城区规划区内的违法用地、违法建筑行为进行查处和合法认定。

第十六条　攸县拆违控违工作领导小组办公室负责对县城规划区内的私宅建设行为进行监督管理，街道办事处组织自然资源局、村（社区）组等相关人员进行联合放线、验线、验收。

第五章　责任追究

第十七条　村（居）民有下列行为之一的，限期自行拆除在非法占用土地上新建的建筑物和其他设施，恢复土地原状，逾期不自行拆除的，按有关规定实施强制拆除，没收违法所得，并处以建设工程造价10%以下的罚款，构成犯罪的，移送司法机关处理。

（一）未经批准非法占用土地建房；

（二）村级集体经济组织或个人非法出卖、出租、转让集体土地；

（三）以“以租代征”形式向单位和个人以租赁、承包农民集体所有土地进行非农业建设；

（四）法律规定的其他情况。

第十八条 在县城规划区内私人住房建设管理过程中公职人员失职渎职，徇私偏袒、弄虚作假、索贿受贿、滥用职权的，移送纪委监委处理；构成犯罪的，依法移送司法机关处理。

第六章 附 则

第十九条 本办法自公布之日起施行，县人民政府及县内相关部门原出台的相关文件与本办法不一致的，一律以本办法为准。

攸县人民政府办公室

2021 年 12 月 16 日

攸县人民政府办公室关于印发《攸县城乡低保精准救助实施方案》的通知

攸政办函〔2021〕50 号

各乡镇人民政府、街道办事处，县直各单位：

《攸县城乡低保精准救助实施方案》已经县人民政府同意，现印发给你们，请结合实际认真贯彻执行。

攸县人民政府办公室

2021 年 7 月 19 日

攸县城乡低保精准救助实施方案

根据《社会救助暂行办法》（国务院令第 649 号）、《中共中央办公厅、国务院办公厅关于改革完善社会救助制度的意见》（中办发〔2020〕18 号）、《湖南省委办公厅、湖南省政府办公厅关于改革完善社会救助制度的实施意见》（湘办发〔2020〕25 号）、《株洲市社会救助家庭经济状况核算评估实施办法》（株民发〔2020〕20 号）文件精神，更好地发挥社会救助工作在保障困难群众基本生活方面的积极作用，结合我县实际，制定如下实施方案：

一、总体要求

以习近平新时代中国特色社会主义思想为指导，全面贯彻落实党的十九大和十九届二中、三中、四中、五中全会精神，坚持以人民为中心的发展思想，坚决履行社会救助兜底保障政治责任，巩固脱贫攻坚成果、织牢基本民生兜底保障网，着力解决社会救助存在的突出问题，更好地服务和保障民生、促进社会公平正义。

二、主要目标

通过以户为单位，诚信申报、计算与评估家庭经济状况相结合、生产生活要素评价与劳动生活能力评价相结合、建立核算为主，评议为辅的运行机制，确保公开、公正、公平，把符合条件的对象 100% 纳入低保救助范围，一户不漏；不符合低保救助条件的对象要 100% 清退，一户不进；实现“应保尽保、应救尽救、应退尽退”精准救助目标。

三、组织机构与职责

各乡镇（街道）由分管民政工作的领导牵头，镇人大、镇纪检、镇民政办等相关站办人员组成社会救助申请家庭经济状况计算评估小组，负责辖区内社会救助申请家庭经济状况计算与评估并解决实际评估工作中遇到的问题。在明确社会救助申请家庭经济状况计算评估项目、标准时，应当邀请各村（社区）主要负责人、村（社区）代表、乡镇（街道）人大代表、政协委员、纪检、老党员等人员参与，充分听取各方意见。

四、申请低保家庭成员认定

（一）户籍条件：持有攸县户籍的居民，其共同生活的家庭成员人均月收入低于我县最低生活保障标准且家庭财产和实际生活水平符合《攸县社会救助家庭经济状况核算评估实施办法》（攸民发〔2020〕47 号）的，可申请享受低保；在本县区域内，户籍类别相同但家庭成员户口不在一起的家庭，应将户口迁移到一起后再提出申请，因特殊原因无法将户口迁移到一起的，可选择在户主或者其主要家庭成员的户籍所在地提出申请。

（二）共同生活的家庭成员认定：共同生活的家庭成员是指具有法定赡养、抚养、扶养关系并且长期共同生活（含在外务工）的成员，具体包括下列人员：配偶；共同生活的子女；共同生活的父母、祖父母、外祖父母；与兄、姐共同生活的父母双亡或者父母无力抚养的未成年弟、妹；父母双亡且由祖父母或者外祖父母作为监护人的未成年或者已成年但无独立生活能力的孙（外孙）子女。

（三）以下情形可单独提出申请：

1. 低收入家庭中的重病患者、重残人员；

2. 连续三年（含三年）脱离家庭独立生活困难的宗教人士；

3. 长期与老人共同生活的孙（外孙）子女，其父母一方死亡、服刑、出家、失踪（公安部门出具证明）时若另一方再婚，该家庭的未成年子女、成年在校生（全日制学校），父母一方的抚养费（参照赡养费）计入家庭收入，可以给予该孙（外孙）子女单独保障；

4. 父母双方均失踪或死亡，人民法院无法出具父母宣告死亡或失踪法律文书的，由村（社区）出具失踪证明，乡镇（街道）核实认定，可单独申请低保；

5. 多子女家庭中，靠其他子女赡养的老年父母与困难子女家庭共同生活时，其困难子女家庭收入和财产符合本办法规定的，可单独提出申请；

6. 离退休人员与成年困难子女家庭共同生活时，其困难子女家庭收入和财产符合本办法规定的，可单独提出申请。（离退休金、养老金不计入子女家庭收入）

五、经济状况评估的程序

（一）收入申报：在乡镇（街道）、村（社区）指导下，由申请人代表社会救助申请家庭向社会救助机构如实申报家庭财产及收入情况，填写《攸县城乡居民最低生活保障家庭收入和财产申报表》（见附件 1）并签字。

（二）调查核实：乡镇（街道）根据申报情况，按照社会救助申请家庭收入计算评估的项目、标准，采取居民家庭经济状况核对、入户调查、邻里走访、信函索证和相近比较等方法，对申请家庭的收入等进行核实。调查人员与被调查人员在《攸县居民最低生活保障入户调查表》（见附件 2）上签字。

（三）计算评估：乡镇（街道）根据调查核实的情况，按照《攸县社会救助申请家庭收入计算评估实施细则》申请家庭收入进行计算与评估。

六、收入计算评估的方法

（一）工资性收入。能够出示有效工资性收入证明的，在收入证明上由单位盖章、留下办公地址、办公电话和出具收入证明的经办人姓名。工资由银行发放的提供银行发放流水。现金发放的提供财务上领取工资的签字表复印件，在复印件上单位经办人备注“我单位是现金发放”，并由单位盖章，留下办公地址、办公电话和出具收入证明的经办人姓名，按所证明的收入计算；出具的收入证明低于最低工资标准的，由申请人所在的用人单位携带相关劳动用工资料到当地人社部门接受核查，其收入按照人社部门核查的结果认定。

不能出具有效收入证明的，可比照《攸县社会救助家庭经济状况核算评估实施办法》或株洲市人力资源市场工资指导价位计算，无比照标准的按不低于当地最低工资标准计算。外出务工人员不能出具有效收入证明的，按不低于务工所在地当年公布的最低工资标准或株洲市人力资源市场工资指导价位核算收入。

处于法定劳动年龄内且身体健康的人员，应当积极就业和从事生产劳动，无正当理由，拒不就业，不从事生产劳动的，按照不低于当地最低工资标准或当地劳动力人均收入计算。

（二）经营性收入。能够出示有效经营性收入证明的，按证明的收入计算。无收入证明，但有合同规定或规定价格的，按合同规定或规定价格计算，合同价格明显偏低的，按当地同类同期评估标准计算。无收入证明，又无合同规定或规定价格的，按《攸县社会救助申请家庭收入计算评估实施细则》计算。农村生产资料所产生的月人均效益，农村生产资料所产生的月人均效益，按当年度低保标准的 10%—30% 计算收入，因自然灾害导致受灾的，按照受灾的程度百分比计算收入，绝收的不计算收入。家庭养殖收入按照实际情况计算。

（三）财产性收入。由个人诚信申报为主，通过核对信息系统开展比对，村（社区）民主评议时对相关佐证材料是否真实全面给予评议；有实际发生数额证明的，按实际发生数额计算；有协议、裁决或判决的，按协议、裁决或判决的数额计算,无协议、裁决或判决的，可按当地评估标准计算。

银行存款、股票分红、土地、房屋的出租、征收、征用等收入以实际数额计算；土地承包经营权流转所得按照当地上年度该片区实际流转价格计算。

集体财产收入分红或收益分红按照村（社区）出具的发放名册复印件资料证明收入计算家庭收入。

（四）转移性收入。有实际发生数额证明的，按实际发生的数额计算。有协议、裁决或判决的，按照协议、裁决或判决计算；无协议、裁决或判决的，按各类社会救助相应的政策规定计算；赡养人是低保对象、特困供养和重度残疾对象的，不计算赡养费。

（五）赡养费的计算方法。以子女家庭月人均收入为基准，月人均收入低于当地低保标准 1.5 倍的，可不计算该子女的赡养费；家庭月人均收入高于当地低保标准 1.5 倍的部分，按共同生活家庭成员与赡、抚、扶养人的平均值计算赡养费。子女家庭未共同生活的难以核定收入的根据评估项目按 100—800 元/月/人计算赡养费；

（六）特殊家庭收入计算评估方法。指在计算评估社会救助申请家庭收入时，要体现人本关怀，考虑家庭成员中有患重病、重残、失独家庭、单亲家庭成员需要陪护照顾等各种原因导致其收入难以达到正常水平的情况下，可根据实际在评估标准的基础上按照不超过攸县最低工资标准的 50% 计算。单亲家庭中，子女在托、在学的（义务教育）共同生活的家庭成员中，一名务工人员的收入，按照其收入的 50% 计算，家庭成员中有重病重残，且生活不能自理的，其中一名陪护人员按照其收入的 30% 计算。

（七）劳动能力务工收入分类计算。

1. 劳动能力务工收入分类计算。劳动能力可认定为四类：整劳动力、半劳动力、大部分丧失劳动能力、完全丧失劳动能力。整劳动力，指处于劳动年龄（男 18—60 周岁、女 18—55 周岁），具有正常劳动能力的人员；半劳动力，指处于劳动年龄，具有半劳动能力的人员（男 55—60 周岁，女 50—55 周岁中的患病人员）；因病大部分丧失劳动能力和完全丧失劳动能力人员，参照《职工非因工伤残或因病丧失劳动能力程度鉴定标准》确定，以上人员，有固定务工单位的，按照实际收入计算；没有固定务工单位，但可从事灵活就业或参加生产劳动的，应当综合考察其家庭生活状况、身体健康状况和就业能力实行按比例分类计算。整劳动力，按其务工收入 100% 计算；半劳动力、大部分丧失劳动能力的，其务工收入按照当地最低工资标准或《社会救助申请家庭收入计算评估标准》的 50%、30% 计算；完全丧失劳动力的，其务工收入计算为零。

2. 重病、陪护（含重残陪护）人员经济状况核算。社会救助申请家庭成员中有患重病的，其家庭种养殖业收入按总收入的 80% 计算，由他人租赁耕种的按实计算。家庭成员中有生活不能自理需要陪护的，其中一名陪护人员按不高于其收入的 30% 计算。

3. 残疾人员务工收入分类计算。残疾人员有固定务工单位的，按照实际经济状况核算；没有固定务工单位，但可从事灵活就业或参加生产劳动的，应当综合考察其家庭生活状况、身体健康状况和就业能力，实行按比例分类计算。因残完全丧失劳动能力的，其务工经济状况核算为零；因残部分丧失劳动能力或大部分丧失劳动能力的，其务工收入按照不高于当地最低工资标准或《社会救助申请家庭收入计算评估标准》的 50%、30% 计算。

4. 单亲家庭务工人员经济状况核算。单亲家庭中，子女在托、在学的（义务教育），共同生活成员中一名务工人员的收入，按照不高于其收入的 50% 计算。

计算评估社会救助申请家庭收入时，具有上述两种以上身份或情形的，其收入按就低不就高的原则计算，不得重复。

七、非固定性支出政策性可核减收入情形

（一）家庭成员中患重病（食管癌、胃癌、结肠癌、直肠癌、终末期肾病、儿童急性淋巴细胞性白血病、儿童急性早幼粒细胞白血病、儿童先天性房间隔缺损、儿童先天性室间隔缺损、重性精神病、耐药性肺结核、尘肺（三期）、艾滋病、晚期吸血虫病、肺癌、肝癌、乳腺癌、宫颈癌、急性心肌梗死、白内障、神经母细胞癌、儿童淋巴癌、骨肉癌、血友病、地中海贫血、唇腭裂、尿道下裂、脑卒中、慢性阻塞性肺气肿、膀胱癌、卵巢癌、肾癌、风湿性心脏病）以及县民政部门认定的其他重病，需常年负担医疗费用的，最高不超过1个低保标准。

（二）重病人员在申请“单人保”情形下，可根据近一年内医疗费用（经医保报销后的自付费用）支出情况进行适当核减收入，最高不超过3个低保标准（原则上医疗费用在3—7万元以内，扣减不超过2个低保标准，医疗费用在7万元以上，扣减不超过3个低保标准）。

（三）家庭成员在幼儿园、高中、全日制大中专院校（研究生及研究生以上除外）就读必须的学费,最高不超过一个低保标准。

（四）县民政部门认定的其他固定支出。

八、保障金的确定

（一）新增低保对象

1. 救助方式：补差，户月保障金=保障线×人口数—家庭总收入。

2. 人均救助金额上、下限由县民政局确定。现按照农村低保人均救助金不高于360元/月、不低于190元/月；城镇低保人均救助金不高于550元/月、不低于270元执行。

3. 重病、重残户“单人保”救助金按不低于当年度人均救助水平确定。现按照235元/月执行。

（二）续保对象

设立过渡期，在过渡期内救助金额按原分档标准发放，异动需调整的重新核算确定。过渡期结束后，按补差方式确定救助金。过渡期终止时间以县民政局通知为准。

九、特殊困难人员政策性可上浮情形

（一）患上述重病人员，提供诊断证明的，上浮一个低保标准的30%。

（二）年满70周岁以上的老人，上浮一个低保标准的30%。

（三）普通高中学校（含职高）及全日制大中专学校就读的在校学生，上浮一个低保标准的30%。

（四）单亲且丧偶家庭中有16周岁以下未成年人，上浮一个低保标准的30%。

（五）持有二级以上残疾人证的残疾人员或实际生活完全不能自理未办理残疾证的瘫痪人员，上浮一个低保标准的30%。

（六）经县民政部门认定的其他特殊人群根据实际情况上浮。

同一保障对象在享受分类救助时，具有上述两种以上身份或情形的，不可同时享受。

十、不能纳入的情形

有下列情形之一的，不得批准享受低保待遇；已经批准的，从查实之日立即停保。

（一）法定赡、扶、抚养人家庭申报收入较低但生活水平、日常生活消费支出或支付他方赡、扶、抚养费明显超出当地平均水平或家庭财产明显超出当地平均标准的；

（二）家庭中虽无从业人员或者家庭月人均收入低于当地低保标准，但实际生活水平或家庭日常生活消费支出明显高于当地低保标准的；

（三）家庭成员（含未共同生活子女）拥有或使用机动车辆（生产需要的小型货车、残疾人代步车、摩托车除外）、营运船舶、工程机械和大型农机具的；

（四）提出申请前三年内或享受低保待遇期间家庭成员购房、建房（拆迁安置、政府确定的危房改造除外）或高标准装修住房且无突发困难的；

（五）城镇家庭拥有两套及以上住房（住房建筑人均面积在当地住房保障标准以内的除外）或门面的；农村家庭在本村拥有住房外，另在他处拥有商品房或门面的。

（六）提出申请前一年内或享受低保待遇期间家庭成员有出国（境）经商、务工、自费留学、自费旅游的；自费安排子女择校或者在高收费民办学校（收费超过同类公办学校两倍及以上的学校，大中专院校除外）就读的；

（七）家庭成员有证券买卖或其他投资行为的；或有工商登记正在营业的（小规模除外）；

（八）在法定劳动年龄段内，具有正常劳动能力，无正当理由拒绝劳动就业或者不从事生产劳动而造成生活困难的人员；人为闲置承包土地的；

（九）家庭成员正在服役、服刑的或有赌博、吸毒、嫖娼行为的不得纳入；

（十）家庭实际居住地不在本县内超过1年以

上的（老弱病残投亲靠友除外）；年终未参加年检年审的；

（十一）未按规定签署授权书，未提供有关证明、证件，或证明、证件提供不齐全，或不配合工作人员进行调查的；

（十二）不如实提供家庭情况，故意隐瞒家庭真实收入、财产和家庭人口变动情况，或提供虚假申请材料、虚假证明、虚假住所的；

（十三）家庭成员诚信缺失有不良记录的，两年内不得纳入；

（十四）家庭成员死亡的提倡遗体火化、丧事简办，如大操大办两年内不得纳入；

（十五）机关、事业单位在编人员及其家属不得纳入；

（十六）其他法律、法规规定不能享受最低生活保障的。

十一、工作要求

（一）加强领导。加强对社会救助工作的组织领导，完善县级社会救助工作联席会议制度，县社会救助工作联席会议每年至少召开 1 次，形成工作合力，及时解决社会救助开展过程中遇到的难点问题，确保年度目标任务全面完成。

（二）明确责任。乡镇（街道）是受理审核最低生活保障申请的责任主体，切实履行 100% 入户调查、民主评议和张榜公示等审核职责，并提出是否符合低保条件的审核意见。各乡镇（街道）要正式发文成立社会救助申请家庭经济状况计算评估小组报县民政局备案。

（三）强化督导。全面排查问题线索，及时发现和解决存在的问题，完善工作机制，加大对社会救助资金的监管力度，不断提高社会救助规范化管理水平。建立“谁调查、谁负责，谁签字、谁负责，谁审核、谁负责”的责任追究制度，如未严格按规定及有关文件精神执行造成“错保”等问题，将严肃追究相关经办人员责任。